国家出版基金项目
NATIONAL PUBLICATION FOUNDATION

敦煌学通论

（增订本）

刘进宝 著

读者出版传媒股份有限公司
甘肃教育出版社

图书在版编目(CIP)数据

敦煌学通论 / 刘进宝著. -- 增订本. -- 兰州 : 甘肃教育出版社, 2019. 2(2021.1 重印)
ISBN 978-7-5423-4617-9

Ⅰ. ①敦… Ⅱ. ①刘… Ⅲ. ①敦煌学 Ⅳ. ①K870. 6

中国版本图书馆 CIP 数据核字(2019)第 035116 号

敦煌学通论 (增订本)
刘进宝 著

项目策划 王光辉 薛英昭
项目负责 孙宝岩
责任编辑 董宏强
装帧设计 石 璞

出 版 甘肃教育出版社
社 址 兰州市读者大道 568 号 730030
网 址 www.gseph.cn E-mail gseph@duzhe.cn
电 话 0931-8436105(编辑部) 0931-8773056(发行部)
传 真 0931-8773056
淘宝官方旗舰店 http://shop111038270.taobao.com

发 行 甘肃教育出版社 印 刷 兰州人民印刷厂
开 本 787 毫米×1092 毫米 1/32 印 张 20 插 页 4 字 数 580 千
版 次 2019 年 4 月第 1 版
印 次 2021 年 1 月第 2 次印刷
印 数 3 001~6 000
书 号 ISBN 978-7-5423-4617-9 定 价 68.00 元

甘肃教育出版社，平装本，1991年版

甘肃教育出版社，1993年精装本

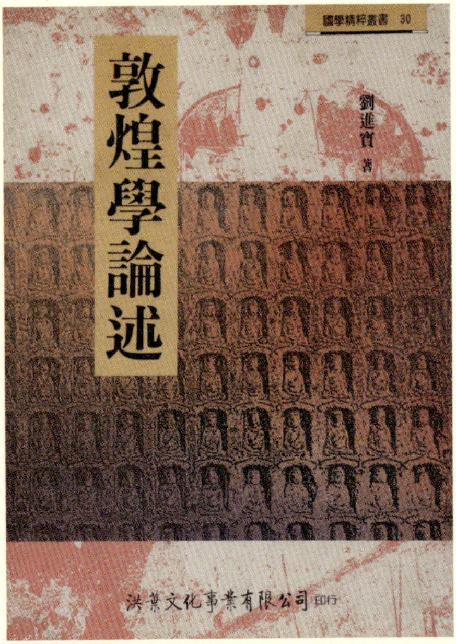

台湾洪叶文化事业有限公司，1995年中文繁体字版

韩国Acanet出版社，韩文本，2003年版

甘肃教育出版社，2002年版

新疆人民出版社，2010年版

一部优秀的通论性作品应该具备哪些要素？

——《敦煌学通论》(增订本)序

郝春文

有关敦煌学的出版物，大致可以分为三类，即专题性论著、通论性著述和通俗读物，其他学科的情况应该也差不多。至少对作者来说，这三类作品预设的受众和写作旨趣应该都是有差异的。

就受众而言，论文和专著主要面向学者；而通论性作品主要面向的是知识界，包括不同专业的学者和大专学生；通俗读物则主要面向公众。当然这只是对阅读群体的大致划分。对个体来说，情况会复杂一些，突破以上界限的情况也是存在的。

就作者的素养和写作旨趣而论，论著要求作者具有深邃的眼光和卓越的洞察力，以及良好的思辨能力和分析能力，写作的主要价值取向是追求新的创见和深刻的分析；通论则要求作者具有高超的概括、综合能力，严密的逻辑思维能力以及良好的语言表达能力，其内容追求概括准确、架构合理、条理清晰、语言简明流畅；通俗读物则要求作者具备用浅显生动的语言介绍专门系统知识的能力，把高深的专业知识转化为公众可以轻松阅读的文字，其内容力求深入浅出，语言以生动风趣为佳。

依据以上分界，通论性著述的基本要求是：概括准确、架构合理、条理清晰、语言简明流畅。

所谓概括准确是指作者要把所概述之学科深奥的专业知识用准确简明的语言表述给读者。既是通论，撰写者就不可能对其撰写的内容都精通，概括别人的研究是必不可少的，甚至是必须的。通论和个人著作的差异就是论著主要反映的是个人的认识，而通论应主要反映学术界的共识。所以凝练和概括共识是通论撰写者的重要基本功。所谓架构合理是指作者要通过恰当的体系和组织结构把学科的内涵和性质展现给读者，这就要求作者有高度的综合能力。由于不同学科内涵、性质和学科面貌各不相同，所以通论性著述的体系和组织结构也应服从内容的需要。比如敦煌学是交叉学科，其学科面貌与历史、文学等依据内容分类的单体学科面貌完全不同，所以敦煌学通论的体系和组织结构也应该有自己的特点。所谓条理清晰是指一部好的通论性著作要有严密的逻辑性，无论内容的编排和语言的表达都应该符合逻辑，以方便读者了解和把握作者所介绍的学科概况。至于语言简明流畅，可以分为简明和流畅两个方面。语言简明扼要应是对论著、通论和通俗作品的共同要求，通论类著述因为面对的是不同学科的专业人员，所以还应该尽量使文笔流畅一些，如行云流水，尽量避免艰涩生硬。

就敦煌学的发展而言，论著、通论和通俗读物可以满足不同层面的读者需要，各有其存在的价值。一百多年来，敦煌学界关于以上三类出版物都贡献了丰硕的成果，也积累了丰富的经验。

管见所及，最早出版的有关敦煌学的通论性出版物是1956年上海古典文学出版社的姜亮夫先生之《敦煌——伟大的文化宝藏》。在台湾，则有1965年出版的苏莹辉先生之《敦煌学概要》。在改革开放以前，有关敦煌学的通论性著述似乎只有这两种。

改革开放以后，随着敦煌学的快速发展，通论性著作的撰写也得到了学术界的重视，陆续出版了十多种。2010年，高等教育出版社也出版了我主编的《敦煌学概论》。在这十多种介绍敦煌学的通论性著述中,刘进宝教授于1991年出版的《敦煌学述论》是较早出版的一种。该书在充分参考、概括国内外相关研究成果的基础上,从敦煌的历史、敦煌石窟艺术、敦煌文物的流散、敦煌遗书、敦煌学研究五个方面对敦煌学进行了比较全面系统的介绍。这五个部分,涵括了敦煌学发生的背景、重要的研究对象以及敦煌学的发展历程,全面反映了敦煌学的基本内涵。如果用上述对通论性著述的要求来衡量,这部著作达到了概括准确、架构合理、条理清晰、语言简明流畅,因而是一部优秀的通论性著作。该书出版后受到读者的欢迎,不仅成为读者全面了解敦煌学的重要参考书,也是高校教师开设有关敦煌学课程的重要参考书。我自己在开设敦煌学课程时,也一直将此书列为参考书。

评价一部著作的影响,或许可以有很多指标,但不断再版应该是权重最大的指标。从作者的前言可知,此书除了台湾版和韩文版,仅在中国大陆就四次修订再版。最新的一版就是即将出版的《敦煌学通论》(增订本)。所以,进宝教授撰写的《敦煌学述论》以及由其改编而成的《敦煌学通论》,应该是改革开放以来国内外流行较广、影响较大的一部敦煌学通论。

事实已经证明,进宝教授是撰写通论类作品的高手,具有很高的概括能力和良好的语言表达能力。所以,我们有理由对他提出更高的要求。

一部学术发展史表明,不仅论著类作品可以写成经典,通论性作品和通俗读物其实也可以写成经典。如所周知,哪一类出版物要想写成精品,都要付出艰苦的努力;而要创造经典,不但要付出更大的努力,还要经得起时间的检验。从已经被学术界公认的学术经典来看,创造通论类或通俗读物类经典的难度要大于论著类。进宝教授撰写的《敦煌学通论》(增订本)无疑已经成为通论类作品中的精品,所以我们有理由要求他继续努力,将这部作品进一步打磨成通论类作品的经典。

应该承认，如果用更高的要求，这部《敦煌学通论》（增订本）需要改进的地方还有不少。

首先是缺乏对敦煌学理论和方法的介绍。作为一部全面反映敦煌学历史和现状的敦煌学通论，肯定要有专门的章节介绍敦煌学的理论和方法。改革开放以来，学术界对敦煌学的理论和方法已有很多探索，不少重要的看法已经形成共识，应该把共识概括到书中去。但目前的《敦煌学通论》（增订本）还缺少这样的章节。

本书对敦煌学的定义也有待完善。作者对敦煌学的定义是"所谓敦煌学，就是指以敦煌遗书、敦煌石窟艺术、敦煌学理论为主，兼及敦煌史地为研究对象的一门学科"。这个定义高度概括了敦煌学的研究对象，但其缺点是没有强调敦煌学属于交叉学科，而敦煌学的基本特征就是多科性和学科交叉。所以，不将其定义为交叉学科，就无法回应敦煌学何以成立的问题。正是由于这个原因，我在 2011 年发表的《论敦煌学》①一文中，将敦煌学定义为："敦煌学是以敦煌遗书、敦煌石窟艺术、敦煌史迹和敦煌学理论等为主要研究对象，包括上述研究对象所涉及的历史、地理、社会、哲学、宗教、考古、艺术、语言、文学、民族、音乐、舞蹈、建筑、科技等诸多学科的新兴交叉学科"。这个定义对研究对象的表述参考了进宝教授的概括，略有调整，但内涵更为丰富，既包括了敦煌学的研究对象及所涉及的学科，也强调了其学科属性为新兴交叉学科。

本书的结构设计整体上是合理的，但也还存在不协调之处。如第五章"敦煌学研究遍天下"之"节"的设计。该章每节的设计，有的是按时间顺序叙述，有的是按单位、地区或国别叙述，使人感觉比

① 郝春文《论敦煌学》，《光明日报》2011 年 2 月 17 日第11 版。

较凌乱。如能打通港澳台、国内外,统一按时间顺序叙述,眉目似更为清楚。

另一个问题就是内容平衡问题。如前所述,通论性作品应以全面反映学科的基本面貌为指归。不能自己熟悉的就多写,不熟悉的就少写,内容的多寡应该服从介绍学科概况的逻辑需要。从作者的前言看,《敦煌学通论》(增订本)删减或压缩了一些自己不熟悉的内容。我以为这些方面不仅不应该删掉或压缩,反而应该加强才对。此外,自己熟悉的内容多写的情况,在目前的文稿中也是存在的。

最后是全书字数问题。一部通论性作品多少字为宜,似乎没有定论。进宝教授的《敦煌学通论》是40多万字,这个增订本的文字是50万左右。不过我以为从读者阅读的角度考虑,通论性作品似乎在20万至30万字左右为宜。

以上所谈都是个人的一孔之见,不一定都恰当,仅供进宝教授和读者参考。

敦煌学经过一百多年的发展,论著类的经典已经产生了。但通论性著作和通俗类作品,似乎尚未见学界公认的经典。希望进宝教授快马加鞭,争取创造出达到经典水准的敦煌学通论。

我喜欢读序,但自知力有未逮,故极少为之。进宝教授索序于我,初未应允。无奈他一再坚持,念我和进宝教授谊在同年,所交匪浅,不忍坚拒。遂聊缀数言,权充引玉之砖吧!

2019年1月于普林斯顿

一个青年学子的梦想与情怀

——从《敦煌学述论》到《敦煌学通论》(增订本)

刘进宝

我是1979年9月进入甘肃师范大学历史系学习的。甘肃师范大学是原来的西北师范学院,学校坐落在兰州黄河北面的十里店,离市区比较远。上学期间,除了学校图书馆外,能够经常去的就是十里店新华书店。当时书店的历史书比较少,但有几种常年在书架上,即胡如雷先生的《中国封建社会形态研究》,韩国磐先生的《隋唐五代史纲》和《隋唐五代史论集》,这几本书给我留下了非常深刻的印象。由于当时经济非常困难,买这些书对我来说已经非常奢侈了。现在再来翻看这些书,都是大32开,《中国封建社会形态研究》是1979年7月三联书店出版的,13.5个印张,定价1.3元;《隋唐五代史纲》(修订本)是人民出版社1979年5月出版的,17.25个印张,定价是1.25元;《隋唐五代史论集》是三联书店1979年10月出版的,14.75个印张,定价是1.5元。也正因为有这样艰难的买书经历,在以后的著作出版和主编图书的过程中,我通常会有意识地从读者的角度考虑,与出版社商谈开本、纸张和定价,就是为了让一般的学子在有限的条件下能多买几本书。

大学阶段后期,我的兴趣转向了敦煌学。1983年大学毕业后有幸留在了刚成立的西北师范学院敦煌学研究所。这时候心中便有了一个念想，即我从事敦煌学研究，如果也能像韩国磐先生的《隋唐五代史纲》和《隋唐五代史论集》一样，能写一本《敦煌学概论》，再出版一本《敦煌学论文集》，是当时最大的心愿。

1983年成立的西北师范学院敦煌学研究所，是由历史系、中文系、地理系、音乐系等专业的老师组建的综合性研究机构，当时想囊括敦煌学的各个方面。我留校后没有明确的研究方向，当时也没有今天的课题制，就是自由发挥，自己读书。1984年，学校下发文件，要求留校的青年教师都要报考研究生，报考外单位者皆委托培养，报考本单位者皆在职读书。在这一形势下，我拟报考兰州大学的敦煌学专业，由于我本科阶段学习的是俄语，但兰州大学的招生简章上没有俄语，西北师范学院人事处也与兰州大学招生办公室进行了沟通，但招生简章已经公布不能更改，于是我就报考了本系金宝祥先生的隋唐史（当年西北师范学院历史系只有两位教授招生，另一位是魏晋南北朝史专家王俊杰先生）。

研究生三年（1985—1988年）我主要跟金先生学习隋唐史。当时金先生正在计划撰写一部《隋史》，有两位青年教师侯丕勋和李清凌协助，我入学后金先生也让我参与此项工作，主要研究隋末唐初的历史，即隋史余波。其成果就是1989年由兰州大学出版社出版的《隋史新探》（金宝祥、李清凌、侯丕勋、刘进宝著）。

虽然我学习的方向是隋唐史，但我的工作单位是敦煌学研究所，因此敦煌学也是我念念不忘的，并经常翻阅相关书刊、参加相关会议和活动。1988年，一个偶然的机会，我为《兰州晚报》开设的“通俗敦煌学”专栏撰写专稿，一周三篇左右，每篇约500字，主要是将学习中读到的相关论著用自己的语言介绍给社会大众。当时我正在参与大学老师郭厚安、吴廷桢等先生主编的《中国历史上的改革家》《悠久的甘肃历史》《甘肃古代史》《河西开发史研究》等书稿的撰写，经常去出版社送稿取稿，这样就与甘肃出版界有了比较密切的接触和交流。

1989年底，往甘肃教育出版社送稿后，副总编辑张祚羌问我个人写什么书？我就谈了《兰州晚报》的“专栏”情况，提出想写一本比较全面系统地介绍敦煌学的通俗著作。张祚羌先生听了我的计划后，表示全力支持。可能是为了鼓励我，也使我下决心完成书稿，在没有任何条件（出版经费、购买图书等），也没有见到一章一节书稿的情况下，张祚羌先生给我出具了书面证明：“西北师范大学刘进宝同志正在撰写的《敦煌学》是一部有较高水平的学术著作，甘肃教育出版社决定接受出版。”正是由于张祚羌先生的支持与鼓励，我排除了其他杂念，阅读了大量的论著，从而有了甘肃教育出版社1991年底出版的《敦煌学述论》。

《敦煌学述论》共28万字，从敦煌的历史、敦煌石窟艺术、敦煌文物的流散、敦煌遗书、敦煌学研究五个方面对敦煌学进行了比较全面系统的介绍，正如我在1991年4月18日所写“后记”中说：“本书既有自己的一点研究心得，也吸收了国内外学术界的研究成果，将其提炼、综合后，加以通俗地叙述。”为了充分尊重前人的劳动成果，我采用页下注的方式尽最大可能将参考资料和文献注释清楚，对于那些本人既无研究，又不大熟悉，但又不能缺少的内容，为全面介绍敦煌学，将前人的贡献尽可能完整、全面地反映出来，我主要依据前人的既有研究，采用每节后面加以说明的方式，对这部分内容进行了综述、提炼。如《墙壁上的图书馆——敦煌壁画概述》后注明：“本节主要参考资料：段文杰先生《敦煌壁画概述》《形象的历史——谈敦煌壁画的历史价值》《道教题材是如何进入佛教石窟的》，以上均见《敦煌石窟艺术论集》；段文杰先生《敦煌艺术概观》、李永宁先生《敦煌壁画的世俗性》、谢生保先生《敦煌壁画中的佛教故事画》，以上均见《文史知识》1988年8期。”在《飞天新装挥舞迎——敦煌的飞天艺术》后注明：“本节主要参考资料：段文杰先生《飞天在人间》，载《文史知识》1988年8期，《飞天——乾闼婆与紧那罗》，载《敦煌研究》1987年1期；谭树桐先生《敦煌飞天艺术初探》，载《1983年全国敦煌学术讨论会文集·石窟、艺术编下》；刘凌沧先生《敦煌飞天》，载《文物天地》1982年2期。”在《科学技术的珍宝》后注明：“本节主要参考资料：邓文宽先生《敦煌文献中的天文历法》，载《文史知识》1988年8期；王进玉先生《敦煌石窟中的古代科技成就》，载《科学》1988年4期；舒学先生《敦煌汉文遗书中雕版印刷资料综述》，载《敦煌语言文学研究》，北京大学出版社1988年版。”在《诗苑奇葩竞争艳》下面注明“本节主要依据张锡厚先生《敦煌诗歌考论》(载《敦煌学辑刊》1989年1期)一文写成，特此说明”。

从上面的叙述可知，《敦煌学述论》是在充分吸收前人成果的基础上编著的一本综合性、系统性，以全面介绍敦煌学知识为主的图书。当时敦煌学已经成了一门国际显学，但由于敦煌学包含的范围实在太广泛了，而本书是比较全面介绍敦煌学的第一本著作，所以出版后得到了学术界的关注与赞扬，不仅获得了有关出版和科研奖，而且台湾洪叶文化事业公司和韩国Acanet出版社还通过版权贸易出版了中文繁体字版和韩文本。

20世纪80年代末90年代初，当海峡两岸的人文科学研究者开始接触和交流时，敦煌学走在了前列。我在1993年4月的台湾版“序言”中写道：“尤其值得庆贺的是，海峡两岸敦煌学研究者的交流与协作日益密切。1988年、1992年在北京举行的敦煌吐鲁番学术讨论会和1990年在敦煌举行的敦煌学国际学术讨论会，都有台湾地区的学者参加。1992年9月，敦煌研究院段文杰、李正宇、梁尉英三位敦煌学家获准访台，与台湾学者进行了学术交流与接触，潘重规教授还受聘为敦煌研究院荣誉院士。”段文杰等先生的台湾之行，开启了大陆人文学者赴台交流的先河，可以说是破冰之旅。《敦煌学述论》台湾版也正是在两岸学术交流和联系日益密切背景下的产物。

韩文本的翻译出版却费尽周折。从全寅初教授的“译者序言”可知:1997年秋,韩国延世大学人文学院院长、韩国中国中语学会会长全寅初教授得到了台湾版的《敦煌学述论》,阅读后认为"本书论及了'敦煌学'的全部内容","是对敦煌学的整体内容做了比较详细而系统论述的研究书籍"。认为拙著有三方面的价值:"有利于对'敦煌学'整体的把握","本书是了解中国边疆历史的重要研究书籍","确立了'敦煌学'作为世界性学科的地位"。"尽管'敦煌学'是一门重要的学科,但在我国迄今为止不仅没有有关'敦煌学'的研究书籍,甚至没有一本像样的译著。""我认识到将本书译成韩国语,介绍给国内学术界的工作是极其必要的。因此,我向大宇学术财团推荐此书作为'翻译对象书'候选书目,后来我又被幸运地选为译者,使我能够尽享翻译此书的荣光。"但由于全寅初教授得到的是台湾洪叶文化事业公司出版的繁体字版,当与台湾方面联系版权事宜时,又涉及笔者和甘肃教育出版社,而当时的沟通联系又不顺畅,所以迟迟未能达成协议。直到"2000年7月末,我(全寅初)在参加'纪念敦煌藏经洞发现100周年国际学术会议'时,见到了本书的原作者刘进宝教授,他同意在韩国出版此书,并赋予我与此事相关的所有义务和权限。至此,历时3年的有关翻译版权的协商才告一段落"。正是因为有这些版权方面的波折,全寅初教授翻译的韩文本直到2003年才出版。

这中间还有一个插曲,即全寅初教授正在联系签订版权协议时,我接到了韩国青年敦煌学者郑炳闰的信。他说已基本将我的《敦煌学述论》翻译完毕,正在联系出版事宜,出版社需要我的授权。我很遗憾地告诉他:《敦煌学述论》已经由韩国延世大学的全寅初教授翻译。虽然如此,我还是非常感谢郑先生的肯定与赞赏。

1998年,甘肃教育出版社总编辑白玉岱和副总编辑黄强先生决定重印《敦煌学述论》,并建议我增补修订,拟于2000年6月藏经洞发现100周年时出版。我愉快地接受了这一建议,全身心地投入增补修改工作。1999年9月底完成交稿,定名为《敦煌学述论》(增订本)。

2000年3月一校后，由于出版社计划的调整，拟将《敦煌学述论》(增订本)收入甘肃教育出版社正在组织的“敦煌学研究丛书”中，出版社从全套“丛书”的整体结构和发行等方面考虑，建议将书名改为《敦煌学通论》。但我清楚，它还不是一本真正意义上的《敦煌学通论》，所以我在2000年3月14日写的本书“后记”中说：“由于本人学识有限，见闻不广，再加上时间紧迫，本书肯定还有许多不足、缺点，甚至错误之处。对于这些缺点、错误，我一如既往地欢迎学界前辈和同志们予以指正、批评。我也会加倍努力，如有机会再次修订出版，将使之更加完善，成为一本名副其实的《敦煌学通论》。”

由季羡林先生主编的“敦煌学研究丛书”12本，于2002年出版后得到了学术界的高度赞扬，2004年荣获第14届“中国图书奖”。《敦煌学通论》也获得了江苏省政府社科奖，并很快销售一空，还重印了一次。

2010年1月14日，新疆人民出版社副总编辑张田先生打来电话约稿：新疆人民出版社正在组织策划“丝绸之路研究丛书”，希望我承担其中的《丝绸之路敦煌研究》。由于我当时诸事繁杂，尤其是对丝绸之路缺乏研究，便推辞拒绝。但张先生说，如果重新写作，肯定没有时间，新疆方面找了相关的敦煌学研究图书，最后选定了我的《敦煌学通论》，希望我在《敦煌学通论》的基础上修改增删。张先生还提到，由于没有我的联系方式，他是从《敦煌学通论》的《后记》中得知我在西北师范大学，就给西北师范大学人事处打电话找我，人事处说我调到了南京师范大学，又给南京师范大学人事处打电话才找到了我的联系方式。张田先生说的情况感动了我，我便答应考虑考虑。张先生紧接着说，他来南京找我面商。我当时想，这可能仅仅是张先生随口一说，乌鲁木齐到南京相距甚远，再加上快到春节了，哪有时间啊!2月1日晚，张田先生给我打电话说已到了南京并入住南京师范大学南山专家楼。2日我们见面时，张先生与我商谈了稿件的要求等事宜，并当场签订了《图书出版合同》。

这样,我就全力以赴地投入书稿的修订写作之中,到8月基本完成了60万字的书稿。书稿电子版发给出版社后,一方面由出版社请相关专家审读,另一方面我继续补充完善。2011年初,《丝绸之路敦煌研究》由新疆人民出版社出版。与《敦煌学通论》相比,《丝绸之路敦煌研究》虽然有自己的特色和定位,但毕竟是以《敦煌学通论》为基础和蓝本的,所以在我的心目中,它就是《敦煌学述论》的第三版。

虽然《丝绸之路敦煌研究》有一定的学术价值,也获得了江苏省政府社科奖,但作为"丝绸之路研究丛书"之一的《丝绸之路敦煌研究》是整套发行,没有单本销售,一般的读者是很难全部购买的,所以影响有限。

《敦煌学通论》于2002年出版后,出版社也重印过一次,但很快就销售完毕。甘肃教育出版社领导王光辉、薛英昭两位先生曾几次谈过修订重印的问题,我由于诸事繁杂,一直没有正面回应。从2018年初开始,王光辉先生几次电话或当面约稿,希望我写一本或主编一本新中国成立70年来的敦煌学研究。但如前所述,敦煌学包含的范围实在太广了,再加上我的教学、科研任务繁重,实在没有时间、能力和学养来完成这一重任。但他们的深情厚意和信任,仍然让我十分感动,就答应并商谈了增删修订《敦煌学通论》。

现在呈现在读者面前的《敦煌学通论》(增订本),我主要做了以下工作:

内容方面,将我没有研究或不熟悉的内容尽量删节。如敦煌莫高窟是集壁画、雕塑与建筑为一的整体,也是其最重要的内容和特点。《敦煌学通论》除了壁画、雕塑和建筑外,还有飞天和乐舞两节。而我对飞天和乐舞根本没有研究,而飞天本身就是壁画中的内容之一,曲谱、舞谱属于遗书的内容,乐器、舞蹈又是壁画中的东西,单独作为一节似乎不大合适,所以删除了敦煌的飞天艺术和乐舞艺术。另外,敦煌遗书的内容包括史学、文学、民族、宗教、科技等，在我撰写《敦煌学述论》时，敦煌语言文学的研究最为活跃，研究成果也特别丰富，因此对文学方面的叙述比较多，共有变文、诗歌、曲子词三节，从而显得轻重不一，而我的专业是历史学，对文学缺乏研究，绝大部分是综合叙述，所以就将此三节压缩合并为一节；《敦煌学通论》中的《唐代地方公文的处理程式——敦煌吐鲁番的官文书》一节，因为主要使用的是吐鲁番和大谷文书，超出了敦煌学的范围，所以此增订本也不再收录。

在删节的同时，也增加了部分内容，如敦煌历史部分，较多地吸收了甘肃地方史研究的成果，将以前论述比较薄弱的宋至清代的敦煌历史给予了较多关注，从而将敦煌的历史完全贯通。另如，一般读者都有疑问：敦煌艺术是佛教艺术，莫高窟是佛教石窟，最后的守护者怎么会是道士王圆禄？本书对此也给予了明确回答。1524年，明朝关闭嘉峪关后，敦煌遂为信奉伊斯兰教的吐鲁番部族所据。清朝统治敦煌后，通过移民等措施，逐渐恢复了社会经济。但由于邻接敦煌的新疆居民，此时大多已信奉了伊斯兰教，从而使清代敦煌的佛教艺术成了无源之水、无本之木。而从元代以来，敦煌就成了佛道交融之地，在《敦煌莫高窟供养人题记》中，就有清代道教徒留下的不少题记。而清代重修莫高窟时，也增添了不少道教的内容，甚至还将有些洞窟改为娘娘庙，从而使敦煌的道教到清代时仍有一定的势力。再加上当时敦煌民间对佛道的区分不明显，所以当王圆禄以道士身份居住在佛教洞窟中时，并未引起当地百姓的反对。反而因他说的是汉话，诵读的是汉文道经，能够满足大部分群众的需求，很快就得到了当地百姓的信任。再如敦煌景教文献部分，学术界的最新成果指出，得自藏经洞的P.3847《大秦景教三威蒙度赞》《尊经》是真本无疑；李盛铎旧藏的《志玄安乐经》和《宣元本经》也应该没有问题；富冈谦藏旧藏《一神论》和高楠顺次郎旧藏《序听迷诗所经》，无确切清楚的来源，很可能是今人依据明清以来的基督教文献伪造出来的；小岛靖号称得自李盛铎旧藏的《大秦景教宣元至本经》和《大秦景教大圣通真归法赞》，则完全是赝品。

注释方面：原来的注释附于每章之后，读者参考阅读颇不方便，增订本不仅改为页下注，而且引文更加规范、清晰。古籍文献的引文，尽可能注明了版本、页码。由于敦煌文献的图版绝大部分已公布，就尽可能注明图版在《英藏敦煌文献（汉文佛经以外部分）》《法藏敦煌西域文献》等图版本的册数和页码。

另外，这次增订与1991年版的《敦煌学述论》一样，对我不熟悉或没有研究的内容，主要依据前人研究成果综述的部分仍然加以说明，以尊重前人的劳动和贡献。如《敦煌壁画的内容》主要是依据段文杰先生的成果分七类予以介绍，就在后面注明："本节主要依据段文杰先生《敦煌壁画概述》改写，详见段文杰《敦煌石窟艺术研究》，甘肃人民出版社，2007年，第144—150页。"《敦煌壁画的历史价值》也是根据段文杰先生的研究综述的，所以在后面注明："本节主要依据段文杰先生《形象的历史——谈敦煌壁画的历史价值》(《敦煌学辑刊》第一集，1980年)改写，特此说明。又见段文杰《敦煌石窟艺术研究》。"在《敦煌的彩塑艺术》后注明："本节主要参考资料：孙纪元《谈谈敦煌彩塑的制作》，载《敦煌研究文集》，甘肃人民出版社，1982年；《略论敦煌彩塑及其制作》，载《中国石窟：敦煌莫高窟（三）》，文物出版社，1987年；段文杰《敦煌彩塑艺术》，载《敦煌研究》试刊第一期；杜永卫《莫高窟彩塑艺术(敦煌艺术小丛书之十六)》，甘肃人民出版社，1986年。"

我们认为："所谓敦煌学，就是指以敦煌遗书、敦煌石窟艺术、敦煌学理论为主，兼及敦煌史地为研究对象的一门学科。"本书也主要对敦煌学的这些内容作了探讨和介绍，力争全面阐释敦煌学。但由于笔者学养不够，对石窟艺术的介绍相对薄弱一些，这不能不说是一点遗憾。

《敦煌学述论》从1991年出版至今快30年了，这期间敦煌学研究取得了巨大的成绩，可以说发生了翻天覆地的变化。本书的增订，虽然力争反映这一发展和变化，但由于本人的学识有限，仍然未能达到这一目的。如在敦煌石窟艺术、敦煌文学、敦煌科技方面，笔者未能涉足研究，缺少或没有自己的见解，只能对前人的研究进行综述和提炼。如果有机会再次修订，将对相关薄弱的部分进行强化，使其能成为一本名符其实的《敦煌学通论》。

2019年1月1日

目录

引言　东方学背景下的敦煌学 ………… 001

第一章　千载沧桑话敦煌 ………… 019

第一节　先秦时期的敦煌 ………… 022

一、敦煌的自然地理 ………… 022

二、早期的文化和人类活动 ………… 023

第二节　秦汉时期的敦煌 ………… 029

一、月氏的兴起及其在敦煌的活动 ………… 029

二、乌孙的兴起及其在敦煌的活动 ………… 033

三、匈奴在敦煌的活动和汉匈战争 ………… 035

四、丝绸之路的开通 ………… 039

五、设置郡县行政区 ………… 046

六、建立军事防御体系 ………… 048

七、移民实边与河西屯田 ………… 052

第三节　魏晋南北朝时期的敦煌 ………… 057

一、学术文化的发展 ………… 057

二、佛教活动的兴盛 ………… 065

三、佛教艺术之花的绽开 ………… 068

第四节　隋唐时期的敦煌 ………… 071

一、隋炀帝对河西的经营与张掖互市 ………… 072

二、唐前期对敦煌的统治与经营 ………… 076

三、经济的高度发展 ………… 079

四、丝绸之路的繁荣 ………… 083

五、辉煌灿烂的莫高窟艺术 ………… 088

第五节　吐蕃对敦煌的统治与经营 ………… 091

一、吐蕃对敦煌的统治 ………… 091

二、吐蕃时期的部落、将制 …………………… 098
三、吐蕃时期的经济制度 …………………… 100
四、渐趋衰退的敦煌艺术 …………………… 103
第六节　归义军时期的敦煌 …………………… 106
一、归义军政权的建立 …………………… 106
二、归义军政权的沿革 …………………… 113
三、归义军时期的统治政策 …………………… 123
四、“日落西山”的莫高窟艺术 …………………… 135
第七节　两宋时期的敦煌 …………………… 140
一、沙州回鹘政权 …………………… 140
二、西夏对敦煌的统治 …………………… 150
第八节　元明清时期的敦煌 …………………… 158
一、元代对敦煌的统治与经营 …………………… 158
二、明朝统治下的敦煌 …………………… 162
三、清朝时期敦煌的中兴 …………………… 164

第二章　艺术瑰宝千佛洞 …………………… 167

第一节　莫高窟的创建与编号 …………………… 169
一、莫高窟的创建 …………………… 169
二、莫高窟北区考古的新发现 …………………… 173
第二节　敦煌的壁画艺术 …………………… 177
一、敦煌壁画的内容 …………………… 177
二、敦煌壁画的历史价值 …………………… 181
第三节　敦煌的彩塑艺术 …………………… 185
一、敦煌彩塑的内容及分类 …………………… 185
二、敦煌彩塑的制作 …………………… 188

第四节　敦煌的建筑艺术 …………………… 192
一、敦煌的古建筑实物 ………………………… 192
二、壁画中的古代建筑 ………………………… 193

第三章　扼腕愤谈伤心史
——敦煌文献被盗记 ………… 199

第一节　震惊世界的大发现 ………………… 201
一、藏经洞遗书的发现 ………………………… 201
二、土地庙文书发现记 ………………………… 206
第二节　千古之谜谁解说
——敦煌藏经洞封闭之谜 …… 213
一、藏经洞原为洪䛒(辩)影窟 ………………… 213
二、藏经洞封闭之谜 ……………………………… 215
第三节　斯坦因与敦煌文书的外流 ……… 225
一、斯坦因及其第一次考察 ………………… 225
二、斯坦因第二次中亚探险与千佛洞骗宝
……………………………………………… 240
三、斯坦因的收获与英藏敦煌文书 ……… 253
第四节　伯希和与法藏敦煌文献 ………… 258
一、法国的"汉学"研究 ……………………… 258
二、伯希和在敦煌的活动 …………………… 262
三、巴黎所藏的敦煌文献 …………………… 272
第五节　大谷光瑞考察团与敦煌吐鲁番文书
……………………………………………… 276
一、橘瑞超在敦煌、新疆的活动 …………… 276
二、日本的敦煌吐鲁番文书 ………………… 288

第六节　俄国对敦煌及中国西北的考察 …………………………………… 302

一、组织考察的“俄国委员会” …………… 302

二、鄂登堡与敦煌盗宝 …………………… 306

三、俄国的敦煌文书 ……………………… 312

第七节　美国华尔纳对敦煌艺术的破坏 …………………………………… 319

一、第一次盗劫 …………………………… 319

二、第二次考察与哈佛燕京学社 ………… 325

三、损失惨重难挽回 ……………………… 330

第八节　劫余断篇的流散 ………………… 336

一、早期的流散 …………………………… 336

二、运京途中遭劫记 ……………………… 338

第九节　敦煌文物流散的原因 …………… 344

一、总体背景的探讨 ……………………… 345

二、具体原因的分析 ……………………… 349

第四章　敦煌遗书
——百科全书式的宝藏 ………… 357

第一节　敦煌文书与历史研究 …………… 359

一、提供了丰富的材料 …………………… 359

二、推动了学术研究的进展 ……………… 362

三、填补了历史研究的空白 ……………… 369

第二节　敦煌文书中的宗教学材料 ……… 373

一、“佛教遗书”甲天下 …………………… 373

二、道教典籍 …………………………………… 378
三、三夷教 ……………………………………… 383
第三节　寺院生活的真实写照 ……………… 398
一、敦煌寺院“唱衣”研究史 ………………… 398
二、佛教典籍中有关“唱衣”的规定 ………… 407
三、敦煌文献中的“唱衣” …………………… 412
四、敦煌“唱衣”的地域特色 ………………… 416
第四节　敦煌文学及其学术价值 …………… 421
一、变文的题材、内容和价值 ………………… 421
二、敦煌诗歌的类型及其价值 ……………… 433
三、敦煌的曲子词 …………………………… 458
第五节　敦煌的科技资料 …………………… 475
一、丰富的天文学资料 ……………………… 475
二、雕版印刷术的实证 ……………………… 479
三、敦煌的医学文献 ………………………… 484

第五章　敦煌学研究遍天下
——敦煌学的发展及其研究概况
…………………………………… 489

第一节　敦煌学的产生及发展 ……………… 491
一、敦煌学的产生及其初步发展 …………… 491
二、敦煌考古与敦煌艺术研究 ……………… 502
三、国立敦煌艺术研究所 …………………… 518
四、台港地区的敦煌学 ……………………… 527
第二节　敦煌学的蓬勃发展 ………………… 541

一、研究队伍日渐壮大 …………………… 541
二、学术活动日益频繁 …………………… 546
三、研究成果大量涌现 …………………… 551
第三节　国外的敦煌学研究 ……………… 570
一、法国的敦煌学研究 …………………… 570
二、敦煌学研究在日本 …………………… 583
三、其他国家的敦煌学研究 ……………… 593
第四节　新世纪的敦煌学 ………………… 602
一、敦煌文献的整理校释 ………………… 602
二、国际合作与交流的进一步加强 ……… 607
三、需要加强的几个方面 ………………… 610

后　记 ………………………………………… 613

引言

东方学背景下的敦煌学

一

20世纪初叶，敦煌藏经洞遗书的发现，震动了国内外学术界，引起了国内外学者的关注与研究，从而在世界上兴起了一门新学科——敦煌学。

敦煌学自产生以来虽然已有一百多年的历史，但由于对敦煌学理论研究的轻视，致使目前国内外学者对敦煌学的概念、含义及研究对象众说纷纭、莫衷一是。或称为敦煌学，或称为敦煌研究，或称为敦煌文献研究。

我们认为，所谓敦煌学，就是指以敦煌遗书、敦煌石窟艺术、敦煌学理论为主，兼及敦煌史地为研究对象的一门学科。这门学科所涉及的范围非常广泛，大凡中古时代的宗教、民族、文化、政治、艺术、历史、地理、语言文字、文学、哲学、科技、经济、建筑、民族关系、中西交通等各门学科，都可利用敦煌学资料，或填补空白，或纠正前人的错误，或改变某些传统的说法。正是由于敦煌遗书和敦煌石窟艺术的内容十分广泛，所以有人喻之为"学术的海洋"、我国中古时期社会经济和意识形态的"百科全书"。

我们这样表述敦煌学，是由其性质决定的。因为所谓敦煌学，就是指以敦煌为研究对象的一门学科。而在中国数千上万的州郡县中，敦煌所以独特，以地名学，形成一门国际性的显学，正是由于在敦煌发现了约六万卷的敦煌遗书和在敦煌保存下了以莫高窟、榆林窟、西千佛洞等为代表的大量石窟艺术的缘故。也正是由于敦煌遗书和敦煌石窟艺术的存在，敦煌学才成了一门学科。敦煌学既然是一门学科，就有必要从理论上加以探讨，即要搞清楚敦煌学这门学科的一系列理论问题，因此敦煌学理论，自然是敦煌学研究的主要对象之一。

还由于敦煌学是以地名学的一门学科，所以敦煌史地也是敦煌学研究的对象之一。

敦煌学的内容虽然十分广泛，但经过科学地整理、归纳、分类后，都可以包含在敦煌遗书、敦煌石窟艺术、敦煌学理论和敦煌史地四项之中。现将其简单叙说如下：

第一，敦煌遗书。敦煌藏经洞发现的遗书，总数达六万卷之多，其中绝大多数是写本，一小部分是木刻本。刻本中有唐咸通九年(868年)刻的《金刚经》，首尾完整，卷首有一幅“佛说法图”，雕刻者刀法纯熟，线条细致工整，充分显示了我国雕版印刷术的精湛技术，是世界上现存最早的木刻本书籍。这些书籍除用汉文书写外，还有用藏文、梵文、回鹘文、于阗文、龟兹文、突厥文、粟特文等抄写的。藏书的内容，以佛教经典为最多，还有道教经典，经、史、子、集四部书，诗、词、曲、赋，通俗文学，域外古语言古宗教、图经、方志、医药、历书、社会经济资料等一应俱全，应有尽有。此外，还存有寺院的契约、帐簿、户籍、信札等经济历史资料。尤为可贵的是，许多写本注明了抄写年月，最早的是抄写于东晋升平十二年(368年)的《法句经》(甘博1号)，最晚的是俄藏Φ.32号《大宋咸平五年壬寅岁(1002年)七月十五日敦煌王曹宗寿、夫人氾氏添写报恩寺藏经录》。这些手抄的经卷、书籍时代性很强，是研究当时社会生活面貌的真实材料，也是研究我国近两千年学术文化发展的宝贵文献。

第二，敦煌石窟艺术。我们所说的敦煌石窟，包括以莫高窟为主体的古敦煌郡境内的所有石窟，如莫高窟、榆林窟、西千佛洞、五个庙石窟等，共计有洞窟800多个，壁画约五万平方米。在这些大大小小的石窟中，莫高窟的规模最大，内容最丰富。这些石窟的时代上起十六国，下迄清代，绵延1600多年，其规模之大，举世无双。仅就壁画的内容而言，它描绘了我国各民族、各阶层的活动，如生产劳动、风俗礼仪、帝王将相、贵族妇女、商旅往来、使者朝会、民族关系、音乐舞蹈、衣冠服饰、天文地理、医疗卫生等等。因此法国人将敦煌壁画称为“墙壁上的图书馆”。

以上所述敦煌遗书和敦煌石窟艺术，是敦煌学研究最主要的内容。这两类宝藏加在一起，真可说是包罗万象、博大精深。内容如此丰富的敦煌文化既不是西来的，也不是东去的，而是中国古老的传统文化在敦煌这个特殊的地理环境中与外来文化相结合的产物。魏晋南北朝时，除了本土文化外，主要从西域接受了佛教文化，同时也从东面传来了中原和宋齐梁陈的写经。隋唐时期，主要从长安传来了大量写经、文献、诗词和画稿。晚唐五代宋初归义军政权时期，已形成了一个独立的“藩镇”，它有自己的政治、经济、军事、文化体系，且主要是本土产生的文化。

第三，敦煌学理论。敦煌学是一门发展中的学科，其理论建设还不够充分，仍在不断深化和探讨中。敦煌学理论主要包括敦煌学的概念、范围、特点、研究对象，敦煌学在学术研究上的价值，目前研究敦煌学的作用和意义，敦煌学史，等等。

第四，敦煌史地。我们所说的敦煌史地，就是指研究中古时代敦煌的历史和历史地理。因为敦煌艺术，乃是东传的佛教在一个具有成熟封建文化的地方的特有产物，也是民族传统文化受外来宗教刺激下出现的新形态。因此敦煌艺术的特点，就在于其地理条件的特殊，使它具有一个个性鲜明的差异。因此，作为敦煌学研究对象的敦煌史地，则是指与敦煌学其他三个主要研究对象相互关联，即与敦煌艺术的产生、发展等有密切关系的敦煌历史和敦煌历史地理。正是从这个意义上我们才说，敦煌学是指以敦煌遗书、敦煌石窟艺术和敦煌学理论为主，兼及敦煌史地为研究对象的一门学科。

以上对敦煌学及其研究对象的论述，只是笔者对这一问题的一孔之见，并非完美无缺的“统一”概念。我们认为对敦煌学这门新兴的学科来说，其概念定义是很难科学界定的，正如列宁所说：“所有的定义都只有有条件的、相对的意义，永远也不能包括充分发展的现象的各方面联系。”[①]这就是说，每一个定义不过是一种质的规定性，不可能把发展中的所有质的规定性穷尽，对敦煌学这门发展中的学科来说更是如此。

㊁

关于“敦煌学”一词出现的时间和最早的使用者，一般都认为是陈寅恪先生于 1930 年首先提出的，后来发现了日本学者石滨纯太郎于 1925 年使用“敦煌学”一词的材料，从而引起了学界的关注与争论。陈寅恪与石滨纯太郎提出或使用“敦煌学”一词的年代、背景相近，因此，我们将“敦煌学”的产生置于当时国际学术的新潮流——东方学的背景下进行探讨，希望从另一个视角提供一点借鉴。

一说到“敦煌学”，大家自然就想到了陈寅恪先生，因为一般都认为是陈寅恪先生于 1930 年第一次提出了“敦煌学”一词。

日本敦煌学家池田温先生在《敦煌学与日本人》[②]一文中曾说：由陈寅恪开始有意识地使用“敦煌学”一词，“并在学界确定下来的说法应该是没有问题的。但在其数年前，石滨纯太郎（1888—1968 年）在

---

① 列宁《帝国主义是资本主义的最高阶段》，见《列宁选集》第 2 卷，人民出版社，1977 年，第 808 页。

② 原载《日本学》13，名著刊行会，1989 年，第 132—139 页。陈汉玉译文载《国际汉学》第一辑（商务印书馆，1995 年），第 203—212 页。“按向达观点，敦煌学一词是由于 1930 年陈寅恪的使用，才在学术界通行的。其实，早几年的 1925 年 8 月，石滨纯太郎（1888—1968）在大阪怀德堂夏期讲演时，已经几次使用敦煌学一词了（石滨纯太郎《东洋学漫谈》，创元社，1943 年 7 月，56、74 页等）。可以说，敦煌学一词在二十年代就已部分使用了。”（205 页）张铭心、郝轶君译本载池田温《敦煌文书的世界》，中华书局，2007 年，此据《敦煌文书的世界》第 56 页。

大阪怀德堂夏期讲演(1925年8月)时,已经使用过若干回'敦煌学'这个词。如此看来,'敦煌学'一词在20世纪20年代已经在部分地区开始使用了。"

1924年7月至1925年2月,日本汉学家内藤湖南赴欧洲调查敦煌及中亚出土的古代文献时,石滨纯太郎也一同前往。1925年8月,石滨纯太郎在一年一度的大阪怀德堂夏期讲演中,以《关于敦煌石室遗书》为题,作了4个晚上的演讲,每次一个半小时。随后石滨又对其讲演稿略作增订,并以《敦煌石室的遗书(怀德堂夏期讲演)》为名于1925年12月印刷出版。①

就是在1925年8月的演讲及随后的成书中,石滨纯太郎多次提到了"敦煌学"一词,从其使用"敦煌学"一词的内容及含义看,它已经是一个比较成熟并且为大家所承认的词语,所以石滨纯太郎才能熟练地使用。从语言的发生发展看,"敦煌学" 一词的出现应该早于1925年,此前,在日本学术界,已经有了"敦煌派""敦煌家""敦煌党""敦煌屋"等词汇,"敦煌学"应该就是在这些词汇发展的基础上形成的,其产生的时间应该在日本大正年间(1912—1925年)。②陈寅恪先生的《陈垣敦煌劫余录序》是敦煌学史上的一篇重要文献,它最初刊载于1930年《历史语言研究所集刊》第一本第二分册。在这篇序文中,陈寅恪先生说:"敦煌学者,今日世界学术之新潮流也。自发见以来,二十余年间,东起日本,西迄法英,诸国学人,各就其治学范围,先后咸有所贡献。吾国学者,其撰述得列于世界敦煌学著作之林者,仅三数人而已。夫敦煌在吾国境内,所出经典,又以中文为多,吾国敦煌

① 王冀青《论"敦煌学"一词的词源》,《敦煌学辑刊》2000年第2期;方广锠《从"敦煌学"的词源谈起——兼为王冀青先生补白》,《敦煌学辑刊》2001年第2期。

② 参阅王冀青《论"敦煌学"一词的词源》,《敦煌学辑刊》2000年第2期。

学著作，较之他国转独少者，固因国人治学，罕具通识，然亦未始非以敦煌所出经典，涵括至广，散佚至众，迄无详备之目录，不易检校其内容，学者纵欲有所致力，而凭藉末由也。”该目录“诚治敦煌学者，不可缺之工具也”。

因为陈寅恪是在国内第一次提到“敦煌学”一词，而且当时乃至后来都不知道日本学者早已提出了“敦煌学”，否则陈寅恪也就不会在十多年后还说是自己首创。

1944 年 1 月 21 日陈寅恪在《大千临摹敦煌壁画之所感》中说：

> 寅恪昔年序陈援庵先生敦煌劫余录，首创“敦煌学”之名。以为一时代文化学术之研究必有一主流，敦煌学今日文化学术研究之主流也。凡得预此潮流者，谓之“预流”，近日向觉明先生撰唐代俗讲考，足证鄙说之非妄。自敦煌宝藏发见以来，吾国人研究此历劫仅存之国宝者，止局于文籍之考证，至艺术方面，则犹有待。大千先生临摹北朝唐五代之壁画，介绍于世人，使得窥见此国宝之一斑，其成绩固已超出以前研究之范围，何况其天才特具，虽是临摹之本，兼有创造之功，实能于吾民族艺术上别辟一新境界。其为“敦煌学”领域中不朽之盛事，更无论矣。故欢喜赞叹，略缀数语，以告观者。①

三

从敦煌学的发展、影响、实际效果和敦煌学一词的术语化过

① 原载《张大千临摹敦煌壁画展览特集》（1944 年 4 月）。此据陈寅恪《讲义及杂稿》，三联书店，2002 年，第 446 页。

程，说陈寅恪先生是“敦煌学”一词的首创者是没有问题的。但我们还需要正视的是，毕竟在陈寅恪先生之前，石滨纯太郎已经于1925年使用了“敦煌学”这个词，我们就有必要探讨“敦煌学”出现的背景。

陈寅恪和石滨纯太郎所生活的时代，国际学术的潮流是东方学，而东方学又是在西方对东方的侵略或占领下逐渐形成的一门学科。正如萨义德在《东方学》中所论述的那样，它是指西方“帝国主义”者在文字表述中用他们的眼光加诸欧洲人眼中被侵略和被殖民地区之东方。“东方学在殖民统治之前就为其进行了合理论证，而不是在殖民统治之后。”当然这种论证“离不开无数的航海探险与地理发现；离不开贸易和战争”。更离不开18世纪中叶开始的东西关系的重要特征，即“在东方与欧洲的关系中，欧洲总是处于强力地位，更不必说优势地位”。[①]

东方学正是伴随着欧洲的殖民侵略进程而发展，“东方学在研究体制和内容上获得巨大进展的时期正好与欧洲急遽扩张的时期相吻合……两个最大的殖民帝国是英国和法国”。[②]“东方学是一通用的术语，用以描述西方向东方一步一步地入侵；东方学是一个学科，通过这一学科，作为学术、发现和实践话题的东方过去曾经被（现在仍然被）西方系统地进逼……东方学一词在这两种意义上的使用，使欧洲得以安全地、实实在在地向东方挺进。”[③]如“近东与欧洲关系的主调由拿破仑1798年对埃及的入侵所奠定”。[④]“他的埃及计划开了欧洲此后与东方的一系列遭遇之先河，在这些遭遇中，东方之专业知识被

---

① ［美］萨义德著《东方学》，王宇根译，生活·读书·新知三联书店，1999年，第49页。

② ［美］萨义德著《东方学》，第51页。

③ ［美］萨义德著《东方学》，第94页。

④ ［美］萨义德著《东方学》，第52页。

直接服务于殖民的目的。”[1]

埃及学的诞生，与拿破仑18世纪末远征埃及有着直接关系。当拿破仑进军埃及时，就带领着庞大的科学艺术考察团，并在开罗成立了埃及研究院。1799年7月，法军在尼罗河支流罗塞达入海口附近修筑防御工事时，掘出了一块有稀奇古怪文字的石碑断片。这块石碑就以发现它的地点被命名为“罗塞达石碑”，其上面就有埃及的象形文字。1822年9月29日，法国学者让·弗朗索瓦·商博良宣布象形文字释读成功，这一天是公认的一门新兴学科——埃及学的诞生日。[2]

印度学的出现也有相同的背景，由于印度是英国的殖民地，所以印度学在英国发展最早，威廉·琼斯对早期印度学的发展有很大影响。[3]当英国占领印度后，琼斯于1783年到了印度，展开对印度学的研究。1784年1月15日，在琼斯的动议下，学者们在加尔各答召开了会议，宣告世界上第一个专门研究东方学的学术组织——亚洲学会成立。在琼斯创建亚洲学会之后，法、英等国也纷纷建立了自己的亚洲学会或东方学会，引发了一股世界范围内东方学研究的热潮。琼斯在印度学上的继承人科尔布鲁克从印度回国后于1823年创建了英国皇家亚洲学会。可以说，亚洲学会的建立是东方学兴起的重要标志之一。

由此可知，东方学是在19世纪上半叶西方殖民主义向东方侵略过程中逐渐形成、发展起来的，它没有一定的学科体系和理论架构，研究的对象也十分分散而不确定，并根据需要不断在转换研究重点和地域。

伴随着西方“东方学”的兴起，历史比较语言学成为学界的主流。

---

① [美]萨义德著《东方学》，第104页。

② 参阅令狐若明《埃及学：一门近代新兴学科的诞生》，《史学集刊》2002年第4期。

③ 参阅高山杉《梵语帝国史》，载高山杉著《佛书料简》，浙江大学出版社，2012年。

“历史比较语言学、印欧语系的发现，使人豁然开朗，原来人类存在亲缘关系。”①它的特点是不仅要掌握多种东西方语言文字，同时还要掌握多种东方的民族语言和死文字，利用各种文字史料对种族氏族、语言文字及名物制度进行比勘和审订。石滨纯太郎就是这样一位学者。据神田喜一郎在《追悼石滨纯太郎博士》②中说：

> 大阪这块土地，时时孕育出天才学者，石滨纯太郎博士便是其中之一。这位东洋学者的学识博大精深，在这一点上无人能够与之匹敌。他十分尊重日本的内藤湖南先生和法国的伯希和教授，自己的研究也与这两位学者方向一致。

神田喜一郎说石滨纯太郎“十分尊重日本的内藤湖南先生和法国的伯希和教授，自己的研究也与这两位学者方向一致”。伯希和懂多种语言文字，是公认的东方学大家。内藤湖南是著名的历史学家，他提出的“唐宋变革论”已经成了中国古代历史的重要命题。

内藤湖南还多次赴西方和中国考察。周一良先生说他治中国史学的“目光之犀利，资料之运用，则多少亦受西洋学风之影响。”③

---

① 参阅刘建《东方与西方：二元对立抑或交光互影——东方学研究中的几个理论与实践问题》，曾琼、曾庆盈编《认识东方学》，北京大学出版社，2014 年，第 50 页。

② ［日］神田喜一郎《敦煌学五十年》，高野雪、初晓波、高野哲次译，北京大学出版社，2004 年，第 124 页。

③ 周一良《日本内藤湖南先生在中国史学上之贡献——〈研几小录〉及〈读史丛录〉提要》，原载《史学年报》第二卷第一期。此据赵和平主编《周一良全集》第 4 册（第二编《世界史》）《日本史与中外文化交流史》，高等教育出版社，2015 年，第 332 页。内藤湖南于昭和九年（1934 年）六月二十六日去世，此文是周一良为纪念内藤去世而作，“1934 年 8 月 4 日写竟于天津”。

根据周一良先生所述，内藤湖南于明治三十年（1897年）入《台湾日报》社，留台湾八个月；三十二年（1899年）九月，旅行中国；三十五年（1902年）十月，被大阪《朝日新闻》社派遣视察中国北部东三省各地；三十八年（1905年）七月，受外务省命调查日俄战后状况，再入东三省。十一月，以全权大使小村寿太郎招，赴北京。翌年（1906年）一月，返国。脱离新闻社，复以外务省命旅行东三省各地；四十年（1907年）七月，偕稻叶岩吉视察朝鲜及东三省；四十三年（1910年）七月，与小川琢治、狩野直喜、富冈谦藏、滨田耕作诸氏同被遣来中国，调查敦煌遗书；大正元年（1912年）二月，奉命来中国，与富冈谦藏、羽田亨同至奉天采访史料；六年（1917年）十月，复被命来中国，与稻叶岩吉、高桥本吉旅行南北部凡二月；七年（1918年）九月，又入东三省。[①]由此可知，自1897年到1918年，内藤湖南来中国考察11次。除了第一次考察台湾和两次调查敦煌遗书外，主要是考察东三省，即有强烈的政治和军事目的。

内藤湖南曾多次来中国考察，其史学研究的重点是中国上古史及清初史地，“考其所以致意清初史地之由来，仍不外日人经营我东三省政策之一面，观《满蒙丛书》所收东北史地诸书之解题，强半出先生手，斯可以窥其意向所在。先生于中国史学家最服膺唐之杜君卿（佑）……而探讨我东北史地，不遗余力者，斯又君卿述作之征诸人事，施于有政，以经邦致用为根柢之意欤”。[②]

---

① 参阅周一良《日本内藤湖南先生在中国史学上之贡献——〈研几小录〉及〈读史丛录〉提要》，赵和平主编《周一良全集》第4册（第二编《世界史》）《日本史与中外文化交流史》，第333—334页。

② 周一良《日本内藤湖南先生在中国史学上之贡献——〈研几小录〉及〈读史丛录〉提要》，赵和平主编《周一良全集》第4册（第二编《世界史》）《日本史与中外文化交流史》，第333页。

由此可知,内藤湖南的学术研究具有强烈的"经邦致用"的现实意义,即为日本占领中国服务。这和西方殖民主义者向东方侵略过程中发展起来的东方学有相似之处。

敦煌文献发现并流入欧洲后,1910 年 2月,东京帝国大学的黑板胜美博士结束了两年欧洲留学生活回国,带回了关于西方诸国在中亚探险中所获各种成果的信息,并作了《关于欧洲的支那考古学研究》的演讲。恰在此时,日本大谷光瑞考察团将在新疆考察所得运抵京都。内藤湖南就在 1910 年 8 月 3 日到 6 日的《朝日新闻》上以《西本愿寺的发掘物》为题进行了报道。[①]从大正元年(1912 年)开始,就有矢吹庆辉、狩野直喜、羽田亨等学者分别赴欧洲了解敦煌西域出土文书,随后就有了日本学者有计划、有组织地赴欧访书活动,这就是大正十三年(1924 年)七月内藤湖南率长子内藤乾吉及大阪外国语学校的石滨纯太郎到英法德意各国考察,翌年二月返国。出发之前,他们还计划在回国途中前往苏联、美国,并携带了聂历山给阿列克谢耶夫写的介绍信,但这一计划未能实现,最后从马赛由海路回到日本。[②]在此期间,他们对欧洲所藏敦煌西域出土文献及其研究状况进行了详细调查。可以说,这次的欧洲之行,使石滨纯太郎眼界大开,对于国际学术界有关敦煌西域出土文物文献研究的历史和现状有了全面的了解。[③]也正是这次的欧洲考察,才有了石滨纯太郎关于"敦煌学"的演讲。

---

① 参阅神田喜一郎《敦煌学五十年》,第 14—15 页;严绍璗《日本中国学史稿》,学苑出版社,2009 年,第 189 页。

② 参阅高田时雄《俄国中亚考察团所获藏品与日本学者》。关于阿列克谢耶夫的学术,请参阅刘进宝《孟列夫与俄藏敦煌文献研究》,两文均载刘进宝主编《丝路文明》第一辑,上海古籍出版社,2016 年。

③ 参阅王冀青《论"敦煌学"一词的词源》,《敦煌学辑刊》2000 年第 2 期。

（石滨）博士在研究中花费精力最大的是蒙古语研究。他很早就开始收集世界各地的相关文献，广泛深入地涉猎蒙古历史、地理、风俗等等。关于蒙古语方面则联系同属乌拉尔—阿尔泰语系的满洲语、土耳其语文献，博士的蒙古语研究就是建立在如此坚实的基础上，形成了自己独特的风格。石滨博士还曾经研究过藏语、梵语等，并且曾经一度热衷于解读西夏文字。

在这些研究领域中，西洋学者占据压倒性的优势，所以必须借鉴他们的成果。博士精通英语、德语、法语及俄语，同时密切关注和掌握各国的研究最新动向和成果。而且这些语言都是他自学而成的，其禀赋之高，令人惊叹。[①]

从神田喜一郎的记述可知，石滨氏除了精通英语、德语、法语和俄语这些国际上通行的语言外，还精通蒙古语、满语、土耳其语，研究过藏语、梵语、西夏语，具有进行历史比较语言学研究的最好基础。

石滨纯太郎还在西夏文献研究方面有杰出的成绩。20 世纪 20 年代，当聂历山与石滨纯太郎在大阪外国语学校相遇后，就在石滨纯太郎的推荐下开始从事西夏文研究，并与石滨纯太郎共同研究西夏文献。对于石滨纯太郎来说，很方便就能得到苏藏西夏文文献，对于聂历山来说，则可以将石滨纯太郎的丰富藏书作为参考而加以利用。其结果是，在 1927 年至 1933 年期间，他们联名在日本用日语发表了 7 篇西夏研究的论文。[②]史金波先生指出：在日本真正开始西夏研究、

① 神田喜一郎《追悼石滨纯太郎博士》。

② 参阅高田时雄《俄国中亚考察团所获藏品与日本学者》，刘进宝主编《丝路文明》第一辑，第 221—222 页。

并作出重要贡献的是著名学者石滨纯太郎，“他在1920年便提出‘西夏学’一词，发表了《西夏学小记》(读书随笔之二)的文章。此后陆续发表《西夏学小记续》”等论文。[①]聂鸿音先生更明确指出：“1920年，日本学者石滨纯太郎在《支那学》杂志上发表了一篇短文，率先使用了‘西夏学’这个术语，从而宣告了一个新学科的诞生。”[②]

由此可知，与“敦煌学”相似的“西夏学”一词，也是日本学者石滨纯太郎率先使用的。由于石滨纯太郎侧重于中国境内新出土文献的研究，受到了著名东方学家伯希和与内藤湖南的影响，再加上他有丰富的语言知识并懂得一些死文字，具有从事历史比较语言学的优势，其首先使用“敦煌学”一词也就顺理成章了。

陈寅恪先生也是一位语言学天才，据姚从吾、石泉、季羡林、刘梦溪等先生的所见所闻和研究可知，陈寅恪先生能够阅读日、英、法、德、俄文，并能阅读蒙、藏、满、梵和巴利、波斯、突厥、西夏、拉丁、希腊等十几种语言文字，尤以梵文和巴利文特精。[③]

陈寅恪先生在欧洲留学多年，善于把握当时的学术新潮流——东方学，不论是西北史地研究，还是蒙藏绝学探讨，都是运用历史比

---

① 史金波《二十世纪日本西夏学研究》，杜建录主编《二十世纪西夏学》，宁夏人民出版社，2004年，第250页。据史金波先生文中所注，《西夏学小记》载《支那学》1卷3号，1920年；《西夏学小记续》载《支那学》3卷2号，1922年。

② 聂鸿音《西夏文献：解读的理想和理想的解读》，《中国社会科学院院报》2006年9月28日。

③ 姚从吾1924年3月12日致朱希祖信，发表于1924年5月9日出版的《北京大学日刊》，此据卞僧慧《陈寅恪先生年谱长编》，中华书局，2010年，第85页；《石泉访谈录》；季羡林《从学习笔记本看陈寅恪先生的治学范围和途径》，原载《纪念陈寅恪教授国际学术讨论会文集》，中山大学出版社，1989年。此据张杰、杨燕丽选编《追忆陈寅恪》，社会科学文献出版社，1999年，第144页；刘梦溪《陈寅恪的学说》，生活书店出版有限公司，2014年，第29页。

较语言学的方法。他关于西夏文的解读、“敦煌学”的提出，都是在此背景下的产物。[①]

正是因为“敦煌学”是在“东方学”的背景下提出的，具有殖民主义的成分，因此，老一代学者都怀着复杂的心情。如1963年，内蒙古大学的周清澍先生将其撰写的《元史学》提纲寄韩儒林先生征求意见，韩儒林先生看后在回信中说：“解放前，我国在政治上处于半殖民地地位，……在‘东方学’、‘汉学’的空气笼罩中，产生了不少符合那个时代要求的新名词，如‘敦煌学’、‘元史学’等等。”并充满爱国激情地说：“我是在这个圈子中混过的人，至今回想起来，心中还有余痛。”所以他认为“继续宣扬这类名词值得考虑”。[②]

1985年，周一良先生在《何谓“敦煌学”》[③]一文中说：“远在五十五年之前，陈寅恪先生说过一句话：‘敦煌学者，今日世界学术之新潮流也’。恐怕‘敦煌学’之称即始于此。”“‘敦煌学’带引号来用，未始不可。另一方面，十九世纪以来，西方研究已经灭亡的古文化（包括语言、文学、历史、艺术等等各个方面），有所谓埃及学、亚述学之类。殖民主义者研究东方主权国家的古代文化，也喜欢用这种称呼，如印度学、日本学、汉学，似乎把这些国家与历史上的古埃及、亚述等量齐观，这就多少给人以殖民主义的味道了。今天一般英文字典中，早已不见印度学、日本学字样，但还存在汉学一词。只是绝大多数欧美大学的教学科目中，都已用中国文化或细分为中国文学、历史、哲学、艺

---

① 参阅刘进宝《陈寅恪与藏语、西夏文的解读》，《中国社会科学报》2013年4月17日。

② 周清澍《缅怀鸿庵师，尊敬的韩副校长》，陈得芝等编《朔漠情思——历史学家韩儒林》，南京大学出版社，2000年，第84页；又见周清澍《学史与史学——杂谈和回忆》，上海古籍出版社，2011年，第81页。

③ 载《文史知识》1985年第10期，第54—55页。

术等，来代替汉学这一笼统而又不科学的名称了。从根本上讲，'敦煌学'不是有内在规律、成体系、有系统的一门科学。用固有名词构成的某某学又给人不太愉快的联想，所以最好就让它永远留在引号之中吧。"

以上我们从"东方学"的角度探讨了"敦煌学"一词产生的背景。虽然东方学是殖民主义的产物，敦煌学也是在西方殖民背景下提出的，但不能因为提出的背景而否认其科学价值。就像同样在东方学背景下提出的"丝绸之路"或"丝路学"的研究，与东方学一样，都有其科学价值，不能因为出现的背景而否认其学术性。[①]正如东方学在18世纪晚期的欧洲兴起后，各国学者的研究各有侧重，如法国的萨西主要研究阿拉伯学，雷慕沙专攻汉学，英国的科尔布鲁克专门研究印度学等——东方学开始走向专门化、纯学术的特征进一步加强。而且，从结果和影响上看，东方学在历史上对文化交流是起过非常积极的作用的。像琼斯东方学这样纯学术的东方学正是反抗"作为帝国主义帮凶的东方学"和西方中心主义观念的重要力量。[②]

① 参阅刘进宝《东方学视野下的"丝绸之路"》，《清华大学学报》2015年第4期。

② 参阅于俊青《威廉·琼斯与东方学的兴起——兼论其东方文学与世界文学观念》，《山东社会科学》2011年第10期。

第一章

千载沧桑话敦煌

敦煌，是中国甘肃省河西走廊最西端的一个县级市，它北有北山（马鬃山），南有南山（祁连山）。它是一个冲积而成的小绿洲，由南山流来的古氐置水（今党河）泛滥所造成，绿洲的周围大多是戈壁和沙漠。

敦煌的地理位置十分重要，它东接中原，西邻新疆，自汉代武帝时期（前140—前87年）以来，就一直是中原通往西域的交通要道和军事重镇。从敦煌出发向东，通过河西走廊就可到达古都长安、洛阳。从敦煌西出阳关，沿昆仑山北麓，经鄯善（若羌）、且末、于阗（和田）至莎车，穿越葱岭（帕米尔高原）可以进入大月氏、安息等国，这条通道就是著名的丝绸之路的南道；而从敦煌出玉门关北行，沿着天山南麓，经车师前王庭（吐鲁番）、焉耆、龟兹（库车），到达疏勒（喀什），然后越葱岭，进入大宛、康居、大夏等地，这条通道就是丝绸之路的北道。隋唐时期（581—907年），由于中外经济文化交流的加强，在原丝绸之路北道之北又出现了一条新北道，即出敦煌至伊吾（哈密），再经蒲类（巴里坤）、铁勒部，渡今楚河、锡尔河而达西海（地中海），其在我国境内大致是沿着天山北麓而至中亚。

敦煌总扼两关（阳关、玉门关），控制着东来西往的商旅。而丝绸之路的这三条道路都“发自敦煌”，然后经“西域门户”的伊吾、高昌（今吐鲁番）、鄯善而达中亚、欧洲，敦煌“是其咽喉之地”，这就清楚地说明了敦煌在中西交通中的重要地位和枢纽作用。

作为丝绸之路"咽喉"的敦煌，是东西方贸易的中心和中转站，被称为是"华戎所交一都会"。西域各地的商胡与中原汉族客商在这里从事着各种交易，既有中原的丝绸和瓷器、北方的驼马、西域的珍宝，也有当地的粮食。

自汉代丝绸之路开通以来，中原文化不断传播到敦煌，并生根发芽。同时，由于敦煌地接西域，交通极为便利，也就较早地接受了发源于印度的佛教文化。西亚、中亚的文化也随着印度佛教文化的东传而到了敦煌。中西不同的文化都在这里汇聚、碰撞和交融，正如中国敦煌吐鲁番学会前会长季羡林教授所说："世界上历史悠久、地域广阔、自成体系、影响深远的文化体系只有四个：中国、印度、希腊、伊斯兰，再没有第五个；而这四个文化体系汇流的地方只有一个，就是中国的敦煌和新疆地区，再没有第二个。"①这就非常充分地说明了敦煌在中西文化交流史上的重要地位。

① 季羡林《敦煌学、吐鲁番学在中国文化史上的地位和作用》，见《季羡林学术精粹》第一卷，山东友谊出版社，2006年，第110页。

第一节　先秦时期的敦煌

一、敦煌的自然地理

敦煌是甘肃省河西走廊西端的交通枢纽和进入新疆的门户，全市面积 3.12 万平方千米，人口 20 余万，是甘肃省农业区中人口最少的县市之一。

现在的敦煌市，是酒泉市下辖的一个县级市。敦煌市管辖 9 个镇乡，即沙州镇、莫高镇、月牙泉镇、转渠口镇、七里镇、阳关镇、肃州镇、郭家堡镇和黄渠乡。另外还有国营敦煌农场、青海石油管理局生活基地。

沙州镇是敦煌市委、市政府所在地，城西 7 公里处的七里镇是一座新型的石油城，现为青海石油管理局所在地和青海油田后勤生活基地。

敦煌境内东有三危山，南有鸣沙山，它的西面是沙漠，与塔克拉玛干相连，北面是戈壁，与天山余脉相接。其地势是南北高，中间低，自西南向东北倾斜，平均海拔不足 1200 米，市区海拔为 1138 米。

敦煌绿洲，是由党河冲积扇带和疏勒河冲积平原所构成。一望无际的沙漠和大片绿洲，形成了敦煌独特的自然风貌。绿洲区好像一把扇子自西南向东北展开。由于地处内陆，明显的特点是气候干燥，降雨量少，蒸发量大，昼夜温差大，日照时间长。年平均降水量 42.2 毫米，蒸发量 2486 毫米，全年日照时数为 3246.7 小时。这里四季分明，春季温暖多风，夏季酷暑炎热，秋季凉爽，冬季寒冷。年平均气温为 9.4℃，月平均最高气温为 24.9℃（7 月），月平均最低气温为 –9.3℃

（1月），年平均无霜期 142 天，属典型的暖温带干旱性气候。

河西走廊的河流主要是内陆河，如疏勒河、黑河、石羊河，它们基本上都发源于祁连山麓，水量靠积雪冰川融水和雨水补给，冬季普遍结冰，最后流入内陆湖泊或渗入戈壁沙漠，有些被引入农田灌溉。这些内陆河大都具有上游水量大、下游水量小、流程短而河床多变的特点。

疏勒河发源于青海省境疏勒南山东段和托来南山之间（玉门市境内昌马至玉门镇一段名昌马河），北流经玉门西部后西折经瓜州（安西）、敦煌等地，后消失于哈拉诺尔沙漠中。全长 945 公里，主要支流有党河、榆林河。

敦煌绿洲主要由党河滋补。党河全长 390 公里，流域面积 1.68 万平方公里，年径流量 3.28 亿立方米，是敦煌重要的水利命脉，也是敦煌人民的母亲河。境内除党河外，地面水还有西水沟、东水沟、南湖泉水区，泉水总溢出量为 3.14 立方米 / 秒，年径流量 9902.3 万立方米。

黑河发源于青海省境走廊南山—托来山间，流入河西走廊后经肃南裕固族自治县东南部进入张掖、临泽、高台等市县，穿过正义峡北入内蒙古后称弱水（额济纳河），最后注入居延海。

石羊河发源于祁连山东端的冷龙岭，出山后进入武威盆地灌区，在黄花寨汇流后始称石羊河，北流经武威、古浪、民勤等地，最后消失在民勤县北部。[1]

二、早期的文化和人类活动

从总体上说，我国古文献对古代西部地区的居民有一种传统的

① 参阅刘光华主编、祝中熹著《甘肃通史·先秦卷》，甘肃人民出版社，2009年，第 12—13 页。

称谓，即氐羌、羌戎和西戎。《诗·商颂·殷武》说："昔有成汤，自彼氐羌，莫敢不来享，莫敢不来王。"《郑笺》曰："氐羌，夷狄国在西方者也"；孔疏云："氐羌之种，汉世仍存，其居在秦陇之西，故知在西方者也。"[①]《说文解字》曰："羌，西戎牧羊人也，从人从羊，羊亦声。"[②]《风俗通》说："羌本西戎卑贱者也，主牧羊，故羌字从羊、人，因以为号。"[③]敦煌地处我国西部，其上古的土著居民也应属氐羌（或羌戎、西戎）这个大"类"。

文献所见敦煌地区的上古居民有三苗、允姓之奸（瓜州戎）。另外，在汉王朝控制河西以前，活动于敦煌的民族还有乌孙、月氏和匈奴等。

1976年，甘肃考古工作者在今疏勒河流域的玉门市火烧沟发现了一个古文化遗址——火烧沟类型文化，共有墓葬312座，它属四坝文化的重要遗址之一。其遗物有马、牛、羊、猪的骨骼，尤其是"羊骨多而普遍"，"随葬的成对羊角，分为大羊、中羊、小羊"。疏勒河流域火烧沟类型文化的这一特征，与史籍文献中所记载的羌"主牧羊""西戎牧羊人"是吻合的。据报道，对火烧沟文化的碳-14测定和树轮校正的数据，其年代"最晚为公元前一千六百多年"，"大致与夏代相当"。

从火烧沟文化遗址中所获文物来看，其社会生活并不比中原地区的华夏族落后，如遗物中有石锄、石磨盘、铜铲、酒器和贮藏的粟粒，说明他们不仅经营畜牧业，而且其农业也达到了一定的水平；从石器、陶器、青铜器、金银器等种类来看，他们已经有了分工较细的手

---

① ［汉］毛亨传，［汉］郑玄笺，［唐］孔颖达笺《毛诗正义》卷二十之四《商颂·殷武》，［清］阮元校刻《十三经注疏》，中华书局，1980年，第627页下栏。

② ［汉］许慎撰，［宋］徐铉校定《说文解字》，中华书局，2013年，第73页。

③ ［宋］李昉等编《太平御览》卷七百九十四《四夷部》"湟中月氏胡"条注引《风俗通》，中华书局，1960年，第3523页。

工业；另外，遗物中还发现了玛瑙珠、海贝和蚌饰，这些都不是当地所产，由此看来，他们与外界已有了交换。在社会发展阶段上，“火烧沟墓葬贫富和等级的差别，非常明显。随葬品少的仅有陶器一两件，多的陶器达十二三件，还常伴以铜器以及金、银、玉器和松绿石珠、玛瑙珠、贝、蚌等。人殉或以人祭牲的墓葬共二十多座，并大量用牲畜随葬”。因此，火烧沟人和华夏族同时或稍后即“已进入了早期的奴隶社会”。

火烧沟类型文化的分布，除了玉门、敦煌平原外，向东还到达了民乐、山丹一带，但没有越过大黄山。这说明在夏代及其以前，大黄山以西（包括敦煌地区）的居民是火烧沟人，而以东的武威、永昌平原则是齐家人。火烧沟人是我们现今所知敦煌地区上古最早的居民。①

另外，在我国的古史传说中曾有三苗和三危山，如《尚书·舜典》所载，帝舜曾经“流共工于幽州，放欢兜于崇山，窜三苗于三危，殛鲧于羽山”②。这里的“三苗”就是指原住于洞庭湖、鄱阳湖之间的三青部落，在当时的部落战争中战败，一部分三苗人被流放到了三危山。《史记·五帝本纪》载：“三苗在江淮、荆州数为乱。于是舜……迁三苗于三危，以变西戎”③。而“三危”一般就是指今天敦煌南面的三危山，据《史记·五帝本纪》唐张守节《正义》引《括地志》说：“三危山有三峰，故曰三危，俗名卑羽山，在沙州敦煌县东南三十里。”④著名的《水经注》里

---

① 参阅甘肃省博物馆《甘肃省文物考古工作三十年》，载文物编辑委员会编《文物考古工作三十年》，文物出版社，1979 年，第 142—143 页；刘光华《敦煌上古历史的几个问题》，载《敦煌学辑刊》第 3 辑，又收入刘光华著《秦汉西北史地丛稿》，甘肃文化出版社，2007 年。

② ［汉］孔安国传，［唐］孔颖达疏《尚书正义》卷三《舜典》，［清］阮元校刻《十三经注疏》，中华书局，1980 年，第 128 页下栏。

③ ［汉］司马迁撰《史记》卷一《五帝本纪》，中华书局，1959 年，第 28 页。

④《史记》卷一《五帝本纪》，第 29 页。

也说:“三危山在敦煌县南。”[①]

作为敦煌名山的三危山,据《山海经》记载:“三危之山,三青鸟居之。”“有三青鸟,为西王母取食。”[②]由此看来三危山是神鸟三青鸟居住的地方,而在远古的神话传说中,三青鸟是为神话人物西王母取食的童子,平时就栖息在这座三危山中,这就给三危山披上了一层神秘的面纱。

从现有资料来看,早期的三苗、三危、西王母、三青鸟,都属于古史或神话传说,但它反映了一个基本的历史事实,即在远古时期,中原地区就与敦煌有了交往。

敦煌一名,最早见于《史记》《汉书》的记载,如“始月氏居敦煌、祁连间”(《史记·大宛列传》),“昆莫父难兜靡本与大月氏俱在祁连、焞煌间”(《汉书·张骞传》),“乌孙本与大月氏共在敦煌间”,“大月氏……本居敦煌、祁连间”(《汉书·西域传》)。关于“敦煌”的含义,东汉的应劭解释说:“燉,大也;煌,盛也。”将“燉煌”取义为大盛,并非实指,而主要是象征汉朝的文明道德犹如日月之光辉一样大盛,并认为有火字旁的“燉”是正体字,“焞”是其异体字,无火字旁的“敦”为俗体字。[③]到了唐代,李吉甫在《元和郡县图志》中解释说:“敦,大也,以其广开西域,故以盛名。”认为这个地方对于开发广大的西域地区有重要作用。可见,对同一个地名、同一件事,不同的历史时代会根据当时的情况作出不同的解释。

---

① [北魏]郦道元著,陈桥驿校证《水经注校证》,中华书局,2007 年,第 954 页。

② [晋]郭璞注,谭承耕、张耘校点《山海经穆天子传》之《山海经》卷二《西山经》,岳麓书社,1992 年,第 31 页。

③ 参阅谭世宝《燉(焞、敦)煌考释》,载《文史》第 37 辑,中华书局,1993 年;《燉煌的词源再探讨》,《敦煌研究》2014 年第 1 期。

还有学者认为“敦煌”是少数民族语，并从“吐火罗语音译”的角度探讨敦煌古代民族的迁徙与交融，认为“敦煌”是族名，即“吐火罗”的音译。《山海经·北山经》和《水经注笺》卷二所记载的敦薨，其范围约为当今新疆焉耆、库尔勒直至罗布泊方圆数千米的地方。因为敦煌与祁连一起出现，颜师古注《汉书》说：“祁连山即天山也，匈奴呼天为祁连。”司马贞《史记索隐》引“小颜云：即天山也，匈奴谓天为祁连”。既然祁连是少数民族语，那与祁连同时出现的敦煌也应该是少数民族语，而我国发现“吐火罗语”的地方就在新疆的库车和焉耆等地。根据战国至秦汉时期中原人对边疆地区人名、地名、族名的翻译习惯，往往取两个字简译，省去其他音节的情况，“吐火罗”在《山海经》中就被译为“敦薨”，而在司马迁的《史记·大宛列传》中被译为“敦煌”。

从目前国际学术界对吐火罗的研究看，此说根据不充分。

“吐火罗”，本是民族名，中世纪转为地名，即巴克特利亚或大夏，指兴都库什山与乌浒水（今阿姆河）上游即缚刍河流域，以今昆都士（唐代活国）为中心的阿富汗北部地区。关于吐火罗民族的族属，学界倾向于将吐火罗人比定为大月氏人。公元前 2 世纪中叶，大月氏灭掉大夏，建立了贵霜王朝。3 世纪中叶，贵霜王朝为波斯萨珊王朝及印度笈多王朝所颠覆，吐火罗名称重新见于史籍。5 世纪 30 年代，自阿尔泰山南下的嚈哒人据有其地，遂与嚈哒人杂居。563—567 年，突厥与波斯萨珊王朝合力灭嚈哒，其地遂为突厥所有，突厥派专人统治吐火罗故国。629 年（或 630 年）玄奘行经该地，称其为“覩货逻故地”。这一地区被后世称为吐火罗斯坦（斯坦一般指“地方”“地区”，即吐火罗人居住的地方）。

吐火罗语是指在我国新疆库车（汉代的龟兹）、焉耆、吐鲁番等地流行的一种语言，因发现时不知其名，后学者们将其命名为“吐火罗语”。由于发现的地点不同，又称为焉耆语（或吐火罗语 A、甲种吐火罗语、东吐火罗语）和龟兹语（或吐火罗语 B、乙种吐火罗语、西吐火罗语)。

“吐火罗”一名的由来及含义非常模糊,西方文献中所指的吐火罗(Tochari)最早出现于中亚的巴克特利亚,即《史记·大宛列传》中被月氏所灭之大夏。但在这里却没有发现任何后世所说的吐火罗语文献。此外,在东西方的各种文献中也没有明确指称我国新疆的龟兹、焉耆地区的古代居民是吐火罗人。这样使文献中的吐火罗人与后世所说的吐火罗语在时间和空间上出现了相互脱离、似乎又不相关的奇特现象。

第二节　秦汉时期的敦煌

先秦时期，包括敦煌在内直至帕米尔高原，乃至伊犁河、楚河流域的中亚地区，基本上是塞人的活动领地。早在公元前7世纪末叶，塞人就已经出现在伊犁河、楚河流域，随后又向西扩展到锡尔河。据余太山先生研究，秦汉史上的大夏、大宛、康居、奄蔡、罽宾、乌弋山离等，都属于塞人政权。

历史上影响广阔的塞人或塞种人，可能源于东方，即先秦典籍所见的允姓之戎、禺知（禺氏）、大夏和莎车。其活动地域大致在黄河以西，阿尔泰山之东。公元前623年，秦穆公称霸西戎，拓地千里，由此可能引起了塞人诸部的西迁。其中禺知（禺氏）西迁者可能只是一小部分，留在故地者终于发展成为一个强盛的部族，即大月氏的前身——月氏。而允姓之戎的余种则是乌孙之祖。因此，大月氏、乌孙都属于塞人或塞种。[①]

一、月氏的兴起及其在敦煌的活动

月氏之名，在先秦典籍中被写成“禺知”“禺氏”“牛氏”等，这些名称和“月氏（支）”系同名异译。

《穆天子传》卷一在记述周穆王（前947—前928年）西行时说：“甲午，天子西征，乃绝隃之关隥。己亥至于焉居、禺知之平。”郭注：

① 参阅余太山《塞种史研究·绪说》，中国社会科学出版社，1992年。

"隥，阪也；疑此谓北陵西隃。西隃，雁门山也。"[①]从西隃（雁门山）再行五日到达焉居、禺知。据学者研究，此禺知"或在今河套以北"。[②]而《穆天子传》所描述的情况至少属于春秋时期，这里的"禺知"也就是公元前7世纪末以前的月氏。[③]

月氏在《史记·正义》《汉书》颜注、《山海经·海内东经》[④]中都有记载。据王国维考证：月氏即《逸周书》与《管子》之禺氏，《穆天子传》之禺知，战国时在雁门之西北。"则战国时之月氏，当在中国正北。"[⑤]翦伯赞也认为：禺氏即虞氏，为夏族中之一原始民族，原住内蒙鄂尔多斯一带，以后一支东徙中原，一支西徙甘肃，但仍有一部分残留于原处。[⑥]这就说明月氏是属于我国境内的古老民族，大约远在战国初期，月氏便在河西地区过着游牧生活。从河西走廊的天祝、古浪、永昌、张掖等县沙井文化的发掘来看，这一文化的内涵是铜石共存，也发现了铁器，说明它的下限延续更晚。从器物来看，石器虽有磨制，但打制较多，并且制作粗糙；陶器质地也很粗，多含羼和料，形态厚笨，说明它具有浓厚的地方色彩；同时从它出土的带翼铜镞来看，制作水平相当进步，与周代的极为近似。因此，沙井文化从地区上和时间上来看，正与我国古籍上所载月氏活动的地区和时间相吻合，它是属于月氏留

---

① ［晋］郭璞注，谭承耕、张耘校点《山海经·穆天子传》之《穆天子传》卷一，岳麓书社，1992年，第202页。

② 参阅余太山《塞种史研究》，第87页。

③ 参阅余太山《大夏和大月氏综考》，《中亚学刊》第3辑，中华书局，1990年。

④《山海经·海内东经》："国在流沙外者，大夏、竖河、居繇、月支之国。"

⑤ 王国维《观堂别集》卷一《月氏未西徙大夏时故地考》，见《观堂集林（外二种）》，河北教育出版社，2001年，第782页。

⑥ 翦伯赞《论史前羌族与塔里木盆地诸种族的关系》，见翦伯赞著《中国史论集》（合编本），中华书局，2008年，第399页。

下的文化遗存。[1]

月氏之在河西，最早见于记载的莫过于《史记·大宛列传》：

> 大月氏在大宛西可二三千里，居妫水北。其南则大夏，西则安息，北则康居。行国也，随畜移徙，与匈奴同俗。控弦者可一二十万。故时强，轻匈奴，及冒顿立，攻破月氏，至匈奴老上单于，杀月氏王，以其头为饮器。始月氏居敦煌、祁连间，及为匈奴所败，乃远去，过宛，西击大夏而臣之，遂都妫水北，为王庭。其余小众不能去者，保南山羌，号小月氏。[2]

随后《汉书·西域传》也沿用其说，不过将《史记·大宛列传》所说的"始月氏居敦煌、祁连间"改为"大月氏……本居敦煌、祁连间"。那么《史记·大宛列传》所说的月氏故地祁连确在何地呢?唐人张守节认为乃祁连山，在甘州(张掖)西南。[3]不是指整个祁连山脉，而是指在张掖境内那一段。这段祁连山，颜师古在《汉书·霍去病传》误注为天山，[4]范晔在撰《后汉书·西羌传》时，又说月氏之故地"旧在张掖、酒泉地"，[5]后来张守节在《史记·大宛列传》正义进一步指出："凉、甘、肃、

---

① 参阅郭厚安、陈守忠主编《甘肃古代史》，兰州大学出版社，1989 年，第 89—90 页。

② 《史记》卷一百二十三《大宛列传》，第 3161—3162 页。

③ 《史记·大宛列传》："初月氏居敦煌以东祁连山以西。敦煌郡今沙州；祁连山在甘州西南。"第 3162 页。

④ 参阅藤田丰八著，杨錬译《西域研究·焉支与祁连》，商务印书馆，1935 年，第 98 页。

⑤ ［宋］范晔撰《后汉书》卷八十七《西羌传》："湟中月氏胡，其先大月氏之别也。旧在张掖、酒泉地，月氏王为匈奴冒顿所杀，余种分散，西逾葱岭，其羸弱者南入山阻，依诸羌居止。"中华书局，1965 年，第 3899 页。

瓜、沙等州，本月氏国之地。”张氏这个说法，得到我国史地著作的普遍确认。[①]由此可见，月氏在河西活动的区域，显然在敦煌以东，直至乌鞘岭的广大地区。

从有关先秦的典籍文献可知，当时的人们只知道月氏位于中国的北部。在西汉以前，月氏族生活在甘肃西部，族势相当强盛，连匈奴都曾一度受其控制；实力更弱的乌孙遭月氏的攻击而国破王死，民众逃散。到汉武帝时通西域，始知月氏的根据地在敦煌、祁连之间。在匈奴兴起之前，月氏是中国西北地区最大的游牧民族，就连匈奴的冒顿单于都曾为质于月氏。由此可以说，月氏是当时西北各族的主人。[②]

早在秦朝时期，匈奴与月氏就有接触。当时在所谓“东胡强而月氏盛”的形势下，匈奴迫于东西受敌，头曼单于为了缓和与月氏的矛盾，曾将太子冒顿送到月氏作为人质。秦末，冒顿从月氏逃回，杀父自立为单于，约在公元前205—前202年间举兵攻月氏，月氏败。可能从这时起，月氏便开始弃河西地区而向西迁徙。公元前177年或176年，冒顿单于再次击败月氏。据冒顿单于在公元前176年(汉文帝四年)致汉文帝书中说：“故罚右贤王，使之西求月氏击之。以天之福，吏卒良，马力强，以夷灭月氏，尽斩杀降下之。定楼兰、乌孙、呼揭及其旁二十六国皆以为匈奴。诸引弓之民并为一家，北州已定。”[③]月氏再败后，更西迁到且末、于阗间。[④]至老上单于时(前174—前161年)，匈

① 参见李吉甫《元和郡县图志》凉州、甘州、肃州条；洪亮吉《乾隆府厅州县图志》凉州、甘州、肃州条；顾祖禹《读史方舆纪要》第63卷；《嘉庆重修一统志》等。

② 参阅荣新江《小月氏考》,《中亚学刊》第3辑，中华书局，1990年。

③《史记》卷一百二十三《匈奴列传》，第3161页；[汉]班固撰《汉书》卷九十四《匈奴传》，中华书局，1962年，第3890页。

④ 王国维《观堂集林(外二种)》，河北教育出版社，2001年，第782页。

奴又破月氏，月氏乃更向西迁徙到塞族人居住的伊犁河流域，史称大月氏。当月氏离弃河西时，有一小部分未能西行的，即南越祁连山，“保南山羌，号小月氏”。[①]这部分月氏人日后长期留住该地，与青海羌人逐渐融合。再后来，乌孙王难兜靡之子昆莫，在匈奴的帮助下复兴了乌孙，为报杀父亡国之恨而攻打月氏，月氏遂南下，占据了阿姆河流域的大夏国域。后世盛极一时的贵霜帝国，就是大月氏人建立的。[②]

二、乌孙的兴起及其在敦煌的活动

乌孙，是与月氏同时活动在河西走廊的古代民族，据《汉书·张骞传》载：

> 乌孙王号昆莫。昆莫父难兜靡本与大月氏俱在祁连、焞煌间，小国也。大月氏攻杀难兜靡，夺其地，人民亡走匈奴……月氏已为匈奴所破，西击塞王。塞王南走远徙，月氏居其地。昆莫既健，自请单于报父怨，遂西攻破大月氏。大月氏复西走，徙大夏地。昆莫略其众，因留居，兵稍强。会单于死，不肯复朝事匈奴。[③]

《汉书》有关乌孙的记载，基本上都是张骞回答汉武帝几次问及有关大夏之属的情况时说的。《史记》也同样记载了这一事实，也是张骞向汉武帝说的：“臣居匈奴中，闻乌孙王号昆莫，昆莫之父，匈奴西

① 《史记》卷一百二十三《大宛列传》，第 3162 页。

② 参阅刘光华主编、祝中熹著《甘肃通史·先秦卷》，甘肃人民出版社，2009 年，第 382 页。

③ 《汉书》卷六十一《张骞传》，第 2691—2692 页。

边小国也。”[①]从《汉书》的记载中可以看出：乌孙和月氏一样，是居住于河西地区的古老民族。甘肃省博物馆文物队在酒泉、玉门一带发现骟马类型文化遗存，[②]可能是乌孙在河西活动期间留下的文化遗存。首先，从该文化分布的区域来看，恰好与我国古籍所载难兜靡时期乌孙在河西活动地区相吻合；其次，从该文化遗存内涵分析，遗存较晚，出土陶器都是夹沙红褐色平底器，制作粗糙，多为素面，小件较多。从双耳划纹并在颈间有双錾乳钉状的罐较多看，是这类遗存的显著特征，显示出当为一新的文化遗存。

从前引《史记》《汉书》的记载可知，乌孙被月氏攻灭，其首领难兜靡被杀后，余部依附于匈奴。难兜靡之子昆莫长大后，在匈奴的帮助下打败了月氏，迫使月氏再度远徙到大夏国境。胜利后的乌孙人遂留居于大月氏所占据的塞人故地，随着势力的强盛而最终脱离了匈奴的控制。

关于乌孙西迁的年代，由于史籍文献记载的阙失，学界还没有一致的意见。据有的学者从地理、考古资料的分析研究，认为乌孙是从敦煌西北进入哈密绿洲，然后再循天山山脉西进，其西迁的时间约在公元前 161—前 160 年左右。20 世纪 60 年代我国学者在新疆北部地区的考古发掘及调查中，所发现的乌孙遗存主要分布在天山到伊犁河之间的草原地带。如“在昭苏县与察布查尔县交界的一段天山支脉，至今当地群众尚呼之为‘乌孙山’；同时在以伊犁河流域为中心活动地域的我国哈萨克族中，解放前就仍然有名为‘玉孙’（即乌孙）的部落”。[③]

至于乌孙的社会经济，我国古籍记载仍很贫乏。据《史记·大宛列

① 《史记》卷一百二十三《大宛列传》，第 3168 页。

② 因该类型文化遗存，首先在玉门市骟马城发现，故定名为骟马类型。

③ 王明哲、王炳华《乌孙研究》，新疆人民出版社，1983 年，第 12 页。

传》的记载，乌孙是"行国，随畜，与匈奴同俗"。[①]说明乌孙利用河西天然丰富的草场，从事畜牧业生产。"与匈奴同俗"，正好说明乌孙与匈奴一样，以畜牧业生产为主，因而人们用占有牲畜的多少，作为衡量贫富的尺度。《汉书·西域传》记载乌孙"国多马，富人至四、五千匹"，[②]就是很好的说明。

三、匈奴在敦煌的活动和汉匈战争

匈奴占领河西，是在冒顿单于时期。冒顿即位之初，匈奴曾西击月氏。约在汉文帝四年（前 176 年）之前，匈奴又向月氏发动了第二次进攻。这次进攻的结果是"灭夷月氏"。正如文帝四年匈奴冒顿单于给汉文帝的书信中说："今以少吏之败约，故罚右贤王，使至西方求月氏击之。以天之福，吏卒良，马力强，以灭夷月氏，尽斩杀降下定之。楼兰、乌孙、呼揭及其旁二十六国皆已为匈奴。诸引弓之民并为一家，北州以定。愿寝兵休士养马，除前事，复故约。"[③]匈奴对月氏取得了决定性的胜利，迫使其暂时降服。到了老上单于时（前 174—前 160 年在位），匈奴与月氏间又进行了第三次大战。在这次战争中，老上单于杀了月氏王，"以其头为饮器"。于是"月氏乃远去，过大宛，西击大夏而臣之，都妫水北为王庭"。[④]从此河西地区便被匈奴占据，由匈奴浑邪王和休屠王直接驻守。

随后冒顿单于又经过多年的东征西战、南侵北伐，不断开拓疆域，从而控制了东起辽东，横跨蒙古草原，西与羌、氐相接，北达贝加尔湖，南抵河套及今山西、陕西北部的广阔地域。

---

① 《史记》卷一百二十三《大宛列传》，第 3161 页。
② 《汉书》卷九十六《西域传》，第 3901 页。
③ 《汉书》卷九十四《匈奴传》，第 3757 页。
④ 《汉书》卷九十六《西域传》，第 3891 页。

当匈奴冒顿单于东征西战，大力开拓疆域时，中原地区则正在进行楚汉战争。当公元前202年西汉王朝建立时，由于经过了长期战争的消耗，中原大地已是残破不堪，国困民贫，急需休养生息。而在长城之北的匈奴，则因有三十余万的“控弦之士”而正在跃跃欲试，想跨越长城，立马中原。“游牧文明与农业文明的冲突，对生存空间的激烈争夺，自古以来各民族间怨仇的积淀，预示着汉匈两大民族之间的战争势不可免。”①

西汉初期，由于汉帝国的统一没有巩固，地方封建侯王与中央政府之间的矛盾十分尖锐，因而使汉朝政府不能集中力量抗御匈奴。加之在楚汉战争之后，国内生产受到严重破坏，急待恢复。“汉兴，接秦之弊，诸侯并起，民失作业而大饥馑。凡米石五千，人相食，死者过半。”②在这种情况下，西汉政府实在无力对外作战。所有这些，便是汉初不得不对匈奴采取妥协的“和亲”政策的原因。

但“和亲”政策并未能满足匈奴奴隶主的贪欲。在汉朝对其和亲的同时，他们不断侵扰汉边，杀掠吏民，劫夺财产。因此，汉王朝积蓄力量，准备反击匈奴的战争势在必行。

在经过六七十年的休养生息之后，至武帝即位，汉朝国力已很充实。《史记》载：“汉兴，七十余年之间，国家无事，非遇水旱之灾则民人给家足，都鄙仓庾皆满，而府库余货财，京师之钱累百钜万，贯朽而不可校。太仓之粟，陈陈相因，充溢露积于外，至腐败不可食。众庶街巷有马，阡陌之间成群。”③这说明了社会的安定富庶。而且经过平定“异姓诸王”的背叛，又经过文、景的削藩，地方割据势力和大商贾的势力都遭到了极大打击，中央集权已经加强与巩固。这样，西汉王朝就有

① 宋超《汉匈战争三百年》，华夏出版社、广东人民出版社，1996年，第17页。

②《汉书》卷二十四《食货志》，第1127页。

③《史记》卷二十三《平准书》，第1420页。

足够的经济力量和军事力量反击匈奴了。武帝采纳抗战派大臣的主张，开始了抗击匈奴的战争。

汉武帝元光二年（前 133 年）诱敌的马邑之谋，揭开了抗匈战争的序幕。它是西汉王朝与匈奴由和亲转化到战争的转折点。汉王朝对匈奴的反击战争，主要有三次，即公元前 127 年的河南之战，公元前 121 年的河西之战和公元前 119 年的漠北之战。经过河南之战，汉朝收复了"河南地"；经过漠北之战，"匈奴远遁，而幕（漠）南无王庭"。[①]河西之战共两次，主要是由青年将领霍去病指挥的。

霍去病出身于奴隶，他的外祖母卫媪和母亲卫少儿，都是平阳侯曹氏家里的侍婢，他本人则是这家的奴产子。后来，霍去病的姨母卫子夫被汉武帝立为皇后，舅父卫青受宠，他因此才结束了奴隶生涯，来到了汉武帝身边。由于他"善骑射"，得到汉武帝的赏识，被提拔为侍中。在汉匈激烈交战的时候，霍去病踏上了抗匈战争的战场。

公元前 123 年，霍去病曾随大将军卫青出塞作战。这一年，他才十八岁，汉武帝任命他为票姚校尉。在这次战争中，霍去病"斩首虏二千二十八级，得相国、当户，斩单于大父行籍若侯产，捕季父罗姑比。……（武帝因此）封去病为冠军侯"。[②]由于霍去病勇敢善战，有勇有谋，因此，汉武帝把指挥河西之战的重任交给了他。

汉武帝元狩二年（前 121 年）春，霍去病率轻骑万人，由陇西出发向河西作尝试性的进攻。霍去病进军的路线，是由陇西郡西北上，约在今兰州市西渡过黄河及乌逆水，经过速濮驻牧地，渡过谷水，到达焉支山而返。这条路线基本上就是汉代"丝绸之路"东段的一部分。

霍去病这次出击，取得了较大的胜利，并了解到了匈奴在河西活动的一些情况，熟悉了地形环境。因此同年夏天，武帝又命他乘胜出

① 《汉书》卷九十四《匈奴传》，第 3770 页。

② 《史记》卷一百十一《卫将军骠骑列传》，第 2928 页。

击，再次进军河西。据《汉书》记载："其夏，去病与合骑侯敖俱出北地，异道。……去病至祁连山，捕首虏甚多。上曰：'票骑将军涉钧耆，济居延，遂臻小月氏，攻祁连山，扬武乎鱳得，得单于单桓、酋涂王，及相国、都尉以众降下者二千五百人，可谓能舍服知成而止矣。捷首虏三万二百，获五王，王母、单于阏氏、王子五十九人，相国、将军、当户、都尉六十三人……'。"[①]汉军的胜利，给了匈奴势力又一次沉重的打击。

河西匈奴在一年中连遭两次打击，已有不能支持之势，而匈奴单于又怪罪浑邪王和休屠王无能。"其秋，单于怒昆邪王（即浑邪王）、休屠王居西方为汉所杀虏数万人，欲召诛之。昆邪、休屠王恐，谋降汉。"[②]浑邪王、休屠王经过商量，便派人和在黄河沿岸修筑边塞的将军李息联系。李息立即报告汉武帝。"上恐其以诈降而袭边，乃令去病将兵往迎之。"[③]当汉军渡过黄河与浑邪王、休屠王部众相遇时，休屠王临时反悔，浑邪王部众也有不欲降者，浑邪王杀了休屠王，并收编了他的部众；这时霍去病也当机立断，率军驰入浑邪王营中，"斩其欲亡者八千人"，尽将其众渡河东进。匈奴降汉者"凡四万余人，号十万"。[④]接着霍去病派人护送浑邪王到长安，受到了汉武帝的隆重接待，武帝并封浑邪王与其亲信数人为侯。汉政府把投降的匈奴部众安置在"河南地"之原陇西、北地、上郡、朔方、云中五郡故塞之外。从此，河西走廊正式归入了汉朝的版图。

浑邪王归汉后，汉武帝对其部众的安置措施是有利于汉匈融合的，是值得称道的。而直接促成这种汉匈融合局面出现的，则是霍去病。

---

① 《汉书》卷五十五《霍去病传》，第 2480 页。

② 《汉书》卷九十四《匈奴传》，第 3769 页。

③ 《汉书》卷五十五《霍去病传》，第 2482 页。

④ 《汉书》卷九十四《匈奴传》，第 3769 页。

河西之战是汉匈关系史上具有关键性作用的一次战争。其结果，使汉朝与匈奴在军事力量的对比上，开始发生变化。汉朝占领河西本身，就是对匈奴势力的严重打击，因为祁连山和焉支山松柏茂密，水草丰盛，冬温夏凉，是匈奴宜于夏天放牧的优良牧场之一。匈奴一旦失去它，实谓痛心疾首。《史记正义》引《西河故事》云："匈奴失祁连、焉支二山，乃歌曰：'亡我祁连山，使我六畜不蕃息；失我焉支山，使我妇女无颜色'，其慜惜乃如此。"加之数万之众的损失，对其力量的削弱是很大的。而汉武帝在此基础上又把战果的影响继续扩大。这样，汉朝在军事上逐渐由原来的劣势转变为优势，相反，匈奴在军事上，则由原来的优势逐渐转向劣势。

四、丝绸之路的开通

自从德国人李希霍芬于 1877 年在《中国》一书中提出"丝绸之路"一词之后，随着国内外学术界研究的不断深入，"丝绸之路"一词日益为人们所接受。德国学者赫尔曼将李希霍芬的"丝绸之路"概括为公元前 114 年至公元 127 年间，中国与乌浒水（阿姆河）、药杀水（锡尔河）附近的国家及其同印度之间进行丝绸贸易的道路。日本学者长泽和俊将乌浒水（阿姆河）、药杀水（锡尔河）附近的国家概括为"河中"地区，这些地区恰好是汉代张骞出使所到达和听闻的。

1. 张骞出使西域

西域一名，始于前汉，有广狭二义。就其广义而言，我国新疆及其以西的中亚、南亚、西亚等地区，皆可称之为西域；就其狭义而言，则主要是指我国新疆天山南北地区，即葱岭以东、甘肃敦煌以西之地。

匈奴在汉文帝时把势力发展到西域，由西边日逐王统治天山南北的 30 多个城邦国家。日逐王则设置"僮仆都尉"常驻焉耆、危须（今博斯腾湖北）、尉犁间，“赋税诸国，取富给焉”。[1]强大的匈奴不仅经常对中原侵掠，甚至将战火蔓延到甘泉、长安一带，中断了西域地区与内地的联系，阻塞了中西陆路交往的通道。

匈奴占据河西后，又与居住在今日青海省的西羌相接，它们联合起来，对汉王朝的西北地区形成了包围之势，成为向西汉发动进攻的一只强有力的“右臂”。汉武帝即位后，了解到了这种局势，所以在反击匈奴战争开始之前，从战略策略上考虑，决定争取与西域各国结盟以孤立匈奴，并隔断匈奴与西羌的联系，这就是“断匈奴右臂”的战略。汉武帝之通西域，主要目的即在于此。同时，汉朝国内经济发展，商业繁荣，在客观上也要求打通对西域贸易的商路。张骞就是在这种背景下出使西域，开通联系中西交往的丝绸之路的。

对于强大的匈奴，汉武帝是以极其慎重的态度对待的。公元前133年，当汉武帝听到“匈奴降者言：匈奴破月氏王，以其头为饮器，月氏遁而怨匈奴，无与共击之”[2]的情报后，十分重视。他认为联络被匈奴赶走的大月氏，以共同对付匈奴的右侧；然后集中大军，从正面猛烈攻击匈奴的中心，就可以制服强悍的匈奴骑兵，彻底战败匈奴。为此，他决定派人去西域联络大月氏。当时要去西域，出陇西郡后，必须经过河西走廊，而河西却由匈奴占据，这就需要一个特别机智勇敢的人，才能完成这重大的使命。汉武帝公开召“募能使者”[3]。于是，汉中人张骞应募，出使月氏。

汉武帝建元三年（前138年），张骞带着100多人的使团，第一次出使西域。他们从长安起程，经陇西郡后继续向西进发。一进入河西走廊，他们就被匈奴骑兵捉住，并押送到了单于庭（约在今内蒙古呼

① 《汉书》卷九十六《西域传》，第3872页。

② 《汉书》卷六十一《张骞传》，第2687页。

③ 《汉书》卷六十一《张骞传》，第2687页。

和浩特市一带)。匈奴单于对张骞说:“月氏在吾北,汉何以得往使?吾欲使越,汉肯听我乎!”[①]单于很想诱降张骞,始而威吓,张骞不怕;继而又用官职利禄来诱惑,并迫使张骞娶匈奴女为妻。但是,张骞坚贞不屈,“持汉节不失”。他虽然被软禁,却一直在等待时机,准备逃脱,以期完成自己的使命。他在匈奴过了十年半囚犯式的生活,终于乘匈奴防备疏懈之机,和随从甘父等一起逃出匈奴。

张骞逃出匈奴后继续西进。他与甘父等越过葱岭(今帕米尔高原),到达大宛(今费尔干纳)。“大宛闻汉之饶财,欲通不得”,[②]见到张骞非常高兴。张骞向大宛王陈述了自己出使的目的后,大宛王派人送他到康居(今撒马尔罕一带),经康居再转达大月氏(今阿姆河上游),终于到了出使的目的地。但是,这时大月氏王已被胡人所杀,其夫人被立为王,而且大月氏还占有了“地肥饶,少寇”的大夏之地(今阿富汗北部),已不想再找匈奴报仇了。张骞在大夏停留一年多,都未说服大月氏王,于是只好东返长安。在返回途中,为避免再次被匈奴俘获,他计划不走河西走廊,而是“欲从羌中归”,即经柴达木盆地和河湟地区的羌族居住地返回,但不幸仍被匈奴捕获。一年后,张骞乘匈奴内乱之机,与甘父逃出,在汉武帝元朔三年(前 126 年)回到了长安。

张骞第一次出使西域,历时 13 年,两次被匈奴捕获,出发时 100 余人,归来时仅存他和甘父两人了。他们跋涉于沙漠、戈壁、冰天雪地之中,以射猎飞禽走兽为食物,历尽艰险,行程万里,表现了坚贞的使命感。

张骞这次出使虽然没有达到和大月氏结盟共同攻击匈奴的目的,但“骞身所至者,大宛、大月氏、大夏、康居,而传闻其旁大国五

① 《汉书》卷六十一《张骞传》,第 2687 页。
② 《汉书》卷六十一《张骞传》,第 2688 页。

六”[1]，了解到了有关西域各国的政治、经济、风俗、民情等情况，这对汉朝了解其外部世界，是十分重要的。

汉武帝元狩四年（前119年）张骞第二次出使西域。这次出使之前，汉匈之间的形势已发生了很大的变化。汉武帝元朔二年（前127年），汉将卫青大败匈奴，将匈奴赶到黄河以北，汉朝控制了“河南地”（今黄河河套以南一带）；汉武帝元朔六年（前123年），张骞“以校尉从大将军击匈奴，知水草处，军得以不乏，乃封骞为博望侯”[2]；汉武帝元狩二年（前121年），在汉将霍去病两次出击河西的严重打击下，匈奴浑邪王投降汉朝，汉朝完全控制了河西走廊；汉武帝元狩四年（前119年），卫青、霍去病分两路出击漠北，又大败匈奴，连匈奴单于也几乎被俘。从此，匈奴单于不得不把单于王庭从大漠以南移到大漠以北（今蒙古人民共和国车尔勒格东）。汉王朝取得了反击战争的基本胜利。

汉武帝决心把反击匈奴的战争进行到底，于是再次召见张骞问计。张骞在第一次出使西域时得知分布在今伊塞克湖以东伊犁河流域地区的乌孙国，原来世居在河西，与匈奴有矛盾，不肯事奉匈奴。匈奴派兵攻打乌孙又未能获胜，因此乌孙与匈奴之间的矛盾更深。张骞向武帝提出，要彻底击溃匈奴势力，必须利用乌孙与匈奴之间的矛盾。建议与乌孙和亲，结成抗匈同盟，“招以益东，居故浑邪之地，与汉结昆弟，其势宜听，听则是断匈奴右臂也。既连乌孙，自其西大夏之属皆可招来而为外臣”。[3]这就是说，要彻底击败匈奴，必须联络已占据天山以北、巴尔喀什湖以东以南的强大乌孙国。

汉武帝采纳了张骞的建议，决定再次派他去西域联络乌孙。元狩四年（前119年），汉武帝拜张骞为中郎将，带着300名副使及随从，

---

① 《汉书》卷六十一《张骞传》，第2689页。

② 《汉书》卷六十一《张骞传》，第2691页。

③ 《史记》卷一百二十三《大宛列传》，第3168页。

每人带马各两匹，牛羊以万数以及金币帛值数千巨万，浩浩荡荡，出使西域。这时，河西走廊已在西汉政府管辖之下，途中没有什么阻碍。他们从长安出发，经陇西到敦煌，穿过白龙堆（今新疆罗布泊附近）向西北再经焉耆、龟兹，顺利到达乌孙的赤谷城①。

张骞到乌孙赤谷城后，由于乌孙内部一分为三，未能统一，加之离匈奴很近而不了解汉朝，所以西汉欲同乌孙联盟共同攻打匈奴的意愿，暂时未能实行。但乌孙表示愿与汉建立密切的关系。当张骞返汉时，"乌孙使数十人，马数十匹"②，随同张骞到长安向汉朝致谢。

张骞在赤谷城期间，还"分遣副使使大宛、康居、月氏、大夏"③等国，进行友好活动。这些副使先后完成了使命，并和各国使节一道回到长安。

2. "丝绸之路"的开通及中西文化的交流

张骞两次出使西域，长达 20 余年，行程数万里。他的重大贡献主要是：

第一，张骞出使西域，以其亲身实践发现了"丝绸之路"，开通了中西陆路交通，为中国和中亚各国及地区的政治、经济、文化交流开创了新纪元。

早在张骞通西域前的战国时期，中国的丝和丝织品就已传入西方，被西方一些国家誉为著名的特产。公元前四五世纪，希腊人称中国为"赛里斯"，即是"丝国"的意思。但联系中西交通的路线、行经地点，史籍记载却语焉不详。张骞两次出使西域，发现和考察了被匈奴

---

① 赤谷城：在伊塞克湖东南、纳伦河上游。故址在今吉尔吉斯斯坦伊塞克湖州伊什提克城。参阅余太山《两汉魏晋南北朝正史西域传要注》，中华书局，2005年，第 153 页。

② 《汉书》卷六十一《张骞传》，第 2692 页。

③ 《汉书》卷六十一《张骞传》，第 2692 页。

中断和阻塞了的“丝绸之路”，使过去与西域诸国交通的传说和零散记载，得到了进一步的证实和订正，使人们大大增长了对“丝绸之路”的认识。《史记·大宛列传》和《汉书·西域传》，就是根据张骞的报告写成的，它们详细记载了当时“丝绸之路”的具体路线和沿线的重要城镇。自此以后，“丝绸之路”虽然有许多变化和发展，但大体说来，则是在张骞所发现的主要交通干线的基础上变更和发展的。具体说来，就是由西汉首都长安出发西行，经陇西，穿过河西走廊，到达中西陆路交通的咽喉之地——敦煌，由敦煌再分为两路：

南路：由敦煌西南行，出阳关（今敦煌市西南）沿南山（今昆仑山脉）北麓，经鄯善（今新疆若羌县）、且末（今新疆且末县西南十五里之废墟）、精绝（今新疆民丰县北尼雅古址）、扜弥（今新疆于田县东巴什拉乎拉克）、于阗（今新疆和田县南）、皮山（今新疆皮山县一带）、莎车（今新疆沙车县）、疏勒（今新疆喀什市），然后翻越葱岭（今帕米尔高原），向南到达大月氏、大夏、罽宾、身毒（今印度）等国。

北路：由敦煌西北行，出玉门关（今甘肃敦煌市西北），穿过白龙堆，沿北山（今天山山脉）南麓，经尉犁（今新疆焉耆县南）、乌垒（今新疆轮台县东北）、龟兹（今新疆库车县）、姑墨（今新疆阿克苏县）、温宿（今新疆乌什县），到疏勒，与南道汇合，然后越过葱岭，向西北经大宛，到达康居、奄蔡等国。

丝绸之路的南北两道，是汉武帝时期中西经济文化交流的大动脉。这两条道路所经路线及城镇，都是张骞通西域时所经过的。因此，他对这条中西陆路交通线的发现与提出，有首创之功。正是由于张骞开拓了长期被匈奴阻塞的“丝绸之路”，沟通了被中断的东西方经济、文化交流，使汉族和西北边疆各族，使中国人民和亚洲、欧洲各国人民的友好关系，进入了一个新的阶段。因此，史书把张骞出使西域誉称为“凿空”。

第二，张骞出使西域，使汉朝政府了解到了“丝绸之路”上的各个民族和国家的真实情况，并和他们建立了友好关系，使“丝绸之路”进一步繁荣和畅通。

张骞通西域后，汉朝政府通过“丝绸之路”，把内地的丝和丝织品、钢铁及其冶炼技术，以及精美的手工艺品如漆器、铜镜、陶器等著名特产，传入天山南北和中亚，并经中亚远播欧洲。后来，中国四大发明中的造纸法、印刷术、火药，也是经由这条道路传入西方的。这都是它对人类文明的重大贡献。

“不是张骞通西域，安得佳种自西来。”古代这脍炙人口的诗句，也反映了自张骞通西域后，西方各国的物产通过“丝绸之路”传入我国内地的情况。西方的葡萄、苜蓿、酒杯藤、胡桃（核桃）、胡麻、胡豆（蚕豆）、胡瓜（黄瓜）、石榴等物产和佛教、祆教、景教、摩尼教等宗教，以及音乐、绘画、雕塑等艺术，都是随着“丝绸之路”的畅通和繁荣而传入中国的，这就大大丰富了中国人民的物质生活和精神文化生活。

张骞通西域，使“丝绸之路”进入了空前繁荣的时期，赴西域的使者“相望于道”，“一辈（批）大者数百，少者百余人”[①]，一年之中出使使团“多者十余，少者五六辈”[②]。一批批的使者络绎不绝地前往西域，“远者八、九岁，近者数岁而反”[③]。他们在出使时往往称颂张骞的功绩，打着张骞的旗号，借以取得各国的信任。“张骞凿空，其后使往者，皆称博望侯，以为质于外国，外国由此信之。”[④]可见，张骞的出使，在西域各地留下了深刻的印象。而来汉朝的边疆民族和中亚的使者，也“莫不献方奇，纳爱质，露顶肘行，东向而朝天子”；而“欲通货市买”的“商胡贩客，日款于塞下”。[⑤]这些中西经济、文化交流的使者都是无名

---

① 《汉书》卷六十一《张骞传》，第 2694 页。

② 《汉书》卷六十一《张骞传》，第 2694 页。

③ 《汉书》卷六十一《张骞传》，第 2694 页。

④ 《史记》卷一百二十三《大宛列传》，第 3169 页。

⑤ 《后汉书》卷八十八《西域传》，第 2931 页。

英雄，他们的业绩以张骞和“丝绸之路”之名而永存。

五、设置郡县行政区

汉武帝打败匈奴，河西地区归入汉的版图后，汉王朝为了进一步开发河西，保护中西交通，便在河西地区推行了一系列政治、经济措施，包括敦煌郡在内的河西四郡的设置就是其中重要的一项。

敦煌建郡的年代，《汉书》的记载就不一致，《汉书·武帝纪》载，元狩二年“秋，匈奴昆邪王（即浑邪王）杀休屠王，并将其众合四万余人来降，置五属国以处之。以其地为武威、酒泉郡”。①元鼎六年，“乃分武威、酒泉地置张掖、敦煌郡，徙民以实之”。②而《汉书·地理志》则载：“酒泉郡，武帝太初元年开。”“敦煌郡，武帝后元（元）年分酒泉置。”③

20世纪40年代以来，许多学者依据《史记》《汉书》和考古新资料，对敦煌郡的设置时间进行了深入研究，但结论颇不一致。主要有以下几种意见：(1)向达、张维华、周振鹤诸先生主张建于元鼎六年（前111年）；④(2)陈梦家先生主张建于元封四、五年间（前107、前106年）；⑤(3)吴礽骧、余尧先生主张建于元封五、六年间；⑥(4)劳幹

---

① 《汉书》卷六《武帝纪》，第177页。

② 《汉书》卷六《武帝纪》，第189页。

③ 《汉书》卷二十八《地理志》，第1614页。

④ 参阅向达《两关杂考》，载《唐代长安与西域文明》，三联书店，1957年；张维华《汉河西四郡建置年代考疑》，载《中国文化研究汇刊》2卷，收入张维华著《汉史论集》，齐鲁书社，1980年；周振鹤《西汉河西四郡设置年代考》，《西北史地》1985年第1期。

⑤ 陈梦家《河西四郡的设置年代》，载《汉简缀述》，中华书局，1980年。

⑥ 吴礽骧、余尧《汉代的敦煌郡》，载《西北师院学报》1982年第2期，第26页。

先生主张建于太初四年（前 101 年）或稍后；[①]（5）张春树先生主张建于天汉三年（前 98 年）；[②]（6）黄文弼先生主张建于太初元年（前 104 年）；[③]（7）方诗铭先生主张建于天汉二、三年后至征和二年（前 91 年）以前[④]；（8）刘光华、王宗维先生主张建于后元元年（前 88 年）。[⑤]

我们认为，汉代于西北边塞凡有设置，或与重大军事行动有关，或属交通方面之必需。[⑥]如置酒泉郡以通西北诸国，设武威、张掖郡以隔羌胡交通。敦煌郡的设置，则与李广利伐大宛有密切关系。太初元年（前 104 年），汉王朝为了进一步扩大在西域的影响，"拜李广利为贰师将军，发属国六千骑，及郡国恶少年数万人，以往伐宛"。[⑦]太初二年，李广利伐宛失利，乃"引兵而还，往来二岁。还至敦煌，士不过什一二，使使上书言：……天子闻之，大怒，而使使遮玉门，曰军有敢入者辄斩之！贰师恐，因留敦煌。"[⑧]李广利伐大宛为汉代出兵西域之第一次，后方必有布置，此时设置敦煌郡，既可以备军事之转输，又有利于中西交通。李广利第一次出兵伐大宛在太初元年，太初二年留兵敦

① 劳榦《论汉代玉门关的迁徙问题》，（台湾）《清华学报》第 2 卷第 1 期（1960 年 5 月）。

② 张春树《汉代河西四郡的建置年代与开拓过程的推测》，载《史语所集刊》第 37 本下（1967 年），又载张春树《汉代边疆史论集》，台湾：食货出版社，1977 年。

③ 黄文弼《河西四郡建置年代考》，载《西北史地论丛》，上海人民出版社，1981 年。

④ 方诗铭《玉门位置辨》，载《西北通讯》第 1 期（1947 年）。

⑤ 参阅刘光华《敦煌建郡于汉武帝后元元年辨》，载《秦汉史论丛》第 2 辑，陕西人民出版社，1983 年出版；王宗维《汉代河西四郡始设年代问题》，《西北史地》1986 年第 3 期。

⑥ 参阅黄文弼《河西四郡建置年代考》。

⑦《史记》卷一百二十三《大宛列传》，第 3174 页。

⑧《史记》卷一百二十三《大宛列传》，第 3175 页。

煌，而敦煌之名亦出现于此时。因此我们认为，敦煌郡的设置可能也在此时。

敦煌郡，再加上酒泉郡、张掖郡、武威郡，就是一般所说的“河西四郡”。

汉代的敦煌郡，据《汉书·地理志》记载，共统辖六个县，即敦煌、冥安、效谷、渊泉、广至与龙勒。当时的敦煌郡，包括今敦煌市、瓜州县和阿克塞哈萨克族自治县、肃北蒙古族自治县的部分地区，面积约八万平方千米。

六、建立军事防御体系

河西归汉后，汉王朝便采取了一系列政治、经济措施来保障河西地区的安全，军事防御体系便是其重要的举措之一。

1. 河西的汉长城

自从河西归入汉的版图后，西汉王朝为了保证这个地区的安全和维护“丝绸之路”的畅通，便修筑了其安全防御线——长城。

河西长城是随着边防形势的变化在几个不同时期分段修筑而成的。

令居以西至酒泉：汉筑令居（甘肃永登）以西之边塞，见于《史记·大宛列传》：“而汉始筑令居以西，初置酒泉郡，以通西北国。”元狩二年（前121年），霍去病在河西之战中打败了匈奴，匈奴浑邪王、休屠王降汉，汉始有河西之地。故知令居以西至酒泉长城的修筑，是元狩二年以后之事。

酒泉至玉门间：酒泉至玉门间这段长城，是在赵破奴、王恢破楼兰、姑师以后修筑的。按赵破奴与王恢虏楼兰王、破姑师，事在元封五年（前106年），而《史记》记酒泉至玉门的长城之修筑，与此事并述，可知酒泉至玉门的长城，筑于元封五年。

敦煌至盐泽间：敦煌至盐泽间这段长城，是李广利伐大宛以后修筑的。《史记·大宛列传》云："汉已伐宛……而敦煌置酒泉都尉，西至盐水，往往有亭。"[①]这里所说的盐水，即今新疆维吾尔自治区西部之罗布泊（又称蒲昌海）。汉自敦煌至罗布泊所筑长城，是在李广利伐大宛之后。而李广利伐大宛，始于太初元年（前 104 年），终于太初四年（前 101 年）。可知，此段长城的修筑，当在天汉年间（前100—前 97 年）或稍后。

以上只是河西主要的几段长城建筑情况，而整个长城防御线的修筑情况大概是这样的：公元前 127 年，汉朝收复"河南地"后，置朔方、五原郡，移民垦荒，并将秦时沿黄河的长城加以修整，这是汉武帝第一次大规模的对边防设施的加工；公元前 121 年，汉收复河西后，便把长城由朔方沿黄河往河西延长至令居。随后，汉朝政府又将长城从令居分段向西延长到玉门，所谓"自酒泉列亭障至玉门矣"。[②]以后随着匈奴势力的不断向西转移，汉朝也相应地加强了西北边防。公元前 101 年李广利伐大宛取得胜利后，汉王朝又把长城延伸到了盐泽。《汉书·西域传》曰："自敦煌西至盐泽，往往起亭。"[③]这就是河西走廊以北东西长达千余千米的边塞防御线——长城。

2. 汉代的烽燧亭障

长城在汉代又称为"塞"，由每隔五千米左右的小城堡联着，小城堡设有发放警报的"烽台"，称为"亭"或"燧"，这些小城堡按其大小派驻着几十名到一二百名戍卒，由"候长""燧长"管理。隔若干个"燧"有一个较大的城，叫作"障"，由"候官"统率。各候官又由都尉统率，都尉住在更大的城堡里，即郡城或县城，以故"亭""障"往往连用，代表着长城的防御工事。

---

① 《史记》卷一百二十三《大宛列传》，第 3179 页。

② 《汉书》卷九十六《西域传》，第 3876 页。

③ 《汉书》卷九十六《西域传》，第 3873 页。

驻在亭障的士兵要密切注视敌情，称为“斥候”，有警要放出信号，称“烽燧”。驻在亭障的戍卒，也要开垦田地，疏通水利。他们保卫着我国古代西北边疆和人民的生产。戍卒是征发农民中的丁壮组成的。汉制：从23—56岁的男子都是丁壮，他们必须先受一年的军事训练，而后还要赴边塞当一年戍卒，叫作“正卒”。边境郡县的正卒，军事训练和戍边都在边郡；内地郡县的正卒服戍边徭役时，才来边郡。

关于汉代的烽燧制度，《汉书·贾谊传》曰：“斥候（候伺）望烽燧不得卧，将吏被介胄而睡。”文颖注云：“边方备胡寇，作高土橹（橹为无顶之屋），橹上作桔皋，以薪草置其中，常低之，有寇即火燃举之以相告，曰烽。又多积薪，寇至即燃之以望其烟，曰燧。”张晏注云：“昼举烽，夜燔燧也。”[1]从此可以看出汉代的烽燧情形。

关于报警的信号，一是烽表，即用红布和白布缝成帆状物。在敌人入侵时，则悬挂在亭障的高竿上，按侵入者的多少、远近而增减数量，一燧挂烽，他燧照传。二是烽烟，即焚薪取烟，亭障上有烟筒，焚薪之烟通过烟筒直上天空，白天易于被远处望见，这是情况紧急时的信号。三是苣火，夜间通报情况用燃苣火取代烽表。这是将点燃的苇束，悬上高竿，也按侵入者多少、远近而增减数量。四是积薪，积薪是叠积在亭燧附近的大草垛。无论昼夜，最紧急的警报就是焚烧积薪。

以上所举四种报警信号，只是就一般情况而言。实际上汉代发放警报信号是有制度规定的，即“烽火品约”。

总之，汉代的烽燧亭障，实际上是军事防御线上设立的军事通讯哨所。自从烽燧制度建立后，由于“汉边郡烽火候望精明，匈奴为边寇者少利，希复犯塞”。[2]它为保卫河西地区居民的正常生活和“丝绸之路”上的来往使者、商贾们的安全，起着重大作用。

① 《汉书》卷四十八《贾谊传》，第2240—2241页。

② 《汉书》卷九十四《匈奴传》，第3784页。

3. 建立邮驿——悬泉置

悬泉置是以地名名置者。所谓“悬泉”，是瀑布的一种名称。悬泉置所在地的悬泉，在今甘肃省敦煌市与瓜州（安西县）之间的龙勒山上，距离两地均有 60 余千米。悬泉下泻之水成为小河，名悬泉水，细流约一里许，潜入地下。

“置”是一种邮驿名称。在古代，步递曰邮，马递曰置。汉武帝设在悬泉附近的邮驿名“悬泉置”，是以马递为主的邮驿。

悬泉置设立的时间约在汉武帝对西域用兵的过程中，具体地说，是在李广利西伐大宛获胜归来之后。

悬泉置的行政级别相当于县级。在汉代，置不同于一般邮亭，往往设立于两个相邻的县界上，作为重要的中转邮驿，因之其机构较大，级别较高。东汉应劭曰：“置者，度其远近之间置之也。”[①]从出土汉简可知，大致是设于县城的邮驿称传舍，设于县界的邮驿称置。两县城之间相距不足百里者，中间不设置。两县城间相距在百里以上者，设置于两县界上。如酒泉郡的玉门西至沙头 99 里，中不设置；张掖郡的昭武至酒泉郡的表是 131 里，中设祁连置。[②]

1987 年，在甘肃省瓜州县发现了汉代的悬泉置遗址，该遗址是一座方形小城堡，面积为 2400 多平方米。四周为高大的院墙，边长 50 米，西南角设突出坞体的角楼。坞内依西壁、北壁建有住宿区，是平房 3 组 12 间（内含一个套间）；东、北侧为办公区房舍；西南角、北部有马厩 3 间；坞外西南部建有一组长约 50 米，呈南北向的马厩 3 间。坞外西部为废物堆积区。这些建筑遗址对探索汉代驿站的建筑形式、布局和结构等提供了重要的实物依据。这是我国西北地区汉代驿

---

① 《后汉书》卷六十八《郭符许列传》附《王柔传》注引《风俗通》，第 2231 页。

② 参阅张传玺《悬泉置、效谷县、鱼泽障的设与废》，载《张维华纪念文集》，齐鲁书社，1997 年。

站遗址的首次发现和发掘。

七、移民实边与河西屯田

1. 移民实边

河西原有居民是羌、月氏、乌孙和匈奴等族，匈奴占领河西后，主要是匈奴人，就是在河西之战后，虽然故浑邪王地空无人，但“空无人”并不意味着没有匈奴人及其他族人，只不过人数大大减少罢了。在本地人口不多的情况下，要设置郡县，加强河西边防，就必须从内地大量向河西地区移民。

向河西地区移民的对象，据《汉书·地理志》记载：“其民或以关东下贫，或以报怨过当，或以背逆亡道，家属徙焉。”[①]其中的“关东下贫”，应该占绝对多数。“下贫”，就是指生活无着的农民，如元狩年间“山东被水灾，民多饥乏，于是天子遣使虚郡国仓廪以振贫。犹不足，又募豪富人相假贷。尚不能相救，乃徙贫民于关以西，及充朔方以南新秦中，七十余万口，衣食皆仰给于县官”。[②]这次大规模的移民，是在政府“振”“贷”都不能解决饥乏的情况下进行的，迁徙对象就是“下贫”。上面所说的“报怨过当”，就是刑事犯罪者。“背逆亡道”就是犯有叛逆罪的政治犯。这些因犯法而被迁徙的对象，也不在少数。如武帝时附和戾太子之乱的官吏、士卒，都被迁徙至敦煌郡。西汉还有所谓减死戍边的法律。当然，还有一些是自愿迁徙到河西的，也有一些屯田戍卒在服役期满后，自愿留在屯戍边县，并把家室接到其地的。还有一些少数民族也由于各种原因，而被强制迁徙到了河西。

向河西地区移民，主要是在汉武帝时代。具体年代，据《汉书》记

---

① 《汉书》卷二十八《地理志》，第 1645 页。

② 《汉书》卷二十四《食货志》，第 1162 页。

载，元狩五年（前 118 年）“徙天下奸滑吏民于边”。[1]这个“边”，可能包括河西地区在内；《资治通鉴》记载：武帝“乃于浑邪王故地置酒泉郡，稍发徙民以充实之”[2]。武帝以后，向河西的移民仍然不断。这些被迁徙的人民，屯田河西，为巩固、保卫边防作出了贡献。

汉武帝的徙民措施，直接改变着河西地区人烟稀少的状况。通过徙民，使河西地区人口大增，据《汉书·地理志》记载，到西汉末年，河西四郡共有 61270 户，28 万多人。

从历史上看，移民实边从来就不是一项单纯的经济措施，而是作为一项以巩固边防为主，包含政治、经济内容的综合性措施，汉代向河西的移民也是如此。它为加强边防，防御匈奴入侵，发挥了重大作用，并随之将汉王朝内地实行的封建经济与政治制度推行到了河西。因此我们说，向河西移民及设置郡县，是把当时内地行之已久的封建政治制度和生产关系推行到河西，从而表明河西进入了封建制。

2. 河西屯田

随着河西设郡，内地徙民源源而来。移民初期，“衣食皆仰给县官”。除徙民之外，河西地区还驻有大量的戍卒和战斗部队。徙民、戍卒与战斗部队的数量既然很庞大，则对粮食的需要量也势必增大。因此，解决河西地区军民的粮食供应问题是一个很重要的任务。如果河西地区所需粮食不由当地生产，就必须从内地长途转输，这就需要国家付出很高的运价。因此发展河西地区的农业生产，就成为建郡后的重要任务了。

在河西地区发展农业，有着一定的主客观条件。

从客观方面来说，河西以南的祁连山中有广大的冰川积雪，是一

---

① 《汉书》卷六《武帝纪》，第 179 页。

② 《资志通鉴》，第 658 页。

个天然水库，冰雪消融能供给走廊农业和畜牧业足够的用水，同时畜牧业的兴盛，又有足够的畜力用于农业生产。

从主观方面来说，由于有大量的徙民和戍卒，为农业生产提供了必需的劳动力。大批的徙民和戍卒，都是内地农业区的农民。他们到了河西，当然就把内地先进的耕作经验和技术带到了河西。汉武帝末年，赵过的代田法，就曾在“边郡及居延城（韦昭注：张掖县也）”推行，“是后边城、河东、弘农、三辅、太常民皆便代田，用力少，而得谷多”。[①]

同时西汉政府对盐铁实行专卖，又保证了国家给生产者提供必须的铁农具。汉王朝还在河西地区大兴水利。据《史记·河渠书》记载：“朔方、西河、河西、酒泉皆引河及川谷以溉田。”[②]据居延汉简记载，居延一带的许多亭燧如甲渠、临渠、水门、广渠、肩水等，都是由水渠而命名的。在居延屯田的田卒中，就有一种专门从事治渠引水的“河渠卒”，这都说明了汉政府对水利的重视。

西汉“屯田”的名称虽然始于桑弘羊的《屯田奏》，但屯田的范围是很广泛的，并不限于西域。关于河西屯田，《汉书·匈奴传》曰：“汉渡河，自朔方以西至令居，往往通渠置田官，吏卒五六万人。”[③]《史记·平准书》曰：“初置张掖、酒泉郡，而上郡、朔方、西河、河西开田官，斥塞卒六十万人戍田之。”[④]在汉简里，也可以看到屯田的种种记录，如“戍田卒”就是戍卒中专门从事屯田的生产者。

屯田是且田且守，亦兵亦农，军事活动与农业生产相结合的一种措施。戍边是汉代农民负担的徭役之一，每个成年男子都必须负担戍

① 《汉书》卷二十四《食货志》，第 1139 页。
② 《史记》卷二十九《河渠书》，第 1414 页。
③ 《汉书》卷九十四《匈奴传》，第 3770 页。
④ 《史记》卷三十《平准书》，第 1439 页。

边徭役,因此汉政府便以征发戍卒的名义,把大批的农民调发到边疆及新占领的地区戍守或田耕。在屯田的名义下,他们一方面守边,一方面垦田种植,而且大部分戍卒是从事屯田。

屯田的戍卒都有一定的期限,一般是一年,到期就遣归故里。可是边郡人屯戍的时间比内地人长,因为内地人还要在本郡服一年正卒,边郡人正卒和戍卒实际上是一回事,因之这两种徭役就归并在一起执行了。

汉代在边郡的屯田规模很大,为了便于管理屯田事宜,设置了专门的管理机构和组织系统。

屯田的组织,见于史书和汉简记载的,有农都尉、护田校尉、候农令、劝农掾、仓长、仓左、仓曹史。而具体进行农业生产劳动的戍卒则称为戍田卒、事田、田卒、河渠卒等。

屯田的收获,不仅解决边防给养,供应往来于"丝绸之路"上的使者和商人,而且还可向市场出售,以资调节。同时,当内地发生灾害时,还可以调拨边郡屯田积谷以救内地之灾。可见,河西屯田对当时的国家财政和经济起了一定的良好作用。

尤其值得说明的是,河西屯田就其组织形式看,虽然是军事性质的,但就其直接目的来看,首先是为了巩固边防,同时也是为了解决国家财政的困难和扩大国家直接控制的耕地面积。然而从屯田的结果来看,却使封建生产方式在河西得以推行。因为汉代的地租形态,除实物地租以外还有劳役地租,而且在几种不同名义的徭役下,劳役地租实际上是很重的。为了把这种既有的封建剥削制度在新辟的河西地区推行,就产生了以戍卒这一徭役为中心内容的屯田制度,可见屯田实是在封建土地所有制下的一种力役地租剥削形式。因之,屯田制在河西的推行也就是河西封建化的过程。

总之,汉代的屯田活动作为一项重要政策,达到了预期的效果。屯田生产使得边郡粮库充足,这就大大减轻了国家组织的由内地向边塞运输粮食的沉重负担；田卒本身既是整个戍卒的组成部分，就使得汉王朝戍边的力量大大加强。如武帝在上郡、朔方、西河、河西开田官，也只有在屯田的情况下，才能在边郡驻守这么多的部队；屯田活动既解决了边郡的粮草，也解决了边塞的武备，这就遏制了匈奴骑兵的掠夺，《汉书·匈奴传》说昭帝时，“汉边郡烽火候望精明，匈奴为边寇者少利，希复犯塞”。[①]

① 《汉书》卷九十四《匈奴传》，第 3784 页。

第三节　魏晋南北朝时期的敦煌

魏晋南北朝既是民族矛盾、阶级矛盾尖锐的时期，又是佛教的大发展时期，同时也是石窟艺术的重要创建期。敦煌莫高窟就是在这一时期创建的。

敦煌佛教艺术，乃是东传的佛教在一个具有成熟封建文化地方的特有产物，也是民族传统文化受外来宗教刺激下出现的新形态。因此敦煌艺术的特点，就在于其地理条件的特殊，使它具有一些个性鲜明的差异，从而显示了民族传统文化的生命力与创造力。[①]

敦煌艺术，既不是西来的，也不是东去的，而是中国古老的传统文化在敦煌这个特殊的地理环境中与外来文化相结合的产物。只有从这个大前提出发，才能正确阐述敦煌艺术产生的历史、文化背景。

一、学术文化的发展

由于敦煌与河西其他地区都偏处西北，远离中原，因而能避免诸如“八王之乱”“永嘉之乱”那样的兵祸之灾，保持境内长期安定的环境。正是由于河西比较稳定，使大量避难百姓流亡到此，发展了河西的经济和生产，为文化的繁荣创造了条件。

① 参阅史苇湘《敦煌佛教艺术产生的历史依据》，《敦煌研究》试刊第 1 期，甘肃人民出版社，1982 年。

公元1世纪初，就有不少三辅（京兆尹、左冯翊、右扶风，今陕西中部地区）地区的人前往河西。《后汉书·孔奋列传》载："遭王莽乱，奋与老母幼弟避兵河西。……时天下扰乱，唯河西独安，而姑臧（今武威）称为富邑，通货羌胡，市日四合。"[1]绿林军入关后，更始帝委派窦融去河北任巨鹿太守，为融谢绝，提出愿意去河西。《后汉书·窦融列传》说："融见更始新立，东方尚扰，不欲出关。而高祖父尝为张掖太守，从祖父为护羌校尉，从弟亦为武威太守，累世在河西，知其土俗，独谓兄弟曰：'天下安危未可知，河西殷富，带河为固，张掖属国精兵万骑，一旦缓急，杜绝河津，足以自守，此遗种处也。'兄弟皆然之。"[2]从以上记载可知，孔奋因天下扰乱，想找一个安定富庶的地方侍奉老母，遂选中了"独安"的河西；而窦融则从政治、经济、军事上考虑，认为河西殷富，兵精粮足，地势险要，是乱世"自守""遗种"之地。

窦融任"张掖属国都尉"后，凭借其祖弟"累世在河西"任职的声望，广泛结交地方官吏，联络周边羌胡民族，使"河西翕然归之"。他和酒泉太守梁统、敦煌都尉辛肜、张掖都尉史苞、金城太守厍钧、酒泉都尉竺曾等人"皆与为厚善"，关系十分融洽，他们共推窦融"行河西五郡大将军事"。在他统治下的河西，"上下相亲，晏然富殖。修兵马，习战射，明烽燧之警……稀复侵寇，而保塞羌胡皆震服亲附，安定、北地、上郡流人避凶饥者，归之不绝"[3]。从当时全国的形势看，河西的确是一个较为安定的地区。东汉王朝建立后，光武帝刘秀对据有"河西完富，地接陇蜀"的窦融也很重视，特"赐融玺书"，并"授融为凉州牧"。自此，窦融及所控制的河西地区遂归附了东汉。

曹魏统一北方之初，无暇顾及河西，到魏文帝曹丕时期，便派尹

---

① 《后汉书》卷三十一《孔奋列传》，第1098页。

② 《后汉书》卷二十三《窦融列传》，第796页。

③ 《后汉书》卷二十三《窦融列传》，第797页。

奉为敦煌太守，随后，又由仓慈继尹奉为敦煌太守。当时，东汉以来形成的豪强大族的势力日益强大，他们兼并土地，压榨农民，敲诈勒索西域商贾。针对这种情况，当时的凉州刺史徐邈和敦煌太守仓慈便采取措施，解除豪强的私人武装，限制豪强兼并土地，从而打击了豪强大族的嚣张气焰。

另外，由于仓慈处事公平，平等对待少数民族，并鼓励胡汉通婚，从而促进了少数民族与汉族的融合，也有利于敦煌社会的稳定。同时，仓慈还鼓励百姓开垦荒田和从事贸易，对来敦煌贸易的西域胡商，给予多方优待，并保证他们的生命财产安全。若胡商想去内地贸易，还及时给他们发给过所(通行证)。这些措施，得到了当地百姓和西域胡商的欢迎，也促进了敦煌贸易的发展，使敦煌成为胡汉交往的商业城市。

仓慈以后，王迁、赵基、皇甫隆先后任敦煌太守。皇甫隆在位时期(249—254 年)，改变了敦煌妇女在穿衣方面的落后习俗，并在敦煌推广了中原的先进耕作技术和生产工具，这有利于敦煌农业生产的发展。

西晋末年，北方大乱，各民族统治者相继建立了自己的政权，历史进入了十六国时期。在这一时期，敦煌先后归属前凉张氏(313—376 年)、前秦苻氏(376—387 年)、后凉吕氏(387—400 年)、西凉李氏(400—420 年)和北凉沮渠氏(421—442 年)等五个政权。

前凉政权占据敦煌后，出于经营西域的需要，张骏于公元 345 年将敦煌、晋昌、高昌等三郡，西域都护、戊己校尉、玉门大护军等三营合并为沙州，州治设在敦煌，任命杨宣为沙州刺史。杨宣在任期间，组织兴修了一些水利工程，如甘泉水(今党河)河槽下降，影响了敦煌南部的中渠灌溉效益，杨宣便组织人力对中渠进行了全面修整，从而使中渠的灌溉面积大大增加，当地百姓为了纪念杨宣，就将中渠更名为阳(杨)开渠。阴澹任敦煌太守时期，也组织人力修建了一条 7 里长的水渠，可将州城西南的水引至西北的水渠，灌溉城西的大片土地，使这一地区的百姓受益不少，安居乐业，故被称为阴安渠。

前秦时期，为经营西域，便于382年派吕光进军龟兹。为了巩固后方基地敦煌，苻坚于385年将江汉、中原百姓1.7万余户迁到敦煌。同年，吕光率兵返回河西，随后建立了后凉。孟敏任后凉敦煌太守时期，继续兴修水利。他在州城西南修了一条水渠，引甘泉水灌溉农田，被受益百姓称为孟授渠。当395年后凉发生内乱时，武威、张掖等地的数千户百姓也逃到了敦煌和晋昌。

公元400年，李暠在敦煌自称冠军大将军、沙州刺史，建立了西凉，敦煌第一次成了割据政权的政治中心。西凉政权统治敦煌时期，建立了县、乡、里三级行政管理机构，实行严密的编户制度，并鼓励生产，使这里出现了五谷丰收、百姓乐业的景象。

公元405年，李暠为了全力对付东方的强敌北凉，决定迁都酒泉。与此同时，李暠还将苻坚时从江汉、中原迁来的民户，后凉内乱时从武威、张掖逃来的民户，都从敦煌迁到了酒泉，这就大大削弱了敦煌的力量。再加上西凉将注意力转向东方，敦煌失去了其经营西域的基地作用，因此当417年李暠去世后，敦煌就更加衰败了。421年，北凉沮渠蒙逊灭西凉。北凉的进攻、屠杀，使敦煌再受重创。439年，北魏拓跋焘攻克北凉都城姑臧，北凉灭亡。但沮渠氏的残余力量在沙州刺史沮渠无讳的率领下，仍坚持抗击魏军，直到442年，才率众放弃敦煌逃往西域。

沮渠无讳逃离敦煌后，西凉李暠的孙子李宝便趁机返回，并派其弟李怀达为使向北魏投降。北魏就任命李怀达为敦煌太守，封李宝为镇西大将军，领护西戎校尉、沙州牧、敦煌公。444年，李宝被北魏召往都城平城（今山西大同），北魏直接控制了敦煌。

北魏控制敦煌后，仍将其作为经营西域的基地，并逐渐攻破了鄯善、焉耆和龟兹，使西域的大部分都为北魏所控制，丝绸之路再次打通，西域商人纷纷前来贸易。但好景不长，因此时柔然已日益强大，并与北魏争夺西域与河西。当柔然占领西域的一些地区后，敦煌便成了前沿阵地。对此，北魏政府中的一些官员于 474 年便动议放弃敦煌，把边界后撤到凉州。给事中韩秀坚持保卫敦煌，否则不但凉州难以设防，就是关中恐怕也都不安宁了。韩秀的意见得到魏孝文帝的支持，敦煌不仅得以保全，而且还加强了敦煌镇的守备。

公元 524 年，孝明帝下令改镇为州，敦煌镇因盛产美瓜，故改名为瓜州。北魏为加强对瓜州的统治，于 525 年派明元帝的四世孙元荣出任瓜州刺史，529 年，元荣被封为东阳王。这时，由于爆发了关陇起义，阻断了瓜州与中原的联系。534 年，北魏分裂为东、西魏，河西属西魏，元荣又成为西魏的瓜州刺史。元荣坐镇敦煌近 20 年，直到 544 年去世。

北周取代西魏后，继续在敦煌设置瓜州。据《周书》记载，韦瑱、李贤曾为瓜州刺史。尤其是建平公于义任瓜州刺史时（约 565—576 年），十分崇信佛教，开展了修窟造像的活动。正如武周圣历碑所记："复有刺史建平公、东阳王等各修一大窟……乐僔、法良发其宗，建平、东阳弘其迹。"也正是在东阳王、建平公等敦煌地方长官的带动下，莫高窟的开窟造像之风才兴盛起来。

政治的相对稳定，经济的繁荣，是学术文化发展和繁荣的基本条件和土壤。

公元 4 世纪初，西晋王朝在经过"八王之乱"以后，遂出现了北方十六国的大分裂、大混乱。在中原扰攘不堪时，河西却比较安定，这里不仅是内地流民的避难所，而且其文化亦很繁荣。张轨所建立的前凉政权，大量依靠敦煌人士如宋配、阴充、阴澹、氾瑗等为其运筹。正是由于这些人的帮助、辅佐，才使河西的生产有了发展，人口有所增加，也使张轨能"威著西州，化行河右"。在当时北方大混乱的情况下，以敦煌为中心的五凉文化却大放异彩，它不仅保存了汉晋传统，而且在此基础上还有所发展。

汉晋时代，河西地区，特别是敦煌，出了不少著名的文人学士和能工巧匠，并将传统文化继承、保存了下来。这主要是河西地区稳定的结果。我们知道，整个十六国时代，北方处于战火弥漫、干戈不息的混乱局势下，而河西地区则“秩序安定，经济丰饶，既为中州人士避难之地，复是流民移徙之区，百余年间纷争扰攘固所不免，但较之河北、山东屡经大乱者，略胜一筹”。[①]因此，“中州避难来者日月相继”。[②]

永嘉之乱时，京城士大夫认识到“天下方乱，避难之国唯凉土耳”。建兴之乱后，晋王司马保败亡，“其众散奔凉州者万余人”。[③]正是由于大量士庶避居河西，使河西的文人学士大为增加，并对保留中原先进文化及推动河西文化的发展，产生了积极的影响。正如胡三省所说：“永嘉之乱，中州之人士避地河西，张氏礼而用之，子孙相承，衣冠不坠，故凉州号为多士。”[④]中原文人学士涌入河西，只是河西“多士”的一个原因。另外，随着汉代对河西的开发，丝绸之路的畅通，河西文化与河西经济一起迂回上升。一批作为地主阶级知识分子的“士”，便在西北边陲的河西一隅，破土而出。因此，自汉以来，河西地区特别是敦煌，已是文化极盛之地，文人学士大量涌现。而西晋王室内乱，中州云扰，安定世族张轨出牧凉州，保境安民，兴办文教，选拔人才，为河西的地主阶级创造了保存和发展自己家族和家学的有利条件，从而吸引了不少的中州人士流向河西，这就给本来“多士”的凉州，扩大了

① 陈寅恪《隋唐制度渊源略论稿》，上海古籍出版社，1982 年，第 26 页。

② ［唐］房玄龄等撰《晋书》卷八十六《张轨传》，第 2225 页。

③ 《晋书》卷八十六《张轨传》，第 2230 页。

④ ［宋］司马光编著《资治通鉴》卷一百二十三“文帝元嘉十六年十二月”条胡注，中华书局，1956 年，第 3877 页。

“士”的范围。[①]

河西的文人学士，多出西州大姓。如安定张氏、陇西李氏、略阳郭氏、西平田氏、金城宗氏以及敦煌宋、阴、索、氾等，都是“以儒学显”“以儒学致位”“以儒学见称”的西州右姓。当中原板荡、京洛公学沦废，学术下移之时，西州大姓在相对安定的河西一隅，“专心经籍”，致力儒学，既可以发展本地的学术文化，又能保存、继承固有的传统文化，正如陈寅恪所说：“刘（渊）石（勒）纷乱之时，中原之地悉为战区，独河西一隅自前凉张氏以后尚称治安，故其本土世家之学术既可以保存，外来避乱之儒英亦得就之传授，历时既久，其文化学术遂渐具地域性质。”[②]正是由于这个原因，再加上五凉统治者大都重视学术文化，遂使河西地区的文化事业在两汉以来的基础上得到了迅速发展，出现了繁荣兴盛的局面，并一跃而为北方文化中心。

在河西地区的文人学士中，敦煌儒士不仅在数量上占有绝对优势，而且在学术成就上也居于遥遥领先的地位，如郭瑀、刘昞、索敞、索袭、索紞、索绥、张穆、张斌、张湛、宋繇、宋纤、氾腾、阚骃等，都是很有成就的敦煌学士。

河西，尤其是敦煌的文人学士，不但自己的学术成就大，而且还兴办学校，聚徒授业，传播和发扬传统文化。如酒泉人祁嘉“西至敦煌，依学官诵书，贫无衣食，为书生都养以自给，遂博通经传，精究大义。西游海渚，教授门生百余人”。张重华还征拜他为儒林祭酒，让他传授儒学，“在朝卿士、郡县守令彭和正等受业独拜床下者二千余人”；[③]宋纤“隐居于酒泉南山。明究经纬，弟子受业三千余人。不应州

① 参阅武守志《五凉时期的河西儒学》，《西北史地》1987 年第 2 期。

② 陈寅恪《隋唐制度渊源略论稿》，上海古籍出版社，1982 年，第 19 页。

③《晋书》卷九十四《祁嘉传》，第 2456 页。

郡辟命”;[1]郭瑀专事著书授业,著录弟子千余人;刘昞也曾开设私馆,接纳弟子五百人。[2]

河西地区文化、教育事业的发展,与河西各政权的执政者对文化、教育事业的重视和提倡有密切的关系。如张轨到凉州不久,即“征九郡胄子五百人,立学校,始置崇文祭酒,位视别驾,春秋行乡射之礼”。[3]并广泛征求高才硕学,经史著述等有识之士;张祚、张天锡执政时期,多次派出使者,厚礼征聘隐逸有学之士。张天锡还以文人自居,在朝卿士、郡县守令纷纷拜师求学,形成风气;西凉主李暠执政后思贤若渴,“采殊才于岩陆,拔翘彦于无际”,[4]广泛地吸收文人学士,在文化事业方面表现出极大的热情。刘昞一生著述颇丰,这与李暠的大力支持是分不开的。

河西地区具有典型性、代表性,并在文化、教育上有重大影响的文士学人,差不多都出自敦煌。敦煌儒士在河西儒学中的地位和作用,揭示了敦煌文化的历史高度。陈垣曾经指出:“自汉以来,敦煌文化极盛,其地为西域与京洛出入必经之孔道,实中西文化交流之枢纽。”[5]可以说,没有汉魏以来敦煌文化的发展,便不可能孕育出像刘昞这样的儒学大师。而一些退隐或隐居的知识分子能够离开中原地区的物质文明,来到敦煌和河西各地,固然有当时政治上的原因,但也说明当时的敦煌已具有了他们从事著述和讲学的物质条件。而这些都说明,汉晋文化传统在河西,尤其是在敦煌已打下了坚实而深厚

---

① 《晋书》卷九十四《隐逸·宋纤传》,第2453页。

② [北齐]魏收撰《魏书》卷五十二《刘昞传》,中华书局,1974年,第1160页。

③ 《晋书》卷八十六《张轨传》,第2222页。

④ 《晋书》卷八十七《凉武昭王李玄盛传》,第2266页。

⑤ 陈垣《跋西凉户籍残卷》,见沙知、孔祥星编《敦煌吐鲁番文书研究》,甘肃人民出版社,1984年。

的基础，以敦煌为中心的五凉文化，不仅继承了汉晋文化传统，并在此基础上不断发展，渐趋成熟。敦煌佛教艺术，正是在这种历史、文化基础上产生和发展的。

二、佛教活动的兴盛

十六国时期，社会动荡，战争连绵，但佛教却得到了迅速的发展。尤其是河西地区，佛教更为流行，并对南北朝佛教的广泛传播起了桥梁作用。正如《魏书·释老志》所说："凉州自张轨后，世信佛教。敦煌地接西域，道俗交得其旧式，村坞相属，多有塔寺。太延中，凉州平，徙其国人于京邑，沙门佛事皆俱东，象教弥增矣。"[①]

河西地区佛教的兴盛，首先表现在译经方面。由于佛教的广泛传播，河西地区出现了不少的高僧，如凉州人宝云、智严、竺道曼、道泰，酒泉人慧览，张掖人沮渠京声，金城人玄畅等。他们与朱士行、法显一样，不辞艰辛，跋涉于冰天雪地和荒漠沙碛之中，西行求经，瞻仰圣迹。归来时又携回大量梵文或胡语佛经，在河西境内开窟建寺，或聚徒讲经，或从事译著，对佛教在中国的传播、发展作出了贡献。

早在西晋时期，河西地区的佛经翻译就很负盛名，如大翻译家竺法护通 36 种语言，世居敦煌，并组织了自己的译场，号称敦煌菩萨。据记载，太康五年（284 年），罽宾文士竺侯征若携《修行道地经》至敦煌，月支竺法护"究天竺语，又畅晋言，于此相值，共演之。其笔受者，菩萨弟子法乘、月支法宝"；[②]"太康五年十月十四日，菩萨沙门法护于敦煌从龟兹副使羌子侯得此梵书《不退转法轮经》，口敷晋言，授沙门

① 《魏书》卷一百一十四《释老志》，第 3032 页。

② 《〈修行道地经〉翻译记》，[清]严可均辑《全晋文》卷一六六，《全上古三代秦汉三国六朝文》第 3 册，中华书局，1958 年，第 2427 页。

法乘使流布，一切咸悉闻知”。[①]这些经记把当时敦煌的译经活动与佛教的流布情况反映得十分具体，《开元录》载其译经共175部，354卷，乃“佛教入中华以来，译经最多”[②]者。

昙无谶也是一个有名的翻译家。他曾由中印度去罽宾，辗转龟兹、鄯善到敦煌。北凉攻灭西凉后，昙无谶来到姑臧，沮渠蒙逊对他“接待甚厚”。昙无谶在敦煌时就熟悉了汉语，在姑臧又积极学习。在进行了充分的准备后，就开始了译经工作。在译经过程中，有道俗数百人参加，遇到的许多疑难问题，独有谶“临机释滞，清辩若流”。[③]再加上他的文字修养很好，故其翻译工作完成得十分出色。

昙无谶早习小乘，后从一白头禅师改习大乘，喜其义理，于是专攻大乘。因此，他翻译的这11部佛经，都属于宣传“一切众生皆有佛性”的大乘教经。在这11部译经中，以《大般涅槃经》最为重要。据记载：“谶既达此（凉州），以玄始十年，岁次大梁十二月二十三日，河西王（沮渠蒙逊）劝请令译。谶手执梵文，口宣秦言。其人神情既锐，而为法殷重。临译敬慎，殆无遗隐；搜研本正，务存经旨，惟恨胡本分离残缺未备耳。”[④]此经进一步发展了大乘教的佛性说，不仅承认“一切众生皆有佛性”，而且还进一步认为，断灭一切善根的“一阐提”（缺乏信心者）也都有佛性，皆能成佛。这一新的提法，是对佛教思想的一大突破，在中国佛教史和思想史上具有重大影响。《大般涅槃经》译成后，在河西等地广为抄写流传，对大乘教的传播起到了巨大的推

---

① 《出三藏记集》卷七《阿维越致遮经第十四》，中华书局，1995年，第274页。

② 汤用彤《汉魏两晋南北朝佛教史》，中华书局，1983年，第114页。

③ [梁]释慧皎撰，汤用彤校注《高僧传》卷二《译经中·昙无谶传》，中华书局，2007年，第77页。

④ 释道朗《大涅槃经序》，见任继愈《佛教经籍选编》，中国社会科学出版社，1985年，第52页。

动作用。[1]

从以上叙述可知，河西的佛经翻译是很活跃的。但译者多为西域高僧，由于语言上的隔阂，所译佛经有的纯属意译，不免失去原意；有的则纯属直译，难以读通，有碍于对经文原意的理解。即使像竺法护、昙无谶、鸠摩罗什这样的高手，上述缺陷也难以避免。在佛教著作《出三藏记集》中就透露了早期佛经翻译的困难。在该书卷八的《摩诃钵罗若波罗密经抄序》中，道安法师说，将佛经从胡语译为秦（汉）语有“五失本”：“一者，胡语尽倒而使从秦，一失本也；二者，胡经尚质，秦人好文，传可众心，非文不合，斯二失本也；三者，胡经委悉，至于叹咏，叮咛反覆，或三或四，不嫌其烦，而今裁斥，三失本也；四者，胡有义说，正似乱辞，寻说向语，文无以异，或千五百，刈而不存，四失本也；五者，事已全成，将更傍及，反腾前辞，已乃后说，而悉除此，五失本也。”[2]可喜的是，在敦煌遗书中，发现了许多附有梵文原经的汉译佛经，可以利用它们纠正或补充古译本在译文上的缺点和不足。

河西地区佛教活动的兴盛，还表现在开窟建寺的活动十分活跃。石窟寺是佛教活动的标志，早期佛教信徒的主要功课之一是坐禅，即在石窟中静坐苦修，摒除杂念，一心向佛，以求解脱。据说只有在生前不断地坐禅苦修，才能渐渐达到寂灭的境界，死后升入天堂。因此石窟寺一般都建在远离闹市的幽僻山林中，并往往还有佛塔、佛像，以供修禅者一面观像，一面礼佛，最终达到超俗出世的境界。[3]

河西地区现存的石窟寺之多，在全国是少有的。这些石窟寺虽没有兴盛于汉魏，但若追溯其建窟渊源，则大都产生于十六国时期。《高僧传·昙摩密多传》说：“昙摩密多，此云法秀，罽宾人也……博贯群

---

① 参阅齐陈骏等《五凉史略》，甘肃人民出版社，1988 年，第 159 页。

② 《出三藏记集》，中华书局，1995 年，第 290 页。

③ 参阅齐陈骏等《五凉史略》，甘肃人民出版社，1988 年，第 160 页。

经，特深禅法……遂度流沙，进到敦煌，于闲旷之地，建立精舍。植㮈千株，开园百亩，房阁池沼，极为严静。顷之，复适凉州，仍于公府旧事，更葺堂宇，学徒济济，禅业甚盛。”[①]唐道宣在谈到凉州石窟开凿时说：“凉州石崖瑞相者，昔沮渠蒙逊以晋安帝隆安元年(397年)，据有凉土……于州南百里，连崖绵亘，东西不测，就而斫窟，安设尊仪，或石或塑，千变万化，有礼敬者，惊眩心目。”[②]尤其是著名的敦煌莫高窟，虽盛于隋唐，下迨宋元，但其开寺建窟之始，却在十六国时期。“莫高窟者，厥初秦建元二年(366年)，有沙门乐僔，戒行清虚，执心恬静，尝杖锡林野，行止此山，忽见金光，状有千佛，遂架空凿岩，造窟一龛。”[③]从早期佛教在敦煌传播的历史看，僧人崇尚开寺建窟，静坐修禅，因此选择了鸣沙山下这片流水潆洄，草木葱郁的沙漠绿洲。由于它既远离闹市，又能得到人间烟火的供应，在这里凿窟修禅，的确是很理想的。

三、佛教艺术之花的绽开

敦煌学术、文化的发展，离不开当时的政治、经济条件。在汉末的军阀割据斗争中，敦煌由于豪族大姓的控制，相对平安。但豪强大族的兼并却愈演愈烈。三国魏明帝时期，仓慈任敦煌太守(227—233年)时，抑制了豪强的兼并和勒索，为丝绸之路上往来的西域各国商胡提供了种种方便，如签发“过所”、派人护送等，从而使敦煌成为胡汉交往的都会。魏齐王时期，皇甫隆任敦煌太守(249—254年)，他改

① [梁]释慧皎撰，汤用彤校注《高僧传》，中华书局，2007年，第120—121页。

② [唐]道宣《集神州三宝感通录》卷中《北凉河西王南崖素像缘十五》，见《大正藏》第五十二卷，佛陀教育基金会出版部，1990年，第417—418页。

③《李克让修莫高窟佛龛碑》，参阅李永宁《敦煌莫高窟碑文录及有关问题(一)》，《敦煌研究》试刊第1期，第58页。

变落后的耕作方式和穿衣习俗，促进了农业的发展，使敦煌又成为丝绸之路上的一处重要商品交易中心和粮食生产地。西晋泰始十一年（275 年），令狐丰在敦煌修建储存军粮的大型仓城——河仓城（今大方盘城），反映了经济的繁荣和农业的进步。由斯坦因发现的粟特商人写给康国他家乡的一封书信，被认为是西晋末年的写本，其中记载了中亚粟特商胡从敦煌前往金城（兰州）销售大麻织物和毛毡的情况，揭示了敦煌商业兴盛的景象。

敦煌佛教艺术，正是当时历史、文化的产物。早在西晋时，就有月氏后裔竺法护在敦煌译经布道。前凉时，单道开、竺昙猷等高僧又在敦煌修习禅法。到了前秦建元二年，沙门乐僔便在鸣沙山上开凿了莫高窟的第一个石窟，敦煌佛教艺术之花从此绽开。乐僔所开之窟，现在虽无从考证，但通过对早期洞窟的比较、分析，仍能找到一组十六国晚期的石窟，如第 267、268、269、270、271、275 等窟。

5 世纪中叶北魏占领敦煌后，曾设敦煌镇。明帝时将瓜州改为敦煌郡，后又改为义州。庄帝即位（528 年）后，又改为瓜州，西魏、北周因之未改。

北魏宗室元荣任敦煌太守后，被封为东阳王。在他统治敦煌的二十年间，莫高窟的开洞建龛，都与其有直接或间接的关系。北魏分裂后，敦煌先后为西魏、北周所有。北周时期，建平公于义曾任瓜州刺史。他和东阳王元荣一样，都为敦煌地区带去了中原的文化艺术，也为莫高窟的修建作出了贡献。武周圣历碑[①]在叙述了乐僔、法良之后说：“复有刺史建平公、东阳王等各修一大窟，而后合州黎庶造作相仍，实神秀之幽岩，灵奇之净域也。”“爰自秦建元之日，迄大周圣历之辰，乐僔、法良发其宗，建平、东阳弘其迹。”根据敦煌研究院的排年整

① 武周圣历碑即《李克让修莫高窟佛龛碑》。

理，北魏时期的洞窟共18个，如第246、247、248、249、251、254、257、259等窟。这一时期的主要窟形为人字披顶和中心塔柱的"塔庙"（或叫"支提"）窟。壁画多以佛本生故事和千佛为主要题材。北周时期的洞窟共10个，如第250、290、294、296等窟。这一时期的壁画内容首次出现了讲孝子和善兄恶弟的故事。

早期的莫高窟艺术，由于各个时期的政治、经济、文化背景不同，其艺术风格也各具特点。十六国及北魏前期，内容简单，造型朴拙，色彩淳厚，线条苍劲，人物比例适度，面相丰圆，神情庄静恬淡。在衣冠服饰上还保留着西域和印度、波斯的风习。加上凹凸晕染法所形成的立体感和土红地色所形成的温暖浑厚的色调，形成了与魏晋艺术迥然不同的静的境界和形式风格，这种风格明显地受到西域佛教艺术的影响，因而可称为西域式风格；北魏晚期，尤其是西魏时期，民族传统神话题材等新的内容也进入了石窟，出现了爽朗明快、生机勃勃的生动意趣。而面貌清瘦、眉目开朗、嫣然含笑、衣裙飞扬的人物形象的出现，更形成了潇洒飘逸的风格。由于这种风格来自内地，故称中原风格；到了北周，由于北方民族大融合与南北文化的交流，两种不同的艺术风格由并存而融合。在造型上，中原式秀骨清像与西域式丰圆脸型互相结合而产生了"面短而艳"的新形象。在晕染上，中原式染色法与西域式明暗法互相结合而产生了表现立体感的新晕染法。在人物精神面貌上，淳朴庄静与潇洒飘逸相结合而产生了温婉娴雅、富于内在生命力的新形象。从整体上来说，北周时代的雕塑和壁画，使人感到了更浓厚的社会生活气息。[①]

① 参阅段文杰《十六国、北朝时期的敦煌石窟艺术》，载《敦煌研究文集》，甘肃人民出版社，1982年。

第四节　隋唐时期的敦煌

隋文帝杨坚建立隋朝，并统一南北后，结束了三百多年南北分裂的局面，中国封建社会开始走向全盛时期。开皇初年，隋文帝曾“罢天下诸郡”，[①]改州郡县三级制为州县两级制，敦煌也不例外，曾一度废郡为县。炀帝大业三年，又罢州置郡，复称敦煌郡。

隋末唐初，敦煌先由割据武威的李轨所有，后来又成为贺拔行威反叛唐朝的据点。唐王朝占领河西后，曾一度将隋代的敦煌郡改名为瓜州。武德五年（622 年），又将瓜州分为两州：即瓜州和西沙州。瓜州治所在原晋昌县，领晋昌、常乐二县；西沙州治所在原敦煌县，领敦煌、寿昌二县。贞观七年（633 年）又改西沙州为沙州。唐玄宗天宝元年（742 年），全国都改州为郡，沙州又称为敦煌郡。安史之乱后，肃宗即位，又改郡为州，敦煌仍称沙州。以后就转入吐蕃时期了。

敦煌历史上的唐前期，与唐史学界所说的唐前期略有不同。历史学家们为了研究唐史或中国古代史的方便，一般以公元 755 年“安史之乱”的爆发为界，将唐代历史划分为前后两个阶段。不可否认，“安史之乱” 是唐王朝由盛转衰的关键，但因为战争没有直接波及到敦煌，故对敦煌没有产生多大影响，敦煌也没有因“安史之乱”而发生重大变化。因此，我们根据敦煌历史的特点，将唐代敦煌历史划分为唐前期、吐蕃时期和归义军（前期）时期。

① [唐]魏徵、令狐德棻等撰《隋书》卷四十六《杨尚希传》，中华书局，1973，第 1253 页。

隋与唐前期，是我国封建社会发展的鼎盛时期。由于经济的发展，中西经济、文化交流的加强，敦煌充分显示了它在丝绸之路上的重要地位，是丝绸之路上一颗鲜艳夺目的明珠。

一、隋炀帝对河西的经营与张掖互市

隋王朝统一南北后，立即采取了一系列措施巩固其统治，其中之一就是阻止强大的北方游牧民族的侵扰，保证丝绸之路的畅通。当时的河西地区，不仅是丝绸之路的必经之地，而且是一个多民族聚居区，这里有汉、突厥、吐谷浑等民族，农耕与游牧犬牙交错，因此，本地区民族间的经济贸易就显得异常活跃。同时河西地区还是联结河湟和西域地区的纽带，尤其是丝绸之路贯穿全境，中西政治、经济、文化的双向交流都必须通过这里。河西地区这种特殊的交通与地理位置，决定了张掖的国际贸易地位，使其成为隋代国际性贸易的名城，并具有得天独厚的条件。

为了加强专制主义集权统治，隋政府在河西地区民间民族贸易异常活跃的基础上，采取了“啖之以利，劝令入朝”的措施，以相当优惠的政策鼓励外商与隋政府直接贸易。一些外商也打着“使节”的旗号，或者随同使节一道前来中原，与隋政府以“进贡”“赏赐”的名义进行贸易。一方面进行了货物的交换，获得了商业利润；另一方面又满足了天朝大国的虚荣心。因此，隋炀帝便派谙熟西域诸地情况的吏部侍郎裴矩到张掖主持“互市”。

裴矩主持的张掖互市，主要任务是“引致西蕃”，进行招商活动。他为了吸引西域诸国前来与中国贸易，常常“于武威、张掖间往来以引致之”。众所周知，由于魏晋南北朝时期中原地区的长期战乱，对外交往与中西经济交流也明显减少。隋统一南北后，西方诸国对隋朝经济恢复发展的情况及其对外贸易政策并不十分了解，因此，裴矩到张掖主持互市后，一方面给予了前来贸易的胡商尽可能多的商业利益，

“啗以厚利，令其转相讽谕”，以扩大中国的影响，鼓励更多的西域胡商前来贸易；另一方面，他还积极向西域各国来华的使节展示中国的富有，介绍与中国货易的广阔前景，以推动西方诸国统治者以国家形式发展国际贸易。例如，炀帝西巡河西前，裴矩曾往敦煌，派遣使者赴高昌、伊吾等国，以巨大的商业利益为条件，说服其国君来参加这次会议，其客观效果则是加强了中国与西域地区的国际贸易。

大业初，“西域诸胡多至张掖交市，帝使吏部侍郎裴矩掌之”。裴矩到张掖“监知关市”后，就主动交好“诸胡商至者”，“诱令言其国俗山川险易”。充分利用与外商接近的便利条件，倾心结交西域各国、各地的官吏、商人等，注意了解各地的自然、地理、历史、风土人情、物产、服饰、礼仪等情况，同时还阅读了大量的图书典籍，积累了丰富的资料，在此基础上撰写了《西域图记》三卷，上奏朝廷。此书虽已佚失，但在《隋书·裴矩传》和《北史·裴矩传》中，都保留了它的序言。这篇序言虽然只有一千来字，但仔细阅读，仍可大体了解当时通西域的道路及裴矩经营西域的整个战略战术。

在序言中，裴矩首先追述了自汉至隋西域与中原王朝关系的历史，并指出由于时代的变迁，各民族或部落的兴亡及其更迭，“部民交错，封疆移改”，现在已多“不可记识”。至于“诸国山川”和各地区的“姓氏风土，服章物产”，也“全无纂录，世所弗闻”。因此，他根据自己的见闻和典籍记载，撰写了《西域图记》一书。

《西域图记》序言中最有价值的地方是记录了当时通西域的几条道路，即北道（又称新北道）、中道（汉代的北道）和南道。这是我国对丝绸之路通道的最早、最系统的记载。中西交通的这三条道路都“发自敦煌”，然后经伊吾、高昌、鄯善而达中亚、欧洲，“故知伊吾、高昌、鄯善，并西域之门户也”[1]。裴矩最早将这三条通道的具体路线记录下来。

① 《隋书》卷六十七《裴矩传》，第 1580 页。

序言中还列举出了西域四十四国或政权，并对每个国家或政权作了简略介绍，对其服饰形仪和山川地理等还绘制了图样。在序言中裴矩写道："臣既因抚纳，监知关市，寻讨书传，访采胡人，或有所疑，即详众口。依其本国服饰仪形，王及庶人，各显容止，即丹青模写，为《西域图记》，共成三卷，合四十四国。仍别造地图，穷其要害。从西顷以去，北海之南，纵横所亘，将二万里。"[①]可见此书原是一本图文并茂的著作，这也说明了隋王朝对中西交通的认识比以前任何时期都要明确。另外，裴矩对丝绸之路三条通道"总凑敦煌，是其咽喉之地"的记载，反映了隋政府对河西地区战略地位的认识，比以前更为清醒。裴矩所做的这些工作，既加强了隋王朝本土与西域诸地的政治、经济、文化联系，又提高了张掖的国际贸易地位，使张掖成为隋唐时期一个重要的国际贸易城市。

裴矩不仅明确记载了丝绸之路的三条通道，西域诸国的具体情况，而且还分析了西域的形势，提出了经营西域的具体方略。他认为西域诸国早就愿意交好中原王朝，只是由于吐谷浑和突厥的阻挠，"故朝贡不通"。因此，要经营西域，必须采取"服而抚之，务存安辑"的办法，即"皇华遣使，弗动兵车，诸蕃既从，浑、厥可灭"。隋王朝正是以裴矩的建议作为经营西域的决策依据，并采用了历史上传统的"以夷制夷"的策略，制服了吐谷浑势力，"自西平临羌城以西，且末以东，祁连以南，雪山以北，东西四千里，南北二千里，皆为隋有"。[②]隋王朝还在吐谷浑旧地设置了鄯善、且末、西海、河源四郡，并徙民以实之。

击灭吐谷浑势力后，隋炀帝进而以薛世雄为玉门道行军大将，与裴矩一起进军西域，并占领伊吾（今新疆哈密），就地筑伊吾城。《隋书·薛世雄传》记其事曰："伊吾初谓隋军不能至，皆不设备，及闻世雄

① 《隋书》卷六十七《裴矩传》，第1579页。

② 《隋书》卷八十三《吐谷浑传》，第1845页。

兵已度碛,大惧,请降。”[1]隋军占据伊吾后,为了巩固通西域的交通孔道,裴矩等在汉伊吾城的东面另筑新城。为了防止西域各国前来争夺,裴矩便派人传谕各国:“天子为蕃人交易悬远,所以城伊吾耳。”[2]因此各国“不复来竞”,很快修好了伊吾新城。

由于炀帝和裴矩君臣的不懈努力,吐谷浑和西突厥先后内附隋朝,从而保证了隋王朝对丝绸之路的有效控制和对河西及西域的经营。因此,裴矩第二次来张掖主持“互市”时,不仅派人去高昌、伊吾等地,邀请西域各国国王、使节及商人前来张掖等地参观访问,而且还特别注重以张掖为中转站,向长安和洛阳招引西域使臣和商人。据历史文献记载,在裴矩的尽心联络下,西域各地经张掖到长安来的人络绎不绝,沿途各地,按规定都要为他们无偿提供食宿,致使所经郡县的费用往往“以万万计”。各族使节和商人到达内地后,还应邀参加各种祭典、文娱和商业活动。例如,大业四年(608 年)八月,隋炀帝亲祀恒岳,不仅河北一带的郡守,就是西域各国的使臣也参加了助祭。另如,大业六年正月,各族酋长和使节又齐集于东都洛阳,隋炀帝认为这是国家盛强、四海升平的象征,为了庆贺,便从正月十五日开始,在皇城端门外大街上演戏。从傍晚到清晨,灯火辉煌,映照天地,欢乐之声响彻云霄,传于数十里外。这样的场面夜复一夜,竟闹了半个来月,“所费巨万”。这种欢乐的气氛,其实就是民间正月十五玩灯火风俗的反映。这一风俗,早在南朝梁陈间就很盛行,隋文帝开皇三年(583 年),治书侍御史柳彧认为其“非益于化,实损于民”[3],便奏请隋文帝禁止了。而炀帝为了点缀其“太平盛世”,又重新玩起了灯火。从此以后,岁以为常,这种风俗又兴盛了起来。

---

① 《隋书》卷六十五《薛世雄传》,第 1539 页。

② 《隋书》卷六十七《裴矩传》,第 1581 页。

③ 《隋书》卷六十二《柳彧传》,第 1484 页。

由裴矩积极筹划并亲自主持的张掖互市，是当时中西经济、文化发展与交流的客观需要，也是当时商品生产发展的必然结果。张掖互市扩大了隋与西域、中亚、波斯的经济联系，使隋朝的经济影响迅速扩展到欧亚大陆的广阔地域。从某种意义上说，裴矩主持的张掖互市，为以后隋唐时期丝路贸易的全面繁荣和中西经济交流奠定了坚实的政治经济基础，从而使魏晋南北朝时期滞缓的丝路贸易从隋开始发生了质的变化。但不可否认，由于当时生产力发展水平的制约，再加上中国封建社会重农轻商的传统观念影响，张掖互市的主要目的并不是为了商品交换，而是主要基于扩大国威，粉饰太平，吸诱外国使节或商人朝贡的考虑而进行的。可以说，张掖互市，政治、外交方面的目的明显地超过了经济目的。互市期间的炀帝西巡，其目的也并不是为了促使中西贸易，而是为了"示中国之盛"。其结果，并没有使河西地区的经济优势充分发挥出来。

二、唐前期对敦煌的统治与经营

唐代前期，敦煌作为丝绸路上的一颗明珠，担负着中西经济、文化交流的重任，并且是唐经营西域的重要据点，故唐对敦煌的经营非常重视，并采取了一系列措施：

第一，加强军事防卫力量。唐前期实行府兵制，由于唐王朝的"关中本位政策"，府兵的大部分都在关中，但从史籍文献及敦煌文书可知，当时沙州就有龙勒府、效谷府、悬泉府等，瓜州有大黄府等。可见唐王朝对敦煌地位之重视。唐太宗时期，为了便于对全国的统治，根据山川形势，将全国划分为关内、河南、陇右等十道，敦煌归陇右道管辖。由于监察区过大，不易巡察，更不利于中央集权的加强，因此到武则天时就开始将其逐渐缩小。睿宗时，就从陇右道中分出了黄河以西的地区设立了河西道，敦煌就归河西道管辖了，同时还设置了河西节度、支度、营田等使，负责河西的军事、财政与营田等方面的事务。后来由于军事形势的变化，在沿边设立节度使时，地方上就有军、镇、守捉。唐王朝设立的第一个节度使就是河西节度使，“其统有赤水、大斗、建康、玉门、墨离、豆卢六军，新泉守捉、甘州守捉、肃州镇守三使属焉”。[①]

在河西除设有赤水军、墨离军、豆卢军外，唐王朝还把西域南道上的石城镇（今若羌）、播仙镇（今且末）划归沙州管辖，以增强敦煌的实力。河西节度使的设立，对加强敦煌的军事防卫力量具有重要的作用，为敦煌经济的发展、中西交通的兴盛提供了可靠的保障。

第二，加强行政管理。唐代的地方行政组织，主要是州、县、乡制。另外，乡下还设有里，据《通典》载：“大唐凡百户为一里，里置正一人，五里为一乡，乡置耆老一人，以耆年平谨者，县补之，亦曰父老。”[②]作为唐王朝西北边防重镇的敦煌，其行政组织的设置自然是很严格的。但由于史籍文献的缺载，对有些具体情况不太明确，而敦煌文书中的有关记载，可帮助我们了解敦煌的基层建置情况。

从大谷文书2839b《武周圣历二年（699年）敦煌县诸乡营麦豆亩数计会帐》可知，敦煌当时有11乡，即敦煌乡、莫高乡、龙勒乡、神沙乡、平康乡、洪池乡、玉关乡、效谷乡、洪闰乡、悬泉乡和慈惠乡。[③]

此外，大谷2836号《武周长安三年（703年）三月敦煌县录事董文彻牒》[④]，是敦煌县为“劝课百姓营田”而下的牒文，其中有“准牒下乡，及榜示村坊，使家家知委。每季点检，有不如法者，随犯科决……

---

① ［唐］李林甫等撰，陈仲夫点校《唐六典》卷五《尚书兵部》，中华书局，2014年，第158页。

② ［唐］杜佑撰《通典》卷三十三《职官典》，中华书局，1988年，第924页。

③ 池田温《中国古代籍帐研究》录文，东京大学东洋文化研究所，1979年，第339页。图版见［日］小田义久编《大谷文书集成》第一卷，法藏馆，1983年，图版一二九。

④ ［日］小田义久编《大谷文书集成》第一卷，法藏馆，1983年，图版一二二·一二三。

下十一乡，件状如前，今以状下乡，宜准状”。从此文书可知，直到长安三年，敦煌仍然是11乡的建置。

长安以后，11乡的状况开始发生变化，敦煌文献P.2803背《唐天宝九载(750年)八至九月敦煌郡仓纳谷牒》长卷共16件，其第一件为八月廿七日史杨元晖牒文，记载了天宝九载(750年)敦煌县各乡应纳敦煌郡仓的种子粟数。从此件文书可知，当时共有13个乡，比圣历二年(699年)多了两个乡，即寿昌乡和从化乡。

关于寿昌乡，原为寿昌县。据《元和郡县图志》卷四十《陇右道下》载，沙州有乡十三，并管县二，即敦煌和寿昌。敦煌市博物馆藏《唐地志残卷》也说："敦煌：乡十二。寿昌：乡一。"[①]可见，沙州原辖敦煌、寿昌二县，敦煌县有11个乡，开元二十六年(738年)唐废寿昌县，其地入敦煌为寿昌乡，再加上此前出现的从化乡，就变成了13个乡，这一建置一直延续到吐蕃占领敦煌为止。

前已述及，唐代县乡基层建置下还设有里。但由于文献记载的缺乏，很难勾划出唐代里的具体情况。据陈国灿对敦煌文书的研究，已知唐前期敦煌县诸乡的里名有：[②]

> 敦煌乡：临池里、忧洽里；龙勒乡：都乡里、常安里；神沙乡：阳沙里、灵化里、弘远里；平康乡：洪文里、安昌里、修武里；玉关乡：丰义里；效谷乡：无穷里；洪闰乡：长沙里；悬泉乡：宜禾里；从化乡：慕道里。

唐王朝重视敦煌的乡、里基层建置，自然是为了加强统治。因为

---

① 唐耕耦、陆宏基编《敦煌社会经济文献真迹释录》，书目文献出版社，1986年，第56页。

② 参阅陈国灿《唐五代敦煌县乡里制的演变》，《敦煌研究》1989年第3期。

按照唐政府的规定，乡里的职责是“掌按比户口，课植农桑，检察非违，催驱赋役”。[①]封建国家为了加强统治，首先是控制人口，征发赋税徭役，为此唐政府制定了严格的籍帐制度。

敦煌籍帐文书，包含的内容很多，也很具体，如见在户、逃户、绝户的区别，各户户主及家口的姓名、年龄、身份、应授田、已授田、欠田、退田的数额，各户田地及宅地的面积、方位、四至、水渠、户等、差役负担、纳税状况等。各级政府通过乡、里制定的户籍、计帐来“按比户口，催驱赋役”，以加强统治。

唐王朝正是通过上述县、乡、里各级基层政权组织和完备的户籍制度对敦煌地区实行有效的管理和严密的控制。这些资料不仅对了解敦煌历史具有重要的价值，而且它作为重要的官府档案资料，对我们认识整个唐代社会的经济和基层政权组织也具有十分重要的价值。

三、经济的高度发展

包括敦煌在内的隋唐河西地区，具有重要的经济地位与战略地位，其经济形态是以畜牧业为主，农业与畜牧业并举。

1. 农业

隋代以前，敦煌的经济主要是畜牧业。隋统一后，特别是唐代前期，由于水利事业的兴修，敦煌地区的农业经济得到了长足的发展。

敦煌地区的农业发展，完全依赖于水利事业。敦煌地区干旱少雨，年降水量不到 40 毫米，而年蒸发量却高达 2500 毫米，依靠天然降水，植物实难生长。敦煌绿洲的植物生长，全赖河渠维持。敦煌唐人写卷开宗明义地说：“本地，水是人血脉。”[②]为了有效地分配用水，管

---

① 《通典》卷三《食货三·乡党》，第 63 页。

② S.5874《渠规残卷》。图版见《英藏敦煌文献（汉文佛经以外部分）》第九卷，四川人民出版社，1994 年，第 184 页。以下简称《英藏敦煌文献》。

理用水，唐代的敦煌具有一套比较完备的法规，并严格执行。P.3560《沙州敦煌县地方用水灌田施行细则》，就是西魏邓彦所立，迨至隋唐，一直遵守的配水法则。其中分干、支、子等各级渠道，细列行水次序，并称其为"古老相传，用为法制"，可见它与政府的其他政令具有同等效力。敦煌遗书唐开元《水部式》，更是备载各级渠道的溉田次第、造堰、斗门节水的分量、开闭时期，渠道和斗门的修缮及相应各级官员的职责等法令。

为了有效地行使这些法规，敦煌还设置了专职官员和管理人员。《水部式》载："沙州用水浇田，令县官检校。仍置前官四人，三月以后，九月以前行水时，前官各借官马一匹。"浇水溉田，必须由县官亲自负责，就是一般的分水斗门，也"皆须州县官司，检行安置，不得私造"。为了有效地管理用水，敦煌每乡都设"渠头"一名或数名，负责各乡水利事宜；各主要渠道或分水斗门，还设有渠长或斗门长，"诸渠长及斗门长，至浇田之时，专知节水多少"。由此可知，唐代的敦煌，自上而下有州、县官、前官、渠头、渠长和斗门长等多级管水人员，各司其职。对各级管理人员，还备有奖、惩条款，"若用水得所，田畴丰殖，及用水不平，并虚弃水利者，年终录为功过附考"。

敦煌水源，主要为源自南山、流入境内的河流，有甘泉水(即今党河)、苦水、独利河(即今疏勒河)等；另外还有源自本县，滋润本土的泉泽湖泊，有用于人畜饮用及农田灌溉的宕泉、分流泉、沙井(月牙泉)、悬泉、玉女泉等淡水泉、湖和可供野生耐碱植物生长用水的东盐池、北盐池、东泉泽、大井泽、四十里泽等盐碱泽泊。[①]

敦煌的三条河流又分为许多干、支、子渠，共有大小渠道九十多条，再加上二十多处泉泽湖泊，便构成了比较完整的灌溉系统。地处

---

① 参阅李正宇《唐宋时代敦煌县河渠泉泽简志(一)》，《敦煌研究》1988 年第 4 期。

西北边陲的敦煌，当时的人口也只有六万有余，然而水利事业竟如此发达，其渠道堰坝配套之完备、管水配水制度之严密，的确是令人赞叹的。

水利事业的兴修，为社会经济的发展创造了前提条件。唐初为维护丝路，河西地区军镇林立，而“凡边防镇守，转运不给，则设屯田，以益军储。其水陆腴瘠，播种地宜，功庸烦省，收率等级，咸取决焉”。[①]关于河西的屯田，《旧唐书·郭元振传》载：“大足元年，迁凉州都督、陇右诸军州大使。先是，凉州封界南北不过四百余里，既逼突厥、吐蕃，二寇频岁奄至城下，百姓苦之。元振始于南境硖口置和戎城，北界碛中置白亭军，控其要路，乃拓州境一千五百里，自是寇虏不复更至城下。元振又令甘州刺史李汉通开置屯田，尽其水陆之利。旧凉州粟麦斛至数千，及汉通收率之后，数年丰稔，乃至一匹绢籴数十斛，积军粮支数十年。”[②]唐代从高宗、武后到玄宗时期，都在河陇地区，尤其是鄯、凉、河、甘等州大兴屯田。高宗永隆元年(680年)，河源军经略使黑齿常之“以河源军正当贼冲，欲加兵镇守，恐有运转之费，遂远置烽戍七十余所，度开营田五千余顷”。[③]武则天时期，“河州军镇要冲，屯田最多”。[④]到玄宗时，全国诸军州屯田共992处，河陇地区就有326处，约占全国的三分之一，而凉、甘、河等州又是河陇屯田的最主要部分。这种情况充分说明，唐王朝的屯田政策与其军镇的设置密切相关，它体现了唐王朝在河陇屯田的军事、政治目的：假如不开辟这样广大的屯田，唐王朝就无法在这里进行一系列较有成效的政治和军事活动，就

---

① [后晋]刘昫等撰《旧唐书》卷四十三《职官志·屯田员外郎》，中华书局，1975年，第1840页。

② 《旧唐书》卷九十七《郭元振传》，第3044页。

③ 《旧唐书》卷一百九《黑齿常之传》，第3295页。

④ [宋]李昉等编《文苑英华》卷九百二十张说《唐河州刺史冉府君神道碑》，中华书局，1966年，第4846页。

无法保证丝路的畅通和西北政局的稳定。[①]

在唐代河陇经济的发展繁荣中，河西的敦煌尤为突出。敦煌绿洲自西南向东北呈扇面展开，面积约300平方千米。其中耕地面积缺乏统计资料，仅大谷文书2839V载有武周圣历二年(699年)前后敦煌县各乡营种麦豆亩数为486顷8亩，这当然并非是全部农作物种植面积。据有的研究者推测，唐代敦煌县的耕地面积约10万亩。[②]

由于唐王朝积极推行屯田、营田事业，敦煌地区的农业得到了长足发展。如岑参《敦煌太守后庭歌》所说："太守到来山出泉，黄沙碛里人种田"。[③]敦煌壁画中也有许多农事活动的场面。在哥舒翰坐镇凉州时，"河州敦煌道，岁屯田，实边食，余粟转输灵州，漕下黄河，入太原仓，备关中凶年"。[④]

2. 畜牧业

河西地区土地肥沃，水草丰美，为亦农亦牧之胜地，因此其畜牧业远较内地为发达。祁连山和焉支山是河西地区的天然牧场。《元和郡县图志·陇右道》载："祁连山在县西南二百里。张掖、酒泉二界上，美水茂草，山中冬温夏凉，宜放牧。牛羊充肥，乳酪浓好。"又说："删丹县(今山丹县)本汉旧县，属张掖郡，水草茂美，与祁连山同。"[⑤]

唐王朝建立之初，就开始经营河西地区的畜牧业。"大唐接周隋乱离之后，承天下征战之弊，鸠括残烬，仅得牝牡三千，从赤岸泽徙之

① 参阅钮海燕《唐代河西陇右的战略地位》，《历史教学》1985年第1期。

② 参阅李正宇《唐宋时代敦煌县河渠泉泽简志》。

③ [唐]岑参著，陈铁民、侯忠义校注《岑参集校注》，上海古籍出版社，2004年，第104页。

④ [宋]李昉等编《太平广记》卷四百八十五《东城老父传》，中华书局，1986年，第3994页。

⑤ [唐]李吉甫撰，贺次君点校《元和郡县图志》，中华书局，1983年，第1021—1022页。

陇右,始命太仆张万岁葺其政焉",[1]首先在此地设置监牧。"国家自贞观中至于麟德,国马四十万匹在河陇间。开元中尚有二十七万,杂以牛羊杂畜,不啻百万,置八使四十八监,占陇右、金城、平凉、天水四郡,幅员千里"。[2]由于唐政府的高度重视,河西的畜牧业发展极快。"肇自贞观,成于麟德,四十年间,马至七十万六千匹……幅员千里,犹为隘狭,更析八监,布于河曲(《文献通考》卷一百五十九作"河西")丰旷之野,乃能容之。于斯之时,天下以一缣易一马"。[3]这是唐代畜牧业发展的鼎盛时期。

经过隋、唐王朝的开发,河西地区的社会经济比前代有了长足的发展,"是时中国盛强,自安远门西尽唐境万二千里,闾阎相望,桑麻翳野,天下称富庶者无如陇右"。[4]

四、丝绸之路的繁荣

隋王朝建立之后,即着手经营西域,以维护丝绸之路的畅通,发展商业贸易。在我国历史上,特别是汉唐之间十来个建都长安的王朝,都注重加强西北方面的防御,尤其重视对河西走廊的经营。这一点早在汉代就认识得很清楚。清代顾祖禹在其《读史方舆纪要》中说:"昔人言:欲保秦、陇,必固河西;欲固河西,必斥西域。"[5]就合乎逻辑地总结了这方面的历史经验。

---

① [清]董诰等编《全唐文》卷二百二十六张说《大唐开元十三年陇右监牧颂德碑》,中华书局,1983 年,第 2282 页。

② 《旧唐书》卷一百四十一《张茂宗传》,第 3861 页。

③ 《全唐文》卷二百二十六张说《大唐开元十三年陇右监牧颂德碑》,第 2282 页。

④ 《通鉴》卷二百十六"玄宗天宝十二载"条,第 6919 页。

⑤ [清]顾祖禹撰,贺次君、施和金点校《读史方舆纪要》卷六十三《陕西十二》,中华书局,2005 年,第 2972 页。

隋初,危及丝路畅通的主要是吐谷浑和突厥,这两股势力呈南北夹峙,中断了丝路贸易。裴矩在《西域图记序》中说:"突厥、吐浑分领羌胡之国,为其拥遏,故朝贡不通。"①

隋炀帝把经营西域的事务交给裴矩。大业初,"西域诸胡多至张掖交市,帝使吏部侍郎裴矩掌之"。裴矩在河西通过胡商对西域情况作了一番调查、了解,并根据其掌握的实际情况写了《西域图记》三卷,上奏朝廷,引起了炀帝的极大兴趣。当炀帝召见裴矩时,他又讲了一些西域、河西的情况及发展丝路贸易的重要性,并说吐谷浑也不难打。帝于是慨然慕秦皇、汉武之功,"甘心将通西域"②。自此,隋炀帝把降服吐谷浑、突厥,"混壹戎夏",③交通西域,发展丝路贸易定为国策。④

为了打通丝绸之路,炀帝便西巡河西。大业五年(609年),炀帝由大斗拔谷(今甘肃民乐县扁都口)而"次燕支山,高昌王、伊吾设等,及西番胡二十七国谒于道左。皆令佩金玉,被锦罽,焚香奏乐,歌舞喧噪。复令武威、张掖士女盛饰纵观,骑乘填咽,周亘数十里,以示中国之盛"。⑤对此次盛况,《隋书·炀帝纪》的记载更为详细:"壬子,高昌王麹伯雅来朝,伊吾吐屯设等献西域数千里之地。……丙辰,上御观风行殿,盛陈文物,奏九部乐,设鱼龙曼延,宴高昌王、吐屯设于殿上,以宠异之。其蛮夷陪列者三十余国。"⑥舞剧《丝路花雨》的某些题材,就是取之于这段历史的。

---

① 《隋书》卷六十七《裴矩传》,第1580页。
② 《隋书》卷六十七《裴矩传》,第1580页。
③ 《通鉴》卷一百八十"炀帝大业三年"条,第5635页。
④ 参阅胡戟《炀帝西巡》,载《丝路访古》,甘肃人民出版社,1983年。
⑤ 《隋书》卷六十七《裴矩传》,第1580页。
⑥ 《隋书》卷三《炀帝纪》,第73页。

炀帝的西巡大大促进了丝路贸易的繁荣。早在裴矩经营西域时，就常常往来于敦煌以至西域之间。隋炀帝在接待西域使者和商人的同时，还派韦节、杜行满等人出使西域。他们到达克什米尔、印度等地，得到了玛瑙杯、佛经、狮皮、火鼠毛等等。在炀帝西巡的翌年正月十五，诸蕃酋长齐集洛阳贡献方物。大业十一年（615 年）正月，突厥等二十六国遣使朝贡，其中许多人来自西域。其后，“诸蕃请入丰都市交易，帝许之”，并“遣掌蕃率蛮夷与民贸易”。[①]

隋代丝绸之路的兴盛，与道路的畅通是密切相关的。隋代以前，中西交通的路线只有南北两道。隋时，不仅以前的道路更加畅通，而且又增加了新的一道。这样，隋通西域的道路共有三条，即北道（又叫新北道）、中道（汉代的北道）和南道。具体来说：

北道：出敦煌至伊吾（今哈密），再经蒲类（今巴里坤）、铁勒部，度今楚河、锡尔河而达西海（今地中海）。在我国境内大致是沿天山北麓而至中亚。

中道：出敦煌至高昌（今吐鲁番），经焉耆、龟兹（今库车）、疏勒（今喀什），越葱岭，再经费尔干纳、乌拉提尤别（即东曹，在今塔吉克斯坦）等地而至波斯（今伊朗）。在我国境内大致是沿天山南麓而至葱岭。

南道：出敦煌至鄯善（今若羌），经于阗、朱俱波（今叶城南）、渴盘陀（今塔什库尔干），越葱岭，再经阿富汗、巴基斯坦而至印度各地。在我国境内是大致沿着塔克拉玛干大沙漠南缘而至帕米尔高原。

中西交通的这三条道路都“发自敦煌”，然后分别经伊吾、高昌、鄯善而达中亚、欧洲，“故知伊吾、高昌、鄯善，并西域之门户也，总凑敦煌，是其咽喉之地”，[②]这就清楚地说明了敦煌在中西交通中的重要

---

① 《隋书》卷六十七《裴矩传》，第 1581 页。

② 《隋书》卷六十七《裴矩传》，第 1580 页。

地位和枢纽作用。

唐王朝建立后，仍积极经营西域。在消灭北方的劲敌东突厥后，就转而进军西域。贞观十四年（640 年），唐太宗平定高昌，贞观十八年又攻焉耆，二十二年破龟兹，到唐高宗显庆三年（658 年），终于扼制了西域地区最大的敌对势力西突厥，西域各国的宗主权也正式从西突厥转移到唐朝手中。在唐朝经营西域的这些活动中，敦煌除了作为唐朝进军西域的物质供应基地外，沙州刺史也曾亲自率兵参加了诸如攻取龟兹的战斗。此后，在唐朝与西突厥、吐蕃余部争夺西域的斗争中，沙州是协助安西都护府（驻龟兹）控制西域的重要力量。

唐朝前期，除了高宗开耀元年（681 年）“西边不静，瓜沙路绝”①和玄宗开元十五年（727 年）吐蕃一度攻占瓜沙外，敦煌的社会经济和文化一直在稳步向前发展，这从前述农业、畜牧业生产的发展和水利灌溉系统的完善中就可得到证明。农牧业生产的进步为商品经济的发展提供了条件。当时敦煌的集市上，既有内地来的汉族客商，也有从中亚各国来的胡商。“商胡”的来源很多，如阿拉伯、非洲、东罗马帝国、波斯、印度半岛诸国等，都与唐有所谓“通贡”“通使”的商业贸易关系。敦煌城东的沙州十三乡之一的从化乡，就是由陆续定居下来的粟特商人组成的。敦煌遗书 P.3559《唐天宝十载差科簿》②中列举了“贰佰伍拾柒人从化乡”，从这 250 余人的姓名看，基本上都是康、安、石、曹、罗、何、米、史等昭武九姓胡人，这就赋予了从化乡以粟特族聚居乡的特点。而且乡被命名为“从化”，下设里名现知有“慕道里”，可能是取“慕道来归”“从化内附”之义。由此可以确定，当大批粟特商人定居敦煌后，沙州官府把他们“当作慕义来归，从化内附者，在敦煌划

① 《旧唐书》卷八十三《薛仁贵传》，第 2783 页。

② 图版见《法藏敦煌西域文献》第二十五册，上海古籍出版社，2002 年，第 292 页。

出地域加以安置，并建乡设制，编入户籍”。[①]

大批的行商坐贾在敦煌从事着中原的丝绸和瓷器、西域的珍宝、北方的驼马和当地的粮食等各种交易，使敦煌这个中转贸易城市繁华一时，更显示了其中西交通的咽喉作用。“汉家海内承平久，万国戎王皆稽首。天马常衔苜蓿花，胡人岁献葡萄酒。”[②]就是对西域胡商入贡贸易之盛况的描写。唐代九姓胡入贡贸易的路线，大体上是发轫于中亚两河流域，经碎叶川、热海道、大碛路，从敦煌入河西走廊，终抵长安。据统计，从武德七年（624 年）到天宝十四年（755 年）的 130 年间，唐代九姓胡共入贡 89 次，其中康 3 次、石 18 次、安 9 次、曹 8 次、史 5 次、火寻 3 次、何 1 次。[③]张籍的《凉州词》用“边城暮雨雁飞低，芦笋初生渐欲齐。无数铃声遥过碛，应驮白练到安西”的生动诗句，反映了当年运载丝绸等货物的骆驼商队，不畏艰险，日夜兼程，在叮当的驼铃声中经过敦煌向西方前进的情景。

不论丝绸之路的路线怎样变化，敦煌都是唯一不变的重要吐纳口。所有商人、使节、僧徒的西去东来，都必须经过敦煌。贞观年间玄奘东归时，太宗就令敦煌吏民“赴流沙迎接”。敦煌以西 110 里的“兴胡泊”，就是专门接待胡商的。敦煌唐代壁画《维摩诘经变文殊问疾品》中的“各国王子图”就是对当时现实生活的形象记录。

社会经济的发展和丝绸之路的畅通，大大丰富了敦煌文化的内容。沙州城内有州县两级学校，教授唐朝规定的儒家经典；大量长安宫廷写经的传入，为佛教圣城敦煌进一步灌注了汉地佛教的影响；道经的传写和道观的建立，是李唐王室尊老子为先祖的反映；从化乡的

---

① 陈国灿《唐五代敦煌县乡里制的演变》，《敦煌研究》1989 年第 3 期。

② 鲍防《杂感》，见[清]彭定求等编《全唐诗》卷三百七，中华书局，1960 年，第 3485 页。

③ 参阅蔡鸿生《唐代九姓胡贡品分析》，载《文史》第 31 辑，中华书局，1989 年。

祆神祠和开元年间写的摩尼教经典，透露了粟特人的信仰和传播西亚宗教的信息。可以说，当时的敦煌凝聚了中国、印度、中亚、西亚等不同系统的文化，呈现出异彩纷呈的文化景观。[①]

五、辉煌灿烂的莫高窟艺术

在尼姑庙里长大的隋文帝，深崇佛教，他曾亲自率领王公大臣在昙延法师面前受“八戒”。仁寿元年（601 年），隋文帝诏令天下各州建舍利塔，瓜州也在崇教寺（即莫高窟）起塔，安放释迦舍利。隋炀帝更是“优游于大乘”的“总持菩萨”，曾直接派中使到敦煌建讲堂，在崇教寺修舍利塔。在隋朝统治者崇佛浪潮的推动下，短短三十余年中，莫高窟竟开凿了七八十个洞窟。此时的佛教已经形成了一股强大的社会势力。

唐代前期，由于社会经济的发展，中西交通的昌盛，文化教育也有了很大进步。对于宗教，也是释道兼崇，因而两教之间的斗争从来没有停止过。高祖武德年间，由于傅奕的极力辟佛，李渊曾下过《沙汰僧道诏》。李世民即位后，也曾公开表示过“至于佛教，非意所遵”。[②]其实，他们的真实意图是要把道教摆在佛教之上，并非要废除佛教。到玄奘求法归来之后，唐太宗的态度就明显地转变了。在武德、贞观时期，佛教虽然受到了一些压抑，但并没有达到阻碍佛教传播的程度。

宗教之争常常是政治斗争的反映，初唐的释道之争也反映了武、李两族争夺政权的背景。武则天当权后，为了取代李氏王朝而自立，就大造符瑞图谶作为舆论准备。僧人薛怀义、法朗等造《大云经疏》，称武则天是弥勒下世。所以，当武则天登位后，立即以诏令形式规定

---

① 参阅荣新江《敦煌的兴衰及其在中国历史上的地位》，《文史知识》1988 年第 8 期。

② 《全唐文》卷八太宗《贬萧瑀手诏》，第 97 页。

佛在道上，并大造佛寺，广度僧尼。开元年间，凿龛造像之风仍十分兴盛。在统治者的大力提倡下，敦煌的佛寺更如雨后春笋一样地出现。仅莫高窟现存题记中有名者，就有龙兴寺、大云寺、普光寺、金光明寺等等。①

隋朝的壁画内容，故事画减少，经变画增多，各种各样的“累世苦修”和“忍辱精神”已由“西方极乐世界”和“方便成佛”所代替。经变画的种类有《维摩诘经变》《东方药师变》《法华经变》《涅槃变》《弥勒经变》《阿弥陀经变》等，这时候的经变画，虽然种类不多，甚至有的画面简单，画幅不大，但它是唐代大幅经变画的雏形。中国佛教发展到唐代，“无情有性”的佛教哲理已十分流行，“放下屠刀，立地成佛”也作为一种口号而正式提出，在这种情况下，经过“累世苦修”才能成佛的说教，亦随之失去了作用。反映在佛教艺术上，小孩“聚沙成塔”皆可成佛的《法华经变》；庄稼“一种七收”，树上“自然生衣”，人们视金钱如粪土的《弥勒经变》；一心念佛，“九品往生极乐世界”的《阿弥陀经变》；只要念一声“药师佛”的名号，一切无救、无归、无医、无药、无亲、无家等等苦难皆可得救，逢凶化吉，遇难呈祥的《药师变》等等，相应而生。此时敦煌壁画的特点，就是通壁大型经变画的出现。它规模宏伟，人物众多，色彩绚丽，是唐前期璀璨夺目的敦煌艺术的充分反映。

隋唐时代的塑像，数量最多、制作最精的是与人等高的群像，而巨型佛像的出现，则是唐代前期莫高窟彩塑艺术的显著特点。

敦煌巨型造像的出现是与唐前期的政治、经济形势密切相关的。当武则天夺得皇位宝座后，为了称帝改号，便授意法朗、薛怀义等十个和尚于载初元年（689 年）著《大云经疏》，“盛言神皇受命之事”。②说

---

① 参阅段文杰《唐代前期的莫高窟艺术》，载段文杰《敦煌石窟艺术论集》，甘肃人民出版社，1988 年。

② 《旧唐书》卷六《则天皇后本纪》，第 121 页。

弥勒菩萨为化度众生变为女身，“作阎浮提主”，“以继王嗣”，“当王国土”，“女王承正，威伏天下”，意指武则天应该当皇帝。

武则天收到这部《大云经》后，如获至宝，立即向全国发令，让“诸州各置大云寺”，并将《大云经》“颁于天下寺各藏一本，令升高座讲说”，同时改唐为周。敦煌北大像（即第96窟），正是在这种背景下建造的。P.3720《莫高窟记》载：“至延载二年，禅师灵隐共居士阴祖等造北大像，高一百四十尺。”①这个窟大概就是敦煌写本中提到的“大云寺”。北大像的出现，是与武则天的一系列佞佛行为分不开的。它内塑33米高的弥勒佛一躯，后经晚唐、宋初、清末和民国的重修，其手势、衣纹、色彩均非原作，只有头部还保存着初唐丰满圆润的旧貌。如果与世界上最大的石刻佛像——乐山大佛相比，在规模上虽然瞠乎其后，但就其艺术而论，则不可同日而语。乐山大佛巍然屹立，气势雄伟，它以大轮廓的形式美取胜，但仅具雏形。敦煌北大像，则形象真实，塑工精湛，它以写实而富丽的风格见长。以彩塑而言，它是当今世界上保存最完好、也是规模最大的雕塑杰作。

除北大像外，还有南大像。《莫高窟记》说：“开元年中，僧处谚与乡人马思忠等造南大像，高一百廿尺。”②南大像即第130窟，内塑26米高的弥勒大像一尊。除其右手为后加者外，基本上保存原状，比例适当，躯体健壮，曲眉丰颐，神态庄静，充分显示了盛唐的风格。

敦煌南、北大像的修建，是莫高窟历史上的创举，同时也是唐代敦煌及整个国家繁荣、强盛的象征。

---

① 图版见《法藏敦煌西域文献》第二十七册，上海古籍出版社，2002年，第112页。

② 图版见《法藏敦煌西域文献》第二十七册，第112页。

第五节　吐蕃对敦煌的统治与经营

吐蕃是藏族的前身，很早以前，就居住在青藏高原上。公元六七世纪之交，吐蕃在其杰出领袖松赞干布的领导下，建立了统一而强大的奴隶制国家。

唐代初年，唐太宗将文成公主嫁与松赞干布；唐中宗时，又以金城公主嫁给吐蕃王尺带珠丹（即弃隶缩赞）。唐蕃和亲，不仅加强了唐王朝与吐蕃的政治联系，而且还把汉族先进的农业、手工业和文化艺术带到吐蕃，对吐蕃经济、文化的发展产生了积极而深远的影响。

一、吐蕃对敦煌的统治

在唐代，唐与吐蕃虽然有非常密切的政治、经济关系，但吐蕃当时仍是一个奴隶制政权，奴隶主贵族为了掠夺土地、财富和人口，不断向外扩张，并和唐王朝发生了一系列冲突。早在高宗时期，吐蕃就在大非川之役中击败了唐朝大军，并占领了安西四镇。此后，唐虽一度收复了安西四镇，但唐蕃之间的战争却连绵不断，河西地区也处于吐蕃的威胁之下。由于这一时期唐王朝处于鼎盛时期，在河西及陇右地区驻有重兵防守，因而暂时遏制了吐蕃的兵锋。

唐玄宗天宝十四载（755 年）安史之乱爆发后，唐王朝被迫将河西、陇右及安西四镇精兵东调以平叛，吐蕃乃乘机发动了更大规模的掠夺战争，占领了整个河西、陇右地区。

关于吐蕃占据河西后，对敦煌的统治与经营，传统史籍记载很少，无法得知具体情况。可喜的是，敦煌遗书中发现了许多有关吐蕃统治敦煌的资料，从而使我们能够结合传统史籍，对吐蕃统治敦煌的有关情况进行比较详细的探讨。

吐蕃的这次进攻,其战略是先蚕食唐朝边境军事据点,然后重点突破陇右,遮断河西,兵锋直指唐王朝的政治中心长安。肃宗至德元年(756 年)吐蕃兵陷威戎、宣威、制胜、金天、天成等军,入据石堡城、百谷城、雕谷城。翌年,占廓、霸、岷等州及河源、莫门军。宝应元年(762 年)陷临洮,取秦、成、渭等州。代宗广德元年(763 年)又陷洮、河、兰、鄯等州。这样,吐蕃就切断了唐王朝中央与西北边境诸州的联系,整个陇右道就在吐蕃势力的威胁之下了。同年十月,吐蕃攻占了长安,代宗被迫逃往陕州。由于唐朝军民的英勇斗争,吐蕃在长安只逗留 13 天就撤出了关中。但它回过头来又觊觎河西,从 764—776 年,先后攻占了凉州、甘州、肃州、瓜州。最后终于在唐德宗建中二年(781 年)占领了沙州(敦煌),从而整个河西都被吐蕃所控制。

面对吐蕃的步步进逼,河西军民在与内地隔绝无援的困境中进行了英勇的抵抗,沙州军民的拒守尤为突出。《新唐书·吐蕃传》载:"始沙州刺史周鼎为唐固守,赞普徙帐南山,使尚绮心儿攻之。鼎请救回鹘,逾年不至,议焚城郭,引众东奔,皆以为不可。鼎遣都知兵马使阎朝领壮士行视水草。……(阎朝)执鼎而缢杀之,自领州事。城守者八年,出绫一端,募麦一斗,应者甚众。朝喜曰:'民且有食,可以死守也。'又二岁,粮械皆竭,登城而呼曰:'苟毋徙它境,请以城降。'绮心儿许诺,于是出降。自攻城至是凡十一年。"[①]从这条记载可知,在周围各州皆已陷蕃的情况下,沙州人民仍英勇抵抗,前后坚持了十一年之久,并在争得"不徙它境"的条件下才开门纳款。

吐蕃奴隶主所发动的战争,其目的主要是掠夺人口和财产。他们每攻占一地,都要劫夺财物,践踏农作物,焚烧房屋,屠杀老弱妇女,

① [宋]欧阳修、宋祁撰《新唐书》卷二百六十一《吐蕃传》,中华书局,1975 年,第 6101 页。

而把丁壮年掳去为奴。唐代沈既济说:“初,吐蕃既得河、湟之地,土宇日广,守兵劳弊,以国家始因用胡为边将而致祸,故得河、陇之士约五十万人,以为非族类也,无贤愚,莫敢任者,悉以为婢仆。”①并根据其在河西、陇右的见闻说:“自轮海以东,神乌、敦煌、张掖、酒泉,东至于金城、会宁,东南至于上邽、清水,凡五十郡、六镇十五军,皆唐人子孙,生为戎奴婢,田牧种作,或丛居城落之间,或散处野泽之中,及霜露既降,以为岁时,必东望啼嘘,其感故国之思如此。”②

吐蕃占领河西走廊以后,所面临的一个新问题,就是如何处理广大的新占领地区的民族关系。当时,吐蕃人、孙波人属于嫡系部队;吐谷浑人和党项人为已被吐蕃收编,但仍有相当独立指挥系统的杂牌军;此外还有被征服的河西地区的汉人。从当时的实际情况看,汉人是河西地区的主要经济支柱。当吐蕃刚开始进入河西时,当地的汉族百姓没有任何政治上的保障,从而造成了当时社会的混乱和动荡不安。当吐蕃统治者完全有把握控制这片新占领的地区时,便希望社会稳定。因此,吐蕃统治者在敦煌一方面采取强硬措施消除社会的不安定因素,即镇压反抗势力,推行蕃化政策,清查户口,重新造籍。另一方面,又重用当地唐朝旧官望族,严禁掳掠汉族百姓。并按照自己固有的习惯和制度来改造新占领区。部落制的实行,就是一个明显的例证。例如吐蕃在占领敦煌后的第 个午年,即公元 790 年,就将敦煌地区原有汉户编成“沙州汉户部落”。在当时战乱频仍、生存权都无法保证的情况下,也许当时的若干汉户是欢迎这种部落制的。在 P.2449 号汉文卷子里,就有“流沙僧俗,敢荷殊恩,百姓得入行人部落,标其

① 《通鉴》卷二百二十六“唐德宗建中元年四月”条引《通鉴考异》,第 7280 页。

② 《沈下贤文集》卷十《贤良方正能直言极谏策》,《四部丛刊》初编,第 120 册,上海书店,1989 年影印。

籍信，皆因为申赞普，所以纶旨垂边"[①]的赞语。由此我们可以这样认为，从当时一般人的社会心理讲，有了固定的"主子"，总比做众人的奴仆或者任人抄掠要好一些。但是，劫掠惯了的吐蕃人，仍然以胜利者的姿态对待汉户，就是对编入部落中的汉户，也照旧为所欲为，制造新的混乱。[②]

吐蕃占领者的压迫和劫掠造成了吐蕃占领敦煌初年的民族关系紧张化。沙州虽于建中二年陷于吐蕃，吐蕃统治者用"置毒靴中"的暗杀手段，处置了抵抗运动的领导人阎朝，但沙州人民并没有屈服，其反蕃斗争此伏彼起，从未间断。S.1438 号卷子有残稿 177 行，共有吐蕃占领时期沙州守官某请求出家状等稿四十多件。这卷文书中就记载了吐蕃占领敦煌初期沙州玉关驿户氾国忠等人的反蕃起义。

氾国忠起义带有浓郁的反民族压迫的色彩。文书中所说"戕杀蕃官，"透露出起义者似乎只杀蕃官蕃将。起义者被捕后的供词也说："遂谋杀蕃官是实。"[③]从这次起义的情况看，吐蕃占领敦煌初期，蕃汉民族矛盾是比较尖锐的。吐蕃统治者为了维护其统治，便不得不改变其统治方式，争取新占领区汉族百姓，尤其是唐王朝原来的官员的支持与合作。敦煌遗书 P.3481 号汉文卷子背录二斋文，其一就有"大蕃部落使河西节度太原阎公"[④]的记载。这位"阎公"不是别人，正是缢杀沙州刺史周鼎，然后坚守沙州 10 年，最后才与吐蕃约定"毋徙它境"

---

① 图版见《法藏敦煌西域文献》第十四册，上海古籍出版社，2001 年，第 89—92 页。

② 参阅王尧、陈践《敦煌藏文写卷 P.T.1083、1085 号研究——吐蕃占有敦煌时期的民族关系探索》，《历史研究》1984 年第 5 期。

③ 图版见《英藏敦煌文献》第三卷，四川人民出版社，1990 年，第 16—18 页。

④ 图版见《法藏敦煌西域文献》第二十四册，上海古籍出版社，2002 年，第 308—309 页。

而投降的阎朝。他投降后被吐蕃统治者任命为“大蕃部落使河西节度”。这个藏汉混合的称谓恰恰反映了当时的蕃汉关系，说明他在唐蕃之间具有双重身份。另外，敦煌遗书 P.3726 号卷子题为“故前释门都法律京兆杜和尚写真赞”是由“释门大蕃瓜沙境大行军衙知两国密遣判官智照撰”[①]。这位“密遣判官智照”显然是以僧侣身份在吐蕃政权中任职的汉人官员。此外，P.2341 号文书提到“蕃汉节儿”、S.2146 号记有“杜都督”、P.3774 有“安都督”、P.2807“索都督”、P.3551“张大都督”等。这些人在唐朝时均为敦煌地区的宦门望族。如杜氏，据 P.3258《祈愿文》载：“都督京兆杜公，惟愿繁祉斯乐，纤漳无遗，轩冕永昌，钟鼎传嗣。”[②]可知京兆杜氏早已在敦煌“轩冕永昌，钟鼎传嗣”，位高权重。索氏，P.2625《敦煌名族志》载：“索氏……以元鼎六年从钜鹿南和迁于敦煌……莫知其长幼，咸累代官族。”[③]S.530《大唐沙州释门索法律义辯和尚修功德记碑》亦有相同记载，并载其“亡兄，前任沙州防城使……权职蕃时，升荣曩日”。[④]说明敦煌索氏在吐蕃统治时期，乃不失官职，“咸累代官族”。张氏家族亦为敦煌望族，并在蕃占时期形成相当势力，后来其族人张议潮率领河西人民驱逐了吐蕃在河西的势力。据《册府元龟》卷九百八十《外臣部·通好》记载，“沙州陷蕃后，有张氏世为州将”，足见张氏在沙州世为宦门望族。此外，粟特族安都督亦为敦煌望族，敦煌文书中有安氏家族与敦煌著姓张氏、索氏通婚的记载，说明安氏家族亦不失为敦煌著姓。正是由于部分僧俗官

---

① 图版见《法藏敦煌西域文献》第二十七册，第 143 页。

② 图版见《法藏敦煌西域文献》第二十二册，上海古籍出版社，2002 年，第 319 页。

③ 图版见《法藏敦煌西域文献》第十六册，上海古籍出版社，2001 年，第 329—330 页。

④ 图版见《英藏敦煌文献》（第二卷），四川人民出版社，1990 年，第 14—15 页。

员的配合，才使瓜沙一带的部落制逐渐被人们接受。

吐蕃统治者在拉拢其占领地区的唐旧官望族参加其统治机构的过程中，对这些人采取了威逼利诱的政策。一方面如前所言，镇压了占领区的反抗势力和阎朝等尚有贰心之降臣。另一方面，又以优厚待遇拉拢当地陷蕃的唐朝旧官望族。如 P.4638《阴处士修功德记》[①]记载，阴伯伦担任沙州道门亲表部落大使后，“六亲当五康之饶，一家蠲十一之税”，“复旧来之井赋”“利新益之园池”。又如《僧龙藏牒》载：“齐周身充将头，当户突税差科并无，官得手力一人，家中种田驱使，计功年别卅驮。”[②]

由上述材料可知，吐蕃统治者在河西统治机构中，之所以拉拢当地陷蕃的唐朝旧官望族担任重要职务，一是企图通过拉拢当地的旧官望族参加吐蕃在河西的统治机构，来消除河西人民对吐蕃的敌对情绪；二是借这些旧官望族在当地的势力和影响以扩大吐蕃的统治力量，从而达到对河西的有效统治。

吐蕃统治者在镇压河西人民反抗的同时，注意对河西人民推行蕃化政策，企图从生活习惯和文化传统着手来消除民族间的隔阂，进而消除河西人民反蕃的情绪，以达到其长期的稳定统治。吐蕃占领敦煌初期，尚乞心儿便强硬推行了蕃化政策，让沙州人民改易穿着、学说蕃语、纹身、赭面等，其目的是想从语言、风俗、传统等民族间的主要差别上消除隔阂，以达到对其长期统治的目的。

吐蕃的蕃化政策，不仅限于沙州一地。吐蕃在占领河陇地区后，河陇地区说蕃语、辫发、赭面、纹身、左衽而衣的吐蕃风俗已随处可

① 图版见《法藏敦煌西域文献》第三十二册，上海古籍出版社，2005 年，第 229—230 页。

② 图版见《法藏敦煌西域文献》第二十八册，上海古籍出版社，2004 年，第 10—11 页。

见。《新唐书·吐蕃传》记载了刘元鼎出使吐蕃的见闻："元鼎逾成纪、武川，抵河广武梁，故时城郭未隳，兰州地皆坑杭稻，桃李榆柳岑蔚，户皆唐人，见使者麾盖，夹道观。至龙支城，耋老千人拜且泣，问天子安否，言：'顷从军没于此，今子孙未忍忘唐服，朝廷尚念之乎？兵何日来？'言已皆呜咽。密问之，丰州人也。"[①]然而，吐蕃的蕃化政策，并未消除汉族人民的反抗情绪。据《新唐书·吐蕃传》载："（沙）州人皆胡服臣虏，每岁时祀父祖，衣中国之服，号恸而藏之。"[②]反映了落蕃唐人怀念故国，痛恨吐蕃统治的心理。如白居易在其《缚戎人》[③]诗中云：

一落蕃中四十载，遣著皮裘系毛带。
唯许正朝服汉仪，敛衣整巾潜泪垂。
誓心密定归乡计，不使蕃中妻子知。
暗思幸有残筋力，更恐年衰归不得。

上引诗作句句表达了吐蕃统治下的汉人，对国家的怀念之情及对吐蕃野蛮统治的痛恨。因知唐人反抗吐蕃统治之心未尝少息，吐蕃势力一旦衰弱，河西诸州则鸟飞而影从，迅速推翻了吐蕃的统治。如P.3633号："太保见南蕃离乱，乘势共沙州百姓同心同意，穴白趁却节儿，却着汉家衣冠，永抛蕃丑。"[④]总之，在吐蕃统治河西期间，吐蕃与河西汉族等民族间矛盾虽未能消除、民族差别未能同化，然蕃汉等民族间的了解及经济、文化的联系却得到了加强。

---

① 《新唐书》卷二百一十六下《吐蕃传》，第6102页。

② 《新唐书》卷二百一十六下《吐蕃传》，第6101页。

③ ［唐］白居易撰，顾学颉点校《白居易集》，中华书局，1999年，第71—72页。

④ 图版见《法藏敦煌西域文献》第二十六册，第156—157页。

二、吐蕃时期的部落、将制

吐蕃占领敦煌后，首先设置了一套完整的职官系统（即节度使—乞利本—节儿—都督、监军—部落使—判官）来统治河西瓜沙地区，由于敦煌地区的居民成分以汉民族为主，吐蕃为了进行有效的统治，在任用吐蕃自身官员的同时，还任用汉人为辅助官吏。吐蕃统治者正是采用了这种双轨型的职官系统，才维系了其在河西地区上百年的统治。

在设置完整的职官系统的同时，吐蕃统治者还改变了河西地区的基层组织形式，即将唐王朝的乡、里制改变为吐蕃王朝的部落、将制。

我们知道，唐朝地方行政区划是道（府）、州、县三级，县以下设有乡、里。敦煌在吐蕃占领前，属县一级政权单位，设有 13 个乡，即敦煌乡、莫高乡、神沙乡、龙勒乡、平康乡、玉关乡、效谷乡、洪池乡、悬泉乡、慈惠乡、洪润乡、寿昌乡、从化乡。吐蕃占领敦煌后，废除了原有的 13 个乡，而代之以部落制，如 P.2259 背《龙勒乡部落见在及向东人户田籍册》载："龙勒乡部落，合当部落管见在及向东人户，总二百三十九户。"[①]本件文书是吐蕃占领敦煌初期，将龙勒乡改为部落建置的确切记载，它表明一个部落辖原来的一个乡。部落的内部组织情况仍与吐蕃本部的部落制相似。其最基本的单位是千户（部落），千户之下是小千户（即五百户组织），设小千户长一人。小千户之下为百户（将），百户长称"勒曲堪"，最后是十户组织，十户长称"勒堪"。

吐蕃统治者的部落、将制，其一"将"基本上相当于百户。敦煌遗书 S.3287《子年百姓汜履倩等户籍手实牒》[②]中，有"左一将""左二将"

① 图版见《法藏敦煌西域文献》第十册，第 215 页。

② 图版见《英藏敦煌文献》第五卷，四川人民出版社，1992 年，第 31—33 页。

“左六将”等。S.2228《修城役丁夫名簿》[1]中，有“右一”到“右十”“左七”到“左十”等将。可见敦煌地区将的设置是比较多的。

据S.5448《唐故河西归义军节度押衙兼右二将头、银青光禄大夫、检校国子祭酒兼御史中丞、上柱国浑厶甲邈真赞并序》[2]中说，浑子盈身为“节度押衙兼百人将务”，右二将头被说成“百人将务”，表明将头所统不过百人上下。由此可知，吐蕃时期部落下面将的规模大约是百户，即十个户团。

众所周知，唐代是“百户为里”，那么，吐蕃时代的“将”，则相当于唐代的“里”，将头即相当于里正了。P.3774《僧龙藏牒》[3]中自述他出家前充当将头的待遇是：“当户突税差科并无，官得手力一人，家中种田驱使。”即担任将头可以豁免本户赋税、徭役，并配给一个仆役。可见将头的地位并不高，只是一个半官半民的身份。由此推断，可得到以下结论：将级机构并非一级政权，将头也不是政府编制内的官员，只不过是部落下面办理一方差事的高级差役，同里正一样，都是不入品流之辈。[4]

吐蕃占领敦煌后，其部落、将的设置并非一次完成，它首先设置了7个部落，即僧尼部落、行人部落、丝绵部落、上部落、下部落、撩笼部落和中元部落。从其编制情况看，这种部落应是非军事性的。9世纪20年代后，由于形势的变化，吐蕃在敦煌又相继编创了阿骨萨、悉

---

① 图版见《英藏敦煌文献》第四卷，四川人民出版社，1991年，第49页。

② 图版见《英藏敦煌文献》第七卷，四川人民出版社，1992年，第95—96页。

③ 图版见《法藏敦煌西域文献》第二十八册，上海古籍出版社，2004年，第10—11页。

④ 参阅李正宇《〈吐蕃子年（公元808年）沙州百姓氾履倩等户手实残卷〉研究》，载《1983年全国敦煌学术讨论会文集：文史·遗书编（上）》，甘肃人民出版社，1987年。

董萨、悉宁宗三个汉人军事部落和一个通颊军部落，并把敦煌汉人及其他民族的人也纳入自己的军事组织中，以符合对征服地区作长期统治的政策。当然，这也从侧面反映出被吐蕃统治的敦煌百姓的地位较初期有所提高。同时，吐蕃统治者虽然以“部落——将”制代替了以前敦煌的乡里、邻保制，但由于这种部落组织基本上和唐代乡里制相似，加之它的基层官吏多由汉人担任，所以，从某种意义上说，吐蕃的“部落——将”制还起着唐朝地方行政组织的作用。[①]

总之，吐蕃占领河西后，用“部落——将”制代替了唐代的乡里制。其统治形式的变化，虽然是为了加强对河西地区的统治，具有重要的军事因素。但从其内部组织结构着眼，仍可看出其重要的经济因素，即为了征收“突税差科”，因此，吐蕃在河西实行的“部落——将”制，并非单纯的军事组织机构，乃是集政治、经济、军事三位一体的组织系统，即官府户籍制度。

三、吐蕃时期的经济制度

众所周知，唐代前期实行均田制。吐蕃占领河西后，改变了唐王朝的授田制度，而实行了突田制。关于突田制的详细情况我们不得而知，但透过敦煌文书，我们仍可以找到实行突田制的有关痕迹。如S.2103《吐蕃酉年沙州灌进渠百姓李进评等牒》[②]曰：

> 城南七里神农河母，两勒汎水，游淤沙坑，空地两段共叁突（东至碛，西至贺英倩，南道口，北至神农河北马国清）。
>
> 右南沙灌进渠用水百姓李进评等，为已前移灌进口，向

① 参阅杨铭《吐蕃时期敦煌部落设置考》，《西北史地》1987年第2期。

② 图版见《英藏敦煌文献》第四卷，四川人民出版社，1991年，第2页。

五石口前逐便取水。本无过水渠道，遂凭刘三子边，卖合行人地壹突用水。今刘三子言：是行人突地，依籍我收，地一任渠人别运为。进评等，今见前件沙淤空闲地，拟欲起畔耕犁，将填还刘三子渠道地替溉灌，得一渠百姓田地不废。庄园今拟开耕，恐后无凭，乞给公验处分。

本件文书中提到"空地两段共叁突""卖合行人地一突用水"，由此可见，"突"是土地计量单位。另外，其他卷子中也有一些记载，如P.3410《沙州僧崇恩析产遗嘱》[1]中有"无穷地两突，延康地两突"；P.2858号背《酉年二月十二日索海朝租地贴》[2]中有"城西阴安渠地两突"，S.4661号文书[3]第一行有"八突"字样，其后则是明细的亩数记录。这些记载也可证明"突"是土地计量单位。

由此可知，吐蕃在河西实行的是突田制。那么，作为土地计量单位，一突是多少？其授田方式如何？敦煌遗书S.9156和S.4491两件吐蕃时代的《沙州诸户口数地亩计簿》为我们探讨这一问题提供了较好的素材。据S.9156号文书提供的材料，如果我们将每条总计突数与各地段的明细亩数加以换算，就可得知突与亩的换算标准。如武朝副两户九口，共有地九突一亩，其中都乡渠一突一亩，双树渠半突一亩，宜秋西支渠七突四亩。这三段的土地加起来总共为八突半又六亩，而八突半六亩等于九突一亩。再如元琮户，共有土地十二突，分布在六条渠道上，分别为五突半一亩、一突三亩、二亩、三突半、半突四亩，半

① 图版见《法藏敦煌西域文献》第二十四册，第129—130页。

② 图版见《法藏敦煌西域文献》第十九册，上海古籍出版社，2001年，第146页。

③ 图版见《英藏敦煌文献第六卷，四川人民出版社，1992年，第221—222页。

突，合计起来恰好十一突十亩，而总计为十二突。可知十一突十亩等于十二突。又如李进益七口，应授田七突，而该户下只写“七十亩十三畦”，可见七突等于七十亩。由此可以得出结论：一突等于十亩，半突等于五亩。[①]

那么，突田制时代的授田标准如何呢？我们通过对上引敦煌遗书中每户家口数与地亩数的排比分析可知，大体上是每人 10 亩，即一人一突。S.9156 号文书共记载家口地亩 20户，其中 17 户是一人一突，如元琮户十二口，授田十二突，辛兴国户九口，授田九突，侯文奴户四口，授田四突，只有 3 户虽非一人一突，但差额甚少。由此可知，吐蕃王朝控制时期，实行的是计口授田制度，其标准为每人一突，即十亩。[②]

吐蕃实行的计口授田制，与其赋税制度有着密切的关系。在突田制下，以“突”作为土地计量单位，那么，本时期的土地税在汉文文书中也就称之为“突田”，交纳“突田”称为“纳突”。从简牍看，吐蕃在新占领区所实行的赋税制度，除部分保留旧有的奴隶制成分外，主要吸收唐朝及所占领地区的赋税制度，并设有“税务官”“税吏”等来执行其任务。

虽然当时的纳突与计口授田有关，但突税并非按口（即按地亩）或按丁交纳，而是按户交纳。据有的学者研究，其税额是每户 8 驮上下。当时的一驮等于二石，半驮等于一石，若此，则每户每年需纳突 16—20 石。[③]

从敦煌遗书中可知，突田制下百姓除了纳突以外，还有差科，在吐蕃管辖时期的河西，“差科”是指官府的徭役。如 P.3774 号《丑年

① 参阅姜伯勤《突地考》，《敦煌学辑刊》1984 年第 1 期。

② 参阅杨际平《吐蕃时期敦煌计口授田考》，《社会科学》（甘肃）1983 年第 2 期。

③ 参阅杨际平《吐蕃时期敦煌计口授田考》。《通鉴》卷二百一十一“玄宗开元三年七月丁酉”条载：“驴载曰驮，每驮一百斤。”

(821 年)十二月沙州僧龙藏牒》[①]曰：

> 齐周身充将头，当户突税差科并无。官得手力一人，家中种田驱使，计功年别卅驮。从分部落午年至昨亥年，计卅年，计突课九百驮，尽在家中使用。
>
> 大兄初番和之日，齐周附父脚下，附作奴。后至佥牟使上析出为户，便有差税身役；直至于今。自齐周勾当之时，突田大家输纳。其身役、知更、远使，并不曾料。

从此件文书可知，差科包括身役、知更(守夜)、远使(派往远处当差)等。

总之，吐蕃统治者占领敦煌后，虽采取各种措施稳定社会秩序，改善民族关系，发展当地经济，力图长期占领这一地区。但我们通过对其占领时期统治敦煌之历史实际的探讨，得知此时的社会经济发展较慢，和汉代及唐前期相比，是敦煌开发史上的一个倒退。

四、渐趋衰退的敦煌艺术

安史之乱以后，唐王朝一蹶不振，中国封建社会也由强盛走向衰弱。与这种形势相一致，敦煌莫高窟艺术也从其顶峰滑落下来。

吐蕃占领敦煌后，为了巩固其统治，也任用汉人和其他少数民族的上层人士为各级官吏，利用敦煌世家豪族统治沙州地方，到后期甚至将敦煌地方的部分政权、军权和税收管理权也都交给了豪强大族，从而使吐蕃的统治得以维持六十余年。[②]

---

① 参阅《敦煌社会经济文献真迹释录》第二辑，第 283—286 页。图版见《法藏敦煌西域文献》第二十八册，上海古籍出版社，2004 年，第 10—11 页。

② 参阅史苇湘《关于敦煌莫高窟内容总录》，见《敦煌莫高窟内容总录》附录，文物出版社，1982 年。

吐蕃奴隶主非常信佛,可黎可足赞普等在敦煌大兴佛事,广度僧尼,当时仅三万人的沙州便有上千僧尼;在吐蕃统治者的扶持下,寺院经济也空前繁荣,当时有16大寺、17大寺之称。这些寺院和内地一样,都有寺户和土地,不受官府管辖,享有种种特权。吐蕃政权还把僧侣的地位抬得很高,甚至让一些高僧直接参与政事。如悟真的师父洪䛒,吐蕃时代就是“知释门都法律兼摄行教授”;张议潮女婿李明振的叔父僧妙牟,常在吐蕃赞普左右参与政事,兼“临坛供奉”。[①]此时期敦煌的名僧辈出,如一直留在敦煌的长安高僧昙旷,传授禅宗的摩诃衍,做了“蕃大德”的法成、悟真等,都与洪䛒一样,是当地有名的高僧。同时,吐蕃统治者还遣使到长安,“求沙门之善讲者”至蕃地讲经。“至是(建中二年),遣僧良琇、文素二人行,每人岁一更之。”[②]吐蕃统治者曾不断向中原求取佛经,加以翻译,如名僧摩诃衍就曾将许多汉藏文佛经相互翻译,流行于当时。

由于吐蕃统治者的崇佛,再加上在吐蕃统治下,敦煌躲过了会昌灭佛(844—845年),致使莫高窟艺术不仅未遭破坏,反而不断修建。现存吐蕃时期新开的洞窟48个,并有重修前期的洞窟18个,共66窟。其中有明确建窟纪年的洞窟只有两个,即365窟和231窟。第365窟旧称七佛堂,为沙门洪䛒于832—844年所建。231窟为阴嘉政于839年所建。通过对这些洞窟的分析、探讨,可以明显地看到,此时的莫高窟,已失去了盛唐时期那种气势和光彩,艺术水平也渐趋衰落了。

吐蕃统治时期的佛教艺术,在与唐前期一脉相承的大前提下打上了自己的印记。如在壁画中,根据佛经需要,凡有“国王”出场的地

① [民国]张维《陇右金石录·唐》,此据《石刻史料新编》第1辑第21册,新文丰出版公司,1977年,第16013页。

② [宋]王溥撰,《唐会要》卷九十七《吐蕃》,中华书局,1955年,第1734页。

方，吐蕃赞普就会在侍从的前呼后拥下站在“大王小王”之前，159、231、237 窟维摩诘像下面的听法图，158 窟大涅槃像北壁的举哀图都是如此。从内容方面看，凡是唐前期的题材，吐蕃时期一样不少，同时又出现了一些新的经变画。

吐蕃时期壁画的特点是经变画增多，如《大方便佛报恩经变》《天请问经变》《报父母恩重经变》等。这时的经变画，虽然种类增多，但已走向程式化，画面堆砌，一味想表现经变画的热闹场景，实际效果反而单调乏味。盛唐的活泼气氛与那些身躯高大的菩萨行列都在壁画中消失了。每种经变的布局基本相似，也可说完全一样；通壁大画已很少见，而是一壁画几幅经变，因此一窟可画好几种经变，最多可达 15 种（85 窟）。

吐蕃时期的彩塑被毁较多，只有在离地面 20 多米高崖上的几个窟保存较好，尤其是 158 窟全长 16 米的释迦牟尼涅槃像保存很好。佛面呈一种舒适的睡态，毫无痛苦地“右胁而卧”，进入不生不死的佛教最高的理想境界。其艺术造型也很卓越，脸庞丰腴，比例适度，通肩袈裟的衣纹随身体的起伏而变化，圆润流畅。这在敦煌大型彩塑佛像中也是很有代表性的。而整个 158 窟，又是以壁画和彩塑相结合的方式，显示了敦煌《涅槃变》的最高水平。在大卧佛背后墙上，西壁画诸天龙诸学人等举哀，南壁画十大弟子举哀；由于人物身份不同，其形象、动态和神情也各有特点，无一雷同。它描绘了许多具有个性和独特内心世界的人物群象；同时，如此丰富多彩的艺术场面，又完全服务于一个统一的主题、需要；众人的狂热悲痛与卧佛的沉静安详形成了鲜明对照，相反相成，表现了佛入涅槃的崇高境界。整个洞窟则反映了“涅槃为乐”这一中心思想。[①]

① 参阅段文杰《唐代后期的莫高窟艺术》，载段文杰《敦煌石窟艺术论集》。

第六节　归义军时期的敦煌

自从张议潮于大中二年率众起义驱逐吐蕃后，便在敦煌建立了以汉人为主的政权。大中五年(851 年)唐王朝在敦煌置归义军,任张议潮为归义军节度使。从此,直到宋仁宗景祐三年(1036 年)为西夏所灭,除张承奉一度称金山国和敦煌国外,瓜沙归义军在张、曹两世家的统治下存在了 180 余年。

一、归义军政权的建立

张议潮,甘肃敦煌(沙州)人,其父张谦逸官至工部尚书。张议潮出生时,吐蕃已占领了敦煌。由于他亲身经历了吐蕃的残暴统治,在青少年时代便忧国爱民。他有感于吐蕃统治下民不聊生的凋敝景象,深深同情人民的疾苦,十分崇敬在平定“安史之乱”中被宦官边令诚陷害的著名将领封常清,曾亲笔抄写过《封常清谢死表闻》。宪宗元和十年(815 年),17 岁的张议潮曾抄下一首《无名歌》来表达自己的思想感情:

天下沸腾积年岁,米到千钱人失计。
附(郭)种得二顷田,磨折不充十一税。
……
儛(舞)女庭前厌酒肉,不知百姓饿眠宿。
君不见城外空墙框,将军只是栽花竹。
君看城外栖惶处,段段芋花如柳絮。

海燕衢(衔)泥欲作巢，空堂无人却飞去。[①]

在以后的岁月里，张议潮时刻在考虑着出路问题。

唐武宗会昌二年(842 年)，吐蕃赞普郎达磨遇刺身亡。达磨无子，佞臣立其妃綝氏三岁的侄儿乞离胡为赞普，许多人都不服，甚至离叛，从而导致了吐蕃国内大乱。吐蕃本部称作“邦金洛”的奴隶平民也乘机起义。吐蕃原洛门川讨击使尚恐热(即论恐热)亦叛，并篡夺了吐蕃大权，自称为宰相，与鄯州节度使尚婢婢为争权夺利，自相残杀，更加深了河西人民的灾难。尚恐热“大掠河西鄯、廓等八州，杀其丁壮，劓刖其羸老及妇人，以槊贯婴儿为戏，焚其室庐，五千里间，赤地殆尽”。[②]尚恐热在河西的暴虐行径，不仅激起了河西人民的极大愤慨，而且还使他的部下怨望不平，“皆欲图之”。[③]正在这时，吐蕃国内灾荒连年，“人饥疫，死者相枕藉”，河陇各地吐蕃守将思想混乱，兵防空虚。唐王朝乘此机会，决心收复河湟地区。会昌四年(844 年)三月，“朝廷以回鹘衰微，吐蕃内乱，议复河、湟四镇十八州”。[④]大中元年(847 年)五月，河东节度使王宰率代北诸军，于盐州大败尚恐热。次年十二月，凤翔节度使崔珙奏“破吐蕃，克清水”，[⑤]并一举收复了原州(宁夏固原)、石门等六关和威州(宁夏中卫县)、扶州(甘肃文县西)。唐王朝的军事胜利给河陇人民带来了希望和鼓舞，也为张议潮起义提供了有利的时机。据敦煌文献《张淮深碑》载：张议潮“论兵讲剑，蕴

① 图版见《法藏敦煌西域文献》第二十六册，第 113 页。据学术界研究，该卷写于元和十年(815 年)。

② 《通鉴》卷二百四十九“唐宣宗大中四年九月”条，第 8044 页。

③ 《新唐书》卷二百一十六《吐蕃传下》，第 6106 页。

④ 《通鉴》卷二百四十七“唐武宗会昌四年三月”条，第 7999 页。

⑤ 《通鉴》卷二百四十八“唐宣宗大中二年十二月”条，第 8036 页。

习武经，得孙武、白起之精，见韬钤之骨髓。……知吐蕃之运尽，誓心归国，决意无疑”，便举起了起义大旗。

张议潮在沙州(敦煌)起义，是有深刻的社会原因的。自大历元年(766年)河西节度杨休明由凉州徙镇沙州后，汉族军民也纷纷来到敦煌，沙州遂成为当时河西地区汉人的聚集地。当吐蕃攻取沙州时，沙州人民坚持斗争，固守达十一年之久。后因弹尽粮绝，才在“不徙它境”的条件下出城投降。这样就使沙州的汉人得以聚存，并将唐朝的思想文化、风俗民情等延续下来，这就是张议潮首举义旗的社会基础。

张议潮沙州起义，其骨干力量来自三个方面，第一，敦煌的名门望族。如张氏、索氏、李氏等，都是沙州一带举足轻重的家族，在起义和收复河西的过程中，他们立下了汗马功劳。第二，释门教首及僧徒。如洪䛒虽在吐蕃“知释门都法律兼摄行教授”，但他“远怀故国，愿被皇风”，所以尽力帮助张议潮收复沙州。敦煌乃中西交通要冲，佛教极为兴盛，教徒数量庞大，释门教首及僧徒在百姓中有一定的影响力。第三，豪杰义士。如副使安景旻、部落使阎英达等都是当地豪杰。[①]

张议潮正是在这些人的鼎力相助下才明确提出了“归国”的口号，并广泛地组织、团结了各方面的力量。当条件成熟时，他毅然“募兵”集众，发动起义。大中二年(848年)“帅众被甲噪于州门，唐人皆应之，吐蕃守将惊走，义潮遂摄州事”。[②]当然，张议潮起义并非像《通鉴》记载的这样简单、容易，而是经过浴血奋战，并采取了许多战略战术，如“启武侯之八阵，纵烧牛之策”，才“破吐蕃之围”。在短兵相接之

① 参阅谭蝉雪《统一河西的功臣——张议潮》，《文史知识》1988年第8期。

② 《通鉴》卷二百四十九“唐宣宗大中五年正月”条，第8044页。

际,“白刃交锋,横尸遍野,残烬星散,雾卷南奔”。[1]经过一场血肉鏖战后,一举收复了沙州。据《张淮深碑》载:“敦煌、晋昌收复已讫。时当大中二载。题笺修表,纡道驰函(原注:沙州既破吐蕃,大中二年遂差押衙高进达等,驰表函入长安城,已献天子),上达天闻。”[2]唐宣宗听到这一喜讯后,竟情不自禁地欣然赞叹:“关西出将,岂虚也哉。”

当张议潮收复沙州时,河西其他州县仍在吐蕃统治之下。为了及时向唐王朝告捷,并确保表文送到长安,他便派遣了十队使者,携带十份同样的表文,分十路赴长安。其中还有由和尚组成的一支,这是因为吐蕃奴隶主也信奉佛教,和尚借游方化缘,易于通行。敦煌莫高窟的大和尚悟真就是当时的信使之一,因为他送信有功,被唐王朝于大中五年五月二十一日封为“京城临坛大德”。在十队使者中,只有走东北道的一路,经过千辛万苦,才在天德军(在今内蒙古乌拉特前旗)防御使李丕的协助下,于大中四年抵京。在这两年中,张议潮一方面把沙州作为根据地,整饬军队,发展生产,“缮甲兵,耕且战”。另一方面以沙州为根据地,继续进军,和吐蕃奴隶主展开了进一步的斗争,到大中五年(851 年)又相继收复了邻近的肃、甘、伊等州。为了实现“归国”之目的,张议潮于大中五年七月又派其兄议谭和州人李明达、李明振,押衙吴安正等 29 人奉十一州(瓜、沙、伊、西、甘、肃、兰、鄯、河、岷、廓)图籍入长安告捷。至此,除凉州而外,陷于吐蕃近百年之久的河西故地复归唐王朝所有。

唐宣宗接到瓜、沙十一州图籍和张议潮的捷报后,特下诏表扬张

① S.6161+S.3329+S.11564+S.6973+P.2762《张淮深碑》,录文参阅郝春文主编《英藏敦煌社会历史文献释录》第十五卷,社会科学文献出版社,2017 年,第 499—503 页。

② 图版见《英藏敦煌文献(汉文佛经以外部分)》第五卷,四川人民出版社,1992 年,第 44 页。

议潮等人的忠勇和功勋，夸赞说：张议潮“抗忠臣之丹心，折昆夷之长角。窦融河西之故事，见于盛时，李陵教射之奇兵，无非义旅”。[①]十二月，唐王朝于沙州建立归义军，统领瓜沙十一州，授张议潮归义军节度使、十一州观察使。

随着瓜、沙、肃、甘诸州的收复及沙州归义军的建立，吐蕃军队节节败退，最后集中于姑臧（即凉州）。凉州是北朝、隋唐以来的河西重镇，唐朝前期一直是横断吐蕃和突厥的河西节度使所在地。吐蕃统治时期，又是统辖河西东部的大军镇驻地。如果凉州仍在吐蕃手里，张议潮对河西东部及陇右数郡的控制就是一句空话。因此，张议潮为了有效地控制河陇，便从大中十二年八月开始了他东征凉州吐蕃的壮举。[②]经过三年的努力，到咸通二年，张议潮终于率蕃汉兵七千人，一举攻克了凉州。《张淮深碑》记其事曰：

> 姑臧虽众，勍寇坚营。忽见神兵，动地而至，无心掉战，有意逃形，奔投星宿岭南，苟偷生于海畔。我军乘胜逼逐，虏群畜以川量；掠其郊野，兵粮足而有剩。生擒数百，使乞命于戈前，魁首斩腰，僵尸染于蓁莽。[③]

张议潮收复凉州后，即表奏朝廷。于是，“河陇陷没百余年，至是悉复故地”。[④]咸通四年唐王朝复置凉州节度使，统领凉、洮、西、鄯、

---

① ［唐］杜牧著，陈允吉校点《樊川文集》卷二十《沙州专使押衙吴安正等二十九人授官制》，上海古籍出版社，1978 年，第 305 页。

② 参阅荣新江《初期沙州归义军与唐中央朝廷之关系》，载黄约瑟、刘健明编《隋唐史论集》，香港大学亚洲研究中心，1993 年。

③ 图版见《英藏敦煌文献（汉文佛经以外部分）》第十卷，四川人民出版社，1994 年，第 111 页。

④《通鉴》卷二百四十九“唐宣宗大中五年十一月”条引《考异》，第 8049 页。

河、临六州，治所在凉州，由张议潮兼领凉州节度使。从此，河西走廊又畅通无阻，这对于加强西北与中原地区的政治联系和中外经济文化交流起了积极作用。

张议潮收复河西及归义军政权的建立，并非意味着唐王朝有效地控制了河西地区。自从安史之乱后，唐王朝政治腐败，国力衰微，除置军设使，并以官爵羁縻张议潮外，已没有经营河西的军事能力了。史称张议潮以瓜沙等“十一州来归，而宣（宗）、懿（宗）德微，不暇疆理，惟名存有司而已”。[①]而归义军节度使张议潮，其身兼节度、管内观察、营田支度等使，握有军事、行政、财经大权，经营河西地区的重任也自然历史地落在了他的肩上，为此采取了一系列措施。

当时，河西地区的形势十分复杂：南面的吐蕃还在伺机卷土重来；北面的回鹘也在觊觎着河西这块富庶之地。另外，吐蕃的奴部嗢末，自“论恐热作乱，奴多无主，遂相纠合为部落，散在甘、肃、瓜、沙、河、渭、岷、廓、叠、宕之间，吐蕃微弱者反依附之”。[②]他们纠合在一起，大肆劫掠河西各地。

张议潮清醒地认识到当时河西的险恶处境。他不得不在没有唐王朝帮助的情况下，领导河西人民与这些少数民族统治者进行长期的斗争。《张议潮变文》[③]直接记述了大中十年至十一年间的三次战役：第一次是吐谷浑王进犯沙州，张议潮出兵讨伐，乘胜追击，并大获全胜。“诸川吐蕃兵马还来劫掠沙州。奸人探得事宜，星夜来报仆射（即张议潮）：‘吐浑王集诸川蕃贼欲来侵凌抄掠，其吐蕃至今尚未齐集’。仆射闻吐浑王反乱，即乃点兵，凿凶门而出，取西南上把疾路进

① 《新唐书》卷四十《地理志四》，第1040页。

② 《通鉴》卷二百五十“唐懿宗咸通三年”条，第8101—8102页。

③ 王重民等编《敦煌变文集》下册，人民文学出版社，1957年，第114—120页。

军。……其贼不敢拒敌,即乃奔走。仆射遂号令三军,便须追逐。……决战一阵,蕃军大败。……生口细小等活捉三百余人,收夺得驼马牛羊二千头匹,然后唱《大阵乐》而归军幕";第二次是纳职县回鹘、吐蕃抄掠伊州,张议潮统兵讨伐,大获全胜。《变文》说:"敦煌北一千里镇伊州城西有纳职县,其时回鹘及吐浑居住在彼,频来抄劫伊州,俘虏人物,侵夺畜牧,曾无暂安。仆射乃于大中十年六月六日,亲统甲兵,诣彼击逐伐除。不经旬日中间,即至纳职城。贼等不虞汉兵忽到,都无准备之心。……回鹘大败……收夺驼马之类一万头匹。我军大胜,匹骑不输。遂即收兵,即望沙州而返";第三次是叛乱回鹘劫夺唐朝册立回鹘使王端章,张议潮闻知大怒。由于下文残缺不全,不知结局如何。《变文》说:"大唐差册立回鹘使御史中丞王瑞(端)章持节而赴单于……行至雪山南畔, 遇逢背逆回鹘一千余骑, 当被劫夺国册及诸敕信。……仆射闻言,心生大怒",准备出兵征讨。由此可知,张议潮为了抵御周边少数民族统治者的骚扰、劫掠,仍然进行着非常艰巨的斗争。《张议潮变文》中所说议潮"朝朝秣马,日日练兵,以备凶奴,不曾暂暇",就是当时实际情况的真实反映。

咸通七年(866 年)十月,"拓跋怀光以五百骑入廓州,生擒论恐热,先刖其足,数而斩之,传首京师"。[1]其余众逃奔秦州,途中又遭到尚延心的袭击,"吐蕃自是衰绝"。河陇肃清,使唐王朝无西顾之忧。至此,河西地区初步形成了统一局面,"西尽伊吾,东接灵武,得地四千余里,户口百万之家,六郡山河,宛然而旧"。[2]唐王朝的势力,已达陇右诸地。

正是张议潮领导的沙州起义及其战果的不断扩大,河西地区才

① 《通鉴》卷二百五十"唐懿宗咸通七年十月"条,第 8115 页。

② 敦煌写本《张淮深碑》。

得以克复，使“百年左衽，复为冠裳；十郡遗黎，悉出汤火”。[①]对于他在河西重振大唐声威的业绩，人们给予了高度的评价。“坐筹帷幄之中，决胜千里之外，四方犷悍，却通好而求和；八表来宾，到阶前而拜舞。北方猃狁，款少骏之駃蹄，南土蕃浑，献昆岗之白璧。”[②]堪称英雄盖世之功！

张议潮收复河西及其战果的不断扩大，对唐王朝来说既喜且忧，喜的是陷于吐蕃百年之久的河陇地区复归唐王朝所有；忧的是在唐末藩镇割据、内弱外强的形势下，唐王朝怕张议潮及其张氏家族尾大不掉，成为与唐廷抗衡的第二个“吐蕃”。因此唐王朝便采取了一系列措施，以阻止张议潮势力的扩张。如在张议潮起义不久，其兄张议谭便“先身入质，表为国之输忠，葵心向阳，俾上帝之诚信”，[③]以“人质”的方式留在了长安。咸通八年（867 年），69 岁的张议潮也“束身归阙”，留居京师，和其兄长一样，成了唐朝廷的变相人质。

张议潮入朝时，将河西归义军事务总委其侄张淮深管理。唐朝廷任命议潮为左神武统军，晋官司徒，职列金吾，并赐给田地宅第，可以说给了很高的礼遇，其目的显然是把张议潮留在京师。咸通十三年八月张议潮卒于长安，享年 74 岁。

二、归义军政权的沿革

1. 张氏政权的艰难统治

自大中五年归义军政权建立后，张议潮率众和回鹘进行了几次战争，于咸通二年（861 年）收复了凉州，咸通七年彻底摧垮了尚恐

① 罗振玉《补唐书张议潮传》，见兰州大学编《敦煌学论文选》，1983 年。

② 敦煌写本《张淮深碑》。图版见《法藏敦煌西域文献》第十八册，第 119 页。

③ 敦煌写本《张淮深碑》。图版见《法藏敦煌西域文献》第十八册，第 118—119 页。

热。至此，河西地区初步形成了统一局面。

河西全部收复后，张议潮激流勇退，于咸通八年（867年）入朝，被唐王朝授司徒之职，兼授左神武统军，官居一品。张议潮入朝后，由其侄张淮深执掌河西归义军事务。“太保（张议潮）咸通八年归阙之日，河西军务，封章陈款，总委侄男淮深，令守藩垣。”[①]早在大中七年（853年），张淮深便继其父议谭职，任沙州刺史、左骁卫大将军。咸通八年张议潮入朝后，唐王朝加授淮深御史中丞，而其本人则自称节度留后，左散骑常侍兼御史大夫，并在咸通十三年议潮去世前，多次遣使唐朝，请求皇帝颁赐旌节，但唐王朝并未马上将节度使称号授予他。淮深因向朝廷求节不成，便自称为河西节度兼户部尚书。至迟到光启三年（887年）他又进称尚书左仆射。文德元年（888年），唐派押节大夫宋光庭，朔方押牙康元诚等赴沙州，授予张淮深旌节。[②]大顺元年（890年）被杀后，朝廷追赠为司徒。

P.2913V《张淮深墓志铭》说：“公以大顺元年二月廿二日殒毙于本郡，时年五十有九。葬于漠高乡漠高里之南原，礼也。兼夫人颖川郡陈氏，六子：长曰延晖，次延礼，次延寿，次延锷，次延信，次延武等，并连坟一茔，以防陵谷之变。”[③]

关于张淮深之死，向达先生说：“盖在大顺元年沙州骤乱，变生肘腋，淮深猝未及防，举室殒毙。作乱者即索勋其人也。索勋既杀淮深兄弟，遂自立为节度使，故再修功德记并无嗣立之辞。”[④]

后来随着新资料的发现与公布，特别是《伯希和笔记》的出版，学

① 敦煌写本《张淮深碑》。图版见《法藏敦煌西域文献》第十八册，第119页。

② 参阅荣新江《归义军史研究》，上海古籍出版社，1996年，第191页。

③ 图版见《法藏敦煌西域文献》第二十册，第50页。

④ 向达《罗叔言〈补唐书张义潮传〉补正》，见《唐代长安与西域文明》，三联书店，1957年，第423页。

术界对张淮深之死又有了新的认识。在《唐宗子陇西李氏再修功德记》末尾，张淮深之弟张淮□，被议潮婿李明振题为："妻弟前沙瓜伊西河西节度使检校□部尚书兼御史大夫张淮□"。1981年法国出版的《伯希和笔记·敦煌洞窟题记》中亦载其录文，而"张淮□"为"张淮鼎"。据有的学者研究，"议谭辈只两兄弟，即议谭、议潮，而议谭仅只淮深一子，则淮鼎当为议潮子无疑"。淮鼎为了和淮深争权夺利，便发动兵变，杀死了淮深。①

张淮鼎于大顺元年二月杀害淮深夫妇及六子后，即成为归义军统治者，但他在位时间不长，至迟在景福元年(892年)去世，死前托孤于索勋。而索勋见承奉年幼，有机可乘，便向唐朝廷请封节度使。892年秋天，朝廷即遣使沙州，正式授予索勋归义军节度使之职，遂独揽了归义军大权。

索勋掌有归义军政权后，即引起了李氏家族的不满与妒忌。894年，嫁给李明振的张议潮第十四女率张、李家族推翻了索勋的统治，立侄男张承奉为节度使。但李氏三子分别任沙、瓜、甘州刺史，实际掌握了归义军实权，到了895年底，李氏家族的势力达到了极盛，并排挤了张承奉而独揽归义军大权。李氏家族的所做所为，必然引起瓜沙一些大族势力的反对，于是在沙州出现了一场倒李扶张的政变。到了896年初，李氏的统治终于被瓜沙一些大族推翻，张承奉得以重新执政。②

张承奉掌有归义军政权后，任归义军节度副使，曾与回鹘进行多次战斗。到光化三年(900年)，唐王朝正式授予张承奉节度使称号。《旧唐书》载：光化三年八月"己巳制：前归义军节度副使、权知兵马留

① 参阅李永宁《竖牛作孽，君主见欺——谈张淮深之死及唐末归义军执权者之更迭》，《敦煌研究》1986年第2期。

② 参阅荣新江《晚唐归义军李氏家族执政史探微》，《文献》1989年第3期。

后、银青光禄大夫、检校国子祭酒、监察御史、上柱国张承奉，为检校左散骑常侍，兼沙州刺史、御史大夫，充归义节度、瓜沙伊西等州观察处置押蕃落等使”[①]。朱温取代唐朝后，张承奉即脱离了中原王朝之控制，于 906 年建立了西汉金山国。[②]

综观张氏统治归义军的历史，真可谓步履维艰，困难重重。归义军建立之初，张氏曾企图控制整个河陇及西域东部地区。这一企图一方面与唐王朝发生矛盾，另一方面，旧有的吐蕃、退浑、龙家和新来的回鹘等民族，也乘吐蕃王国崩溃之际，建立自己的根据地。特别是位于归义军东西的两支回鹘力量的兴起，终于将归义军钳制在瓜沙一隅。再加上张氏统治者自议潮到承奉，皆好大喜功，但军力不济，终归失败。[③]

2. 西汉金山国与敦煌国

在瓜沙归义军时期，曾经出现了一个以敦煌为中心的西汉金山国和敦煌国。它上承张氏，下启曹家，“继五凉之中兴，拥八州之胜地”[④]，是归义军时代的一个间断，具有一定的历史重要性。然而，正史只有二十字的记载，《旧五代史·吐蕃传》云：“沙州，梁开平中有节度使张奉，自号‘金山白衣天子’”[⑤]。(《新五代史·吐蕃传》同)从这些简

---

① 《旧唐书》卷二十上《昭宗纪》，第 768 页。

② 吴丽娱、杨宝玉又提出金山国成立于 909 年。参阅吴丽娱、杨宝玉《旧帙新解：转型期归义军史研究琐言》，见刘进宝主编《百年敦煌学：历史·现状·趋势》第 333 页。

③ 参阅荣新江《归义军及其与周边民族的关系初探》，《敦煌学辑刊》1986 年第 2 期。

④ P.2864V《白雀歌》。图版见《法藏敦煌西域文献》第十九册，上海古籍出版社，2001 年，第 180 页。

⑤ [宋]薛居正等撰《旧五代史》卷一百三十八《吐蕃传》，中华书局，1976 年，第 1840 页。

略记载中，很难窥见金山国的具体情况。可喜的是，在敦煌遗书中发现了十多卷有关金山国的材料，特别是《白雀歌》《龙泉神剑歌》《沙州百姓上回鹘天可汗书》《曹议金上回鹘众宰相状》的发现，弥补了正史记载之不足，使“金山国事，有年可稽，有事足纪”。[①]

敦煌遗书发现后，王重民先生利用有关资料，撰写了《金山国坠事零拾》，基本搞清了金山国的轮廓，“千载坠史，一旦重逢，其快乐有不能言喻者”。随着敦煌遗书资料整理、研究的进展，不仅对金山国的有关问题愈益明确，而且还发现张承奉时代敦煌地区尚有一个敦煌国存在。[②]

金山国的全称是“西汉金山国”，“西”乃是指其国所居之方位，它是以中国为坐标的；“汉”乃是言其国民族之属性。“西汉”连用，意为西部汉人之国。“金山”又名金鞍山，在敦煌西南，即今甘、青、新三省交界处之阿尔金山。S.5448《敦煌录》[③]说：“金鞍山在沙山西南，经夏常有雪，山中有神祠甚灵，人不敢近。”P.3633《沙州百姓上回鹘天可汗书》[④]也说：“沙州本是善国神乡，福德之地……东有三危大圣，西有金鞍毒龙。”

张承奉祖孙三代，都把精力倾注于统一河西，建立以汉族为主体的安定之区。金山国的建立，就是在唐代末年中原战乱频仍，河西失控的形势下，归义军节度使重整河西之志的集中体现。它的建国，其

---

① 王重民《金山国坠事零拾》，见《敦煌遗书论文集》，中华书局，1984 年。

② 详见李正宇《关于金山国和燉煌国建国的几个问题》，《西北史地》1987 年第 2 期。

③ 图版见《英藏敦煌文献（汉文佛经以外部分）》第七卷，四川人民出版社，1992 年，第 91—94 页。

④ 图版见《法藏敦煌西域文献》第二十六册，上海古籍出版社，2002 年，第 156—157 页。

矛头是对准回鹘、吐蕃、羌浑等周围民族的。“东取河兰广武城,西取天山瀚海军,荡定燕然□岭镇,南尽戎羌逻莎(拉萨)平”①,就是金山国战略宏图的概括反映。从《龙泉神剑歌》的多次强调“打却甘州坐五凉”“兼拔瀚海以(与)西州”的叙述看,其主要矛头是指向回鹘势力的。

众所周知,在金山国建立之时,周围民族不断对敦煌地区进行蚕食,并阻断了敦煌与中原、西域的正常交往。朱全忠杀害唐昭宗,排除异己,加紧了篡唐活动。而中原王朝自顾不暇,听任河西扰乱,使敦煌陷于“四面六蕃围”的孤岛状态中。正是在这种局势下,张承奉才建立了西汉金山国,以图自存。

金山国建立短短几年就宣告终结,并为敦煌国所代替。其原因何在呢?

众所周知,金山国的建立及其主要活动,都与回鹘之间的战争有着密切的关系。张议潮时期,归义军统有瓜、沙、伊、西等十一州之地,到金山国建国前后,就只剩八州了,所失三州为甘、伊、西。其中甘州为河西回鹘占据,伊、西两州为高昌回鹘占据。就是所存八州,也不断受到回鹘的骚扰和蚕食。张承奉为了维持瓜、沙的安全,保证八州的完整,并试图恢复祖父的十一州版图,就不得不讨伐回鹘。而回鹘在河西重建政权后,为了保持本民族的生存和扩大势力范围,与金山国争夺丝绸之路的咽喉之地——敦煌,也就屡次兴兵攻打金山国。

早在张承奉任归义军节度使初期,大约在光化年间(898—901年),回鹘人就曾打到敦煌近郊,焚烧了金光明寺的佛殿。金山国建立的当年,回鹘更是多次攻击,企图把金山国扼杀在摇篮里。有一次,敦煌东界的防线被突破,回鹘军队长驱直入,直抵敦煌城东安营扎寨。

① P.3633V《龙泉神剑歌》。图版见《法藏敦煌西域文献》第二十六册,第158页。

结果金山国天子亲自披甲上阵，著名将领阴仁贵、宋中丞、张舍人等奋力应战，才把入侵的回鹘赶回甘州。

911年，回鹘又大举进攻金山国，“狄银领兵又到管内，两刃交锋，各自伤损，口云索和”。金山国因连年战争，国衰力微，“百姓不安，多□煞伤，沿路州镇迤逦破散，死者骨埋□□，生者分离异土，号哭之声不绝，怨恨之气冲天”。遂不得不与回鹘求和，条件是“可汗是父，天子是子”[①]。从此，张承奉被迫取消“西汉金山国”国号和“圣文神武白帝”“天子”之号，并在甘州回鹘的恩准下，屈尊降格而改建了诸侯郡国——敦煌国。

敦煌国是在金山国的基础上改制而诞生的，它称甘州回鹘可汗为“父”，自称为“子”，同甘州回鹘结成了父子之国。从其名号来看，它是甘州回鹘的属邦。其原有地盘之一的肃州被割去，新的封疆只有瓜沙二州，即古敦煌郡的范围，以其地名其邦，故改名敦煌国。

3. 曹氏继续统治瓜沙

张承奉臣服回鹘，与其结成“父子”关系，建立敦煌国后，便丧失了在瓜沙地区的威望。914年张承奉卒后，就由曹仁贵（即曹议金）取代张承奉重建了归义军政权，开始了曹氏政权对瓜沙的统治。[②]

曹议金执政后，为了巩固自己的统治，并保持与中原王朝的联系，东面结好甘州回鹘，娶甘州回鹘可汗女为妻，又嫁女给甘州回鹘可汗为妻。在西边，他很重视和于阗的友好关系，嫁女给于阗王李圣天。在他的一些发愿文中，一再求佛保祐“于阗使人，往来无滞”。而于

---

① P.3633《沙州百姓上回鹘天可汗书》。图版见《法藏敦煌西域文献》第二十六册，上海古籍出版社，2002年，第156—157页。

② 参阅唐耕耦《曹仁贵节度沙州归义军始末》，《敦煌研究》1987年第2期；贺世哲《试论曹仁贵即曹议金》，《西北师大学报》1990年第3期；荣新江《关于曹氏归义军首任节度使的几个问题》，《敦煌研究》1993年第2期。

阗来瓜、沙的使者也络绎不绝。据曹氏时期的一残酒账单记载，在半年之内，于阗曾四次遣使者到沙州，而且居住时间长达半年之久。正是由于曹议金采取了上述有利于民族团结的措施，才使瓜、沙这个多民族聚居地区，形成了相对安定的局面，得到了人民群众的拥护。

曹议金的统治相对稳定后，就上表给中原王朝，求授旌节。“后唐庄宗同光二年五月，以权知归义军节度兵马留后，金紫光禄大夫，检校尚书左仆射守沙州长史，兼御史大夫，上柱国曹义金为检校司空，守沙州刺史，充归义军节度，瓜沙等观察、处置管内营田、押蕃落等使。瓜沙与吐蕃杂居，自帝行郊礼，义金间道贡方物，乞授西边都护，故有是命。”[①]至此，曹议金政权才正式得到了中原王朝的承认。

清泰二年(935年)二月十日曹议金死后，由曹元德执掌归义军政权。曹元德继位后，不断遣使于辽，与其建立了比较密切的但并不是平等的关系。其使臣甚至卑躬屈膝地向辽主“作本俗舞”，这固然是很不光彩的，但也从反面说明了瓜沙曹氏与中原王朝之间的密切关系。另外，这也是曹元德所搞的多边外交，他企图借助辽的势力，牵制回鹘。曹议金执政时期，迫于回鹘的压力，曾低声下气地称回鹘可汗为“父大王”。曹元德继位后，力图改变这种不平等的关系。清泰四年(937年)他出巡甘州，与回鹘顺化可汗商议“所有社稷久远之事”，“平稳以讫”。在商议过程中，他与回鹘可汗平起平坐，以兄弟相称。曹元德面对强大的回鹘，敢于改变两者的关系，说明了曹氏势力渐趋强盛。[②]

大约在天福五年(940年)初，曹元德去世，曹元深继位。不久，曹

---

① [宋]王钦若等编纂，周勋初等校订《册府元龟》卷一百七十《帝王部·来远门》，凤凰出版社，2006年，第1891页。

② 参阅贺世哲、孙修身《瓜沙曹氏与敦煌莫高窟》，载《敦煌研究文集》，甘肃人民出版社，1982年。

元深即于天福七年自称“归义军节度使，检校司徒，兼御史大夫”。[①]同年十二月二十七日，曹元深派出的使臣“附于阗使刘再升”朝贡于后晋。次年正月十一日，后晋皇帝便正式下诏，任命“沙州留后曹元深加检校太傅，充沙州归义军节度使”。[②]

天福九年（944 年）三月九日，曹元深卒，弟元忠即位。元忠即位之初，后晋只给了他一个“沙州留后”的职衔，而他在瓜沙却自称“归义军节度使、检校太保”。显德二年（955 年），曹元忠遣使朝贡，后周“世宗命以节度使，检校太尉，同中书门下平章事，铸印赐之”。[③]不久他又自称“敦煌王”。

曹元忠在瓜沙的统治长达三十年，是归义军节度使中统治时间最长的一位，其时也是曹氏政权的鼎盛期。在其统治时期，继续保持与中原王朝的臣属关系，不断遣使朝贡。尤其是北宋统一中原之后，他与北宋的关系更加密切。他还继续加强与于阗的友好关系，曾致书于阗王，以甥舅相称。

开宝七年（974 年）六月六日曹元忠卒，由其侄曹延恭充归义军节度兵马留后，其子曹延禄充归义军节度副使。开宝九年（976 年）曹延恭去世后，便由延禄任归义军节度使。

瓜沙曹氏政权在曹元忠执政时期达到了鼎盛，但由于曹元忠及其夫人浔阳翟氏十分佞佛，在莫高、榆林诸石窟中大肆开窟造像，“每窟动计费税百万”。这种劳民伤财之举势必加重各族人民的负担，激化民族矛盾和阶级矛盾。到了曹延禄执政时期，这些矛盾已发展到了

---

① P.4046《天福七年十一月二十二日曹元深回向疏》。图版见《法藏敦煌西域文献》第三十一册，第 35 页。

② ［宋］薛居正等撰《旧五代史》卷八十一《晋少帝纪》，中华书局，1976 年，第 1075 页。

③ ［清］徐松辑《宋会要辑稿·蕃夷五》198 册，中华书局，1957 年，第 7767 页。

白热化程度，如太平兴国六年(981年)，“回鹘、达怛及肃州家相合，就大云寺对佛设誓”，“向西行兵”。[1]咸平二年(999年)十二月沙州蕃族首领单独朝贡于宋，也从侧面反映了曹延禄统治之不稳。到了咸平五年(1002年)终因“当道二州八镇军民，自前数有冤屈，备受艰辛”，发生政变。他们内外合势，围攻节度使府第，“延禄等知其力屈，寻自尽”。[2]

咸平五年曹延禄死后，由其族子曹宗寿执掌瓜沙归义军政权。有的学者通过对俄藏敦煌写本《曹宗寿造帙疏》的研究，认为曹延禄之所谓“自尽”，很可能是被曹宗寿搞政变杀害。曹宗寿篡权之后，就将政变之事报告了北宋王朝，把曹延禄的被杀写成“自尽”。[3]而北宋王朝认为瓜沙地区远离中原，“本羁縻而世荷王命，岁修职贡，乃授宗寿金紫光禄大夫，检校太保，使持节，沙州刺史兼御史大夫，归义军节度瓜沙等州观察处置押蕃落等使，封谯郡开国侯，食邑一千户，赐竭诚奉化功臣”。[4]曹宗寿执政时期，继续保持与北宋王朝的朝贡关系，并请求北宋派遣铸匠及善藏珠者，到瓜沙传授技术。与此同时，还与辽有朝贡关系，如景德三年(1006年)，遣使向辽贡大食马、美玉等，辽则以对衣、银器赐之。

大中祥符七年(1014年)四月曹宗寿子曹贤顺继任归义军节度使。据《宋会要辑稿》记载：“大中祥符七年四月，以归义军兵马留后曹贤顺为本军节度使。弟贤惠为检校刑部尚书、知瓜州归义军掌书记。”曹贤顺继位后，在曹宗寿和宋、辽关系的基础上，继续加强联

① P.3412《太平兴国六年安再胜等牒》。图版见《法藏敦煌西域文献》第二十四册，上海古籍出版社，2002年，第132页。

② [清]徐松辑《宋会要辑稿·蕃夷五》198册，第7767页。

③ 参阅贺世哲、孙修身《瓜沙曹氏与敦煌莫高窟》。

④《宋会要辑稿·蕃夷五》198册，第7767页。

系，尤其注意加强和辽的关系。他曾多次遣使辽朝，甚至还亲自入辽，受到了辽的宠遇。其统治一直持续到景祐三年（1036 年）西夏占领沙州。

综观曹氏时期的归义军，其辖地虽然只有二州（瓜、沙）六镇（紫亭、悬泉、雍归、石城、新城、常乐），人口不过万数，势单力弱，但却在中原政权的变幻、交替中在河西地区支撑了一个多世纪。其主要原因是：曹氏统治者吸取张氏政权失败的教训，更加注意文治，大兴佛事，在千佛洞不遗余力地开洞修龛，利用宗教的力量作为政权的精神支柱，从而使以佛教为主体的沙州文化在这一地区居于首位，由此来博得周围各民族的尊崇；同时，曹氏统治者接受张承奉割据称帝、尽失人心的教训，去帝号，奉中原王朝正朔，恢复归义军节度使旧称，努力争取中原王朝的承认。曹氏历任节度使注意加强与中原王朝的联系，利用旧日唐朝在各族人民心目中的声威，在西北诸民族中树立自己的正统地位，曲子词“若不远仗天威力，河湟必恐陷戎夷”就道出了曹氏归义军政权立国的基本国策。此外，曹氏还强调民族意识，作为立国之本。并与东西回鹘和于阗和亲，使之互相牵制，以图自存。

三、归义军时期的统治政策

归义军政权建立后，便采取了一系列措施，来加强其统治。在对外关系方面，如前所述，张议潮主要以瓜沙为根据地，对外征讨，扩大战果，巩固归义军政权对河西的统治。内政方面，主要是恢复或改变旧制。

1. 重建乡里制

归义军政权建立后，即取消了吐蕃时期的部落、将制，恢复唐前期在这里实行过的州县乡里制。当然，开始恢复的并不是 13 个乡，而是 10 个乡，另外新出现了一个赤心乡，共 11 个乡。如 S.2669《敦煌诸寺比丘尼姓名年龄籍贯表》[1]在记录女尼的原来籍贯时，提到了敦煌乡、莫高乡、神沙乡、平康乡、龙勒乡、玉关乡、洪池乡、洪闰乡、效谷乡、赤心乡、慈惠乡。P.2738 卷提到的也是这 11 个乡。

原来的寿昌乡，又升格为县，乡名自然就没有了。从化、悬泉二乡则消失了。对于从化乡的消失，池田温先生认为，到了 8 世纪中叶，作为从化乡主体的粟特居民就在显著减少，吐蕃占领后，一些下层居民沦为寺院的寺户，而一些有势力者则四处逃散，“有的归还了本国，有的散入回鹘势力圈内或其他地方，剩下的一些粟特人后裔则依附于汉人的寺院，结果最终被汉人社会所淹没”。因此，当归义军政权“在敦煌重新施行乡里制的时候，尽管其他各乡又全都复置，可是唯有从化乡却再未出现，说明它已经消亡”。[2]

悬泉乡消失了，却出现了赤心乡。赤心乡的乡名，具有赤胆忠心，赤心为国之意，或许与张议潮起兵，以悬泉乡为基地，以该大族为基干，擎举反蕃义旗，赤心向国有关。原悬泉乡偏处敦煌县东，是索、张、赵、李、令狐、阴、曹诸大族较多的乡，这些家族正是后来归义军政权的基础，而以此乡作基地来组织反蕃起义的可能性也最大。因此，张议潮收复敦煌后，就改乡名为赤心，可能是对本乡赤心向国义举的表彰。另外，在归义军统治下的瓜州还有“悬泉镇”，它与敦煌县的悬泉乡同名而异地。为了避免混同而改乡名，可能也是当时考虑的一个因素。[3]

① 见《敦煌资料》第 1 辑，中华书局，1961 年，第 242—260 页。藤枝晃将本件文书的年代定为 856—870 年。图版见《英藏敦煌文献（汉文佛经以外部分）》第四卷，四川人民出版社，1991 年，第 176—179 页。

② 池田温《八世纪中叶敦煌的粟特人聚落》，汉译文载刘俊文主编《日本学者研究中国史论著选译》第 9 卷《民族交通卷》，中华书局，1993 年。

③ 陈国灿《唐五代敦煌县乡里制的演变》，《敦煌研究》1989 年第 3 期。

以上所述只是归义军前期敦煌县诸乡的基本情况，实际上，归义军时期敦煌县乡的建置更为复杂。尤其是归义军统治敦煌长达180余年，其间由于中原王朝形势的不断变化，各民族的分散聚合，归义军本身统治力量的消长起落，都可能对敦煌县乡的演变产生某种影响。如通颊乡和退浑乡就是一个显著的例征。

（1）通颊乡的出现

S.1485背《己亥年安定昌雇工契》曰："己亥年六月五日立契，通颊乡百姓安定昌家内欠少人力，遂于赤心乡百姓曹愿通面上（以下空白）。"

这是有关通颊乡的最明显证据。

S.8443号《甲辰年—丁未年（944—947年）李阇梨出便黄麻麦名目》[①]有通颊孔曹子便黄麻玖斗，至秋一石三斗五升；通颊孟庆郎便麦两硕，至秋叁硕；洪池龙什德便黄麻三斗，至秋四斗五升。这里的洪池，显然是指洪池乡。那么，通颊也应该是通颊乡。

P.2680号背《便粟历》[②]中有敦煌张佛宁、平康任瘦子、洪池氾察察、慈惠石通子、洪润索温子、赤心张粉堆、通颊龙磨骨悉鸡等人的便粟帐目。这里的敦煌、平康、洪池、慈惠、洪润、赤心、通颊，显然都是敦煌县的乡名。

P.2953号背《孔再成等贷麦豆本历》[③]中也有玉关孔再成、神沙郭佛奴、龙勒蒋保住、慈惠索骨子、效谷令狐阿、洪池李残子、洪润梁清子、通颊宋监儿、赤心裴憨子的记载。这里的玉关、神沙、龙勒、慈惠、效谷、洪池、洪润、通颊、赤心，显然也是敦煌县的乡名。

---

① 录文见唐耕耦、陆宏基编《敦煌社会经济文献真迹释录》第2辑，第216—221页。图版见《英藏敦煌文献》第十二卷，第128—130页。

② 见唐耕耦、陆宏基编《敦煌社会经济文献真迹释录》第2辑，第234页。

③ 图版见《法藏敦煌西域文献》第二十册，第214页。

上引文书中的S.1485号背之己亥年，池田温先生疑为939年，已基本上为学界接受；P.2680号背《便粟历》虽然没有纪年题衔，但文中出现的郭酒司、张粉堆二人，在P.3234号背《甲辰年(944年)二月后沙州净土寺东库惠安惠戒手下便物历》文书中也有记载，由此唐耕耦先生估计，这二件文书的年代可能相近；P.2953号背《孔再成等贷麦豆本历》也没有纪年，唐耕耦等先生将其定为九世纪后期，[①]似乎不妥，因为据S.4276《管内三军百姓奏请表》记载，10世纪初通颊还是部落。

根据目前已知资料，有关通颊乡的最早文书是公元939年。由此荣新江先生推断："大概在十世纪三十年代，敦煌地区正式成立了通颊乡。"[②]从现有资料看，这个推断是正确的。由此也可证明，P.2953号背《孔再成等贷麦豆本历》不应定为9世纪后期，而应定为10世纪中后期。

(2)退浑乡的探讨

P.2932背《甲子乙丑年(964—965年)翟法律出便与人名目》，共存24行，是洪池张佛奴、龙勒高衍鸡、神沙安集子、效谷贺弘子、平康索再全、赤心张惠通、慈惠王再员等人借麦、豆等的帐目。本件文书中的洪池、龙勒、神沙、效谷、平康、赤心、慈惠，显然是敦煌县的乡名。值得注意的是，该件文书三次提到退浑，即退浑程憨多、退浑何员定、退浑王再昌，并且将退浑与上述7乡一并排列，故我们怀疑这里的退浑就是退浑乡。

我们说，本件文书中的"退浑"可能是退浑乡，在S.8443号《甲辰年—丁未年(944—947年)李阇梨出便黄麻麦名目》中也能得到少许反映。该件文书中有"通颊孔曹子，便黄麻玖斗，至秋一石三斗五升；

① 见唐耕耦、陆宏基编《敦煌社会经济文献真迹释录》第2辑，第246页。

② 荣新江《通颊考》，载《文史》第33辑，中华书局，1990年。

退浑慕容略罗，便麦肆硕五斗，秋陆硕柒斗五升；洪池龙什德，便黄麻三斗，至秋四斗五升”的记载。上面已经提及，文书中的洪池、通颊，系指洪池乡和通颊乡。那么，与洪池、通颊并列的退浑，就应该也是退浑乡了。

如果说上列文书中的“退浑”就是退浑乡，那么，退浑乡的出现有何历史背景呢？

吐谷浑进入河西的时间较早。在吐蕃时期，吐谷浑就是河西的主要民族之一。归义军统治河西时，居住于河陇的主要有汉、吐蕃、吐谷浑、回鹘、羌、嗢末、龙家等族。这时的吐谷浑，依然依附于吐蕃，并和归义军政权相抗衡，如《张议潮变文》[①]中就记述了大中十年吐谷浑欲劫掠沙州，被张议潮率军打败的事实。

归义军政权建立初期，不仅回鹘、吐蕃等大部族，就是较小的退浑、嗢末、羌、龙家等，也乘着空虚混乱的机会，在西北地区占有一席之地，并扩充自己的势力。S.5697《申报河西蕃情状》就记载说：“河西诸州，蕃、浑、嗢末、羌、龙狡杂，极难调伏。”敦煌文书《张淮深碑》中“河西创复，犹杂蕃、浑，言音不同，羌、龙、嗢末，雷威慑伏”的记载，也是这种状况的真实反映。经过三十多年民族间的分散聚合，退浑便完全为归义军所控制。S.389号《肃州防戍都上归义军节度使状》[②]文书中记载说：“又今月七日，甘州人杨略奴等五人充使到肃州，称：其甘州吐蕃三百，细小相兼五百余众，及退浑王拨乞狸等，十一月一日并往归入本国。其退浑王拨乞狸，妻则牵驮，夫则遮驱，眷属细小等廿已来随往，极甚苦切，余者百姓奴客，并不听去。”据唐长孺先生研究，本

① 王重民等编《敦煌变文集》下册，1957年，第114—120页。

② 图版见《英藏敦煌文献》第一卷，四川人民出版社，1990年，第179页。

件文书的年代为中和四年(884年),[①]这一看法已基本上为学界接受。由此可知,到九世纪后半期,当回鹘人大举进攻甘州之时,退浑人并没有随着其旧主人吐蕃南入藏地,而是逃到肃州,进入了归义军节度使的管辖范围。[②]

归义军统有退浑人后,并没有立即将其编入敦煌的乡管百姓中,而是保持了其民族的整体性,仍然以部落的形式加以统治。属于归义军曹氏政权初期的S.4276《管内三军百姓奏请表》中"归义军节度左都押衙银青光禄大夫检校国子祭酒兼御史大夫安怀恩并州县僧俗官吏兼二州六镇耆老及通颊退浑十部落三军蕃汉百姓一万人"的记载,就是明证。

退浑部落在归义军统治下生活了几十年,在与当地乡管百姓的共同生活中逐渐适应了当地的定居农牧业,其部落制已逐渐向乡里制演变。大约在通颊乡出现的前后,即10世纪三四十年代,在敦煌地区正式出现了退浑乡。

以上我们对归义军时期乡的建置情况进行了简单介绍。与唐前期不同的是,归义军在乡一级设置了知乡官,负责全乡的政务。乡下虽仍设里,但因里正的许多职权被收到知乡官手里,使里正在基层政权中的作用比以前下降了。这种将基层政权集中于乡的变化,是对唐代乡里制的一种发展。与此同时,在敦煌城中,归义军还恢复了唐前期实行过的城坊制度和坊巷的称谓。张议潮还仿照内地的军政体制,设置了与中原藩镇一样的文武官吏,恢复了相应的一套文书、行政制度。

---

① 唐长孺《关于归义军节度的几种资料跋》,载《中华文史论丛》第一辑,中华书局,1962年。又见沙知、孔祥星编《敦煌吐鲁番文书研究》,甘肃人民出版社,1984年。

② 参阅荣新江《通颊考》,载《文史》第33辑,中华书局,1990年。

2. 土地制度的调整

归义军政权建立初期，由于刚刚推翻吐蕃统治，旧的统治秩序和生产关系被摧毁，出现了许多荒地，这正如《文献通考》所言：河西“自唐中叶以后，一沦异域，顿化为龙荒沙漠之区，无复昔日之殷富繁华矣”。[①]这些荒田闲地，按惯例是属国家所有，只不过在瓜沙地区，是由唐王朝的特殊藩镇——归义军政权掌握罢了。因此归义军政权建立之初，就开始调查人口、土地，分配无主荒田。如S.6235《唐大中六年(852年)四月沙州都营田李安定牒》、S.3254背《唐大中六年(852年)十月令狐安子状》、S.6235背《唐大中六年十一月唐君盈申报户口田地状》、P.4989《沙州安善进等户口田地状》等，就是归义军政权初期的户籍田地手实，其形制与唐前期实行均田制时的户籍手实基本一致。由此可知，归义军政权建立后，废除了吐蕃时期的户籍、土地、赋税制度，重新登记了户口、土地，为了得到唐王朝的承认和支持，尽可能地恢复唐制。

众所周知，唐中叶以后，随着均田制的瓦解，土地买卖逐渐频繁，土地私有制迅速发展。这一过程一直持续了一个多世纪，即晚唐五代宋初。这一阶段，在敦煌历史上正属归义军时期。

从敦煌文书可知，归义军时期的私有土地包括官僚地主的占田、寺田和小自耕农的民田。尤其是地主和小自耕农的私田，其数量、规模，从唐后期至五代宋初，都在不断扩大之中。张氏归义军时期，一般民户的土地大多是几十亩，虽有百亩以上者，但毕竟是少数。而到曹氏归义军时期，其土地达到百亩以上者就比较普遍了。如属于曹元忠

① [元]马端临撰《文献通考》卷三百二十二《舆地考八》，中华书局，1986年，考2537。

时代的 P.3236V《壬申年三月十九日敦煌乡官布籍》[1]，共载纳布人 79 人，其中罗山胡 105 亩，罗友友 100 亩，张友全 160 亩，唐粉子 160 亩，张友子 120 亩，氾盈达 151 亩，邓像通 165 亩，王清升 196 亩，刘再松114.5 亩，康保清 157.5 亩，黑善兴 168 亩，赵索二 130 亩，贺清儿 127.5 亩，罗安定 102 亩，张辛德 109 亩，李保山 103 亩，李再住 113 亩。上列土地上百亩的 17 人，约占 P.3236 号文书所载 79 人的四分之一强。另外还有约 10 人的土地都在 70 亩以上。当然这些并不是他们所占土地的全部，因为归义军政权实行的是据地纳税的政策，本件文书就是一件据地征收布匹的《官布籍》。为了使纳布整齐，都是 250 亩纳布一匹，即将几个人相邻的几畦土地合为 250 亩，由土地拥有者向政府纳布一匹。因此本件文书所载的土地数，只是他们所占土地中的一畦，根据一般土地占有、分布的原则，完全有可能还有第二、第三畦，甚至第四、第五畦。正是从这个角度考虑，我们才说曹氏归义军时期土地占有百亩以上者比较普遍。

另外，池田温《中国古代籍帐研究》所载《宋端拱三年(990 年)沙州户邓守存等户口受田簿》上，有“归义军节度使之印”，自然也属于归义军时期的文书。该文书所载邓守存户“都受田贰顷”，陈长晟户“都受田肆顷柒拾亩”，其土地占有量也是比较多的。晚唐五代归义军时期，私有土地的发展主要是通过请射和买卖两个途径实现的。现主要依据敦煌文书，将其分述如下：

(1)请射

归义军政权继承了唐前期的有关制度，对于无主荒田、逃户土地允许民户请射承佃。请射的土地，虽曰“承佃”，实际上就变成了私

① 关于本件文书的录文及时代，见刘进宝《P.3236 号〈壬申年官布籍〉时代考》，《西北师大学报》1996 年第 3 期。图版见《法藏敦煌西域文献》第二十二册，上海古籍出版社，2002 年，第 265 页。

田，即“请射承佃，供纳租税，充为永业”。[①]可见请射是私有土地发展的一条途径。从敦煌文书可知，归义军时期民户请射的田土大致有三类：

第一，绝户地。指该户土地已无人继承，自然就成了无主田土，允许民户请射。第二，不办承料户田土，即无力耕种的土地。[②]第三，官荒地。关于官荒地的请射，《通典》卷二《食货二·田制》载：大唐开元二十五年令，“五品以上永业田，皆不得狭乡受，任于宽乡隔越射无主荒地充”。指物而取曰射。这里的物自然就是地。这里的射，就是请射，即在宽乡可以指定地点地段请授。指定地点地段的请授，就是请射，犹如射箭中的一样。因此，敦煌文书中凡指明地段四至的请地牒、辞，都属于请射田土。

（2）买卖

众所周知，土地买卖在唐前期是受到国家诸多限制干预的，到了唐后期，国家的注意力转移到据地而税，即谁耕种土地就由谁纳税。而对土地的买卖，土地所有权的转移，则不做过多的干预，基本上是“人从私契”，即私契在土地买卖中具有合法的地位，并起决定作用。关于这一方面的内容，史籍文献记载不多，而敦煌所出归义军时期的土地买卖文书则为我们提供了客观而生动的依据。如P.4017《出卖口分地契》[③]后有“或有恩敕流行，亦不在论理之限，两共对面平章为定，更不许休悔。如若先悔者，罚上马壹匹。恐人无信，故立私契，用为后

① [宋]王溥《五代会要》卷二十五《逃户》，上海古籍出版社，1978年，第407页。

② 刘进宝《“不办承料”别解》，《文史》2006年第3辑；刘进宝《唐宋之际归义军经济史研究》，中国社会科学出版社，2007年，第52—60页。

③ 图版见《法藏敦煌西域文献》第三十册，上海古籍出版社，2003年，第353—354页。

凭”;S.2385《阴国政卖地契》[1]后为“天倾地陷，一定已后，更不许翻悔，如有再生翻悔。罚麦玖硕，充入不悔之人。恐人无信，两共对面平章，故立私契(后缺)”。

从敦煌土地买卖文书可知，晚唐五代归义军时期，土地买卖已排除了交易双方之外的各种干预，不再受国家的制约，也不需要官府审核和裁决。买卖双方完全可以根据个人意志自由买卖土地，确认私契的决定作用，“官有政法，人从私契”已为社会所公认。私契的公开和合法，正是土地私有化的反映。不仅如此，晚唐五代归义军时期，卖地契已和卖宅舍契、卖牛契的形式一样，如S.3877背《唐乾宁四年(897年)张义全卖宅舍地基契》[2]后有“或有恩敕赦书行下，亦不在论理之限。一定已后，两不休悔，如有先悔者，罚麦叁拾驮，充入不悔人。恐人无信，两共对面平章，故勒此契，各各亲自押署，用后凭验”；P.3331《丙戌岁十一月十八日兵马使张骨子买舍契》[3]后有“中间或有恩敕，亦不在论限，人从私契。一买已后，更不许翻悔，如先悔，罚黄金叁两，充入官家。恐后无凭，故立此契，用为验耳”；S.1285《后唐清泰三年(936年)杨忽律哺卖宅舍地基契》[4]后有“中间如遇恩敕大赦流行，亦不许论理。两共对面平章，准法不许休悔。如先悔者，罚青麦壹拾伍驮，充入不悔人。恐人无信，立此文书，用为后凭”。另如S.5820和S.5826拼合之《卖牛契》[5]后有“立契后有人先悔者，罚麦三石入不悔人。恐人无信，故立此契为记”；S.1475背《令狐宠宠卖

---

① 图版见《英藏敦煌文献》第四卷，四川人民出版社，1991年，第68页。
② 图版见《英藏敦煌文献》第五卷，四川人民出版社，1992年，第189页。
③ 图版见《法藏敦煌西域文献》第二十三册，第207页。
④ 图版见《英藏敦煌文献》第二卷，四川人民出版社，1990年，第258页。
⑤ 图版见《英藏敦煌文献》第九卷，四川人民出版社，1994年，第165、169页。

牛契》[1]后有“依契为定，不许休悔。如先悔者，罚麦伍硕，入不悔人。恐人无信，故立私契。两共平章，书指为记”。由上引卖宅舍契、卖牛契的限制条件说明，晚唐五代归义军时期，土地已和宅舍、牛一样，成为人户的私有财产，土地拥有者可以根据自己的意志支配土地。

晚唐五代归义军时期，土地进一步私有化的另一标志，是土地拥有者之间可以任意对换土地。如 P.3394《唐大中六年(852 年)僧张月光、吕智通易地契》[2]曰："官有处分，许回博田地，各取稳变。""壹博已后，各自收地，入官措案为定，永为主记。"对于百姓之间的对换土地，归义军政权不加干预，"入官措案为定"，也只是为了便于赋税征收的管理。由此可知，晚唐五代，封建国家对土地的占有状况并不重视，其关注的焦点是据地出税。

总而言之，建中元年两税法的颁布，标志着国家土地所有制——均田制的瓦解。从此以后，"兼并者不复追正，贫弱者不复田业"。[3]即放弃了国家对土地的干预，默认了私家的兼并。因此，两税法推行才 30 年，"百姓土田为有力者所并三分逾一"。[4]这一政策一直贯穿于晚唐五代。到了宋初，宋太祖在"杯酒释兵权"之际，公然鼓励石守信等拥兵将领"市田宅以遗子孙"。让他们交出兵权后，"择便好田宅市之，为子孙立永远不可动之业"。[5]正是在宋初"不抑兼并"政策的指导下，到了北宋中叶，作为土地所有制主要形态的，已经是地主土地所有制

---

① 图版见《英藏敦煌文献》第三卷，四川人民出版社，1990 年，第 75 页。

② 图版见《法藏敦煌西域文献》第二十四册，上海古籍出版社，2002 年，第 63 页。

③《文献通考》卷三《田赋三》，考 46。

④《全唐文》卷六百三十四李翱《进士策问》，第 6398 页。

⑤ [宋]李焘撰《续资治通鉴长编》卷二"建隆二年七月"，中华书局，1979 年，第 50 页。《宋史》卷二百五十《石守信传》，第 8810 页。

和自耕农的小土地所有制了，为了适应这一土地所有制的转化，当时还出现了由官府制作的“官板契纸”。民间所谓“千年田换八百主”的说法，正是土地私有制日益发展和土地加速卷入流通过程在人们观念中的反映。[①]

3. 赋税制度

在重新登记人口和调整土地制度的基础上，归义军政权还制定了新的赋税制度。根据敦煌文书记载，归义军实行的是据地出税的制度，其地税主要包括地子、官布和柴草三项。

地子是地税的重要内容，因为地税的范围比地子广，即地税包括地子、布、柴草等。由此可知，归义军时期的地子，虽与两税法时期的地税有密切关系，但地子并不等于地税，地子只是地税中交纳粮食（斛斗）的部分。地子的征纳方式是据地出税，即不论何种情况，谁拥有土地，就由谁交纳地子。

至于地子的税率，由于两税法时期的田亩税在全国没有统一的税额，作为田亩税重要内容的地子也就不可能有统一的税率。但从敦煌文书得知，“地子”的征纳的确是有一定税率的，大约是每亩地约纳粮 3—5 升，甚至更高或更低。这种税率不一的情况，可能是不同时期有不同的税率，它与统治者的政策，耕地的面积，生产力发展状况以及战争、对外交往等，都有一定的关系。[②]

至于官布的征收，也是按地征纳的。俄藏 Дx1405、Дx1406《官布籍》现残存 19 行，是属于 9 世纪末 10 世纪初，即张氏归义军末期或曹氏归义军初期的文书。从本件文书的内容可知，当时据地出税的布匹，是每叁顷地造布壹疋，即每 300 亩土地纳布一匹。另外，属于曹元

① 参阅林甘泉《〈中国封建土地制度史〉前言》，《中国史研究》1988 年第 4 期。

② 详见刘进宝《从敦煌文书谈晚唐五代的“地子”》，《历史研究》1996 年第 3 期；《再论晚唐五代的“地子”》，《历史研究》2003 年第 2 期。

忠时代的 P.3236 号《壬申年(972 年)三月十九日敦煌乡官布籍》对交纳官布的记载更为详细具体。从本件文书可知,每 250 亩土地纳官布一匹。

为什么地税中既有地子,又有官布和柴草呢?我们知道,两税法不但要征收钱,而且还要征收绢布和柴草等。官布这一税目的出现,可以说是均田制下调布的延续,但和调布又不完全相同,它是特殊时期特殊地方的特殊税种,也是“折钱纳物”或“不征见钱”的一个具体反映。它与晚唐五代归义军时期没有实行货币经济有关。在吐蕃统治敦煌时期,实行的是部落——将制,[①]唐王朝的货币被废除,主要实行物物交换,交换的媒介是实物。归义军政权建立后,由于货币极缺,人们在买卖、雇工、典当、借贷时仍以麦、绢帛、布匹等实物计价。正是由于这一特殊时期货币不是普遍的交换媒介,唐末五代归义军政权才将唐朝赋税制度中应交现钱的那一部分税改为征布,因此在敦煌文书中保存了一些征收官布的记载。

四、“日落西山”的莫高窟艺术

在张氏家族统治瓜沙的近 60 年中,对佛教的提倡是不遗余力的。他们笃信佛教,尊礼名僧。汉僧洪䛒、慧苑、吐蕃僧法成等,都受到优待。因此,在张氏家族统治时期,必然会大量兴建石窟。当时兴建的洞窟有六七十个之多。

在张议潮领导的逐蕃战争中,张、索、李等世家豪族都因立有战功而获得了不同的勋位,执掌了河西地区的政权,因此他们都致力于保护和扩大世家豪族与各大寺院的利益。这时的莫高窟艺术,从总体上看,在形式和内容上没有重大的变化,主要是世家豪族纷纷以“报

---

① 详见刘进宝《关于吐蕃统治经营河西地区的若干问题》,《中国边疆史地研究》1994 年第 1 期。

恩""庆寺"为名，营建了不少洞窟，如第94、196、9、85、138、12等窟。但个别洞窟还是出现了一些新形式，特别是张、索、李三姓与三个僧统在莫高窟开的大窟，反映出河西地区与中原的联系比吐蕃时期有所加强。

这一时期的敦煌艺术，在内容上还是有一些突破。这主要表现在两个方面：其一是彩塑中出现了新题材，即高僧塑像。如第138窟中的禅僧像，尤其是第17窟中的洪䛒禅定像，面如俗人，神采奕奕，是彩塑肖像艺术中的杰作。其二是供养人画像有了很大的发展，这是与豪门世家的统治息息相关的。当时的河西地区，张、宋、李、索、曹等高门大族，互为姻亲，形成了一个盘根错节的统治集团。他们不仅自己出资造窟，图其形于窟中，而且有些僧侣也为他们歌功颂德，开窟画像。如第85窟张议潮像、第196窟的索勋像等。

此时的供养人画像，并非一人一家，大都是家族式的大排列。有的祖宗三代，甚至姻亲眷属都依次排列在一起。如第156窟，就画有张议潮一家，其兄张议谭一家和他们的父母，以及僧尼等等；第138窟中，张承奉夫妇，以及媳妇、侄女、孙子和出家为尼的妹妹等，都并列一窟。这些供养人画像，其意义不仅仅是向佛表示虔诚供养，而是列家序谱，光耀门第，并显示出封建社会的尊卑贵贱之别。

第156窟的张议潮夫妇出行图是唐代供养人画像中最杰出的两幅作品。每幅画中人物一百有余，场面宏伟，结构严谨，充分反映了张议潮夫妇出行时的历史场面和人物风貌，突出了出行的主题思想。①

这一时期的莫高窟艺术，在风格上也有了不同的时代特点。

在壁画内容上，由于俗讲流行，变文的发展，故往往以变文作为

---

① 参阅段文杰《唐代后期的莫高窟艺术》，载《中国石窟·敦煌莫高窟》第四卷，文物出版社，1987年。

依据；其中一些经变的内容，还多超过了佛经原有的内容。

在人物造型上也逐渐比例适度，拟于真人。其身姿手势自然和谐，人物面相形成了一种新的鬓角无花饰的浑圆脸型，从而显得朴实无华。

在线描上，继承了吐蕃晚期的余绪。起稿多用淡墨或土红线，神灵形象和俗人形象，线的色彩也各不相同。一般来说，佛、菩萨多用土红线，俗人则用淡墨线。由于线的色彩不同，形象的整体色感也就不一样。从整个壁画的色彩上看，由于多数以泥壁为底，温暖淳和，使整个色调温润、淳厚、调和、典雅，具有一种独特的美感。

总之，归义军张氏时期的莫高窟艺术，在逐渐衰落的过程中，已失去了唐代前期气势磅礴的精神。但在中原文化和佛教艺术的影响下，仍然保持着唐代统一的风貌，并具有鲜明的地方色彩。[①]

在曹氏家族统治敦煌的120余年(914—1036年)中，由于一直保持着中原的制度和文化，并与回鹘、于阗联姻结盟，从而使河西地区出现了一度的稳定与繁荣。曹氏政权为了巩固其统治，大力提倡佛教。曹议金视佛教为“圣力”，认为社会要安定，就必须“虔诚佛理，仰仗慈门”，因此他邀请僧侣“开贝叶之金文，诵真言之宝偈”。[②]曹议金死后，其子元德、元深、元忠亦“广荣释教，固谒灵岩，舍珍财于万像之前，炳金灯于千龛之内”。[③]正是由于曹氏的大力提倡佛教，故五代、北宋时期，敦煌境内寺院林立。见于敦煌遗书和供养人题记的就有圣光

---

① 参阅段文杰《张议潮时期的敦煌石窟艺术》，载《敦煌学辑刊》第3集，1983年。

② P.2692《曹议金礼佛疏》。图版见《法藏敦煌西域文献》第十七册，上海古籍出版社，2001年，第267页。

③ S.4245《造佛窟功德记》。图版见《英藏敦煌文献(汉文佛经以外部分)》第六卷，四川人民出版社，1992年，第10页。

寺、龙兴寺、普光寺、报恩寺、显德寺、三界寺、乾元寺、金光明寺、安国寺、灵修寺、净土寺、开元寺、相国寺、灵图寺、大云寺、大乘寺、莲台寺、奉唐寺、高妙宝龛寺等等。此外还有许多小型的“兰若”，如“马家兰若”“索家兰若”等等属于名门大族的寺院。

曹氏统治者为了加强其统治，通过加官晋爵等方式来笼络瓜沙望族和大小地主，因而曹氏时期的归义军节度衙门，官员数目庞大，而曹氏的权势也扩大到几乎无所不包的程度。仅就宗教而言，不仅都僧统、都僧录、僧统、僧正等僧官要由归义军节度使任免，而且僧官、尼主也都为曹氏的贵戚姻亲所把持，就连一般僧尼的度牒都由节度使批授。这样，曹氏的政治、经济实力就比较雄厚，也就有条件和资本大量地修窟造龛了。

为了营造寺院和石窟，就需要有一批从事开窟、造像和绘画的专门人才。为此，曹氏政权仿照中原的方式设立了画院。从莫高、榆林诸窟中的供养人画像题记可知，当时画院里包括了石匠、塑匠、画师和管理画院的“都勾当画院使”，对于这些匠师在生活上还有一定的优待。

正因为有一批技艺纯熟的匠师统一规划、集体制作，才使五代、北宋时期开凿的洞窟具有独特而又统一的风格。

现存曹氏政权时期的洞窟55个。通过对这些洞窟的排比分析可知，归义军曹氏时期的敦煌艺术是晚唐艺术的继续。但艺术表现的程式化逐渐严重起来，壁画的构图和人物形象日趋公式化。榜题的增多不但使画面显得支离，而且榜题文字大多采用变文形式，也使壁画的图解性质日益增强。因此，艺术境界的创造已被冲淡，艺术感染力也因而降低。[1]正是从这个总体意义上说，它自然不能与唐代相提并论，

① 参阅段文杰《晚期的莫高窟艺术》，载《敦煌研究》第3期(总第5期)，甘肃人民出版社，1985年。

但如果用“夕阳无限好”来形容，则无疑是恰当的。

这时的敦煌艺术，虽然程式化日趋严重，但仍然出现了一些新题材，如《刘萨诃变相》《五台山图》和《新样文殊》等，反映了佛教进一步中国化并和儒、道思想相结合的过程。在画面上呈现出了多种多样的社会生活场面，为研究当时当地的社会历史提供了丰富的资料。尤其值得一提的是，第 61 窟中的《五台山图》是敦煌壁画中最大的山水画面，它把现实与想象进一步结合起来，用鸟瞰式透视法将重峦叠嶂、绵延千里的山川景色和风土人情汇集于一壁，气势磅礴，人物情节真实生动。《五台山图》的出现，不仅使中国传统山水画的写意情趣已见端倪，而且还进一步取得了山水画的独立地位。

第七节　两宋时期的敦煌

两宋时期，包括敦煌在内的甘肃河西地区是多民族的交汇之地，形成了“诸政权并存”的政治格局，党项、吐蕃、回鹘等民族都曾在此扮演过重要角色。甘州、沙州是回鹘的根据地，凉州则是吐蕃六谷部的主要活动地区。党项族建立的西夏占有河西后，将其作为与宋、辽、金各朝抗衡的基地。

一、沙州回鹘政权

长期以来，学术界都认为归义军政权结束后，便由西夏于 1036 年统治了敦煌。20 世纪 80 年代后期，随着敦煌文献研究及敦煌石窟考古的深入，学者们又发表了一些论著[①]，提出 1036 年西夏攻占敦煌后，并没有能力进行有效的统治，而是很快又为沙州回鹘占有，即在归义军和西夏政权之间，在敦煌的历史上，还存在着一个沙州回鹘政权，现吸收以上学术界的研究成果，对沙州回鹘政权作一简单介绍。

1. 回鹘的西迁及其进入河西

回鹘是今天我国维吾尔族、裕固族的共同祖先，关于其民族由

---

① 刘玉权《关于沙州回鹘洞窟的划分》，载《1987 敦煌石窟研究国际讨论会文集：石窟考古》，辽宁美术出版社，1990 年；钱伯泉《沙州回鹘研究》，《社会科学》（甘肃）1989 年 6 期；李正宇《悄然湮没的王国——沙州回鹘国》，载段文杰等编《1990 敦煌学国际研讨会文集：史地语文编》，辽宁美术出版社，1995 年；杨富学、牛汝极《沙州回鹘及其文献》，甘肃文化出版社，1995 年；陆庆夫《归义军晚期的回鹘化与沙州回鹘政权》，《敦煌研究》1998 年第 1 期。

来,学术界有匈奴说、丁零说、铁勒说、突厥说、鲜卑说和西域土著说等。目前主张铁勒说者占据了主导地位,因为据《旧唐书·回纥传》载:“回纥……在后魏时号铁勒部落。”[①]《新唐书·回鹘传》亦称:“回鹘……元魏时亦号高车部,或曰敕勒,讹为铁勒。”[②]大致相同的记载又见于《旧五代史·回鹘传》和《宋史·回鹘传》等史籍中。

隋唐之际,回纥分布在突厥北之娑陵水(色楞格河)流域,过着游牧生活。贞观元年(627 年),回纥酋长菩萨与薛延陀、拔野古等共同起兵反抗东突厥的统治。贞观四年,东突厥汗国灭亡,回纥与薛延陀二部遂长漠北。

唐朝平定了薛延陀之后,回纥、契苾、仆固等十三部相继归附唐朝。汗国极盛时,其地西接黠戛斯(即今新疆柯尔克孜族和中亚吉尔吉斯人的祖先),南邻唐,尽有东突厥汗国故地。并与唐结为政治联盟,安史之乱时曾出兵助唐收复长安、洛阳等地,唐朝遂先后嫁宁国、咸安、太和诸位公主于回鹘可汗,以结和亲。自骨力裴罗始,历代回鹘可汗都接受唐朝的册封。

公元 788 年,回纥统治者向唐朝上表,奏称改名回鹘,得准,故以后的史书一般都以回鹘命名之。宋代仍遵循这一传统,一般称之为回鹘,只有在少数情况下仍称回纥。

漠北回鹘汗国的强盛持续了近一个世纪,到唐文宗时期,漠北回鹘由于内乱外患,再加上天灾,不得不四处逃散。9 世纪 30 年代,由于统治阶级内部的斗争严重地削弱了汗国的基础,恰在此时,漠北又连续发生自然灾害,造成了严重的饥荒,现再加上瘟疫流行,又适逢大雪,羊马多死,这许许多多的灾难给汗国以沉重的打击,也正是这些天灾人祸直接造成了汗国的衰亡。840 年,回鹘宰相句录末贺勾结

---

① 《旧唐书》卷一百九十五《回纥传》,第 5195 页。

② 《新唐书》卷二百一十七《回鹘传》,第 6111 页。

黠戛斯击杀回鹘可汗,直接导致了汗国的灭亡。漠北回鹘汗国灭亡后,部众分崩离析,四散外逃,大致可分为向南、向西两个方向。西迁者分为三支,一支奔至吐蕃统治下的河西走廊,先后以甘州(今甘肃张掖市)、沙州(今甘肃敦煌市)为中心建立了自己的政权——甘州回鹘和沙州回鹘;另一支逃往中亚葛逻禄统治区,建立了哈喇汗王朝;第三支入新疆,以高昌、北庭为中心建立了高昌回鹘王国。①

当时河西地区正被吐蕃占据,逃奔河西的回鹘便被吐蕃安置于甘州辖区,成为吐蕃的附属。归义军政权建立后,河西地区的回鹘又依附了归义军。

唐末五代初,由于"中原多故,王命不及,甘州为回鹘所并,归义诸城都没"②,回鹘部落在河西地区的势力逐渐强大,甘州成为"回鹘牙",也就在此时,史书中第一次出现了"甘州回鹘"的名称。《新五代史·四夷三·回鹘》载:"当五代之际,有居甘州、西州者尝见中国,而甘州回鹘数至,犹呼中国为舅,中国答以诏书,亦呼为甥。"③由此可知,大约在9世纪末,以甘州为中心在河西建立了回鹘西迁后的又一个政权,河西回鹘与西州回鹘开始有了比较明确的区分,从而标志着甘州回鹘汗国的正式建立。

回鹘在河西建立政权后,与归义军的矛盾逐渐尖锐,即回鹘人企图摆脱归义军的统治。但在张议潮、张淮深时期,归义军既得到了唐王朝的支持,又得到了河西各族人民的拥护,其力量强大,地位稳固,因此,回鹘人仍然依附于归义军。

公元890年张淮深全家暴卒,两年后张淮鼎又死于非命,到了

① 参阅杨富学《回鹘学》,载卞孝萱、胡阿祥、刘进宝主编《新国学三十讲》,凤凰出版社,2010年。

② 《新唐书》卷二百一十六《吐蕃传下》,第6108页。

③ [宋]欧阳修撰《新五代史》卷七十四《回鹘传》,第916页。

894 年，索勋也被送上了断头台。归义军内部的这些变故，大大削弱、分散了归义军政权的实力，而继任的张承奉只不过是一个傀儡而已，从而为回鹘势力的发展、壮大提供了一个难得的机会。乘此机会，回鹘便脱离了归义军的控制。当光化三年（900 年）张承奉被唐王朝封为“归义军节度，瓜、沙、伊、西等州观察处置押蕃落等使”时，就已经没有甘州了。从而说明甘州已不属归义军所有了，甘州回鹘也作为独立的政权诞生了，并与张承奉的西汉金山国发生了多次战争，据 P.3633 号《沙州百姓上回鹘天可汗书》记载，公元 911 年，回鹘又大举进攻金山国，“两刃交锋，各自伤损，口云索和”。金山国遂不得不向回鹘求和，条件是“可汗是父，天子是子”，与回鹘结成了父子之国，张承奉也被迫取消了“西汉金山国”的国号和“圣文神武白帝”“天子”之号。归义军原有地盘之一的肃州也被割去，回鹘势力大为增强。

曹氏政权建立后，曹议金为了巩固自己的统治，并保持与中原王朝的联系，便尽量讨好甘州回鹘。随后，双方又不断发生争斗，且回鹘势力一直占据上风。在这一历史背景下，归义军晚期便出现了回鹘化趋势。

归义军晚期的回鹘化约出现于曹元忠死后，即北宋开宝七年（974 年）之后。据《宋会要辑稿·蕃夷四》载：

> 太平兴国元年（976 年）冬，遣殿直张斋诏谕甘、沙州回鹘可汗外甥，赐以器币招至名马、美玉，以备车骑琮横之用。五年闰二月，甘、沙州回鹘可汗夜落纥密礼遏遣使以橐驼、名马、珊瑚、琥珀为贡。[1]

---

① ［清］徐松辑《宋会要辑稿·蕃夷四》第一百九十七册，第 7714 页。

在《宋会要辑稿·蕃夷七》中还有一段记载：

> （太平兴国）五年闰三月二十六日，甘、沙州回鹘遣使裴溢的、名似等来供橐驼、名马、珊瑚、琥珀、良玉。[①]

除《宋会要辑稿》外，《宋史》《续资治通鉴长编》都出现了有关"沙州回鹘"的记载。这一记载的出现，可能是随着曹元忠的去世，归义军势力更加削弱，其政权已逐渐控制在回鹘人手中。当然此时的归义军节度使，在名义上仍然是曹氏传人。

到了咸平五年（1002年）沙州政变，归义军节度使曹延禄和瓜州防御使曹延瑞等人被害，由曹宗寿执掌归义军大旗后，沙州地区的回鹘化趋势更为明显。到了曹贤顺时期，《辽史》中就直接将其称为"沙州回鹘"了。如《辽史·圣宗本纪》载：开泰三年（1014年）四月"沙州回鹘曹（贤）顺遣使来贡"[②]；开泰九年七月"遣使赐沙州回鹘敦煌郡王曹（贤）顺衣物"；九月"沙州回鹘敦煌郡王曹（贤）顺遣使来贡"[③]。从"沙州回鹘敦煌郡王"的称呼可知，当时的沙州，回鹘势力已非常强大，并左右了归义军政权的政局。

2. 沙州回鹘政权

瓜沙归义军曹氏政权的最后一任节度使是曹贤顺。景祐三年（1036年）西夏军队在李元昊的率领下直攻河西，陷瓜、沙、肃三州，尽有河西之地。过去一般认为，从这时开始，敦煌便被西夏占据，开始了西夏统治的时期。从目前已有的资料可知，实际情况并非如此。

当景祐三年（1036年）西夏军队攻占敦煌后不久，沙州回鹘的余

---

① 《宋会要辑稿·蕃夷七》第一百九十九册，第7844页。

② ［元］脱脱等撰《辽史》卷十五《圣宗本纪》，中华书局，1974年，第175页。

③ 《辽史》卷十六《圣宗本纪》，第187页。

部就开始了对沙州的反攻。这次反攻还得到了宋朝方面秦州知州曹琮的支持。据《宋史》卷258《曹彬传附子琮传》曰：

琮欲诱吐蕃犄角图贼，得西川旧贾，使谕意，而沙州镇王子遣使奉书曰："我本唐甥，天子实吾舅也。自党项破甘凉，遂与汉隔，今愿率首领为朝廷击贼。"帝善琮策。[1]

在《西夏记》中，戴锡章根据《宋史·曹琮传》及《续资治通鉴长编》的有关记载，作了这样的记述：

自元昊取河西地。回鹘窜居山谷间，悉为役属。曹琮在秦州，欲诱之共图元昊，得西川旧贾，使谕意。于是，沙州镇王子遣使入供，奉书曰："我本唐甥，天子实吾舅也。自李氏取西凉，遂与汉隔，今愿率首领讨夏。"已而，以兵攻沙州，不克。[2]

这次进攻虽没有取得预期目标，但估计不久回鹘就攻占了沙州。因为从景祐四年（1037年）开始，就出现了沙州向宋朝贡的记载。据《宋会要辑稿·蕃夷五》载：

景祐四年六月，沙州大使杨骨盖、副使翟延顺入贡。康定元年四月沙州遣人入贡方物。二年二月沙州遣大使安谔支、副使李吉入贡。庆历二年二月沙州北亭可汗王遣大使

① [元]脱脱等撰《宋史》卷二百五十八《曹彬传附子琮传》，中华书局，1977年，第8990页。

② 戴锡章《西夏记》，宁夏人民出版社，1988年，第213页。

密，副使张进零、和延进，大使曹都都，大使翟入贡。皇祐二年四月沙州符骨笃末似婆温等来贡玉。十月沙州遣人来贡方物。①

这些由沙州派往中原的使者，如杨骨盖、安谔支、密、李吉等都是回鹘人。由此可知，曹贤顺政权垮台后，沙州回鹘掌握了瓜沙政权，出于同种同族的血缘关系，便起用了一些投奔沙州的原甘州回鹘的外交人才。同时，这里还突然出现了回鹘习惯用的大使、副大使之称。而“沙州北亭可汗王”的出现，更说明回鹘人建立的政权已正式登上了敦煌的历史舞台，沙州回鹘政权建立了。

沙州回鹘政权，是在当时宋、西夏和辽的复杂关系中建立的。元昊称帝后，就想通过战争来掠夺土地、财富和人口，因此便从宝元二年（1039 年）开始对宋朝发动战争。宋夏战争，尽管西夏取得了一些胜利，但对其本身的创伤也比较严重，从而激化了国内矛盾。另外，西夏的强大，尤其是它对河西地区的占领，切断了辽国与河西吐蕃及沙州回鹘的关系，从而引起了辽国的不满与仇恨，进而爆发了辽与西夏的战争。宋、辽及吐蕃对西夏的战争旷日持久，使得西夏消耗巨大，疲惫不堪。再加上河西不是西夏的大本营，其军事力量也比较薄弱。故回鹘人便利用这一有利时机与西夏周旋，并最终占据沙州。也正是在这一历史背景下，西夏攻占之沙州，才会得而复失。因此，成书于庆历八年（1048 年）的《武经总要》在记述西夏疆域时说：“德明死，子元昊康定初复叛，遂封夏国。绥怀之初，有夏、银、绥、宥、灵、会、盐、兰、胜、凉、甘、肃十二州地。”②而不说兼有肃州以西的瓜沙二州。这正是因为西夏虽攻破瓜沙，但却未能在瓜沙站稳脚跟，瓜沙仍是一个独立的地

① 《宋会要辑稿·蕃夷五》第一百九十八册，第 7768 页。

② 曾公亮《武经总要前集》第七册，中华书局，1959 年，第 100 页。

区,并未纳入西夏的版图。

沙州回鹘政权,以归义军时期沙州地区的回鹘人为主力,同时还包括一部分西州迁来的回鹘和甘州回鹘。

从目前已有资料可知,沙州回鹘出现于曹氏归义军后期,其频繁活动主要在曹贤顺之后。当天圣六年(1028 年)甘州回鹘被党项人击破之后,就向西逃散流徙。其中一部分留居瓜、沙,汇入沙州回鹘之中。曹宗寿、曹贤顺时期,随着党项人对丝绸之路东段的阻隔,归义军政权与中原王朝的联系基本上断绝,瓜、沙二州也陷入孤立无援的境地,从而处于瓜沙地区回鹘势力的包围之中。这样,瓜沙地区的回鹘化进一步加速,到了最后,归义军首领(即敦煌郡王)曹贤顺,也不得不打起"沙州回鹘"这块招牌。

在曹贤顺主掌沙州归义军政权不久,西夏军队于景祐三年(1036 年)攻陷沙州之前,很可能就在天圣八年(1030 年),即史书中记载的"回鹘瓜州王请降",可能就是在沙州发生了一场政治动乱。结果是沙州回鹘取代了曹氏归义军,曹贤顺本人很可能就在这次动乱中失权丧命,瓜州王曹贤惠(曹贤顺之弟)见形势不妙,只好率其亲信和精锐千骑奔降党项。因此,当景祐三年(1036 年)党项军队攻取肃、瓜、沙三州时,与之对抗的力量并非是曹氏归义军政权,而是回鹘军队。[①]

关于沙州回鹘政权,在敦煌莫高窟题记中也留下了少许记载,如莫高窟第 444 窟窟檐外北壁题记云:"庆历六年丙戌岁十二月座夏神写窟记也。"[②]从这一题记可知,时至庆历六年(1046 年),瓜沙仍使用

① 参阅刘玉权《关于沙州回鹘洞窟的划分》,载《1987 敦煌石窟研究国际讨论会文集:石窟考古》。

② 参阅敦煌研究院编《敦煌莫高窟供养人题记》,文物出版社,1986 年,第 169 页;李正宇《悄然湮没的王国——沙州回鹘国》,载《1990 敦煌学国际研讨会文集:史地语文编》,辽宁美术出版社,1995 年。

北宋王朝年号，宗奉北宋为正朔。这就表明其不属于西夏，因当时北宋和西夏正处于战争状态，西夏绝不可能宗奉北宋为正朔。而从敦煌的历史及前面的分析可知，这时的瓜沙统治者只能是沙州回鹘政权。

3. 沙州回鹘时期的莫高窟艺术

沙州回鹘政权统治敦煌的时间不长，只有 30 多年（1036—1070 年）。但由于以前认识上的模糊，在莫高窟石窟考古及分期中，未能划分出沙州回鹘政权时代的洞窟。随着对沙州回鹘政权认识的逐渐明确，石窟考古与艺术研究者也从洞窟中找出了属于沙州回鹘政权时期的洞窟。在 1987 年敦煌石窟研究国际学术讨论会上，刘玉权先生提交了《关于沙州回鹘洞窟的划分》一文，第一次比较全面地划分了沙州回鹘的有关洞窟。

早在漠北时代，回鹘即与佛教有所接触，但影响不大。当时在回鹘民族中占统治地位的是摩尼教。回鹘西迁后，受当地长期流行的佛教影响，其民众也大部分改信了佛教。从敦煌出土的回鹘文佛经、佛画，洞窟中的回鹘文功德题记及有关史料证明，沙州回鹘也信奉佛教。因此，在以佛教艺术为主的敦煌莫高窟、榆林窟中，出现回鹘洞窟也就不足为奇了。

在刘玉权划分的 23 个沙州回鹘洞窟中，又将其划分为前后两期，其前期约相当于我们所说的沙州回鹘政权时期：这一时期的洞窟共有 9个，即莫高窟第 306、307、308、363、399、418 窟和第 244 窟甬道，榆林窟第 39 窟和第 21 窟前室甬道。

另外，莫高窟第 97、207、245、309、310、330、409 等窟及西千佛洞第 4、9、10、12、13 等窟都留下了具有独特风格的沙州回鹘佛教绘画作品。

沙州回鹘洞窟及其艺术的基本面貌，既与汉民族唐宋传统艺术关系密切，又具有回鹘民族的艺术风格和民族气质。其艺术风格明显受到莫高窟五代、北宋艺术和高昌（吐鲁番）回鹘艺术的双重影响。其具体特征表现在以下几个方面：

第一，壁画的题材内容及其布局，基本沿袭唐、宋，但仍有一些变化发展。沙州回鹘时期壁画的种类不多，表现的形式也相对简单。像唐和归义军时期的那种规模宏伟、内容丰富的《净土变》越来越少，甚至基本消失，大量出现的则是简单、省工、易成的题材，如左右对称的药师琉璃光佛尊像和七佛药师像，它反映了回鹘人对药师经典的特殊信仰。同时还出现了一些新的或过去非常罕见的题材，如《儒童本生》单幅故事画、行脚僧像及十六罗汉像等。

第二，构图简洁，色调明快，造型丰满，绘工粗放，属于画史上所谓的“疏体画”。如在较大的壁或画面上，绘制非常简单的内容，显得人物稀少而形体增大，空白较多，使表现手法不大细腻。

沙州回鹘洞窟的壁画，虽然简率粗放，但却简而不陋，粗而不俗。敷彩大胆使用暖色，从而形成喜庆欢快的色调，它反映了维吾尔族先民健康活泼、爽朗奔放的民族风格和审美情趣。这一艺术形式与新疆吐鲁番伯孜克里克石窟中的回鹘高昌佛教艺术风格相一致。

第三，装饰图案别具特色，具有浓郁鲜明的民族风格。如藻井盛行蟠龙纹样，花边普遍使用以前未曾有过的唐草式卷云纹边饰，窟顶则以朱地牡丹团花图案为主，而佛光中出现了独特的编织纹样，从而使其图案装饰具有非常鲜明的时代风格。

第四，在供养人画像中，多次出现了回鹘、汉族共为窟主的有趣现象。这是沙州回鹘窟的一个显著特点。虽然五代宋初的敦煌石窟，曾有过甘州回鹘、于阗公主和沙州曹氏共为窟主的现象，但在许许多多的汉族供养人群像中，回鹘人仅仅是点缀，而且还只局限于上层统治者。可是在沙州回鹘洞窟中，常常可见到与汉族共为窟主的壁画，其中既有回鹘中下层人物，也有回鹘首领，并一再出现回鹘可汗像。这种共为窟主的新特点，显然是沙州地区这一特定历史阶段在佛教艺术中的反映。

二、西夏对敦煌的统治

1. 西夏的兴起及对敦煌的统治

西夏是中国历史上以党项族为主体建立的王朝，建都兴庆府(今宁夏银川)，其创建者为夏景宗李元昊。西夏强盛时的疆域“东尽黄河，西界玉门，南接萧关，北控大漠，地方万余里”[①]。辖地包括今宁夏大部，陕西、内蒙古、甘肃、青海等省的部分地区。西夏境内生活着党项、汉、吐蕃、回鹘、鞑靼等多种民族，党项人在政治和文化上都属于主导地位。西夏共历十帝，前后一百九十年。与辽、北宋及金、南宋先后鼎立。

党项族原属于羌族的一支[②]，居地在今青海东南部黄河九曲一带。从唐末，经五代到北宋，党项拓跋氏均以中原王朝节度使的身份统辖以夏州(今陕西横山)为中心的五州之地。

党项族是我国古代广布于西羌族中较晚起的一支。历史文献记载，他们在南北朝末期已初露头角。起初居住在今青海东南部的黄河九曲之地。到隋末唐初，活动范围逐步扩展，“东距松州，西叶护(即突厥)，南春桑、迷桑等羌，北吐谷浑”[③]，即在今四川、西藏、青海交界一带的辽阔草原上。当时党项族有八个部落，各自独立，不相统一，而以其中的拓跋氏最为强盛，起着主要的领导作用。不久，因为强大的吐蕃政权的威胁，党项羌族逐渐迁徙到陇东、陕北一带。

唐末，党项平夏部参加了对黄巢农民起义军的镇压，因作战有

---

① [清]吴广成撰、龚世俊等校证《西夏书事校证》卷十二，甘肃文化出版社，1995 年，第 145 页。

② 另外，还有鲜卑说。参阅李华瑞《二十世纪党项拓跋部族属与西夏国名研究》，载杜建录主编《二十世纪西夏学》，宁夏人民出版社，2004 年。

③《新唐书》卷二百二十一(上)《党项传》，第 6214 页。

功，其酋长拓跋思恭被封为定难军节度使，赐给李姓，爵号夏国公。从此以后，夏州拓跋氏称李氏，统辖夏、绥、银、宥四州之地，党项羌已发展成为一个足以与中原地区相抗衡的夏州割据政权。五代时中原变乱，党项夏州政权充分利用这一大好时机不断进取，经继迁（元昊祖父）、德明（元昊父亲）两代苦心经营，其势力进一步加强，疆域得以拓展，公元1021年，李继迁攻占西北边塞重镇灵州（今宁夏灵武西南），改为西平府，作为自己的都城，为西夏的建立奠定了初步基础。至元昊时期，党项政权已发展成为一支政治、经济、军事等方面完全可以与北宋、辽鼎足的割据势力。公元1038年，李元昊正式称帝，国号大夏，定都兴庆府（今宁夏银川市），建立了以党项族为主体，包括汉、回鹘等民族在内的封建国家政权，因其地处祖国疆域的西北部，故史称西夏。

前已述及，1036年西夏攻占敦煌后，并没有能力进行有效的统治，而是很快又为沙州回鹘占有。那么，西夏到底是从何时开始对敦煌进行有效统治的呢？从目前已有的研究成果看，大致有以下几种意见：

第一，公元1036年说。刘玉权先生力主此说。他认为瓜沙二州自1036年被西夏攻陷以后，与河西其余诸州一样，都纳入了西夏王国的版图。此后，不排除有时曾遭到来自沙州回鹘、于阗国等异族势力的武装攻击，甚至可能有时还被攻破。但从总体上说，西夏对瓜沙的统治一直维持到1227年被蒙古所灭。[1]

第二，1067年说。李正宇先生认为，公元1067年，西夏打败了沙州回鹘，占领瓜沙地区，开始了西夏在瓜沙的统治。到公元1228年，蒙古人攻占瓜沙地区，从此瓜沙地区开始了蒙古、元朝的统治时期。

① 刘玉权《再论西夏据瓜沙的时间及其相关问题》，《敦煌研究》1993年第4期。

西夏统治瓜沙的时间从1067年到1228年,共162年。[①]

第三,1070年说。王静如先生认为,西夏于1036年攻陷瓜、沙、肃三州后,其势力并未马上到达莫高、榆林等边远地区。西夏势力实际到达莫高、榆林等地区的时间是1070年前后,而1036年至1070年是西夏势力由瓜沙二州城镇向莫高、榆林等边远地区渗透的时间。[②]

第四,1072年说。孙修身先生提出:"从敦煌莫高窟所见最晚的宋朝年号和最早使用的西夏年号,再结合文献中所见瓜州王降后,沙州的七贡方物,遣使人中的镇国王子、北亭可汗等。是证沙州为西夏的占有,当在1072年之时。"[③]

第五,1146年说。钱伯泉先生认为,公元1030年至1042年间,西夏与沙州回鹘交替攻占沙州。1042年后,沙州终为回鹘所据,西夏从此失去了沙州,而沙州回鹘从11世纪开始,直接对敦煌统治了140年左右。并指出,到1146年,因为金国与西夏交好,才将原属于辽国的沙州和伊州分赐给西夏。西夏势力始进入沙州,沙州(龟兹)回鹘始臣于西夏。[④]

下面我们吸收学术界的研究成果,对西夏统治敦煌的历史略加叙述。

由于目前还未见到更直接的资料,我们无法确定西夏占据瓜沙的具体年代,但从一些间接资料可知,西夏有效地占据瓜沙约在1070年前后。

在莫高窟第444窟窟檐门南柱内侧有一墨书题记:"天赐礼盛国

---

① 李正宇《悄然湮没的王国——沙州回鹘国》。

② 参阅王静如《敦煌莫高窟和安西榆林窟所见的西夏历史和文化》,油印交流本。

③ 孙修身《西夏占据沙州时间之我见》,《敦煌学辑刊》1991年第2期。

④ 参阅钱伯泉《回鹘在敦煌的历史》,《敦煌学辑刊》1989年第1期。

庆二年师父□□……盖以重佛……”[①]这是莫高窟所见的最早西夏年号，“天赐礼盛国庆二年”为公元1071年。由此可知，公元1071年时，西夏已占据了沙州，否则就不会在莫高窟留下西夏的纪年。而西夏文草书《瓜州判案记录》，是西夏统治下瓜州百姓李某等数人有关驴马纠纷发生争论的连续案记，此时（1071年）瓜州诉讼案卷使用西夏文草书，并用西夏纪年，可知公元1071年时，西夏已完全占据了瓜州。[②]自此以后，莫高窟、榆林窟中就出现了较多的西夏纪年题记，如天赐礼盛国庆三年（1072年）、五年（1074年）、六年（1075年）、大安十一年（1085年）、永安二年（1100年）、贞观三年（1103年）、雍宁甲午（1114年）、雍宁二年（1115年）……乾祐二十四年（1193年）、天庆四年（1197年）、天庆九年（1202年）、光定己卯年（1219年）等等，可以说，莫高窟、榆林窟中的西夏纪年题记，贯穿在西夏统治瓜沙的整个历史时期（1070—1227年）。

在西夏文题记中，既出现了甘、凉、瓜、沙等河西地名，还出现了“瓜州监军司”“沙州监军使”“通判”等西夏职官名，这与西夏历史是相符的。元昊建国后，就在全国范围内设置了20个州。“元昊既悉有夏、银、绥、静、宥、灵、盐、会、胜、甘、凉、瓜、沙、肃，而洪、定、威、怀、龙，皆即旧堡镇，伪号州，仍居兴州，阻河，依贺兰山为固。”[③]在地方实行州、县二级制，在河西设置有凉、甘、肃、瓜、沙5州。州设州主、通判，县设县令等职，以加强其统治。从莫高窟第363窟有关“社户”的题记可知，西夏时期的乡、社农村基层组织在瓜、沙地区是普遍存在的。

同时，西夏为了加强对地方驻军的管理，还模仿宋朝兵制，建立

① 《敦煌莫高窟供养人题记》，第168页。
② 李正宇《悄然湮没的王国——沙州回鹘国》。
③ 《续资治通鉴长编》卷一百二十“仁宗景祐四年十二月”条，第2845页。

了监军司。将全国划分为左、右两厢，设十二监军司。每个监军司设都统军、副统军和监军使各一员，由党项族或地方豪右担任。下设指挥使、教练使、左右侍禁官等数十人，分别由党项人和汉人担任。从十二监军司的具体分布看，设在黄河以西的监军司占一半，其中甘州甘肃、瓜州西平两监军司的驻地，恰好是当年回鹘、吐蕃的主要据点，由此亦可见其设防的用意。①

2. 西夏时期的敦煌艺术

西夏统治者占领敦煌后，在武力征服的同时，还大力提倡佛教。西夏立国者李元昊，既“通蕃汉文字”，又“晓佛图学”，甚至提出以“佛图安疆”的口号。西夏统治者曾多次向宋朝请购《大藏经》，并广建佛塔寺院，贮存经藏，还延请各族僧人演译经文，广为刊行。在统治者的大力提倡下，西夏的佛教十分兴盛，到处兴修石窟寺，如西夏首府今银川附近的须弥山石窟、酒泉文殊山石窟、肃北五个庙以及内蒙古一些地区，都有西夏兴建或重修的石窟。作为佛教圣地的莫高窟、榆林窟和西千佛洞，是所有西夏石窟中数量最多、最集中并比较成系统的代表。

在以往的研究中，由于没有注意到沙州回鹘政权对敦煌的统治，故将西夏时期的敦煌艺术与沙州回鹘时期的敦煌艺术混为一谈。现在，随着研究工作的进一步深入，可以对西夏时期的洞窟重新考定了。但不可否认，由于西夏与回鹘都同属于北方少数民族，在许多方面都有其相同或相似之处。再加上在沙州回鹘时期，西夏就曾攻占过沙州。如果没有明确的洞窟题记，很难将两者完全准确地区分开来。而在沙州回鹘政权统治敦煌时期，也出现了一些属于西夏文化的洞窟。

① 参阅李蔚《西夏统治下的河西》，《敦煌学辑刊》1992 年第 1、2 期合刊。

据刘玉权先生研究，现在全部西夏洞窟共有 77 个。其中莫高窟 62 个；榆林窟有 10 个，即第 21（后室）、22、26、13、17、14、15、29、2、3 窟；东千佛洞有两个，即第 2、5 窟；五个庙有 3 个，即第 1、3、4 窟。

这 77 个西夏洞窟，可以分为两个时期，即西夏前期和后期。西夏前期洞窟的上限可定在元昊占据瓜、沙、肃三州这一年，下限定在乾顺在位结束后（1036—1139 年前后）；西夏后期洞窟的上限可定在仁孝在位前后，下限定在蒙古攻占沙州时期（1140—1227 年）。[1]

在这些属于西夏时期的洞窟中，有些还有重要的题记，如属于前期的有西夏大安十一年（1085 年）功德题记的莫高窟第 65 窟；属于后期的有营建于乾祐二十四年（1193 年）的榆林窟第 29 窟。其中第 65 窟的西夏文纪年在敦煌石窟分期研究方面具有重要的意义。该窟西夏文纪年墨书于洞窟西壁龛南侧的边饰上，它记载的是清理洞窟积沙的功德。在功德记的墨色上还可明显地看出当时彩绘洞窟壁画洒落的绿色斑点，由此可见题款当与彩绘洞窟同时进行。

西夏时期的主要壁画，与沙州回鹘时期不同，又出现了一些大型的题材，如《涅槃经变》《维摩诘经变》《劳度叉斗圣变》《炽盛光佛经变》《弥勒经变》等重要的大型经变，也存在于东千佛洞和五个庙石窟中的西夏洞窟中。像这种复杂而又较大的壁画题材，在沙州回鹘窟中已基本消失，但在西夏时期又较多地涌现出来。

另外，西夏洞窟中壁画规模之大，内容之繁富，作风之细致，绘技之水准，都是沙州回鹘洞窟所望尘莫及的。像榆林窟大型精致的文殊变、普贤变、西方净土变及观无量寿经变、千手经变；东千佛洞的涅槃经变；五个庙石窟中的劳度叉斗圣经变、东方药师经变、维摩诘经变、弥勒下生经变等等，都是西夏洞窟中颇有份量，地位和价值都比较重

① 详见刘玉权《敦煌西夏洞窟分期再议》，《敦煌研究》1998 年第 3 期。

要的壁画作品。[①]

在西夏统治敦煌的200年间，莫高窟留下了大量的佛教艺术品。但是，它新开的洞窟很少，大部分都是覆盖前代洞窟而成。在西夏新开的洞窟中，只有第409窟窟顶是前部人字披顶，后部平顶，其余都是覆斗形顶或平顶。但西夏在开窟修龛时，和宋代一样，往往同时在窟前营造木构建筑，有的甚至发展为殿堂，如重修第130窟时，窟前修建的殿堂遗址在1980年进行了发掘，殿堂阔五间21.6米，进深四间16.3米，地面全用西夏时流行的莲花云头纹方砖铺盖，相当壮观。

莫高窟的西夏洞窟，因为大部分是利用前代旧窟加以修改，在洞窟形制上很少有西夏时代的特点。同时，壁画和塑像内容也都承袭北宋格局，表现上愈趋程式化、简单化。

西夏时期的经变画比前代少了，题材也简单多了，好些经变画只有楼台亭阁、佛说法、天人围绕、莲花、水池、化生，没有任何故事情节，竟不知所画为何名。在重修盛唐的第165窟时，也只是重描几幅普贤变、文殊变、阿弥陀经变。大部分壁画只画些垂幔花卉、团花图案、千佛菩萨、供养器、说法图和一些男女供养人，其内容贫乏，简直分辨不出是何题材。从艺术水平和历史价值看，第409窟的回鹘装西夏男女供养人和窟顶红底团花图案、第223窟东壁的文殊普贤变、第130窟窟顶的团龙藻井及飞天，可以作为西夏时期的代表作。

当然，西夏时期的敦煌壁画与其他时代的壁画一样，其主题虽然以宗教为主，但它却全面地反映了当时当地的社会生活，是一部“形象的历史”。如在榆林窟第3窟中就绘有多幅工农业生产的画面，有锻铁图、耕作图、舂米图、酿酒图等。其中最引人注意的是在钢铁冶炼中采用了木制的“门扇式”竖式风箱。这是当时比较先进的鼓风技术

① 详见刘玉权《敦煌西夏洞窟分期再议》，《敦煌研究》1998年第3期。

在社会实践中的运用，直到清朝末年，冶金业里仍使用这种风箱。榆林窟中的这幅画面，是我国保存最早的一幅“门扇式”风箱图画，具有十分珍贵的价值。双牛抬杠式的耕作图，比唐代双手按犁柄的耕作法虽有改进，但与当时内地流行的曲辕犁相比，则显然落后。这也从一个侧面说明，地处西陲边远之地的敦煌，在西夏统治时期，手工业、农业生产比内地落后，其农业工具的改善也是比较缓慢的。[1]

---

① 参阅白滨、史金波《莫高窟、榆林窟西夏资料概述》，《敦煌学辑刊》第 1 集，1980 年。

第八节 元明清时期的敦煌

宋以后，由于中国政治重心和经济重心的南移，造船业的发达，指南针在航海中的应用，海上交通得到了较快的发展，中国对外交往的路线也以海路为主，丝绸之路渐趋衰落，敦煌也渐渐失去了往日的光彩。

一、元代对敦煌的统治与经营

蒙古汗国建立后，在西征的同时，就进行了统一全国的战争，其首先攻灭的就是西夏。而当时包括敦煌在内的河西是西夏的领地。元朝建立后，就将占领河西与统一全国结合起来。

在蒙古攻打西夏的战争中，河西是其重点。这主要是因为河西的兵力布置比较薄弱。虽然河西走廊是西夏的右厢之地，也是西夏监军司的重要设置地区，但其兵力部署则呈现出东强西弱的态势。[①]另外，河西走廊是重要的军事通道，其北部居延地区的黑水城，是历史上重要的军事重镇。西夏广运二年（1035 年），元昊在居延设置了黑水镇燕监军司，治所就在黑水城，是西夏十二监军司之一，此地是西夏防卫吐蕃、回鹘的北方军事重镇，又是河西走廊通往漠北的交通枢纽。元朝沿袭其名，设亦集乃路。“从 1205—1227 年的 22 年中，成吉思汗率领蒙古大军六次征西夏，而且大都是从西夏北部边境地区，即沙州、黑水城和兀剌海进攻。显然，甘肃河西走廊地区成为蒙古攻伐西

---

① 参阅陈育宁、汤晓芳《蒙古与西夏关系论略》，《民族研究》1988 年第 5 期。

夏的一条军事通道。”①

1226年初蒙古攻占黑水城后，于五月围困了肃州（酒泉），肃州守将昔里都水（又名举立沙）早有归附蒙古之意，因此当蒙古军队围城时，就计划献城投降，事发后，其他将领将其全家杀害。蒙古攻破肃州后，成吉思汗怒其久攻不下，就下旨屠城。蒙古军攻陷肃州后，乘胜于六月攻占了甘州。七月，又攻占了凉州。河西走廊就只剩沙州（敦煌）了。

早在嘉定十七年（1224年，夏乾定二年）五月，当成吉思汗率军从西域返回时，就曾攻打沙州。1227年3月，当蒙古军队占领河西的肃州、甘州、凉州后，又再次攻打并占领了沙州。至此，蒙古占领了河西走廊的全部地区。②

1271年元朝建立后，在中央设立中书省，在地方上设置行省，行省下还有路、府、州、县四级行政组织。边远地区还设有军的建制。在远离行省政治中心的地区和边远的民族地区，则设有宣慰司、宣抚司等机构，以便就近处理辖区内的军民事务。

元朝建国前后，甘肃行省曾有过变化。至元二十三年（1286年）将设于中兴府（宁夏银川）的西夏中兴省迁于甘州，改称甘肃行省。元代的甘肃行省全称是“甘肃等处行中书省”，其领有今天甘肃省的河西地区、宁夏回族自治区的全部和内蒙古自治区的一部分。

在甘肃行省下设有沙州路。1227年蒙古攻占敦煌后，就废弃了沙州建置，将其给予成吉思汗的长孙拔都作为封地。元朝建立以后，忽必烈将敦煌纳入其直接管辖范围。1277年蒙古统一中国后，为了加强中央集权，实行行中书省制度，又正式设立沙州，属肃州路管辖。

① 刘光华主编、刘建丽著《甘肃通史·宋夏金元卷》，甘肃人民出版社，2009年，第252页。

② 参阅刘光华主编、刘建丽著《甘肃通史·宋夏金元卷》，第252—255页。

1280年，又升为沙州路总管府，下辖瓜州，直接隶属于甘肃行中书省。《元史·地理志》说："沙州路……元太祖二十二年，破其城，以隶八都大王(即拔都)。至元十四年复立州，十七年升为沙州路总管府，瓜州隶焉。"其下注曰："沙州去肃州千五百里，内附贫民，欲乞粮沙州，必须白之肃州，然后给予，朝廷以其不便，故升沙州为路。"[①]元成宗时，为开发河西，曾在敦煌等地实行屯田，大德七年(1303年)"御史台臣言：'瓜、沙二州，自昔为边镇重地，今大军屯驻甘州，使官民反居边外，非宜。乞以蒙古军万人分镇险隘，立屯田以供军实，为便。'从之"。[②]屯田虽取得了一定的成绩，但未能恢复敦煌昔日的光辉。

公元1227年蒙古占领沙州后，在佛教圣地敦煌，既宣扬儒家思想，又重视道教，大搞所谓"三教平心"，如元代刘谧搬出南宋孝宗《原道辩》中"以佛治心、以道治身、以儒治世"，[③]就是这一思想的反映。同时，还对伊斯兰教、基督教、犹太教也都兼收并蓄。在佛教中，又特别尊崇喇嘛教。元朝统治者还将西藏名僧八思巴请来，并封为国师，赐给玉印，让他掌管全国的佛教，实际上是做了元朝中央政府的顾问。因此，萨迦派密宗在全国十分流行，河西也不例外。马可·波罗路过河西时，见到甘州的佛像"最大者高有十步，余像较小，有木雕者，有泥塑者，有石刻者，制作皆佳，外敷以金"。并说敦煌的"偶像教徒(指佛教徒)自有其语言"。[④]元顺帝至正八年(1348年)莫高窟的速来蛮六字真言碑刻石上，有汉文、西夏文、梵文、藏文、回鹘文、八思巴文，由

---

① [明]宋濂等撰《元史》卷八十九《地理志三》，中华书局，1973年，第1450页。

② 《元史》卷二十一《成宗纪四》，第452页。

③ [元]刘谧《三教平心论》，见《大正新修大藏经》第52卷，第781页中。

④ [意]马可·波罗口述，[法]沙海昂注，冯承钧译《马可·波罗行纪》，中华书局，2004年，第100页。

此可以想见当时的敦煌，各族人民和佛教徒聚居共事的情况。此碑的施主为西宁王速来蛮及其妃子、太子、公主、驸马。他们不仅在莫高窟重修了皇庆寺，而且还开凿了洞窟。正是由于密教萨迦派在元代占有特殊的地位，因此在千佛洞的元代洞窟中就出现了引人注目的西藏式密教艺术。

莫高窟现存元代洞窟 10 个，它新开的洞窟形制有三：一是方形覆斗顶窟，二是主室长方形后部有中心柱的窟，三是主室方形有中心圆坛的窟。其中后者为敦煌藏密洞窟的典型形式，其坛上塑像，四壁绘满密宗图像。

元代的密宗壁画，既有西夏传下来的汉密系统，又有风格迥异的金刚藏密画派作品。莫高窟第 3 窟是“汉密”壁画的代表，全窟画满了大大小小的观音，尤其是南北两壁的《十一面千手千眼观音》，神色庄重，画工精绝，是少有的佳作。其面部端庄慈祥，千臂珠圆玉润，素装无华，婷婷玉立。这一切，都出自艺术家的一条“线”，由于使用“兰叶描”线条，顿挫转折，劲利自然，兼以铁线描、折芦描、行云流水描等多种笔法，将肉体、须发、锦、绢、绵、麻各种不同质感的东西都表现得恰到好处。美术家们普遍认为，此画创作者的线描功夫，可谓达到炉火纯青的地步。第 465 窟可以说是“藏密”的代表。其中心圆坛上的塑像已毁，“四壁上部画‘明工像’，下部画织布、养鸭、牧牛、制陶、驯虎、制皮、踏碓等 60 多幅人物画，每幅画的侧面，都用纸笺写出画的内容，上半截是藏文语音，下半截是汉语”。[1]敦煌莫高窟的藏式密教图像，具有明显的来自尼泊尔和印度的影响，又有较多西藏原始宗教——苯教的成分，表现了萨迦派艺术的独特风格。[2]

---

① 施萍婷《敦煌与莫高窟》，《敦煌研究》试刊第 1 期。

② 参阅段文杰《晚期的莫高窟艺术》。

二、明朝统治下的敦煌

1368 年明朝建立。明朝建国时，元朝的残余势力仍十分强大，扩廓帖木儿逃至大同，然后又从太原逃至甘肃巩昌（今甘肃陇西）。洪武二年（1369 年）二月，明朝大将军徐达派副将军常遇春、冯胜渡河趋陕西，元将张良弼退守庆阳，后又与其他元代残军一起逃到临洮（今甘肃临洮），企图西入吐蕃。

明军收复庆阳、临洮后，又攻克了河州（今甘肃临夏），这样就为明军进入河西解除了后顾之忧。洪武四年（1371 年）冯胜率军到达兰州，次年 5 月到河西，元凉州守将弃城而逃。随后又进军甘州、肃州，大破元军，7 月，明军挺进瓜州（原安西县，今瓜州县）、沙州（敦煌），缴获金、银印及杂畜两万余头。剩余元兵北逃，明军沿弱水追至亦集乃（今内蒙古额济纳旗），元军投降。甘肃全境被平定，十一月，置甘肃卫。

洪武初，管辖甘肃河西走廊的军政机构主要是陕西行都司。它最初置于河州，后又设于庄浪。洪武二十六年（1393 年）迁至甘州。由此可见，明王朝是将甘肃河西走廊作为一个重要的整体军政单元来对待的。

洪武五年（1372 年），当明将冯胜经略河西，取得初步胜利时，安西、敦煌仍在元朝残部的控制之下。为了防止蒙古东进，冯胜在肃州西 15 千米处的嘉峪山西麓量度地形，修筑土城，这就是最早的嘉峪关。嘉峪关是明朝的西部边关，它的修建，虽有利于明王朝保障边境，但也意味着敦煌被弃置关外，从而使敦煌成为边外荒凉之地。

元代统治后期，察合台汗国于至正七年（1347 年）分裂，在今原天山南北的汗国东部地区建立了东察合台汗国（1347—1680 年）[①]。

---

① 东察合台汗国又被称为蒙兀儿斯坦汗国、别失八里、亦力把里、叶尔羌汗国等。蒙兀儿是波斯人对蒙古的称呼。

东察合台汗国的建立者秃黑鲁帖木儿曾率军西征，占领了中亚名城撒马尔罕。秃黑鲁帖木儿于 1363 年去世后，原汗国下辖的中亚异密帖木儿反叛，攻取撒马尔罕城，建立了帖木儿帝国。

东察合台汗国经过发展，到了明宪宗成化年间羽奴思汗时期开始东征，占领了阿克苏、吐鲁番、哈密等地。由于羽奴思汗曾长期在河中地区生活，受过较为系统的伊斯兰文化教育，整个汗国也逐渐信奉了伊斯兰教。成化二十三年(1487 年)羽思汗去世时，包括蒙兀儿斯坦草原地带的汗国东部地区，都为其弟阿黑麻速檀统辖，到阿黑麻速檀之子满速儿时，就将首府迁往吐鲁番。[①]

明朝建国之初，为了彻底解除蒙古势力对明朝的威胁，除发动了一系列的军事战争外，还在北部边疆设置了一些边关。这些边关后来发展为“九边”，亦即“九镇”。“九镇”中的甘肃镇位于凉州，设于永乐元年(1403 年)，镇下有卫一级的军事机构。其中的沙州卫就在敦煌，设于永乐二年，也是“关西七卫”之一。[②]

沙州卫不仅按时向明廷进贡物品，还经常保护路经敦煌的关外少数民族政权的朝贡使者，不时向明廷报告关外其他少数民族政权的情况。宣德七年(1432 年)沙州卫发生饥荒，明宣宗命肃州守官拨粮五百石救济。十年，哈密侵扰沙州卫，再加上瓦剌的相逼，使沙州卫不能自立，边臣遂请迁于苦峪(瓜州)，得到了朝廷的许可。从此沙州卫的首领不再驻沙州，仅仅是遥领其众而已。正统四年(1439 年)，沙

① 参阅谷苞主编《西北通史》第三卷，兰州大学出版社，2005 年，第 340—348 页。

② “关西七卫”是指明朝设置在嘉峪关以西、哈密以东的七个卫所。关于“关西七卫”的具体名称及变迁，学术界有不同意见，参阅唐景绅《明代关西七卫述论》，《中国史研究》1983 年第 3 期；高自厚《明代的关西七卫及其东迁》，《兰州大学学报》1986 年第 1 期。

州卫都指挥阿出不花等获罪逃入哈密，罕东首领占据沙州卫领地。朝廷命哈密献还逃人，罕东归还领地。正统七年，明廷命边将率领戍卒帮助沙州修缮苦峪旧城。由于瓦剌的不断骚扰，正统十三年后，沙州卫遂废。①

设于敦煌的沙州卫废后，明朝于成化十五年（1479 年）在沙州设立了罕东左卫，以抵御吐鲁番的东进。正德十一年（1516 年），吐鲁番占领沙州，罕东左卫的首领率部迁往肃州。信奉伊斯兰教的吐鲁番占据敦煌以后情况就发生了变化。在敦煌流行了 1000 多年的佛教，终归绝迹。1524 年，明朝关闭嘉峪关，将关西汉民迁徙关内，瓜沙二州遂为吐鲁番所据，少数民族徙居游牧于此。1529 年明廷放弃哈密。敦煌在明朝初年就已成为牧区，至此更甚。

由于元初直接统辖的西部边境在别失八里（今新疆吉木萨尔）与和田，其版图比汉唐王朝都大，敦煌已失去了往日经营西域的基地作用。再加上从中亚到蒙古的北方草原之路的频繁使用，而此时自宋元以来日渐发达的海上丝绸之路已成为中西政治、经济、文化交流的主要通道，经由河西的陆路通道在中西交通中的地位进一步下降。敦煌失去了屏蔽河西和中西陆路交通中转站的地位，从而使敦煌失去了西域门户的地位。

三、清朝时期敦煌的中兴

清朝建立并在中原立足后，在西北边疆仍然依明旧制，闭嘉峪关而自守。当时控制西域的是厄鲁特蒙古准噶尔部，控制青海的是厄鲁特蒙古和硕特部。康熙时发兵西征，开始经营关外之地。康熙五十四

① 参阅刘光华主编、武沐著《甘肃通史·明清卷》，甘肃人民出版社，2009 年，第70 页。

年(1715年),清兵收复整个河西,在今安西、玉门一带设立赤金、靖逆二卫。

雍正元年(1723年),雍正帝在敦煌复置沙州所,雍正三年(1725年),清廷采纳川陕总督岳钟琪的建议,将沙州所升格为沙州卫,与安西卫、柳沟卫并属安西同知。同时还迁徙大批军民至瓜沙一带屯垦农田。仅1725年一年内,就先后把甘肃52县的2400余户汉民徙至沙州开垦,又调吐鲁番、罗布泊大批军民于沙州一带。至雍正末年,沙州耕地已扩展到10余万亩,并引党河水分十渠灌溉,形成沙漠绿洲。

由于原沙州卫城受党河河水侵蚀,东墙坍坏,就组织人力在党河东新筑了周围1500米有余,有东、西、南三门的新沙州卫城,即今县城。乾隆二十五年(1760年)随着西域的平定,安西地区的建置改革也着手进行,设置了敦煌县,隶属安肃道,完成了从沙州卫到敦煌县的行政建置改革。这一变迁表明,随着新疆的统一,沙州等关西地区已由边地变为腹地,其行政建置也与内地等同,清朝在西北边疆的统治得到了加强。①此后直到清朝灭亡,敦煌地区的行政建制也再没有发生变化。从雍正到乾隆,清王朝通过移民、屯田、垦荒等措施,使敦煌人口迅速增长,社会经济也逐渐恢复。

由于敦煌的移民中有不少人信奉佛教,被佛教徒视为圣地的莫高窟,香火又渐趋繁盛。在嘉庆和道光年间,敦煌的佛教徒对莫高窟再次进行了大规模的整修。这次整修除新开了第11窟和第228窟以外,还重修了前代的200多个洞窟。但由于邻接敦煌的新疆居民,此时大多已信奉了伊斯兰教,从而使清代敦煌的佛教艺术成了无源之水、无本之木。另外,清代的敦煌与明代一样,已失去了经营西域的基

① 参阅聂红萍《清代雍乾朝经营敦煌述论》,《敦煌学辑刊》2007年第4期。

地作用，只不过是一个处于西北边远之地的小县城，其经济、文化远远落后于内地。因此，其新开的洞窟与前代相比，已没有什么艺术价值可言了，而重修的洞窟，则由于内容混杂和技艺低劣，反而破坏了原有的艺术效果。

前已述及，从元代以来佛道之间的交融，在敦煌表现得尤其突出，从《敦煌莫高窟供养人题记》可知，乾隆元年（1736 年）武当会一会人等“到此建醮”；乾隆十八年（1753 年）临洮狄道州玄门弟子朱成像、报恩寺僧人照永同来莫高窟“诵经”；嘉庆十年（1805 年），龙门洞金府山授戒弟子张来德到此“朝礼”。由此可知，早就有道教渊源的敦煌，在清代重修莫高窟时，增添了不少道教的内容，甚至还将有些洞窟改为娘娘庙，从而使敦煌的道教到清代时仍有一定的势力。再加上当时敦煌民间对佛道的区分不明显，所以当王圆禄以道士身份居住在佛教洞窟中时，并未引起当地百姓的反对。反而因他说的是汉话，诵读的是汉文道经，能够满足大部分群众的需求，很快就得到了当地百姓的信任。

第二章

艺术瑰宝千佛洞

莫高窟位于敦煌市东南25千米的鸣沙山东麓，它前临宕泉，东向祁连山的支脉三危山。从公元4世纪开始直到14世纪，在这里连续开窟造像，形成了南北长1700余米的石窟群。现存历代营建的洞窟735个，鳞次栉比地分布于高达30多米的断崖上，上下分布1—4层不等。莫高窟分为南北两区，其中南区的492个洞窟是礼佛活动的场所，现存彩塑2000多身，壁画45000多平方米，唐宋时代的木构窟檐建筑5座；北区的243个洞窟，经敦煌研究院专家的发掘和研究，认为主要是僧侣修行、居住和瘗埋的场所，里面有修行和生活设施土坑、灶坑、烟道、壁龛、灯台等，但大多无彩塑和壁画遗存。

第一节　莫高窟的创建与编号

一、莫高窟的创建

1. 莫高窟之名称

莫高窟的“莫高”二字，是唐代以来在敦煌城沙漠附近流行的一种乡、坊里和山的名称。P.2913V《张淮深墓志铭》[①]载：“公以大顺元年（890年）二月廿二日殒毙于本郡，时年五十有九。葬于漠高乡漠高里之南原，礼也。”又P.2482《阴善雄墓志铭》[②]曰：“（善雄）当清泰四年丁酉岁（937年）八月十四日寿卒于钦贤坊之私第。春秋五十，以其月二十日权葬于州东漠高里之原也。”同卷《罗盈达墓志铭并序》[③]云：“府君讳盈达……即以天福八年，岁次癸卯九月……十六日葬于莫高里扬开河北原之礼也。”又《大蕃故敦煌郡莫高窟阴处士修功德记》[④]中说：“将就莫高山为当今圣主，及七代凿窟龛一所，远垂不朽，用记将来。”

至于“莫高窟”一名，在S.5448《敦煌录》中就已经出现了。《敦煌录》[⑤]说：“（沙）州南有莫高窟，去州二十五里，中途石碛带山坡，至坡

---

① 图版见《法藏敦煌西域文献》第二十册，第50页。

② 图版见《法藏敦煌西域文献》第十四册，第249页。

③ 图版见《法藏敦煌西域文献》第十四册，第249页。

④ 图版见《法藏敦煌西域文献》第三十二册，第229—230页。

⑤ 图版见《英藏敦煌文献（汉文佛经以外部分）》第七卷，四川人民出版社，1992年，第91—94页。

斗下谷中，其东即三危山，西即鸣沙山；中有自南流水，名之宕泉，古寺僧舍绝多。”

“莫高乡”是唐代沙州十三乡之一，“莫高里”是“莫高乡”下辖的一个里名。据有的学者研究，今敦煌城东南七、八千米，去莫高窟中途有佛爷庙，庙东就是戈壁，其地势比佛爷庙高出很多，戈壁上荒冢累累，可能就是莫高里之原。而阴处士在莫高山开凿的窟龛，应当就是今天的莫高窟了。既然敦煌有莫高乡、莫高里，那么附近的原和山，也就有可能称为莫高原、莫高山。因而在这里开凿的石窟也就叫作“莫高窟”。由此可知，“莫高”二字，一定是与高出绿洲的戈壁沙漠有直接关系的。①

对此，学术界还有不同看法，或认为这个石窟建造在鸣沙山崖壁上，而鸣沙山较之周围地形又高，沙漠的“漠”字与莫高窟的“莫”字，古语可以通用，在沙漠高处开凿的洞窟，即叫莫高窟；或认为最初开凿洞窟的乐僔和尚，道行高超，后莫能及，故以他所开凿的石窟称为莫高窟；或认为“莫高”是译音，即突厥语沙碛的意思，莫高窟就是指在沙碛里开凿的洞窟。

至于“千佛洞”一名，实际上是不确切的。因为“千佛洞”是一切刻有佛像的崖洞的通名，如山西大同的云岗、河南洛阳的龙门、甘肃天水的麦积山、新疆的吐鲁番、鄯善等，都有“千佛洞”之名。即以敦煌一地而论，也有西千佛洞、东千佛洞等。但自斯坦因将其在敦煌劫夺的全部艺术品汇集成书，取名《千佛洞》后，“千佛洞”一名，也就为莫高窟所专有了。②

---

① 参阅阎文儒《莫高窟的创建与藏经洞的开凿及其封闭》，《文物》1980 年第 6 期。

② 参阅姜亮夫《敦煌——伟大的文化宝藏》，上海古典文学出版社，1956 年，第 6 页。

2. 乐僔法师与莫高窟的创建

关于乐僔法师及其创建莫高窟的文字资料，据目前所见主要有以下几种：

第一，武周圣历元年（698 年）五月十四日立《大周李君莫高窟佛龛碑》，简称《圣历碑》。碑文中记载："莫高窟者，厥初秦建元二年（366 年），有沙门乐僔，戒行清虚，执心恬静，尝杖锡林野，行至此山，忽见金光，状有千佛，遂架空凿岩，造窟一龛。次有法良禅师，从东届此，又于僔师窟侧，更即营建。伽蓝之起，滥觞于二僧。……爰自秦建元之日，迄大周圣历之辰，乐僔、法良发其宗，建平、东阳弘其迹。推甲子，四百他岁，计窟室一千余龛。今见置僧徒，即为崇教寺也。"这是我们所见最早记述创建莫高窟的资料。

第二，敦煌遗书 P.3720《莫高窟记》①："右在州东南廿五里三危山上。秦建元中，有沙门乐僔，杖锡西游至此，遥礼其山，见金光如千佛之状，遂凿空镌岩，大造龛像。次有法良禅师东来，多诸神异，复于僔师龛侧又造一龛。伽蓝之建，肇于二僧……"末署"时咸通六年（865 年）正月十五日记"，比《圣历碑》晚 167 年。

第三，莫高窟第 156 窟前室北壁左上方墨书《莫高窟记》题记曰："右在州东南廿五里三危山上。秦建元之世，有沙门乐僔，仗锡西游至此，巡礼其山，见金光如千佛之状，遂架空□岩，大造龛像。次有法良禅师东来，多诸神异，复于僔师龛侧又造一龛。伽蓝之□肇于二僧……"末署"□□□□□□通六年正月十五日记"。②据敦煌研究院的专家学者认为，此壁题记乃是据 P.3720 卷子本抄录的，P.3720《莫高

① 图版见《法藏敦煌西域文献》第二十七册，第 112 页。

② 敦煌研究院编《敦煌莫高窟供养人题记》，文物出版社，1986 年，第 72—73 页。

窟记》为此题记的底本。

有的学者通过对上述三种资料摘句比较、排列分析后认为，后两件《莫高窟记》中的重要记述和主要词句都是从《圣历碑》抄录或略加改动而来的。因此《圣历碑》应该是我们目前所见关于乐僔、法良事迹和莫高窟创建的最早而且是唯一权威性的资料。关于乐僔法师与莫高窟创建的历史，无疑应以《圣历碑》所载为准。[①]

莫高窟创建于苻秦建元二年(366 年)，其开创者为乐僔法师。这一年的某一天，乐僔法师杖锡林野，游方到了敦煌的三危山下。这时天已傍晚，暮色苍茫，太阳即将沉落在茫茫无际的沙漠之中。乐僔蓦然抬头，奇景在他眼前出现了：对面的三危山一派金光耀眼，好像有千万个佛在金光中显现。虔诚的乐僔法师被这奇景炫惑了，认为这是一块圣地，就立誓在这里开窟塑像，兴建庙宇。于是他就到处化缘，募集了许多钱，请来了工匠，在这块沙漠上开起石窟来。莫高窟的第一个洞窟，于 1600 多年前便在这块“圣地”上出现了。

从科学的角度看，乐僔当时所见的金光千佛，自然是一种幻觉，但这种奇景，我们今天在莫高窟仍可看到。因为莫高窟对面的三危山，是剥蚀残山，山上无草木，岩石为黯红色，其中含有石英、云母等矿物质。夕阳反射，常灿烂若金光。电影《海市蜃楼》的开头，就采用了这种原理。当然，乐僔对这奇妙的自然景象无法理解，就完全归之于“佛”了。

不久，乐僔法师又去云游了。许多年之后，法良禅师又从东方到此，他朝拜了这个地方，并在乐僔的窟旁开凿了一个窟。此后信佛的人逐渐增多，石窟也慢慢多了起来。

不仅仅是和尚，还有王公贵族、地方上的大小官吏、有钱的商人、

---

① 李正宇《乐僔史事纂诂》，《敦煌研究》第 2 期，甘肃人民出版社，1985 年。

普通的市民、手工业者等，都在这个地方修建了大大小小的佛窟。有的窟是一个人独造的，有的则是一家、一族、一个团体中许多人集资合造的，他们根据不同的政治地位和经济条件，作不同的布施功德，都不断地增加着莫高窟的艺术财富。值得注意的是，莫高窟的创始者乐僔是敦煌本地人，法良也是"从东届此"，这就说明敦煌艺术并不是西来的，而是中华民族固有文化的反映，是中华民族传统文化的一部分。

二、莫高窟北区考古的新发现

敦煌莫高窟是一座集壁画、雕塑、建筑于一体的石窟，保存至今的石窟崖面还有 1700 多米。这 1700 余米的石窟崖面，按照莫高窟石窟的分布情况被划分为南北两区。以原敦煌文物研究所编号的第 1 窟为界，第 1 窟及其以南为南区，第 1 窟以北为北区。我们以前所说及参观的莫高窟实际上只是南区，南区崖面长 1000 余米，保存着已公布（包括《敦煌莫高窟内容总录》刊布）莫高窟 492 个洞窟中的 487 个。北区的崖面长 700 多米，也有洞窟数百个，其中只有 5 个石窟编了号，即第 461、462、463、464、465 号窟。北区的这 5 个窟与南区的 487 个窟就构成了一般出版物和参观解说中所说的莫高窟 492 个窟。而北区的其他洞窟因大多都没有壁画或塑像，似乎没有多大价值，所以很少被人提及。敦煌文物研究所既未进行编号，也没有对其记录，因此在有关莫高窟的出版物中，除了前述第 461—465 号窟外，北区的绝大多数洞窟也就很少有人提及，几乎被遗忘了。

鸣沙山上的莫高窟，与三危山遥遥相望。大泉河在流经鸣沙、三危两山时，由于受地形的影响，在莫高窟前形成了宽窄不一的河床，南区的河床约宽 50—60 米，北区的河床约宽 60—100 米。另外，由于地面和河流、河床等各种因素，使南区和北区的窟前也不相同，南区有高出河床 1—4 米、宽 30—200 米的一、二级阶地，这样就有效地保护了南区的下层洞窟，未能使洪水冲刷破坏。但同样位于大泉河左岸的北区就没有这样幸运了，因为没有阶地，长期以来，大泉河的河水就一直冲刷着洞窟所在的崖壁，直到20世纪80年代初修建北区防洪大堤为止。

北区崖面除个别地段由于地质原因没有开凿洞窟外，其他地段都有石窟。北区洞窟的分布情况也和南区差不多，即彼此上下相接，左右毗邻，状如蜂巢，最密集处崖面的洞窟上下可达五层或六层。但是千百年来，由于自然和人为的破坏，莫高窟北区崖面的状况及石窟内部，已遭受了巨大的破坏。自然因素主要是大泉河水的泛滥、骤降的暴雨以及突发的地震，而洪水和暴雨对崖壁的冲刷，是造成北区洞窟崩塌的根本原因。人为的因素则主要是外国探险家和国人的乱挖乱掘。

莫高窟的北区石窟，在20世纪40年代的国立敦煌艺术研究所时期，史岩先生曾将分布在鸣沙山长达1700余米崖面的石窟，由南到北划为11段，其中1至8段在南区，9至11段在北区。在70年代的敦煌文物研究所时期，为了保护北区高层石窟免遭游人的破坏，对从底层洞窟顶部通往高层洞窟的8个供上下用的过道洞进行了封堵，从而使高层洞窟内的壁画和文物得以较好的保存。到了80年代的敦煌研究院时期，在北区石窟前20—30米处，修建了长数百米、高1.5—1.8米、顶宽4米的防洪大堤和高1.9米的金属防护栏，同时还沿防洪大堤内侧进行绿化，这样就对北区崖面进行了有效的保护。

虽然在20世纪80年代以前，敦煌研究院及其前身的各个时期都曾对莫高窟的北区石窟有所关注，但从未进行过科学的考古发掘。因此，北区石窟的崖面上到底有多少洞窟？其石窟形制有何特征？这些石窟的用途是什么？在整个莫高窟石窟群中，北区洞窟的地位如何？又属于什么时代？这许多问题都是学术界所关注并迫切需要给予解答的。

正是为了揭开莫高窟北区石窟之谜，经报请上级主管部门批准，敦煌研究院石窟考古研究所的专业人员，在彭金章研究员的主持下，从 1988 年 6 月下旬开始，到 1995 年 11 月底，用了 7 年多的时间，对莫高窟北区进行了 6 次发掘。

经过发掘，在北区崖面共发现洞窟 243 个，再加上以前已经编号的 5 个窟，即第 461—465 窟，北区崖面共有洞窟 248 个。在发掘完毕后，还仿照南区的编号方式，对北区石窟新发现的 243 个洞窟进行了编号。其编号是依据洞窟在崖面的高低，统一由南到北，再由北向南，由下而上呈“S”形往复编号。

据唐代石碑记载，莫高窟共有窟龛千余。北区考古新发现洞窟 243 个，如果再加上原编号的 492 个，总数就有 735 个了，这与唐代石碑的记载就比较接近了。

以前普遍认为，北区都是画工窟或塑匠窟，是画工、塑匠在开凿石窟时的生活窟。本次考古发现，北区石窟全为僧人所用，是僧众生活、修禅、死后瘗埋的地方，而与画工、塑匠无关，画工、塑匠也没有在这里生活过。

北区的石窟，根据性质共分为 6 类。第一类，禅窟。里面既无灶、无烟道，又无用火痕迹，是僧人修禅专用的，共有 82 个窟。第二类，僧房窟。里面有炕、有灶、有烟道、有灯龛，相对宽敞，是僧人日常生活所用，共有 50 个窟。第三类，僧房窟附设禅窟。这类窟同时具备生活、修禅两种功能，一般情况是一个室内有炕、有灶、有用火的痕迹，另外一个室内却无灶也无用火痕迹，但却有禅床，这类石窟共有 5 个。第四类，瘗窟，是埋葬僧人骨灰、遗骨、遗体用的，共有 25 个窟。第五类，廪窟，是用来储藏物品的。这类窟面积较小，有土坯砌成的储藏槽，共发现两个。第六类，礼佛窟。里面有壁画或塑像，是僧俗举行佛事活动用的，这次发现两个这类窟洞。以上六类石窟共计 166 个，另外还有 72 个窟因为塌毁而无法判断，有 3 个窟因未开凿完毕而没有派上用场，还有两个石窟的性质目前还没有确定。

北区石窟按六类性质的划分，破解了困扰学术界多年的历史之谜：北区石窟是莫高窟的重要组成部分，与南区石窟构成了一个统一的整体。

莫高窟北区考古，出土的文物也很丰富：铁器、铜器、木器、陶器、瓷器等，都与日常生活和佛事活动有关；棉、麻、毛、丝织品、绣品等纺织品花样多；汉文、藏文、梵文、西夏文、回鹘文、叙利亚文、八思巴文等文献则异彩纷呈，其中有些是国内外仅存的，有些是在当地首次发现的。西夏文《碎金》《地藏菩萨本愿经》等都是孤本，汉文的《排字韵五》是久已失传的古佚本。28 枚西夏铁币的出土，则是甘肃河西地区的一次大丰收。48 枚回鹘文木活字重见天日，丰富了我们对少数民族活字印刷的认识。1 枚波斯萨珊朝卑路斯王时期铸造的银币，成了中西文化交流的重要物证，填补了当地的一项空白。所有这些发现，对全面了解莫高窟开凿的历史，促进敦煌学的发展都有着非常重要的价值。

第二节　敦煌的壁画艺术

敦煌壁画是敦煌石窟艺术的重要组成部分。莫高窟现存壁画45000平方米,其内容非常丰富,是一座博大精美的民族壁画艺术宫殿,所以被法国人称为“墙壁上的图书馆”。

一、敦煌壁画的内容

敦煌壁画从内容上看,大体可分为七类:

1. 佛像画

即佛陀、菩萨等供奉神灵的形像,其中既有释迦牟尼佛、三世佛、七世佛、十方诸佛、贤劫千佛等佛像画,也有观音、大势至、文殊、普贤、弥勒、地藏等菩萨像,还有天王、龙王、药叉、乾闼婆等天龙八部。据统计,现存各种佛像12208身,还有说法图933铺。它描绘的都是佛教崇拜的各种神像。

据佛经里讲,佛、菩萨都为男像,但到中国之后,由于对女性之美及其温柔性格的爱慕,特别是对母爱的崇敬,到了唐代,菩萨逐渐变为女性。虽然有的嘴上还画有蝌蚪胡子,但其中丰腴的面庞,舞蹈式婀娜的姿态,温柔娴静的表情,却是对女性美的典型反映。画师们也多以宫廷美女作为描绘菩萨的蓝本,从而充分表现了女性美。

2. 故事画

是指以佛经故事为依据而作的连环画。由于故事委婉曲折,有头有尾,对观众有较强的吸引力。我国古代的民间画师及佛教僧侣在创作故事画时,充分发挥了他们丰富的想象力和艺术天才,所画内容丰富多彩,情节动人,生活气息浓厚,具有诱人的魅力。由于故事性质不同，可划分为佛传故事、本生故事、因缘故事和比喻故事四类。

佛传故事是描绘佛教创始人释迦牟尼生平事迹的故事传说。敦煌早期壁画中，一般没有完整的佛传故事画，只有乘象入胎、夜半逾城两个代表性的场面。北周时才出现了多幅完整、连环画式的佛传故事画。如290窟六条并列的佛传故事画，长达25米，描写了87个场面，前后衔接，贯通一气，这是我国现存早期最完整的传记性连环画。五代宋初曹氏画院时期，佛传故事画以屏风形式出现，描写了130多个场面，并增加了一些新内容，使佛传故事的内容更为丰富，已经完全中国化了。

本生故事画是描写释迦牟尼前生各种善行的连环画，如九色鹿舍己救人、萨埵舍身饲虎、尸毗王割肉贸鸽等，虽然已打上了宗教的烙印，但仍保持着印度民间故事的本色。依据佛教灵魂不灭、因果报应、轮回转世的思想，释迦前生只有经过无数次的善行转世，才能最后成佛。因此佛教徒便把释迦的前生描绘为与众行善的国王、王子、贤者、良士，或是动物中的鹿王、猴王、象王、狮王等。其真实目的是为了把释迦说得神圣高大、不比常人，从而把许多优美的神话、童话和民间故事都附会到了释迦身上，并在这些故事的前后加上几句话，把其中善良的角色说成是佛的菩萨之身或其先祖、亲属及追随佛的弟子，而把邪恶的角色说成是佛的宿敌或外道师徒。

因缘故事是描绘佛陀度化众生的连环画。它和本生故事的区别是：本生只讲释迦本人前生故事，而因缘则讲佛门弟子、善男信女前生或今世之事。如沙弥守戒自杀、五百强盗成佛、犁耆弥七子娶妇、金财双手献金钱、波斯匿王丑女变美等。有些内容离奇，情节曲折，颇有戏剧性，是敦煌壁画中最引人入胜的内容。

比喻故事是释迦深入浅出、通俗易懂地给佛门弟子、善男信女讲解佛教教义所列举的故事。敦煌壁画中的比喻故事画不多，主要有饿狼守戒、鹿母子、鬼子母、象护等。这些比喻故事画中虽有佛教的说教成分，但故事的寓意却十分深刻。

3. 神怪画（即民族传统神话题材）

是指北魏晚期出现的东王公、西王母、伏羲、女娲、青龙、白虎、朱雀、玄武以及风雨雷电等汉晋以来体现传统的道家神仙思想的神话题材。如第249窟窟顶壁画，就是很典型的道教题材画面。这类具有神仙思想的绘画题材突然闯进石窟，虽然与佛教题材不太合拍，但却大大丰富了石窟艺术的内容，而且出现了崭新的意境和中国风格。

4. 经变画

一切以佛经为依据的绘画，都可以称为经变或变相。这里是指按一部经绘成一幅画的巨型经变。莫高窟中的主要经变有《维摩诘经变》《阿弥陀经变》《法华经变》《观无量寿经变》《药师经变》《宝雨经变》《报恩经变》等20余种。每一经变又包含许多故事情节，如维摩变14品，以文殊问疾为主体，展现了维摩居士的神通变化，反映了当时帝王出行和各国王子使者赴会的场面。

经变画是我国佛教艺术的独创形式。莫高窟的经变画始于隋、盛于唐，五代以后逐渐衰落，据统计有24种1055幅之多。唐代前期的各种经变，形式多样，主题突出，含蓄地反映了唐代前期的历史风貌。到了唐代晚期，便出现了公式化倾向，而后每况愈下，渐趋衰落。

5. 佛教史迹画

是指根据史籍记载，描绘佛教历史人物、历史事件、佛教圣迹及感应故事、戒律画、瑞像图等的画面。其中既有真人真事，也有想象虚构，甚至宗教幻想，据统计有40处67种之多。初唐时期的323窟，是绘制佛教史迹故事最多的一个洞窟。其主室南北两壁绘有8个佛教史迹故事，即张骞出使西域图、释迦浣衣晒衣石、佛图澄变现神异、阿育王拜塔感应事、康僧会建康献舍利、朱应吴松江迎石佛、高悝扬都得金像和隋文帝请昙延祈雨。

佛教史迹画多属本土自造，也有西域乃至印度的，尽管真假混杂，有些已被佛教徒神化，宗教色彩较浓，但也有不少史实，是研究佛教史、中印文化交流史的珍贵资料。

6. 供养人画像

即为出资开窟造像的施主所画的功德像，属于肖像画。画像的内容有王公大臣、地方官吏、贵族妇女、各族施主、歌舞妓女、官私奴婢等。画面大小不等，既有二三十厘米的小像，也有高如等身或超过真人的大像。他们都是有名有姓的现实人物的肖像，如《张议潮统军出行图》《张议潮夫人宋氏出行图》《回鹘公主出行图》等，就是真实历史人物的画像，在一定程度上反映了历史现实，具有很高的史料价值。

对于供养人来说，追求的主要是对佛的虔诚，并不要求肖似。所以供养人像往往千人一面，没有个性。只有唐宋时代的供养人像，既写实而又有个性，是莫高窟供养人画像中之佼佼者。

7. 装饰图案

即建造洞窟的建筑装饰，有藻井、平棋、龛楣、圆光、宝座、地毡、桌围、冠服和器物等，其中以藻井和平棋最为突出。装饰花纹随时代变化而各异，主要有植物纹、动物纹、规矩纹、天象纹、人物纹等。装饰图案中的许多纹样并非单一不变，而是经过变形的，特别是一些结合纹样，如忍冬与莲花结合，动物与植物结合等，都是画师们高度想象力的反映。

以上我们从七个方面概略地展示了敦煌壁画无比丰富的内容，虽然它们各有特色，但又是洞窟整体结构的组成部分，显示了我国各族画师卓越的创造才能和高度的艺术成就①。

---

① 本节主要依据段文杰先生《敦煌壁画概述》改写，详见段文杰《敦煌石窟艺术研究》，甘肃人民出版社，2007 年，第144—150 页。

二、敦煌壁画的历史价值

敦煌壁画虽然是根据佛典和佛徒的要求创作的，但画工在进行创作时，总是以现实社会为基础的，并从各个角度对现实社会有所反映，正是从这个意义上我们认为，敦煌壁画是一部形象化的历史。

从总体上说，敦煌壁画是通过间接和直接两种方式反映现实社会的。所谓间接反映现实社会，是指通过壁画画面的表象探究其内在含意，发掘它所反映的历史事件。如第321窟的“宝雨经变”（初唐武则天时期）是根据《宝雨经》绘制的。《宝雨经》是一部戒律典籍，早有译本，但在武则天执政时期，达摩流支重译时，则加入了“尔时东方有一天子，名曰月光童子……（佛告之曰）我涅槃后……（汝）故现女身，为自在主”的内容。此所谓日月光天子当现女身入主摩诃支那国（中国），当然是指武则天了。在第321窟经变上方绘日月，在薄伽梵说法处画一双手合十拜谢释迦的女王，显然是说武则天乃月光天子，当入主支那国，登基称帝。为了武则天称帝的需要，和尚法朗、薛怀义等还撰《大云经疏》，说武则天是弥勒菩萨降世，当为女皇。武则天看后非常高兴，于是颁令天下遍造大云寺，塑弥勒佛像，供奉《大云经》。第96窟高达33米的弥勒佛像就是为适应这种形势而建造的。

其他如“药师经变”“观音经变”“法华经变”“弥勒经变”等，都反映了现实社会人们希望消除社会痼疾，免遭自然灾害和向往美好社会的心理状态。

所谓直接反映现实社会，是指壁画中有许多表现生产、生活、历史、风俗的图画。这些壁画的内容很多，既有风俗、风情画，也有生产、交通、商业活动、建筑画，还有歌舞、百戏、体育、服饰画。例如表现农业生产的“耕获图”，就是一部很形象的历史。它将犁地、播种、收割、运输、打场、扬场到入仓等生产过程都绘入画面。还有许多生产工具，如犁、镰、芨芨草扫帚、木杈、木锨、梿枷、簸箕等等，都是具有北方地区生产特点的工具，有些还可看出是西北地区就地取材的产品。特别是第445窟（盛唐）的“耕获图”，画面上的曲辕犁，是我们了解唐代改进农业生产工具，提高生产率的重要形象资料。这种犁把直辕改为曲辕，改进犁头，使之能左右转动，优点很多。唐陆龟蒙在《耒耜经》中对此犁有文字记载，但无其形，故对其功用很难具体领会。中国历史博物馆依据敦煌壁画之形和《耒耜经》之文进行实物复原，才对此犁的多种功能和较高耕作效率有了更具体的了解。又如“弥勒变”的“耕获图”中，既有农民交粮、堆粮的场面，也有管事收帐计筹的场面。而“佛传”中的“耕获图”则画了城主高坐宫内、官员雁列两旁的场面；殿下除有交粮者外，还有一人裸身跪于地，一人执鞭挞笞，显然是一幅活生生的逼租画面。

另外，敦煌壁画中有大量的供养人画像，它们描绘的是当时当地现实生活中有名有姓的人物。壁画上不仅图画其仪容，而且还有供养人题记，比较详细地记载了供养人情况，直接地反映着现实人物及其活动，是具有较高历史价值的，有些甚至可以填补历史研究的空白。

285窟北壁上有西魏大统四年、大统五年发愿文题记，这是莫高窟现存最早的纪年题记。在这个题记下面，有成排的男女供养人画像。其中一组，画一高鼻长髯长者，头裹幅巾；身后数身均为青年，头戴卷沿毡帽；另有一身，头后垂小辫，身着圆领小袖褶，白布裤，乌皮履。墨书题记为“清信士阴安归所供养……”。

阴氏及同窟的贺氏、滑氏，可能是北朝胡姓，褶裤是鲜卑族常服，脑后垂小辫是鲜卑族索头部的风俗，即历史上所谓“索头鲜卑”。从这些画像和题记，不仅可以判断此窟是鲜卑族出资建造，而且对于探讨河西鲜卑的历史很有参考价值。

在220窟门上，画一男供养人，戴幞头，穿窄袖袍，乌靴。此窟底层初唐壁画于1944年被剥出，根据题记可知此窟乃初建于唐太宗贞观十六年的翟家窟。220窟的题记很多，在“贞观十有六年敬造”题记中有“弟子昭武校尉柏堡镇将……玄迈敬造”等语。唐代初年在河西设置了许多军镇防戍，大者曰军，小者曰守捉。昭武校尉柏堡镇将，大约属于守捉一类武官，是河西边防军之一。这类题记其他洞窟中也有，它为探讨河西军镇防戍的变迁，提供了新的材料。

建于中、晚唐时代的144窟东壁上，有一女供养人画像，身着汉装，拱手而立。其题记为：“夫人蕃任瓜州都督仓曹参军金银间告身，大虫皮康公之女修行顿悟优婆姨如祥弟一心供养。”所谓蕃任，就是吐蕃统治时期在吐蕃统治机构中做官的汉人的自称。大虫皮即虎皮，吐蕃贵人有战功者，“生衣其皮，死以旌勇”，[①]后来成为吐蕃官制。在205、231等窟壁画中都有虎皮服装。这类壁画和题记说明，吐蕃政权的官制是唐蕃混合制，它是吐蕃占领敦煌时期河西政治形势的形象反映。

这些供养人画像和题记，对于历史研究有很大的参考价值。而敦煌壁画中的供养人画像和题记，并非仅仅是上面介绍的这些，而是成千上万，保存到现在有题名结衔的就达1000余条，它反映了河西地区中古时代各民族的活动情况，特别是敦煌本地的豪门贵族，如李、张、阴、索、翟、曹等氏族及其盘根错节的社会关系，敦煌壁画中都有程度不同的反映，是研究西北地方史的第一手珍贵资料。

敦煌壁画中不仅有大量的供养人画像，而且还有许多出行图。如张议潮夫妇出行图、张淮深夫妇出行图、曹议金与回鹘公主出行图、慕容归盈夫妇出行图等。这些出行图都是表现当时当地历史人物活动的壁画，而且有名有姓，是历史的真实反映，本身内容与宗教无关。其中以张议潮夫妇出行图时代最早，作于唐懿宗咸通六年（865年），其榜题全文是“河西节度使检校司空兼御史大夫张议潮统军□除吐蕃收复河西一道出行图”，对研究西北地方史及归义军历史有极大的

① 《新唐书》卷二百一十六《吐蕃传》，第6103页。

参考价值。

除此而外，敦煌壁画中直接反映现实社会的画面很多，如“弥勒下生经变”中的“婚礼图”，是唐宋时期婚礼习俗的真实写照；壁画中的宫殿一类建筑，虽绘于佛国净土之中，实际上却是人间帝王贵族宫殿建筑的真实反映。

总而言之，敦煌壁画尽管披上了层层圣光，但古代画工在其创作时，仍然离不开自己所处的现实社会，并按照自己对现实社会的理解和体验来反映现实生活，或发挥想象力创造心目中的佛国世界，正因为如此，所以在敦煌壁画中就出现了许许多多反映现实社会的画面。[①]

① 本节主要依据段文杰先生《形象的历史——谈敦煌壁画的历史价值》（《敦煌学辑刊》第一集，1980年）改写，特此说明。又见段文杰《敦煌石窟艺术研究》。

第三节　敦煌的彩塑艺术

莫高窟彩塑，是敦煌石窟艺术的重要组成部分，历经1000多年以后，现在还保存着北魏、西魏、北周、隋、唐、五代、北宋、西夏、元、清时期的塑像两千余身，此外还有影塑一千余身。像敦煌莫高窟这样，保存古代彩塑的数量之多，延续时代之长，塑绘艺术又很高的石窟，不仅在我国，而且在世界上也是罕见的。它既是我国珍贵的民族艺术遗产，也是全人类的珍贵文化遗产。

一、敦煌彩塑的内容及分类

敦煌彩塑的主要题材有佛、菩萨、弟子、天王、力士等。它们是石窟里的主体，被布置在显著地位，并在周围以绚丽多彩的壁画相衬托。

佛像是佛教艺术最主要的崇拜偶像，有弥勒佛、阿弥陀佛、三世佛(过去佛、现在佛、未来佛)等。另外还有与佛传故事有关的形象，如表现释迦牟尼在树林里苦修的形象，传布教义的说法像和坐在菩提树下的降魔像等等。对于佛像的塑造有比较严格的规定和要求。此外，对于菩萨、弟子、天王、力士们的高低大小和排列次序也有一定的规定。当然，在实际制作中，对造像只能规定一些比较明显的外形特征，对于其内在精神的表现是很难严格规定的，其中关于比例的规定是随着时代的更迭而不断演变的。莫高窟彩塑题材范围虽然比较狭窄，但古代匠师们在千余年的制作过程中，并非千篇一律，而是继承了我国悠久的民族艺术传统，并吸收外来因素，不断创新，从而塑造了各时代不同风格的作品。

根据敦煌彩塑的发展、演变过程，大体可分为早、中、晚三个时期。早期（发展期）包括北魏、西魏、北周；中期（极盛期）包括隋唐两代；晚期（衰落期）包括五代、宋、西夏、元朝。

莫高窟早期塑像，在北魏孝文帝改制以前，人物面相一般是丰圆或者丰满而略长，鼻梁高隆直通额际，眉长眼鼓，肩宽胸平。佛像穿右袒式或通肩式赤布僧伽梨（红色大衣），有着密集的装饰性衣纹，给人以薄纱透体之感，史称“曹衣出水”。如 259 窟的北魏坐佛，就是一个很好的例证。从艺术的整体风格来看，此时的塑像体态健美，神情庄重，色彩明快，造型厚重，手法简朴，从中既可以看到中原地区传统雕塑艺术的影响，又能领略西域佛教艺术的优美风采。

太和改制以后，中原汉式衣冠在敦煌流行，南方“秀骨清像”的艺术风格也传到了敦煌。从西魏开始，彩塑的主要形象是面貌清瘦，眉目疏朗，身体扁平，眼小唇薄。西魏 285 窟的禅僧就是这种形象的具体表现。此时塑像反映的内容比以前有所增多，性格的类型化逐渐明显。如佛的庄严慈祥，菩萨的清秀恬淡，飞天的飘逸闲畅，力士的威猛粗犷等，都有了各自的表现形式。

从早期彩塑艺术看，佛教艺术的内容和形式虽然是外来的，但是传入中国后，通过融化、改造，逐渐地反映了华夏民族的风度、气质和审美意识，民族形式和华夏传统便逐渐在佛教艺术中占据了主导地位。

隋代彩塑虽然是前代的继续，但并没有因循套用前代的程式，从而在艺术实践上有了卓越的成就。

隋窟的中型和小型彩塑大都比例适度，为标准的东方型人体形，但也出现了一些头大体壮下肢粗短而形成大型彩塑的新造型。有的塑像高达四五米，由于窟顶高度及引伸距离的局限，制作者有意识加大了头部体积及上肢的比重，兼有自上而下的倾斜度，使匐伏于地的朝拜者仰视佛面时，有一种庄严肃穆感。这样既渲染了宗教气氛，又强化了大型雕塑的表现力。特别是天王力士像，头大如斗，躯干及两臂夸张到生理解剖限度之外，但丝毫不损其威武雄猛之势。407 窟是隋代规模最大的洞窟，全窟共有塑像 28 身。人物造型表现了隋代塑像在外形上的显著特征，即头大、体壮、腿短。

莫高窟的唐代彩塑，无论其规模、数量，还是题材的广度和艺术成就都是空前的。其中最引人注目的是两身大佛像，即北大像和南大像。

涅槃像是唐代规模最大的群像。148 窟中，李大宾建于大历十一年(776 年)的涅槃像长达 16 米，右胁而卧，围佛侍立的“七十二弟子”中，有菩萨、天龙八部、十大弟子和各国各族徒众。158 窟吐蕃时期的涅槃像，在规模上与 148 窟相当，长约 15 米，但周围徒众均绘成壁画。这尊涅槃像造型端正，睡态安详，全无濒死前的痛苦和恋世之感，完全是一副睡美人的神态。

隋唐时代的塑像，数量最多，制作最精的是与人等高的群像。在一铺像中，佛是最高统治者，是石窟里的主尊，形体最大，居中位。其次是观音、势至等大菩萨和天王。迦叶、阿难虽是佛的近侍，但由于道行等级不高，形体比菩萨小些。乱跪在莲座上的供养菩萨，等级更低，形体更小。

唐代的彩塑佛像一般七身一铺，多则十一身，形成完备的整体。在这些整体塑像中，至高无上的主尊，深睿智慧的弟子，沉静安谧的菩萨，威严无敌的天王、力士以及温厚虔诚的供养菩萨等，都按其职位等级有次序地安置在形同殿堂的龛坛上。同时，匠师们凭借其天才和智慧，把未塑像的八弟子、诸菩萨以及天龙八部绘制在佛像后面的龛壁上，由此衬托并弥补了由建筑的局限而造成塑像空间深度的不足，从而使局限的佛龛化为相对无限，充分体现了中国古典艺术建筑、雕塑、绘画三者互为依存、密不可分的传统特点。

唐代僧侣的社会地位很高。敦煌彩塑中也有少数高僧的肖像，如第 17 窟(藏经洞)中的洪䛒像，是莫高窟现存数身高僧肖像中最好的一身。他身披通肩袈裟，作禅定状，坚毅自信，端庄持重。作者以含蓄的眼神、紧闭的嘴唇以及细微的面部皱纹，表现了这位高僧深沉的内心境界。

莫高窟唐代塑像的艺术风格，是在隋代不断探索与创造的基础上逐渐形成的。例如迦叶像是北周时代开始出现的，到了隋代，其面相和体形已有了不少发展和变化，直到唐代，才形成了比较固定的“老成持重”的典型。菩萨像也是如此。唐代的菩萨像，在体形、面相、神态上尽管千差万别，但都具有“人物丰浓，肌胜于骨”的共同特征。如第205窟的“游戏座”菩萨，虽然色彩已变，肢体已残，但从其丰满的身躯，自然倾斜的姿态，以及富有装饰性的锦裙褶纹里，都表现出唐代艺术所普遍崇尚的“浓丽丰厚”的时代风格。

晚唐、五代时期，莫高窟艺术已呈现出明显的衰颓迹象，造像之风远不及隋和唐前期之盛。此时的彩塑，虽丰腴华丽，但神情呆板，缺乏个性，许多作品坠入程式化。不过偶尔也有几尊塑像，继承了盛唐风格，虽功力犹存，但气派不足，只不过是盛唐艺术的回光返照罢了。

由于五代宋初的洞窟多在崖面下层，因此破坏较大，现存塑像已不多。在曹元忠建造的55窟里，还保存着一铺完整的宋塑，有佛、菩萨、弟子、天王、金刚力士等十余身。其形象衣饰仍保持着唐代遗风，在规模上甚至超过了唐代。

宋代、西夏、元、清各期的彩塑保存不多，佛像大都呆板迟滞，缺少活力，尤其是清代塑像，俗不可耐，根本不能和隋唐塑像相提并论。

莫高窟的彩塑艺术，虽然是被封建统治者利用来宣扬宗教迷信思想的，但是作为古代遗留下来的艺术作品，它却反映了劳动人民的智慧和创造才能，是我国古代劳动人民创造的宝贵艺术遗产。

二、敦煌彩塑的制作

由于敦煌石窟开凿在砾岩上，不能雕刻，因此一开始就采用了传统的泥塑方法。古代的匠师们用捏、塑、贴、压、削、刻等传统泥塑技法，塑出简洁明快的形体后，再用点、染、刷、涂、描等绘画技法敷彩，以润饰皮肤，画出细节，体现质感。

1. 泥塑的制作技巧和敷彩

从一些已经残破的彩塑上，我们可以了解到泥塑骨架制作的奥妙。小型彩塑一般是用木头削制成人物的大体结构，表面塑上薄薄一层细泥。那些木胎本身已经可以看出人物的大体造型和动态。一些比较大型的彩塑骨架，一般都用圆木根据塑像姿势的需要扎制。现已发现古代匠师巧妙地按照塑像动态选用适当弯曲的木料，如 197 窟前室的力士像，就用了一根粗大而弯曲的圆木，仅仅在脖子的位置砍细了一些，由此就能清楚地看出力士仰头挺胸的生动神态。有的塑像用木板制作手掌，用戈壁滩上的红柳枝条做手指，然后敷泥，第 158 窟的佛像就是这样制作的。一些高达二三十米的泥塑，是不用木制骨架的，而是在开凿洞窟时预留塑像石胎，然后在石胎上凿孔插桩，再于表层敷泥塑成。

用圆木搭制的骨架，上泥前需用芨芨草或芦苇捆扎成人物的大体结构，这样既省泥又可减轻圆木立柱的负重。另外，在骨架上还有一些横向的木桩楔入背后壁上凿出的孔里，把塑像固定起来。

敦煌彩塑用泥都是当地河床沉淀的一层泥土，即澄板土，它质细而无胶性，制泥时需加入适量的细砂和纤维。根据加入的纤维不同，大体分为两种，即粗泥和细泥。粗泥用澄板土加麦秸，以塑人物大样。细泥用澄板土七成、细砂三成，再加麻刀或棉花合成，以塑造人物表层及五官、衣褶、佩饰等细部。由于古代匠师在长期的实践中，积累了极其丰富的制泥和塑造经验，使泥塑完成后收缩小，不开裂，保存久远。从已残破的敦煌泥塑中可以看出，塑泥有明显的层次，每层表面都留有抹泥的指纹，这说明泥塑是分层敷泥的，并且每敷一层都不能过厚，而是待其水分适当挥发后再敷。最后加工表层的细泥，一般较薄，在其干燥过程中，需用塑刀反复按压收紧，从而使泥塑完成后不再变形和开裂。

同时，古代匠师们还广泛使用了泥范（即泥制的模具），用以制作中心柱或窟壁上的浮雕和圆雕人物身上的璎珞、串珠和花冠等装饰。此外，还采用了预制头部、手指、脚趾等局部的方法。这样既节省工时，又考虑到了细部装饰及指、趾容易损坏的情况。

敦煌彩塑在敷彩上，各时代都具有自己的特色。十六国、北朝时期的敷彩比较简朴沉稳，主要用土红、石绿、石青、白、黑等几种颜色。佛像大都用土红色大面积平涂通肩衲衣。菩萨像一般用石青、石绿等描绘裳、裙及飘带的形体转折变化。面部及手、脚，则用白色或肉色。隋唐两代，敦煌彩塑的敷彩发展到了辉煌灿烂的时期。隋代塑像上出现了许多织锦图案和五光十色的璎珞装饰。唐代的敷彩更加绚丽，除了描绘丰富多彩外，许多地方还有装金，至今仍闪烁着光彩。五代以后，在敷彩上逐渐演变为比较清雅的色调，装銮技艺已不能和唐代同日而语了。

2. 塑造上的特点

敦煌彩塑在塑造上的特点主要表现在以下几个方面：

第一，塑雕的结合。泥塑与石雕，都是立体造型艺术，具有共同特点。为了稳固，雕塑必须靠山崖或背屏，并与山崖背屏相连接。其雕凿工艺一般是先雕出大的体积，然后逐渐加工细刻。泥塑则是先制作骨架，再以非常柔软的砂泥逐步分层塑制，这样既易于表现大的动态和飞舞的飘带，又易于表现细部更加细微的变化，达到生动活泼的效果。雕刻和泥塑虽然是两种不同的制作技艺，但在可能的范围内又往往相互影响、吸收、借取。敦煌彩塑就具有泥塑比较生动活泼、刻画细腻等特征，又在不少地方运用了石雕的表现手法，这在早期的作品中表现尤为突出。如第 432、248 等窟中心柱四周的菩萨像，其头部前倾，身体紧靠中心柱，体积扁平。而靠近身体的一只手却平贴在身上，这些都是借用了浮雕的处理方法。

第二，绘塑结合。敦煌彩塑一般都在大型龛中或须弥坛上，塑像的造型、着色都与四周壁画统一协调，相得益彰，在金碧辉煌的色彩中，更能衬托出塑像在窟中的主体地位。

绘塑结合常常用来处理大形与细部的关系。如唐代天王像，铠甲只塑出大体外形，甲的细部鱼鳞、锁子等，多以金箔装饰和青绿彩绘。塑像的颜面和肢体敷以重色，菩萨像涂白色，以表现皮肤的洁白莹润。弟子、天王涂肉红色，或赭红色。人物的眼、眉、须、发以黑线或赭红线描画，同时以浓墨点睛，朱红涂唇。色彩上的夸张有助于人物性格的表现，从而收到了泥塑不易达到的效果。由于绘塑的巧妙结合，大大增强了佛像的艺术感染力。

第三，现实性。敦煌彩塑属佛教艺术的范畴，但它并没有严格遵守佛教造像的清规戒律，而是普遍运用了“夸饰”的手法。如彩塑菩萨，一般都长眉入鬓，嘴角深陷，项下加三级，加长手指等等。这些虽然都违反生理现象，但由于“夸而有节，饰而不诬”[①]，不仅无损于形象的真实性，反而更好地表现了菩萨的女性特征，增强了形象的典型性和艺术魅力。

敦煌彩塑能够获得高度的艺术成就，正是由于在一定程度上突破了佛教造像的清规戒律，并以现实生活为基础，大胆地以“胡商”“梵僧”“将军”等现实人物为蓝本，并加以夸张、想象、概括、提炼，才塑造了富有社会生活气息的宗教人物形象。[②]

---

① ［南朝］刘勰撰，戚良德校释《文心雕龙校注通释》，上海古籍出版社，2008年，第423页。

② 本节主要参考资料：孙纪元《谈谈敦煌彩塑的制作》，载《敦煌研究文集》，甘肃人民出版社，1982年；《略论敦煌彩塑及其制作》，载《中国石窟：敦煌莫高窟（三）》，文物出版社，1987年；段文杰《敦煌彩塑艺术》，《敦煌研究》试刊第1期；杜永卫《莫高窟彩塑艺术（敦煌艺术小丛书之十六）》，甘肃人民出版社，1986年。

第四节　敦煌的建筑艺术

莫高窟是一个综合性的艺术宝库，除了壁画和彩塑外，还有大量的古建筑资料；洞窟内外保存有五座唐宋木构窟檐和一些宋元土木古塔；壁画中有大量的各个时代的古建筑形象，是研究中国古代建筑史极其珍贵的形象史料，具有很高的历史价值和艺术价值。

一、敦煌的古建筑实物

莫高窟现在的外观是 20 世纪 60 年代洞窟加固之后的面貌。现在窟崖上仅保存着五座唐宋窟檐，从这些窟檐建筑可以想见，千百年前人们出于宗教动机建造的几百座窟檐殿堂，檐翼相接，画柱雕梁，的确十分壮观。

现存唐末宋初的木构窟檐共五座，其中完整的四座，另一座残缺。完整的四座是：第 427 窟窟檐建于宋初开宝三年（970 年），第 444 窟窟檐建于宋初开宝九年（976 年），第 431 窟窟檐建于太平兴国五年（980 年），第 437 窟窟檐虽无纪年，但其结构形式与邻近的第 427、431 窟窟檐相比较，时代是接近的。残缺的一座是 196 窟窟檐，它上部残毁，仅存四根檐柱及梁枋构件，造于晚唐末期，窟檐与洞窟是同时建造的。

以上几座窟檐，虽然在规模尺度上稍有差别，但其结构和形式则基本相似，它们都是三间四柱，深约一间，正中一间开门，左右两间开窗。所有的梁柱都为八边形，柱上有斗拱，柱下无柱础，柱立于地栿之上，栿下有挑出岩体的悬臂梁，梁间铺设木板即成为洞窟之间的往来栈道。

现存各窟窟檐的外观形制古朴，斗拱的风格以及八边形柱与中原同期古建筑的风格有较显著的差异。这可能是因为敦煌地处边陲，在建筑技术上保存了较多的古老传统。如427窟窟檐的木结构梁柱额、枋、斗拱、椽、檩等构件都保存完整。其六铺斗拱，制作准确。檐下圆椽一层，飞头一层。檐端平直，两翼不翘飞，与壁画中所画建筑的形象相同。这些窟檐虽是小型木构建筑，但年代确切，保存完好，内部彩画如新。

第96窟外层的九层楼，是一座形式特殊的高大窟檐，楼总高43米，虽然其始建年代不详，但依据其相关文献可知在归义军节度使张淮深执政时期是四层，张淮深增建为五层，后又经宋、清、民国等多次重修。窟檐九层，下面七层依山靠岩而建，上两层是保护33米高的弥勒像头部的顶盖。整个楼身的建造充分利用了地形地势，白壁丹楹，宏伟而秀丽，为莫高窟增添了光彩。

在莫高窟窟前园林中，还有一座小巧的亭阁式塔，木檐土身，单檐八角攒尖顶，上有覆钵相轮的塔刹。塔身正面有门，门额上墨书“慈氏之塔”。门内有方形小室，各壁及穹窿顶均有壁画。此塔小巧精致，比例适度，是难得的古建筑小品。这种亭阁式的土心木檐的小塔，是我国遗存至今的唯一孤例。根据塔形和结构特点分析，此塔可能建于宋初，已有近千年的历史。此塔原在三危山中，为了便于保护，1981年迁建于莫高窟园内。迁移时，对塔刹及檐部作了复原处理。

另外，莫高窟周围和大泉河两岸有几十座佛塔和墓塔。现在塔身已经残破斑驳，但幢幢古塔屹立在沙丘之中，它们古老的身影为莫高窟悠久的艺术生命力更增添了庄重、古朴的风姿。

二、壁画中的古代建筑

敦煌壁画中有大量的建筑物形象，其中有宫殿、阙、佛寺、塔、城垣、住宅，还有监狱、坟墓、高台、草庵、穹庐、帐帷以及桥梁、栈道等等，有许多还是以完整的组群形式出现的，可以明确地显示出建筑的群体构图。“礼失而求诸野”，在实物例证如此缺乏的情况下，敦煌壁画无疑给我们的研究提供了最好的材料。

敦煌壁画中的建筑形象，上起十六国，下迄唐宋，各个时代的都有，其中尤以唐代的最多，表现最充分。唐代敦煌地区的佛教净土宗比较流行，洞窟内普遍有《西方净土变》《观无量寿经变》《弥勒净土变》《东方药师变》等经变画。这些大幅经变画，比较集中地描绘了建筑群的组合和各种类型的单体建筑物形象，内容极其丰富。佛国天堂的景象就是人间宫室、寺院的影子。净土世界中殿阁、楼台、宝池、栏杆等形式多样、结构精巧的建筑，就是唐代建筑水平的反映。

1. 殿堂

殿堂是壁画中最多的一种建筑形象，一般来说，殿与堂没有多大的区别，高大的堂就是殿。凡宫室、寺院、道观中的主要建筑都可以称为殿。殿下有台基，大都是砖砌素平台基。唐代中期发展为装饰华丽的须弥座台基，正中设台阶，也有设左右双台阶的；台基边沿有栏杆；台上殿堂面阔三开间或五开间，也有七开间的；殿身上覆单檐庑殿顶，也有极少数作歇山顶。如第 285 窟（西魏）“五百强盗成佛”故事中的大殿为单檐歇山顶，殿身上部有一组类似现代结构的桁架，上下桁条之间有人字形的支撑，形成一组横向的承重结构，这是其特殊之处。又如第 423 窟（隋）的“兜率天宫”中有一座大殿，其两侧各有三层的楼阁。大殿面阔五间六柱，下部为砖砌的素平台基。两侧的楼阁画得极其概括，与汉画像石中常见的一殿两阁的平面格局相似。

对于宫殿的内部情况，壁画中表现得不多。这是因为敦煌壁画是宗教画，意在宣传佛教，若非必需，一般并不表现宫殿。另外，当时一般的画家恐怕也不能经常出入于宫殿朝堂之间，无法窥其究竟。只在《观无量寿经变》画中，画出了频沙王被阿阇世太子囚禁的未生怨故事，对宫殿的内部情景有部分表现。盛唐第 148 窟的未生怨图，把国王被囚、王后探视、太子肆虐和国王冥想、佛为现身说法等情节都画了出来，从中可以窥见宫殿内部的少许景象。

2. 宅第

古敦煌民间对修建家宅十分重视，他们有一种牢固的风俗观，认为“宅者，人之本，人者，以宅为家，居若安，即家代昌盛”。[①]民间对住宅有诸多考究，要求避免“五虚”，符合“五实”，“宅小六畜多”。古敦煌对六畜早有规定，S.5755卷说是马牛羊猪狗鸡，这六畜多与人丁兴旺有密切关系，六畜多即意味五谷多，养活的人口多，是家庭兴旺的象征。

在修建房屋时，要在梁上、内壁和院墙上，雕刻绘画，进行工艺美术的装饰。他们把中国民间吉祥的象征物——龙凤，带入外来的佛寺中。在堂阁上绘画，与在梁上雕龙描凤，出于同一种建筑风俗，这在莫高窟第296窟（北周）福田经变的“画堂阁”壁画中有反映。唐代壁画里的住宅以晚唐第85窟为代表，这是《法华经变》中的一座住宅。它为方形院落，以廊庑分为前后二院，正面为二层楼阁式的大门。前院横长，后院方阔，其中心有一楼，似为主人住处。四周不仅有廊庑，同时也有住房。宅的左侧附建畜厩，也分为前后院，向外一面有大门，门内一小院，有一人躺卧在地上。后院畜厩内有马匹及奴仆。宅外有农夫耕作，表明这是一座地主宅院。

3. 塔

塔是随佛教传入我国的一种建筑物，具有宗教纪念的性质。但它的造型，由现存成熟期的塔形来看，都是以中国固有的重楼为基本要素，上加印度覆钵式塔作为刹部融合而成的，并且完全中国化了。它

① P.3865《宅经》。图版见《法藏敦煌西域文献》第二十九册，上海古籍出版社，2003年，第28—31页。

往往和名山大川相结合，成为风景名胜的景观。莫高窟壁画中的塔有楼阁式、亭阁式、窣堵婆式、金刚宝座式等，造型多样，结构奇巧。

第 301 窟东顶萨埵那太子舍身饲虎故事中，有埋藏萨埵那尸骨的舍利塔一座。第 257 窟南壁沙门守戒自杀品画面中，绘埋藏沙门遗骨的单层墓塔一座。此塔的基座，作直线组成的须弥座式，束腰部分较高。座正面设斜道，塔身平面方形，正面开半圆龛，上覆单檐庑殿顶，绘出瓦垅，出檐深远，从形体色彩上看，屋顶似为木构，其余则砖石建造。

第 428 窟西壁画“金刚宝座”式塔一组，由五座方塔组成，中央一塔比较高大，下设两层成阶梯状的素平基台，上为基座，基座本身又以平座栏杆隔为两段，下段中央辟半圆门，由此可以进入塔内，上段正面绘四个力士。塔身两层，覆钵上为相轮基座。

4. 城和城楼

壁画中有宫城、州城、县城，其布局大同小异。城一般都作方形，按轴线对称布置，四周有夯土城墙，两面或四面有城门。门上有单层或重层的城楼，城转角处大多有角楼，是防御性和装饰性相结合的建筑。如北周第 296 窟中画须菩提故事中的王城，此城为方形，前后两侧有城门，门上有三间城楼，后侧两转角处，有突出墙体的台。城内轴线上有国王的殿堂，面阔三间，下有台基，台基一周及台阶边沿设栏杆。殿堂后方有不甚对称的院落状房屋。此图中的城门、宫殿等建筑基本上沿轴线对称布局，反映了隋唐以前城市规划已注意到了对称、均齐的特点。

另外还有晚唐第 8 窟《维摩诘经变》中毗耶离城的城楼。其下层是突出城墙的城台。开三门，门首作梯形，周边有木构架支撑。正中一门可以看到半开的门扇，上有九行门钉。门洞上小下大，显得高耸狭窄。城台表面有菱形图案，可能表示一种装饰性的面砖，城楼面宽五间，深三间，门楼一周设平座栏杆。

上面仅仅介绍了壁画中主要的几种建筑形象，实际上敦煌壁画中的建筑形象很多，内容极其丰富。除了以上介绍的外，还有楼阁、台榭、阙等等。并且还有一些建筑图，如初唐 321 窟《宝雨经变》中就有一幅施工图，此图画一座正在施工即将建成的房屋，房屋三开间，檐柱不施斗拱。双扇大门不在中间，而在右侧。中间有一工匠正在用抹子往墙上抹泥，另有一人在后协助。屋顶也有工匠在劳作。所有工匠都赤裸上身。这类施工场面在壁画中是很少见的。

总之，莫高窟的建筑延续千余年，表现了人间天国的建筑风俗及要求，反映了中国封建社会的建筑技术和艺术水平。壁画中所反映的古代建筑形式，虽然与古代建筑实物有一定距离，但它提供了研究我国古代建筑的大量形象资料，是一笔极其珍贵的文化遗产。[①]

---

① 本节主要参考资料：孙儒僩《莫高窟壁画中的古建筑（敦煌艺术小丛书之十五）》，甘肃人民出版社，1986 年；萧默《唐代建筑风貌——从敦煌壁画看到和想到的》，《文艺研究》1983 年第 4 期；敦煌文物研究所考古组《敦煌莫高窟北朝壁画中的建筑》，《考古》1976 年第 2 期；高国藩《古敦煌民间建筑风俗》，《文史知识》1988 年第 8 期。

第三章

扼腕愤谈伤心史

——敦煌文献被盗记

我们伟大的祖国是一个历史悠久的文明古国。在长期的历史发展中,我国各族人民创造和积累了丰富的文化典籍和文物资料,为世界文明作出了重大贡献。这些文化典籍和文物资料经历了漫长的历史岁月之后,有些已失佚不传,有些还遗存于地下,或密藏于洞窟山岩。可能有一天,它们将被发现而成为世界文化宝藏的一部分。

在古代,曾有两次文物典籍的发现,即汉代的孔壁古文和晋代的汲冢竹书,都与文化有极大的关系。19世纪末和20世纪初,我国的典籍文物,又有几次大的发现,即河南安阳殷墟甲骨、西陲汉晋简册、明清两代的内阁大库档案、敦煌文书。这些文物典籍的发现,尤其是敦煌文书的发现,震动了国内外学术界,引起了国内外学者的关注与研究,并由此在世界上形成了一门新的学科——敦煌学。

第一节　震惊世界的大发现

一、藏经洞遗书的发现

敦煌藏经洞文物的发现，距今才一百余年。但由于现存记载相互矛盾，更由于缺乏可靠的历史证据，其发现时间及过程还有待于更深入地研究。

据王道士墓志——《太清宫大方丈道会司王师法真墓志》记载，藏经洞发现于清光绪二十五年，即公元 1899 年。王道士墓志是民国二十年（1931 年）赵玉明、方至福为其师、师爷道士王圆禄去世百日而立。墓志嵌于莫高窟对岸王圆禄墓塔上，为木质阴刻，面南，高 174 厘米，宽 75 厘米。碑首中央篆刻“功垂百世”四字，其两旁各刻一龙。墓志全文如下①：

> 民国廿年古七月卅日，为吾师王法真仙游之百日。门弟子咸愿碑记行略，请命绅耆，众皆曰可，何幸如之！夫吾师姓王氏，名圆禄，湖北麻城县人也。风骨飘然，尝有出世之想。嗣以麻城连年荒旱，逃之四方，历尽魔劫，灰心名利。至酒泉，以盛道道行高洁，稽首受戒，孳孳修练。迨后，云游敦煌，纵览名胜，登三危之名山，见千佛之古洞，乃慨然曰：“西方极乐世界，其在斯乎！”于是建修太清宫，以为栖鹤伏龙之

① 录文经李永宁先生整理，载《敦煌研究》试刊第 2 期，甘肃人民出版社，1983 年。

所。又复苦口劝募，急力经营，以流水疏通三层洞沙，沙出壁裂一孔，仿佛有光。破壁，则有小洞，豁然开朗，内藏唐经万卷、古物多名。见者惊为奇观，闻者传为神物。此光绪廿五年五月廿五日事也。呜呼！以石室之秘录，千百年而出现，宜乎价重连城，名驰中外也。观其改建三层楼、古汉桥，以及补葺大小佛洞，积卅余年之功果，费廿多万之募资，佛像於焉壮严，洞宇於焉灿烂；神灵有感，人民受福矣！惟五层佛楼规模粗具，尚未观厥成功。陆前县长嘉其功德，委为道会司以褒扬之。今者羽轮虽渺，道范长存。树木垦田，成绩卓著，道家之香火可继，门徒之修持有资。实足以垂不朽而登道岸矣！夫何必绝食练形而后谓之飞升哉！

千佛洞太清宫徒子赵玉明、徒孙方志福稽首谨志

《墓志》所说的太清宫，俗称下寺，与藏经洞所在的16号窟，近在咫尺，东西毗邻，原为王道士的法堂及居室。

立《墓志》者乃王道士的徒子徒孙，并且距藏经洞发现的时间已有30年之久。《墓志》中所述情节与实际情况又不完全相符，内有虚构、浮夸之词。所以此说虽有根据，但未必准确，学术界鲜有附会其说者。

另一说发现于光绪二十六年，是年为庚子年，即公元1900年，此说目前为学术界所公认。庚子发现说，最早见于叶昌炽的《缘督庐日记》。《日记》说：甲辰年（1904年）“初七日夜敦煌王广文来云：莫高窟开于光绪二十六年，仅一丸泥，砉然扃鐍自启，岂非显晦有时哉。”①

①叶昌炽《缘督庐日记》影印本第7册，江苏古籍出版社，2002年，第4604页。

叶氏记此事之年,距发现藏经洞只有四年,比较可信。

1900年发现说也见于《重修千佛洞三层楼功德碑记》。此碑为木质阴刻,立于光绪三十二年(1906年)。碑嵌于三层楼下层洞窟,今编16号窟甬道南壁。碑高230厘米,宽89厘米。《功德碑记》全文如下[①]:

三危为敦煌望山,其西麓有千佛洞。稽诸志乘,即古雷音寺,未详创始何代。梵宇立唐时残碑尚云再修。历年邈远,迄今无考。但倚幽崖深谷间,疏岩凿石,缔造佛像万计。或装塑宝座,或绘画悬壁,色相庄严,灿然妙善,足征西域当年修佛之盛也。后经兵燹蹂躏,佛像屡遭毁废,龛亦沙压倾圮,梯级多断,攀缘莫逮。千百载而下,追溯古迹,每足动人感慨之思。然兴者不废,废者复兴,尤存乎其人而已。丁酉之岁,邑从九戴君奉钰倡首续修,聚众善之赀力,营艰大之工程,左提右挈,其运意为独挚矣!始构大雄之殿,继兴大士之宫,畴昔荒刹萧索,不蔽风雨,今则洞宇峥嵘、观瞻辄资景仰。苟非竭诚补葺,即阅五六年,殊难告厥蕆功。而鄂省羽流圆禄,又能宏乐善之心,不辞劳瘁,不避星霜,旋睹迤北佛洞寂寥,多为流沙所掩没,因设愿披沙开洞。庚子孟夏,新开洞壁偏北,复掘得复洞,内藏释典充宇,铜佛银座,侧有碑云唐大中五年沙门洪䛒立。参考正史,建中二年沙州沦陷吐蕃后,逾七十年,刺史张公义潮正于大中五年以瓜沙等十一州收复归唐。遂改沙州为归义军,以义潮作节度使。由大中而至于今,且千有余岁,是圆禄孤志劈画,吾乡人众创见千岁遗蕴之物,

---

① 录文经李永宁先生整理,刊于《敦煌研究》试刊第2期。

亦甚异。圆禄测度藏经佛龛，结造三层楼，仍属戴君奉钰提倡而振作之，庙貌焕乎维新。功既竣，请余援笔而付剞劂。谨略述其梗概。若夫润色鸿业可大可久，更于继起有厚望焉！是为记。

敕授文林郎、候铨试用知县、丁酉科选拔联捷举人郭璘谨撰并书。

例授登仕佐郎、吏部候选巡政厅、从九品、经理社首戴奉钰督修。

例授修职郎、吏部注册即选儒学训导、岁贡生、社首习登瀛监修。

例授修职郎、吏部注册候选儒学训导、附贡生、社首马育江监修。

经理社首戴号公　陈正言　杨春洲　殷善言　戴化勋　胡从义

住持王圆禄

徒：王明发　赵明裕仝修。

大清光绪三十二年岁次柔兆敦牂孟夏之月上浣榖且　立

此碑所记“庚子孟夏”发现说，有可能源于王道士之口，因为王道士曾亲自参与三层楼修建之事，所以其说比较可信。

1900 年发现说，还见于王道士的《催募经款草丹》（又名《王道士荐疏》）。此件为梅红纸墨书，现存敦煌研究院。《草丹》是以王道士名义写出，上报催拨经款的。《草丹》[①]说：

① 《草丹》原文见子青《记王道士催募经款草丹》，《西北日报》1945 年 5 月 22 日。图片和录文参阅梁旭澍《〈敦煌县正堂申谕〉〈催募经款草丹〉录文及相关问题》，《敦煌研究》2018 年第 1 期。

道末湖北麻城县人、现敦煌千佛洞住持王圆禄敬叩伏俯叩恳

天恩活佛宝台座下：敬禀者：兹有甘肃省敦煌古郡，迤郡东南方距城四十里，旧有千佛洞，古名皇庆寺。其洞在石山之侧，内有石佛、石洞、泥塑佛像，俱有万万之像。惟先朝唐宋重修碑迹为证，至本朝光绪皇帝年内，因贫道游方至敦，参拜佛宇，近视洞像，破毁不堪。系先年贼匪烧损，贫道誓愿募化补修为念。至贰拾陆年五月贰拾陆日清晨，忽有天炮响震，忽然山裂一缝，贫道同工人用锄挖之，欣出闪佛洞壹所，内有石碑一个，上刻大中五年国号，上载大德悟真名讳，系三教之尊大法师。内藏古经数万卷，上注翻译经中印度经、莲花经、涅槃经、多心经，其经名种颇多。于叁拾三四年，有法国游历学士贝大人讳希和，又有阴国教育大臣司大人讳代诺二公至敦煌，亲至千佛洞，请去佛经万卷。异日复蒙天恩，赐银壹万两。近闻其名，而未得其款，以将佛工不能成就。区区小县，屡年募化。至今创修寺院，以及补塑佛像，重修楼殿等项费用，过银贰万有余。缘为经款，叩恳青天佛祖电鉴。特修草丹上达，肃此

谨禀

《草丹》对藏经洞的发现时间说得十分具体，即 1900 年 6 月 22 日，与庚子孟夏之说吻合。而且还提到贝希和、司代诺（即伯希和、斯坦因）二人“请”去佛经万卷之事，故此件应写于 1908 年之后不久，应当说是可信的。

此外，伯希和、斯坦因等人，都说藏经洞发现于 1900 年，他们二人必亲闻之于王道士，所以与庚子发现说一致。

还有一种说法，即王圆禄做了道士，来到敦煌后，生活无着，投宿

于莫高窟。此时的千佛洞寺院，多为红教喇嘛，诵的是番经，唯独王圆禄能诵道经，说中原语言，所以人们大都求他礼忏。其生活因此渐渐好了起来，于是就雇一杨某写经。杨某在第16窟甬道中置一桌案，经常在此伏案写经。抄经休息时，常以芨芨草点旱烟吸之，也经常把燃余之草插在墙壁裂缝中。光绪二十六年四月二十七日夜半，杨某又在此伏案写经，这次他与往常一样，吸完烟后就把燃剩的芨芨草插在背后墙壁裂缝中。奇怪的是这次却草插而不可止，用手击之，发现内中是空的，因而甚感惊异。杨某把此事报告了王道士，王道士即与杨某合力破其壁，内有一门，高不足容人，用泥块封塞，把泥块去掉，则为一小甬道，入内为一复洞，由此发现了藏经洞。此说没有旁证，也近于传奇，聊备一说，仅供参考。

二、土地庙文书发现记

敦煌遗书，主要是指1900年藏经洞发现的大批遗书。除此之外，还应包括1944年土地庙残塑中发现的少量文书。

1944年7月初，国立敦煌艺术研究所为建职工宿舍，准备拆除中寺后院中的土地庙，先将庙内土地、山神、牛王、马王、药王等五尊残塑像搬出，放置在土地庙外西墙根下。8月30日上午11时许，国立敦煌艺术研究所职工（警长）窦占彪打破其中三尊残塑，发现残塑体内中心支柱上缠裹着一些经卷，当即由警长窦占彪和泥工秦司等将这些经卷持送到所长常书鸿同志的办公室。常书鸿同志让研究人员苏莹辉、刘荣曾共同检视包封。下午4点，国立敦煌艺术研究所工作人员常书鸿、董希文、李浴、张琳英、陈芝秀、邵芳、苏莹辉、陈延儒、辛普德、刘荣曾等留所全体同志，在考古组启封检点，“并敦请中研院西北科学考察团考古组夏作铭（鼐）、向觉明（达）、阎述祖（文儒）三先生莅场监视，以昭郑重！"[①]。由苏莹辉、李浴、刘荣曾记录登记。

关于土地庙文书的发现，最早最基本的记录是当时任国立敦煌艺术研究所所长常书鸿先生之报告：

国立敦煌艺术研究所于民国三十三年八月三十日
发现藏经初步检验报告

本所因修建职员宿舍，于八月三十日上午十一时，在后园土地祠(该庙为清末中寺主持王喇嘛所修)残塑中发现六朝残经多卷，当经鸿召集全体职员并邀请现正在千佛洞工作之西北考察团考古组向达、夏鼐、阎文儒三先生参加检验，详细记录。计共得六朝残经杂文等六十六种，碎片三十二块；其中有题记年号者，计北魏兴安三年五月十日谭胜写弥勒经，北魏太和十一年五月十五日写佛说灌顶章句拔除罪过生死得度经及北魏和平二年十一月六日唐丰国写孝经残页三种。此外尚有六朝职官名册残页，均甚名贵，现经匆促编造初次查验目录。该项残页现妥存本所，此次发现，实为史坦因、伯希和等盗窃藏经后敦煌之创闻，本所成立于盗窃俱空之际，有此意外收获，致使震动世界之"敦煌学"又增加若干研究资料，亦中国文化之幸也。

常书鸿谨志于莫高窟
三十三年九月一日

参加检验本所职员：常书鸿　张琳英　刘荣曾　李　浴　陈延儒
苏莹辉　邵　芳　陈芝秀　董希文　辛普德

① 苏莹辉《国立敦煌艺术研究所新发现北魏写经颠末记》，《西北日报》1944年12月1日。

监验人：向　达　夏　鼐　阎文儒
纪　录：苏莹辉　李　浴　刘荣曾①

另外，著名敦煌学家、当时作为监验人之一的向达先生，在同年就发表了《国立敦煌艺术研究所发现六朝残经》②一文，对此也有简单记述："难为王道士当时除隐匿不少外，并将经卷任意置于新塑佛像府(腹)中。最近国立敦煌研究所于八月三十日所经(得)六朝残经，即王道士藏于佛像腹中者也。

研究所后园原有一土地庙，中杂置土地及龙王像。研究所近将土地庙改为工人住室，工人遂于弃置外间之新塑二残像中发现残经一大捆。此间塑像，显以二木杆缚成十字，于木杆上缠以芦苇或芨芨草，然后再傅以泥土，加以搏捏。今此发现残经之塑像，即以经卷替代芦苇，是以外傅之泥土破裂，经卷即赫然外露。研究所予以初步点查，计编六十八号，凡七十余段。"

8 月 31 日，窦占彪又持来经卷一包，说此乃研究所临时雇员泥瓦工马志华、秦志和将另两尊残塑打破，从土块夹缝中获得的。

1944 年 8 月 30 日和 31 日，国立敦煌艺术研究所从五尊残塑中所获经卷，经过检查清点，计有佛家经、咒、疏等 79 件，编为 61 个目录号。孝经 2 件一个编号，诗经、记账单、北朝幢将花名册、抄经起讫记录等各一件，各占一个编号。此外，尚有写卷碎片 32 件，分做两包，各占一个编号，由苏莹辉整理编目。

土地庙文书的发现，当时即引起了学术界重视。中央社为此发的

---

① 该报告见苏莹辉《敦煌学概要》(修订再版)，"国立编译馆"中华丛书编审委员，1981 年 10 月。

② 原载《图书季刊》新第 5 卷第 4 期(1944 年 12 月出版)。又见阎文儒、陈玉龙编《向达先生纪念论文集》，新疆人民出版社，1986 年。

《六朝藏经敦煌发现》[1]说："国立敦煌艺术研究所，于八月三十日修建职员宿舍，于后园土地庙残塑中，发现六朝藏经杂文共六十六种、碎片三十二块……此种意外收获，致使震动世界学者之'敦煌学'，更增加若干资料。"苏莹辉当即介绍了土地庙遗书的发现始末，并很快发表了藏经目录。[2]

土地庙发现的遗书，共 68 卷，除苏莹辉所编目录之第 11 号《诗经残卷》，1951 年在首都举办敦煌文物展览时携至北京，一直为故宫博物院保存外，其余 67 卷均藏敦煌研究院。1977 年《文物资料丛刊》第一辑公布了施娉婷、刘忠贵整理的《敦煌文物研究所藏敦煌遗书目录》，该目录包括土地庙遗书。为了与藏经洞遗书相区别，在每卷卷名末尾注一"土"字，混编于院藏目录之中。

关于土地庙遗书的性质，即是否为藏经洞遗书的组成部分。由于清宣统二年（1910 年）敦煌遗书运送北京时，王道士私藏了一部分，1912 年初，日本橘瑞超和吉川小一郎曾从王道士手中骗购了一些；1914 年，斯坦因第二次来敦煌时，也从王道士手中骗购去 600 多卷。因此，当时一些学者即认为土地庙遗书是王道士藏匿的藏经洞出土文书。如前引向达先生文中即持此说。另外，当时西北考察团考古组成员、土地庙遗书监验人阎文儒先生也说："1944 年 8 月 30 日，我们在莫高窟住的时候，国立敦煌文物研究所（应为国立敦煌艺术研究所）因建职工宿舍，在中寺后园土地庙残塑像内，发现了六朝残经六十七卷，残片一包……这像是王道士所造的，在塑像时为修功德，他特将许多石室中的卷子，缠在像的中心柱内。在百劫之余，又出现于

---

① 《西北日报》1944 年 10 月 12 日。

② 苏莹辉《记本所新发见北魏写经(附录)》,《西北日报》1945 年 4 月 24 日、5 月 9 日。

人世。”[①]傅振伦先生在《敦煌千佛洞文物发现的经过》[②]一文中也持同样的看法，即 1944 年“还在清末王道士所造的泥塑佛像身中，发现了六十九卷的写经”。从上引向达、阎文儒、傅振伦先生的论述可知，他们都认为出土经卷的土地庙残塑像，乃是王道士所造，由此便意味着土地庙文书原为藏经洞旧物，是藏经洞遗书的组成部分。[③]

到了 20 世纪 80 年代，伴随着敦煌学研究的不断深入，对土地庙遗书性质的探讨，也被提上了议事日程。1984 年 8 月，敦煌研究院李正宇先生为探明这一疑案，专门走访了土地庙遗书出土时的两位当事人——窦占彪和常书鸿。

窦占彪告诉李正宇，他听当年上寺主持喇嘛易昌恕和中寺主持杨和尚说，他们的师祖师父讲，土地庙的五尊塑像，原在今莫高窟画店西侧一座不知建于何时的庙里，此庙年久倾圮，清代修建中寺才把那五尊塑像搬到中寺后园，另建土地庙予以安置供养。常书鸿先生告诉李正宇，他听易喇嘛说土地庙是道光十七年修建的。

李正宇先生根据访问的有关情况总结：“参酌窦、常二位先生转述的口碑资料，我们大概知道，土地庙建于道光间，而土地庙中的五尊残塑，则是从别处搬来的，其塑造的时间又当在道光十七年之前很久。”并结合有关材料判断：“土地庙不是王道士所修，五尊残塑中所出经卷也不是王道士藏纳的。当然这宗遗书也不是藏经洞散

① 阎文儒《莫高窟与敦煌》，载向达等著《敦煌》，学习书店，1951 年。

② 载《文物参考资料》第 2 卷第 4 期，1951 年 4 月。

③ 施萍婷先生也认为土地庙遗书属藏经洞文书，详见施萍婷《敦煌研究院藏土地庙写本源自藏经洞》，《敦煌研究》1999 年第 2期；又见氏著《敦煌习学集》，甘肃民族出版社，2004 年。

出之物。"①

对敦煌遗书研究有素的日本著名敦煌学家池田温先生，也对土地庙遗书进行了详细探讨，他认为土地庙遗书皆属5世纪中叶，其内容多样而全为断片。如果王道士要挑选数十件残卷装入塑像的话，为什么他只挑选北魏中期的卷子，而且还都是零碎断片呢？因此，池田温先生"断定土地庙遗书之来源一定不由藏经洞遗书"。并根据各方面情况进行了推测："五世纪写经之类，除敦煌以外吐鲁番及龟兹地方均曾有发现。其内容及形式大概相似，并无明记钞写人地之跋文，辨别颇为困难。土地庙遗书之制作地，固然敦煌地方可能性大，但是未得明证以前，尚应考虑其他地域为妥。"②

既然土地庙遗书并非藏经洞旧物，那么作为整个敦煌遗书的有机组成部分，它与藏经洞遗书相比，有何特点呢？

根据学者们对土地庙遗书的考察、研究，可以看出这样几个特点：

第一，时代。土地庙遗书都是唐以前的早期写本，它上起北魏，下至隋代，绝大部分属北魏中叶。而藏经洞遗书则以唐五代写本为主，北魏的资料比较缺乏，因此从时代上看，土地庙遗书具有较大的价值。

第二，内容。土地庙遗书中没有道教、景教、摩尼教经典，意味着这批遗书收藏之日，道教、景教、摩尼教在敦煌尚未盛行，表明在北朝时期莫高窟还仅仅是一座佛教圣地。到了唐代，莫高窟不仅是佛教圣地，而且还是中西文化交流和各种学术文化荟萃之地。因此，土地庙

① 李正宇《土地庙遗书的发现、特点和入藏年代》，《敦煌研究》第3期，甘肃人民出版社，1985年。

② 池田温《1944年莫高窟土地庙塑像中发现文献管见》，载饶宗颐主编《敦煌文薮（上）》，新文丰出版公司，1999年。

遗书品种单调、范围有限,不像藏经洞遗书包罗万象、应有尽有。另外,土地庙遗书全是汉文文书,没有一件西域文字和古代少数民族文字写卷。而藏经洞遗书除以汉文文书为主外,还有梵文、于阗文、龟兹文、突厥文、回鹘文、吐蕃文等各种民族文字的写卷。

第三,形式。藏经洞遗书除写卷外,还有印本、拓本,而土地庙遗书无一印本、拓本,装帧形式单一,它表明在北魏时代,拓印、印刷和装帧尚不发达,至少表明新的装帧技术尚未传到敦煌。

第二节 千古之谜谁解说

——敦煌藏经洞封闭之谜

敦煌藏经洞，即莫高窟第 17 窟。由于在该窟发现了约 6 万卷文献而得名，并震动世界。然而藏经洞的情况如何?其封闭于何时?原因何在?百年来中外学者进行了许多有益的探讨，可谓仁者见仁，智者见智。

一、藏经洞原为洪䛒(辩)影窟

洪䛒其人，正史中少有记载。根据 P.4640《吴僧统碑》、P.2913《大唐敦煌译经三藏吴和尚邈真赞》和敦煌研究院藏《唐敕河西都僧统洪䛒告身碑》及其他有关资料，可略知其生平。

洪䛒，俗姓吴，即吴和尚、吴僧统。祖籍不详，但并非敦煌旧族。其父吴绪芝，曾任建康军使，后戍军甘、肃两州之间。吐蕃占领凉州后，河西节度使杨休明移镇沙州，并于唐代宗大历元年(766 年)发建康军戍镇沙州。吴绪芝及其子也随军移驻敦煌。

唐德宗建中二年(781 年)，吐蕃攻占沙州，吴绪芝隐居不出，“靡践公门”“曲肱处于仁里”，拒不出任吐蕃官职。芝长兄滔，早逝。次兄季连，曾任“试太子家令”，后辞官归里，笃信佛教。

洪䛒“童子出家”，以“约法化人，盛于佛事”。由于其悉心研读汉经梵典，兼习番文藏语，成为出色的译经僧，故被吐蕃赞普委任为“知释门都法律兼摄行教授”十数年，后又“迁知释门教授”，主持译场寺院中贵族子弟学校的文化教育及其他宗教事务工作。

洪䛒虽“栖心释氏”，但终不负父辈之重望，积极参加敦煌人民的抗蕃斗争。张议潮大中起事后，即遣弟子悟真随议潮所派入朝使同赴长安。唐宣宗赞其“惟孝与忠，斯谓兼美”，于大中五年（851年）敕授洪䛒为“京城内外临坛供奉大德”及“河西释门都僧统知沙州僧政法律三学教主”，赐紫衣及各色信物，并亲示诏书，勉辞委婉、问慰“夏热”，恩宠殊异。[①]

唐懿宗咸通三年（862年），洪䛒“掷钵腾飞”，逝于沙州。洪䛒去世后，其下属僧徒或吴姓本家，改寺庙“廪室”（存放粮食的地方）为影堂（洪䛒的纪念室）。这个影堂就是敦煌研究院今编第17窟，即藏经洞。

藏经洞是凿于第16窟甬道北壁上的一个小窟。它面积不大，窟内地面近于方形，地面四边的长度是：东壁2.75米，北壁2.84米，西壁2.65米，南壁2.83米。由于四壁向窟内略倾，故四壁顶部的长度较地面处为短：东壁2.49米，北壁2.55米，西壁2.57米，南壁2.46米。各壁的高度也略有参差。窟内除去低坛占去的空间不计外，它可利用的空间只有19立方米略多一点。

藏经洞原为洪䛒的纪念室，自然有一番布置。首先是塑了一尊洪䛒的真容，然后在北壁中部画有两棵枝叶交接的菩提树。东侧树枝上悬挂一个净水瓶，西侧树枝上挂着一个挎带。树东侧画比丘尼一身，着袈裟，双手捧持绘有对凤图案的团扇一柄。树西侧画执杖的侍女。壁画中的物品和人物，与僧人生活和供奉僧人有关。

西壁壁龛内，嵌有石碑一通，即洪䛒告身敕牒碑。1900年发现藏经洞时，此碑即在窟内，斯坦因、伯希和劫经时碑尚立于该窟，后被王道士移至第16窟甬道南壁。1964年，敦煌文物研究所复将此碑移入藏经洞，嵌于壁龛原处。碑高1.5米，宽70厘米。碑文三段，从上而下

① 参阅李永宁《敦煌莫高窟碑文录及有关问题（一）》，《敦煌研究》试刊第1期。

是:洪䛒告身、敕牒诏书、敕赐衣物录本。

藏经洞塑洪䛒像,画有关他的生活场面壁画,文前特别注明"当家告身依本镌石"和"诏书本",就在于显示唐王朝对洪䛒的器重和褒奖,"庶使万岁千秋不朽不坏",以作永久性纪念。[①]

二、藏经洞封闭之谜

洪䛒的影窟为什么变成了藏经洞？它是何时封闭的？其原因何在?由于没有发现可信的文字记载,它的封闭时间及原因,就成了一桩历史公案。中外学者根据各种旁证材料,提出了许多假说,试图解开这一千古之谜。现将争论情况介绍如下:

1.避难说

第一,宋初避西夏之乱说。

最早论及藏经洞封闭时间及原因者,是法国人伯希和。他在《敦煌石室访书记》[②]中说:藏经洞中的"卷本所题年号,其最后者为宋初太平兴国(976 年至 983 年)及至道(995 年至 997 年),且全洞卷本,无一作西夏字者。是洞之封闭,必在 11 世纪之前半期,盖无可疑。以意度之,殆即 1035 年西夏侵占西陲时也。洞中藏弆,至为凌乱,藏文卷本、汉文卷本、绢本画幅、缯画壁衣、铜制佛像及唐大中刻之丰碑,均杂沓堆置,由是可见藏置时必畏外寇侵掠而仓皇出此"。此后,我国学者罗振玉、姜亮夫等皆持此说。

1980 年,阎文儒先生发表了《莫高窟的创建与藏经洞的开凿及其封闭》[③]一文,更全面地阐述了这一论点。认为藏经洞的封闭年代,

---

① 李永宁《敦煌莫高窟碑文录及有关问题(一)》。

② 载《法国远东学院院刊》第 8 卷,1908 年安南出版。陆翔译文见 1935 年《北平图书馆馆刊》第 9 卷第 5 号。

③《文物》1980 年第 6 期。

应注意到统治敦煌的民族和洞内的藏经。敦煌曾受到非汉族的统治多年，在洞内仍然保存着吐蕃人应用的藏文经，但另一少数民族西夏同样也统治了这一地区相当长的时期，这个民族是有自己文字的，而且也信奉佛教，但洞中却看不到西夏文字的经卷。这是因为1035年西夏占领瓜、沙时，藏经洞已被封闭了。

公元1035年，即宋仁宗景祐二年，亦即西夏入侵敦煌时，当地的人们不可能知道这个民族也信仰佛教，仓促之间，将各寺的写经，都集中起来，收藏在洪䛒的影堂内，并且将窟门封闭，重绘了16号窟壁画。据敦煌文物研究所对西夏洞窟的调查与排年，16号窟应该属于西夏早期的创作。因此，人们只能认为藏经洞是为避乱而封闭的。同时，按人情事理来推论，这种封闭一定是由于一个大的政治变乱而引起，而这个变乱，根据敦煌历史，最大的应是西夏占据瓜、沙、肃诸州，故藏经洞也封闭于此时，即1035年。

对于西夏侵扰说，马世长先生提出了不同意见。他在《关于敦煌藏经洞的几个问题》[①]一文中认为，伯希和的西夏侵扰说，其理由之一是藏经洞中的遗书纪年最晚是太平兴国和至道。其实并非如此，现在已发现了1002年的卷子，可能还有更晚者。伯希和的另一理由是藏经洞中未发现西夏文写本。这虽然是事实，然而据此一点，即肯定藏经洞在1035年前封闭，则未必妥当。西夏未创文字之前，使用汉文和藏文。西夏文字之创，在李元昊大庆元年（1036年）。一种文字，从初创到比较广泛地流行使用，必须经过一段相当长的时间。况且敦煌地区主要是汉族，以往一向使用汉文，因而敦煌地区西夏文的流行，则应当更晚一些。从莫高窟、榆林窟西夏文题记可知，西夏占有瓜、沙地区之后的二三十年内，西夏文在这一地区还没有流行起来，所以西夏侵扰说是值得商榷的。

---

① 《文物》1978年第12期。

第二，避黑韩王朝说。

荣新江先生《敦煌藏经洞的性质及封闭原因》[①]一文，通过对国内外所藏敦煌文书、绢画的考察，认为"最有可能促成藏经洞封闭的事件，是1006年于阗国灭于黑韩王朝一事"。

众所周知，俄藏Φ32A记有"施主敦煌王曹宗寿与济北郡夫人氾氏，同发信心，命当府匠人，编造帙子及添写卷轴，入报恩寺藏讫。维大宋咸平五年壬寅岁五月十五日记"[②]。咸平五年（1002年）的这篇施入记是目前所知最晚的一件藏经洞出土文书，此前的纪年写本大体上持续不断，而此后有年代的写本迄今尚未发现（某些被认为是藏经洞出土的晚于1002年的材料，大多可以指出它们的其他来源或误解之处）。从现存写本年代的累计，可知藏经洞的封闭应在1002年以后不久，不应晚到伯希和提出的1035年西夏的到来。

从1002年往后，西北地区最重要的历史事件，首先就是1006年于阗佛教王国灭于信奉伊斯兰教的黑韩王朝。因为于阗与沙州的姻亲关系，970年于阗国王曾致函其舅归义军节度使曹元忠，请求发兵援助抵抗黑韩王朝。当于阗陷没后，大批于阗人东逃沙州。于阗僧人所带来的伊斯兰教东进的消息，要比信佛的西夏人到来的消息可怕得多，因为黑韩王朝是经过近40年的血战才攻下于阗的，他们对于阗佛教毁灭性的打击，应当是促使三界寺将所得经卷、绢画等神圣的物品封存洞中的直接原因。而由于黑韩王朝并未马上东进，所以，封存活动是主动而有秩序地进行的，并且在封存好的门前用壁画做必要的掩饰，以致当事者离开人世后被人们长期遗忘。

---

① 《敦煌吐鲁番研究》第2卷，北京大学出版社，1997年。

② 图版见《俄藏敦煌文献》第一册，上海古籍出版社，1992年，第310—320页。

2. 废弃说

在《西域考古图记》一书中，斯坦因根据他在洞中所藏一些包裹皮中发现的一批相当数量的汉文碎纸块，以及包皮、丝织品做的还愿物、绢画残片、画幡木网架等，认为这些东西是从敦煌各寺院中收集来的神圣的废弃物，藏经洞就是堆放它们的处所。这一看法，实际上就是今天我们所说的“废弃说”。斯坦因还根据其所见写本和绢画题记最晚者为 10 世纪末的情况，推测洞窟的封闭是在 11 世纪初叶。“废弃说”的代表人物是方广锠先生，他在《敦煌遗书中的佛教著作》[①]一文中，认为“避难说”实难自圆其说。提出“废弃说”的理由是：

第一，中国人一直有敬惜字纸的传统。在古代，纸张比较珍贵，对地处西陲的敦煌来说更是如此。据敦煌遗书中的抄经记录记载，当抄经时，每人所领纸张均要记帐，如果抄错，必须凭废纸换好纸。废纸并不抛弃，而是留待他用。第二，佛经经过长期使用之后，难免会破损，但对这种不堪再使用下去的经典是不允许抛弃的，而是另行收藏。第三，从现存遗书可以知道，敦煌寺庙经常清点寺内的佛典及各类藏书，查看有无借出而没有归还的，或有无残破而不堪使用的。第四，宋代，四川的刻本经典传到敦煌，朝廷又颁赐了金银字藏，敦煌的经典大为丰富。大概在曹宗寿当政时期，敦煌进行了一次比较彻底的大规模的寺藏图书清点活动，将清理出来的一大批无用的另部残卷和各种无用的文书与废纸，挑选了一个不太重要的洞窟，统统封存进去，然后在外面重新画上壁画。由于是一堆无用的东西，自然不会有人把它们放在心上，年深日久，也就被遗忘了。

方广锠认为，到了五代时，由于内地战乱，敦煌又偏处一隅，经典的来源是很困难的。从《沙州乞经状》可知，五代时，敦煌教团曾数次遣人赴内地各处搜寻配补敦煌所缺经典。进入北宋后，由于敦煌曹氏

---

① 《文史知识》1988 年第 10 期。

政权与北宋、辽、西夏等保持朝贡关系，对外交往较多，经典的来源也就比较丰裕。与此同时，纸张的生产、流通情况也有了变化。晚唐五代以来，敦煌地区一直自己造纸。经典来源的充裕产生了淘汰残旧经卷的需要，纸张状况的缓解又使人们不再想到其背面可资利用的价值。于是，非常可能的情况是，“在曹氏政权的某一年，敦煌各寺院进行了一次寺院藏书大清点。清点后，将一大批残破无用的经卷、积存多年的过时文书与废纸以及用旧的幡画、多余的佛像等等，统统集中起来，封存到第 17 窟中。由于它们被认为是一堆废物，年深日久，就逐渐被人们遗忘。至于洞外抹的墙泥、绘的壁画，也许与这一封存活动直接有关，也许与这封存活动并无直接关系，而是其后若干年的另一次宗教活动的结果”。①

关于洞窟封闭的时间，方广锠仍然从废弃说的前提出发，指出“就现有材料而言，把藏经洞的封闭年代暂且定在曹宗寿统治时期（1002 年至 1014 年）是适宜的”。因为既然是废弃，所藏的自然都是一些已经无用的东西。而在现实生活中还有用或还起作用的东西，当然不会抛弃。所以，藏经洞封闭之前的诸如契约文书、新抄的经典等，都不会放入。这样，藏经洞封闭之前，即 1002 年后的文献出现的机率就非常小了。②

对于“废弃说”，施萍婷先生提出了不同看法，她说：“有的学者认为，藏经洞内存放的那么多的古写本是‘废纸’，本人不敢苟同。”并以道真在三界寺的写经生涯为据，探讨了 920 年至 987 年间敦煌的写经活动，进而指出：“藏经洞有年代题记的古写本，学术界目前公论的最晚为 1002年，因而笔者认为，10 世纪末孜孜以求的佛经，11 世纪

---

① 方广锠《敦煌藏经洞封闭原因之我见》，《中国社会科学》1991 年第 5 期。

② 方广锠《敦煌藏经洞封闭年代之我见——兼论“敦煌文献”与“藏经洞文献”之界定》，载饶宗颐主编《敦煌文薮（下）》，新文丰出版公司，1999 年。

初叶绝对不会那么快就成为‘废纸’。”①

3.排蕃思想说

上山大峻在《敦煌遗书的吐蕃特色与藏经洞封闭之谜》②指出，藏经洞中有大量的吐蕃文献，尤其珍贵的是保存了吐蕃时期的佛教首领法成和昙旷的著作。归义军时期比较著名的三界寺、净土寺，是840年左右才出现在敦煌遗书中的，而吐蕃时期的永寿寺、永康寺却不见了，故而土肥义和认为，三界寺、净土寺乃是由永寿寺、永康寺改额而成。

藏经洞本属吴家窟，其窟主吴洪辯，从吐蕃统治到张氏归义军时期，一直是敦煌佛教界的突出领袖。而与吴法成、吴洪辯这两个在吐蕃时期很活跃的人物的相关资料，由永寿寺、永康寺保存，后又为三界寺、净土寺所继承，并被封入吴家窟的耳窟中。

在佛教寺院中，有存放旧经典及旧文书的“故经处”。从吐蕃统治结束的848年到藏经洞的封闭，大约有160年，在这期间，“三界寺、净土寺积累的东西也加入其中。大概当时出于某种原因，需要把这些东西移放到其他地方去，由于旧经典、旧文书中很多东西都与吐蕃有关系，所以就把吐蕃时期曾经很活跃的吴家家族的洞窟作为存放的地点了”。

当时就存在着将佛典及与寺院有关的文书当作“神圣的东西”来保留的风俗。西藏就有“伏藏”的风俗习惯，即将经典，乃至写了字的东西都全部郑重保存、崇拜的传统，正因为如此，有可能“继承了吴家传统（可能属于吐蕃系）的残余势力选中与吐蕃有关的吴家窟，（把敦煌遗书）作为重要的东西保存起来，犹如‘伏藏’一样”。

---

① 施萍婷《三界寺·道真·敦煌藏经》，载《1990年敦煌学国际研讨会文集：石窟考古编》，辽宁美术出版社，1995年。

② 戒幢佛学研究所编《戒幢佛学》第二卷，岳麓书社，2002年。

4. 佛教供养说

文正义《敦煌藏经洞封闭原因新探》[1]指出，寺院的经卷分为供养经与流通经两部分，它们之间并没有截然的界限，因为抄经既可以供养于佛寺，也可以自己讽诵或施舍他人。寺院的藏经楼，就供养有佛像和法物，当流通经卷残阙破损后，是不能随意丢弃的，而是归入到供养经中。

敦煌藏经洞的供养经来自千家万户，又多出自社会下层民众，因此所藏就以常见经为主，而且墨色、字迹、格式也不一致。据不完全统计，藏经洞中的《妙法莲华经》就达三千多号，《金刚般若波罗蜜经》也有 1600 余号，这些都是供养经，而非流通经。至于洞中的佛像画幡法物，也与供养经的情形相同，都是官民僧俗所供养。

作者推测："藏经洞里供养的经书及法物，原来是分存在各个寺院或属地。经过隋唐以来佛教的大发展，各处的存量都逐渐增多，恰又遇到了某种因缘，教团便决定集中到 17 窟。这是一种易地供养的处所，而不是寺院抛弃废物。藏经洞既属供养的性质，自然只取供养经的部分，包括寺院不堪使用的经书法物。至于寺院的流通经，不能也不会包括在内。所以，洞中既没有寺院典藏的大藏经，也未见道真所集的完具经书。"

张先堂《古代佛教法供养与敦煌莫高窟藏经》[2]赞同"供养说"并从莫高窟藏经洞佛经的形成根源、内部结构及其处置方式等三方面论证莫高窟藏经与佛教法供养活动密切相关，是法供养的产物。

张先堂《中国古代佛教三宝供养与"经像瘗埋"——兼谈敦煌莫

① 戒幢佛学研究所编《戒幢佛学》第二卷，岳麓书社，2002 年。
② 《敦煌研究》2010 年第 5 期。

高窟藏经洞的封闭原因》[1]综合利用了近三四十年来60余篇考古简报、论文中报道的在中国山东、河南、河北、山西、陕西、宁夏、甘肃、江苏、浙江、四川等多地发现的50余件“经像瘗埋”的案例,进一步论证了莫高窟藏经洞与佛教供养的关系。提出佛像瘗埋有两类:一类是散乱埋藏,一类是对佛像有计划地礼仪性埋藏。北宋时期佛像瘗埋达到了高潮,如山西南涅水、山东青州龙兴寺、河北曲阳修德寺、甘肃泾川大云寺等。“莫高窟藏经洞瘗埋经像的情形其实与黑水城河边大塔瘗埋西夏、元代佛像经典、唐卡等艺术品的情况十分类似”。“藏经洞封闭于北宋初年,这恰好是中原内地许多地方大规模瘗埋佛像之时,这也似乎暗示着它对内地当时佛教文化风潮的呼应关系。”

中国石窟自北朝时代已出现塔形窟,莫高窟从吐蕃统治以后就出现了窟塔垂直组合的石窟,“藏经洞所在的洞窟实际上具有塔的地宫的性质和意义”。在第16窟“建成的晚唐直到北宋时代,敦煌人们是把它视作楼阁型塔形建筑的,因此在洪䛒示寂后将其塑像安置于第17窟,其实具有将其安葬于地宫的象征意义。而后来又将总数6万余件的佛教经典和相关文书、近千件绢画有计划地、规整地安放其中,并予以封藏,其实也具有将其瘗埋于塔的地宫的象征意义”。认为莫高窟藏经洞文物属于“经像瘗埋”现象,经像瘗埋“是在佛教三宝供养,特别是法宝供养、佛宝供养思想指导下,在长期的历史过程中形成的佛教信徒对于残破的、过时的佛教经典、造像予以有计划地、礼仪性地收集瘗埋,从而达到长久住持供养的一种特殊的佛教仪轨制度和佛教历史的文化现象”。

① 日本京都大学人文科学研究所编《敦煌写本研究年报》第十号,2016年。

5．末法思想说

沙武田在《敦煌藏经洞封闭原因再探》[①]一文中提出：莫高窟第16窟现存表层壁画的千佛变所反映的是末法思想。在佛教发展史上，流行将佛教分为正法、像法、末法三个时期。如北凉时期就有“正法五百年、像法一千年、末法一万年”的论断。隋代高僧吉藏、法琳都曾提出过“末法思想”，如法琳所著《破邪论》说：“穆王五十二年壬申岁二月十五日平旦，暴风忽起，发损人舍，伤折树木，山川大地皆悉震动。……当此之时，佛入涅槃也”。又记“依经律云，释迦正法千年，像法千年，末法万年”。周穆王五十二年即公元前949年，后有像法一千年，由是推知公元1052年末法来临。

1052年的“末法住世”思潮在辽朝有特别的反映。敦煌归义军曹氏政权与辽有交往，到了曹宗寿、曹贤顺初期，二地的关系更为密切，因此辽代的末法思潮便传到敦煌。此时，曹氏归义军已成了回鹘人的傀儡，沙州回鹘成了敦煌的主导力量，同时还面临着甘州回鹘的不断侵袭，而西夏人进攻的消息也不断传来。“在此情形下占据着敦煌佛教核心的传统世家大族集团，无疑在心理上产生了极大的不安，对敦煌现实和前途无望的忧虑最终变成了对佛教理想世界的担忧，于是末法思想的产生便顺理成章，这一点集中反映在莫高窟归义军晚期和回鹘洞窟营建的大大衰落，以及一些表现末法度人思想题材如千佛变的大量表现，还有洞窟中供养人画像的消失等诸多方面。”

另外，受辽人在塔中藏经作法的启示，敦煌人也“存经以备法灭”。藏经洞与佛教传统的“石室藏经”有关，即藏经洞宝物是佛教正常例行的“石室藏经”。佛教传统的一种做法是有专门的藏经之处，如寺院的藏经楼、藏经阁、石窟的藏经洞等，把经藏放置于一专设的地

① 《中国史研究》2006年第3期。

方，莫高窟藏经洞即为此做法。

至于选择洪𧸐的影堂即“吴家窟”作为藏经洞，那是因为此时洪𧸐的影响力已成了历史，吴姓家族在敦煌也没有多大的势力；此窟是僧人洞窟，不存在对信仰的冲击，也就没有思想负担。另外它还是洞中洞，具有很强的隐蔽性。藏经洞封闭的时间可能在曹贤顺初期（1014—1020 年）或稍后。

从以上所述可知，对藏经洞封闭的看法，真是众说纷纭，莫衷一是。而要真正解决这一问题，还有待新材料的发现，或进一步挖掘旁证资料，并进行全方位的综合研究。

第三节 斯坦因与敦煌文书的外流

1862 年 11 月 26 日，斯坦因出生于匈牙利首都布达佩斯一个犹太人家里，洗礼后起名叫马克·奥里尔·斯坦因。当时，犹太人是受迫害的民族，依照当时的法律，犹太人被限制居住在“盖特欧”（源于威尼斯的犹太人居住区，该区四周围着高墙，其居民日落以后和星期天都被锁在里面，严禁外出）之内，不能上学，更不能上大学和从事各种专业工作，并且毫无法律地位。为了不因宗教问题而受打击，许多人都采用接受新教（基督教）洗礼这种方式，其中特别值得一提的著名人物就是海涅和亚伯拉罕·门德尔松。海涅于 1875 年某个早上接受洗礼，当天下午就获得法学博士学位。

斯坦因开始上学时，马扎尔语已成为匈牙利的官方语言。如果说讲德语是他今后步入仕途的敲门砖，同时也是他与家人往来通信的语言，那么，对于斯坦因来说，马扎尔语不仅仅是爱国主义的象征，也是他入学以前那欢乐、无忧无虑的童年生活的写照。那时他是全家的中心，年迈的父母，比他大 19 岁、时刻照顾着他的哥哥厄恩斯特，还有博学并有声望的伊格内斯舅舅，全都宠爱着他。因此，在斯坦因幼小的心灵中，他有三个父亲——亲生父亲、舅舅、哥哥。

一、斯坦因及其第一次考察

10 岁那一年，斯坦因被送到遥远的德累斯顿，进入有名的克罗施勒学校。由于远离亲人，与家里的联系就只有靠信件了。这倒培养了一个好习惯——写信。斯坦因在以后的考察活动中，写下了许许多多信件，详细描述了其考察所得所遇及见闻，为我们今天研究其考察活动留下了丰富的第一手宝贵文献。

还在克罗施勒上学时，斯坦因终生的宏伟蓝图就已形成了。年轻时，世界征服者亚历山大大帝成为他崇拜的偶像，激励他潜心致力于希腊罗马历史的研究，后来又精通了印度、波斯古代语言和历史。他曾多次沿马其顿人东征的道路探险，试图考证重大战役发生的确切地址。

当斯坦因成为研究生后，又有两个人对他的宏伟蓝图产生了深刻影响，一个是7世纪的中国僧人玄奘，其巨著《大唐西域记》，由于资料丰富，记述精确，对于认识古代印度地理的指导价值为世人所公认，以至于斯坦因将他称为自己的佛教保塞尼奥斯(弗雷泽爵士在保塞尼奥斯译本的导言中称："没有此人，希腊的遗迹将是一座没有线索的迷宫，一个没有答案的谜语")。斯坦因第一次在中国探险期间，佛教的保塞尼奥斯——玄奘，简直就成了他的守护神。

另一位是13世纪的威尼斯旅行家马可·波罗，他的游记对世界认识东方，尤其是中国，有很大的参考价值。亚历山大、玄奘、马可·波罗三人正好构成一个三角形，其各边联结了古代与中世纪，东方与西方，国际商道与一种世界性的宗教——佛教。斯坦因的作用就是领会他们的内在联系，通过自己毕生的工作，通过多次考古探索去印证、考释文献记述和实物，进而为将来的研究工作奠定基础。

斯坦因为什么要从匈牙利、英国，到印度去探险呢?其直接的因素有二。一是19世纪后半叶中欧学者对语言学的重视。现代人们所说的比较语言学，诞生于1786年印度加尔各答亚洲学会的一次会议上。当时，已为该学科打下了基础的威廉·琼斯断言："无论梵语有多么古老，其谨严的语言结构仍比希腊语完整，比拉丁语丰富，比它们两者都优雅，并与两者有密切联系。”[1]从此以后，梵语和波斯语就成为打开印欧史前历史的一把钥匙，引起了许多学者的兴趣与关注。

另一个促使斯坦因前往印度的因素便是匈牙利人乔玛的经历和工作。匈牙利人的摇篮据说是在中亚，人们深信他们与匈奴人有关。正是怀着一种渴望找到原始的中亚大匈牙利的梦想，1819年，当乔玛36岁时，开始了他的旅行。他经土耳其、埃及和波斯行抵布哈拉，随之又经喀布尔和拉合尔到克什米尔，并发现了长期不为欧洲人所知的藏文文献。乔玛传奇般的经历成为爱国主义的象征，最终刺激起国民对于东方学研究的兴趣。他传奇式的旅行，最后死于遥远的喜马拉雅山下的结局，鼓舞了不止一个匈牙利人的想象力，以这样或那样的方式，这样或那样的理由前往东方。后来，当斯坦因前往中亚的路途中，他不仅从爱国者的角度，而且还以一位教授的身份声明了自己与乔玛的关系。他们两人都为了理想而离开故乡，而且心甘情愿地接受孤独，只不过斯坦因比乔玛更幸运罢了。

斯坦因在克罗施勒小学毕业后，便返回家乡进入语言学校，为上大学做准备，并开始了东方学的研究。他曾翻遍了匈牙利科学院图书馆中有关印度、波斯和中亚的藏书，特别是熟读了地理学家洛克齐的东亚探险报告，其中谈到敦煌莫高窟。中学毕业后，依照中欧学生们的习惯，他去不同大学听东方学家们的讲演，从中挑选将来从师的教授。

有两个人曾指导过斯坦因的学业，一个是蒂宾根大学印欧语言学和宗教史教授鲁道夫·冯·罗特，另一个是维也纳大学印度语言学和古代史教授、印度古文字学方面的权威乔治·比勒。他们不仅传授

---

① 加兰·坎《东方仲斯》，伦敦亚洲出版社，1964年，第141页，转引自（英）珍妮特·米斯基著、田卫疆等译《斯坦因：考古与探险》，新疆美术摄影出版社，1992年，第22页。

给斯坦因深奥的学识和当代最先进的知识，启发他在相互关联的学问里发现问题，而且还帮助他确定了研究方向。1883 年，斯坦因在蒂宾根大学获得了哲学博士学位。

乔治·比勒像其他大多数欧洲梵文学者一样，在他被聘至维也纳大学任教，亦即斯坦因在他门下就学以前，一直居住和生活在印度。也许正是比勒在印度的这番经历使斯坦因建立了信念，他也可以通过在印度学院内相同的经历争取教授职位（早在斯坦因上中学时，他的雄心壮志就是打算在大学里为自己谋得一个东方研究的教师职务）。但如何才能去印度呢？斯坦因知道，只能像乔玛那样，通过东印度公司这条途径。众所周知，1600 年建立的东印度公司，是英国侵略印度的主要工具。英国国王授予东印度公司以垄断贸易、拥有武装、宣战媾和、设立法庭审判本国职员和属地居民等特权。后来又逐渐变成一个拥有强大军事力量和广大版图的殖民统治机构。英国通过东印度公司对印度领土蚕食鲸吞，到 1849 年，整个印度就沦为英国的殖民地了。从此，东印度公司便完成其历史使命，于 1858 年被取消，由英国政府直接统治印度。正是由于这一原因，所以当时要去印度只能从英国启程。于是，到英国去，便成为斯坦因的第一个目标。

1883 年斯坦因获得博士学位后，由于鲁道夫·冯·罗特的赞赏，斯坦因从匈牙利政府获得了在伦敦牛津大学、剑桥大学从事两年（1884 年至 1886 年）有关东方语言和考古的博士后研究津贴，并立即前往英国。

1885 年，由于强制性的军事训练，斯坦因返回布达佩斯，中断了在伦敦的学习。在匈牙利，斯坦因被安排在卢德维卡学院、匈牙利军事测绘学院参加军训一年。他的导师卡罗里·库斯上校是一位杰出的地形测量专家，教给他们当时进行军事测量的最先进方法。斯坦因在军训中学到的地形测绘技术在以后的中亚探险中发挥了极其重要的作用。

一年的军训结束后,斯坦因立即返回英国,继续从事其研究工作。由于斯坦因的学业已近结束,英国著名东方学家亨利·罗林森向印度理事会提出,这位年轻的匈牙利人有资格充当旁遮普大学的注册员和刚刚建立的拉合尔东方学院的负责人。由于另一东方学家亨利·玉尔的认可,这个建议很快生效并付诸实行,随之,斯坦因便踏上了去印度的路程。

可以说, 斯坦因能去印度,罗林森和玉尔起了关键的决定性作用。如果没有他们的推荐和帮助,就不可能成就一个探险家、考古学家和东方学家的斯坦因。对此,斯坦因也有清醒的认识,并通过特殊的方式表达了自己的感激之情。1907年,斯坦因出版了两卷本巨著《古代和阗》,斯坦因的献辞是:“为纪念中亚历史地理早期旅行情况伟大的阐述者和拓荒者亨利·玉尔爵士而作。他的有关古代文物的报告引发了我的旅行,并且是我旅途中最好的指南,谨将此书献给他,以表达对这位学者、作家和男子汉的诚挚的敬意和钦佩。”1928 年,斯坦因在其出版的四卷本巨著《中亚腹地》中写道:“为纪念男爵亨利·罗林森将军而作。他在这一研究领域的工作和探索,说明了亚洲的古代历史,撰此报告以示对这位探险家、学者和男子汉深切的思念和由衷的敬重。”这些题辞体现了斯坦因对这两位年迈而德高望重的前辈的尊重,同时也是回报两位前辈当年对他这个年轻、初涉世事的外国学生的帮助。

斯坦因在旁遮普大学就任注册员和东方学院负责人共 10 年。在这 10 年间,他逐渐放弃了当教授的目标,而是要像亨利和罗林森那样创造自己的知识王国。

拉合尔位于印度河的巨大支流拉维河岸。1849年,英国侵占旁遮普后,它就成为一省的统治中心,并由于战略和贸易上的重要性,又成为一个交通枢纽。当斯坦因到来时,拉合尔市已具备了教育和文化活动的设施,如大学、公共图书馆、博物馆和马约艺术学校等。此外还有行政机关建筑和官吏的住宅。在拉合尔,斯坦因结交了各个方面的人,其中最有趣的是拉合尔博物馆馆长洛克伍德·基普林格,馆长的儿子拉迪亚德在小说《基姆》中称博物馆馆长办公室为“奇迹之屋”,这是因为其中存放着“只有学者才知道的以前由不知名匠人创造的希腊佛教雕塑作品的杰作”。在基普林格的教诲下,斯坦因研究了博物馆的藏品,熟悉了希腊佛教艺术。

1896年可以看作是斯坦因对未来生涯的看法发生根本转变的一年。在这以前,他一直在努力争取立足之地,即想在欧洲得到一个教授职位,而从现在开始,他要致力于地理学,并将关注的重点放在中亚内陆,曾在犍陀罗地区建立王朝的贵霜·塞人等部落的故乡,以及中国取经的僧人们前往印度的高原道路。随后渐渐将注意力集中到中国新疆地区,到了1897年,他已在考虑前往中国新疆进行“考古探察”。

正在这时,古文字学家A·F·鲁道夫·霍恩雷在《孟加拉亚洲学会杂志》上发表了一篇文章,叙述了他数年来致力于抄本残片研究的情况,这些文书据说都发现于中国新疆塔克拉玛干沙漠南缘的和阗附近,其文字是印度婆罗谜文,但语言都是人们还不知道的一种非印度语言。这些文书几乎都是由当地的觅宝人发现的。他们不能提供有关文书的任何信息,有些文书甚至被分割后流入不同国家的收藏机构。因此,“我比任何时候都感到有必要获得有关文物被发现的地点和环境的确切信息,而且也有必要获得新的资料使我能填补一些空白,解答一些谜”。[①]对于流入欧洲的一些文书,尤其是其中的一些雕版印品书,欧洲学术界对其真伪产生了怀疑。斯坦因曾这样认为:“虽然这批

① 转引自王平先《斯坦因第一次中亚探险的动机》,《西北史地》1996年第2期,第61页。

最古老的印度写本的最初出土地点还没被确定,但种种迹象表明大沙漠以南的地方便是它们的发现地。在同样地方,新的在许多方面怪异的一批古写本由英国驻喀什的政治代表马继业 1896 年获得。他们被发现于和阗西北与东北的沙漠中间……据霍恩雷博士的最新报告说马继业写本是用一种迄今为止完全无人知晓的'陌生'文字写成……"因为在当时无法解读这些"陌生文字"的情况下,只有实地调查才能提供最可靠的证据。早在克什米尔时,斯坦因就见识过各种写本,因此霍恩雷认为,"斯坦因博士特别适合承担这项任务:他精通突厥语及其同族语言,同时他还是一个在克什米尔地区及其周围地区考古学的专家。他有进行考察的丰富经验。派他去和阗考察肯定能获得大量丰富的信息和非常重要的文物收集品"。①

总而言之,这些古文字文书的发现,引起了欧洲学者的极大兴趣,但许多人对其真伪却无法确定,因此对发现地区,即中国新疆和阗及其附近的考察,就成为确定其真伪的最可靠方法了。这些争论,更坚定了斯坦因前往中国新疆考察的决心。

1898 年 9 月 10日,斯坦因就向印度政府提出了前往中国新疆考察的意见书,意见书中说:"我申请的项目是,要求地方政府和最高当局支持由我计划的一次对中国新疆和阗地区及其周围古代遗址的考古考察旅行。"②为什么要选择和阗地区呢?因为"据历史记载所知,今和阗地区曾经是古代的佛教文化中心——起源和特点明显受印度影响。近年来古代文书、钱币、雕刻等等的发现已充分说明,经过对这些古遗址的系统发掘,将会得到对于印度古代文化研究极为重要

① 转引自《西北史地》1996 年第 2 期,第 63 页。

② 转引自《斯坦因:考古与探险》,第 83 页。

的发现”。[①]

意见书中还写道：“鉴于拟议中的考察很可能对于印度的历史研究具有重要意义，我希望旁遮普和印度政府能够共同承担总费用，使考察得以实现……我要指出，某些学术团体，如孟加拉亚洲学会、英国皇家地理学会等，也很可能资助这次考察。”作为回报，斯坦因提出，他找到的所有东西将交给印度政府以便存入大英博物馆，另外一些经政府同意后，将送给曾提供资助的学术团体。

除此以外，斯坦因在意见书中还写道：“我还请求印度政府通过外交部与中国政府联系，为我获取在中国西北旅行必须的护照或允许……我还要进一步指出，和阗地方当局的支持，对于计划中的考察成功与否至为关键，因而希望印度政府能帮助解决这一问题，争取中国中央政府或省政府能给和阗的办事大臣发去指示，证实我已获准勘察或考察他辖区中所有古代遗址，在这类遗址上进行发掘，拥有其中出土的文物，如有人出售，还可购买这类文物。”[②]

经过斯坦因的积极奔走和不断努力，在英国和印度政府尤其是英国驻印度总督寇松勋爵的大力支持下，斯坦因的计划得到了批准。1899 年 1 月 11 日，斯坦因给安德鲁斯写信说：“新年前夕，我接到了好消息，内务和财政部已批准我作和阗之旅，后来又听说外交部也已同意与中国当局交涉有关事项，这样计划就算是全妥了。我仍然希望此事尽可能不引人注目，因为某个俄国探险队可能正要前往同一个地方，过早泄露消息也许会促使他们采取行动。”[③]

1900 年初，英国驻北京的公使应寇松勋爵之请，办好了斯坦因前往中国新疆的护照。

---

① 转引自《斯坦因：考古与探险》，第 83—84 页。

② 转引自《斯坦因：考古与探险》，第 85 页。

③ 转引自《斯坦因：考古与探险》，第 89 页。

至此，斯坦因完成了一切准备工作，开始了第一次中亚探险。

斯坦因的第一次考察开始是 1900 年 5 月 31 日。经过一个多月的长途跋涉后，斯坦因考察团到达了塔什库尔干，从这里可以到达塔克拉玛干北缘的喀什噶尔和南缘的和阗。在塔什库尔干得到消息，北京爆发了义和团运动，但他们认为义和团运动不可能传到偏远的新疆，所以斯坦因并没有因此而改变计划。他们于 7 月 10 日离开塔什库尔干，向喀什噶尔进发。经过半个月的旅行，于 7 月 30 日到达喀什噶尔，马继业夫妇正在那里等着斯坦因。

说到马继业，却是一个很奇特的人。他 1867 年生于南京，父亲马格里为苏格兰人，曾随英军侵华，参加过第二次鸦片战争，后来协助李鸿章镇压上海、昆山、苏州等地的太平天国运动。据说马继业的母亲是马格里俘获的太平天国某位亲王的公主。10 岁以前，他一直生活在南京，后来因他父亲被中国任命为驻英国公使馆的秘书兼翻译，他便随父亲到了伦敦。1887 年，他与斯坦因同年到了印度，想在中国领事馆谋个职位，但未能如愿，仅仅被任命为孟买公署的中文翻译，成为印度政府的低级雇员。对此他非常不满意，一直在寻找机会改变这种生活。1890 年，由于一个机缘，他随弗朗西斯·扬哈斯本的中文翻译来到喀什噶尔，并在这里生活了 28 年。喀什噶尔虽与南京不同，但毕竟是中国西部的一个地区，对他来说仍有回到故乡的感觉。而他又是作为英国的代表任职于喀什噶尔，是在为他父亲的祖国服务。因此对于马继业来说，在喀什噶尔任职，可以照顾到父母双方，当然，这只是他心理上的一种平衡罢了。

从 1890 年开始，马继业便以英国政治代表的身份常驻喀什（即喀什噶尔）。当然，从法理上说，直到 1908 年清政府才正式承认英国驻喀什领事馆，但英国领事馆的职能实际上自马继业到喀什后就开始了。他在 1890 年至 1908 年间的官衔是"驻克什米尔负责中国事务的特别代表"，1908 年回英国度假时才被正式任命为英国驻喀什领事，1911 年提升为英国驻喀什总领事，直到 1918 年退休。

马继业在喀什任职期间收集了大批西域古物，主要来自和阗、策勒和莎车的塔克拉玛干觅宝人吐尔迪、毛拉和卓、伊不拉辛以及伪造文物的商贩伊斯兰阿洪。马继业把收购的中亚文物全部送到印度，收入英国梵学家霍恩雷主管的加尔各答孟加拉亚洲学会收藏室，形成了所谓“霍恩雷收集品”。

霍恩雷收集品大部分被运回英国，入藏大英博物馆、印度事务部图书馆、英国皇家亚洲协会图书馆和牛津大学包德雷图书馆。斯坦因将伊斯兰阿洪的造假阴谋揭露后，马继业收藏的 90 件假文书便被撤出大英博物馆东方写本与印本部，装入两只贴有中亚赝品标签的木箱，扔到一个地下室。1979 年，扔在大英博物馆地下室的两箱假文书被人发现，编目后全部转交给了大英图书馆。目前这批假文书仍被扔在图书馆的一个角落里。①

斯坦因在喀什噶尔度过了盛夏的两个月时间。在这里，他请道台“向和阗按办发出明确指示”，要他提供必要的帮助，以保证运输、供应、劳工以及行动、发掘、考察的自由。当一切准备就绪后，他便于 9 月 11 日告别了马继业，途经叶尔羌向和阗进发。

斯坦因第一次考察的目的之一，便是探明用未知文字书写的“古书”的真相，因此，在到达和阗的前一站——皮山，就开始了古文物的调查。自 1895 年以来，这些奇异的“古书”就已开始在西方被收藏，而来源则主要是和阗的“寻宝人”伊斯兰阿洪。伊斯兰阿洪说他的“古书”大多是在皮山、和阗之间沙漠中的古代遗址中发现的，其中有个喀拉库尔麻扎即黑湖墓葬群。斯坦因在这里进行了初步考察，但一无所获，接着就进入了和阗。在和阗，斯坦因还是想澄清那些可疑文字

---

① 参阅林梅村《楼兰——一个世纪之谜的解析》，中共中央党校出版社，1999 年，第 37—38 页。

的真相。他虽然没有亲自找到“古书”,但在和阗,寻宝已是当地的时尚,尤其是穷人们,更将其作为发财致富的一条途径。有一天,一个俄国亚美尼亚人带来一本古书:残剩的10页桦树皮纸,写着不认识的文字。在《沙埋和阗废墟记》中,斯坦因写道:“我一眼就看出桦树皮书页未经我在克什米尔所见古代桦树皮文书全都做过的那种处理,伪造者也没想制造在桦树皮上写字需要的那种特殊墨水。因此当我做‘水洗试验’时,只要一个湿指头就可以抹去那些奇异的‘未识文字’。”[①]这个伪造的古书与加尔各答霍恩雷藏品中的一些木板印刷品极其相似。随后在一次偶然的交谈中,斯坦因得知,将抄本卖给亚美尼亚人的“卖主”与伊斯兰阿洪有关,这更加深了斯坦因对古书的怀疑。

在和阗,斯坦因还仔细研究了巴得奥迪汗派遣寻宝人找回的资料,并见到了富有经验的寻宝人吐尔迪。吐尔迪曾带回一些上面写有印度婆罗谜文字的壁画,还有佛像浮雕的残片以及一些用中亚婆罗谜草体写成的纸文书残片。正是吐尔迪带回的样品,曾引起了斯文·赫定对塔克拉玛干古代城市的考察。为了确定斯文·赫定当年所“发现”的遗址是否即为丹丹乌里克,斯坦因便于12月7日向沙漠中的丹丹乌里克进发了。

位于和阗以北沙漠96千米处的丹丹乌里克遗址,有一座小建筑群。在一些残墙上,还保留着一些佛像和菩萨像。通过这些壁画的特殊形式,斯坦因估计,这些寺院与居地的放弃毁坏,是在伊斯兰教传入之前的最后数世纪。同时他还在遗址中捡到一些有“开元”年号的中国铜币。在挖掘其建筑时,发现了几页用婆罗谜文字书写的佛经,接着又发现了更多的文书。根据古文字学的知识,可以知道这些文书

---

① 参阅斯坦因著,殷晴等译《沙埋和阗废墟记》,新疆美术摄影出版社,1994年,第133—134页。

的年代在公元7世纪以前。同时还发现了一些汉文文书，其中有一件文书的年代相当于公元780年。

1901年1月2日，斯坦因便写了一封短笺给印度政府："在沙漠里这个古遗址度过的最后数周中，古代梵文、突厥文和汉文手抄本的出土以及佛教壁画方面取得有趣的成果。它们都是从沙漠遗址中清理出来的。"他没有时间对其收获物进行全面研究，就又向另一个目的地——尼雅进发了。

在尼雅，斯坦因偶然见到了两块佉卢文木牍。这使他非常惊奇，因为当时佉卢文虽已在中亚发现，但只是在早期的于阗钱币上，唯一的一份桦树皮抄本为法国旅行家杜特依兰于1892年所获。所以斯坦因就急忙前往发现木牍的地方，并对其进行了清理，结果发现了100多枚木牍。从其用途和外表特征估计，似乎是一些信件，但其数量则与此之前印度国内外保存的所有用于研究的佉卢文资料的总数相等。随后又在另一建筑物中发现了60枚木牍，其内容大都是备忘录、账簿及便笺之类。

尼雅遗址规模宏大，无疑是某个古代城市所在地。但它究竟是中国史籍中提到的哪座古城呢?经中外学者的考察研究，可以断定它就是汉代西域36国中的精绝国所在地。

尼雅遗址主要由佛教寺院、官署、住宅群、种植园、冶铁作坊等古代建筑组成。遗址中心有一座巨大的佛塔，由此可见佛教在这里具有特殊的地位。从尼雅遗址内的建筑物装饰和家具纹样可以看出，它明显受犍陀罗佛教艺术的影响，这和遗址内发现的许多佉卢文犍陀罗语文书是一致的。另外，尼雅遗址中还有相当数量的汉文木简残纸，其中一件记有西晋泰始五年年号，斯坦因把尼雅遗址的年代定在公元3世纪就是根据这件材料。

尼雅遗址的发掘，在考古学上具有重大的意义，它可以与西欧的庞培古城相媲美。公元79年，意大利的维苏威火山突然爆发，罗马帝国的庞培城被火山灰湮没。1754年，当考古学家重新发现这座罗马古城时，城内的宗教场所、街道、商店等建筑设施仍然保持着1700年前的原貌。1901年，当斯坦因闯入尼雅遗址时，流沙之下的佛寺、庄园、葡萄园等古迹也是1400多年前的原样因而被誉为“中亚庞培”。[①]

在和阗期间，斯坦因还查清了过去那些“古书”的真伪。在斯坦因掌握的为数众多的佉卢文、印度文、于阗文（中亚婆罗谜文）、藏文和汉文抄本中，没有一种是“未知文字”，更进一步讲，就是在皮山之类地方根本没有见到据说曾出土过那种文书。1895年至1899年间以印度政府名义购买的许多抄本可能都与和阗寻宝人伊斯兰阿洪有关。

伊斯兰阿洪在当地也算是一位有知识有心计的人，作为一个小商人，专门从和阗乡村收集古钱币、印章等古物。在与阿富汗商人交易时他得知，印度人十分珍视抄本，即便是从丹丹乌里克发现的小纸片也很贵重。商人的冒险性和获利性使他对此十分感兴趣，但又不愿从事艰辛的寻宝生活，便开始了“制作”抄本的冒险活动。刚开始时，他还企图仿制真正的抄本，但很快就意识到，无论真假，反正那些欧洲的主顾们都看不懂，因此并不值得辛辛苦苦地仿制。当他卖出所有的仿制品时，又建立了一所作坊专门从事“未知文字”的制作，以满足日益增长的市场需求。但在当时世界的寻宝热中，这种随意书写的速度还是显得太慢、太累赘，因此他又将注意力转移到“木板”上，即用“木板”印刷。其工序是首先将纸染一下，使它看起来很脏。印刷之后，将纸放到壁炉中用烟熏，使人有一种很古的感觉。然后胡乱模仿欧洲书籍的装订法将其装订。最后他们就在抄本上洒些沙子，以证明埋藏了很长时间。

---

① 参阅林梅村《楼兰——一个世纪之谜的解析》，中共中央党校出版社，1999年，第30—31页。

斯坦因详细了解了伊斯兰阿洪的造假情况后，断定这种造假营生是很赚钱的，因为在霍恩雷的《报告》中就叙述、注释了大约45件大尺寸的木板印刷品。他想：如果伊斯兰阿洪知道，他“制作”的许多假文书被用细软的摩洛哥皮革包装，放在大图书馆，甚至在大英博物馆抄本部中，他将会多么自豪。

斯坦因回到伦敦后，专门拜访了霍恩雷。斯坦因与霍恩雷都是学者，在探求古物和追求学术真理方面有许多共同之处。当斯坦因向霍恩雷说明伊斯兰阿洪伪造文书一事后，霍恩雷非常失望，但他对斯坦因带来的写本十分感兴趣。作为一名有声望的印度学家，霍恩雷因解读伪造的文书而浪费了大量时间，为此他心中很懊恼。但当斯坦因给他带来大量用未知文字写成的真文书时，他的心理才得到平衡，并重新开始解读，给久已失传的古于阗语以生命，他最终断定，这是用印度字母书写的一种古伊朗语。

在中亚及新疆发现的古文字，情况比较复杂。佉卢文大概产生于古波斯帝国统治中亚时期（约公元前5世纪），但是目前还没有发现属于这个时期的佉卢文。现在所知最早的是公元前3世纪印度孔雀王朝的阿育王在古代犍陀罗（今巴基斯坦白沙瓦）用佉卢文颁布的摩崖法敕。中亚贵霜王朝（约公元1世纪前后）也把这种文字当作官方文字。公元2世纪以后，随着中亚贵霜帝国的灭亡，佉卢文也逐渐在中亚绝迹，并被另一种印度古文字——婆罗谜文所取代。值得注意的是，这种在印度和中亚废弃的佉卢文古文字，直到公元3世纪至4世纪，仍然在中国新疆地区，尤其是楼兰作为官方文字使用。

从语言体系而言，佉卢文原来用于拼写犍陀罗语。而在新疆地区的考古发掘及研究证明，犍陀罗语原来只是楼兰人的宗教和官方行政用语，不是楼兰人的本族语言。就像英语只是印度人的官方语言而不是印度本族语一样，楼兰本族人使用的是“吐火罗语”。

被视为“欧洲甲骨文”的吐火罗语，是本世纪初在塔里木盆地发现的另一种中亚死文字。在库车(汉代的龟兹)、焉耆、吐鲁番等地都发现了一些吐火罗语文献。在敦煌藏经洞遗书中也有一些用吐火罗语书写的宗教、文学和医药文献。

犹如汉语在不同地区有不同的方言一样,吐火罗语也由于使用的地区不同而有不同的方言。由于发现的地点不同,又称为焉耆语(或吐火罗语 A、甲种吐火罗语、东吐火罗语)和龟兹语(或吐火罗语 B、乙种吐火罗语、西吐火罗语),A 方言主要流行于焉耆和吐鲁番,B 方言主要流行于库车。

斯坦因的第一次中亚探险于 1901 年 7 月在伦敦结束。他"很满意地把从沙漠中出土的古代文物,临时存放在大英博物馆这个安全的休憩之地。不论这些文物还是我的 800 余块拍摄好的玻璃底片,在长途跋涉中毫无损坏","由于我胜利带回的大量古文物急需整理和编写目录,原来印度政府委派在英国从事这项工作的 6 个星期远远不够,于是负责印度事务的国务秘书又给我延长了 6 个星期,我对此深表谢意……才能按期顺利地完成了对这次搜集到的古文物的整理工作,并为撰写'初步报告'做好了准备"。[①]随后,斯坦因写了三本书来叙述他的第一次探险:一是《中国新疆考古:地理探险旅行初步报告》,是 1901 年回到伦敦后不久写成的;二是两年后出版的《沙埋和阗废墟记——个人笔记》;三是 1907 年问世的两卷本巨著《古代和阗》。三本书虽然记述的是同一次探险,但侧重点不同。第一部是探险的简报。第二部"个人旅行笔记"则由日记、现场记录、给家人朋友的信函组成,其中讲述了全部情节:计划和日程、障碍、得到的教训、挫折和成功、当天的冒险和荒漠的艰难等,相当于给骨架(简报)添上血肉。《古代和阗》是一部学术著作,详细记述了遗址发掘的情况,并附

① 斯坦因著、殷晴等译《沙埋和阗废墟记》,新疆美术摄影出版社,1994 年,第 306 页。

有大量文物图片。另外,《古代和阗》还有7个附录:(1)《丹丹乌里克、尼雅、安得悦遗址所出汉文文书》;(2)《安得悦所出藏文手稿及陶器》;(3)《丹丹乌里克所出犹太——波斯文书》;(4)《出土、收买钱币目录》;(5)《和阗藏文资料选辑》;(6)《和阗遗址所出古代灰泥样本笔记》;(7)《和阗地区沙粒、黄土样本笔记》。

二、斯坦因第二次中亚探险与千佛洞骗宝

早在1879年,匈牙利地理学会会长洛克齐在我国西北考察地质期间,偶然看到了敦煌石窟艺术,使他惊讶万分,赞不绝口。1902年,斯坦因参加了在汉堡举行的第十三届国际东方学家大会。大会作出决议,赞扬了斯坦因的中亚考察工作。同时,洛克齐在会上报告说,敦煌千佛洞艺术,博大优美。他的报告,大大地促进了斯坦因前往敦煌考察之决心。这正如斯坦因自己所说:"在第一次中亚探险队以后几年,我便计划从事第二次的探险,并很想将这一次的探险扩展到中国西北边界上的甘肃省去。我的朋友匈牙利地质调查所所长故洛克齐教授曾同我说及敦煌东南的千佛洞佛教石窟寺,因此更大大地促进了我的愿望。"①

从1904年初斯坦因就开始策划第二次考察,并力争想得到各方面的支持。他曾给威尔逊的一封信中说:"在我的旅行取得成功的极大影响下,德国政府现已派遣格伦威德尔教授前往吐鲁番。我还得知他们已为该地区的发掘新拨款3500镑。俄国政府尽管面临困境(俄日战争),也正筹备由著名印度学家鄂登堡教授率领,对库车进行考古探险。我在和阗的探险是对新疆进行的最早一次系统的考古

①《斯坦因西域考古记》,中华书局、上海书店1987年联合出版,第137页。

工作。”[①]

德国和俄国拟派考察团确有此事，斯坦因提出来，则主要是为了引起英国政府有关部门和官员的重视，1904 年 9 月 4日，斯坦因向政府提交了考察的详细计划书，即赴和阗——罗布淖尔——沙州探险考察，政府有关部门对计划书进行了讨论，并表达了各自的意见。

外交部：“斯坦因继续对中国新疆进行研究，其巨大价值从科学观点看是毫无疑义的，也没有哪一位权威会像斯坦因这样胜任该项目的进一步实施。”

外交部一一列举了斯坦因所需费用，实际上隐含着不满，并从其他方面提出问题，基本上不支持斯坦因的考察。而外交部意见的最后，有一句话泄露了天机：“但是我们对跨国界探察感兴趣。”

税务和农业部门这样估算开支：“大英博物馆允诺购买部分斯坦因博士发掘出土的文物，并负担总开支的大部分，他们并希望在此事上进行协商……大臣反对开支由各省资金支付(孟加拉省与旁遮普省)。作为对印度税收提供开支的偿付，拉合尔及加尔各答博物馆应得到斯坦因(从前)搜集文物的一部分……我以为，我们可以有把握地确定，各项费用总额将不超过 80000 卢比。”[②]

另外，财政部、印度考古调查部和印度总督寇松均发表了意见。经过各部的讨论协调，斯坦因第二次赴中亚探险的计划于 1905 年底被批准。

1906 年 4 月 20 日，由 8 人组成的斯坦因考察团从印度出发，他们穿越帕米尔高原。斯坦因在喀什聘请了一个中国师爷——蒋孝琬，作为他的翻译和助手。他们沿着丝绸之路东行，于 8 月到达第一次考

① 转引自(英)珍妮特·米斯基著、田卫疆等译《斯坦因：考古与探险》，第 211 页。

② 转引自《斯坦因：考古与探险》，第 218—219 页。

察过的和阗，然后对昆仑山的地形进行了勘测。9月，找到了一个遗址，挖掘出婆罗谜文木简、保存完好的汉文文书（一卷长达2.5英尺）和包括桦树皮文书在内的多种梵文文书。斯坦因在这个遗址得到了满满6大箱壁画残片，真可谓"旗开得胜"，但他还是感到着急、紧张和不安，因为伯希和考察团已到了喀什噶尔。他这次考察的主要目的地是楼兰和敦煌，因此决不愿意让伯希和在他前面赶到敦煌。

在若羌当地官员的帮助下，斯坦因雇了30个工人和两个曾跟随过斯文·赫定的猎人做向导，并备足了能维持到敦煌的补给品。路上又挖掘了楼兰遗址，清理出了300件至400件藏文文书；发现了米兰壁画。

1907年3月12日，斯坦因到达敦煌。当时他还不知道千佛洞发现藏经洞的事。原准备只在敦煌逗留10天，简单地考察一下千佛洞，并在敦煌补充一些粮食和饮水，然后就去罗布泊沙漠进行考古发掘。但到达敦煌不久，他就从一位定居在敦煌的乌鲁木齐穆斯林商人扎依德·贝格那里，听到了几年前王圆禄在莫高窟发现藏经洞遗书之事。他认为藏经洞发现的"这种宝物很值得去努力侦察一番"，所以就迫不及待地向千佛洞跑去。

3月16日，斯坦因到了千佛洞。当时，藏经洞已装上了门锁，钥匙由千佛洞主持道士王圆禄亲自掌管。而此时王道士带着两个徒弟外出化缘，只有一位小和尚在千佛洞。斯坦因进不了藏经洞，只得暂时离去。他拜见了敦煌新任知县王家彦及敦煌当地的驻军长官——沙州营参将林太清后，就去敦煌附近考察。①

斯坦因考察了敦煌附近的汉长城，并发现了100多枚汉简。

5月15日，斯坦因再次返回敦煌，由于此时千佛洞正值庙会，香

① 参阅王冀青《1907年斯坦因与王圆禄及敦煌官员之间的交往》，《敦煌学辑刊》2007年第3期。

客很多。为不引人注目，更怕众怒难犯，斯坦因未敢下手，只得又去了县城。5 月 21 日，斯坦因带着考察队，再次来到千佛洞。据斯坦因说，这时“王道士已在那里等候。他看来是一个很奇怪的人，极其狡猾机警。他不知道他所保管的是什么，他对于有关神同人的事充满了畏惧，因此一见面就知道这个人不易捉摸……要想急于接近那一大屋藏书是不容易的”。[①]因为斯坦因第一次参观千佛洞时，藏经洞还用粗糙的木门锁着，而这次则完全用砖砌了起来，王道士解释说封砌洞窟是为了阻止香客们的好奇心。实际上斯坦因心里十分清楚，这是为了提防他。因此，斯坦因说他是来千佛洞拍摄壁画照片的，只字不提藏经洞的事，只让其中国翻译蒋孝琬去和王道士周旋。当蒋师爷与王道士初步接触时获悉，藏经洞遗书的发现已报告给了肃州的最高长官，并通过该途径报告给了甘肃的总督。蒋师爷猜想，甘肃的总督可能已下达了运送样本和安全保管整个收藏品的命令。如果官方已列出了卷子的目录，就会危及交易的进行。随后又从王道士处得知，确实将几卷汉文佛教文书呈交给了兰州的总督衙门，但并未开列目录。所有文书可以装满 7 车，但省会的官员们对它们并不十分感兴趣，尤其不愿承担运输的费用，因此这些手稿便未被触动地留了下来，由王道士负责管理。

蒋师爷在王道士处进行了较长时间的周旋，并用捐功德钱等方式想得到藏经洞文书的计划失败后，斯坦因只得再想他策。当他请王道士领着参观洞窟及其维修工程时，王对斯坦因渐渐有了好感。斯坦因提到圣僧玄奘时，引起了王道士的共鸣。斯坦因一看有机可乘，便大讲特讲他是玄奘的忠实信徒，“我用我那很有限的中国话向道士述说我自己之崇奉玄奘，以及我如何循着他的足迹，从印度横越峻岭荒

---

① 《斯坦因西域考古记》，第 142 页。

漠,以至于此的经过,他显然是为我所感动了”。[1]这样王道士特意把斯坦因领到画有唐僧故事的壁画面前,给他进行热情讲解。在王道士请人画的这些壁画中,有一幅对斯坦因特别有利。画面上,玄奘站在一条湍急的河流岸边,他的坐骑驮着佛经站在旁边,一只大龟向着玄奘游去,要去帮助他把佛经驮过河去。

谈完玄奘的话题后,蒋师爷单独留下来,其目的是想早些从王道士手中弄到写本。但一谈到写本,王道士又变得胆怯起来,一直用含糊的方法应付。直到深夜,“蒋暗自高兴地带来了王道士刚刚偷偷借给他的一捆汉文卷子摸进我的帐篷,他小心地把第一次答应的一卷子‘样本’藏在宽松的黑长袍下面。就书写和纸张而论,卷子清楚地显示出很古老,也许是佛教经典,但蒋需要时间来确认它们的属性”。[2]因此,蒋师爷就把一小捆经卷带回他自己的小屋,连夜进行识别研究。

第二天天刚亮,蒋孝琬面带惊愕的神色向斯坦因报告,有些经卷上有题署,有的题署表明,佛经是玄奘从印度带回并亲自从梵文译为汉文的。听了这一消息,斯坦因也很惊讶,并让蒋师爷去报告王道士。王道士听后更是惊愕不已。蒋孝琬说,只有一种解释才说得过去,即阴曹地府的玄奘亲自选定这一时辰,把这些神圣的佛经展示在斯坦因面前,以便这位来自遥远印度的虔诚信徒和弟子能把它们带回印度老家去。在蒋孝琬这种半神话的影响下,王道士终于向斯坦因打开了藏经洞之门。斯坦因说:“从道士所掌微暗的油灯光中,我的眼前忽然为之开朗。卷子紧紧地一层一层地乱堆在地上,高达十呎左右,据后来的测度,将近有五百方呎。小室约有九呎见方,两人站了进去,便

---

① 《斯坦因西域考古记》,第143页。

② 转引自《斯坦因:考古与探险》,第268页。

无多少余地了。”[1]

洞子太小太黑，不便翻检，甚至要将这些写本搬出去都很困难，再加上王道士害怕被其他人发现，所以很难在藏经洞内阅读。对斯坦因来说，幸运的是王道士在藏经洞旁修了一个小侧室。侧室有门和纸糊的窗户，这里可以遮挡任何好奇者的目光。因此，王道士就允许斯坦因在侧室内翻检卷子。而他则把卷子一捆一捆地搬到侧室里让斯坦因、蒋孝琬研究。

斯坦因翻检的卷子既有汉文、藏文的，也有梵文和中亚婆罗谜文的，另外还有用“未知”语言写成的，内容极其丰富。“我过去发现的婆罗谜文文书在这方面或妥善保藏方面没有一件比得上它们。因此第一天蒋和我自己没有间断地工作到很晚。”[2]

由于卷子越来越多，所以斯坦因放弃了原来准备叫蒋孝琬给卷子编目的计划。洞中除了佛经外，还有许多绢画和帛画。斯坦因自己说：“余于开一大包裹时尤警……其包裹以粗棉布为之，中藏种种绢画、纸画、幡盖、锦缯、刺绣之供献物，不可胜计。其画绢画布，盖寺中之旌旗。卷藏甚谨，及展视之，皆为诸佛菩萨像，或纯用印度画法，或以印度画为本，而参以中国画。”[3]

王道士对“经”很重视，对佛画则兴趣不大。“所以我迅速地擅自将最好的丝、亚麻或纸画放在一边供进一步考察，……仅在第一捆里就有一打之多——甚至在残片里也有精美的画面，而且每一丝片都有收藏和艺术价值……对这种遗物道士似不感兴趣，内心希望用这些东西把我的注意从珍贵的经文卷轴上引开——他现在更殷勤地寻

① 《斯坦因西域考古记》，第 144 页。

② 斯坦因《沙埋契丹废址记》，转引自《斯坦因：考古与探险》，第 272 页。

③ 斯坦因述、王国维译《中亚细亚探险谈》，《王国维遗书》第十四册，商务印务馆，1940 年。

找并拿出那些已明显被他归入废物一类的东西。”[1]

斯坦因和蒋孝琬一面阅读，一面迎合王道士的心理说一些恭维话，又许诺捐纳一大批功德钱。斯坦因把挑选出来的一些佛经和佛画放在旁边，王道士看见后也没有提出异议。当天，他们三人一直干到天黑。离开洞窟时，斯坦因又和王道士进行了长谈。他们走到画有唐僧牵马驮经从印度返回的壁画前面时，斯坦因故意停住，以便再次引起王道士对该画的注意。蒋孝琬竭尽说客之能事，并再次强调，斯坦因将会给寺庙捐献非常可观的功德钱（在此之前，斯坦因已经给寺院捐奉过若干银两）。但王道士仍然犹豫不决，斯坦因明白，最好的办法是让蒋师爷一人去采取行动。

在蒋孝琬的一再劝说和欺骗下，王道士终于答应了斯坦因的要求。“到了半夜，忠实的蒋师爷自己抱着一大捆卷子来到我的帐篷之内，那都是第一天所选出来的，我真高兴极了。他已经同道士约定，我未离中国国土以前，这些‘发现品’的来历，除我们三人之外，不能更让别人知道。于是此后单由蒋师爷一人运送，又搬了七夜，所得的东西愈来愈重，后来不能不用车辆运载了。”[2]

这时王道士越来越后悔自己所做的一切，越来越害怕失去那些他认为十分神圣的卷子。因而向斯坦因宣称，要把这些“经”交给他是完全不可能的。因为这些“经”如果缺少的话，施主肯定会发现，所以他必须去和施主们商量商量，在此之前，不得采取任何进一步的行动。

当晚王道士就把甬道上的经卷全部搬进藏经洞，并锁上了门。这使斯坦因大吃一惊，但感到庆幸的是，他已经到手的那些为数众多的

① 斯坦因《沙埋契丹废址记》，转引自《斯坦因：考古与探险》，第272页。
② 《斯坦因西域考古记》，第147页。

珍贵绘画、非汉文写卷及其他文物仍在自己手里。在《沙埋契丹废址记》中，斯坦因这样写道："我们所具有的优势是已经掌握有大量的手写稿和古文物，而且道士明显的愿望是获得数目可观的款项，所以我有理由宣称在这次外交斗争中我取得了基本成功。除了我从各种各样的包捆中挑选出的珍品外，他还同意给我 50 捆非常完好的汉经文卷轴和 5 捆吐蕃文的东西。为换得所有这些物品，约相当于 500 卢比的 4 块马蹄银递到了道士手中。"[①]他们用两个晚上的时间，将已经到手的宝藏从密室中搬到了斯坦因的帐篷里。

得到这许多宝藏后，斯坦因就开始打包，准备运走，由于要精心地装箱，共用了一周的时间。这时，王道士又该去敦煌绿洲化缘了，否则就会引起施主们的怀疑。另外，他也想到外面去探探风声。一周之后王道士返回千佛洞，由于其秘密仍未泄露，王道士的声誉也一如既往，所以王道士也不再胆小怕事了。斯坦因乘机欺骗王道士说：把这些经卷幽闭在这里，迟早是会散失的，我把它们救出来，以供西洋学者研究，是很虔诚的举动。这样，斯坦因又从王道士手中得到了 20 个卷轴。随后，他们双方立约，"用施给庙宇作为修缮之需的形式，捐一笔款给道士作为酬劳"。[②]

斯坦因在藏经洞骗得的宝藏，数量庞大，仅文书就装满了 7 箱，绘画和刺绣品共 300 多幅，装满了 5 箱。

正在这时，斯坦因的信使吐尔迪从于阗来到千佛洞，给他带来了大批的邮件，包括 170 封信，都需他处理。另外，敦煌的地方官告诉斯坦因，兰州的总督来了命令，指示地方官奉劝斯坦因在考古发掘中一定要注意外交礼节。再加上斯坦因在敦煌待的时间过长，已引起了人们的警惕，因此斯坦因决定离开敦煌。6 月 13 日，他率领由骆驼、马

---

① 转引自《斯坦因：考古与探险》，第 277 页。

②《斯坦因西域考古记》，第 148 页。

匹以及新增加的5辆马车所组成的浩荡队伍，满载着敦煌宝藏，离开了千佛洞，向安西进发。

斯坦因将盗劫的敦煌文物存放在安西，然后用两天时间走到万佛峡千佛洞，拍了两天照后，就向肃州（酒泉）进发了。因为他有一笔钱（2万卢比）托付给那里的道台保管。两周后，他到了肃州，考察了嘉峪关长城，并开始准备去新疆考察。

8月28日他到了甘州（张掖），这是他所走的最东界线。在甘州逼留了5天后，他又于9月25日回到安西。当斯坦因回到安西后，便给艾伦写信说："非常高兴地完好收到了我六月份寄放在安西衙门的17箱古代手稿等。"由于斯坦因在敦煌的骗盗行为没有泄露，他便给王道士写了一张字条，蒋孝琬拿着字条又秘密地去了一次千佛洞。从王道士处得到了230捆手稿，其中包括3000件经文。在《斯坦因西域考古记》中，斯坦因说，这一次，王道士"还慨允蒋师爷代我所请，送给我很多的中文同西藏文写本，以供泰西学术上之需。十六个月以后，所有装满写本的二十四口箱子，另外还有五口内裹很仔细地装满了画绣品以及其他同样美术上的遗物，平安地安置于伦敦不列颠博物院，我到那时才真正地如释重负"，"此乃余最终之慰藉也"。[①]

1907年10月斯坦因又诈骗了一批敦煌文物后，就率领他的考察队，满载着敦煌文物和其他丝路上盗掘的文物，走上了从哈密直通喀什噶尔的大路，而他本人则抄近路向吐鲁番进发，想在吐鲁番再有收获。

11月2日到达吐鲁番，他大概勘测了一下吐鲁番的遗址，又获得了一些壁画、塑像碎块和注有日期的汉文、吐蕃文、回鹘文手稿。[②]斯坦因在吐鲁番考察挖掘了16天，然后走了8天的商路到达焉耆。

---

① 斯坦因述、王国维译《中亚细亚探险谈》。

② 转引自《斯坦因：考古与探险》，第288页。

1908 年 1 月 17 日他抵达库车。3 月斯坦因又到了和阗。

在回国前返回和阗，是斯坦因早就计划好了的。当他还在敦煌时，就于 3 月 30 日写信给英国朋友要求其代购礼品，其中有一件织锦是准备送给潘大人的，一块表是计划送给蒋师爷的，并在盖子里面刻了字："M·A·斯坦因博士将它作为对 1906 年至 1908 年为探险献身的学术贡献的感激和真诚敬重的纪念品赠予蒋师爷。"①

在斯坦因眼里，潘大人——潘震作为一名中国的地方官，不仅是他的朋友，而且最主要的是他学术活动的支持者，因此他专门去了一次阿克苏拜访潘大人。当然他不仅仅是为了去感谢潘大人，而是还有所求。1908 年 6 月 9 日在给艾伦的信中就说：为了"得到我诚实的蒋奋斗了 25 年的官府雇用的机会……所以我拟就了蒋的服务和对我全部帮助的详细报告，呈递给乌鲁木齐的都督。潘大人认真地考虑了蒋的打算，并不怕麻烦地彻底修改信的内容和风格，他也同意用自己的名义和信封呈递给最高当局以明显表示支持"。②由此可见，斯坦因对帮他盗劫敦煌文物的蒋师爷是多么感激、关心，也从另一个侧面说明，蒋孝琬是敦煌文物外流的"关键人物"之一，如果没有他的大力帮助，斯坦因可能就不会那么顺利地诈骗、盗劫去大量珍贵的敦煌文物。

斯坦因去阿克苏，一方面是为了拜访潘震，另一方面是考察。当 4 月 19 日到达麻扎塔格时，找到了一个遗址，"在堆积的麦草和难闻的垃圾层里，意外地出现了藏文木简和文书、汉文和古于阗文文书，甚至还有几件钵罗钵语（中世纪古波斯语）和回鹘文文书。总数达到 900 件……烂文书是常见的，但文书、过境通行证、征用令以及诸如此类的东西保存得相当完好。钱币和带有日期的文书，表明吐蕃人公

---

① 见《斯坦因：考古与探险》，第 297 页。

② 转引自《斯坦因：考古与探险》，第 298 页。

元8世纪曾作为一个边境守卫要塞占领过这个地方”。[①]在麻扎塔格挖掘后,斯坦因便于5月1日赶到了阿克苏。

在阿克苏办完事后,斯坦因用5天时间到了莎车,然后于6月9日到达和阗,他要在这里对其“发现物”编目、装箱,并在箱子上包马口铁。每一件“发现物”他都得登记、包装,每一块嵌板都要小心地“加固”,每一张易损的绢画都要谨慎地卷在棉胎里,而蒋孝琬则对文书按“题署”进行登记。到了7月中旬,“包装已全部完成,整个古物箱子凑成了47个相当重的马驮子。所有珍贵些的箱子包了锡皮。我希望他能够防水。30只箱子装满了手稿和其他木简等。蒋只完成了1/3的千佛洞文书”。[②]

装箱工作结束后,斯坦因于8月1日离开和阗回国,此时,蒋孝琬已被马继业任命为英国驻喀什噶尔领事馆的中文秘书了。回国途中于10月12日到达列城[③],由于斯坦因的脚趾被冻坏,10月14日在列城做了手术,左脚脚趾上的皮肤虽然部分冻坏了,但不会留下痼疾,右脚脚趾已开始变成坏疽,因此不得不将右脚两个中间的指头和其余指头前面的关节全部截去。大夫向斯坦因保证,留下3个指头的大部分,完全可以行走和爬山。在列城休养了一段时间后,斯坦因于11月底回到了印度。

在印度,斯坦因受到了政府有关部门的欢迎。有一天,皇家亚洲学会孟买分会通知斯坦因:新近刚为纪念约翰·坎贝尔爵士而设立的

① 转引自《斯坦因:考古与探险》,第300页。

② 斯坦因《沙埋契丹废址记》,转引自《斯坦因:考古与探险》,第305页。

③ 列城:南亚克什米尔东部城镇。在喀喇昆仑山东麓,印度河右岸6千米处。现在的克什米尔分别为印度和巴基斯坦控制。拉达克位于克什米尔东南部,属于印度控制区。官方语言为藏语(拉达克方言)和乌尔都语。拉达克地居世界屋脊之上,位于喜马拉雅山南沿与克什米尔山谷的东北面。列城(Leh)是拉达克地区的首府。

东方研究金质奖章，第一次将颁发给他。

1909 年 1 月初，斯坦因离开印度，他先到维也纳看望嫂子，几天后到达“故乡”布达佩斯，最后经巴黎回到伦敦。这时他考古的“发现物”已运到伦敦，保藏于大英博物馆。这样斯坦因的第二次中亚探险考察就算是“圆满”结束了。

回到伦敦后，斯坦因拜访了外交部秘书，请求印度政府向中国官员表示，感谢他们的帮助：

“如果中国各地方官——没有在运输、供应、发掘工人等各方面向我提供最有效的支持”，那就不可能“获得我有幸在内务部向印度政府报告的那些考古地理成果”。他列举出乌鲁木齐的新疆巡抚、兰州府的甘肃总督、阿克苏道尹潘大人、肃州县官、敦煌县尹等人，“我确信对他们的贡献予以适当评价，会对这些行政官员有利，同时间接地也有利于将来的英国旅行者”。[①]

第二次探险结束后，斯坦因于 1911 年 11 月写出了这次考察的个人笔记——两卷本的《沙埋契丹废址记》，1912 年在伦敦出版；其正式的考古报告是《西域考古图记》，又译为《塞林提亚》，副题为“在中亚和中国西陲考察的详细报告”，共 5 卷，于 1921 年由英国牛津大学出版社出版。

《西域考古图记》近 300 万字，分为 5 卷，第 1 卷至 3 卷为正文，详尽记录了其探险过程，重大发现和研究成果，第 4 卷为重要文物照片，第 5 卷为实测考察地图。本书还附有各相关专家对各专题的专门研究成果，因而在提供大量实物史料的同时，对于中亚及中国西北历史地理、敦煌学、丝路学及中西交通史的研究也具有一定的参考价值。由于本书是斯坦因第二次中亚考察的考古报告，因此它又是其关

① 《外交部卷（1909 年 6 月，81 号~87 号）》，转引自《斯坦因：考古与探险》，第 326 页。

于第一次探险的详细报告《古代和阗》的续编。《西域考古图记》一书，已由中国社会科学院考古研究所主持翻译，广西师范大学出版社出版。

1914 年，斯坦因第三次中亚探险时，于 3 月 24 日再次来到千佛洞，仍然受到了王道士“亲切、友好地接待”。《斯坦因西域考古记》曾这样记述：“王道士欢迎我有如老施主一般……王道士曾乘便将他的账目给我看，上面载明我所有施给寺院的银钱总数。”同时王道士还向斯坦因出示了其募化和接受捐赠的所有款项的开支账目，由此账目可知，“当日得之于余者，皆已作修葺庙宇之用。彼以马蹄银在洞庙前所筑之新佛堂及香客下院，已骈列成排，一一为余指示，有自得之意”。[①]王道士这一行动本身，就说明他仅仅将斯坦因作为施主来对待，让他看捐赠银两的用途。

斯坦因这次来敦煌，没有蒋师爷的帮助，使他痛感失去了蒋师爷那种愉快、亲切、打动人心的能力。而接替蒋师爷的李师爷，在斯坦因看来，是一个冷峻、粗暴、毫无趣味的人，还不如王道士友好和善谈。因此斯坦因不得不直接面对王道士。当他又向王道士提出卷子要求时，王道士说，伯希和来后一年，北京下令交出剩下的东西，他和寺院没有得到一分钱的补偿。1914 年 4 月 13日，斯坦因给艾伦写信说道：王道士“足够聪明，当转交北京的命令下达时，私自藏下了不少纪念品。从中，我获得整整 4 大箱文书。当然这需要好一阵讨价还价，但即使不幸没有蒋师爷的帮助，最终我还是成功了。”[②]

斯坦因这次所得卷子，大部分是敦煌遗书运送北京时，王道士密藏起来未交者。少部分是当地官僚窃去和散佚在民间的，当时就已经

① 斯坦因著、王竹书译《斯坦因千佛洞取经始末记》，《国立北平图书馆馆刊》第 9 卷第 5 号。

② 转引自《斯坦因：考古与探险》，第 366 页。

有人在出售。《斯坦因西域考古记》说:“一整捆的唐代佛经卷子,在1914年即曾有人拿来向我兜售过。我到甘州去的途中以及在新疆沿途便收到不少从石室散出的卷子。”斯坦因这次所窃卷子的数量,在其自述中说:“我第二次巡礼此地的结果,许我带去的还足足装满五大箱,有六百多卷佛经——自然,又得布施相当的数目。”[①]

三、斯坦因的收获与英藏敦煌文书

斯坦因对敦煌文物的劫夺,使他获得了很大的实惠与极高的声誉。皇家地理学会授予他“发现者金质勋章”,牛津大学和剑桥大学都赠予他名誉博士学位,而德国则给他一笔巨额的现金以祝贺他的成就;在布达佩斯,他被奉为立了大功的好儿子。当他重访“故里”时,布达佩斯沸腾起来,“午餐、宴会,还有晚餐应接不暇”。比利时科学院选举他为名誉院士,并且成为“亚平宁俱乐部”的成员。1909年8月10日,他给艾伦写信说:“听说,与我同获此殊荣的有12个人,其中包括约瑟夫·胡克尔爵士(皇家植物园创始人)、南森(北极探险家、海洋学家、人道主义者)、杨哈思本、柯曾等,全都是些令我望尘莫及的名字。”[②]另外,还使他高兴的是,那个为他帮了大忙,对盗劫敦煌文物立了殊勋的蒋师爷——蒋孝琬,也由于斯坦因的积极推荐,得到了他本人所渴望得到的奖励,当上了喀什英国领事馆的汉文秘书。

当然,对斯坦因来说,最高兴的是终于加入了英国国籍,实现了他梦寐以求的愿望。最使他高兴和出乎意料的是得到了官方的承认:1910年6月斯坦因被授予“印度帝国骑士”称号。咨勋局专门给他发了通知,并说明了在皇家觐见厅接受陛下封爵时的礼仪、穿戴等问题。斯坦因绝对没有想到,在中国敦煌所窃得的宝藏,会把他带进皇

---

① 《斯坦因西域考古记》,第149页。

② 转引自《斯坦因:考古与探险》,第333页。

家觐见厅参加崇高、庄严的受封仪式。

斯坦因对敦煌文物的劫夺，得到了欧洲学术界的极力赞扬。中亚细亚旅行家和历史学家欧文·拉铁摩尔教授曾经把斯坦因称作是“他的同时代人当中的一位集学者、探险家、考古学家和地理学家于一身的最伟大的人物”。铀元素的发现者伦纳德·伍利爵士把斯坦因在中国西北的探险，说成是“一个考古学家对古老世界所进行的一次最大胆和最冒险的突击”。[①]并说斯坦因对敦煌遗书的劫夺，“是一个前所未有的、考古学上的大发现”。英国《泰晤士报文学副刊》宣称，“任何一个考古学家都没有作出比这更多的惊人的发现”。[②]

然而，中国人民和世界各国友好人士对斯坦因的劫夺，却有正确的看法，并表示极大的愤慨。早在1935年，英国埃里克·泰克曼爵士就在其《土耳其斯坦旅行记》一书中说：“运输队把中国西北地区的寺院、石窟、坟墓和废墟中的无价之宝，一批一批地运往外国的博物馆，从而使中国永远地失去了这些珍宝。对此，中国人无不怨声载道，而外国人也无法加以否认。”[③]英国东方学专家阿瑟·韦利对于斯坦因的劫夺，“表示强烈的不满，认为这无异是对‘敦煌书库的劫掠’行为”。并说要了解中国人民对敦煌遗书被盗的情感，其“最好方法是去设想一下，假使一个中国的考古学家来到英国，在一座废弃的寺院内，发现了中古时代文书的一个窖藏。他贿赂这里的看守人，把这些东西拿出来运到北京去，那时我们将作何感想”。[④]

众所周知，敦煌遗书发现不久，甘肃学政叶昌炽就建议当局全部

---

① 转引自[英]彼得·霍普科克著、杨汉章译《丝绸路上的外国魔鬼》，甘肃人民出版社，1983年，第62页。

② 转引自《丝绸路上的外国魔鬼》，第165页。

③ 转引自《丝绸路上的外国魔鬼》作者前言。

④ 转引自《丝绸路上的外国魔鬼》，第175页。

运到兰州保管。后因运费无力筹措，才于 1904 年命令敦煌县府先行检封，并由王道士就地保管。

“从法理上说，从那时开始，这批文物已是中国政府的财产，王道士是无权出卖的。斯坦因若不知底细，误买了，乃是买了赃物，事发之后，仍应交出。何况斯坦因不仅明了王道士无权卖，实际上根本是他和蒋孝琬‘说服’王道士演出这幕‘监守自盗’的”。[①]

当然，斯坦因是付了一些钱，但并非是他自称的那样“公平”，因为他只付了 200 两银子。斯坦因明白，这是低得近乎荒谬的价钱。在把东西运抵安西后，他就得意地给朋友写信说，这批文物只花了 130 英镑，买一个梵文贝叶写本和一些古旧物品就要这些钱了。[②]

斯坦因在中国所窃去的全部收藏品，按照资助他的印度政府和大英博物馆之间在其出发前所签署的分配方案，写本部分，凡用汉文、粟特文、突厥文和回鹘文书写者，归英国博物馆保存；凡用于阗文、龟兹文、藏文书写者，归印度事务部图书馆保存；梵文写本，用佉卢文书写者归前者，用婆罗谜文书写者归后者。其他发现品如钱币、绘画等，在印度德里中亚古物博物馆和英国博物馆之间平分。但斯坦因回国后却改变了分配办法：为了研究方便，文书部分归大英博物馆收藏，印度方面只取若干样品；图画部分归印度博物馆所有，大英博物馆只取若干作样品。据有的学者检视两地博物馆所藏斯坦因所窃文物，“发觉大英博物馆所谓的留取若干，实际上是尽取菁华；印度博物馆的留取若干，则无论质量，都无足轻重”。[③]1973 年，英国图书馆

① 金荣华《斯坦因——敦煌文物外流关键人物探微》，载台湾《汉学研究》第 4 卷第 2 期《敦煌学国际研讨会论文专号》。

② 1906 年 4 月 14 日斯坦因致艾伦函，参阅金荣华《斯坦因——敦煌文物外流关键人物探微》。

③ 金荣华《斯坦因——敦煌文物外流关键人物探微》。

东方部与英国博物馆分立,保存在原博物馆东方图书与写本部中的斯坦因所获文献,移入了新建的英国图书馆藏书楼保存。

关于英国所藏敦煌遗书,长时间不知其详细情况和数量。因为斯坦因三次中亚考察所获文献,刚开始编号时,仅仅按照语言和出土地点大体上作了一些归类,就被编为 Or.8210 ~ 8212 三个总号之中。Or.8210 主要是敦煌藏经洞出土的汉文写本和印本,后来就缩写为S。1954 年,英国大英博物院图书馆将所藏敦煌卷子制成缩微胶卷公开出售,这套胶卷共收录了 6980 个卷子,即 S.1 ~ 6980 号,它不仅未包括古藏文及其他民族文字的卷子,就是汉文卷子也是不完全的。1962 年,商务印书馆出版的《敦煌遗书总目索引》中的《斯坦因劫经录》,就是我国学者刘铭恕根据中国科学院图书馆新收到的缩微胶卷编制的。当时还有 2000 多件没有编目。1957 年翟理斯编成了《大英博物院藏敦煌汉文写本注记目录》,该目录共收录了 8102 个敦煌汉文卷子,但并没有完全反映英国所藏敦煌汉文卷子的收藏情况。21 世纪以来,英国图书馆修复部又陆续从敦煌绢画、写经、经帙等已编号文物或文献上揭出许多残片,在总编号后顺序增加,目前已编到 13677 号。①S.1 ~ 13677 号敦煌写本,不论长短,一纸一号。从总体上看,S.6980 号以前的写本比较完整,有不少长达 10 米以上者,缩微胶卷和台湾黄永武先生编的《敦煌宝藏》已将它们全部收录。而 S.6981 号以后的写本,主要揭自经帙或绢画,残片较多,大多数为一两尺长,还有许多只有巴掌大小,因此在一个号下,各残片又细分为 A、B、C 等。如 S.6998A、S.6998B 等。

Or.8211/1 ~ 3326 号主要是斯坦因第一次考察所获文献,但也有一部分是第二次考察时所获敦煌汉简等。这一组文献,除了

① 关于英藏敦煌文献文物的编目、收藏情况,详见荣新江《海外敦煌吐鲁番文献知见录》第一章"英国收藏品",江西人民出版社,1996 年。

Or.8211/1 ~ 3326 号这种博物馆编号外,还有斯坦因根据文书来源而标的原始编号,如 T·编号指在敦煌长城烽燧所获汉简,N·表示尼雅出土佉卢文文书,M·T 表示麻扎塔格出土文献,L·A 或 L·B 指楼兰遗址所获文献,等等。

Or.8212/1 ~ 195 是民族语言或民族语言文字混在一起的文书,其中有梵文、佉卢文、藏文、粟特文、于阗文、吐火罗文、突厥文、回鹘文和汉文,出土地点则有敦煌藏经洞、敦煌长城烽燧、吐鲁番、和阗等地。Or.8212/196 ~ 199 为予留空号,迄今未用。Or.8212/200 ~ 855 是木简或纸本汉文文书。Or.8212/856 以下,是汉文或其他语言文字残片。

如前所述,根据斯坦因考察前提供经费的多少而签订的协议,其中一部分文献文物归印度事务部图书馆所有。该馆原是英国占领印度后,由东印度公司设立的,1947 年印度独立后,便归英联邦对外关系部所属,后来又划归英国图书馆参考部管理。1991 年与英国图书馆东方部合并为东方与印度事务收集品部。斯坦因三次中亚考察所获梵文、于阗文、藏文、吐火罗文等语言文书,大多收藏在这里,其中包括敦煌藏经洞文书,如斯坦因所获敦煌藏文文书的大部分就收藏在印度事务部图书馆。

斯坦因所劫夺的敦煌文物,主要收藏在英国博物馆。早在 1921 年,斯坦因就选取了其中的精美绢画 48 幅,编成《千佛洞:中国西部边境敦煌石窟寺所获之古代佛教绘画》一书在伦敦出版。后来,韦陀对英国博物馆所藏美术品进行了系统整理与研究,选取了其中的精品,编成三卷《西域美术:英国博物馆藏斯坦因收集品》,于 1982 年至 1984 年由英国博物馆和日本讲谈社用英、日两种文本在东京联合出版。

敦煌文物与文献一样,都是敦煌学研究的重要资料。绢画上的题记、纸画旁边或背面的文字,都具有重要的文献价值,我们应当将他们与藏经洞遗书一样对待,给予应有的重视。

第四节　伯希和与法藏敦煌文献

斯坦因捷足先登后，紧接着来了法国人伯希和。由于伯希和是世界上著名的汉学（“汉学”又称“中国学”）家，所以盗去了敦煌遗书中最菁华的部分。

一、法国的“汉学”研究

保罗·伯希和于1878年5月28日出生于巴黎，父亲是企业家、商人，他是家中最小的孩子，[①]中学毕业后入法国汉学中心之一的现代东方语言学院学习汉语，并成为法国中国学权威沙畹的高足和追随者，投身于中国学研究的行列。1899年被选拔为印度支那古迹调查委员会的寄宿生，到了河内，从此，便踏上了其漫长的汉学征途。1900年，该会改为法兰西远东学院，伯希和成了该院的首批成员。1900年2月，他被派来我国北京，为法兰西远东学院图书馆和博物馆收集藏书。“据传闻，当时法国驻北京公使馆正被义和团的一支部队所围困，后者正准备纵火焚烧。许多法国人隐身于一堵枪眼密布的墙壁后面，荷枪负弹，准备弹压和抵抗。在这千钧一发之际，伯希和挺身而出，开始对将公使馆团团围定的义和团将士喊话。团兵们非常敬佩，未敢纵火而自动撤离，由于伯希和表现出如此勇敢的精神，所以荣膺法国荣誉勋章。”[②]当时正值帝国主义八国联军侵入我国北京的

① 参阅［法］菲利普·弗朗德兰《伯希和传》，一梧译，广西师范大学出版社，2017年，第10页。

② ［法］M·罗克《伯希和诞生一百周年》，《中国史研究动态》1980年第8期。

混乱时期，伯希和利用这一时机在北京购买了一批我国古籍和文物。

“1901 年，伯希和受聘为法兰西学院汉语教授。同年 6 月，他抵达河内，从中国带回了一套精致绝伦的青铜器、景泰蓝和雕刻品，尤其是一批他所搜集的汉文、藏文和蒙文典籍珍本。1904 年，这批珍贵的刊本与写本存入了巴黎国立图书馆，而他所搜罗的绘画则入藏卢浮宫。在伯希和所搜集的珍本中，包括有百科全书性质的《图书集成》的最初版本，还有明代出版的一部道教经典《道藏》的残卷，这两部书至今仍是欧洲的孤本。除此之外，还有 18 世纪出版的藏文红字本的《丹珠尔》和《甘珠尔》以及蒙古文的《甘珠尔》等文献。”①

1901 年，伯希和受聘为远东学院教授时，年仅 22 岁。当他在集中研究印度支那乃至整个东南亚历史地理的同时，还潜心汉籍目录版本的检讨，开始尝试使用历史语言学的比较考证法来研究用汉语转写的外国人名地名，并关注中国的外来宗教和异教派别，以后又钻研中国佛教的起源与道教的关系，由此注意到中国与印度、西域的联系。

1904 年，伯希和回到法国，不久又返回河内。这时，欧洲及俄国的一些“考察家”“探险家”纷纷涌入我国西北地区，连续发现了许多古代遗址，并窃走了我国大量的稀世珍宝。对此，法国的中国学研究者十分眼红，也不甘落后。于是由法国金石和古文字科学院以及亚细亚学会出面，组织了一个“考察”我国西北地区的法国考察团，伯希和被选拔为这个考察团的团长。

法国组织考察团，并派伯希和来我国西北地区“考察”，是与法国国内中国学的发展分不开的。欧洲人对中国的全面了解，最早来自于《马可·波罗游记》。到了 16 世纪后半叶，葡萄牙、西班牙人相继来到我国东南沿海地区，在进行其所谓“商业”活动的同时，写了许多有关

---

① ［法］M·罗克《伯希和诞生一百周年》，《中国史研究动态》1980 年第 8 期。

我国的著作，如《中华大帝国史》《中国耶稣基督教的起源》《鞑靼史》《中国新地志》《中国最早期的历史》等等。这些书比较系统地介绍了中国的历史、地理和语言，很快在欧洲流行起来，引起了欧洲人研究中国的极大兴趣，对欧洲汉学的发展，起了重要的推动作用。

这些著作在欧洲被译为各种文字，很快传播开来，其中尤以法文译本出版最快、最全。早在 1588 年，法国大作家和哲学家米凯莱·戴·蒙泰湟在校阅《中华大帝国史》的法文译本时，就曾写道："尽管我们没有接触中国，也不了解它，中华帝国的政体和艺术在许多方面都超过了我们。中国的历史告诉我们，世界该是多么辽阔而变化无穷，无论是我们的前人，还是我们自己，都没有彻底了解它。"[①]17 世纪，法国有人把孔丘奉为"哲学之王"。由此可知，法国的知识分子一接触中国，就表现出了极大的热情。因此，到了 17 世纪末，欧洲的汉学中心就由意大利移到了法国。

19 世纪，法国的汉学研究有了新的发展。自从 1814 年 12 月 11 日在法兰西学院设立汉学讲座之后，法国汉学研究的面貌便焕然一新。它不仅对法国的汉学研究，而且对整个欧洲的汉学研究都有决定意义，这是西方高等院校第一次把汉学列为正式学科（俄国于 1851 年设立汉学课程，英国于 1876 年设立，其他欧洲国家更晚，美国是最后一个）。

法兰西学院的主要特点是自由，可以"自由地确定研究领域，自由地选择各自领域中最有才能的人员，自由地进行教学和研究，人人都可以自由地听课，无需交付学费，无需经过考试。教授们的唯一任务就是介绍他们年复一年地进行的研究；在这种条件下，他们不可能在法兰西学院里重弹老调。比如，如果在天文学和数学等方面开辟了

① 《戴密微汉学论文选》，1971 年荷兰莱顿出版；译文见《中国史研究动态》1980 年第 1 期。

新的研究领域,如果某位杰出的学者有能力进行这方面的研究,法兰西学院的教授们就可以在他们中的某一位因故出缺时把他选进来。科学领域里各个讲座的主持人就是通过这种程序不断得到更新,当然其他讲座的主持人也是这样产生的”。“在整个 19 世纪, 法兰西学院是法国唯一研究中国历史、文学、语言和文明的学术机构,到 20 世纪,它在这些领域发挥了领导作用。”①

法兰西学院中国学讲座的第一个主持者是雷慕沙,当时他年仅 27 岁,其代表作是对法显《佛国记》的译注。1893 年,沙畹被选入法兰西学院,主持中国学讲座。这件事不但可以被看作是法国汉学、而且是西方汉学史上的一件大事,从此以后,法国的汉学研究更是大放异彩。沙畹的研究领域很广泛,诸如考古、碑文、图画、艺术、唐代中国与中亚的交往、中国的宗教等,他是第一位应用欧洲的考证方法研究中国文献的学者。沙畹一生中培养了许多汉学专家,其中有三位成绩最为卓著,即伯希和、马伯乐和葛兰言。

由此可知,在近代国际“汉学”界,法国人扮演了非常重要的角色。1935 年 6月,张元济在法国捐赠东方图书馆书籍赠受典礼上讲道:“在这中西文化沟通的过程中,虽然有各国学者做我们的中介,但我们可以断言,此种工作要以法国耶稣会的学者和现代法国的汉学家为最有功。” ②傅斯年曾这样介绍法国的汉学:“说到中国学在中国以外之情形,当然要以巴黎学派为正统。”“而近八十年中,以最大的三个人物的贡献,建设出来中国学上之巴黎学派。这三个人物者,最早一位是茹里安(StanislasJulien),此君之翻译《大唐西域记》及其对

① [法]谢和耐《二战以来法兰西学院的中国学研究》,《中国史研究动态》1995 年第 3 期。

② 张元济《在法国捐赠东方图书馆书籍赠受典礼上的讲话》,见《张元济诗文》,商务印书馆,1986 年,第 243 页。

于汉语等之贡献，在同时及后人是有绝大影响的。其后一位是沙畹，中国学在西洋之演进，到沙畹君始成一种系统的专门学问，其译诸史外国传，今日在中国已生影响。最后一位，同时是更伟大的，便是伯希和先生。我们诚不可以中国学之范围概括伯先生，因为他在中亚各语学无不精绝。然而伯先生固是今日欧美公认之中国学领袖，其影响遍及欧美日本，今且及于中国。"①以上张元济与傅斯年的言论，或在伯希和当面所讲，或为伯希和而看，因此，不可避免地有过誉之处，但客观上仍是当时实际情况的反映。

二、伯希和在敦煌的活动

伯希和的"考察团"只有三个人。路易·瓦扬博士分管地形、地质、植物、动物，伯希和负责考古、语言和历史，另一个是远征队的摄影师查尔斯·努埃特。

1906年6月15日，伯希和率领的考察团离开巴黎，搭上火车经由莫斯科和奥伦堡，10天之后抵达塔什干，然后经俄国中亚进入我国。路途中伯希和学会了突厥文，熟练了俄语。

同年8月底，伯希和到达我国喀什。在喀什，他们居住在俄国的总领事馆内，同时，还对当地官员进行了外交上和礼节上的拜访与问候。由于伯希和的主要目标之一，是库车绿洲中的佛教石窟。因此，他在喀什短暂逗留后，便向库车进发。6个星期后，他们到达库车，考察了这里的几座佛教石窟。

伯希和考察团在库车共进行了8个月的考察，虽然"那里的石窟在几个月前已经被德国、日本、俄罗斯等国的考察团勘探过，伯希和只是考察了一些'次要的遗址'，如库木吐拉附近的都勒都尔——阿

① 《法国汉学家伯希和莅平》，《北平晨报》1933年1月15日。转引自桑兵《国学与汉学——近代中外学界交往录》，浙江人民出版社，1999年，第110—111页。

护尔、苏巴什寺庙和夏尔特朗遗址”。但伯希和的收获仍然不小，“他在那里发现了目前保存在伯希和库车收集品和伯希和梵文收集品内的几乎全部的文献资料”。[①]

伯希和在库车的收获，具体说来：“在托姆疏克村，他首战告捷，第一次获得了考古学上的重大发现，在那里发掘出了一座巨大佛寺。他还搜集了一些希腊佛教艺术品，如小雕像和小浮雕等，这些发掘物证明了当地曾深受希腊和印度文化的双重影响。在库车以东的马槽地，他发掘了一批梵文和古代龟兹文写本，还有一批龟兹文木简和商队通行证等。”[②]

库车考察之后，他们就转移到乌鲁木齐，以便补充生活必需品，准备越过沙漠前往敦煌。这时，他们还不知道敦煌藏经洞发现遗书之事，更没有听说斯坦因对敦煌文物的劫夺。只是计划去敦煌进行拍照，并研究千佛洞的壁画和塑像。

一个非常偶然的机会，伯希和得到了敦煌发现藏经的消息。当他们在乌鲁木齐停留时，伯希和偶然遇见了清朝官员载澜。此人原是北京警察总监，义和团运动时期在北京与伯希和等外国侵略者相互为敌，后来被终生流放到乌鲁木齐。伯希和后来写道：“在 1900 年，我们彼此之间是不共戴天的仇人，但是随着岁月的流逝，宿怨已早冰释，我们借着饮酒谈心，重温旧谊。”[③]这个时候，伯希和在乌鲁木齐街头已听到了传说，在千佛洞发现了一个藏着手稿的秘密洞窟。这个被流放的官员拿了一份据说是来自敦煌的手稿让他看，“伯希和刚一打开这个卷子，就认出了这是八世纪以前的东西”。[④]伯希和见到这个卷子

① [法]郭恩《法藏敦煌西域文献·序言》，上海古籍出版社，1995 年。

② [法]M·罗克《伯希和诞生一百周年》，《中国史研究动态》1980 年第 8 期。

③ 转引自[英]彼得·霍普科克著、杨汉章译《丝绸路上的外国魔鬼》，第 181 页。

④ 转引自[英)彼得·霍普科克著、杨汉章译《丝绸路上的外国魔鬼》，第 181 页。

后，大为惊喜，于是放弃了考察吐鲁番的计划，急迫地离开了乌鲁木齐，马不停蹄地兼程东行，往敦煌飞跑而去。

1908年2月12日，伯希和一行终于到达敦煌。这时藏经洞的门紧紧锁着，王道士不在千佛洞。但伯希和不甘于在寂寞中等待，他“请瓦扬（即瓦兰）绘制地形图，请努埃特照相，他自己细心抄录作为断代鉴定主要根据的题识，描绘每个石窟内的壁画”。[①]过了不久，伯希和就在市镇上找到了王道士。这时，伯希和还不知道斯坦因已在一年以前从这里盗走了大量经卷，所以根本没有提到斯坦因。这对王道士来说，无疑是吃了一颗定心丸，说明斯坦因是信守誓言的。“他发现这些‘洋鬼子’对于这项秘密，都能守口如瓶，使他感到非常放心。而且他已经开始用斯坦因的捐献来进行他的修复工作。当前，无疑是他寻找另外一笔捐助的时候了。”[②]

经过20多天的努力，王道士才允许伯希和进入密室。当然，和斯坦因相比，伯希和已很顺利了。3月3日，伯希和进入藏经洞后，“惊得呆若木鸡”。据他粗略地估计，洞内的手稿大约在1.5万至2万之间。伯希和在其《敦煌石室访书记》[③]中说：“（1908年）3月3日侵（清）晨，入此扃秘千年之宝库。发露迄今，已逾八载，往来搜索，实繁有徒，藏弆之数，意必大减。迨入洞扉，令人警愕!洞之三隅，积累之深达二迈当又五十，高过人身。卷本二三大堆，至巨大之藏文写本，则以版挟之，堆置洞隅。”如果要将每个卷子都打开，并进行适当翻阅的话，至少也得花6个月时间。伯希和自己说：“余私自忖度：洞中藏弆，尽加展览，其事至繁，将万五千卷至二万卷，自首至尾展览一过，六阅月乃能蒇事，非余所能胜任也，然欲悉其内涵，考其关系之重轻，又不得不

① ［法］郭恩《法藏敦煌西域文献·序言》。

② 转引自《丝绸路上的外国魔鬼》，第182页。

③ 陆翔译文载《国立北平图书馆馆刊》第9卷第5号。

每卷展开。”因此他并没有犹豫，立即作出决定，“一定要把整个书库检查一下，哪怕是粗略的检查也好”。“至少我必须打开每一件，认识一下它的性质，同时看一看，它是否提供过任何新的东西。”①

伯希和在藏经洞进行了整整 3 个星期的挑选。在挑选中，他把卷子分为两堆，一堆是其中的菁华，不论多么艰难，也要不惜一切代价弄到手；另一堆为凡品，也是需要的，但不是必不可少的。经过每天大约 1000 份的紧张挑选，他基本上将石室遗书检查一过。伯希和在敦煌期间，曾将重要的发现用书信的形式报告给“中亚与远东历史、考古、语言、民俗考察国际协会”法国分会会长塞纳。后来这些书信编为《甘肃发现的中世纪书库》一文，发表在《法国远东学院院刊》第 8 卷上，陆翔译为《敦煌石室访书记》。在《敦煌石室访书记》中，伯希和说：“余之展览虽极神速，然历时亦在三星期以上。开始十日，日阅千卷，自诧以为神奇，盖蛰居岩洞，每小时阅百卷，浏览典籍之速，堪与行程中之汽车比拟矣。迨十日后，而进行稍缓，盖精神困疲，尘埃塞喉，且接洽购买，耗时颇多，猛进之后，宜稍舒徐，此亦事理之常，无足怪者。然余亦不敢轻心从事，每遇一卷，即破碎不堪者，亦不率尔放过，洞中卷本，未经余目而弃置者，余敢决其无有。”在别的场合，他还说：“我并没有放过任何一件主要的东西。我不但接触了每一份手稿，而且还翻阅了每一张纸片——天知道，共有多少断片碎页……”。②

在藏经洞的 20 多天中，伯希和将洞中藏品全部翻阅一遍。凭借其对中国和中亚历史文献的丰富知识，伯希和选取文书的重点是：佛教大藏经未收的佛教文献，带有年代的文书，非汉语文书。值得特别一提的是，伯希和还在莫高窟北区的第 181 窟 ~ 182 窟（敦编 464

① 转引自《丝绸路上的外国魔鬼》，第 182 页。

② 转引自《丝绸路上的外国魔鬼》，第 183 页。

窟～465 窟)的积沙中,发现了许多西夏文、回鹘文、藏文文献。5 月 30 日,伯希和考察队带着丰富的宝藏离开了莫高窟。[①]

挑选工作结束后,伯希和所遇到的最大难题,就是如何征得王道士的同意,把挑选出来的手稿卖给他。为此,伯希和与王道士在极其秘密的情况下进行了多次会谈。瓦扬在回忆中说:“会谈的结果是,我们自己也必须在极端保守秘密的情况下才能提到有关发现书库的事,即使在我们的信件里也必须如此。”[②]在伯希和保守秘密的前提下,王道士最后同意了这笔交易,其代价是伯希和仅仅付给他五百两白银(约 90 镑)。伯希和将所得到的文物仔细包装后,就用船舶运往法国。“只是当努埃特带着满装我们的选品的箱子上了轮船之后,伯希和才公开地谈到这些东西,并携带着一箱手稿的样品前往北京。”[③]

除了写本以外,伯希和还劫去了一部分艺术品,《敦煌石室访书记》载:“余在乌鲁木齐,即闻千佛洞自写本外,尚有画轴……余获画若干幅:纸本、绢本、麻本、著色胶漆本无不具备,考其笔致似皆匠者为之,而非艺士所制,盖名画绝不流至西陲也。自画轴外,又有著色之画卷,余得其二,皆《地狱变相图》。”1909 年 10 月,当伯希和收集品运回巴黎后,其艺术品便于 1910 年入藏卢浮宫博物馆,共有 220 多幅绘画品、21 件木雕、丝织品残片和画幡、经帙等。随后,便将部分艺术品转存于集美博物馆。1947年,伯希和所获艺术品全部转归集美博物馆收藏,并由此建成 3 个大展览室,放置敦煌和新疆发现的画卷和画幡。[④]

1909 年 12 月 10 日,在巴黎索邦大学大演讲厅内为伯希和举行

---

① 参阅荣新江《海外敦煌吐鲁番文献知见录》,第 41—42 页。

② 《丝绸路上的外国魔鬼》,第 184 页。

③ 《丝绸路上的外国魔鬼》,第 184 页。

④ 参阅荣新江《海外敦煌吐鲁番文献知见录》,第 62 页。

的隆重欢迎会上，他曾这样表达自己的心情："诸位不难想象我当时的心灵受到何等的震撼，我面对的是最了不起的中国手稿大发现，这在远东历史上还是前所未有的。从今以后，欧洲汉学家可以像历史学家那样，根据文献进行研究工作……"。[①]

伯希和得到敦煌宝藏后，显然不敢掉以轻心。他取道兰州、西安、郑州，于1908年10月5日抵达北京，在这里他将所获藏品运往巴黎，然后南下上海、无锡，拍摄两江总督端方和裴景福所藏金石书画百余种，于12月中旬返回河内。1909年5月，伯希和再度来华为巴黎国家图书馆购书，经上海、南京、天津，于8月中旬抵达北京。实际上在这个时候，伯希和对劫获敦煌宝藏之事仍秘而不宣，并不想告知中国学者，因为其行动的确是不光彩的盗劫。然而正当其完成购书使命，准备启程回国之际，伯希和在"敦煌得宝之风"，已开始在北京学术界传扬，端方"闻之扼腕，拟购回一部分。不允，则谆嘱他日以精印本寄与，且曰：此中国考据学上一生死问题也"，[②]并影照了伯氏携带的《沙州图经》残卷。[③]

伯希和至北京时，"行箧尚存秘籍数种"，"北京士大夫中学者，于古典具趣味者谈谈造访，见此赍来之珍品，无不惊者"。[④]首先知道此事者，乃是与端方、缪荃孙等关系密切的董康，经他介绍，罗振玉、王国维等赴伯希和住处拜访参观，同时还影印伯氏所携文书8种，传抄1种。并与伯希和协商，准备将其已运回巴黎的敦煌经卷全部照相印刷。10月4日，北京的部分学者及官员在六国饭店设宴招待伯希和。

① [法]芳若望《法藏敦煌西域文献·前言》。

② 沈纮译《伯希和氏演说》，罗振玉辑《流沙访古记》。

③ 参阅桑兵《伯希和与近代中国学术界》，《历史研究》1997年第5期。

④ [日]神田喜一郎《敦煌学五十年》，载台湾敦煌学会编辑出版《敦煌学》第6辑（1983年6月）。

出席招待会的有学部侍郎宝熙、京师大学堂总监督刘廷琛、经科监督何劭忞、侍读学士恽毓鼎、学部参事官江翰、京师大学堂教授王仁俊、国子丞徐坊以及董康、蒋黻、吴寅臣等。罗振玉因病未能参加。在招待会上，恽毓鼎举杯致辞，并希望伯希和"归后择精要之本照出，大小一如原式，寄还中国"。伯希和随即表示："今卷子虽为法国政府所得有，然学问应为天下公器，其希望摄影誊写者，自可照办。"

在伯希和盗劫藏经洞遗书的同时，还让努埃特拍摄了数百幅黑白照片，给莫高窟当时已发现的所有洞子都照了相，共376幅。考虑到这些照片的重要性，伯希和坚持要把它们首先公布，因为对没有去过千佛洞的人来说，只有利用照片对其进行感性认识，并结合照片，才能对敦煌文书进行较深入的研究。"对于这些文书的考释需要自由地互相参阅。但只有到所有图片都发表之后方可以这样做……对各个石窟的描述、时代考证、各个画面的鉴定和对题识的解读等等，这一切今后不久就可以开始。"[①]因此，努埃特拍摄的这些照片，便以《伯希和考察团档案》第一卷《敦煌石窟》为名，分为6册，于1920年至1924年在巴黎出版。这是关于敦煌佛教艺术图录的最早出版物，对我们今天研究敦煌石窟艺术仍有很大的参考价值。这是因为在伯希和离开敦煌几年之后，当白俄士兵被拘留在那里时，千佛洞的石窟艺术曾遭到严重的破坏。

另外，伯希和还详细查看了千佛洞的洞窟，对每个石窟都作了描述，特别是详细记录了洞中的壁画题记。"他沿着石窟的内壁反复察看，清理了全部可以解读的题识，并且还仔细研究了全部画面。"在他的考察笔记里，"除了记载有关每个石窟的位置及其在整个石窟地区的分布方位外，还指出了每条题识、每幅画面、每尊彩塑和每座石碑

① [法]尼古拉·旺迪埃——尼古拉《伯希和敦煌石窟笔记》第1卷序言，耿昇译文载《中国敦煌吐鲁番学会研究通讯》1984年第2期。

的具体位置。对洞壁和洞顶的内容也常常进行考证。有时候，某些内容无法进行精确的考证，则可借助于题识来进行解释。当遇到复杂的组成情况时，作者还画了草图以说明画像的布局，这种周密的考虑大大方便了后人对各种场面的理解”。[1]

伯希和除了对壁画的描述之外，还很详细地记录了洞窟中的各种题识，如带有各种神像名称的题识、佛经或变文中的摘录以及用不同文字（蒙古文、回鹘文、婆罗谜文）所刻写的题识。众所周知，伯希和是第一个对敦煌石窟作全面描述的人，他在笔记中对当时参观过的182个石窟（有的洞中又附有一个或几个耳室）都作了全方位描述。如果我们与史岩、谢稚柳以及敦煌研究院对敦煌石窟内容及题识而作的记录相比较，就会发现伯希和的记录相对来说，是比较完整的。另外，长期以来，由于莫高窟不断遭受人为的和自然的破坏，洞窟中的许多题记已模糊不清，甚至什么也看不见，因此，伯希和的这些记录就成了很宝贵的第一手资料，是研究敦煌学，特别是研究敦煌石窟艺术的重要参考资料。

如伯希和在第5（敦编第143）号洞中发掘出了一块黑底面上白色文字的泥碑。他录下了尚可辨认的碑文，并认为该碑与洞中菩萨和千佛装饰画有关。后人在编敦煌石窟内容时，该泥碑的文字已全部剥落了。

第10（敦编第148）号洞中有李大宾碑和另一块李氏碑（即《唐宗子陇西李氏再修功德记》和《大唐陇西李府君修功德碑记》），伯希和对碑中一些难以释读和残缺的字作了解释。该洞中有大量的供养人题记，尤其是有“弟子银青光禄大夫检校国子祭酒守凉□左司马兼御史大夫上柱国陇西李明振一心供养”“弟宣举郎守左武卫长史赐绯鱼

---

① [法]尼古拉·旺迪埃——尼古拉《伯希和敦煌石窟笔记》第1卷序言。

袋上柱国弘益一心供养”。由于该题识中出现了894年碑中涉及的“李弘益”,故伯希和认为该洞系894年之后曹氏家族时代重修过。这对于敦煌石窟的断代及佛教艺术史研究是很宝贵的。

第63(敦编第196)号窟有题记:“敕归义军节度沙瓜伊西等州管内观察处置押蕃落营田等使守定将军检校刑部尚书兼御史大夫钜鹿郡开国公食邑贰阡户实封二百户赐紫金鱼袋上柱国索勋一心供养”。由此可知,该窟乃索勋当政时期修建的,而且题记将索勋的本、兼官职一一具备,这对于研究唐五代职官制度具有一定的参考价值。另外,从该石窟进门方向右侧前壁上的供养人题记可知,显然全是何氏家族的成员,其中有“故父绵匠都□何员住一心供养”“故弟子绵匠何员定一心供养”。有关“绵匠”的材料,在敦煌文书中也有少许反映,将它们结合起来,就是研究归义军经济史的绝好材料。

伯希和在第77(敦编第209)号窟洞口处,“辨认出一条开元二年四月的游人题记。因此,在这个相当小的洞子中可能具有某些唐代之前的装饰图案。令人遗憾的是壁画残损甚重,塑像已不复存在了”。此洞已经过重修,“开元二年的游人题记肯定是写在重修过的这一部分的”。这一发现,有助于该窟的断代研究。

在第118D(敦编第5)号窟中,伯希和重点研究了壁画颜色的变化。他认为顶脊上的椭圆饰最早可能为白色,现在“大部分地方都几乎变成了黑色”。其原因是“由于物理——化学变化而改变了色调”。这一记录,对于今天莫高窟保护和壁画复原研究,具有一定的借鉴作用。

综上所述,伯希和敦煌石窟考察笔记,具有非常重要的史料价值。1945年伯希和去世后,他的全部笔记都交给了集美博物馆保存。笔记共两本,全是活页簿,有单页的,也有数页的。当时,博物馆的图书管理员埃斯特·列维曾经看过这本手稿并将其全部仔细精确地复制了下来。1950年日本的秋山光和得到了该笔记本的复制件,并在其论著里引用了有关资料。

后来，法国方面指定韩百诗负责出版伯希和考察团的成果，为此，集美博物馆将伯希和手稿和埃斯特·列维的手稿复制本都交给了他。但由于韩百诗繁重的行政、教学和研究工作，直到他 1978 年去世时，伯希和笔记还未能整理出版，但已做好了许多具体的前期工作。随后，由法国国立科学研究中心资助，法兰西学院亚洲研究所中亚和高地亚洲研究中心从 1981 年开始，以《伯希和敦煌石窟笔记》为名分 6 卷陆续出版。《伯希和敦煌石窟笔记》的每卷开始部分都是旺迪埃——尼古拉写的序言和莫尼克·玛雅尔夫人写的前言，并附有伯希和、张大千、史岩和敦煌艺术研究所各家对敦煌石窟的编号对照表及其时代。每卷笔记的第一部分都是整理后的排印文字，第二部分是手稿的影印件，最后附一批伯希和当时拍摄的千佛洞外貌及各洞壁画的大幅照片图版。

为了给国内敦煌学研究者提供资料，耿昇、唐健宾翻译了法国出版的笔记，以《伯希和敦煌石窟笔记》为名，由甘肃人民出版社于 1993 年出版了中文本。中文本前面是莫尼克·玛雅尔的前言、尼古拉·旺迪埃——尼古拉的序言、译者的话，最后还附有伯希和、张大千、史岩、敦煌艺术研究所所编敦煌石窟各家编号对照表。

2007 年，甘肃人民出版社又出版了该书新版，增补了原书前五卷322 张照片资料，并按原书体例编排。书前增加了耿昇先生 4 万余字的代序——《伯希和西域敦煌探险与法国的敦煌学研究》，书后增加了伯希和当年考察敦煌的两篇见闻——《敦煌藏经洞访书记》（此即陆翔所译《敦煌石室访书记》的重译本）和《高地亚洲三年探险记》，另外还有法国科学院院士路易·勒努所撰《伯希和的传奇学术生涯》一文。

三、巴黎所藏的敦煌文献

伯希和回巴黎后，其考察团携带回去的物品分别归几个机构所得。自然历史博物馆得到了“岩石标本，800 种草木标本，200 头鸟，还有哺乳动物和昆虫”；考古文物和考察沿途发现与搜集的数千枚钱币几乎全部交给卢浮宫博物馆；在库车绿洲克里希发现的 100 来枚钱币则入藏于国家图书馆钱币、纪念章、古玩部。国家图书馆抄本部（写本部）在 1910 年 4 月 26 日得到了东方收藏品中最丰富的一次赠藏，即伯希和所获的敦煌文献。①

根据目前法国国家图书馆的收藏，现将伯希和搜集品的编号和数量简介如下：

1. 汉文，以“伯希和汉文”编号，从 2001 号 ~ 6040 号，中间有多段空号，还有少量失号（“失号”往往与拼合、改编等有关，不一定是真正遗失），实存 2747 号。

2. 藏文，由马赛尔·拉露整理，以“伯希和藏文”编号，0001 ~ 2224，实存 2224号；未经整理的文献暂编号为 3500 ~ 4500。共计 3175 号。

3. 梵文，敦煌所得 13 件，又有得自新疆地区的梵文文献，总计约 1000 余件。

4. 焉耆——龟兹语，总计近 1000 件。

5. 于阗文，共计 75 件。

6. 粟特文，共计 30 件。

7. 回鹘文 30 件。另有从 181 号窟（敦编 464）发现的回鹘文文书 363 号。

8. 西夏文，出自伯希和编第 181、182 号窟，共计 211 件。

---

① 参阅［法］郭恩《法藏敦煌西域文献·序言》。

9. 希伯来文 1 件。

10. 伯希和新疆都勒都尔·阿护尔汉文文献 249 件。[①]

综上所述，法藏敦煌西域文献共约 9000件，其中敦煌文献约 7000 件。

伯希和来敦煌盗劫文书，虽然比斯坦因晚一年，但比斯坦因有着更优越的条件。他懂得汉文、俄文、藏文、突厥文等 10 多种文字，特别是他多次来中国，并于 1902 年至 1904 年在法国驻华使馆任职，对汉文尤为熟悉，是法国，乃至整个欧洲著名的汉学家。正是由于伯希和的汉学知识渊博，所以，他窃去的敦煌遗书，在数量上虽然没有斯坦因多，甚至没有俄国人盗走的多，但却是敦煌遗书中最菁华的部分，其中有许多孤本。

敦煌遗书中标有年代的卷子本来不多，却大部分为伯希和所得。据有的学者统计，在伯希和原编的 2700 号草目中，标有年月的有 515 件，占 19%，即将近 1/5；斯坦因所窃部分，有年月的卷子占 4.3%，不到伯希和的 1/4；中国国家图书馆所藏敦煌遗书中，有年月的卷子仅占0.58%，是伯希和的 1/32；俄罗斯所藏敦煌遗书中，有年月的卷子为 1.36%，是伯希和的 1/14。“人所共知，卷子上的年月记载完整多半表示卷子的首尾较少残缺，有纪年的卷子对于科研的价值自然大为增高。只此一端，人们也可以体会巴黎所藏卷子的重要性”。[②]

敦煌遗书中的佛教卷子约占 90%以上，所以有人称敦煌遗书为佛教遗书。世俗文书，即直接关系社会政治经济的非佛教经典，数量很少，但伯希和盗去的卷子中这部分的比重却很大。目前法国所藏的世俗文书数量最多，研究价值最大。据统计，现在北京图书馆所藏敦

---

① 参阅李伟国《法藏敦煌西域文献·导言》。

② 张广达《国外近年对敦煌写本的编目工作》，《中国史研究动态》1979 年第 12 期。

煌遗书中,95%以上为佛经卷子;英国所藏的佛经卷子约为 85%;俄罗斯所藏的佛经卷子也为85%;而在巴黎所藏的 3900 卷汉文卷子中,佛经仅占 65%左右,约为 2500 卷。[1]由此可知,伯希和所盗的敦煌遗书中,佛经的数量最少,世俗文书的数量最多。

伯希和最后于 1909 年 10 月 24 日回到巴黎,其后他立即与老师沙畹等共同研究他所带回的文书。并在《法国远东学院学报》上发表了《甘肃发现的一座中古书库》,详细介绍了其获取敦煌遗书的经过。同时,伯希和还着手编写所窃敦煌遗书的目录。20 世纪 20 年代初他就把其中的一部分编成了一本目录,共著录了 1532 个汉文卷子,即从 2001 号～3511 号,以及从 4500 号～4521 号,在 20 世纪 60 年代以前,这个目录一直是我们参考巴黎敦煌遗书的一部最好、最有用的目录。为什么伯希和的目录从 2001 号开始呢?这是因为他所窃遗书中有许多藏文卷子,当时估计有 2000 卷。故 2000 号以前的序号是他生前留给藏文卷子的估计数字。

事实上,藏文手稿不止 2000 号,因此法国国家图书馆在后来的编目中,便采用了写本部通行的原则,即以收藏品的文种分类。为了保持总体的统一性,每种前都冠以伯希和的姓氏,即 P。

在编目工作中发现,有一部分文献是用两种文字书写的,通常正面是汉文,背面是藏文。在为伯希和藏文收集品编目时,改动了编在汉文收集品中藏文文献的原来编号,使这些文献归入藏文收集品中。

其他文字如粟特文、于阗文或回鹘文文献,数量不多,很早就编在 3509 号以后了。因为当时伯希和认为,有 1500 个编号就足够汉文文献使用了,所以就将 2001 号～3500 号留给了汉文文献。

除了文献外,伯希和还携去了一部分艺术品,包括 220 余幅图画、21 尊木雕、丝绸和其他纺织品残片。由于伯希和窃去的文书都是

---

① 参阅周丕显《敦煌佛经略考》,《敦煌学辑刊》1987 年第 2 期。

精品,价值极大。而艺术品数量小,价值也没有斯坦因盗去的大,因此人们对法藏敦煌艺术品都不大留意。实际上,伯希和所获艺术品虽然数量不多,但也不乏珍品。如集美博物馆中有两幅关于阿弥陀天堂的画和许多断片,其中一幅可能是最古老的可移动的图画,与英国不列颠博物馆内一幅出自 8 世纪的佛说法画十分相似。集美博物馆的这幅画,堪与日本奈良法隆寺正殿内的画媲美,是现存敦煌唐代绘画中最美丽的作品之一。另外,法藏水月观音、救苦救难观音、降魔变等画和一些木刻、木雕像,也是很有艺术价值的。①

第一次世界大战爆发后,伯希和应征入伍,整理、研究敦煌遗书的工作暂时停顿。大战期间他曾出任法国驻北京公使馆武官,1918 年回到西伯利亚。战争结束后,他又回到巴黎,在法兰西学院工作,该院专为伯希和开设了中亚语言、历史和考古学讲座。1921 年 5 月 6 日,被选为法国碑铭与古文字学院院士。1927 年,巴黎大学成立高等汉语学院,伯希和被任命为中国语言学、文字与艺术教研室教授。从 1932 年起,伯希和又负责主持关于远东研究的重要刊物——《通报》。1935 年,他又出任法国亚细亚学会主席,并担任苏联列宁格勒科学院的院士。1939年,被聘请为中国中央研究院历史语言研究所的研究员。第二次世界大战时期,他支持盟军,反对希特勒的侵略战争,于 1945 年 10 月 26 日因患癌症去世。

1945 年是值得记忆的一年。这一年不仅世界的反法西斯战争取得了胜利,中国人民打败了日本侵略者,而且在法国汉学史上也是发生了巨变的一年。在这一年前后,20 世纪上半叶法国最杰出的三位汉学家先后去世。除了伯希和外,葛兰言死于 1940年,马伯乐也于 1945 年惨死在德国的集中营里。

① [法]劳合·福奇兀著、杨汉璋译、杨爱程译审《伯希和在敦煌收集的文物》,《敦煌研究》1990 年第 4 期。

第五节　大谷光瑞考察团与敦煌吐鲁番文书

当英国人、法国人都来敦煌盗宝时，日本人也不甘落后，便组织了大谷光瑞考察队，来我国西北盗劫文物。

一、橘瑞超在敦煌、新疆的活动

早在1899年的罗马第十二届国际东方学会议上，就决定成立中亚细亚探险的国际组织。1902年，在德国汉堡召开了第十三届国际东方学会议，到会者有英、法、德、俄等国学者。斯坦因报告了在中国西北和阗发掘的经过及取得的成绩。各国会员决定成立国际中亚及远东探险协会总会，由各国派遣探险团体到中亚及远东各地探险。在这两次国际会议上，许多国家的学者还公布了中亚考察的发现和研究成果，引起了各国学者的极大兴趣，从而使我国西北地区更加成为东方学家和探险家们注目的地方。各国组织的考察队，不断来我国西北地区，由此形成了一股争相考察中国西北的热潮。对此，日本人也不甘寂寞，便由当时正在英国留学的大谷光瑞组织考察队，来我国西北进行考古发掘。

当时来中国西北考察由于路途遥远，沙漠戈壁，最好的交通工具是骆驼，有时甚至骆驼也无法行走，因此一般都需要的时间较长，大多是几年。这样长时间的野外考察，没有相当的财力支持是不可能的，因此，欧洲各国的考察队都是在政府有关部门的资助、支持下进行的。与此不同，大谷光瑞考察团则是京都西本愿寺第22代宗主大谷光瑞（1876—1948年）个人的事业。当时，他作为西本愿寺法主明如上人的嗣子（后又接任法主职位），有近一千万信徒施舍财物为基础，不存在经费问题，便组织了三次赴中国西北考察的探险队，所以我们一般将日本考察团称为大谷光瑞考察队。

日本自明治维新以后，国门开放，与外界的交往日渐增多，随着对外界的了解和认识逐渐深入，日本佛教界对欧美基督教的传播感到不安。同时，19 世纪以来欧洲东方学界利用梵文、巴利文、藏文原典研究佛教的成绩，对建立在汉文佛典基础之上的日本佛教界，提出了强有力的挑战。为了应付这种形势，西本愿寺于 1890 年派高楠顺次郎到伦敦，从马克斯缪勒学习梵文；1900 年，第 21 代宗主大谷光尊派其子大谷光瑞前往伦敦等地，考察各国的宗教情形。当时的欧洲，伦敦、巴黎、柏林信息灵通，特别是伦敦的皇家地理学会，是世界地理学上的一个情报中心。大谷光瑞不仅可以看到梵文学家霍恩雷于 1893 年在加尔各答刊布的梵文佛典《鲍威尔写本》，而且，1897 年巴黎出版的杜特雷依·德兰斯《亚洲高地科学考察报告(1890 年至 1895 年)》、1899 年伦敦出版的斯文·赫定的《穿越亚洲》，1901 年斯坦因发表的《关于新疆考古学与地理学探险旅行的初步报告》等最新的考察收获，也会极大地吸引大谷光瑞的注意力。而大谷光瑞到伦敦时，正是斯文·赫定、斯坦因考察成功，大出风头之时，这也会大大地刺激他。正是由于这许多因素的组合，1902 年 8 月，当大谷光瑞从伦敦回日本的时候，便决定亲历西域，利用归途在中亚考察，从而揭开了日本考察中国西北的序幕。

大谷光瑞在伦敦停留的 1902 年，京都大学的地理学教授小川琢治作为地质调查所成员也在欧洲旅行、访学。当“小川琢治在伦敦访问光瑞的时候，西本愿寺的留学生正计划通过中央亚细亚回国，这时候小川琢治也想同行，但由于他系官费旅行有时间的限制，未能成行。大谷光瑞、渡边哲信、堀贤雄，意气风发，如果地理学者小川琢治参加了中央亚细亚的旅行，见到帕米尔高原和喀喇昆仑山脉，一定能够为当时的日本获得更详细的资料。实在遗憾!”[①]。

1902年8月15日,大谷光瑞率领随行人员渡边哲信、堀贤雄、本多惠隆、井上弘圆自伦敦出发,经柏林、莫斯科,乘火车东南行,然后越帕米尔,于9月21日到达喀什噶尔。在这里他们决定分兵两路,渡边哲信和堀贤雄留在新疆考察,光瑞、井上弘圆、本多惠隆三人去印度考察佛教遗迹。渡边哲信和堀贤雄到塔什库尔干为光瑞等送行,得到了英国领事馆的帮助。当时英国为了与俄国争霸于中国的新疆和西藏,为了能够对新疆采取迅速的军事行动,开拓了纯粹的军用道路,外国人不得涉足。恰好1902年1月缔结了日英同盟,光瑞由于和皇室的特殊关系(其妻筹子是贞明皇后之姐),便通过皇家获得了由此通过的特别许可。[②]随后光瑞得到了父亲光尊逝去的讣告,急忙回国,继任为西本愿寺第22代宗主。而渡边哲信和堀贤雄则继续进行西域考察,因此,大谷光瑞考察团的第一次中亚考察是渡边哲信和堀贤雄进行的。

渡边哲信和堀贤雄送走光瑞等人后,便于1903年1月到达和阗,然后又北上阿克苏,3月到达古迹众多的库车,对其周边克孜尔、库木吐拉千佛洞和通古斯巴什、苏巴什等古迹遗址,进行了4个多月的考古调查。9月3日到达吐鲁番,发掘了阿斯塔那、哈拉和卓古墓。考察吐鲁番后,他们又到达乌鲁木齐,再经哈密、兰州、西安,于1904年5月携带收集品回国,从而结束了大谷探险队的第一次中亚考察(1902年至1904年)。

西本愿寺的第二次西域探险,开始于1908年,这次大谷光瑞派遣橘瑞超和野村荣三郎二人前往中国西北。他们于1908年6月16

---

① [日]金子民雄《橘瑞超〈中亚探险〉前言》,见[日]橘瑞超著、柳洪亮译《中亚探险》,新疆人民出版社,1993年。

② 参阅[日]金子民雄《橘瑞超〈中亚探险〉前言》。

日从北京出发，出张家口，北越戈壁，进入外蒙古，考察了鄂尔浑河畔突厥、回鹘、蒙古等游牧民族的遗迹。然后从库伦（今乌兰巴托）南下鄂尔多斯，越阿尔泰山，考察了天山北麓的唐王朝北庭都护府遗址。10 月 26 日，考察队进入乌鲁木齐，11 月初到达吐鲁番，他们对吐鲁番盆地的交河故城、木头沟、伯孜克里克、吐峪沟千佛洞、阿斯塔那、哈拉和卓墓群等古代遗址，进行调查发掘，劫获了丰富的宝藏。

1909 年 2 月，他们两人在库尔勒分手，橘瑞超南下罗布泊，考查了楼兰古城，然后沿南道西行，到达喀什噶尔。野村荣三郎则沿着北道，经库车、阿克苏，于 7 月到达喀什噶尔，与橘瑞超会合。然后他们在叶城和莎车做了些零星的发掘后，于 9 月 30 日离开莎车前往印度。10 月18 日翻越喀喇昆仑山，10 月 27 日到达列城，11 月 5 日在斯利那加与在克什米尔访问的大谷光瑞会合后便返回日本，从而结束了大谷光瑞考察队的第二次中亚探险（1908 年至 1909 年）。

第二次中亚考察是日本三次西域探险收获最大的一次，但由于橘瑞超的旅行日记在发表之前失火烧毁了，而其演讲稿《新疆探险记》则没有描述详细的发掘情况。幸运的是，野村荣三郎的《蒙古新疆旅行日记》由于收入《新西域记》而保存了下来，从而使我们能够比较简略地了解他们在吐鲁番地区的考察活动。

大谷光瑞考察团第二次中亚探险，除了吐鲁番地区的考古活动外，还有一项重要的活动，即橘瑞超在楼兰的考古发掘。

吐鲁番考察结束后，他们于 2 月 21 日到达库尔勒，然后野村沿着天山南路，沿途发掘、调查，前往喀什噶尔，而橘瑞超则向南横穿罗布沙漠，寻找楼兰。为什么橘瑞超的目的如此明确，一定要去楼兰呢？

当时的楼兰，还是一个神秘的地方。斯文·赫定在其报告中说古代楼兰王国是信奉佛教的，法显的《佛国记》中也讲到楼兰（鄯善国）有 4000 多僧人，全是小乘教。但其信仰的是哪宗的佛教？其艺术形式如何？却不得而知。作为佛教组织的西本愿寺，自然想知道得更清楚一些，因此，大谷光瑞便指示橘瑞超前往楼兰，更加详细地调查佛教遗迹。

众所周知，国外最早提到楼兰，是在斯文·赫定的考古报告中，他于1901年3月发现了楼兰。后来斯文·赫定将其游记《中央亚细亚与西藏》1903年的英译本寄赠给大谷光瑞，光瑞特意复信感谢。后来斯文·赫定又给光瑞寄赠了其学术报告《中央亚细亚旅行的科学报告》（1899～1902）第一卷《塔里木河》。但有关楼兰的一些问题仍然是大体的推测，仅仅根据旅行记来判断其正确位置是很困难的。因此光瑞很想通过赫定了解详细情况。

1908年秋，大谷光瑞听说赫定结束西藏探险后到了印度，他便致电祝贺并劝说赫定来日本一游，大谷光瑞的邀请得到了东京地理学会和文部省的支持。斯文·赫定也接受了这一邀请，于1908年11月到日本访问。12月2日赫定到了京都，受到了西本愿寺的热情接待。当晚赫定就住在了西本愿寺。橘瑞超的学生金子民雄认为，当赫定住在西本愿寺的这一天，光瑞必定要向斯文·赫定谈到，现在18岁的橘瑞超正在中亚旅行，想让他进入楼兰，怎么才能到达那里？当时除斯文·赫定外，斯坦因也于1906年进入楼兰，并在他们的报告中报道了这一情况，因此楼兰已经不是秘密了，于是斯文·赫定便仔细回答了光瑞提出的问题。赫定在京都共逗留了10天，于12月12日离开京都，赫定离开的第二天，即12月13日，光瑞就给在吐鲁番的橘瑞超拍了电报，电报的内容是：[①]

寄吐鲁番　　橘瑞超先生收

2588　90级　2590　41级，我们谈起你。有一石塔位

---

① 参阅杨镰《荒漠独行——西域探险考察热点寻迹》，中共中央党校出版社，1995年版，第70—71页。

于东西165,找到它,现寄去钱,收到继续发掘,260有错。

大谷光瑞

1908年12月13日于东京

电报是用橘瑞超与大谷共同商定的密码拍发的,但时过60年,橘瑞超早已忘记了密码,也就是说,连收电人也记不起它实际上说的是什么。不过,可以肯定“2588”“2590”是楼兰古城的经纬度。由此可说,大谷光瑞从斯文·赫定口中探知楼兰的坐标后,立即用电报向橘瑞超通报了当时只有赫定才知道的楼兰古城(即斯坦因的LA)经纬度,这就等于把楼兰城的城门钥匙赠给了他。

橘瑞超在楼兰地区进行了一个多月的考察探险,获取了一批极为重要的文物,其中最著名的是《李柏文书》。关于“李柏”,《晋书》卷八十六《张轨列传》曰:“咸和初……西域诸国献汗血马、火浣布、犎牛、孔雀、巨象及诸珍异二百余品。西域长史李柏请击叛将赵贞,为贞所败。议者以柏造谋致败,请诛之。”此事在《十六国春秋辑补·前凉卷》中也有记载,并且将“咸和初”具体记为“咸和三年”(328年)。张轨原为西晋的凉州刺史,西晋灭亡后,张轨为了表示对西晋的效忠,仍使用西晋愍帝的建兴年号,而不用东晋的建武年号。张轨死后,其子张实、张茂一直占有凉州,到其孙张骏于公元325年掌握政权后,便称凉王,史称前凉。李柏原为西晋西域长史,后归属前凉,赵贞为西晋戊己校尉,驻古高昌地。橘瑞超所发现的“李柏文书”,正是前凉西域长史李柏的两纸首尾基本完整的信稿及与信稿有关的三个断片。

从第一纸文书看,这是李柏呈张骏表文的残件,旨在报告焉耆王龙□的事情。第二、第三纸是书吏根据李柏的授意同时起草给两个以上西域国王的信稿,这些信稿中当然可能包括给焉耆王龙□的在内。[①]

焉耆王龙氏,《晋书》卷九七《四夷列传》焉耆条曰:“焉耆国……武帝太康中,其王龙安遣子入侍。安夫人……剖胁生子,曰会,立之为世子。”又曰:“会少而勇杰,安病笃,谓会曰:‘我尝为龟兹王白山所辱,不忘于心,汝能雪之,乃吾子也。’及会立,袭灭白山,遂据其国……葱岭以东莫不率服。”[②]从此可知,焉耆王龙会在当时丝路北道上的势力是很大的,“李柏文书”的发现对研究西晋、前凉政权统治西域的历史提供了重要材料,同时书信中提到的海头对于探索楼兰史地亦有重要价值。

大谷光瑞探险队第三次中亚探险,开始于1910年,结束于1914年,是西本愿寺的最后一次远征。第二次探险结束后,橘瑞超便随从大谷光瑞游览了埃及、罗马、伦敦。在欧洲,他会见了斯坦因,受到了不少教益;访问了瑞典,会见了斯文·赫定;又从法兰西的伯希和、德意志的勒柯克等人那里得到了各种有关中亚的最新情况和知识。1910年8月,橘瑞超携雇佣的仆人、英国人霍·布斯,经圣彼得堡、西伯利亚进入我国新疆,他首先到吐鲁番,进行了一个月的发掘。到了12月上旬,他便让霍·布斯携带吐鲁番的发掘品前往库车等他,而橘瑞超本人则又去上一次发现“李柏文书”的楼兰,剥取了米兰遗址壁画。1911年2月,他从且末出发,从南往北横穿塔克拉玛干沙漠。历时20天,到达塔里木河畔。原计划在库车与在吐鲁番分手的英国青年霍·布斯相会。到达库车后,得知霍·布斯患天花死去,遗体运到喀什,寄放在英国驻喀什总领事馆里。橘瑞超便赶往喀什,埋葬了霍·布斯。有一天晚上,他接到了日本来的电报,得知大谷光瑞法主的夫人筹子去世了。“这真是做梦也想不到,此时此地,接到这封悲伤的电报。

---

① 参阅余太山《关于“李柏文书”》,《西域研究》1995年第1期。

② 《晋书》卷九十七《四夷列传》“西戎焉耆国”条,第2542页。

刚刚失去了霍·布斯，现在贵夫人又去世了”。[1]在喀什逗留了20多天后，他便于4月前往和阗发掘古物。

1911年，中国爆发了辛亥革命，国内局势比较混乱，同时，已较长时间没有得到橘瑞超的消息，大谷光瑞有些焦急，便于同年年初派吉川小一郎前往寻找。吉川经上海、汉口、兰州，于1911年10月5日到达敦煌，拍摄了敦煌千佛洞的部分洞窟。

在敦煌期间，吉川小一郎一方面派人并向新疆各地打电报寻找橘瑞超，一方面又乘等待橘瑞超的机会骗购敦煌文书。根据吉川小一郎的《敦煌见闻》披露，10月10日，吉川就带从仆去了千佛洞，“打算和僧人交涉，获取藏于此洞内的唐经。经过长时间的商谈，终于达到了目的”。10月14日“晚上维吾尔人阿米达洪送来一卷唐经”。10月16日，再次来到千佛洞，“直接进入洞内，取了经文的残片”。并住在千佛洞，对其进行参观照相。23日“早晨仔细察看洞窟，在众多的佛像中，选出两尊做工最精巧、损伤也少的佛像，和僧人交涉之后买下了，装入行李”。12月23日，“千佛洞的僧人来了。听他说，为了修理洞窟，与肃州进行了交涉，但因为是非常时期，没能从衙门要到大笔钱。因此来我这儿，想卖掉所藏的唐经。但我看他拿来的东西质量都不太好。我让他拿一些更好的东西来，他却不肯痛快答应”。1912年元旦，由于敦煌县换了知县，前知县申端元“要去肃州，所以前来告别。作为礼品，送给我一卷唐经”。1月7日，“千佛洞的僧人拿了些像蒙古文字那样的经来了，但我不会鉴定，要等橘氏来”。[2]

这时，橘瑞超装扮成维吾尔人也正由若羌向敦煌进发，在路上碰上了一个从敦煌回来的维吾尔人。那人说，“敦煌有一个日本人，滞留

---

① 《中亚探险》，第35—36页。

② ［日］吉川小一郎《敦煌见闻》，见［日］大谷光瑞等著、章莹译《丝路探险记》，新疆人民出版社，1998年。

三四个月了。说罗布方面有一个日本人要来”,“另外一个日本人是从若羌方面来的”,“我带着那位日本人的一封信”。由于橘瑞超扮作维吾尔人,并用维语和他交谈,故维吾尔人不知道橘瑞超是日本人。橘瑞超接过信一看,信封上是中国若羌官府、背面署名吉川小一郎。便对那人说:“我知道他们正找的那个日本人,过两三天带着骆驼队也顺着这条路来,我就是那个日本人雇的先遣人员,让我把这封信转交本人吧。交给若羌官员的话,本人已经不在了。”那个维吾尔人走后,“我立即打开信,我深入西藏高原的时候,中国发生了革命,法主大谷光瑞师担心我处境危险,不知道我在什么地方,于是向驻在新疆的各国领事馆打电报,委托北京政府,做了各种努力寻找我的踪迹,由于我生死不明,特意派吉川小一郎来中国寻找”。①

得到这一信息后,橘瑞超便马不停蹄、日夜兼程向敦煌赶去。1912 年 1 月 26 日,在敦煌与吉川小一郎相会。2 月中旬,橘瑞超参观了千佛洞,但敦煌遗书经斯坦因、伯希和盗劫后,中国政府又将剩余部分运到了北京,这样敦煌就没有大批遗书供他们搜集了。“我和吉川君一起搜集古物,发掘故城址等,由于时间关系而未充分获得研究资料,是很遗憾的。”“我搜集斯坦因博士拿剩的东西,以及寺僧们隐藏放置的东西,先后带回国来。”②

在敦煌时,大谷光瑞就已命橘瑞超回国。“根据法主的命令,中国处于革命动乱中,经北京回国是很危险的,要取天山北路到俄国鄂木斯克,从那里坐火车走西伯利亚干线火速回国。”但橘瑞超不甘心随意放弃在中国的探险,他让吉川先去吐鲁番,自己则想“由安西沿北纬 40 度经阿拉善蒙古到鄂尔多斯的归化城附近探险”。当他到安西时,又收到了两份电报:“如果到达安西,应中止在中国内地的旅行,立即回日

① 《中亚探险》,第 77 页。

② 《中亚探险》,第 84 页。

本。”[1]这样，橘瑞超便不得不放弃这一计划，就赶上吉川小一郎，一起经哈密到了吐鲁番。他们在吐鲁番发掘了一些古物后，决定吉川继续留在吐鲁番工作，橘瑞超则到乌鲁木齐。在乌鲁木齐的俄国领事馆里，俄国领事对橘瑞超说：“我国驻东京大使，受大谷光瑞伯爵的委托，搜索你的消息；日本驻俄国的本野大使也委托我国外交部，寻找你的行踪。一直得不到消息，听说安西出现一个日本青年，我想可能是你，立即发去了电报。中国现在发生革命动乱，在内地旅行是很危险的，大谷伯爵希望你尽快平安回国。由乌鲁木齐立即北上取道西伯利亚干线回国，路费由本领事馆为你准备。”[2]这样，橘瑞超便经西伯利亚铁路回了日本。1913 年 2 月，吉川小一郎也离开吐鲁番，经焉耆到库车，调查了库木吐拉、苏巴什等遗址后，又西进喀什，南下和阗，北上伊犁，最后东返乌鲁木齐，经吐鲁番、哈密、敦煌、肃州等地，于 1914 年 5 月回到北京。从而结束了日本第三次中亚探险（1910 年至 1914 年）。

与斯坦因、伯希和、鄂登堡、斯文·赫定等考察团不同的是，大谷光瑞考察团既不是由博物馆等学术团体资助派遣，其成员本身也不是学者，尤其是他们的考察范围很广，似乎不像他们所标榜的仅仅是为了考察佛教古迹。因此有人将日本的西域考察称为“间谍探险”，英国情报机关把橘瑞超看成间谍。甚至日本也有传闻说大谷探险队兼搞军事情报。对此，《大谷光瑞》一书的作者杉森久英说：“因为关系到当时的军事机密，所以公文书、证据等都没有留下。从光瑞先生不断地对亚洲问题的发言来看，从他和军人接触的办法等来看，那样的事实可以说当然是有的，没有的话才怪呢？”日本敦煌学家藤枝晃先生说：“日俄战争（1904 年）前两年那种紧张状况中，带着大批行李要在

---

① 《中亚探险》，第 92—93 页。

② 《中亚探险》，第 99 页。

俄国领土上旅行，被怀疑也是没有办法的。”[①]而橘瑞超的学生、日本学者金子民雄在介绍《中亚探险》这本书时，曾这样说：

西本愿寺的西域探险，说到底是以佛教东渐史和佛教遗迹的研究为目的，是学术活动。可是，世界上都以为他们并不是纯粹的学术调查。对于西本愿寺的行动，关心中央亚细亚的英国、俄国、中国要怀疑其是在佛教掩盖下收集情报，又有什么办法呢？这也有一定的道理。在新疆有利害关系的英国和俄国，在新疆各地建立有间谍网，新去那里的日本可能插足。俄国和中国在伊犁地区出现的边境问题，日本军部特别关心，也需要这里的情报。1880年，驻俄国代理公使西德二郎从俄国方面进入伊犁，在伊犁事件一触即发之际巡视了伊犁。12年后的1892年，有名的福岛安正少佐开始了单骑远征西伯利亚，这时候，他最大的目标就是伊犁，可见其重要性。

1908年橘瑞超师作为西本愿寺第二次西域探险队成员进入新疆的时候，当时乌鲁木齐和伊犁方面有外交部派出的林出贤次郎。林出是日俄战争期间1905年上海东亚同文书院的二期学生，向院长根津一说过想去新疆。这时候根津一从日英同盟的关系分析，日英两国调查研究外蒙经新疆到印度之间的形势，可以达成互通情报的协议。分担的区域，从印度到新疆的喀什属英国，喀什以北至外蒙一带归日本。外交部要求提出能够完成这一使命的人选，于是林出贤次郎被推荐到了新疆。

① ［日］杉森久英、藤枝晃《有关大谷探险队的答问》，《敦煌研究》1994年第4期。

橘瑞超师与这位林出贤次郎接触后，对在新疆应该注意的问题得到了许多忠告。1910年，橘师第二次进入乌鲁木齐的时候，林出已经回国，没有见到他。

英国方面开始感觉橘瑞超师的活动系间谍行动，因为他在属于英国势力范围的喀什、叶尔羌、和阗等地区进行了绘图、测量。其实即使什么类似的行动都没有，还是会被怀疑的。

俄国怀疑西本愿寺西域探险队是日本军部的情报员，有着同样的时代背景。那是1901年，潜入西藏首府拉萨的河口慧海秘密给他的藏语老师写过一封信，信中揭露了俄国在拉萨进行渗透的阴谋，指出十三世达赖喇嘛以俄国沙皇的密使为心腹，西藏早晚要落入沙俄的控制之下。这个消息迅速传到印度外交部，感到危险的外交部，托西藏使节与西藏方面进行了反复的交涉，结果关系破裂。日俄战争期间的1904年，拉萨被英印军队占领。英印军队侵入拉萨，还是起源于河口慧海的情报。现在，相信他是日本军部潜入的间谍的外国人很多，而他那位以学者身份知名的藏语老师，是一个英国间谍。[①]

橘瑞超是否为日本的间谍？其在中亚的考察是否应称为“间谍探险”？目前我们还没有掌握比较可靠的材料。但从当时俄、英、日相互之间的关系及其对中国的野心，从金子民雄近乎辩解的说明中，我们也还不能完全否定英国将其称为“间谍活动”的说法。

---

① 见[日]金子民雄《橘瑞超〈中亚探险〉前言》。

二、日本的敦煌吐鲁番文书

由于大谷光瑞探险队成员多是一些年轻的僧人，没有受过基本的考古学训练，同时，虽然他们写有一些日记或旅行记，却没有出土文物的详细记录，从而给整理研究工作带来了许多困难。尤其是日本的收藏特别分散，其收集的敦煌文书和吐鲁番文书已相混淆，不大容易分别。再加上日本本身的整理工作不尽如人意，因而其数量一直模糊不清。下面我们主要以荣新江先生《海外敦煌吐鲁番文献知见录》为线索，结合陈国灿、施萍婷等先生在日本走访、整理的有关内容和资料，综合叙述如下。

大谷光瑞考察团第二三次劫获的文物，主要放在大谷光瑞在神户郊外六甲的别墅二乐庄（二乐庄，1908 年至 1914 年在六甲山麓营建的大谷家别墅，其中设有英国、中国、阿拉伯、埃及等室。1912 年至 1914 年作为寺院子弟教育机关附设武库中学），并曾邀请京都大学的内藤虎次郎等学者参观研究。1912 年至 1913 年，橘瑞超首先编辑刊印了《二乐丛书》1 号 ~ 4 号，当然以佛经为主。1914 年 8 月，曾在二乐庄举办“中亚发掘物之展览”，国学大师罗振玉由于辛亥革命推翻帝制，当时正亡命于日本。他也曾前去参观，并从橘瑞超处抄得其所编《敦煌将来藏经目录》，题为《日本橘氏敦煌将来藏经目录》发表于《国学丛刊》卷九上。1915 年 6 月，香川默识将大谷探险队三次所获文物、文书，选出一些有代表性者，编为《西域考古图谱》一书，刊布了敦煌吐鲁番文书 147 号，这是大谷探险队所获社会历史文献的首次公布。

1914 年 5 月，由于西本愿寺内财政问题，以及别墅二乐庄的建筑，武库中学的经营被指为浪费，大谷光瑞被迫辞去西本愿寺的法主职位，决意外游。他曾到过上海、旅顺、大连、台湾、南洋等地，从事讲演和著述活动，大谷收集品也随之陆续分散到中、日、韩三国的公私收藏者手中。

1916 年 1 月，随着二乐庄的住宅出售给久原房之助，一部分文物也归久原氏所有。随后不久，久原氏就将这批文物赠给了同乡、时任朝鲜总督的寺内正毅，因此便移存于朝鲜总督府博物馆，即今首尔博物馆。

大谷探险队劫获的文献资料，大概是由于大谷光瑞本人以后长住大连的原因，而运到了旅顺。1916 年，由“满铁”将这批资料交给了将于 1917 年 4 月开馆的关东都督府“满蒙”物产馆保存。1918 年 4 月，“满蒙”物产馆更名为关东都督府博物馆；1919 年 4 月，又改称关东厅博物馆，1934 年 12月，又改称旅顺博物馆。《新西域记》下卷（1937 年 4 月版）附录收录的《关东厅博物馆大谷家出品目录》，著录了敦煌汉藏文写经 639 件，还有部分新疆出土的文物文献。这个目录反映了 1934 年以前旅顺博物馆收藏大谷文书的基本情况。

旅顺博物馆所藏敦煌西域文物，在 1945 年日本战败，苏联红军接管该馆之前，就有相当一部分被运回日本。1951 年 2 月，苏联将旅顺博物馆交中国政府接管后，便更名为旅顺历史文化博物馆。1954 年 1 月，文化部将该馆所藏敦煌汉藏文写经 621 件上调，入藏北京图书馆善本部，只留下 9 件敦煌写经供展览之用，而西域文献和文物资料，仍由旅顺博物馆保管。

1. 龙谷大学图书馆

日本收藏敦煌吐鲁番文书数量最多者，当推京都的龙谷大学。由于这批文献来自大谷探险队而习惯上称之为“大谷文书”。随着大谷光瑞辞去法主职务，虽然一部分敦煌吐鲁番文书流散出来，但大部分还是收藏在西本愿寺的书库中。1948 年 10 月大谷光瑞去世后，在西本愿寺整理其遗物时，从仓库中发现了两个大木箱，上有“大连关东别院光寿会”字样，其中装有大谷探险队所获敦煌吐鲁番文书、木简、绢画等。1949 年春，按照大谷光照门主“希望对古文书进行综合性调查研究”的嘱咐，将这批材料移交给西本愿寺办的龙谷大学图书馆保存。为此，龙谷大学图书馆于 1966 年建成了专门收藏珍贵图书的书库——“龙谷藏”。“龙谷藏”室内有三大柜，每柜从上到下有若干小抽屉，按顺序每个屉内放有文书，它们都是按一件或数件装入玻璃纸袋后，再装入牛皮纸袋的，藏室安全干燥。现在“龙谷藏”中的大谷文书，已全部附上了整理号码，即从 1001 号～8147 号，这中间还有若干空号。全部文书分为五组：第一组是汉文及回鹘文资料，编号为 1001 号～5840号；第二组是藏文书写的残片，编号为 6001 号～6070 号（5841 号～6000 号为空号）；第三组文书全是西域古代文字断片，其中大部分也是回鹘文资料，编号为 6101 号～6434 号（6071 号～6100 号为空号）；第四组是胡、汉两种文字的文献，这些文书都是在纸的正面用汉文书写（几乎全是佛经），纸的背面用回鹘文、梵文、佉卢文、突厥文、粟特文书写，编号为 7001 号～7550 号（6435 号～7000 号为空号）；第五组是《西域考古图谱》所发表文书的一部分，编号为 8001 号～8147 号（7551 号～8000 号为空号）。值得特别提出的是这组文书中的8001 号～8039 号的 39 件文书，皆为李柏尺牍稿残片。

“龙谷藏”除以上主体部分外，还收藏有：（1）“橘文书”，橘瑞超本人曾把部分存放在旅顺的收集品带在自己身边，后来也交给龙谷大学图书馆收藏，这些文书被统称为“橘文书”。其内容由佛经 23 件、汉文文书 13 件、西域文字文书 19 件共 55 件组成。（2）吉川小一郎曾将一些佛经残片共 167 片贴成一本取名为“流沙残阙”，后来也送给了“龙谷藏”。（3）大谷残片，是大谷探险队所获文书中残剩下的一些极小的碎片，约有 667 片。

当龙谷大学得到大谷文书后，便于 1953 年 1 月组成了龙谷大学西域文化研究会，并接受了文部省拨发的研究经费。研究会由龙谷大学校内外 20 多名研究人员组成，分为佛教、历史、胡语、美术四个部门，从而推动了各个领域的研究。1958 年至 1963 年间，陆续出版了

《西域文化研究》6 卷 7册，即 1958 年出版的第 1 卷《敦煌佛教资料》；1959 年出版的第 2 卷《敦煌吐鲁番社会经济资料》（上）；1960 年出版的第 3 卷《敦煌吐鲁番社会经济资料》（下）；1961 年出版的第 4 卷《中央亚细亚古代语文献》和《中央亚细亚古代语文献·别册》；1962 年出版的第 5 卷《中央亚细亚佛教美术》；1963 年出版的第 6 卷《历史与美术诸问题》。这套书收集了数十位日本有关专家、学者的研究论文，是对大谷光瑞探险队三次考察活动在佛学、历史、考古、地理、文化、美术等方面最早进行全面研究的成果汇编，被学术界誉为包括敦煌学在内的日本中亚研究的金字塔。为了给国内学术界提供借鉴参考，20 世纪 80 年代初，中国社会科学院历史研究所的姜镇庆、那向芹二位先生将其中的 10 篇论文译为中文，编为《敦煌学译文集——敦煌吐鲁番出土社会经济文书研究》，由甘肃人民出版社于 1985 年出版。

综上所述，《西域文化研究》大量刊布了敦煌吐鲁番文书，同时还对一些相关联、内容相近的文书经专家之手作了许多拼接整理。然而，这些成果仅仅是对易于归类成组的文书作的专题研究，并非是对大谷文书全面的整理研究。20 世纪 70 年代，龙谷大学佛教文化研究所决定编纂出版“龙谷大学善本丛书”，由小田义久教授承担大谷文书中汉文文书的整理与研究。他全面吸收了此前学术界对大谷文书研究的成果，按编号逐一对文书作了认真细致的整理录文，并给以标题，同时系统刊布了文书的图版，1984 年出版了《大谷文书集成》第 1 卷，收入了 1001 号 ~ 3000 号文书；1990 年出版了《大谷文书集成》第 2 卷，收入了 3001 号 ~ 4500 号文书；2003 年出版的《大谷文书集成》第 3 卷，收入了 4501 号 ~ 8147 号中的汉文文书。2010 年出版的《大谷文书集成》第 4卷，收入了 7001 号 ~7552 号、9001 号 ~9166 号、10001 号 ~10668 号、11001 号 ~11163 号等文书。

1996 年，日本京都法藏馆出版了小田义久的《大谷文书研究》一书,它是一部力图全面介绍大谷文书及其研究现状的学术著作。其内容以吐鲁番出土的汉文文书为主要对象,兼及库车所出的汉文文书。全书除序言外,共分五章,即第一章《大谷文书的研究与现状》,第二章《大谷探险队与大谷文书》,第三章《大谷文书概观》,第四章《高昌国时代诸文书研究》,第五章《西州时代诸文书研究》。由于小田义久教授多年来一直主持大谷文书的整理,特别注意文书出土的情况和背景,以及各编号之间的内在联系,从中发现了一些新问题,并将这些问题的研究引向深入。

除正文之外,本书前面还有图版 16 页,刊列了 32 件文书照片;后面附有 49 页的《大谷文书研究文献目录》,在《尾语》之后,还编有本书的《事项、人名索引》,极便于学者利用。[1]

2. 东京和京都国立博物馆

大谷考察团第一次西域探险所劫获的文物,当时被寄存在京都的恩赐博物馆(现京都国立博物馆)。第二次世界大战末的 1944 年,大谷家要求归还这批文物,但当时只还了纸本文书,其他文物则归东京人木村贞造氏所有。1964年,日本文化财保护委员会收购了这批文物,并于 1967 年移交给东京国立博物馆收藏。1971 年该馆编辑出版的藏品目录《东京国立博物馆图版目录·大谷探险队将来品篇》,详细介绍了这批文物的来源,并刊出了文物的图版。其中敦煌写本《刘子》残卷和出自吐鲁番的《树下人物图》最为引人注目,已被日本政府列为重要文化财产。

京都国立博物馆也收藏有少量的敦煌吐鲁番文书。其中主要是守屋孝藏(1876 年至 1953 年)所捐赠的 72 件敦煌写经。另外,松本文三郎(1869 年至 1944 年)所保存的 5 件大谷收集品也收藏在京都

① 参阅陈国灿《小田义久〈大谷文书研究〉》,载《敦煌吐鲁番研究》第 3 卷,北京大学出版社,1998 年。

国立博物馆。

3. 书道博物馆

位于东京的书道博物馆，是由中村不折于1936年以自宅创建的，它是日本私家收藏敦煌吐鲁番文献最多的地方。中村不折(1868年至1943年)是日本书画家。1895年中日战争中任从军画家，获得一册《淳化法帖》，从此以后他便开始收集中国书画文物，作为古代书法珍品的敦煌吐鲁番文书，自然就成了中村大力收集的对象。通过各种渠道，他陆续获得了晚清任职新疆、甘肃的地方官员王树枏、梁玉书、何孝聪、孔宪廷等人所藏敦煌吐鲁番文书，同时他还获得了日本收藏者的旧藏品。

书道博物馆的藏品属私人收藏，只有极少数人看过该馆所藏敦煌吐鲁番文献。1940年，金祖同寓居东京时，将中村不折赠予的一批文书图片，考释成册，编为《流沙遗珍》出版。该书共收文书25件，前为图片影印，后为排印本及考释跋语，在中国公布了该馆所藏的一部分社会文书图版。1962年商务印书馆编印的《敦煌遗书总目索引》散录中，《日本人中村不折所藏敦煌遗书目录》是根据1929年日本大藏出版社出版的《昭和法宝总目录》转录的。现在，陈国灿先生以该馆目录为基础，重新进行了拟题编号，共188号。①

4. 藤井有邻馆

位于京都的藤井有邻馆是当地颇为知名的私人收藏博物馆，它是为了公开展览在关西财界享有盛名的藤井善助收集品而于1926年设立的。馆名“有邻”，乃取之于《论语》“德不孤，必有邻”，其寓意是日本与中国有深远的“善邻”关系，再加上其收藏多是中国古文物，以其来自友邦善邻中国的缘故。

---

① 陈国灿《东访吐鲁番文书纪要(三)》，载《魏晋南北朝隋唐史资料》第14辑，武汉大学出版社，1996年。

早在1954年8月,饶宗颐先生就参观了藤井有邻馆,对其所藏敦煌文书作了考察,发表了《京都藤井氏有邻馆藏敦煌残卷纪略》[①]一文,对该馆的藏品、特点、敦煌遗书的来源等作了介绍。据饶先生说,当年有邻馆藏卷有一目录,其首题为“何彦昇秋辇中丞藏敦煌石室唐人秘笈六十六种”,由此可知,“藤井君所得者,即何氏旧物”。“何彦昇于宣统二年(1910年)官甘肃藩司,代理巡抚,当其任内,适学部咨陕甘总督调取敦煌经卷,着何氏收购到京。抵京后何氏先交其子鬯威。时官中册数,报有卷数而无名称及行款字数,故一卷得分为二三,以符报清册之数。何鬯威为李木斋盛铎之女婿,故菁英多归李氏及何氏”。

20世纪90年代初,大陆学者荣新江、陈国灿、施萍婷诸先生参观考察了有邻馆。陈国灿先生说,有邻馆的“不少文书上都有收藏家朱印,多者有三种,一为‘何彦昇家藏唐人秘笈’印,二为‘合肥孔氏珍藏’印,三是李盛铎的‘德化李氏凡将阁珍藏’印。从三印看,似有部分文书原为合肥孔氏收藏,继而转入何彦昇,后又归于李盛铎凡将阁。1935年李氏死,此后不久这批文书便转卖给了日本有邻馆,这在1938年8月4日之《读卖新闻》上曾报道了这一经过”。[②]

陈国灿和施萍婷先生都编制了有邻馆所藏敦煌遗书目录,[③]共60号。从其目录看,有邻馆所藏敦煌社会经济文书,以长行马文书最多。其中不乏珍品,如第60号“唐敦煌杂写一卷”内有“旌节文德元年十月十五日午时入沙州,押节大夫宋光庭,副使朔方押牙康元诚上下

---

① 载《金匮论古综合刊》第1期,后收入氏著《选堂集林·史林》下,香港中华书局,1982年。

② 陈国灿《东访吐鲁番文书纪要(一)》,载《魏晋南北朝隋唐史资料》第12期,武汉大学出版社,1993年。

③ 见《魏晋南北朝隋唐史资料》第12期,《敦煌研究》1994年第3期。

廿人。十月十九日中馆设后，廿日送”。[①]文中的宋光庭即 P.2913《张淮深墓志铭》中提到的“中使宋光廷”。荣新江先生已利用这一记载，探明了唐朝授予沙州归义军节度使张淮深旌节的年代，解决了归义军政治史上的一大疑难问题。[②]另如第 15 号文书《唐金满县牒上孔目司为开元十六年税钱事》是存世极少的唐北庭都护府所属金满县的文书。原件共存 5 行，上有“金满县印”，内有“合当县管百姓行客兴胡总壹阡柒伯陆拾人”，它把百姓、行客、兴胡列举为当县所管人口的三个组成部分，对我们更进一步探讨唐西北地区的民族关系及地方行政管理，具有一定的启发。

5. 三井文库

三井文库正式创立于 1918 年，其前身是“三井家编纂室”。第二次世界大战期间，因遭空袭而转移、关闭，1965 年重设。1985 年，三井文库接受三井家（包括北三井家、新町三井家、南三井家）捐赠的文物和大量邮票。为了保管、研究以及展览这些文物，在三井文库院内，新建了别馆。敦煌文书原为北三井家收藏，随着 1985 年的捐赠也归入了三井文库别馆。

三井文库所藏敦煌遗书，施萍婷先生 1989 年至 1991 年在日本时，与三井文库的同行逐件登记了这些写卷，回国后整理发表了《日本公私收藏敦煌遗书叙录（一）——三井文库所藏敦煌遗书》[③]一文，共著录敦煌遗书 112 件，每件都注明其名称、首尾题、抄录题记，并说明其纸数、尺寸、印鉴、纸背文字等。

---

① 据相关报道：该写卷有邻馆已出售，现藏于东京的东洋文库。

② 参阅荣新江《初期沙州归义军与唐中央朝廷之关系》，载黄约瑟、刘健明合编《隋唐史论集》，香港大学亚洲研究中心，1993 年；又见同氏《归义军史研究》上海古籍出版社，1996 年，第 191 页。

③《敦煌研究》1993 年第 2 期。

据施先生介绍，这112件敦煌遗书全部是原北三井家收藏的。另外，新町三井家也收藏有敦煌写经，这批宝物现在何处，尚不得而知。

6. 唐招提寺

唐招提寺是唐代东渡日本的高僧鉴真和尚的住寺，也是现今日本律宗的本山，在中日佛教界都很有名。据现有资料所知，唐招提寺藏有敦煌遗书20多卷。王三庆先生在《日本所见敦煌写卷目录提要（一）》①中编写了“唐招提寺藏敦煌写经”，共著录了27件写本，并作了提要。施萍婷先生在《日本公私收藏敦煌遗书叙录（二）》②中也编写了“唐招提寺藏敦煌写经”，共著录了28件写本，比王三庆著录的多一件。其中1号～17号是她本人于1989年11月在唐招提寺所亲见。18号～28号是据东洋文库所藏照片编制的。有此二目，我们就可以略知唐招提寺所藏敦煌写本的大致情况了。

7. 大谷大学

位于京都的大谷大学图书馆，也藏有部分敦煌写本，据目前情况所知，共38件。其中34件是东本愿寺前法主句佛上人捐赠的，3件是句佛上人之弟、后任大谷大学校长的大谷莹诚购自李盛铎的，1件是原大谷大学教授舟桥水哉三舟文库旧藏。1929年出版的《昭和法宝总目录》中，收有《大谷大学图书馆所藏敦煌遗书目录》，共著录34件，即句佛上人捐赠品。1962年出版的《敦煌遗书总目索引》中，在散录部分著录了34件藏卷，编号为散0705号～0738号。王三庆先生在《日本所见敦煌写卷目录提要（一）》③中，根据其考察所得，编制了“大谷大学所藏敦煌写经”之提要，其中前34件依据《敦煌遗书总目

① 台湾敦煌学研究会编《敦煌学》第15辑，新文丰出版公司，1989年。

② 《敦煌研究》1994年第3期。

③ 台湾敦煌学研究会编《敦煌学》第15辑。

索引》的顺序编写,由此可以了解大谷大学所藏敦煌遗书的简单情况。另外,1965年出版的野上俊静编《大谷大学所藏敦煌古写经》和1972年出版的该书《续编》,刊布了其所藏38件文书的图版。遗憾的是有些文书的图版不全,只收首尾两张照片。

8. 宁乐美术馆

位于奈良的宁乐美术馆,也收藏有一些敦煌吐鲁番文书,其中以蒲昌府文书最为有名,它包在一个很大的锦缎书函内,函外书套上题"唐蒲昌府都督府官文残牒册"。函内有伯希和法文题跋二纸,并附有不知名者的汉译文。

这批文书原为上海收藏家顾鳌(字巨六)所有。1936年日本举办太平洋博览会,顾巨六便托人将这批文书带到日本,求售善价,当时恰好金祖同寓居日本,便将文书拍摄照片,于1939年在《说文月刊》1卷5期和6期上发表《唐开元二年西州屯戍烽燧残牒跋》,向国内介绍了这批文书。1939年,文书又转为张石园收藏。1940年,这批文书便成为刚刚开馆的宁乐美术馆的藏品了。

陈国灿、荣新江、施萍婷诸先生都考察过宁乐美术馆的藏品,陈国灿先生还为其编了简目,共95号,发表于《魏晋南北朝隋唐史资料》13辑上。随后,陈国灿先生又接受宁乐美术馆馆长中村准佑先生的委托,对其所藏吐鲁番文书作了全面整理,完成了《日本宁乐美术馆藏吐鲁番文书》,由文物出版社于1997年10月出版。该书将宁乐美术馆所藏156片吐鲁番文书作了全面探讨,将其中的110片缀合为82件录文,采用上图下文的形式刊布。余下的46片属细小残片,存字甚少,或读不成文,因此只将图版发表,未作录文。

从其刊布的文书可知,宁乐美术馆所藏吐鲁番文书以唐开元二年的蒲昌府文书为主体。除宁乐美术馆的藏品外,京都桥本关雪藏有蒲昌府文书3件,日比野丈夫在1973年《东方学报》第45册上也介绍了他新获见的21片蒲昌府文书。[1]日本所藏的这批蒲昌府文书，可与我国辽宁省档案馆所藏的5件蒲昌府文书相拼接。[2]

9. 静嘉堂文库

静嘉堂是日本三菱财团第二代社长岩崎弥之助于1892年创建的，它以收购日本、中国的流散古籍和文物为目的。静嘉堂文库藏有许多珍贵的汉、日文古籍以及美术品，其收藏的吐鲁番资料，外界知者甚少，国内学者更是不得其详。1990年11月，荣新江先生走访了静嘉堂，详阅了其所藏的吐鲁番文书，随后在1992年北京房山国际敦煌学讨论会上提交了《静嘉堂文库藏吐鲁番资料简介》[3]一文。由荣新江此文可知，静嘉堂的吐鲁番文书是1935年前后由岩崎小弥太在日本购自某个中国书商。写本较残，购入时已装裱成折本形式的8册，主要是佛典断片。

10. 天理图书馆

日本天理大学附属的天理图书馆，建立于1930年，第二次世界大战后，由于经济问题，一些图书馆和收藏家相继出售所藏敦煌吐鲁番文书，而天理图书馆却着力收集。由于天理图书馆的敦煌吐鲁番文书主要是从旧书市场上收集的，因此其来历比较复杂，且多为散卷。其特点是张大千的旧藏品相对集中地入藏该馆。

由于台北的中国文化大学与日本天理大学缔结为姐妹学校，中国文化大学的王三庆先生作为交换教授于1986年至1987年赴日一

---

① 参阅陈国灿《东访吐鲁番文书纪要(二)》，《魏晋南北朝隋唐史资料》第13期，武汉大学出版社，1994年。

② 参阅荣新江《辽宁省档案馆所藏唐蒲昌府文书》，《中国敦煌吐鲁番学会研究通讯》1985年第4期。

③ 北京图书馆敦煌吐鲁番学资料中心、台北《南海》杂志社合编《敦煌吐鲁番学研究论集》，书目文献出版社，1996年。

年。其授课之余,以阅读汉文小说和研究敦煌文物为主,并重点考察了天理图书馆所藏敦煌文书。除发表一些专题论文外,王先生还对天理图书馆所藏敦煌文书进行了详细考察,完成了《日本天理大学图书馆典藏之敦煌写卷》。[①]他按已装裱的册子和卷轴为单位,对每种文献的名称、起讫字句、题记、印章、今人跋语等都作了详细著录,并对这些文献的来源、分类、学术价值作了说明。

11. 杏雨书屋

2009—2013年,日本大阪财团法人武田科学振兴财团杏雨书屋出版了《敦煌秘笈》“影片册”9册和“目录册”1册,从而使以李盛铎旧藏为主的敦煌文献“最后的宝藏”终于面世。

《敦煌秘笈》共刊布758号敦煌西域文献(实际共编775号,缺486—500、714、724等17个号),众所周知,羽田亨旧藏在日本各藏家中数量最多、内容也最受重视,长期受到敦煌学者的关注。这些藏品的主体来自李盛铎旧藏(编号1—432),其余部分来自高楠顺次郎、富冈谦藏、清野谦次及其他私家旧藏。羽田亨收集敦煌文献的资金来自大阪制药商武田长卫兵的资助,因此,这批敦煌文献的所有权归属于武田长卫兵,并入藏武田的个人文库“杏雨书屋”,1977年,武田长卫兵将原“杏雨书屋”藏书全部捐赠武田科学振兴财团管理。

李盛铎旧藏敦煌文献的研究价值早就为学界所注意,李盛铎去世后,其第十子李滂[②]于1936年将藏品卖给日本人羽田亨。但收藏一直隐密,学界并不清楚,因此羽田亨藏品早就引起了学界的关注。

《敦煌秘笈》所收敦煌西域文献具有较高的学术价值,如社会经济方面,包括户籍、土地关系、契约、法律、诉讼牒状、社邑、账历等,几

① 《第二届敦煌学国际研讨会论文集》,台北汉学研究中心,1991年。

② 李滂是李盛铎与一位日本女性横沟菊子所生。参阅高田时雄《近代中国的学术与藏书》,中华书局,2018年,第2—6页。

乎涵盖敦煌百姓社会生活的方方面面，均有较高的研究价值。1999年6月，池田温根据羽田亨照片介绍了李氏旧藏的几件籍帐、契约文书，并认为这些文书的识读，“其效果不可轻视。”[①]如《广顺二年(952年)正月沙州百姓赵盐久请田地簿》不仅补充了归义军土地制度研究的重要资料，表明请田制度的一贯实施，还反映了归义军后期户口登录制度明显弛缓。又如羽 52 和羽 65 两件寺院算会文书与以往所发现的寺院算会牒存在一定的不同，对寺院会记制度的研究提出了新的问题。

佛教文献与文学方面，也有不少价值较高的文书，如羽 550、羽 446《金刚般若经开玄记》，具有佛教文献学斠补、辑佚及考订之价值，更有考察金刚经注疏发展之功用。此外如《王梵志诗》(羽 30R)、《舜子变》(羽 39V)、《太子八相变文》(羽 708)、《太子成道经变文》(羽 675)等，都是研究敦煌俗文学的重要资料。

敦煌文献中的景教文献，除《大秦景教三威蒙度赞》和《尊经》现藏于巴黎法国国立图书馆外，另外的《志玄安乐经》(羽 13)、《大秦景教宣元本经》(羽 431)、《一神论》(羽 460) 和 《序听迷诗所经》(羽 459)四种景教写本原件均藏于杏雨书屋。[②]此外还有道教文献如《洞玄灵宝天尊说十戒经》(羽 003R)、《中元节为亡师荐福发愿文 (拟)》(羽 072aV+ 羽 038V)、《道教发愿文(拟)》(羽 072b-1)、《道教相关艺文杂录(拟)》(羽 072b-2)、《发病书之推年立法(拟)》残片(羽 015)、《百怪图(拟)》(羽 044)、《(唐)新修本草》残卷(羽 040R)等，都具有较

① 池田温《李盛铎旧藏敦煌归义军后期社会经济文书简介》，载潘重规等著《庆祝吴其昱先生八秩华诞敦煌学特刊》，文津出版社有限公司，2000 年，第 35 页。

② 陈涛《日本学界的〈敦煌秘笈〉研究》，《中国社会科学报》2010 年 12 月 9 日第 13 版。

高的研究价值。[①]

杏雨书屋所藏敦煌文献，除了写卷本身的学术价值外，还是敦煌学学术史研究的重要资料，不少写卷上写有近现代藏家的收藏题记，由此可以了解部分写卷的流散过程。如羽628《佛说延寿命经》有许承尧所写的收藏题记，得知该写卷最早收藏者为前张掖县令龚佛平。又羽609《增一阿含经》卷第三十三有陶庐老人王树枏题记："余初至新疆，土人持大卷求售，无人过问，余每以贱价得之。自英、法、日本游士出重价购买，遂踊贵，又多将全卷割裂，零星分售，遂少全经，可惜亦可恶也。"[②]这反映了外国探险家到来之前，敦煌吐鲁番文献在当地的流散情况。

除以上介绍外，日本还有一些零星的收藏，如日本国立国会图书馆、九州大学文学部、法隆寺等都收藏有数量不等的敦煌吐鲁番文书。

---

① 刘永明《日本杏雨书屋藏敦煌道教及相关文献研读札记》，《敦煌学辑刊》2010年第3期。

② 图版见《敦煌秘笈》影片册第八册，第203页。

第六节　俄国对敦煌及中国西北的考察

当斯坦因、伯希和、橘瑞超等都来敦煌盗宝时，俄国人也不甘落后，积极筹措，前来"分享"珍宝。事实上，早在1879年沙俄军官出身的普尔热瓦尔斯基在第三次中亚探查行纪中，就已经提到千佛洞；罗波洛夫斯基在1893年至1895年探查报告中也简略提到了千佛洞，而沙皇俄国劫掠敦煌遗书的代表人物则是鄂登堡。

一、组织考察的"俄国委员会"

鄂登堡对敦煌遗书的劫夺，是在所谓的"俄国委员会"[①]主持下进行的。

"俄国委员会" 是号称研究中亚及东亚的俄国委员会的简称。19世纪后半叶，西方各国的考察家、探险家已多次涉足中国的西北地区。其中俄国考察家曾来敦煌考察的就有1881年H.M.普尔热瓦尔斯基考察团和1894年罗波洛夫斯基考察团。它们对敦煌石窟作了考察，并在报告中作了简单的描述，但未引起学术界应有的兴趣。

1891年，由于C.Φ.鄂登堡的建议，俄国考古协会东方分会向俄国驻喀什噶尔[②]领事H.Φ.彼得罗夫斯基询问有关西域（新疆）存有古代文书事宜。彼得罗夫斯基回答说：他已在多处发现佛教艺术古代文

① 参阅中国社会科学院文献情报中心编《俄苏中国学手册》，中国社会科学出版社，1986年，第119—123页，姜伯勤《沙皇俄国对敦煌及新疆文书的劫夺》，《中山大学学报》1980年第3期。

② 喀什噶尔：即喀什，维吾尔语称喀什噶尔。

物，因而必须立即派遣俄国考察团对那些至关重要的历史文化区域进行考察。

由于当时俄、英两国在中国新疆、西藏的争夺，俄、日两国在中国东北的争夺，俄国驻喀什领事馆扮演了非常不光彩的角色。它不仅为俄国考察家、探险家提供服务，而且还为其他有关国家提供方便。如斯文·赫定每次来新疆都在这个领事馆做沙漠探险前的准备工作；德国考察队的格伦威德尔、勒柯克，芬兰考察队的曼那海姆，法国考察队的伯希和等，都曾得到过俄国驻喀什领事馆的接待。

从 1882 年起，彼得洛夫斯基就开始担任俄国驻喀什领事馆的总领事，直到 1903 年离任。在他任职的这 21 年中间，经他之手流入俄国的中国古迹文物数以万计。当然，他本人只是在喀什及周围地区作过零星考古调查，所获文物大部分是购买的，主要来自塔克拉玛干沙漠的觅宝人吐尔迪、和阗的文物贩子伊斯兰阿洪、库车商贩古拉姆·卡迪尔。同时，彼得洛夫斯基还多次在俄国杂志上撰文，提醒俄国学者注意塔克拉玛干古物，并将大批新疆古物运回俄国，交鄂登堡研究。由于健康原因，彼得洛夫斯基于 1903 年退休，在塔什干[①]安度晚年。1905年，他把手中的最后一批古代手稿捐献给了俄国中东亚研究委员会。1908 年，彼得洛夫斯基在塔什干去世。[②]

1898 年，俄国地理协会东西伯利亚分会向东亚派出了由克列门兹率领的第一支科学考察团，并获得了许多考察成果，它给彼得堡带

① 塔什干：原苏联中亚最大城市，乌兹别克的首都和经济、文化中心，现为乌兹别克斯坦的首都。塔什干从公元 6 世纪起便以商业、手工业著称。由于其地理位置重要，再加上位于中西交通的要道，因此早就与中国有往来。《明史》译作“达失干”。

② 参阅林梅村《楼兰——一个世纪之谜的解析》，中共中央党校出版社，1999 年，第 36 页。

回了古代文物、公元1世纪佛教艺术以及汉文、藏文与梵文经卷样品。鄂登堡便根据彼得罗夫斯基和克列门兹所获材料，提请沙皇政府组织一支西域(新疆)综合科学考察团。可是沙皇政府并未立即答复。[1]1899年10月在罗马举行了第十二届国际东方学家大会上，俄国东方学家拉德洛夫介绍了克列门兹在吐鲁番的盗掘活动和劫走的文书，引起了西方学者的垂涎，会上一些人"吁请"俄国政府及有关机构继续进行克列门兹的工作，拉德洛夫遂向大会提出了建立一个国际协会的提议。他的提案被通过，于是决定成立"中亚和远东[2]历史学、考古学、语言学和民族学研究国际协会"，而以彼得堡俄国委员会为协会的中心委员会，俄国学者受委托拟订协会的章程草案。1902年在汉堡举行的第十三届东方学家大会审查批准了这一章程草案，并由拉德洛夫和鄂登堡负责筹组俄国中心委员会。1903年2月，俄国委员会的章程草案经沙皇批准生效，俄国研究中亚和东亚委员会遂告成立，并由俄国财政部拨款5000卢布作为经费。

"协会"以及它的"俄国委员会"的出现，是西方殖民政策的产物。早在19世纪中期，英、俄帝国主义者利用新疆境内发生的少数民族起义，企图进一步阴谋染指我国西北边陲，因此就需要了解我国西北部的地理和历史，而沙俄军队对伊犁地区的侵占，则有助于俄国学者、商人、军官、旅行家自由进入这一地区。其他经过中亚和中俄边境前往中国西北部的外国人也都需要得到俄国方面的协作，而俄国也需要外国学者的研究作为交流，这就是成立国际中亚和远东协会及其俄国中心委员会的背景。正如日本敦煌学家金冈照光所指出的那

① 参阅[俄]孟列夫《1914年至1915年俄国西域(中国新疆)考察团资料研究》，载《中华文史论丛》第50辑，上海古籍出版社，1992年。

② 远东：西方国家开始向东方扩张时对亚洲最东部地区的称呼，以后广泛流行。一般指中国、朝鲜、日本和俄罗斯太平洋地区。

样,“俄国南进要求海港”,英国也向中亚挺进,“以与俄国对抗”,“这种中亚探查的流行,是19世纪后半叶列强政治意图的结果,这是不可否认的事实”。[①]于是沙俄政府以“科学考察的赞助者”的姿态出现,协助其他各国学者到中国西北考察。这样,所谓“俄国委员会”就成为沙俄政府插手的在中国西北等地窃取科学情报的前哨组织。

“俄国委员会”是这样一个组织,即会章所申明的宗旨:“团结研究远东和中亚的俄国学术机关的代表们和(政府)各部的代表们。从而比负有更广泛任务的其他学术机构更能积极地从事有关中亚和东亚的研究工作”。就是广泛利用有学术兴趣的学者们的力量以组织一支专门队伍为帝俄侵略中国西北地区完成学术研究的任务。会章第一条规定委员会的基本任务是研究现存古迹,向当地人士和机构探明,首先应该研究哪些古迹,在不远的将来应对哪些民族作语言学和民族学方面的研究,以便进行“科学上的抢救”。所谓“抢救”,实质上就是盗掘、抢劫由于气候特殊而保存下来的古代中国文化、印度文化等稀世文物和刺探各种情报。委员会的人员组织也十分明显地证明它是帝俄政府一手策划的以学术为幌子的殖民主义先遣队。会章规定,委员会由科学院、彼得堡大学东方系、考古委员会、地理学会、俄国考古学会及宫廷事务部、外交部、陆军部、财政部、国民教育部、内务部各派一名代表组成并置于外交部的直接管辖之下,外交大臣有权确定委员会成员及主席团、主席、副主席和两名秘书的人选,委员会成员中宫廷事务部的代表是俄国殖民政策最积极的推行者乌赫托姆斯基公爵,陆军部的代表是总参谋部亚洲处主任瓦西里耶夫少将,委员会主席团主席是彼得堡大学东方系主任茹科夫斯基,秘书为巴

① [日]金冈照光《敦煌的民众——其生活与思想》,第21页,转引自姜伯勤《沙皇俄国对敦煌及新疆文书的劫夺》。

托尔德院士和民族学家施坦贝格，重要的俄国东方学家都参加了委员会。

“俄国委员会”从1903年成立到1918年结束，其实质性活动是派遣个人和考察队进行考察，它策划了一系列在我国的“探查”活动，委员会发起人之一鄂登堡的两次中国西北之行，也是由它派遣的。

二、鄂登堡与敦煌盗宝

鄂登堡(1863—1934)，是沙俄“汉学家”瓦西里耶夫院士的学生。他1889年毕业于彼得堡大学东方系，研究梵文和佛学，1900年成为沙俄科学院院士，1904年起任科学院常务秘书，1916年任亚洲博物馆馆长，[①]1917年又在克伦斯基的临时政府中当过“教育部长”，他是劫夺中国敦煌遗书的主谋者和急先锋。[②]早在1903年11月1日，协会就接受了鄂登堡“关于装备克列门兹领导的吐鲁番、库车考古考察队的建议”，政府也赞同这一决定，并拨出一项专款用于考察，由于日俄战争的爆发，使俄国大规模的中亚考察未能实现。

1908年，协会在皇室乡间行宫举办了一次有关中亚考古的展

① 亚洲博物馆成立于1818年，是今天俄罗斯科学院东方文献研究所的前身。该研究所的名称屡有变化：1918—1929年名亚洲博物馆；1930—1955年名苏联科学院东方研究所；1956—1968年名苏联科学院亚洲民族研究所列宁格勒分所；1968—1991年名苏联科学院东方研究所列宁格勒分所；1991年后更名为俄罗斯科学院东方研究所圣彼得堡分所；2007年7月19日更名为俄罗斯科学院东方文献研究所。1963年和1967年出版两册目录时，其名称是苏联科学院亚洲民族研究所列宁格勒分所，所以当时的书名是《苏联科学院亚洲民族研究所藏敦煌汉文写本注记目录》。1999年上海古籍出版社出版汉译本时，其名称是俄罗斯科学院东方研究所圣彼得堡分所，因此翻译的书名全称是《俄罗斯科学院东方研究所圣彼得堡分所藏敦煌汉文写卷叙录》，简称为《俄藏敦煌汉文写卷叙录》。

② 参阅姜伯勤《沙皇俄国对敦煌及新疆文书的劫夺》。

览，向展览会提供的艺术品和考古文物是俄国协会从边疆运抵的。这次展览给人们留下了深刻的印象。政府乃决定拨出专款用以组织到中国西北等进行新的考察，并委托鄂登堡制订一个更大范围和规模的考察计划。1908 年 12 月 16日，俄国协会就鄂登堡报告中拟定的研究计划和预算，决定组织一个以拉德洛夫为首、其中包括维谢洛夫斯基、克列门兹、鄂登堡、什切恩别尔格在内的筹备小组，就这一问题进行了商讨。然后决定拨款 85000 卢布进行为期两年的考察。"而 1909 年只能拨出 35000 卢布，指派鄂登堡偕同杜丁和一个考古学家进行八个月的考察，第二年再派一个大一点的考察队，并预先从中国史料中收集有关古代地区的文献资料"，在 1909 年 2 月 11 日俄国协会的会议上，正式宣告政府同意这一计划。

1909 年 6 月 6 日，以鄂登堡为队长的俄国考察队正式从彼得堡出发，其队员有画家兼照相师杜丁、矿业工程师兼地形测绘员斯米尔诺夫、考古学家卡缅斯基、考古学家助手彼特连柯。当考察队于 6 月 22 日到达楚古恰克后，鄂登堡又雇了一名翻译——霍托，[①]他们考察了喀什、吐鲁番和库车地区的古代遗存，盗掘劫走了大量考古文物，并从事测量和绘图。鄂登堡就其考察结果在俄国考古学会东方部的一次会议上作了简单报告。这次考察所劫取的文物和资料分存于爱尔米塔什博物馆(冬宫)和东方文献研究所档案馆。

这次考察结束后，鄂登堡于 1910 年 4 月 5 日在俄国协会的会议上对考察工作作了总结。会议遂决定：(1)在协会的《消息报》上刊登总结材料；(2)以协会的名义对考察队的全体成员以及给予帮助的人士致以谢意；(3)考察队运来的材料协会保有所有权。在 10 月 2 日的会议上，鄂登堡就搜集书籍、抄本、古物和民族学方面的文物情况作

---

① [苏]纳季洛娃《谢·菲·奥里登堡对中亚和中国西部的考察(档案材料概述)》，续建宜译文载《西北民族研究》1988 年第 2 期。

了演讲，并出示了考察队研究过的4本照片图册和古建筑的平面图图册。1914年，鄂登堡公开发表了考察的初步研究成果报告，这个报告作为科学著作被俄国考古协会授予最高奖赏——一枚大金质奖章。

由于鄂登堡在新疆考察中劫获了非常丰富的文物考古资料，使沙俄更加垂涎中国西北的宝藏。再加上英、德、法、瑞典等国考察队都相继来到中国西北盗窃劫掠，沙俄政府绝不愿居人之下，便对俄国委员会的拨款骤增，到1913年竟达10万卢布。1914年初，鄂登堡在俄国中亚与东亚委员会会议上，正式宣读了关于对中央亚细亚考察的方法。在1914年2月8日委员会会议备忘录上曾有如下记载："鄂登堡指出，有些旅行——考察者的破坏性活动，根本无法谈及对历史文物与古代文献的研究，而是对其科学价值的破坏。他还提出，今后的考察必须十分慎重地对待这些无与伦比的历史文物与古文献。根据C.Φ.鄂登堡的建议，选举了一个委员会。该委员会的一个任务是……根据上述内容，起草告中亚与东亚研究国际协会各地方委员会书。"[①]因此，委员会于1914年5月又组织了规模更大的第二次考察队。

沙俄第二次考察队仍以鄂登堡为领队，成员除杜丁和斯米尔诺夫外，还有画家宾肯贝格、民族学家罗姆贝格及十名辅助人员和一名中国翻译，考察的地点是敦煌石窟。这是因为斯坦因、伯希和、橘瑞超等人都在敦煌劫获了大量珍贵文书，鄂登堡怎甘落伍呢？还在第一次新疆考察劫掠时，鄂登堡就对科兹洛夫表示，他有前往敦煌的"宿愿"，现在得到了政府10万卢布的拨款，不是能够如愿以偿了吗？因此鄂登堡便于1914年5月率考察队来到我国敦煌考察劫掠。

---

① 《俄国中亚与东亚研究委员会备忘录》，转引自［俄］Л.Е.斯卡奇科夫《1914年至1915年俄国西域（中国新疆）考察团记》，载《中华文史论丛》第50辑，上海古籍出版社，1992年。

鄂登堡到敦煌考察的借口是寻找对中国西北地区佛教艺术遗迹进行断代的可靠依据,其真实目的是劫夺千佛洞的稀世珍宝。为了窃夺、考察千佛洞,俄国协会组织了第二次赴中国西北的考察队。1914年3月9日,协会同意了由鄂登堡制定的为时一年的考察莫高窟方案。这次考察的基本目的在于全面彻底研究古老的敦煌石窟。为此,考察团作了充分的准备。在离开彼得堡之前,就制订了各项工作的详细计划:准确地绘制洞窟总体平面图、层次平面图、剖面图与正面图,确定了摄影对象,对特别重要的东西还要进行复描,并根据原订计划,尽可能详尽地进行洞窟描述。考察团的行进路线是:塔城——奇台——乌鲁木齐——安西——哈密——敦煌千佛洞,然后绕过敦煌,经红柳园返回哈密。①而后,在完成预定计划的情况下,再前往吐鲁番绿洲,在那里一直考察到春天。②俄国协会的第二次中国西北考察始于1914年5月1日,终于1915年4月底。在考察期间,俄国协会不时收到考察队在旅途和考察地寄来的工作情况报告。鄂登堡也定期给协会写信。他在1914年6月2日从楚古恰克寄给协会的信中,附有两件维吾尔抄本的片断。7月10日, 信寄自乌鲁木齐。8月4日寄自哈密,8月30日寄自安西,9月3日和10月20日寄自敦煌,最后一封信谈的研究结果。从6月3日到10月25日,鄂登堡致卢德涅夫的所有信件和电报都谈到了考察队的工作和队员动身出发时的情况,这些信件和电报都在1914年11月1日协会的会议上宣读过。

考察队是1914年8月20日到达千佛洞的,鄂登堡在当天的日记中写道:“2点45分与C.M.杜金(即杜丁)到达千佛洞,顺便看了看

① 参阅[俄]Л.Е.斯卡奇科夫《1914年至1915年俄国西域(中国新疆)考察团记》。

② 参阅[苏]纳季洛娃《谢·菲·奥里登堡对中亚和中国西部的考察(档案材料概述)》。

洞窟。4点两轮车来。全都参观了,印象颇深。”到达的前三天是总的参观,只是预备性地粗略地观看了一下洞窟,以便确定工作的全部进程。当时决定不再为洞窟另行编号,而是照着伯希和的编号编下去,结果只是对伯希和编号中未曾编入的洞窟作了补充。又发现了三个洞窟,分别用A、B、C作了标志。而后绘制平面图,制作壁画残片和记述洞窟情况、拍照。根据考察,他们确认“古代洞窟的凿成时间是1500多年以前,壁画保存至今是由于气候干燥之故”。千佛洞的考察一直持续到1915年初。第一次世界大战爆发后,有关中国参战的消息,令他们恐慌不安,考察团只得匆匆结束考察,于1915年1月26日启程回返。他们在敦煌期间,描绘了443个洞窟的正面图,拍摄了2000多帧照片,劫走了多种壁画(片断)、布画、绢画、纸画、丝织品和写本。

在敦煌考察期间,他们详细研究了洞窟的装饰壁画,进行摄影、复描、绘画及其他工作。鄂登堡交给杜丁一份摄影清单,所列均为他认为必须拍摄之物,而杜丁在其行程日记中写道:“详细内容基本由我自己选定,此外还补充了若干题目,均悉我认为能在一定程度上具体地确定洞窟彩画风格的。”另外,杜丁对时间不足,无法对壁画艺术进行深入细致地研究感到遗憾。[①]

鄂登堡考察结束后,于1915年5月2日在俄国协会的会议上,出示了照片资料、部分平面草图、在洞窟发现的供印刷用的维吾尔活字,随后报告了研究结果。就在这次会议上,协会还接受了鄂登堡提出的建议,决定奖励那些顺利完成工作任务的考察队队员,在1915年10月24日的会议上,鄂登堡向协会提交了由罗姆贝格在考察期间、主要是在千佛洞中所完成的彩色图画,这些画还附有简短的文字说明。

---

① 参阅[俄]Л.Е.斯卡奇科夫《1914年至1915年俄国西域(中国新疆)考察团记》。

在莫高窟考察期间,考察团成员还对千佛洞作了比较详细的记录,如塑像、窟檐、顶部、四壁和底部等,都力争用数字与字母标明。鄂登堡和他的助手们所编的目录,与谢稚柳的《敦煌艺术叙录》可以互相补充。从总体上看,鄂登堡的目录详尽些,谢稚柳的《叙录》完整些。但有一点应该注意,即自 1915 年鄂登堡考察团离开敦煌后,无人看管的石窟继续成为外国人和邻近村落居民寻觅古董的目标,如美国人华尔纳就在 1923 年偷剥了一些壁画,运走了一身塑像;白俄士兵还在洞窟中住宿,使许多壁画被严重熏黑。再加上自然的破坏,石窟的面貌也发生了一些变化。正是从这个角度说,鄂登堡的目录与伯希和的石窟笔记和照片一样,具有特殊的价值,即可以看到 20 世纪初的原貌。

苏联科学院院士费德林说,鄂登堡在敦煌盗窃的遗书,是其"借助于现代科学方法,在发掘 1914 年已经以为是空了的莫高窟藏书室时,发现了这些写本,并于 1914 年至 1915 年俄国进行的中亚考察中,合法地运了来"。[①]所谓"发掘",这是违背敦煌遗书之发现基本常识的。苏联另一学者蒙西科夫说,鄂登堡"成功地从当地居民中间搜集了许多写本",他认为发掘工作在鄂登堡的搜集中很可能仅占无足轻重的地位。大部分写本是从敦煌地区居民的手里所获取的。[②]如果是这样的话,那么苏联所藏敦煌遗书,为什么大部分是碎片,也就可以理解了。因为 1910 年北京政府运走敦煌文书时,把许多文献,主要是一些碎小的遗书都遗弃而留下来了。另外,政府当局对藏文文献毫无兴趣,也没有收集运走,就在当地遗留了大量的藏文文献,从而使

① [苏]费德林《敦煌写本(论文学的相互关系)》,《苏联科学院通报》1967 年第 5 期。耿昇译文载敦煌文物研究所编《敦煌译丛》,甘肃人民出版社,1985 年。

② [苏]蒙西科夫(即孟列夫)《论古代中国的写本文献》,《苏联科学院通报》1967 年第 5 期。

鄂登堡也劫获了一部分藏文文书。①

鄂登堡考察团在敦煌的考察资料主要包括以下几个方面：

1. 鄂登堡旅行日记和其他考察人员笔记两本。

2. 关于莫高窟洞窟的著录，共著录洞窟177个。著录笔记共6本。

3. 莫高窟壁画的临摹和用描图纸作的线描图。

4. 杜丁关于敦煌壁画的笔记。

5. 全部摄影黑白图片资料约2000张。

6. 实测图和平面图。②

鄂登堡考察团返回彼得堡后，他们的资料分成两部分：写卷移交亚洲博物馆（今俄罗斯科学院东方文献研究所）保藏；艺术品、地形测绘资料和民族学资料、野外考察记录和日记等存放到俄国博物馆、民族学博物馆、地理学会等各博物馆，后来几经搬迁，现全部收藏在爱尔米塔什博物馆东方部。

爱尔米塔什博物馆的敦煌文物收藏品，包括雕塑、壁画、绢画、纸画和麻布画以及丝织品残片等。其中佛幡与麻纸画佛像残卷43件；壁画14幅；大塑像4尊；小塑像24尊；织物样品58件；写卷残卷8件；摹图、照片近2000张。③

三、俄国的敦煌文书

俄罗斯所藏敦煌写本情况，很久不为世人所知，这主要是鄂登堡及其“考察团”成员的旅行记和工作日志，都藏在苏联科学院档案库，

---

① 参阅［日］藤枝晃《敦煌写本概论》，耿昇译文载《敦煌译丛》。

② 参阅张惠明《1896年至1915年俄国人在中国丝路探险与中国佛教艺术品的流失》，《敦煌研究》1993年第1期。

③ 参阅宋晓梅《俄罗斯科学院东方学所及所藏中国学文献》，《中国史研究动态》1998年第9期。

一直没有公布。

1915年，鄂登堡所劫遗书运抵彼得格勒。1929年，交给列宁格勒亚洲博物馆。现在文物部分收藏于圣彼得堡爱尔米塔什博物馆。写本部分则收藏于俄罗斯科学院东方文献研究所的“敦煌特藏”中，实际上，“敦煌特藏”中的一部分文书，并非来自敦煌，而是从新疆等地搜劫的。

俄罗斯科学院东方文献研究所是俄罗斯研究东方学的国家级主要研究机构之一，也是俄罗斯汉学研究的重要基地之一。这里荟萃了东方学界许多著名的专家学者，集中了数以万计堪称世界级珍宝的东方学文献。

1818年成立的亚洲博物馆，是今天俄罗斯科学院东方文献研究所的前身，1930年5月，在亚洲博物馆佛教文化研究所、东方学家委员会和突厥语言学研究所的基础上成立了苏联科学院东方学研究所，并以其所藏25万种图书组成东方学所图书馆。图书馆新设两个特藏部，即穆斯林文献收藏部和东方古写本特藏部。与此同时，还组建了一个专业研究室：中国·唐古特研究室，主要研究科兹洛夫在中国劫获黑水城唐古特（即西夏）的收集品。

1950年，东方学所由列宁格勒迁往首都莫斯科，在列宁格勒成立苏联科学院东方学所列宁格勒分所。原东方所的东方手稿特藏部仍保留在列宁格勒分所。

不久，东方学分所成立远东部。1962年，由远东部分出中国部、日本部、韩国组和远东写本发布组。1963年，为了适应汉学研究更加专业化的趋势，分所将中国部分成几个专题组：敦煌手稿组、中国刻本组、文学组，语言组和思想史组。各组负责相关学科或专题的研究工作，本部则只起组织协调作用，使中国学的研究更趋于系统化、专业化。

苏联解体后，列宁格勒更名为圣彼得堡。目前位于涅瓦河畔的东方文献研究所，以东方学文献的世界三大收藏地之一而闻名于世。从中国劫获的敦煌吐鲁番文献、黑水城文献等均藏于此。由上海古籍出版社出版的《俄藏敦煌文献》全17册就是由俄罗斯科学院东方研究所圣彼得堡分所、俄罗斯科学出版社东方文学部和上海古籍出版社共同编纂的。而《俄藏黑水城文献》全11册，也是由俄罗斯科学院东方研究所圣彼得堡分所、中国社会科学院民族研究所和上海古籍出版社合编，并由上海古籍出版社出版。

1920年，阿列克谢也夫的《苏联科学院亚洲博物馆汉文和朝鲜文藏卷》、1922年鄂登堡的《千佛洞》[①]都只透露了点滴情况，1917年日人矢吹庆辉，1931年法人伯希和对其稍有接触，但也只是简单地提及和介绍过其中的几卷写本。20世纪30年代，苏联科学院东方学研究所的弗鲁格为列宁格勒所藏敦煌卷子编了部分简目，即《苏联科学院东方学研究所所藏汉文写本（非佛经之部）简报》《苏联科学院东方学研究所所藏汉文佛经古写本简目》。[②]由于弗鲁格于1942年饿死在被围困的列宁格勒，编目工作中断，苏联所藏敦煌卷子也再次销踪匿迹。

1957年，郑振铎在苏联访问期间，曾看过部分敦煌文献。由于郑振铎在1958年10月遇难，没有来得及公开发表其见闻，只在写给徐森玉等先生的信件和日记中有些反映。[③]这封信写于1957年11月18日晚上，信中说："我于前天到了列宁格勒，立刻开始工作。莫斯科的人告诉我，在列宁格勒有一万卷以上的敦煌卷子和一万多卷的西夏文的佛经。所以，我很急于到这里来，在莫斯科的工作一结束，当夜

① 《东方学杂志》第2卷。

② 《东方目录学》1934年第7期、《东方目录学》第1935年第8期至第9期。

③ 徐文堪《郑振铎与列宁格勒所藏敦煌文献——记西谛先生的一通手札》，《读书》1986年第10期。

就乘夜车赶来。上午九时半到，休息了一会儿，十二时就到东方研究所去看敦煌卷子，因为时间不多，只将他们放在手边的几十卷翻阅了一下，就发现有‘维摩诘经变文’二卷，都是我们所不知道的，昨天是礼拜天，不能去续看……今天上午，又到了东方研究所，续看敦煌卷子，共看了二三百卷。还要讲演一次（约三小时），讲毕，又要吃午饭。所以，下午……急忙忙地看，又看了二百卷左右，都是他们事前挑选出来的，未被挑选的，不知还有什么‘宝物’在内，就这几百卷东西，已有不少十分惊人的，像庄子一卷（渔父篇），文选一卷（谢灵运：述祖德诗二首，韦孟讽谏一首。张茂先励志诗一首，曹子建上责躬应诏诗一首），孝经二卷，论语子路第十三一卷，左传二残卷，老子第七十一至八十章一卷，还有王梵志诗，五更转，十二时等等，目不暇给手不停钞，可惜已经到了他们下班之时，天色已经黑了，只好‘留以有待’。”[①]由于这封信直到1986年才公开发表，所以此前世人对这些情况都不知道。

真正引起学术界震动是在20世纪60年代初，在莫斯科举行第二十五届国际东方学家大会期间，苏联宣布了有关敦煌卷子的消息，并由列宁格勒分所陈列了敦煌文书若干件，供与会各国学者参观。法国学者戴密微在《列宁格勒所藏敦煌汉文写本简介》一文中说：“1960年8月14日来自欧亚大陆两端的两位多年研究敦煌写本的汉学家，一个日本人，一个法国人，共同登上位于涅瓦河畔豪华建筑台阶的巨大楼梯。苏联科学院亚洲民族研究所（前东方研究所）就设在那里。当他们在一张桌子上发现了一大堆特意为他们准备的敦煌写本时，显得多么惊讶而不知所措呀！因为他们不仅根本就不知道此处还存在

---

① 徐文堪《郑振铎与列宁格勒所藏敦煌文献——记西谛先生的一通手札》，《读书》1986年第10期。郑振铎著《郑振铎全集》第16卷《书信》，花山文艺出版社，1998年，第244—245页。

有这类写本，而且半个多世纪以来，所有的汉学家们实际上都对这批写本一无所知。”至此，国际上才知道苏联还藏有数量惊人的敦煌文献，但具体情况和内容、数量都不大清楚。

1963 年和 1967年，苏联东方文献出版社出版了由孟列夫主编的《苏联科学院亚洲民族研究所所藏敦煌汉文写本注记目录》①两册，著录了 2954 号文书。据编者称，这两册目录所著录的写本约当总数的 1/3 弱，由此推知，列宁格勒所藏敦煌文书约有 1 万件左右。孟列夫本人也撰文说，鄂登堡在敦煌所劫文物，包括“1.2 万卷写本，还有许多艺术品以及代表着物质文明的物品”。②但由于苏联所藏敦煌资料公布很少，目录也只出版了两册，所以直到 20 世纪 80 年代，其确切情况也不得而知。法国敦煌学专家戴密微曾说：“当鄂登堡于 1914 年至 1915 年在中亚探险时，我们不知道他是如何搜集到手一批敦煌汉文写本。在数量方面甚至可以同伦敦、巴黎和北京的那批藏卷相媲美，因为人们声称列宁格勒共藏有 1 万多卷，但具体数目却始终没有弄清楚。”③

1983 年，法国国立科学研究所的吴其昱先生奉法国国立科学研究所之派遣，前往列宁格勒访问苏联科学院列宁格勒分院东方学研究所，阅读了所藏部分敦煌写本，并尽十日之力，对苏联所藏敦煌写本情况进行了初步了解。1986年，吴其昱先生参加了在台北举行的“敦煌学国际研讨会”，他提交会议的论文是《列宁格勒所藏敦煌写本

① 汉译本已由西北师范大学敦煌学研究所组织翻译，上海古籍出版社，1999 年。

② [苏]蒙西科夫（即孟列夫）《论古代中国的写本文献》，《苏联科学院通报》1967 年第 5 期。

③ [法]戴密微《列宁格勒所藏敦煌汉文写本简介》，耿昇译文载《敦煌译丛》。

概况》,[1]比较详细地记录了苏联收藏品的基本情况,从此文并结合其他材料,可以了解苏藏敦煌写本的大致情况。

首先,碎片特多。苏联所藏敦煌文献,共 11375 号,大致可分为五部分:(1)F1 至 325,即 30 年代弗鲁格所编之号码。(2)Dh1 至 2800,此为东方学研究所图书馆书号。Dh 指敦煌。上列两项已编入孟列夫的两册目录中。孟目编至 2954 号,与旧藏号码不同。旧编一号,孟目有分两号或数号者,又旧编 Dh1 至 2800 号中,有孟目未收入者,但绝大部分均收入孟目。按写本长度超过 62 厘米者,经初步统计,仅 259 号。又写本长度不及 1 厘米者,经粗略统计共约 1889 号。(3)Dh2801 至 9584号,共 6784 号,大都为手掌大小或更小之碎片。(4)Dh9585 至 10150 号,共566 号,是鄂登堡于 1909 年秋从黑水等地劫获的,并非敦煌所出。外加孟目 9号,亦出于黑水,共 575 号。(5)Dh10151 至 11050 号,共 900 号。残叶约一纸上下或更小碎片。其中 11 号有号无书,实际只有 889 号。从上述可知,遗书总数为 11375 号,减去黑水所得 575 号,敦煌文书共 10800 号。其中小碎片 6784 号,再加孟目中纸张不及 31 厘米者,其中亦有相当数量之小碎片,约 1849 号,二者共约 8633 号。长度等于或超过 31 厘米者,约 2200 号。

其次,佛经特多。据孟列夫主编目录一二册初步统计,佛经约占 86%,其比例与伦敦、北京所藏相近。

再次,时有孤本珍本。如《郑虔残札》(Dh10839)、《孟兰盆经讲经文》(Dh10734)、《曹宗寿造帙疏》(孟目第一册第 767 页影印件)、《建中三年三月廿七日授百姓部田春苗历》(孟目 1570)等。

另外,鄂登堡曾到莫高窟各洞搜劫遗书,所获来源非一,故俄藏敦煌写本并非全部出于藏经洞(即第 17 号窟)。其所劫文书在起讫年

---

① 《汉学研究》1986 年 4 卷 2 期《敦煌学国际研讨会论文专号》。

代上也很值得注意。在俄藏 1 万多号文书中，纪年最早的是北凉缘禾三年（即北魏延和三年，公元 434 年）《大方等无想大云经》，较晚的有“大宋咸平五年”即公元 1002 年写本。

1991 年 5 月，中国敦煌吐鲁番学会代表团沙知、柴剑虹、齐陈骏一行三人，应邀前往列宁格勒访问，了解俄藏敦煌文书的收藏情况。据当时从事敦煌文书研究工作的孟列夫和丘古耶夫斯基介绍，俄藏敦煌文书比以前所说的 12000 号要多，可能有 18000 号之多。[①]1995 年，敦煌研究院段文杰、施萍婷、李正宇等先生前往俄罗斯圣彼得堡，考察敦煌文物的收藏、保存和研究情况。据李正宇先生介绍，俄藏敦煌文献“目前编号已达 18943 号，另外还有一些碎片尚待编号”。[②]

至于俄藏敦煌文献的价值，原先人们认为多为碎片，价值不大。施萍婷先生考察后指出，俄藏敦煌文献是藏经洞出土物的缩影。敦煌文献中常见的佛教典籍、道教典籍、社会经济文书、敦煌文学……应有尽有。伦敦、巴黎、北京的收藏各有其独一无二之物，圣彼得堡的收藏也是如此。[③]由此可知，圣彼得堡与北京、伦敦、巴黎一起，构成了世界上敦煌文献收藏的四大中心。

目前，俄藏敦煌与黑水城文献经中俄双方学者共同整理编辑，已由上海古籍出版社全部出版。共包括《俄藏敦煌文献》全 17 册、《俄藏敦煌艺术品》全 6 册、《俄藏黑水城文献》全 26 册。

---

① 参阅沙虹骏《中国敦煌吐鲁番学会代表团应邀访苏》，《中国敦煌吐鲁番学会研究通讯》1991 年第 2 期。

② 李正宇《俄藏中国西北文物经眼记》，《敦煌研究》1996 年第 3 期。

③ 参阅施萍婷《俄藏敦煌文献 Дx1376、1438、2170 之研究》，《敦煌研究》1996 年第 3 期。

第七节　美国华尔纳对敦煌艺术的破坏

敦煌遗书发现后，英国人、法国人、俄国人、日本人等都曾来敦煌盗宝。自从斯坦因于1914年最后离开中国后，近二十年来，再没有一个外国“考察家”从中国的西北盗走任何东西。这是因为第一次世界大战爆发，使所有外国人都停止了他们新的远征。另外，1921年召开的华盛顿会议，通过了《九国关于中国事件应适用各原则及政策之条约》。该条约的签订，打破了日本独占中国的局面，各帝国主义国家都想在中国获得部分利益，并各自扶持一派代表自己利益的军阀，如英国支持的直系军阀，日本支持的皖系和奉系军阀等。在这一背景下，国内各地方军阀之间为争权夺利相互混战，尤其是中国人民反抗外国侵略者的斗争日益激烈。“所以那时在全国范围内，法律和秩序已遭到了彻底的破坏。但尽管如此，美国人还是决心要碰碰运气。”[①]于是在1923年，便由哈佛大学福格艺术博物馆的兰登·华尔纳和宾夕法尼亚博物馆的霍勒斯·杰恩，再加上翻译员王秘书和四辆简陋的双轮马车，组成了第一次到中国西北的美国远征队——哈佛大学考古调查团。

一、第一次盗劫

1923年初，华尔纳辞去了宾夕法尼亚博物馆馆长的职务，回到哈佛大学，任职于美术系和福格博物馆。“当时负责掌管福格博物馆

① [英]彼得·霍普科克著、杨汉章译《丝绸路上的外国魔鬼》，甘肃人民出版社，1983年，第210页。

和美术系的爱德华·佛比斯和保罗·萨克斯两人，在发展他们的东方艺术品和鼓励对远东艺术和考古进行更深层的研究上，有着浓厚的兴趣”。[①]而当时的哈佛大学校长洛维尔又对中国西北美术品颇感兴趣。因此，当爱德华·佛比斯和保罗·萨克斯两人提出发展福格博物馆收藏品的建议时，便得到了校方的大力支持。由于当时霍尔基金会给了哈佛大学大笔的捐赠，经费便不存在任何问题。关于人选，当时最适合的莫过于华尔纳了。早在 1903 年，当“他从哈佛大学毕业后，就作为拉斐尔·庞泼莱的地质学和考古学远征队的成员，旅行到俄属中亚细亚。在那里，访问了古丝绸之路上的撒玛尔罕和布哈拉，同时还访问了当时仍然是独立的基辅汗国。他是涉足此地的第一个美国人”。[②]1906 年，华尔纳留学日本，专攻佛教美术。1910 年又在朝鲜、日本调查佛教美术一年。1913年，在哈佛大学由他首次开设了东方艺术课程。1916 年来华为新成立的克里夫兰美术馆搜集中国文物。

由于华尔纳的这些丰富经历，再加上其学识和胆魄，使他成为赴中国西北考察的最合适人选。此外，华尔纳还与敦煌吐鲁番文化有着千丝万缕的联系，早在 1913 年，他受美国垄断资本家兼东方艺术品收藏家查尔斯·费利尔的委托，曾来中国商谈，想以河内的法国远东学校相类似的方式方法，在北京建立一所美国考古学校。费利尔在北京开办美国考古学校的梦想，虽然由于第一次世界大战的爆发而未能实现，但却给了华尔纳一个畅游中国和接触敦煌吐鲁番文化的机会。途经伦敦时，他拜访了大英博物院中亚佛教美术史专家罗伦斯·宾雍。在巴黎，他拜访了沙畹与伯希和。在柏林，他参观了勒柯克从吐鲁番高昌故城发掘的唐代壁画、纺织品、雕塑等文物。在圣彼得堡和

① 《兰登·华尔纳》第 6 章“福格两次中国考察”。转引自董念清《华尔纳与两次福格中国考察述论》，《西北史地》1995 年第 4 期。

② 《丝绸路上的外国魔鬼》，第 211 页。

莫斯科，他曾多次参观科兹洛夫（即柯兹洛夫）从哈拉库图（黑城）和新疆劫获的艺术品。所有这些，都使他对中国西北产生了浓厚的兴趣，并特别想去中国进行一次实地的考古发掘。此外，对于华尔纳来说，还有一个特别有利的条件，即他是第26任美国总统西奥多·罗斯福一门的乘龙快婿，[①]这一身份对他从事有关活动提供了极大的方便，并能得到各方面的支持与帮助。同时，华尔纳读了斯坦因第二次中亚考察的考古报告《西域考古图记》后，更加向往中国的西北，便决定去中国西北考古。[②]

在第一次远征中，虽然华尔纳和杰恩决不愿空手而回，但并不打算大量搬走艺术品，引用华尔纳的话来说，这是一次“侦察性的旅行”，也就是去看一看那些经过6个国家的“考察者”所已探掘过的遗址和已盗走的文物之后，如果还有剩下的话，究竟还剩下些什么。“同时他们还希望解答艺术史上一些难以捉摸的问题。其中之一是要在哈佛大学实验室的帮助下，弄清唐朝壁画名家所使用的究竟是什么颜料以及这些颜料是从何处得来的”。[③]

1923年7月，华尔纳和杰恩到达北京，在此找了一个名叫王近仁的翻译。华尔纳的考察得到了直系军阀吴佩孚的支持与帮助，因此，中国当局曾派了一支武装的护卫队把华尔纳的远征队一直从北京护送到古城西安。1923年9月4日，当华尔纳在西安向武装护送的10个人告别后，这次远征就正式开始了。

由西安西行，华尔纳首先来到甘肃泾川，发现了王母宫石窟（华

---

① 参阅王冀青《昆廷·罗斯福的敦煌壁画摄影计划》，《丝绸之路》1998年第3期。

② 参阅董念清《华尔纳与两次福格中国考察述论》，《西北史地》1995年第4期。

③《丝绸路上的外国魔鬼》，第210页。

尔纳称之为“象洞”），进行了挖掘。

华尔纳等人在泾川王母宫石窟（象洞）用了一天的时间进行“记录、拍照的测绘”，并绘制了“洞窟的平面图”。据华尔纳描述：“在中国的石窟中，这个洞窟诸多方面都是独一无二的。从中心柱竟伸出四头大象的头部和前背部来，象背上还驮着小宝塔。由于立着大象，从象的头到脚之间的柱石就显出空凹处，这部分柱身的周长因此而缩减了许多，这些象的前脚稳固地踏在宽宽的支柱底部，从容地屹立在岩石上。”①

华尔纳远征队的第一个目标是黑城哈拉库图。他们沿着古老的丝绸之路，经过兰州、肃州，最后于 11 月 13 日到达了目的地——哈拉库图，即马可·波罗所说的“亦集乃城”（额济纳）。

在华尔纳到达哈拉库图之前，科兹洛夫和斯坦因已来过这里，并进行了大量的挖掘，搬走了当时能发现的一切有价值的东西，包括所有的壁画在内。华尔纳的远征队在这里虽然发现了一些小物品，其中包括几件壁画残片，但与科兹洛夫和斯坦因相比，其结果却使华尔纳失望，正如他自己所说：“这次额济纳的远征已经证明了，除非用大量的劳力和进行长时间的挖掘，否则，在这个地方已经不可能希望再找到更多的东西。柯兹洛夫和斯坦因已经把这个地方挖掘得那样干净，使后来的人简直无物可挖了。”②

在额济纳挖掘后，华尔纳的下一个目标就是敦煌。敦煌壮丽的艺术风格，他们从伯希和考察团成员——努埃特所拍摄的照片中，早已洞悉无遗。他们鉴于在额济纳的失望，同时又知道斯坦因、伯希和、鄂登堡和橘瑞超都已经到过敦煌，而且还盗走了他们所能下手的每一

---

① ［美］兰登·华尔纳著，姜洪源、魏宏举译《在中国漫长的古道上》，新疆人民出版社，2001 年，第 37、35、26 页。

② 转引自《丝绸路上的外国魔鬼》，第 216—217 页。

样东西，因此去不去敦煌，他们也犹豫不决。然而，华尔纳毕竟是一个艺术史家，而不是一个语言学家，因此对于手稿并不是特别感兴趣。作为一个艺术学家，他极想去看一看只有很少几个东方学家才见到的这个世界艺术画廊。“况且，哈佛大学的各实验室还很希望能得到即使不是整幅的壁画，就是一些碎片也好，以便为他们作实验之用。这个远征队的目的是为以后的野心更大的冒险铺平道路”。①

在额济纳前往敦煌的路上，由于寒冷和疾病，杰恩再也无法在戈壁沙漠中前进了，便不得不告别华尔纳，带着在哈拉库图挖掘的文物，慢慢地返回北京。

当华尔纳于 1924 年 1 月到达敦煌千佛洞时，王道士又外出了，但这并没有妨碍华尔纳，他直接进入了那些有壁画的洞窟里。一连 10 天，除了吃饭和睡觉外，他很少离开洞窟。《在中国漫长的古道上》一书中说：“我除了惊讶得目瞪口呆外，再无别的可说……现在我才第一次明白了，为什么我要远涉重洋，跨过两个大洲，在这些烦恼的日子里，蹒跚地走在我的马车旁边。”千佛洞成千上万的优美画像，把华尔纳惊得呆若木鸡，不知如何是好。他说：“我到这里来原是为了核对古物年代，是为了能轻易地驳倒那些学者教授们，并且也是为了发现艺术影响的。现在我站在一所佛堂中央，双手插在衣袋里，陷入了沉思之中。”②

华尔纳经过沉思之后，决心要剥夺这里的优美壁画和彩塑。他在给妻子的信中说：“我的任务是，不惜粉身碎骨来拯救和保存这些即将毁灭的任何一件东西。若干世纪以来，它们在那里一直是安然无恙的，但在当前看来，它们的末日即将到来。”“就是剥光这里的一切，我

① 《丝绸路上的外国魔鬼》，第 217 页。

② 转引自《丝绸路上的外国魔鬼》，第 220 页。

也毫不动摇。”[①]

在华尔纳给了王道士相当多的礼物后，王道士也就同意华尔纳剥走一些壁画。但当华尔纳又提出要一些塑像时，他却显得非常倔强，坚决不同意。后来他知道，华尔纳并不是要他新的、光辉灿烂的彩色塑像时，他就同意分给华尔纳一尊古老陈旧的、三呎高的一只腿跪着的唐代圣像。这是今天在福格博物馆的藏品中最珍贵的文物之一。

华尔纳用来剥离壁画的是一种特殊的化学溶液。然而当时敦煌正值隆冬，气温已经降到零度以下。每当华尔纳爬上梯子，将固定剂用刷子涂在壁画上，溶液还没有渗入并凝结在灰泥以前时，就已经结成了固体；同样，那些浸透了胶水的纱布还未黏附在壁画上，就已经冻硬了。尽管条件如此艰难，但他盗劫敦煌壁画的野心不死。经过5天的盗剥，华尔纳终于移下了12件壁画。这“是极可宝贵的珍品。我们在美国还从未见过与此类似的东西。同时这些东西和德国人从中亚的灰泥墙壁上锯下来的变成了方形的壁画相比，也可能会引起他们的忌妒”。[②]

华尔纳盗劫壁画后，于1924年4月经兰州、北京返回美国。由于他领导的第一次美国福格考察团劫回了极其珍贵的敦煌壁画和其他艺术品，深受佛比斯、萨克斯及哈佛大学校方的重视。“第一次考察被佛比斯、萨克斯和主要支持者认为是成功的。那些从哈拉库图和敦煌所得到的雕塑、陶瓷碎片、拓本和壁画残片，各个洞的照片，还有新发现的象洞，所有这一切，都开创了一个值得赞美和庆贺的时刻……由于有着扩大这种特殊收藏品的强烈愿望，所以在组织另一次规模更

① 转引自《丝绸路上的外国魔鬼》，第220—221页。

② 转引自《丝绸路上的外国魔鬼》，第222页。

大的考察队时毫不费力”。[①]

华尔纳盗劫敦煌壁画，使他得到了极大的荣誉，同时哈佛大学的福格收藏所也因为有了这些艺术品而永久闻名于世界。尽管如此，华尔纳并不满足，其野心越来越大，他决定带一支更大的队伍，在敦煌盗劫更多的壁画，华尔纳自己说：“在（千佛洞）那些墙壁上，我们应当找出中国的绘画风格的起源，亦即风景画学派的起源。在这方面中国大概已经超过了我们所有的人。用半年的时间对那些原来的艺术作品，进行仔细而深入的研究，一定可以找到敦煌艺术大师们在绘画上的秘诀。并且，要是幸运的话，下一次远征还可能给福格这个小收藏所再添加许多中亚的珍宝。”[②]然而等待华尔纳的到底是什么呢？

二、第二次考察与哈佛燕京学社

华尔纳率领的第二次美国福格考察团由 6 个人组成：华尔纳、杰恩、丹尼尔·汤普森（负责剥离壁画）、阿兰·普列斯特、霍拉斯·史汀生（负责测量）和查理德·斯达尔（负责摄影）。

华尔纳第二次考察的主要目的，就是用胶布将敦煌莫高窟第 285 窟（西魏）壁画全部剥离运回美国，因此，他不仅带有剥离壁画的“胶水桶”，而且还请了配制这种“胶水”，并在前一年告诉他如何使用固定剂的一个年轻壁画专家——丹尼尔·汤普森。华尔纳吸取了前一次的教训，为避免配制剂再次发生冻结的危险，他把这次远征安排在春天进行。“这一次不但要研究石窟中的艺术史，而且还要挽救（即盗窃）更多的敦煌壁画。”[③]

---

① 《兰登·华尔纳》第 6 章“福格两次中国考察”，转引自董念清《华尔纳与两次中国考察述论》。

② 转引自《丝绸路上的外国魔鬼》，第 223 页。

③ 《丝绸路上的外国魔鬼》，第 225 页。

此外，华尔纳还有一附带的任务，即代表哈佛大学和霍尔基金会在中国物色一姊妹学校以共同研究中国文化。美国铝业大王霍尔是一位发明家，他由于发明廉价的制铝工艺而获巨富，但终身未娶，也没有子女，而且他的姐姐曾作为一名传教士在中国任教，因此他在临终遗嘱中将其遗产的三分之一用于中国文化研究和教学活动。其方法是在美国和中国各选一所大学组成联合研究机构。由于第一次世界大战，这一计划未能实行。战争结束后，霍尔遗嘱执行团于 1921 年在美国选中哈佛大学，华尔纳两次考察的经费即来源于此。

当时司徒雷登任职于燕京大学，他为了解决办学经费，几乎每年都回美国去募钱。一次偶然的机会，他得到了这个消息，本来他想争取燕京大学作为中方大学入选以得到这笔款项，但由于燕大刚刚成立，远不及北京大学的影响和声望，所以，霍尔遗嘱执行团便在中国相中了北京大学。因此，当华尔纳第二次福格考察团于 1925 年初到达北京后，华尔纳便留在北京商谈合作之事，并要求北京大学偕同前往敦煌“考古”。这样，就由杰恩率队西行，同行的还有两个中国人，即北京大学的陈万里和第一次考察时的翻译王近仁。正是由于有两校合作计划，北京大学的陈万里便代表北大国学门，参加了哈佛大学福格考察团，前往敦煌考古。正如沈兼士先生在为陈万里《西行日记》所作的序言中说：“余以敦煌近廿年来，外人已屡至其地，顾我国学者，以考古为目的而往者，此殆为嚆矢。”

当华尔纳到达北京时，中国人民的反帝爱国运动迅猛发展。在这一背景下，北京大学在考虑与美国哈佛大学合作一事上非常谨慎，而北京大学的一些教授也坚决反对接受美元。在这种情况下，华尔纳只好于 3 月底离开北京，向敦煌进发。在离开北京前，华尔纳又吸收了一名考察队的临时队员——阿兰·克拉克，由他负责临摹敦煌壁画中难以拍照的大型《净土变》。在去敦煌的路上，“华尔纳很清楚，这次去敦煌考察，再也没有机会带回任何塑像、壁画残片或手稿。无论如何，他还是有理由认为他将有机会对洞窟进行彻底的研究，他与他的同事都打算在莫高窟呆几个月”。[①]

在华尔纳的远征队离开北京前，北京大学的马叔平、沈兼士先生约请当时也在北大的陈万里先生谈话，希望陈先生能随同西去。这时候，中国人民还不知道华尔纳第一次盗窃敦煌壁画的罪行。1925 年 2 月 16 日离开北京后，陈万里先生才从王翻译那里知道了华尔纳第一次盗窃敦煌壁画的罪行，“因此我就时时注意他们的行动。同时在我们的大车行列中，果然有一大车的布匹，我更时时警惕我所负的任务。本来我从北京出发的时候，已经知道华尔纳的行径，我们决定应该密切监视，设法防护”。[②]

在长期的旅途中，陈万里先生才知道，华尔纳远征队这次来中国的主要目的，就是用胶布大规模地盗窃敦煌壁画，为此他请来了专门配制、使用这种胶水的壁画专家汤普森。其盗窃的对象，就是伯希和所编的 120 窟，即敦煌研究院编 285 窟。该窟为西魏时开凿，上有“大代大魏大统四年岁次戊午八月中旬造”题记。华尔纳企图粘去这个洞里的所有壁画。为了阻止华尔纳盗窃敦煌壁画的企图，保护国宝，陈万里先生每到一地，如兰州、酒泉、敦煌后，“一一先与地方当局接洽说明，并研究我们如何保存国宝的方法”。[③]正是由于陈万里先生及其他爱国人士的共同努力，华尔纳远征队原拟在千佛洞停留半年的计划，未被地方当局同意。而以华尔纳第一次剥离、破坏、盗窃敦煌壁画作为拒绝他们的唯一理由。

敦煌的遭遇，使华尔纳感到非常失望和气愤。“华尔纳的愤怒与

---

① 《兰登·华尔纳》第 6 章“福格两次中国考察”，转引自董念清《华尔纳与两次中国考察述论》。

② 陈万里《美帝偷劫敦煌壁画的阴谋》，《文物参考资料》1951 年第 2 卷第 1 期。

③ 陈万里《美帝偷劫敦煌壁画的阴谋》，《文物参考资料》1951 年第 2 卷第 1 期。

其说是指向怀着敌意的当地农民，不如说是指向一位医生又是学者的陈博士（即陈万里）。这位和远征队一起从北京出发的陈博士表面上是为了帮助他们解释敦煌的一些碑文，同时还为他们解决在旅行中可能发生的一些问题。但在到达之后的第二天，他突然以母亲害病为理由，坚持要尽快地返回北京。后来陈发表了一本恶意中伤这个远征队的书（即《西行日记》）。他在这本书里说，他伴随这些美国人的唯一目的是，提防他们并阻止他们的盗窃行为。华尔纳有充足的理由怀疑正是这个陈挑起了当地的农民来气势汹汹地反对他们。在他了解到他的任务已经完成时，便启程回家。”①

5月19日，华尔纳的“考察团”到了敦煌后，翟荫（即杰尼）等人即去县府接洽，杨县长态度很坚决，不允许他们在千佛洞住宿，并于当日下午召集开会商议此事。出席会议的除翟荫外，还有各界代表七八人。翟荫在会上首先说明来意：“此来本拟剥离一部分画壁，运赴北京陈列，以便中外人士得就近研究，曾以此意商之陆省长，未蒙许可，嗣后即一意摄影，希望能得各界谅解，予以充分时间。”②翟荫虽竭尽欺骗、说谎之能事，但觉醒了的中国人民是不会上当的。大家一致表示：前年华尔纳剥去千佛洞壁画20多块，地方人民曾向县知事提出质问。当年庙会的时候，还有许多人向王道士责问，所以这次到千佛洞考察，无论如何，时间不能太长，而且要制定详细的具体规定。

正是由于中国人民的觉醒，敦煌人民和地方当局对华尔纳的“考察团”作了如下规定：（1）华尔纳及所谓“考察团”的团员不准留宿千佛洞。（2）所谓“考察团”的团员全体去参观千佛洞时，必须受人民的

① 《丝绸路上的外国魔鬼》，第226页。

② 陈万里《西行日记》，甘肃人民出版社，2002年，第79—80页。

监视，并必须当日返城。(3)不准触毁壁画及其他一切文物。[①]华尔纳在给他妻子的信中也说："翟荫从敦煌赶来见我。在莫高窟他们一直是在严密的监视之下，每天晚上强迫他们回城，每次在客店门外都有一个愤怒的市民。他们不让我们在洞窟留宿，也不许带闪光灯。"[②]我们知道，千佛洞离敦煌县城40多里，牛车往返要走8小时，这样华尔纳及"考察团"每天"参观"千佛洞的时间就很少了，再加上经常有人监视，无法下手盗窃壁画，因此，他们在千佛洞浏览了3天，即5月21日至23日，就离开了敦煌。

华尔纳这次来到敦煌，遭到了中国人民的强烈反抗。华尔纳自己说："情况变得十分棘手。约有十多个村民放下他们日常的工作，从大约十五哩之外的地方跑来监视我们的行动；并且他们使用一切手段诱使我们触犯他们的规定，以便对我们进行袭击，或者用武力把我们驱逐出境。"我们"一个不注意的错误，即使是一次愤怒的表情，也可能使他们倾巢出动，骂不绝口，甚至置我们于死地"。[③]英国人彼得·霍普科克也说，对于华尔纳的这次远征，北京"并没有提出什么反对的意见，可是这些美国人现在突然发现他们每走一步，不但受到怀有敌意的民众的阻挠，而且还受到地方当局的刁难。在这种情况下，他们只好放弃对千佛洞所怀抱的希望，放弃搬走任何东西的意图"。[④]正是由于中国人民的坚决反抗，敦煌人民团结了起来，将华尔纳及其"考察团"驱逐出境，使华尔纳大规模盗窃敦煌壁画的阴谋没

① 参阅常书鸿《控诉美国强盗盗窃敦煌文物罪行》，《光明日报》1951年4月15日。

② 《兰登·华尔纳》第6章"福格两次中国考察"，转引自董念清《华尔纳与两次中国考察述论》。

③ 转引自《丝绸路上的外国魔鬼》，第225页。

④ 《丝绸路上的外国魔鬼》，第225页。

有得逞。

盗窃敦煌壁画的阴谋失败后，华尔纳和杰恩便决定去另一个“具有希望的地方”——万佛峡（即榆林窟）。1925 年 6 月 2 日，华尔纳、杰恩和王近仁同去县府商量考察万佛峡。他们提出一个月，但未获同意。最后商定“先去一星期，如一星期后认为尚有摄影工作应须继续者，再行磋商”。[①]这时，由于上海“五卅惨案”的发生，全国各地爆发了反帝爱国运动——“五卅”运动，并由此掀起了反帝排外的高潮。由于这一原因，北大校长蒋梦麟最终决定不与哈佛大学合作，并于 6 月 7 日电令陈万里与考察团决裂，提前返校。“而华尔纳也在路上听说了在上海发生了五卅惨案……以致使华尔纳和其队员的安全都成问题。华尔纳他们的美国朋友从北京发来电报，强烈要求他们空手回来，不要因进行研究而受到伤害，要他们‘拥抱你们的祖国和你们的大学’”。[②]这样，华尔纳便不得不解散其考察团，于 1925 年 8 月回到哈佛大学。

关于第二次福格考察，“华尔纳不得不承认，第二次福格中国考察在某种意义上是一种惨败。所带回的唯一有形的东西是那些图片，大部分是那些远不如敦煌莫高窟的很不出名的洞窟的图片……至于无形的东西，可以用‘经历’这个词总结”。[③]

三、损失惨重难挽回

华尔纳对千佛洞壁画的盗劫与破坏，造成了敦煌艺术不可弥补

① 陈万里《西行日记》，第 86 页。

②《兰登·华尔纳》第 6 章“福格两次中国考察”，转引自董念清《华尔纳与两次中国考察述论》。

③《兰登·华尔纳》第 6 章“福格两次中国考察”，转引自董念清《华尔纳与两次中国考察述论》。

的损失。1923年冬天,华尔纳第一次来到千佛洞,计划用钢片铲刀窃取壁画,但因为千佛洞壁画是画在砾崖基础上搪泥的墙壁上,泥墙与石壁之间又呈现着起伏不平的表面,所以他在毁坏了几方壁画后,发现无法达到其很快盗窃壁画的企图,便改用了胶布贴黏的办法,华尔纳这次盗窃的壁画,据常书鸿先生统计:①

323窟初唐壁画三方

329窟盛唐壁画三方

320窟盛唐壁画五方

335窟盛唐壁画五方

361窟盛唐坐式观音一尊

373窟初唐壁画一方

关于华尔纳盗窃壁画的具体数量,《丝绸路上的外国魔鬼》说有"十二幅中型的壁画"。这里说的12幅,实际上是12件,其中一件刚拿到美国就弄坏了。从技术上说华尔纳的剥离方法是失败的,残片大半图像不清,补笔补彩部分也不少,其损失是令人痛心的。②陈万里先生《西行日记》74页说:"翟荫君在肃州复新雇一周姓木匠,同人咸呼之为老周。老周前年曾随华尔纳、翟荫二君赴肃州北黑城子及敦煌佣工数月。今日告我:华尔纳君在敦煌千佛洞勾留七日,予道士银七十两,作为布施。华以洋布和树胶粘去壁画得二十余幅。"敦煌文物研究所编《敦煌莫高窟内容总录》③对华尔纳盗窃、破坏壁画的罪行,也有部分反映和揭露。该书119页第323窟说,南壁"上画千佛,中画佛教

---

① 参阅常书鸿《控诉美国强盗盗窃敦煌文物罪行》,《光明日报》1951年4月15日。

② 参阅[日]秋山光和《敦煌壁画研究新资料》,《敦煌研究》试刊第1期,甘肃人民出版社,1982年。

③ 文物出版社,1982年。

史迹画西晋吴淞江石佛浮江、东晋杨都出金像(大部被美国人华尔纳盗窃破坏)";东壁"门北画佛教戒律画(部分被美国人华尔纳盗窃破坏)"。121 页第 329 窟说,北壁"画弥勒经变一铺(被美国人华尔纳盗走二方)"。117 页第 320 窟说,南壁"画千佛,中央阿弥陀经变一铺(1924 年被美国人华尔纳盗劫两方)"。据敦煌文物研究所调查资料表明,华尔纳在第 320、321、323、329、331、335、372 等窟盗窃精美的壁画 26 方,共计 32006 平方厘米。[①]

据王冀青和美国学者莫洛索斯基调查,目前,哈佛大学福格艺术博物馆共收藏有敦煌壁画 10方,其中 2 方原属 329 窟,2 方原属 323窟,2 方原属 320 窟,2 方原属 335 窟,1 方原属 331 窟,1 方原属 321 窟。[②]

被华尔纳所破坏、盗窃的壁画,大部分是敦煌艺术中最优秀的代表作品,尤其是 323 窟北壁的张骞出使西域图。该图为一送行场面,送者和行者,面面相对,作离别之状:送者面西,共有 8 人,1 人骑高头骏马,举手挠指作讲话之态,自由随便;身后 1 人,手执伞盖;其余 6 人,有的鞠躬施礼,有的举手作嘱托之状;行者面东,其中 1 人,着宽袍大袖衣,朝笏遮面,跪于地下,态度恭谨;身后数人,当是其侍从;再后就是拴束好的马匹行李,为整装待发时的情状。其榜题书作:"前汉中宗既获金人莫知名号乃使博望侯张骞往西域大夏国问佛名号时"。[③]

从这篇题记可以看出,这个洞窟的壁画,并不像其他洞窟那样完全是宗教教义的传述,乃是中国民族历史极为宝贵的典故。华尔纳的

① 见潘絜兹《敦煌莫高窟艺术》,上海人民出版社,1981 年,第 30 页。

② 王冀青、[美] 莫洛索斯基《美国收藏的敦煌与中亚艺术品》,《敦煌学辑刊》1990 年第 1 期。

③ 孙修身《从〈张骞出使西域图〉谈佛教的东渐》,《敦煌学辑刊》第 2 集。

盗劫、破坏，不仅摧毁了一壁千余年的艺术宝藏，而且毁灭了我民族文化史上一段珍贵的参考资料。

哈佛大学福格艺术博物馆还收藏有两件敦煌彩塑，也是华尔纳第一次福格中国考察团劫去的，其中原属 328 窟西壁斜顶敞口龛外南侧台的一膝跪地供养菩萨，高 121.9 厘米，是属于初唐时期的作品，它被认为是华尔纳搜集到的最重要的一件艺术品和福格艺术博物馆的镇馆之宝。另一件是原属 257 窟（北魏）中心塔柱侧面的模制天人像，由于其体积较小（24.4 厘米 × 12 厘米），一直不太引人注意。

华尔纳率领的第一次福格考察团的收集品，还有哈拉浩特（额济纳）壁画 3 方，收藏于哈佛大学福格艺术博物馆；泾川王母宫石窟石雕7 件，也收藏于哈佛大学福格艺术博物馆，中国国内对这批石雕鲜有报道。甘肃泾川王母宫石窟，华尔纳称为“象洞”；陈万里在《西行日记》中注曰：“有石象及浅雕石刻绝美，同行者遂名此洞为象洞”；哈拉浩特（黑城）泥塑 1 件，是华尔纳第二次福格考察团所获，现藏于哈佛大学福格艺术博物馆。

此外，美国还收藏有两幅敦煌绢画，其中 1 幅为“水月观音”，绢画下部有纪年题记：“于时乾德六年岁次戊辰五月癸未朔十五日丁酉题记”，相当于公元 968 年 6 月 13 日。该“水月观音”画正是 1902 年敦煌县令汪宗翰从王道士处索要的敦煌藏经洞文物之一，1904 年 9 月，汪宗翰将此绢画赠送给甘肃学台叶昌炽，叶氏《缘督庐日记》中有关于该画的记录。这幅画后来又归南林蒋氏所有，王国维《观堂集林》中的《曹夫人绘观音菩萨像跋》一文，实际上就是对这幅画的跋文和首次研究。该画现藏于华盛顿史密森学会弗利尔美术馆。至于该画如何流到美国，现仍不清楚。

另一幅为“十二头观音”画，现藏于哈佛大学联合艺术博物馆。

美国收藏的敦煌遗书，由于数量太少，长期不大引人注目，其来源等也不清楚。目前已知，美国藏有敦煌遗书 22 卷，其中哈佛大学收藏两卷，是华尔纳第一次福格考察团在路途中购买的，另外，国会图书馆收藏9卷，芝加哥大学远东图书馆收藏3卷，纽约大都市艺术博物馆收藏3卷，普林斯顿大学图书馆收藏3卷，芝加哥自然史博物馆收藏1卷，哥伦比亚大学图书馆收藏1卷。[①]

至于霍尔基金会选定的哈佛和北大合作一事，前已述及，双方未能达成合作协议。非常巧合的是，华尔纳考察团的翻译王近仁乃燕京大学学生，当华尔纳第二次考察失败，王近仁返校复学后，燕京大学校长"司徒雷登从其口中了解到华尔纳与北京大学合作考古失败的情形之后，大做文章。辗转将此事告之中国教育部次长秦汾，后由教育部知会外交部，以华尔纳违反国际法为由，向美国驻北京公使提出抗议。事情虽被美国政府敷衍过去，但哈佛大学觉得太丢面子，既迁怒于华尔纳，也不满意北京大学。司徒雷登乘此机会积极活动，于1926年赶回美国，以燕京大学的名义与哈佛大学协商合作研究中国文化，结果大功告成。1928年春，哈佛燕京学社于兹正式成立"。[②]

我们知道，哈佛大学不仅在美国，而且在全世界都是很著名的大学，而燕京大学属于教会大学，是基督教新教差会于1916年联合在华设立的大学。美长老会传教士司徒雷登为该校的重要创办人，并于1919年1月31日被任命为燕京大学首任校长。1920年，司徒雷登以4万元的低价从陕西军阀陈树藩手中买下北京西郊海淀一带243亩土地，在美国霍尔铝业集团、洛克菲勒集团、纽约托事部以及中外人士的大批捐助下开始建设新校址。1925年初步建成，学校迁入，后又陆续扩建，形成占地700多亩，有大小宫殿式建筑物88座的美丽

① 参阅王冀青、[美]莫洛索斯基《美国收藏的敦煌与中亚艺术品》，《敦煌学辑刊》1990年第1期。

② 徐威《燕京大学与哈佛燕京学社》，《中华读书报》1998年2月25日。

校园。

哈佛燕京学社于 1928 年 1 月 5 日由美国麻省批准,是两校合作研究中国文化的机构。在创办的起始 20 年里,学社有两处驻地办公,一个在美国麻省康桥的哈佛大学内,另一处在北京的燕京大学。而学社具体的学术活动则集中在哈佛大学和在华的美国教会大学，旨在发展汉学研究。在开展学术活动的同时,学社还在哈佛大学建立了哈佛燕京图书馆和东亚系,并创办了《哈佛亚洲研究》。在中国,1930 年设立了引得编纂处,编印《汉学研究丛刊》,20 年间,共出版 64 种引得,是一套很有价值和影响的丛刊。除了资助燕京大学编撰的《哈佛燕京学社引得》丛书之外,学社还在燕京大学开始出版颇有影响的学术期刊《燕京学报》。此外,学社还资助山东的齐鲁大学、南京的金陵大学、福州的福建协和大学、广州的岭南大学、华西协合大学大力开展国学研究。同时,学社也出资赞助诸如华中大学等多家学校增加其图书馆的藏书和博物馆的藏品。所有这些资助项目都对这些高校的发展起到了举足轻重的作用。[①]

1941 年太平洋战争爆发以后,日军占领北平,学校遭日军封闭,燕京大学被迫于 1942 年迁往四川成都,哈佛燕京学社继续在成都活动。1945 年日本投降后,燕京大学回迁北平,学社也在北平恢复了办事处。中华人民共和国成立后,燕京大学于 1951 年春改为公立。1952 年在院系调整中,其有关各系所分别并入北京大学、清华大学、中央财经学院等,原校址由北京大学迁入。哈佛燕京学社北平办事处亦随之撤销。而设在哈佛大学的学社总部则延续至今。[②]

① 参阅裴宜理《写在哈佛燕京学社创办 90 周年之际》,《文汇报》2018 年 6 月 22 日。

② 参阅郭卫东主编《近代外国在华文化机构综录》,上海人民出版社,1993 年,第 417—418 页。

第八节　劫余断篇的流散

自从斯坦因、伯希和盗劫敦煌遗书后，中国政府便将劫余部分共8000余卷，运送北京，入藏京师图书馆（今中国国家图书馆）。既然如此，为何橘瑞超、鄂登堡还能盗去大量遗书呢？斯坦因于1914年来敦煌时，又能从王道士处骗购600余卷呢？在运京途中及入藏京师图书馆前，又有许多散失呢？因此，探讨敦煌遗书之流失和被盗劫，不仅要研究斯坦因、伯希和、橘瑞超、鄂登堡、华尔纳等外国"考察家""探险家"的劫夺，而且要分析国内官僚地主及一些权势人物对敦煌遗书的盗劫，从而使一部分珍贵文物流散出去，造成了我国学术文化不可弥补的损失。这正如陈寅恪先生所说："或曰，敦煌者，吾国学术之伤心史也。其发见之佳品，不流入于异国，即秘藏于私家。兹国有之八千余轴，盖当时唾弃之剩余，精华已去，糟粕空存，则此残篇故纸，未必实有系于学术之轻重者在。"①

一、早期的流散

敦煌文书发现后，即引起了我国学者的关注与研究。文书发现之初，王道士就请城中绅士来参观。绅士们不知其可贵，只认为这些佛经流落于外，诚大造孽，都叮嘱王道士仍藏洞内。"王道士颇机诈，思借之以贸利，私载经卷一箱至酒泉，献于安肃道道台满人廷栋。廷栋不省，以为此经卷其书法乃出己下，无足重。王道士颇丧沮，弃之而

① 陈寅恪《陈垣敦煌劫余录序》，原载1930年《（中央研究院）历史语言研究所集刊》第1本第2分。又见《金明馆丛稿二编》，上海古籍出版社，1980年。

去，时嘉峪关税务司比国人某将回国，来谒廷栋，临行，廷栋出数卷赠之。此比国人行过新疆，复谒长庚将军（亦满人）及道台潘某。相与道敦煌事，复以经卷分赠长庚和潘道台。”①

1902年，敦煌知县汪宗瀚把王圆禄送给自己的部分敦煌遗书、遗画和拓片等，转送给了甘肃学台、金石学家叶昌炽。叶昌炽深知这些文物的重要价值，立即建议甘肃省当局，要求将藏经洞全部文物运送兰州保管，而政府当局则以经费困难为由拒绝了这一建议。1904 年 3 月，甘肃省藩台令敦煌知县汪宗瀚对藏经洞出土文物进行清点并封存。汪宗瀚乘机择其精品，送给了新疆、甘肃等一些地方官员。敦煌文献从此开始在外界流传。

斯坦因、伯希和盗劫文献后，藏经洞文物才开始为人们所知，并引起政府的重视。1908 年，甘肃布政使司责令敦煌知县并王圆禄“将此项经卷，妥为保守，毋再遗失私买，致干咎，切切”。②于是将残存卷子分装两大木箱，名为“转经筒”，藏于第 367 窟。但狡诈的王道士还是私藏了不少经卷，偷偷出售。当 1909 年敦煌遗书运送北京时，由于王道士做了手脚，并没有全部运完，因此 1914 年斯坦因第二次来敦煌时，又从王道士手中买去五六百卷。当时在新疆一带也不时有人向外国人兜售。后来又在莫高窟发现了一批藏文佛经，甘肃省政府教育厅便令敦煌知县：“将该项梵字经卷，悉数运送来省，交由省城图书馆保存，脚费若干，运到后由该馆照数付给。”③并派人会同敦煌县地方

① 谢稚柳《鉴余杂稿·敦煌石室记》，上海人民美术出版社，1979 年。

② 卫聚贤《敦煌石室》附录，原载《说文月刊》第三卷第十期，此据孙彦、萨仁高娃、胡月平选编《民国期刊资料分类汇编·敦煌学研究》第一册，国家图书馆出版社，2009 年，第 330 页。

③ 卫聚贤《敦煌石室》附录，《民国期刊资料分类汇编·敦煌学研究》第一册，第 331 页。

政府共同清理查验,共清理出藏文经卷 94 捆,重 440 余斤;带夹板经书 11 打,重 1744 斤。这些藏文经卷由敦煌劝学所、莫高窟寺院和甘肃省图书馆保存。

二、运京途中遭劫记

伯希和盗劫敦煌文献后,于 1908 年 5 月从敦煌出发往东,途经西安并停留了一个月,再经郑州、北京,于 1908 年 12 月 12 日到达了河内。

1909 年伯希和又来北京,为法国远东学院购买汉文古籍。这次他于 5 月 21 日从河内出发,夏天到达北京。经田中庆太郎(东京文求堂店主)介绍,罗振玉等人于中秋节访伯希和于苏州胡同寓所。伯希和出示所带敦煌遗书《老子化胡经》《尚书》残卷等 10 余种,并送给罗振玉一些敦煌文献照片。

关于伯希和在北京及敦煌遗书的流传情况,田中庆太郎也有记载,可以使我们了解得更详细一些。田中用救堂生这个笔名将当时的见闻题为《敦煌石室中的典籍》一文,发表在北京日侨主办的《燕尘》杂志 2 卷 11 号(1909 年 11 月 1 日出版),文章说:

> 佛兰西东方考古学校教授伯希和氏获得藏在甘肃省境敦煌县石室中的经卷古书。得知归国途中在北京停留,立即赴八宝胡同旅舍通名片求见。未曾有过什么交往的伯氏把我让进了客厅。伯氏系三十岁左右的青年绅士,颇有学者风度。虽然是西方人,却能讲一口流利的北京话。
>
> 伯氏怀研究中国西陲地理古迹的目的,一年前从本国出发,经俄属中亚细亚进入新疆,在库车停留八个月,在乌鲁木齐停留二个月,在吐鲁番又停留数周,连续地考察。在乌鲁木齐会见了长将军,得知敦煌石室的消息,随即取道巴

里坤、哈密，出安西，在安西知州某人以一卷古写本相赠，立即可以确定这是唐写本。去年冬天离开敦煌县三个多月，弄到了藏在当地三危山下石室之中的写经和别的文物。

虽说大部分已被送往本国，还是出示了随身携带的几十件。全是炫人眼目的珍品，如唐写本、唐写经、唐刻及五代刻的经文、唐拓本等，纸质有黄麻、白麻、楮纸三种。其中《老子化胡经》不次于最好的《太平经》，《尚书·顾命》残片文字雄健，的确是唐人书法……听说伯氏带来奇书，不但北京士大夫中的学者，就连对古书怀有兴趣的人也都相继往访他的寓所，见到带来的珍品，无不惊讶。

九月四日，北京学者主办的伯氏欢迎会在豪华的大饭店举行了。当天出席者有：宝侍郎（宝熙）、刘少卿、徐祭酒（徐坊）、柯经科监督（柯劭忞）、恽学士、江参事（江翰）、吴寅臣、蒋伯斧、董比部（董康）等十余人，成了名流齐集的盛会，遗憾的是罗叔言氏因感冒而缺席。……伯氏把摄影誊写的要求一一允承下来。伯氏与北京士大夫应酬之后，于九月十一日晚，乘坐前门开出的列车经西伯利亚归国。约定以后发表各种整理报告。①

罗振玉在伯希和处见到敦煌遗书后，大为惊奇，如获至宝。立即就伯氏所带的部分卷子写了一份提要——《鸣沙石室秘录》，刊入《国粹学报》。又约其他同志一道影照残卷 10 余种，编为《敦煌石室遗书》一书，由武进董康诵芬室刊行。

当与伯希和会晤时，伯希和说敦煌石室中尚有卷轴 8000 余卷，

① 转引自［日］神田喜一郎《敦煌学五十年》。

其中以佛经为多，可早日购归，以免再为人夺去。罗振玉得到这一消息后非常高兴，立即请学部发电报致护陕甘总督毛实君（庆蕃），托其将劫余敦煌卷子购送学部，并拟好电文上呈堂官，电文中说明购买卷子的经费先请垫付，由学部偿还。堂官允许发电，独把“还款”语删掉。[①]这样，1909 年 10 月 5 日（宣统元年八月二十二日）学部致电甘肃：“敦煌县东南三十里三危山下千佛洞石室储藏唐人写本书籍甚多，上年经法人伯希和亲赴其地，购获不少……即希遴派妥员迅往查明现共存有若干，无论完全残破，统行检齐解部，幸勿遗失散落，所需运费由部认还，此外各洞中造像、古碑亦颇不少，均属瑰异之品，并希派员详细考查，登记目录，咨部存案，勿再令外人任意购求，是为至要。”[②]电报发出一月后，甘肃省就复电学部和大学，说已购妥，共8000卷，3000 元。

这里还有一个小插曲，由于学部发给甘肃的电报没有“还款”二字，罗振玉考虑到甘肃比较贫穷，未必能予垫款。于是提议大学出款，大学总监督刘幼云（廷琛）也推说无款。罗振玉说，大学如无款，可由农科节省经费来购，不然，可将我个人俸给全部捐出。罗当时任京师大学堂的农科大学总监督，由于他下了最大的决心，一再坚持，堂官才没有再明确反对。[③]这一点罗振玉《鸣沙石室佚书序》中也有反映：“往者伯君告余，石室卷轴取携之余，尚有存者，予亟言之学部，移牍甘陇，乃当道惜金，濡滞未决，予时备官大学，护陕总督者适为毛实君方伯（庆蕃），予之姻好，总监督刘幼云京卿（廷琛），实同乡里，与议购

---

① 参阅罗继祖《庭闻忆略》第 40 页，长春市政协文史资料研究委员会，1985 年编辑出版。

② 《学部官报》第 104 期，宣统元年（1909 年）第 28 册，“文牍”页三右。

③ 参阅罗继祖《庭闻忆略》，第 40—41 页。

存大学。既有成说，学部争之。”[①]当时学部“惜金”恐怕价格昂贵，不肯购买。及知仅3000元时，“学部争之”，决定留部，不给大学。[②]

从甘肃敦煌押解经卷至北京，学部委托新疆巡抚何秋辇（彦昇）担任接受和押解，押解差官是江西人傅某。当载经大车到北京打磨巷时，何彦昇之子何震彝（鬯威）先将大车接至其家，约同其岳父李盛铎（木斋）及刘廷琛、方尔谦等，就其家偷选，将残卷中之精好者悉行窃取。而后又把卷子中较长者，破坏截割为二三，甚至五六段，以充8000之数。[③]

为什么由新疆巡抚何彦昇担任押解任务呢？对此问题一直不得其解，有关论著或避而不谈，或云不知什么原因。据饶宗颐先生20世纪50年代写的《京都藤井氏有邻馆藏敦煌残卷纪略》[④]一文记载：“何彦昇于宣统二年（1910年）官甘肃藩司，代理巡抚，当其任内，适学部咨陕甘总督调取敦煌经卷，着何氏收购到京。抵京后何氏先交其子鬯威。时官中册数，报有卷数而无名称及行款字数，故一卷得分为二三，以符报清册之卷数。何鬯威为李木斋盛铎之婿，故菁英多归李氏及何氏。”

叶遐庵在《张谷雏所藏敦煌石室图籍录序》中说云：“至刘（廷琛）、

---

① 罗振玉《雪堂类稿》乙《图籍序跋》，辽宁教育出版社，2003年，第41页。

② 京师大学堂是北京大学的旧称，创建于1898年，是中国政府举办的第一所现代综合性大学。1908年10月，京师大学堂上折奏请开办分科大学（相当于后来的专科学院）。经朝廷准奏，京师大学堂原定8个分科大学中的7个即经科、法政科、文科、格致科、农科、工科、商科于1910年3月31日开学。原定的医科大学因监督屈永秋未到任，无人主持筹办，而未同时开办。监督相当于校长。农科监督相当于农学院院长。

③ 参阅谢稚柳《鉴余杂稿·敦煌石室记》，上海人民美术出版社，1979年。

④ 原载《金匮论古综合刊》第1期，后收入《选堂集林·史林》下，香港中华书局，1982年。

李(盛铎)、何(彦昇)所得,何早卒,除其生前赠友者外,余闻亦归李氏。世佥知李、刘二氏多佛经以外之典籍,偶露鳞爪,固难窥其秘也。近年李、刘皆去世,所藏始分别散出。"[①]现日本京都藤井有邻馆所藏敦煌遗书,绝大部分为何氏旧藏,其目录首题即为"何彦昇秋辇中丞藏敦煌石室唐人秘笈六十六种"。其中还有一块原用来夹存文书册的木夹版版面,上有"新疆布政使何彦昇旧藏:敦煌石室唐人秘笈(五拾九种)目录、歌曲册"。这批文书上有许多收藏家印,多者为三方,即"何彦昇家藏唐人秘笈""合肥孔氏珍藏""德化李氏凡将阁珍藏"。"从所记目录及文书印记看,知是经何氏、孔氏之手才转归李氏所藏"。[②]由此可知,"何氏之物,后归于李氏凡将阁,藤井氏所藏,非迳得于何,乃得自李氏者。有邻馆所藏此批敦煌残卷,虽为数不多,惟其为何彦昇旧藏,正可据以考查当时经卷遗失之情形"。[③]从何彦昇所获敦煌遗书及其散失情况,就可见当时敦煌残卷流散的一般情况。

罗振玉《姚秦写本僧肇维摩诘经残卷序》亦记其事曰:"江西李君与某同乡,乃先截留于其寓斋,以三日夕之力邀其友刘君、婿何君及扬州方君,拔其尤者一二百卷,而以其余归部。李君者富藏书,故选择尤精,半以归其婿,秘不示人;方君则选唐经生书迹之佳者,时时截取数十行鬻诸市。"[④]当时移藏部立京师图书馆的卷子是8697号,民国18年(1929年)移交北平图书馆时增为9871号。

官僚世宦窃取敦煌遗书之事,当时社会上就有了一些传闻。罗振玉《鸣沙石室佚书序》所说"比至运京,复经盗窃"即指此而言。此事也

① 叶恭绰《矩园余墨》,辽宁教育出版社,1997年,第171页。

② [日]藤枝晃《长行马》,载《墨美》60号(1956年11月),转引自陈国灿《东访吐鲁番文书记要(一)》,见《魏晋南北朝隋唐史资料》第12辑。

③ 饶宗颐《京都藤井氏有邻馆藏敦煌残卷纪略》。

④ 罗振玉《罗雪堂先生全集(续编)》(二),大通书局,1989年,第408页。

“为学部侍郎满人宝熙所悉，谋上章参奏，会武昌起义，事遂寝”。[1]宝熙上奏，因辛亥革命爆发而没有查问。但这毕竟是一桩大案，学部为掩人耳目，只把押解员傅某扣留，最后还是经人说情而释放。吴昌绶《松邻书札》中致张祖廉一札云：“顷罍威（何震彝）同年来，谓访公未值，有信托为代致，甘省解经之傅委员，淹留已久，其事既无佐证，又系风流罪过，今穷不得归，日乞罍威为道地。弟闻前事已了，堂宪本不深求，可否仰仗鼎言，转恳主掌诸君，给札放行，其札即由公交罍威亦可，渠既相嘱，特为奉致，望径复之。”[2]将这样大的盗窃公案，以“风流罪过”，巧于开脱。最后以“事出有因，查无实据”结案。

被窃卷子当时就流到了市场上，罗振玉说：“遗书窃取，颇留都市，然或行剪字析，以易升斗；其佳者或挟持以要高价，或藏匿不以示人。”[3]如方尔谦所盗窃的遗书，当时就拿到市场上出售，“故予箧中所储，方所售外，无有也”。[4]李盛铎所窃，1935 年一次就卖给了日本人 400 多卷。

① 谢稚柳《鉴余杂稿·敦煌石室记》。

② 转引自罗继祖《敦煌藏卷劫余小记》，《中华文史论丛》1980 年第 2 辑，该文为“给批放行”，罗继祖《庭闻忆略》改为“给札放行”，今依后书改。

③ 罗振玉《鸣沙石室佚书序》。

④ 罗振玉《姚秦写本僧肇维摩诘经解残卷校记序》。

第九节　敦煌文物流散的原因

19世纪末20世纪初，中国西北是一个政治敏感地区。当时印度和阿富汗已沦为英国的殖民地和保护国，而沙皇俄国的势力也已越过锡尔河和阿姆河，扩展到了里海，因此当中国人从清朝闭关锁国的状态下醒来时，才猛然发现在中国的西北大门口，已站着两个虎视眈眈的帝国主义大国——英国和沙俄，它们正在为争夺这一地区的势力范围而跃跃欲试。正是在这个时候，在亚洲中部出现了探险活动的热潮，各种名目的探险队、测量队和考察队，纷纷闯入这一地区。据统计，仅从1876年到1928年间到达中国西北地区的探险队就有42个之多，[①]这些探险队，既有沙俄的、英国的、德国的，也有法国的、日本的和瑞典的。当时这些探险队在亚洲中部、中国的西北地区，不断有惊人的发现，从而轰动了世界。人们没有想到，在古代丝绸之路沿线各地，竟然会埋藏有千年之久的人类古代文明：这里有已无人认识的死文字，有无与伦比的佛教石窟壁画，有中国古代的漆器、铜镜，有精美艳丽的丝绸、绢画，还有古罗马金币、贵霜钱币、波斯银币等等。中国西部丝路沿线灿烂的古代文化，以其独特的魅力闪烁着光辉。许多探险家、考察家，如俄国的普尔热瓦尔斯基、科兹洛夫和鄂登堡，英籍匈牙利人斯坦因、法国的伯希和、德国的勒柯克、日本的大谷光瑞和橘瑞超、瑞典的斯文·赫定等等，都是由于在这里有惊人的发现而闻名世界的。他们的探险考察活动，虽然发现并使世人认识了许多中国

① 参阅穆舜英《斯坦因：考古与探险》中译本序言，新疆美术摄影出版社，1992年。

古代的文化瑰宝,以致推动了中国古代文化,尤其是丝路文化的研究。但不可否认,这些探险考察活动,也破坏了中国的文物古迹,致使我国大量的珍贵文物被盗劫,造成了我国学术文化史上不可弥补的损失。

一、总体背景的探讨

为什么丝路文物发现后即被大规模盗劫呢?众所周知,自从1840年的鸦片战争后,由于帝国主义加紧对中国的侵略,中国逐渐沦为半殖民地半封建社会。各帝国主义国家为了扩大其既得利益,纷纷在中国割占领土,强租港湾,划分"势力范围"。这种侵略活动,除了集中在我国东北、华北和华南广大地区外,资源丰富、人口稀少的西北地区,也成了帝国主义,特别是俄英帝国主义争夺的焦点之一。如俄国不但派兵于1871年强占了伊犁地区,而且为了把我国新疆地区从地理、文化上割裂出去,便称其为"东突厥斯坦"或"东土耳其斯坦",妄图达到分裂中国、侵占我国新疆地区的罪恶企图。英国学者珍妮特·米斯基曾说:"俄国驻喀什噶尔总领事(1882年上任)名为彼得罗夫斯基,是个能干、傲慢、狡猾而精于诱惑的家伙,任职的21年间对中国官员使尽了阴谋恐吓、威胁利诱、收买强迫之伎俩。他的目的便是将新疆最西部的绿洲区域从中国瓜分出去,使俄国得以控制通往印度后门的战略性山口。英国希望通向山口的地区留在阿富汗的管辖之下。巴尔福曾经说过,英帝国的防线,可以用一个词来概述,那就是阿富汗。"[①]

米斯基的上述言论,重点当然是揭露沙俄,但字里行间,也透露了英俄在中国新疆地区的争夺。并且他把英国的防线说成是阿富汗,本身就是荒谬的,是殖民主义者的逻辑。

---

① [英]珍妮特·米斯基著、田卫疆等译《斯坦因:考古与探险》,新疆美术摄影出版社,1992年,第138页。

当时，俄国亟欲吞并我国新疆西部的绿洲地区，而英国则把新疆西南部视为自己的势力范围，极力阻挠沙俄势力的进入。作为英国政治代表的马继业和沙俄总领事彼得罗夫斯基，在喀什噶尔的明争暗斗，就是这一复杂形势的缩影。

伴随着帝国主义的军事侵略，各国探险家、考察家也纷纷涌入我国西北地区。他们的涌入，既有学术目的，也有政治和军事目的，如俄国的普尔热瓦尔斯基就认为，考察中国的北部边疆不仅有很大的科学价值，而且还可以搜集到当时中国的“准确情报”。他第一次考察时，“趁机细查了中国军队的状况”，并进行了民族调查。回国后，向俄国总参谋部递交了《关于中国现状》《关于回民起事的情报》等两份报告，为沙俄侵略中国西北地区提供资料。

普尔热瓦尔斯基第二次中亚探险，即考察天山东部、塔里木盆地、罗布泊和拉萨等地的计划，也是在俄国皇家地理学会、俄国外交部、陆军部、总参谋部的一致赞同和支持下实现的。皇家地理学会主席康士坦丁·尼古拉耶维奇大公称：“此次俄国深入中亚腹地作一次新的考察，乃是以往俄国从事的地理学活动的自然发展，在政治上无疑具有重要意义，完全应当受到政府的关怀与支持。”地理学会理事会的决议写道：“普尔热瓦尔斯基的旅行除了会取得重大科学成果外……也将为工商业考察拓宽道路。”外交大臣吉尔斯表示：“我们感兴趣的是了解这些地区所处的政治状况，了解当地的人口、需求以及在该地能为俄国人的商业进取精神开放的前景。”这位外交大臣还着重指出：“西藏作为喇嘛教的中心，对俄罗斯具有重要的意义。因为在我们的西伯利亚异族人中间信奉这种宗教者很多。所以，对这个地区还完全没有准确资料的情况下，外交部不能不特别赞许普尔热瓦尔斯基先生深入拉萨的决心。”[①]总

① 以上见刘存宽《普尔热瓦尔斯基的“中央亚细亚考察”及其评价》，载马大正等主编《西域考察与研究》，新疆人民出版社，1994 年。

参谋长盖登和俄国驻华公使布策等人对此行也给予了全力支持。1876年3月,沙皇亚历山大二世颁发了准许普尔热瓦尔斯基从事新的考察的手谕。这一切说明沙皇政府对这次考察是何等重视。

另如,斯坦因的考察之所以得到英国和印度政府的支持,其原因之一,是“因为测绘那一地区路径和地形的实际需要”。

正是由于中国的贫穷落后,西方列强都把中国视为可以任人宰割的羔羊,认为中国西北边疆是一片未开垦的处女地,可以随便去“探险”“开垦”。

由此可知,19世纪末20世纪初,外国探险家、考察家在中国的考察活动,本身就是帝国主义侵略中国的一个组成部分。在这方面,西方列强的认识是一致的,当然,它们之间也有矛盾。西方各国的探险家、考察家们的活动,既然是为政治和军事目的服务,因此他们的学术考察活动,也往往打上了政治或军事的烙印,他们也像帝国主义军事侵略者在中国划分势力范围和强占租界一样,在文化侵略中也划分各自的势力范围。如斯坦因认为:“英国和俄国互相监视,日益怀疑对方向新疆扩张,全都把眼睛盯着衰落的中华帝国。”[①]对此,自认为是“英国公民”的斯坦因也不甘落后,遂向政府提出了对中国新疆和阗地区及其周围古代遗址的考察计划。为什么要选择和阗地区呢?斯坦因的理由是:“据历史记载所知, 今和阗地区曾经是古代的佛教文化中心——起源和特点明显受印度影响。近年来古代文书、钱币、雕刻等等的发现已充分说明,经过对这些古遗址的系统发掘,将会得到对于印度古代文化研究极为重要的发现。”[②]如前所述,当时印度不仅是英国的殖民地,而且还是英帝国向东扩张的前哨基地,斯坦因提出的理由不是可以“古为今用”吗?对此,斯坦因直率地说:“我敢肯

① 参阅《斯坦因:考古与探险》,第69页。

② 转引自《斯坦因:考古与探险》,第83—84页。

定，和阗和中国新疆南部是英国考察的适当范围。用现代术语说来，它按理是属于英国的‘势力范围’，而且我们也不该让外人夺去本应属于我们的荣誉……我认为，进行此事正是为了印度，争取这项荣誉也正是为了印度政府。”①

当斯坦因的考察计划被批准后，1899 年 2 月 2日，他向厄恩斯特写信说：“简单说吧，印度和旁遮普政府已批准我去中国进行‘考古探察’的计划，并预支所需路费和购买文物费用 7000 卢比——此事现在尚未公开，保密原因是我听说俄国人正计划派一支考察队前往（喀什噶尔东北）阿克苏地区和吐鲁番，同时由于沿和阗河的道路正如斯文·赫定精彩著作中所描写的那样非常好走，我可不愿意让一个匆忙的宣告把俄国人引入我的工作区域里来。由于和阗被认为是位于‘英国势力范围’之内，因此印度奥林匹亚山上那些先生们才会同意……”②

不仅如此，斯坦因为了使其计划得到政府的重视，还把国家间的竞争变成了自己的理由。他在报告中说：“我还想进一步指出，自我的计划初步形成以来，俄罗斯帝国科学院已经宣布，他们准备派出三位学者考察（中国西北的）吐鲁番，那里也曾发现过古代文书。另外我还得知，斯文·赫定博士的考察也很可能要重新开始。”③当斯坦因的探险计划被批准后，他还向朋友写信说：“我仍然希望此事尽可能不引人注目，因为某个俄国探险队可能正要前往同一个地方，过早泄露消息也许会促使他们采取行动。”④另如德国与俄国约定：“对于中国境内的遗址的挖掘，双方应利益均得。德国远征队的活动范围限定在吐

① 转引自《斯坦因：考古与探险》，第 88 页。
② 转引自《斯坦因：考古与探险》，第 91 页。
③ 转引自《斯坦因：考古与探险》，第 84 页。
④ 转引自《斯坦因：考古与探险》，第 89 页。

鲁番一带，而库车一带则属于俄国远征队的活动范围。”[①]再如日本在中国西北的考察，也曾引起了正在争夺中国新疆、西藏的俄、英帝国主义的关注，故将橘瑞超的考察称为“间谍探险”。

丝路文物正是在这一总的历史背景下被盗的。

二、具体原因的分析

丝路文物的被盗，主要是19世纪末20世纪初帝国主义加紧侵略中国的历史悲剧。除此之外，还有许多具体原因。

第一，中国政府的昏聩无能。当时，虽然中国已陷入半殖民地半封建社会，中国政府对于外国的侵略不可能进行强有力的抵抗，但在内部的统治还是有效的。外国考察家在中国的盗劫活动，还是尽量要取得合法的身份，即得到中国有关当局的认可，才能如愿以偿。如斯坦因在给政府的报告中说：“我还请求印度政府通过外交部与中国政府联系，为我获取在中国西北旅行必须的护照或允许。”“我还要进一步指出，和阗地方当局的支持，对于计划中的考察成功与否至为关键。因而希望印度政府能帮助解决这一问题，争取中国中央政府或省政府能给和阗的办事大臣发去指示，证实我已获准勘察或考察他辖区中所有古代遗址，在这类遗址上进行发掘，拥有其中出土的文物，如有人出售，还可购买这类文物。”[②]1899年1月11日，斯坦因还给朋友安德鲁斯写信说：“新年前夕，我接到了好消息，内务和财政部已批准我作和阗之旅，后来又听说外交部也已同意与中国当局交涉有关事项，这样计划就算是全妥了。”[③]

1900年5月，斯坦因收到了去中国新疆的护照。

---

① 参阅唐栋《石窟劫》，《丝绸之路》1995年第5期。

② 转引自《斯坦因：考古与探险》，第85页。

③ 转引自《斯坦因：考古与探险》，第89页。

斯坦因到新疆喀什噶尔后，就请道台“向和阗按办发出明确的指示”，要求提供必要的帮助，以保证运输、供应、劳工以及行动、发掘、考察的自由。斯坦因的这些要求都得到了满足。

另如日本人吉川小一郎来中国考察时，也千方百计地要得到中国政府的认可，得到了清政府所颁发的护照。

再如 1923 年，当美国人华尔纳来敦煌盗劫壁画时，正赶上军阀混战，局势极不稳定。为了保证华尔纳等人的安全，中国当局还派了 10 名武装的士兵，将他们从北京护送到西安。还有如 1909 年 9 月，当伯希和盗劫敦煌遗书后，还能在北京向中国的学者夸示其所得、所见、所闻。

以上事实说明，丝路文物的被盗，与政府的昏聩无能有着密切的关系。当时，各帝国主义国家凭借其洋枪洋炮和兵舰，任意进出中国。在帝国主义的淫威下，上自皇帝大臣，下至一般官吏，对“洋大人”都是毕恭毕敬，有求必应。正是在这一背景下，各国探险家、考察家才能在中国取得所谓“合法”的身份，才能得到中国有关当局的关照和保护，从而将中国的许多文物古迹“合法”地运走了，造成了中国古代文化不可弥补的损失。

第二，中国的一些地方官吏及下层人士，由于思想麻痹和愚昧而上当受骗。如斯坦因常常提到的“潘大人”——潘震，曾给了斯坦因很大的帮助。当斯坦因到达和阗后，由于有中央政府的护照及指示，再加上斯坦因向潘震讲述了当年玄奘去印度所走的路线及和阗当年的佛教文化，使科举出身的潘震很感兴趣，答应将在职权范围内尽力给予帮助。当斯坦因第一次考察（1900 年 5 月至 1901 年 7 月）雇佣民工有困难时，是潘震帮了忙，“那些人都不愿意去，他们惧怕风沙、刺骨的寒冷，以及活动在沙漠里的恶魔。但是他们不敢违抗按办的旨意”。[①]当斯坦

---

① 参阅《斯坦因：考古与探险》，第 157 页。

因第二次来中国考察时，潘震主要是用电报把斯坦因介绍给他下属的各地县，请他们给予斯坦因一切必要的协助，使斯坦因能充分获得人力和粮食的支援。所有这些，使斯坦因获得了极大的便利，使其在各地的"考察"又如入了无人之境，从而将中国的大批文物盗劫而去。斯坦因曾坦率地承认，"没有他的热心帮助，也就没有沙漠中的考察，更不可能完成那之前在山里的测量"。[①]

综观潘震的一生，很难认定他是一个自觉的"卖国者"。因为在当时的历史条件下，连中央政府对洋人都惧怕三分，作为地方官的潘震，一方面是执行中央政府的指示，另一方面对斯坦因有好感，包括其献身精神。但他始终不理解，为何要将中国的古文书运到西方去？因此当他一再问道："为什么所有这些古代资料要搬到遥远的西方时，斯坦因默默无语……当潘大人转而问及其他一些细节问题时，他才松了口气。"[②]由此可见，潘震对斯坦因的所作所为，仅仅是不理解、不明白，并没有将其作为"盗贼"而为虎作伥。

当斯坦因第二次来华考察（1906 年 4 月至 1908 年 11 月），准备去敦煌时，还是潘震给当时的敦煌县令汪宗翰写介绍信，这对斯坦因能从王道士处诈去大批宝藏甚有关系。正是由于潘震的介绍，汪宗翰才认为斯坦因只是要去沙漠发掘废址，所以对他很友善，并且还设宴招待。席间汪宗翰还出示了一部《敦煌县志》，谈了千佛洞的一些情形。可能就在这时，斯坦因才得知了王道士发现藏经洞之事，斯坦因充分利用了这一切关系，并制造了一些假象，从而将大批的敦煌宝藏诈骗而去。

"以汪氏的干练，竟因故未能察觉斯坦因的阴谋，则是中国学术

---

① 转引自《斯坦因：考古与探险》，第 149 页。

② 参阅《斯坦因：考古与探险》，第 186 页。

界的不幸了。”[1]

就是道士王圆禄，当斯坦因、伯希和、橘瑞超、鄂登堡等人从他手里骗去大批敦煌宝藏时，他也没有想到，自己扮演了一个“卖国者”的角色。因为不论斯坦因，还是伯希和、华尔纳，都没有能用金钱从王道士手中买走宝藏，而是利用了王道士的愚昧及其对中国古代文化的无知。至于斯坦因等人所付的一点点钱，在王道士的眼中只是他们“布施”的“功德钱”，而绝不是购买敦煌宝藏的“交易费”。否则，王道士绝不敢在给慈禧太后的报告中说：“于叁拾三四年，有法国游历学士贝大人讳希和，又有阴国教育大臣司大人讳代诺二公至敦煌，亲至千佛洞，请去佛经万卷。”[2]可见，贝希和、司代诺（即伯希和、斯坦因）“请去佛经万卷”之事，王道士并不认为是不可告人的。也正因为如此，所以 1914 年斯坦因再次到敦煌后，王道士还主动将斯坦因当年（1907 年）“捐助”200 两银子的用途账给他看。这一行动，本身就是募化者对施主的义务。

综上所述，当时的一些地方官吏，乃至一些帮助外国人劫夺丝路文物的普通百姓，包括道士王圆禄，真正的“卖国贼”有几个？绝大多数都是由于知识贫乏，甚至没有知识，不懂得文物艺术及其价值，无意中成了盗劫丝路文物的“帮凶”。多么悲哀！多么可怕！

第三，由于中国政府有关部门及官吏的愚昧无知，造成了大批丝路文物的被盗。如敦煌文书发现后，甘肃学台叶昌炽曾建议甘肃当局将敦煌文物全部运到省会兰州保管，后因需五六千两银子的运费作罢。只在 1904 年 3 月命敦煌县令检点封存，由王道士就地保管。从而为以后斯坦因、伯希和等人的盗劫埋下了祸根。可以设想，如果当时

---

① 金荣华《敦煌文物外流关键人物探微》，新文丰出版公司，1993年，第70页。

② 王圆禄《催募经款草丹》，原件现藏敦煌研究院。

将所有敦煌文物全部运到兰州保管,也许以后的被盗事件就会得以幸免。

另如,伯希和盗劫敦煌遗书后,在北京给罗振玉等人透露了有关消息。罗振玉得到这一消息后,立即请学部电护陕甘总督毛实君(庆蕃),托其将劫余敦煌卷子购送学部。罗当时任京师大学堂农科大学监督,由于他下了最大的决心,一再坚持,才将劫余敦煌遗书8000余卷运至北京,由京师图书馆保存,从而构成了今天中国国家图书馆所藏敦煌遗书的主体。可以断言,如果不是罗振玉的坚持,如果没有学部和京师大学堂的努力,将劫余遗书运至北京保管,这部分文物必然被橘瑞超、斯坦因、鄂登堡盗劫而去。

第四,外国考察家、探险家的个人素质,包括他们吃苦耐劳、不怕艰难险阻、冒着生命危险为学术献身的精神。如斯坦因在第一次考察时,由于天气太冷,差点将脚冻掉了。由于有了这次的遇险,第二次考察前就立下了遗嘱。再如瑞典人斯文·赫定,也和斯坦因一样,将科学考察作为他们一生追求的事业,并将其一生都献给了这一事业,为此他们终身都未结婚。正是考察家本人这种为了自己的追求,为国家和个人的"事业"而奋不顾身的"献身"精神,才使大批的丝路文物在当时那种恶劣的生活、交通条件下一批批地运到了西方。

当然,这些考察家、探险家的学术考察活动,也离不开当时政治的影响。他们的悲剧(或教训)在于:经费上对帝国主义的依赖,自觉或不自觉地充当了殖民主义的"先行者";另外,在他们的意识上,也打上了殖民主义的烙印,即损人利己,无视所在国的主权。

第五,整个社会缺乏文物的主权意识。我国境内的所有文物,应该归国家所有,这是不言而喻的事情。但在当时,自上而下,整个社会都缺乏对文物重要性的了解,缺乏文物的主权意识。如潘震只是不明白中国的古文书为什么要运到西方去?但他绝对还没有意识到,这是中国的文物,应由中国保管。当斯坦因到敦煌时,汪宗翰认为他是去发掘废址，不但没有制止，反而还设宴招待。他们误认为地下的东西不属于任何人，谁挖到就归谁。道士王圆禄更是如此，综观他处理敦煌文书的态度，除了个人目的外，他对外国人和中国人，甚至中国政府都基本上是一个态度，即谁为寺院给予“布施”，谁就可以“请去佛经”。

与此相反，当时处于资本主义发展阶段，商品意识已较浓厚的西方国家，却已有了文物的主权意识。如斯坦因 1898 年 9 月 10 日给印度政府的报告中说：“我还请求印度政府通过外交部与中国政府联系……证实我已获准勘察或考察他辖区中（和阗）所有古代遗址，在这类遗址上进行发掘，拥有其中出土的文物。如有人出售，还可购买这类文物。”[①]由此可见，斯坦因非常清楚，中国的文物，不论是地下埋藏的，还是公私收藏的，都属于中国所有。要进行发掘或购买，一定要经过中国政府的同意。当英国驻北京的公使给斯坦因办理护照时，还给印度总督寇松写信说：“至于挖掘或购买文物，我认为提出此类事情只会破坏他（斯坦因）的计划。”[②]可见英国公使也有文物的主权意识，知道中国境内地上地下的文物，都属于中国所有，外国人是不能随便挖掘或购买的，如果提出此事，中国政府可能就不会给斯坦因发给护照。当斯坦因、伯希和等人给了王道士一点点银子时，就可以明目张胆地将敦煌文书运到外国去，还可以向中国人夸示其所得。这种行为，就是因为他们认为，这些文物是花钱购买的，即“合法”获得的，至于价格是否公道，那只能是“周瑜打黄盖，一个愿打，一个愿挨”罢了。

五四运动后，由于中国反帝反封建运动的不断高涨，中国社会，首先是知识阶层，才逐渐产生了文物的主权意识。如 1926 年斯文·赫

---

① 转引自《斯坦因：考古与探险》，第 85 页。

② 转引自《斯坦因：考古与探险》，第 109 页。

定再次来中国考察时，由于国人的觉醒，中国学术界联合起来，经过多次的谈判协商，“中国学术团体协会”与斯文·赫定于1927年4月26日在北京大学签定了一项包括19条内容的新协议，[①]对斯文·赫定作了许多限制，才保护了中国的利益，考察所得文物全部留在中国。

与此相同，当美国华尔纳第二次来华，计划大规模盗劫敦煌壁画的阴谋失败后，哈佛大学就想到了斯坦因，建议由哈佛燕京学社出资两万英镑，请他组织前往新疆“考古”。1930年4月底，斯坦因到达南京，透过英美两国的外交人员向中国政府申请特别许可证。由于有了1927年的中瑞协议，因此南京政府立法院于1930年5月24日制定了《古物保存法》[②]14条，规定古物保管委员会是全国考古与文物保护的最高专司机构，无该委员会与教育、内政两部合颁之发掘护照而掘古者以盗窃论罪。所有外国考古队来华活动，必须有中国考古学家为共同领队，还必须要有中国学者参加，考察所得文物也不能携离中国。虽然在英美的压力下，斯坦因拿到了中国政府发的通行证，但通行证上没有说明他可以做些什么。因此，当他在新疆偷挖文物后，中国政府便取消了其通行证，并没收了盗挖的文物，斯坦因只好半路折回。参与此事的傅斯年先生（时任中央研究院历史语言研究所所长）记其事曰：“数年前斯坦因博士冒领游历护照，适有燕京同志自美洲归来，告斯年以此事之内幕，斯氏实拨巨款往新疆发掘并在美扬言中国无学问。斯年即提出此事于古物保管委员会，众人公愤，南北吁请，历时一年。斯年个人亦曾为此散小册子，打电报，走南京，卒将斯氏监

①《中国学术团体协会与斯文·赫定博士所订合作办法》，见中国第二历史档案馆编《中华民国史档案资料汇编》第五辑第一编《文化》，江苏古籍出版社，1994年，第858—861页。

②见《中华民国史档案资料汇编》第五辑第一编《文化》，第609—611页。

视出境,而扣留其收集品于疏勒。"①

《古物保存法》是我国政府制定的第一个保护文物、维护文物主权的法规,它的颁布,标志着全社会文物主权意识的强化。从此以后,再没有发生过大规模的文物被盗事件。

① 傅斯年《论伯希和教授》,载《傅斯年全集》第 7 册,台北联经出版事业公司,1980 年;又见傅斯年著、吕文浩选编《出入史门》,浙江人民出版社,1998 年。

第四章

敦煌遗书——百科全书式的宝藏

敦煌遗书，或称敦煌文献、敦煌卷子、敦煌文书、敦煌写本、敦煌册子，总数6万卷左右，收藏在世界十几个国家的几十个图书馆和博物馆中，其中以位于伦敦的英国国家图书馆、巴黎的法国国家图书馆、圣彼得堡的俄罗斯科学院东方文献研究所和北京的中国国家图书馆收藏最多，所以说伦敦、巴黎、圣彼得堡和北京是世界上敦煌文献的四大收藏中心。另外还有一些收藏在私人手中，目前绝大多数已经公布。其文字种类繁多，包含的内容非常丰富，可以说应有尽有，被誉为中国中古社会的“百科全书”。

第一节　敦煌文书与历史研究

从魏晋南北朝到隋唐五代，乃至宋初，官府档案早已荡然无存，敦煌所出社会生活文书，虽然大部分残缺不全，但却是这一时期仅存下来的官府档案，对它的分析和研究，必然会使我们对魏晋隋唐五代及宋初的历史有许多新的认识和理解，从而使这段历史的研究获得新进展。

敦煌遗书中的历史学资料极为丰富，有的可以补充史料记载之不足，有的可以纠正史籍之讹误，特别是一些有关西北边陲史地研究的资料，尤为可贵，填补了历史研究的空白。

一、提供了丰富的材料

敦煌遗书中的史学材料包括法制文书、官府文书、田制文书、户籍、手实、差科簿及与计帐有关的资料、赋役制文书、寺院经济资料、各种契约以及有关公廨钱等方面的资料。这些资料，都是当时人记当时之事，因而具有很高的史料价值。

例如律、令、格、式是唐代法制文书的主体。唐律被完整地保留下来，但令、格、式却大多都散失了。保存在《唐律疏议》《唐六典》《通典》《唐会要》等书中的令、格、式，大多已不是完整的原貌，因而无法了解唐代令、格、式的详细情况。而敦煌遗书中保存了许多唐代的令、格、式，如《永徽东宫诸府职员令残卷》(P.4634、S.1880、S.3375、S.11446)、P.2819《开元公式令残卷》、P.3087 和 S.4673《神龙散颁刑部格残卷》、S.1344《开元户部格残卷》、北图周字 51 号《开元职方格断片》、P.4978《开元兵部选格断片》、P.4745《贞观吏部式断片》、P.2507《开元水部式残卷》、P.2504《天宝令式表残卷》等等，虽然都有残缺，但却能使我们看到唐代令、格、式的大致原貌。这些令、格、式为研究者提供了有关唐代官制、法制及水利灌溉多方面的原始史料，可补一般文献史籍之不足。[①]

《永徽东宫诸府职员令残卷》，虽然首部和中部残缺甚多，但还是比较全面地反映了东宫诸府的职员分布及职掌，可以帮助我们了解唐代令的一些具体情况。[②]如东宫"司经局：洗马二人（掌经史图籍，判局事），书令史二人（掌行署文案。余局书令史准此），书史四人（掌同书令史），校书四人（掌雠校经籍），正字二人（掌刊正文字），典书二人（掌四部经籍，行署校写功程料度文案），装书生四人（掌装潢经籍），楷书令史卅人（掌写经籍），掌固四人。典膳局：典膳监二人（掌监膳食，进食先尝，判局事），丞二人（掌检校局事。若监并无，则一人判局事。余准此），书令史二人，书吏四人，主食六人（掌调和鼎味之食），典食二百人（掌造膳食及器皿之事），掌固四人。药藏局：药藏监二人（掌合和药，判局事），丞二人，书令史一人，书吏二人，侍医四人（掌和药、诊候），典药九人（掌供进药），药童十二人（掌捣节诸药），掌固六人"。这卷文书共215行，钤有多方"凉州都督府之印"，卷首并有"沙州写律令典赵元简初校""典田怀悟再校"及"凉州法曹参军王义"等字样，这说明此卷唐令残卷乃凉州都督府作为正式文书保存之官写本，其权威性无可置疑。[③]

---

① 参阅王永兴《敦煌吐鲁番文书与唐史研究》，《文史知识》1985年第6期。

② 关于本件文书的研究，参阅李锦绣《永徽东宫诸府职员令残卷考释兼论唐前期东宫王府官设置变化》，见李锦绣著《唐代制度史略论稿》，中国政法大学出版社，1998年。

③ 见刘俊文《敦煌吐鲁番唐代法制文书考释》，中华书局，1989年，第198页。

在赋役、田制方面，敦煌遗书的价值也是如此。如S.0113《西凉建初十二年(416年)敦煌郡敦煌县西宕乡高昌里户籍残卷》，是目前所知留存下来的十六国时代唯一的一件户籍，该写本前残后缺，只保留有兵裴晟、散阴怀、兵裴保、散吕沾石、兵吕德年、大府吏隋嵩、散隋杨、散唐黄等八户的户籍。从这八户户主前的称谓可知，当时将户分为兵、散、大府吏等类，每户的人口又据年龄性别区分为丁男、次男、小男、女几种，这基本上是西晋户调式的延续，但在丁、次的标准上又略有变通。《晋书·食货志》载："男女年十六已上至六十为正丁，十五已下至十三、六十一已上至六十五为次丁，十二已下、六十六已上为老小。"[①]但在西凉户籍残卷中，女口不分丁、次，吕沾石和吕德年17岁的男子都为小男，裴晟25岁的男子仍为次男，与晋初的情况不同。这或许与当时敦煌国泰民安、人口较多有关。即使这样，这份户籍残卷对我们了解西晋至十六国时期户籍制的演变，还是十分重要的。

再如S.0613《敦煌西魏大统十三年计帐残卷》，是目前所知反映北朝均田赋役制度的唯一出土文书。由于北朝均田制的情况，文献记载过于简略，致使许多问题无法得到圆满的解决，因此，文书残卷乃成为深入研究北朝均田制度的宝贵资料。此件文书的内容非常丰富，有关均田制的实施、受田标准、丁中年限、赋税数额等都有较详细的记载，如田制就有应受田、已受田、未受田、足、未足、麻田、园、课田、不课田等等内容；丁户有老、丁、女、贱、婢等等；纳税量词有石、升、斗、斤、两、匹、丈、尺、围等等。通过对这件文书的多角度和各个侧面的研究，可以了解北朝田制及赋税制度的许多问题，解决一些长期悬而未解的问题。

---

① 《晋书》卷二十六《食货志》，第790页。

二、推动了学术研究的进展

敦煌遗书的发现及其在历史研究中的运用，纠正或补充了一些课题的已有结论，并使一些重大课题的研究取得了新的进展。如关于唐代均田制的研究，是我国史学界多年探讨的重要课题，并取得了一定的成果。但唐代的均田制是否实行？其实行的情况与唐田令的规定是否一致？对此学术界进行了长期而热烈的讨论，但未取得一致的意见。通过对敦煌吐鲁番资料的整理研究，从而证明唐代均田制确实实行了，并基本上是按照唐田令的规定实行的。据历史文献记载，唐初武德七年田令规定："世业之田，身死则承户者便授之；口分，则收入官，更以给人。"①

唐开元七年田令规定："凡应收授之田，皆起十月，毕十二月。""若应收授之田，皆起十月，里正勘造簿历，十一月，县令亲自给授，十二月内毕。"②

这两次田令中规定的"收田"（从受田农民方面讲就是"退田"）、"授田"，也就是"给田"（从受田农民方面讲就是"受田"），是实行均田制的两个重要环节。因此，要了解均田制是否真的实行以及实行的具体情况，就要找到关于退田、给田以及欠田的具体记录，然而这样的具体记录在一般文献中是找不到的。而保留至今的敦煌吐鲁番文书中的退田文书、给田文书和欠田文书恰好是当时的具体记录，为解决这一问题提供了大量的材料。③

敦煌文书 P.2822《唐先天二年沙州敦煌县平康乡籍》、P.3877《开

---

① 《旧唐书》卷四十八《食货志》，第 2088 页。

② 《唐六典》卷三"户部尚书"条，第 75 页；《唐六典》卷三十"县令之职"条，第 753 页。

③ 参阅王永兴《敦煌吐鲁番文书与唐史研究》，《文史知识》1985 年第 6 期。

元四年沙州敦煌县慈惠乡籍》、P.3897《开元十年沙州敦煌县悬泉乡籍》、P.2684《开元十年沙州敦煌县莫高乡籍》、P.2719《天宝三载敦煌郡敦煌县神沙乡弘远里籍》、S.4583《天宝三载敦煌县效谷乡□□里籍》《天宝六载敦煌郡敦煌县龙勒乡都乡里籍》(P.2596、3354 等)、S.0514《大历四年沙州敦煌县悬泉乡宜禾里手实》等等，都有许多有关实行均田制的具体记载。如 P.3669V《武周大足元年帐后沙州敦煌县效谷乡户籍残卷》[①]所载某户田籍：

贰拾捌亩已受
合应受田捌拾壹亩
五十三亩未受
一段拾贰亩永业(四至略)
一段五亩永业
一段五亩(三亩永业，二亩口分)
一段六亩口分

同卷所载索辨才户田籍：

	拾捌亩已受　十八亩永业
合应受田壹顷叁拾壹亩	一亩居住园宅
	一顷一十三亩未受

上引文书将每户应受田数、已受田数、未受田数、已受永业田和

① 图版见《法藏敦煌西域文献》第二十六册，上海古籍出版社，2002 年，第 280 页。

口分田总数，都登记得清清楚楚。其他文书中还有许多有关退田、欠田的记载。通过对这些文书的整理研究，可以得出结论：均田制确实实行了。至于授田亩数严重不足等，则是均田制实行过程中的问题。

另如玄武门之变，乃唐代政治史研究中的一个重大课题。但唐太宗李世民为何能夺取玄武门的控制权？在力量对比悬殊的情况下，为何能杀建成、元吉，夺取皇帝的宝座？长期以来，学术界根据文献记载进行了深入探讨，但终不得其解。可喜的是，敦煌文书的有关资料，为我们了解玄武门之变的真相，提供了一把锁钥。

《通鉴》卷191高祖武德九年六月丁巳（六月一日）条载：

> （尉迟）敬德曰：王（太宗）今处事有疑，非智也；临难不决，非勇也。且大王素所畜养勇士八百余人，在外者今已入宫，擐甲执兵，事势已成，大王安德已乎！……庚申（六月四日），世民帅长孙无忌等入，伏兵于玄武门。[①]

由此可知，此时世民与建成、元吉的矛盾到了你死我活的最后时刻。在这种危急关头，太宗居然能够把亲兵八百人执枪披甲地遣入宫内，并在六月四日亲自率长孙无忌埋伏到宫廷要地——玄武门。其原因何在呢？

从史料记载双方的激战可知，武德九年六月四日，以玄武门宿卫兵及世民秦府兵为一方，以建成东宫兵及元吉齐府兵为另一方，展开了激烈的斗争。从战斗情况看，太宗的情势是很危险的，因此，常何及其所领宿卫兵是否忠于太宗，则是关系到世民成败的关键。由此可知玄武门事变中太宗之成功，主要是由于玄武门之宿卫常何及其部下

---

① 《资治通鉴》卷一百九十一“高祖武德九年”条，第6008、6010页。

转向太宗。同时说明，常何在玄武门事变中占有十分重要的地位，并建立了重大功勋。

我们知道，在六月四日事件中，玄武门的地位是十分重要的。那么建成、元吉为何不加防备？太宗死党为何能事先占据此要害之地？这都须从当时玄武门守将常何处寻找答案。

常何，乃隋末唐初的一个重要人物。但由于《隋书》中未提到常何，两唐书只在《马周传》《东夷传·高丽》《李密传》和《太宗本纪》中简略提及，且语焉不详。因此长期以来对常何的研究甚少。可喜的是在敦煌遗书中发现了一卷李义府撰《常何墓碑》，从而为我们研究常何其人及隋末唐初的政治史提供了宝贵材料。[①]

据 P.2640《常何墓碑》[②]载：

> 太宗文皇帝出讨东都，以公为左右骁骑。……令从隐太子讨平河北，又与曹公李勣穷追员朗……（武德）七年，奉太宗令追入京。赐金刀子一枚，黄金卅挺，令于北门领健儿长上。仍以数十金刀子委公赐骁勇之夫。趋奉藩朝，参闻霸略，承解衣之厚遇，申绕帐之深诚。九年六月四日，令总北门之寄。

从《墓碑》记载可知，在玄武门事变之前，常何曾于武德四年随李世民出讨东都，一年后又从建成讨平河北。之后又成为李勣的部下。与世民、建成都没有特别密切的关系，更不是他们的心腹亲随。而这正是太宗能够用重金收买常何及其部下的有利条件，而建成也因常何是

① 详见刘进宝《常何与隋末唐初政治》，《中国史研究》1998 年第 4 期。

② 图版见《法藏敦煌西域文献》第十七册，上海古籍出版社，2001 年，第 53—56 页。

其旧部而不怀疑。正由于此故，所以"太宗能于武德九年六月四日预伏其徒党于玄武门，而守卫将士亦竟不之发觉。建成、元吉虽先有警告，而不以为意者，殆必以常何辈守卫玄武门之将士至少非太宗之党徒也"。[1]

太宗收买常何后，将其安插在玄武门驻守，帮助其发动事变，争夺皇位。《墓碑》所说"趋奉藩朝，参闻霸略"，即指此而言。

关于太宗杀兄夺位之事，S.2630《唐太宗入冥记》中也有曲折的反映。玄武门之变的真相在唐代是讳莫能言的，但《唐太宗入冥记》（以下简称《入冥记》）则巧妙地让冤魂在冥司诉讼。它将人世间的行私舞弊丑剧，移在地狱演出，让至高无上的皇帝也向司命判官营私行贿。

张鷟《朝野佥载》卷六对唐太宗入冥故事有所记载，但只提到"太宗入见，冥官问六月四日事，即令还"[2]，对这个故事最重要的内容，也就是"冥官"与太宗的问答，却避而不谈。但敦煌本《入冥记》[3]残卷，却提供了这个故事的较为详细的内容。如在叙述太宗到了地狱冥司的种种心态后，接着写道：

> 皇帝遂依崔子玉所请，进步而行。崔子玉前，皇帝随后，入得屏墙内东面，见有廿所已来，皇帝问从者："第六曹司内有两人哭为何事？得尔许哀"。崔子玉奏曰："不是余人，建

① 陈寅恪《论隋末唐初所谓"山东豪杰"》，载《金明馆丛稿初编》，上海古籍出版社，1980年。

② ［唐］张鷟撰，程毅中点校《朝野佥载》卷六，中华书局，1979年，第149页。

③ 图版见《英藏敦煌文献（汉文佛经以外部分）》第四卷，四川人民出版社，1991年，第135—136页。

> 成、元吉二太子。”皇帝闻之，□□语崔子玉曰：“朕不因卿追来到此，凭何得见兄弟□？”崔子玉奏曰：“二太子在来多时，频通款状，苦请追取陛下对直。称诉冤屈，词状颇切，所以追到陛下对直。陛下若不见兄弟，臣与陛下作计校有路；陛下若入曹司，与二太子相见，恰是冤家相逢，臣亦无门救得陛下，应不得却归长安。惟陛下不用看去，甚将稳便。”帝闻此语，更不敢多问，遂匆匆上厅而坐……（崔子玉对皇帝）问：“大唐天子太宗皇帝在武德七年，为甚杀兄弟于前殿，囚慈父于后宫？”

《入冥记》的要点是辨明“玄武门之变”的是非，将一代英主唐太宗理屈词穷的窘状描绘得栩栩如生，如借太宗之口，说出建成、元吉哀哭；借崔子玉之口，说出建成、元吉“称诉冤屈，词状颇切”，显示太宗杀兄弟之非。与把太宗形容得旷达、尊严、理直气壮的《朝野佥载》相比，《入冥记》把太宗描绘得心慌、胆怯、理屈词穷，十分窝囊，显而易见《佥载》是偏袒太宗的，而《入冥记》却同情建成、元吉，这是文人笔记与民间传说的重要区别，充分显示出作者的政治倾向。

从《入冥记》的内容判断，该作品当作于武周代唐之初。《入冥记》称李世民为“太宗皇帝”，太宗是世民死后的庙号，可见这个故事是世民死后编造的。另外，《入冥记》中描述崔子玉劝唐太宗“讲”《大云经》，“抄写”《大云经》。此经是武则天称帝之符命，本罕为人知，因武则天的利用宣传而大显。《旧唐书》卷六《则天皇后纪》载：“（载初元年七月）有沙门十人伪撰《大云经》，表上之，盛言神皇受命之事，制颁于天下。”[①]同书《外戚传·武承嗣传（薛怀义附）》又载：“怀义与法明等造

① 《旧唐书》卷六《则天皇后纪》，第 121 页。

《大云经》，陈符命……其伪《大云经》颁于天下，寺各藏一本，令升高座讲说。”[①]可见讲《大云经》之风，始于武则天建周之时。《入冥记》中崔子玉劝唐太宗“讲《大云经》”的情节，不是武则天建周称帝之前所能空想出来的。高宗死后，武则天临朝称制，遭到徐敬业以及唐宗室的几次起兵反对，她深知改朝换代、以周代唐的不易，便采取多种措施，为称帝扫除障碍。在唐高祖和太宗、高宗祖孙三代中，太宗的威望最高，降低太宗的威望，对以周代唐是有利的。而在唐太宗一生中，杀兄弟是件亏心事，《入冥记》利用这件事降低太宗的威望，迎合了武则天的政治需要，故撰写时间当在武则天以周代唐之初。当武周政权巩固后，就没有这个必要了。由此可见，《入冥记》是一篇在佛教果报掩护下谴责唐太宗的政治小说。如果我们进而根据史书记载的自相矛盾之处，利用私家石刻等可靠资料，了解“玄武门之变”的真相，更可发现，《入冥记》在洗掉史书对“玄武门之变”的涂饰方面有着极大的帮助。从这一点来讲，《入冥记》已不再是单纯的民间故事，而成为具有很高史学研究价值的重要文献。[②]

《唐太宗入冥记》虽然属于小说家言，其主要内容也不是讲玄武门之变，但它与敦煌写本《黄仕强传》一样，“都是中国化了的富有民族特色、带有浓烈时代色彩的文学作品，它们一定要反映某一时期中国社会的现实”。[③]正是从这个意义上我们说，它也曲折、隐晦地反映

---

① 《旧唐书》卷一百八十三《外戚传·武承嗣传(薛怀义附)》，第 4742 页。

② 详见卞孝萱、邵文实《敦煌文学作品中的史学研究价值》，载刘进宝主编《百年敦煌学：历史·现状·趋势》，甘肃人民出版社，2009 年，第 251—253 页。

③ 柴剑虹《读敦煌写卷〈黄仕强传〉札记》，载《敦煌语言文学研究》，北京大学出版社，1988年。又见柴剑虹著《敦煌吐鲁番学论稿》，浙江教育出版社，2000 年。

了玄武门事变的部分真相。

三、填补了历史研究的空白

敦煌遗书的发现，填补了历史研究、尤其是晚唐五代西北史地研究的空白。安史之乱以后，吐蕃占领河西，中断了河西与长安的联络。此后，史籍文献对河西地区的情况鲜有记载，即使某些零散记述，也多属传闻，不太准确。幸而敦煌遗书中有许多晚唐五代宋初的社会文书，使河西地区的历史借此得以明了。

《元和郡县图志》卷四十载："沙州，建中二年陷于西蕃。"[①]敦煌写本《寿昌县地境》也说"建中初陷吐蕃"。至于张议潮率众起义，赶走吐蕃统治者，收复沙州的时间，史籍文献均载在大中五年(851 年)，而敦煌遗书则载为大中二年，如 S.0788 背《沙州图经》[②]曰："建中初陷吐蕃，大中二年张议潮收复"；P.3633 背《辛未年七月沙州百姓万人上回鹘天可汗书》[③]载："沙州本是大唐州郡，去天宝年中，安禄山作乱，河西一道，因兹陷没一百余年，名管蕃中。至大中三年，本使太保起敦煌甲兵，□却吐蕃，再有收复"；S.3329《张氏修功德记》[④]曰："敦煌、晋昌收复已讫，时当大中二载，题笺修表，纡道驰函(沙州既破吐蕃，大中二载，遂差押牙高进达等驰表函入长安城，上献天子)，上达天闻。"

从以上敦煌文书的记载可知，沙州收复在大中二年，然而由于河西阻隔，表文无法顺利到达长安，故在大中五年使者才将表文送达朝廷，故史书均载为五年。由此看出，唐实录及诸史所记地方事，

① [唐]李吉甫撰、贺次君点校《元和郡县图志》卷四十，中华书局，1983 年，第 1025 页。

② 图版见《英藏敦煌文献(汉文佛经以外部分)》第二卷，第 164 页。

③ 图版见《法藏敦煌西域文献》第二十六册，第 156 页。

④ 图版见《英藏敦煌文献(汉文佛经以外部分)》第五卷，第 44 页。

常以消息或表奏到达朝廷日为准，而当时当地实物所记则最为可靠。

吐蕃占领沙州六十余年，其推行的制度是什么？这是学术界一直有待深入探讨的问题。据S.3287《子年氾履倩等户手实》、S.2729《辰年三月僧尼部落米净辩牒》等文书内容可知，吐蕃占领沙州后不久，约在788年即派出“算使”进行了勘查户口的活动，790年又将基层居民分成部落制形式来管理。据两件《吐蕃沙州诸户口数地亩簿》（S.4491、S.9156）分析，吐蕃在沙州实行了按户计口授给“突田”的突田制，不分男女老少，每人一突即十亩。

S.2103《酉年沙州灌进渠百姓李进评等牒》[①]曰：

> 城南七里神农河母，两勒泛水，游淤沙坑，空地两段共叁突。右南沙灌进渠用水百姓李进评等，为已前移灌进口，向五石口前逐便取水。本无过水渠道，遂凭刘三子边，卖合行人地壹突用水。今刘三子言：是行人突地，依籍我收，地一任渠人别运为。……

文书中提到“空地两段共叁突”，可见空地可以用“突”来计量。从李进评等从刘三子边买得“行人地壹突用水”亦可知，“突”是土地计量单位。另外，S.4661文书第一行有“八突”字样，其后则有明细的亩数记录。另如P.3410《崇恩析产牒》[②]4至5行有“无穷地两突，延康地两突”等，都是以“突”作为土地计量单位的。

作为土地计量单位的“突”，一突是多少呢？通过对《沙州诸户口

① 图版见《英藏敦煌文献(汉文佛经以外部分)》第四卷，四川人民出版社，1991年，第2页。

② 图版见《法藏敦煌西域文献》第二十四册，第129—130页。

数地亩簿》的分析可知，一突等于唐制十亩，半突等于五亩。

通过对以上文书的分析探讨，使我们注意到一个重要的历史背景，即吐蕃在管辖河西地区的同时，其奴隶制社会发生了许多重要的变化，其中如大规模杀掠、徙民政策转变为丈量土地、收取赋税。吐蕃为了对沙州实行有效的统治，曾进行过地亩清查和登记户口、田亩的工作，并适应汉人地区的情况将一"突"换算为唐制十亩，向土地耕作者收取赋税——突税，依附农民还要向土地占有者提供地租——突课。[①]

大中二年(848年)，张议潮收复沙州后，被唐廷敕封为归义军节度使。咸通八年，议潮东入长安，由其侄淮深代行归义军事务。大顺元年，淮深全家暴卒，由淮鼎继为归义军统治者，紧接着又由议潮婿索勋继任。到了896年初，张承奉又掌归义军之权。这期间归义军的权力交替变故情况，文献史料基本上是空白。幸赖《张淮深墓志铭》《张氏勋德记》《索勋纪德碑》《唐宗子陇西李氏再修功德记》诸文书及莫高窟题记才得以明了，然其中的细节过程还不十分清楚，隐伏的问题还不少，仍有待于史学界与敦煌学界的深入探讨。

新旧《五代史·吐蕃传》载："沙州，梁开平中，有节度使张奉，自号金山白衣天子。"[②]这是史籍上对金山国及张承奉自称白衣天子的唯一记载，更多的情况却无从得知。而敦煌遗书P.2864背《张永进上金山天子白雀歌》、P.3633背《龙泉神剑歌》、P.3633《辛未年七月沙州百姓万人上回鹘天可汗书》、P.2992背《曹议金上回鹘众宰相状》等文书却具体记述了这部分历史，从而使"金山国事，有年可稽，有事足纪，

① 详见姜伯勤《突地考》，《敦煌学辑刊》1984年第1期。

②《旧五代史》卷一百三十八《吐蕃传》，第1840页；《新五代史》卷七十四《吐蕃传》，第915页。

千载坠史”[1]，终被填补。

敦煌遗书中有许多反映归义军时期人民生活的各种文书，如租佃、质典、买卖、雇佣、便粮油历、社司转帖以及民间各种诉状、辞牒等，都是研究唐末五代及宋初这一地区人民生活的宝贵材料。其中的寺院经济文书，是研究唐五代寺院经济的绝好材料；再如民间俗文学作品，如《张议潮变文》《张淮深变文》等，都反映了当时人物的经历和事件，是研究河西历史值得参考的重要资料。

敦煌遗书中还有许多地方志材料，如《沙州都督府图经》《沙州城土境》《沙州地志》《寿昌县地境》《沙州伊州地志》《西州图经》《瓜沙两郡史事编年并序》《敦煌录》等等，均是研究西北史，尤其是敦煌史地的宝贵材料。通过对其挖掘、整理、探讨，可以填补地方史研究的空白。其中尤以《沙州都督府图经》最为重要。

《沙州都督府图经》为历来官私目录所未著录，也未为类书、史书所证引。这卷文书保存了中古时代有关敦煌历史、地理、自然资源以及中西交通方面如水渠、泊泽、池堰、古城、驿站、学校、殿堂、祥瑞、歌谣等史料，其内容极为丰富，对汉唐丝路研究及古城考证，极有价值。

综上所述，敦煌遗书直接补充和丰富了历史研究的内容。如果将文书与史籍文献结合起来进行综合研究，钩沉稽佚，层层深入，并由微观到宏观作出分析认识，必将会促进历史研究的发展，同时也会开拓敦煌学研究的新局面。

---

① 王重民《金山国坠事零拾》，《国立北平图书馆馆刊》第 9 卷第 9 号（1935 年）。此据王重民《敦煌遗书论文集》，中华书局，1984 年，第 85 页。

第二节 敦煌文书中的宗教学材料

敦煌是汉唐丝绸之路的咽喉，中西交通的一大都会，是最先接受外来思想的地方，也是外来宗教传入我国的最早落脚点。佛教、景教、摩尼教等，都是经敦煌传入中原地区的，因而敦煌遗书中有关宗教的卷子特别多，通过对其挖掘、整理，可以为宗教研究提供新的材料。

敦煌遗书就内容来说，可以说是包罗万象，其中最多的是佛教典籍，大约占 90%。佛教文献以外的宗教文献，还有道教、景教（基督教）和摩尼教典籍。宗教文献以外的文书，虽然总量不大，只占 10%左右，但内容却很丰富，涉及古代政治、经济、军事、地理、社会、民族、语言、文学、美术、音乐、舞蹈、天文、历法、数学、医学、体育等诸多方面。

一、“佛教遗书”甲天下

在敦煌遗书中，大约 90%以上的卷子都是佛教文书，正是从这个意义上，有的学者将敦煌遗书称为“佛教遗书”。

从敦煌遗书纪年题记看，佛教卷子最早的是日本中村不折氏藏《譬喻经》（散 746），该卷尾端有“甘露元年三月十七日于酒泉城内□□中写迄”题记。此甘露乃前秦苻坚年号，即公元 359年。其次为 S.0797《十诵比丘戒本》[1]，其尾题有“建初元年岁在乙巳十二月五日戊时，比丘德祐于敦煌城南受具戒”题记，可知此卷乃西凉李暠建初元年抄卷，即公元 405 年写本。最晚者为北图收字 4 号《梵网经卢舍

① 黄永武主编《敦煌宝藏》第 6 册，新文丰出版公司，1981 年，第 530 页。

那佛说菩萨心地法门戒品》,该经背面的《至道元年僧道猷往西天取经牒》有“至道元年十一月二十四日灵图寺”题记,[1]可知乃公元995年前的写本。其次,俄藏《曹宗寿造帙疏》[2]有“大宋咸平五年壬寅岁五月十五日记”题记,可知此卷为公元1002年写本。

敦煌佛教卷子的来源主要有两个方面:一是外地流传而来。中原的帝王将相、世家豪族,不乏崇信佛教者。他们常常做这种“写经功德”,将写经分送全国各大寺院“供养”。张、曹归义军时期,每当向中原朝廷进贡时,还附带“请经”,而朝廷的回赐物中,也常常有佛经。如S.2140《沙州乞经状》[3]曰:“沙州先得帝王恩赐藏经,即今遗失旧本,无可寻觅欠数,却于上都乞求者。”另外,求法的僧侣、东西往来的商人也或多或少地带来了一些佛经。二是本地的译经、疏释、著录及刻写本。从现有题记可知,敦煌早就有了自己的译场,从北魏开始就有了专门的写经生。这些写经生靠替施主抄写佛经而生活。除此之外,还有僧众学习用的佛经和注解,有敦煌州县学校讲给学生听的课本和学生听讲诵习记下来的笔记等等。[4]

敦煌佛经的内容十分庞杂,根据其内容,主要包括以下几个方面:

1. 经、律、论类,即佛教的“三藏”

敦煌的佛教典籍不仅门派齐全,而且经、律、论即佛教的“三藏”皆有。这里所说的“经”是指以佛祖释迦牟尼的口气叙述的典籍;“律”就是戒律,是对于佛教徒生活和行为细节的规定和解说;“论”则是从理论上解释“经”的著作。佛典也称为“藏经”。“藏”是取其能收藏包容

---

① 敦煌研究院编《敦煌遗书总目索引新编》,中华书局,2000年,第397页。

② 图版见《俄藏敦煌文献》第一册,上海古籍出版社,1992年,第322页。

③ 图版见《英藏敦煌文献(汉文佛经以外部分)》第四卷,四川人民出版社,2001年,第21页。

④ 参阅袁德领《敦煌遗书中的佛教文书简介》,《敦煌研究》1988年第1期。

各种佛教典籍的意义，而“经”则有线的意思，取其能贯穿摄持各种佛教义理的意义，也含有依照儒家“五经”的名称。用“经”称佛典，是为了以示尊崇。佛典由于卷帙浩繁，为了形容其量多、量全，还被称为“众经”“群经”“大藏经”“一切经”。另外，佛教还从内外有别的角度，称自己的典籍为“内典”，称佛教以外的，即世俗的和外道的典籍为“外典”。

敦煌遗书中，佛教各宗派的卷子都有，有些甚至很多，如《大般若波罗密多经》《金刚经》《金光明最胜王经》《妙法莲华经》《维摩诘经》等，多则几千号，少则也有数百号。尤为宝贵的是不少经卷附有题记，如北图藏生字 24 号和闰字 96 号《净名经关中释抄》的题记说：“此经翻传，总有六译：第一后汉刘氏灵帝代临淮清信士严佛调，于洛阳白马寺译二卷，名《维摩诘经》。第二吴朝孙氏大皇帝月支国优婆塞支谦于武康译三卷，名《维摩诘所说不思议法门经》。第三西晋司马氏武帝沙门竺法护，西域人，解三十六国语，于洛阳译一卷，名《维摩诘所说法门经》。第四东晋惠帝西域沙门竺叔兰，元康六年洛阳译三卷，名《毗摩罗诘经》。第五后秦姚兴弘始八年三藏沙门鸠摩罗什于长安大寺译三卷，名《维摩诘所说经》，即今所译之本是也。第六唐朝三藏沙门玄奘贞观二十一年于长安大慈恩寺译六卷，名《无垢称经》。”[①]这条题记，将《维摩诘经》的翻译情况交待得清清楚楚，其对佛教翻译史的研究甚有意义。又如 P.2094《金刚经》前有抄经者所加的《持诵金刚经灵验功德记》[②]，其尾题云：“于唐天复八载，岁在戊辰四月九日，布衣翟奉达写此经赞验功德记，添之流布，后为信士兼往亡灵及见在父母合邑等，福同春草，罪若秋苗，必定当来俱发佛会”。《金刚经》后记云：

① 敦煌研究院编《敦煌遗书总目索引新编》，中华书局，2000 年，第 455 页。

② 图版见《法藏敦煌西域文献》第五册，上海古籍出版社，1997 年，第 143、150 页。

“布衣弟子翟奉达，依西川印出本内，抄得分数及真言，于此经内添之，兼遗漏分也。”由此我们可以了解此经的流传过程。再如S.2278《宝雨经》残卷，乃达摩流支于则天长寿二年所译该经的第三个译本，与前两个译本相比，它多了一段武则天为自己称帝而造舆论的所谓“佛授记”，卷末题记中有许多武周新字，而领衔的是“大白马寺大德沙门怀义监译”，而译场所在即“佛授记寺”。说明这一佛记的出笼与薛怀义关系密切，于唐代政治史的研究甚有价值。此外，敦煌佛经上还有一些私人题记，写明某人为了某功德而敬造某经典，是我们研究当时佛教现状及佛典崇拜、功德思想的重要资料。

2. 藏外佚经，即《大藏经》中未收的佛经

按照我国的传统，凡属翻译的域外佛教典籍，一般都应入藏。那为什么会有许多藏外佚经呢？这是由于唐末五代时，我国各地寺庙逐渐以《开元录·入藏录》所著录的1076部5048卷佛典为大藏的标准数目，并以此组织本地大藏。而一些《开元录·入藏录》未著录的佛典便被排除在外。就敦煌而言，曾有一个陷蕃时期，当时的高僧法成翻译了一批著作，仅在敦煌流传，未被编入《开元录》，后又被藏入藏经洞。[①]

敦煌藏外佚经发现后，即引起了佛学研究者的极大关注。当1910年清学部将劫余敦煌遗书移交京师图书馆后，我国佛学专家李翊灼迅速对其通检一遍，将未入“藏”的佛经编成《敦煌石室经卷中未入藏经论著述目录（疑伪外道目录附）》一卷，著录了160种藏外佛经。在李目的影响下，日本的佛学团体和佛学家，利用英、法、日所藏，又校订出近200种藏外佛经，辑入1924至1928年编的《大正新修大藏经》第85卷内的《古逸部》和《疑伪部》中。

① 参阅方广锠《敦煌遗书中的佛教著作》，《文史知识》1988年第10期。

敦煌藏外佛经的发现，为佛教史研究注入了新鲜血液。如其中有些经典署名为马鸣、龙树、世亲著，他们都是古印度佛教大师。这些典籍的发现，为我们研究印度佛教及其对中国的影响，汉藏佛教的交流，印度佛学大师的生平、著作及影响都提供了新的研究课题。

3. 疑伪经

一般说来，佛经是由印度梵文、巴利文，或中亚古语言文字翻译成汉文的佛教典籍。所谓“疑经”，是指真伪未判的经典；所谓“伪经”，是指中国人假托佛说而撰述的经典。实际上，中国人撰述的经、律、论、章、疏，反映了中国的佛教特点，是研究中国佛教史的宝贵材料。但历代政府在组织编制《一切经》或《大藏经》时，一般不把这种所谓“疑伪经”编入，有的甚至禁止在《大藏经》内附“疑伪经”目录。因此，这类经典不仅为《大藏经》所未收，而且在内地也保存极少。[①]敦煌佛经中，则保存有丰富的疑伪经，据初步整理，已有 70 余种。

4. 各种目录

敦煌遗书中各类佛经目录的数量不少，其中既有全国性目录、品次录、藏经录，也有点勘录、流通录、转经录，还有乞经状、配补录、写经录等，它全面反映了敦煌僧众围绕佛经所进行的各种活动。其中有许多珍贵资料，如《人集录都目》，是现存关于三阶教经典的最完整目录；《某寺历年配补藏经录》，为我们解开佛教帙号这一千古之谜提供了一把钥匙；[②]尤其是《众经别录》的发现，为我们研究古典目录学，特别是佛经目录，提供了宝贵材料。

以上只是介绍了佛教遗书的几个主要方面，此外还有历史、寺院文书、音韵文学、逻辑（因明）学等方面的资料。

敦煌佛经在佛学研究上具有多方面的意义，其在校勘上的价值

---

① 参阅周丕显《敦煌佛经略考》，《敦煌学辑刊》1987 年第 2 期。

② 参阅方广锠《敦煌遗书中的佛教著作》，《文史知识》1988 年第 10 期。

主要有以下两个方面：

第一，足以校勘唐代以后开雕的各藏。敦煌写经，尤其是隋唐时期的写经，所用底本多是最好的本子，而且书写后，由校勘人多次校正，错讹情况较少。如S.6028《勘经僧名签》[①]上有："义泉勘了；李涓写，勘了；王昌像海勘两遍了；常海慧炬勘了。"S.4117《壬寅年三月二十九日再勘写经人及校字人数》[②]载："小马正书错画点，茂字、着字、本字、幼、旦、捐。王法律易。刘法律错书囊、波、疑……"由此可知，其写经态度一丝不苟，是校勘上的佳品。

第二，梵汉对照佛经。在敦煌佛经中，有一部分附有梵文原经，如P.2025、2798《大般若波罗密多经》，P.2739《大智度论》，P.2026《金光明最胜王经》，P.2783《妙法莲华经》等，均附有梵文原经。而这些梵文原本，在印度本土也早已散佚了。现在就有可能利用这批梵文本再移译，修正古译本在译文上的缺点和不足，更正确地认识这些佛经的宗旨。[③]

二、道教典籍

自汉武帝设置敦煌郡以来，两汉的黄老思想与神仙方术便对敦煌产生了很大影响。姜伯勤先生曾说："敦煌有文字记载的道教的历史可以上溯至汉代，比之敦煌有文字记载的佛教历史更为古老。"[④]汉

---

① 图版见《英藏敦煌文献（汉文佛经以外部分）》第十卷，四川人民出版社，1994年，第46页。

② 图版见《英藏敦煌文献（汉文佛经以外部分）》第五卷，四川人民出版社，1992年，第253页。

③ 参阅周丕显《敦煌佛经略考》，《敦煌学辑刊》1987年第2期。

④ 姜伯勤《道释相激：道教在敦煌》，见《道教文化研究》第十三辑，三联书店，1998年，第26页。

末魏晋，中原丧乱，僻处西陲的敦煌反倒成了易于保存文化之地，敦煌的道教文化一直在和异域的诸种文化交融碰撞。迨至南北朝隋唐以来，道教与统治阶层深相交接，统治者多保护道教，尤其是李唐一朝，附会为老子后裔，极力崇道，更使得道教发展臻于鼎盛。由于具有这种历史背景，大批道经写本集中出现于这一时期（唐高宗、武周、唐玄宗）的敦煌。但后来吐蕃占领敦煌，由于吐蕃统治者只崇信佛教，敦煌的道教在至德年间以后便逐渐衰落了，再加上敦煌在地理位置上与西域的接触更为密切，受佛教影响更深，与各少数民族之间的关系也更为直接，因此，直到晚唐五代北宋时期，敦煌道教仍然无法恢复到唐前期的鼎盛状态，道教活动逐渐潜迹，道观被毁，道经被弃。由于当时用纸紧张，一些废弃道经被寺庙或民间用来抄写佛经或书写公私文书，因之而保存至今。

敦煌的道教是隋炀帝时传入的。大业年间，炀帝在令裴矩主持张掖互市的同时，还于大业五年（609 年）西巡河西陇右。在炀帝到达河西时，西域诸国纷纷前来朝贺，而炀帝本人也是佛道兼崇。“其在两都及巡游，常以僧、尼、道士、女官自随，谓之四道场。”“帝每日于苑中林亭间盛陈酒馔，……僧、尼、道士、女官为一席，帝与诸宠姬为一席，略相连接。”[①]帝王的提倡，道教本身的发展兴盛，丝绸之路河西段的再次开通，就为敦煌道教的传播奠定了基础。这许多因素的有机结合，也正是隋代敦煌道教发展的历史背景。

敦煌道经包罗宏富，既有后代《道藏》中收录的经籍，也有许多“藏外佚经”，这点与佛教经籍的情况颇为相似。然而颇为不同的一点是，由于对“道教文献”的定义存在分歧，所以对敦煌道经的数量统计便有了多种结果，其最少者 370 多件，最多者 800 多件，相差至有数

① 《资治通鉴》卷一百八十一“隋炀帝大业六年”条，第 5650 页。

百卷之多，而以500多件之说较为常见。若据叶贵良先生《敦煌道经写本与词汇研究》[①]中的观点，将先秦、两汉道家著作及一些医卜星相之类的杂书剔除在外，而只将“道教成立以后道士假托天尊、道君、祖师等神仙降授的道经以及与之相关的戒律、愿文、类书、义疏等”作为道教文献来看的话，那么“敦煌道经有686件。”[②]

敦煌的道教文献来源有二：

一是外地流入者，如S.1513《一切道经序》、S.0238《金真玉光八景飞经》、P.2606《太上洞玄灵宝无量度人上品妙经》、P.3417《十戒经》、P.2457《阅紫録仪三年一说》、P.3725《老子道德经》、P.2380《通玄真经》、P.2257《太上大道玉清经》、日本京都博物馆藏《太上业报因缘经》等。根据这些道教经文的题记就可知道，它们或直接出于宫廷，或为京城道观所写，然后辗转流入了敦煌。如P.2380《通玄真经》[③]中“开元圣文神武皇帝上为宗庙、下为苍生，内出钱七千贯敬写”的题记，就是出于宫廷的明证。

二是敦煌道教徒外出请经、抄经得来的。每一种宗教，其信徒都是十分虔诚的，他们为了自己所信仰宗教的发展，可以尽最大的努力来弘扬或布道。从有关记载可知，敦煌的道教徒也曾不辞千辛万苦，长途跋涉，外出请经、抄经。如罗振玉旧藏《本际经》卷五有题记为：“冲虚观主宋妙仙入京写一切经，未还身，故今为写此经”。另如上海图书馆藏敦煌文书第181号[④]有题记曰：“大周长寿二年（693年）九

① 巴蜀书社，2007年。

② 叶贵良《敦煌道经写本与词汇研究》，第58页。

③ 图版见《法藏敦煌西域文献》第十三册，上海古籍出版社，2000年，第86页。

④ 图版见《上海图书馆藏敦煌吐鲁番文献》第四册，上海古籍出版社，1999年，第125页。

月一日，沙州神泉观道士索□洞，于京东明观，为亡妹写《本际经》一部”。正是敦煌道教徒这种坚忍不拔的毅力，才使许多道教经典能够从京城传到敦煌，并继续在本土抄写流传。

不论哪种来源都可看到，敦煌道教直接受京城道教的影响，所以敦煌道教典籍用纸之品质、书法之工整、品式之考究等，都在其他许多写本之上。遗憾的是，道教在敦煌发展的规模和时间均有限，道经也自然遭受到了严重损坏，其背面多为佛教写经或学郎习字之用。

伴随着敦煌道教的发展，不仅出现了一定数量的道教经典，而且还出现了道教徒的活动场所——道观。从现有资料可知，敦煌的道观共有 5 座，即神泉观、开元观、冲虚观、灵图观和龙兴观。

敦煌道教的发展历程，既与全国道教的发展有一致之处，又有自己的特殊之处。从敦煌道教文献的流传及写经题记可知，唐前期是其发展的鼎盛时期，吐蕃占领敦煌后，由于吐蕃统治者只崇信佛教，敦煌的道教在至德以后便逐渐衰落了，再加上敦煌在地理位置上与西域的接触更为密切，受佛教影响更深，与各少数民族之间的关系也更为直接。因此，直到晚唐五代北宋时期，敦煌道教仍然无法恢复到唐前期的鼎盛状态。[①]

《道德经》乃敦煌遗书中的主要道教典籍，在道教研究及中国文化史上都有一定的价值。今本《道德经》二卷，乃唐以前的定本。但在唐以前也有以《道经》为下卷、《德经》为上卷者，却不为学人所习闻。敦煌遗书中则有明确的反映，如 P.2584、2420、2421，皆题曰《道经下》或《老子道经下》，P.2417、2347 皆题曰《老子德经上》。由此可知，以“德”“道”为上下是战国以来就存在的，唐写本还保存了旧本，这是很

---

① 参阅谭蝉雪《敦煌道经题记综述》，载《道家文化研究》第十三辑《敦煌道教文献专号》，生活·读书·新知三联书店，1998 年。

宝贵的。[1]

敦煌《道德经》主要是河上公注本。自后汉以来,《道德经》就流传着两种注本:一是王弼注本,主要讲《道德经》的理论,是给读书人看的;另一是河上公注本,是给道士看的。河上公注本往往把道教的许多东西,如《洞玄经》等,都放在《道德经》后面。

敦煌另一主要道教典籍为《老子化胡经》。自佛教传入中国后,就与道教、儒教发生了关系,并相互批评、攻击。道家反对佛教的东西,最重要的莫过于《老子化胡经》。敦煌遗书中保存有《老子化胡经》的5个卷子(P.2004、2007、3404、S.1857、6963),通过对其整理、校勘,可知大概情况。[2]《史记》中记载老子西出函谷关后不知其踪,而《老子化胡经》说,老子西出关后是到西藏、印度去讲学,结果把胡人都感化了,都从了老子的道,甚至还说释迦牟尼佛是老子的弟子,即所谓"化胡成佛"。除了《老子化胡经》这一种之外,与之同属于"化胡经"类的还有《太上灵宝老子化胡经》(S.2081、P.2360)、《老子变化经》(S.2295)和《元始应变历化经》(P.2449)等总计10件。

《本际经》也是敦煌遗书中保存的一部重要道教文献,它全称《太玄真一本际经》或《太玄真一本际妙经》,是隋唐时期出现的道教文献。据有关材料可知,隋朝道士刘进喜写出《本际经》五卷,初唐道士李仲卿又续成十卷。此经为唐皇室尊崇,因而流传甚广,是研究唐初道教义理的重要资料。"安史之乱"后,该经已大部分散佚,明代《正统道藏》中所收《本际经》已经是非常少的一点零卷断篇。现行本《道藏》失收。

① 参阅姜亮夫《敦煌经卷在中国文化学术上的价值》,《思想战线》1981年第1期。

② 参阅刘屹《敦煌十卷本〈老子化胡经〉残卷新探》,载荣新江主编《唐研究》第2卷,北京大学出版社,1996年。

敦煌遗书中的《本际经》写本多达140余件，几乎占已发现敦煌道教写经总数的五分之一，今散藏于世界各地。除法藏最多外（59件），伦敦、圣彼得堡、北京均有一定数量的收藏。此外，天津市艺术博物馆、安徽省博物馆、台北"国立中央图书馆"、日本天理大学图书馆、丹麦哥本哈根皇家图书馆也有数量不等的收藏。这些敦煌写本的发现，既可以弥补现行《道藏》的缺失，又有助于我们进一步认识和研究这部中古道家经典。

《本际经》表现了隋唐道教所达到的极高水平，反映了中国人对理性智慧和生命理想的不懈追求，因此，它受到了当时社会的极大重视。其后的道教类书及其他典籍都曾大量征引其内容，唐高宗、武则天在为其亡太子李弘所写的道经中就包括《本际经》。唐玄宗时，更两次敕令天下道观转写《本际经》经文，从敦煌写本《本际经》的题记来看，也多写于盛唐时期。[①]另外《本际经疏》（P.2361、3027）为唐代道经义疏之仅存者，是研究唐代道经注疏的宝贵资料。

三、三夷教

在唐代除了佛教、道教外，还有景教、摩尼教和火祆教。唐朝政府对这三个夷教的政策前后变化很大，即前期是宽容，甚至优礼，后期则是严加取缔。其分界线就是会昌法难。

从现有资料可知，在会昌之前，唐政府对三夷教是比较宽容的：基本上不干预他们的宗教活动，允许其寺庙合法存在，允许或者默许其译经活动。从传统文化看，中国是一个多神教的国家，一般来说，历代统治者对各种宗教即使不倡导，也多予宽容。三夷教的传入，也不过是多引进了一些神，只要它不被利用来颠覆政权，影响社会治安，

① 参阅万毅《敦煌道教文献〈本际经〉录文及解说》，载《道家文化研究》第13辑《敦煌道教文献专号》，生活·读书·新知三联书店，1998年。

对朝廷来说，就没有必要大惊小怪。另外，儒释道在中国早已为统治者所推崇，没有必要刻意去寻求新的宗教。正因为如此，唐政府对三夷教这类外来宗教的传播，也就以平常心待之了。

唐王朝对三夷教的宽容政策一直持续到会昌初年。在会昌法难之前，由于漠北回鹘破灭西迁，其势力在中国内地的败退，唐政府对作为回鹘国教的摩尼教也就不像以前那样优礼了，而采取了取缔的措施。据《大宋僧史略》卷下“大秦末尼”条曰：“会昌三年，敕天下摩尼寺并废入宫。京城女摩尼七十二人死。及在此国回纥诸摩尼等配流诸道，死者大半。”[①]到了会昌五年，由于唐武宗大举灭佛，景教和火祆教也就在劫难逃了。

如果说摩尼教的被迫害，还与回鹘有一点关系的话，景教与火祆教的被排斥，则与政治没有关系了。那三夷教在会昌年间的命运，即唐王朝对三夷教政策的变化到底是什么原因呢？

众所周知，安史之乱是导致唐朝由盛而衰的转折点。在此之前唐王朝是世界上最强盛的国家，它深具大国风度，全面对外开放。统治者对自己、对未来都是充满信心。在意识形态领域采取的也是比较宽松的政策，允许各种宗教流行。但安史之乱严重打击了统治者的自信心。由于安史之乱的祸首安禄山是粟特出身，他自称为“光明之神”的化身，并亲自主持粟特聚落中群胡的祆教祭祀活动，使自己成为胡族百姓的宗教领袖。他利用宗教的力量来团聚辖境内外粟特胡众，利用“光明之神”的身份来号召民众。[②]后来帮助平叛的回鹘人又恃功自傲，在内地为非作歹。这些都助长了社会上各阶层部分人士的排外、

① ［宋］赞宁撰、富世平校注《大宋僧史略校注》卷下，中华书局，2015年，第217页。

② 参阅荣新江《安禄山的种族与宗教信仰》，载荣新江著《中古中国与外来文明》，三联书店，2001年。

仇外心理。唐武宗的灭佛，从其思想根源来说，就是出于其排外心理，如他在《毁佛寺制》中就明确指出："况我高祖太宗以武定祸乱，以文理华夏，执此二柄，足以经邦。岂可以区区西方之教与我抗衡哉！……收奴婢为两税户十五万人，隶僧尼属主客，显明外国之教。勒大秦穆护祆三千余人还俗，不杂中华之风。"[①]《资治通鉴》的记载更为直接："大秦穆护，又释氏之外教，如回鹘摩尼之类，是时敕曰：释氏既已厘革，邪法不可独存，其人并勒还俗，递回本贯充税户，如外国人，送远处收管。"[②]将外国移民固有的宗教信仰视为"邪法"，正是狭隘的民族主义的表现。对三夷教的取缔，正是安史之乱带来的苦果之一。它在客观上破坏了胡汉和睦的友好关系，在主观上则反映了统治者的排外心理。唐朝三夷教政策的改变，标志着唐代统治阶级的开放性已经淡薄了，由放眼世界转为对内守成。[③]

(一)景教

"景教"是基督教最早传入中国的一个支派，这个支派是以聂斯脱利命名的所谓"聂斯脱利派"。聂斯脱利是公元五世纪君士坦丁堡的一个大主教。公元431年，在以弗所举行的一次教会主教会议上，他被指控为主张所谓"二位二性"神学的"异端"而被革了职，后被流放致死。从此以后，凡是同情和支持他的人都被称为"聂斯脱利派"。

在唐朝太宗时期，聂派传教士就把基督教从波斯传入中国，时人谓之波斯教、波斯经教、大秦教、景教等。但在17世纪以前，人们并不

---

① 《旧唐书》卷十八《武宗纪》，第606页。

② 《资治通鉴》卷二百四十八"胡三省注"，第8016页。

③ 本段主要依据林悟殊《唐朝三夷教政策论略》一文，原载荣新江主编《唐研究》第四卷，北京大学出版社，1998年。此据林悟殊《唐代景教再研究》，中国社会科学出版社，2003年。

知道这一史实，直到明代熹宗天启五年（1625 年）在西安市西郊发现了“大秦景教流行中国碑”，我们才知道基督教的“聂斯脱利派”传教士确实在太宗贞观九年来到了中国。“大秦景教流行中国碑” 是唐德宗建中二年（781 年）建立的，它是景教传入中国最有力的物证。但由于景教文献很少，因而我们无法对其在中国的流传情况进行全面、系统的研究。①

可喜的是，在景教碑于 1625 年出土后，又过了近三百年，在敦煌藏经洞中发现了 8 种有关唐朝景教的文献，丰富了景教研究的内容。②这些文献都为黄麻纸卷轴的手抄本，现将其简介如下：

1. P.3847《大秦景教三威蒙度赞》，这是教会普遍使用的“荣归主颂”的叙利亚版的唐代译本，带有佛教语气。所谓“三威”，就是指圣父、圣子、圣灵“三位一体”的威严；“蒙度”就是得蒙救赎的意思。从其内容可知，此件写成于公元八世纪，有的学者推测其为景教碑碑文的作者景净译出的。

这篇景教颂文，就其重要性而言，仅次于西安《大秦景教流行中国碑》，而有些方面则比它更有意义。敦煌本《大秦景教三威蒙度赞》无残缺，共分三段，第一段为《三威蒙度赞》，第二段是圣徒名单和圣经目录，第三段是历史简述。我国教会 1940 年出版的《普天颂赞》曾将它放在第二首，为礼拜时会众歌颂之用。

P.3847《大秦景教三威蒙度赞》全卷长 104.5 厘米，由六纸粘接而成。从原件看，《赞》是一篇完整的经文，书写格式非常规范，首行是题目：“景教三威蒙度赞”，末行有题记“大秦景教三威蒙度赞一卷”。后面是另一篇经文《尊经》，它另起一行书写，体现出此部分与《赞》是独

① 大秦：古代指波斯，又名拂林，主要是指伊朗内外的阿塞拜疆地区。

② 七种景教文献的录文及详论，参见江文汉《中国古代基督教及开封犹太人》，知识出版社，1982 年。

立平行的。另有“按语”4 行，是另外书写的，字体较小，表明此文字属于注释性质，并非正文。

P.3847 卷子中的“《赞》和《尊经》不相从属，是两篇独立的经典，而叙述景教译经史的‘按语’部分又是唐亡后才加上去的。这就证明了卷子是唐代之后景教徒所整理制作”。因此，“P.3847 卷子不仅是研究中国景教教义、礼仪的重要文献，而且对于研究景教在华传播史，尤其是 9 世纪中叶被取缔后的活动情况，是不可多得的一件实物资料”。[①]

2. P.3847《尊经》[②]，其开头为“敬礼妙身皇父阿罗诃，应身皇子弥施诃。证身卢诃宁俱沙。已上三身同归一体”。然后列举了 22 位圣徒，其名字多由叙利亚文译音而来，其中能辨认的有 13 位，多系《新约》《旧约》中的人名，如瑜罕难即约翰、庐伽即路加、摩矩辞即马可、明泰即马太、牟世即摩西、宝路即保罗等。[③]其后列举有《宣元至本经》《志玄安乐经》《牟世法王经》等 35 部经书，其中多由叙利亚文译音或译意而来，能辨认的很少。

《尊经》的最后有一段附录，颇有史料价值：“谨案诸经目录。大秦本教经部五百卅部，并是贝叶梵音。唐太宗皇帝贞观九年，西域大德僧阿罗本届于中夏，并奏上本音。房玄龄、魏征宣译奏言。后召本教大德僧景净译得以上三十部，卷余大数具在贝皮夹，犹未翻译。”从其提到景净可知，《尊经》的著作时间当在他撰景教碑文的建中二年前后，

---

① 胡戟等主编《二十世纪唐研究》第 596 页（林悟殊执笔），中国社会科学出版社，2002 年。

② 图版见《法藏敦煌西域文献》第二十八册，上海古籍出版社，2004 年，第 357 页。

③ 参阅［英］阿·克·穆尔著、郝镇华译《一五五〇年前的中国基督教史》，中华书局，1984 年，第 63—64 页。

即阿罗本来长安后约146年之事。在这146年中，景教诸经总共有530部，当时已经译成中文的只有35部，其他仍在贝叶皮夹中，尚未译出。在《尊经》所列举的35部中，有三种并非景教文献，而是属于摩尼教的。在现在已经发现的几种经中，只有《三威蒙度赞》是译作，其他多是用中文解释景教教义之作。

3.《志玄安乐经》，原为李盛铎收藏，后为羽田亨所有，编号为羽013号，现收入《敦煌秘笈》[①]。最先研究此经的是日本羽田亨教授，他于1928年秋和杉村勇造氏同到天津向李氏请求借阅并准予抄录进行研究，翌年三月在《东洋学报》第18卷第1号发表《志玄安乐经》全文并加考释。

《志玄安乐经》共一千多句，据羽田亨说，本经是写在敦煌经卷常用的黄麻纸上，细栏界上下和行间，首行前面和159行后面，均有《志玄安乐经》题字，足见其首尾完整，但最初九行的下半截残缺。字体和《三威蒙度赞》很相近，为晚唐之物。

《志玄安乐经》是景净编撰的一本宗教小册子，它采取对话体形式，首先叙述弥施诃(即耶稣基督)和岑稳僧伽(西门彼得)以及其他群众在约旦河边某圣殿里集会。西门彼得问耶稣基督说：如何能得安乐道？耶稣回答说：通过“四法”(即无欲、无为、无德、无证)就可以得到安乐道。此外，对人间事物的认识，必须用十观法，即十种观点，否则就达不到目的。[②]

4.《序听迷诗所经》，为日本东京帝国大学梵文教授高楠顺次郎于1922年所得。据羽田亨研究，所谓“序听”即“序聪”，唐音读耶稣。

---

① 武田科学振兴财团、杏雨书屋编《敦煌秘笈影片册(一)》，武田科学振兴财团，2009年，第129—132页。

② 参阅陈增辉《敦煌景教文献〈志玄安乐经〉考释》，见《1983年全国敦煌学术讨论会文集：文史·遗书编(下)》。

“迷诗所”当为“迷诗诃”，即弥赛亚（基督）的音译，今可译作“耶稣基督经”。全经共有170行，每行约17字。其经文字聱牙难读，可能是景教经书中最古的一种。全文内容，始于迷诗所向众说法，作者在经文开头部分首先谈到上帝无人得见而又无所不在，然后谈人对上帝的依靠及偶像崇拜的兴起，如何区别干净食物与不干净食物，接着谈到人的三大义务（事天尊、事圣上、事父母），最后叙述了迷诗所的一生行事。该经字体与《一神论》相似，而且均不见《尊经》经目。据学者们推测，此经为早期译作，是阿罗本及其徒众翻译的。最近有学者怀疑高楠顺次郎所藏《序听迷诗所经》与《一神论》并非敦煌真迹，而是现代人的精抄赝品。①

5.《一神论》，此经为日本京都大学的富冈谦藏于1916年所得。它是由《喻第二》《一天论第一》《世尊布施论第三》三个小卷集合而成。此经首部残缺，现存405行。文字艰涩难读，断句都很困难，估计是景教早期的文献。原本的顺序被倒置了，《喻第二》反列为首卷，《一天论》却被列为第二，这可能是抄写人大意所致。此件的错字、别字、漏字也很多。至于内容，《一天论》主要讲景教的神学和哲学，《喻第二》则用种种比喻来说明唯一神的种性，《世尊布施论》引用《圣经》最多，约760字，主要是述说《新约·马太福音》第6、7章的前半，只删去了“主祷文”。其中提到的“六百四十一年”，当指公元641年，即景教第一个传教士阿罗本来华的第六年。另外，它与《序听迷诗所经》的体裁、纸幅与书体均颇相似，估计也是景教早期作品，可能出于阿罗本等人之手。

6.《大秦景教宣元本经》，即《尊经》所列的《宣元至本经》，在诸经目录中占第二位。可惜只留有断简残篇。此残卷初由天津李盛铎收藏，

① 参阅林悟殊《高楠氏藏景教〈序听迷诗所经〉真伪存疑》，载林悟殊著《唐代景教再研究》。

后也为羽田亨所有，编号为羽 431 号，现收入《敦煌秘笈》[①]。前 10 行由罗振玉公布于《敦煌石室遗书》四册内，标题为《宣元本经》。1943 年，日本小岛靖君从李盛铎遗物中发现此经的后 30行，并拍成照片，寄佐伯好郎。原件为小岛靖君藏。日本东京早稻田大学教授佐伯好郎说，他于 1937 年获得该经的前面 10 行，1943 年又获得卷末 30行，均载入 1951 年出版的英文著作《有关中国景教文献与遗迹》。该经最后有“开元五年十月廿六日，法徒张驹传写于沙州大秦寺”题记。可知作于公元 717年。其文字也和景教碑文相似，可能也是由景净写作的。

7.《大秦景教大圣通真归法赞》，即《尊经》所列的《通真经》。此卷原为李盛铎收藏，1943 年为小岛靖君所得。1945 年抗日战争胜利后，小岛从天津撤退，其所藏原件于此时遗失，现藏何处不得而知。日本的佐伯好郎声称，1943 年末，小岛靖君曾给他寄去《大秦景教大圣通真归法赞》全文的照片。这是一首关于耶稣上了高山后，在门徒面前改变形象的颂辞。全文不到 200 字，最后有“沙州大秦寺法徒索元定传写教读，开元八年五月二日”题记。

以上八种所谓敦煌本景教文献，据学者们考辩，得自藏经洞的 P.3847《大秦景教三威蒙度赞》《尊经》是真本无疑；李盛铎旧藏的《志玄安乐经》和《宣元本经》也应该没有问题；富冈谦藏旧藏《一神论》和高楠顺次郎旧藏《序听迷诗所经》，没有清楚的来源，很可能是今人依据明清以来的基督教文献伪造出来的；小岛靖君号称得自李盛铎旧

---

① 武田科学振兴财团、杏雨书屋编《敦煌秘笈影片册（五）》，武田科学振兴财团，2011 年，第 397 页。荣新江将《大秦景教宣元本经》和羽 431 号《宣元本经》作为两部经，这样敦煌景教文献就是 8种。见荣新江《敦煌景教文献写本的真与伪》，载张小贵主编《三夷教研究——林悟殊先生古稀纪念论文集》，兰州大学出版社，2014 年。

藏的《大秦景教宣元至本经》和《大秦景教大圣通真归法赞》，则完全是赝品。[①]

(二)摩尼教经典

摩尼教是公元3世纪中叶波斯人摩尼所创立的一个宗教。在现代世界中，它已没有什么信徒了。但在古代中世纪的一千余年中，摩尼教却曾在伊朗、叙利亚、埃及、巴勒斯坦、北非、欧洲、小亚细亚、中亚细亚以及中国内地广为流传。其经典也曾由古叙利亚文先后译成拉丁文、希腊文、科普特文、亚美尼亚文、中古波斯文、突厥文、粟特文、汉文、回鹘文、阿拉伯文等十余种文字。摩尼教是古代历史中的一个世界性宗教，在其所到之处都产生过巨大的影响，如在中亚，它曾形成独立的教团；在唐王朝时的中国内地，它曾广为传播，并影响到唐以后的多次农民运动。

对于摩尼教的研究，在20世纪以前，主要是依靠间接资料，即依靠古代与摩尼教对立的一些基督教徒、伊斯兰教徒的记载；而摩尼教本身，由于屡遭迫害，没有留下什么经典和资料。因此，学者们对摩尼教的研究，存在着很大的局限性。这种局限性直到本世纪初，才为敦煌、吐鲁番及其他考古的大量新发现所打破。

敦煌发现的摩尼教重要文献，主要是三种汉文摩尼教残卷。[②]它们均被收入日本《大正新修大藏经》第54卷，现将其简要介绍如下：

---

① 林悟殊、荣新江《所谓李氏旧藏敦煌景教文献二种辨伪》，载《九州学刊》第4卷第4期，敦煌学专期(1992年4月)。又见林悟殊《唐代景教再研究》；荣新江《辨伪与存真——敦煌学论集》，上海古籍出版社，2010年。陈怀宇《所谓唐代景教文献两种辨伪补说》，载荣新江主编《唐研究》第3卷，北京大学出版社，1997年。荣新江《敦煌景教文献写本的真与伪》，载张小贵主编《三夷教研究——林悟殊先生古稀纪念论文集》，兰州大学出版社，2014年。

② 敦煌发现的三种摩尼教经典录文及详论，见林悟殊《摩尼教及其东渐》，中华书局，1987年。

1.《摩尼教残经一》,现藏中国国家图书馆,编号为宇字56。该残卷最早由罗振玉以《波斯教残经》为名,刊于1911年的《国学丛刊》第二册。罗氏为刊布该经而写了按语,并将此册《丛刊》赠与日本学者羽田亨,羽田亨遂于次年在《东洋学报》上发表论文,考定该经乃为摩尼教残经。与此同时,法国的沙畹、伯希和也发表了《中国发见的摩尼教经典》一文,专门研究中国的摩尼教。1923年,陈垣先生发表《摩尼教入中国考》,[①]文中提及这部经,并疑其为延载元年波斯摩尼僧献给武后的《二宗经》。1983年,林悟殊先生发表了《〈摩尼教残经一〉原名之我见》[②]一文,详细论证了该残卷的有关问题。以为《残经一》并非《二宗经》,而是本自摩尼本人的著作,并得出结论:"《残经一》的原名很可能就是《仪略》所提及的摩尼第五部经典《钵迦摩帝夜》,即《证明过去教经》。"

2.《摩尼光佛教法仪略》,该写本由两截残卷组成,前半截藏伦敦英国国家图书馆,编号为S.3969,后半截藏巴黎法国国家图书馆,编号为P.3884。前半截卷首题有"摩尼光佛教法仪略一卷"。1925年,日本学者石田干之助发表《敦煌发见〈摩尼光佛教法仪略〉中的若干词语》一文,首先宣称两半截残经本来是连在一起的,并就其中的一些用词作了考证。同年,伯希和也发表文章,肯定S.3969残卷是P.3884的前半截。

《仪略》卷首题目之下署有"开元十九年六月八日大德拂多诞奉诏集贤院译"题记,因此许多论者都认为它是公元731年在华摩尼教传教士奉诏翻译的。但林悟殊先生认为,汉文《仪略》并非译作,而是著作。由于唐玄宗自始对摩尼教不感兴趣,便于开元二十年七月下诏敕禁摩尼教:"未摩尼法本是邪见,妄称佛教,诳惑黎元,宜严加禁断。

① 《国学季刊》第1卷第2号。

② 《文史》第21辑,中华书局,1983年。

以其西胡等既是乡法，当身自行，不须科罪者。”[1]在敕禁之前，“很可能是朝野对原来武后优容摩尼教的政策持有异议，玄宗为了弄清摩尼教的真面目，以便对它采取必要的措施，故下诏辨清摩尼教，令在京城的拂多诞到集贤院去书面奏闻其教的真实情况；拂多诞为了应付皇帝的要求，便撰写了《仪略》”。[2]

敦煌本《仪略》残卷共约1540余字，除末两行因残缺不全无法确定内容外，其余所述很完整。它共分为六章，每章各有题目。《讬化国主名号宗教第一》介绍教主摩尼创教的历史；《形相仪第二》是描述教主摩尼的神圣光辉形象；《经图仪第三》是列举摩尼的主要典籍；《五级仪第四》专述摩尼教团的组织结构；《寺宇仪第五》专谈摩尼教寺院制度；《出家仪第六》专言该教出家僧侣应掌握的基本教义，即二宗三际论。由此可知，它是相当全面的，是了解摩尼教整个概况的重要著作。

3. S.2659《下部赞》。敦煌本《下部赞》基本完整，只有开头部分稍有损缺：计有七言诗1254句，还有少量四言和五言诗，此外，尚有音译文字三段和其他一些说明。据林悟殊先生考证，《下部赞》并非中国摩尼教徒自己撰写的经典，而是唐代后期的一篇译作。它是中国摩尼教徒举行宗教仪式时用的赞美诗，在现存各种文字的摩尼教赞美诗中，数它最为完整，内容最为丰富。《下部赞》是研究摩尼教教义、宗教仪式及其在中国变化的重要资料。

（三）火祆教

古籍所载流行于唐代的火祆教，简称祆教，源于波斯琐罗亚斯德教。琐罗亚斯德（前628—前551年）是该教的创始人，古代在波斯和阿拉伯的地下喷出一种气体，这种气体能点燃着火。那时，人们不理

---

① 《通典》卷四十《职官二十二》，第1103页。

② 《摩尼教及其东渐》，第171页。

解这种奇怪的火，把它叫作“圣火”，并由此而建立了拜火教。

祆教是在基督教诞生之前中东最有影响的宗教，它既是古代波斯帝国的国教，也是中亚等地的共同宗教，曾被伊斯兰教徒贬称为“拜火教”，在中国称为“祆教”或“火祆教”。

祆教在萨珊王朝时盛行于中亚各地，7 世纪中叶穆斯林统治波斯、占有中亚后，大批教徒向东迁徙。据慧超《往五天竺国传》中记载：“从大食国已东，并是胡国，即安国、曹国、史国、石骡国、米国、康国等，虽各有王，并属大食所管……此六国总事火祆，不识佛法。”[①]当时西域各地已流行祆教，但其最盛时当在唐朝。发源于波斯的祆教，主要是由粟特人传入中国的。

从北魏开始，北齐、北周相继在鸿胪寺中设置火祆教的祀官。唐朝在东西两京都建立祆祠。如韦述《两京新记》卷三载：“西京布政坊，西南隅祆祠”[②]；宋敏求《长安志》卷九载：“靖恭坊，街南之西祆祠”[③]；徐松《唐两京城坊考》卷五亦载：“东都，会节坊，祆祠……立德坊，胡祆祠。”[④]

祆教在中国建有祆祠，但未见有汉译经典传世，也未见史料中提及其有译经之举。这主要是因为祆教的僧侣完全不像景教或摩尼教僧侣那样热衷于译经活动。

唐朝祠部还设有管理火祆教的祀官萨宝府官，主持祭祀。萨宝府

① ［唐］慧超原著、张毅笺释《往五天竺国传笺释》，中华书局，1994 年，第 118 页。

② ［唐］韦述撰、辛德勇辑校《两京新记辑校》卷三，三秦出版社，2006 年，第 34 页。

③ ［宋］宋敏求编、辛德勇点校《长安志》卷九，三秦出版社，2013 年，第 309 页。

④ ［清］徐松撰、李健超增订《增订唐两京城坊考》卷之五，三秦出版社，2006 年，第 366 页。

官分为萨宝(中国史籍也称萨甫)、祆正、祆祝、率府、府史等,自四品至七品不等,由波斯人或新疆地区少数民族的信徒担任。在唐代的三夷教中,只有祆教的僧侣被列入职官编制,这一待遇也是其他宗教所鲜见的。其原因正如陈垣先生所说:“唐代之尊崇火祆,颇有类于清人之尊崇黄教,建祠设官,岁时奉祀,实欲招来西域,并非出自本心;然则唐代两京之有火祆祠,犹清京师各处之有喇嘛庙耳。”[①]唐朝当局把火祆教僧侣列入职官编制,显然旨在通过这些僧侣,来加强对西域移民的管理与控制。[②]

有学者认为,萨宝府并非祆教的官职,“唐王朝对于西域三教的宽容态度,不外表现出泱泱大国广纳天下的风范,似无必要厚此薄彼,专为祆教设立一个管理机构。更何况三教对李唐王朝的影响因时代而异,有可比较史料显示,祆教地位最低,无理由专门设置机构董理祆教”。[③]姜伯勤先生则认为它是一个侨民管理机构,“经过粟特人于3—8世纪而在中国本土的发扬光大,遂使‘萨薄’‘萨宝’以数百人为规模的队商体制,成为十六国、南北朝、隋唐中国‘宾礼’体制下即鸿胪寺管下的侨住胡商聚居体制”。[④]

作为西胡文化的祆教,在中西文化交流的咽喉之地——敦煌也有反映,如《敦煌廿咏》中就有“安城祆咏”,即:

---

① 陈垣《陈垣学术论文集》第一集,中华书局,1980年,第316页。

② 参阅林悟殊《唐代景教再研究》,第110页。

③ 罗丰《萨宝:一个唐朝唯一外来官职的再考察》,载荣新江主编《唐研究》第四卷,北京大学出版社,1998年;又见罗丰《胡汉之间——“丝绸之路”与西北历史考古》,文物出版社,2004年。

④ 姜伯勤《萨宝府制度源流论略——汉文粟特人墓志考释之一》,载饶宗颐主编《华学》第三辑,紫禁城出版社,1998年。

板筑安城日，神祠与此兴。
一州祈景祚，万类仰休徵。
蘋藻来无乏，精灵若有凭。
更有雩祭处，朝夕酒如绳。

由此可知，在沙州城东的粟特人聚落安城中就有火祆教的“神祠”①，这一“神祠”在敦煌文书 P.2005《沙州都督府图经》②中有更具体的记载：“祆神：右在州东一里，立舍，画神主，总有廿龛。其院周回一百步。”③

粟特人信奉的祆神，不仅进入了官府的礼祭，而且还进入了敦煌各族居民的民间赛神祭祀活动，如 P.4640《唐己未年至辛酉年(899—901 年)归义军衙内破用布纸历》④中，其支出有己未年(899 年)七月廿五日“又同支赛祆画纸叁拾张”，十月五日“又支赛祆画纸叁拾张”；庚申年(900 年)正月十三日“支与赛祆画纸叁拾张”，四月八日“赛祆支画纸叁拾张”，四月十六日“又赛祆画纸叁拾张”；辛酉年(901 年)正月十一日“赛祆支画纸叁拾张”，二月廿一日“赛祆支画纸叁拾张”，三月三日“东水池及诸处赛祆，用粗纸壹帖”，四月十三日“赛祆用画纸叁拾张”的记载。

据姜伯勤先生研究：“赛祆是一种对祆神神主的祭祀活动，有祈

---

① 参阅池田温《八世纪中叶敦煌的粟特人聚落》，见池田温《唐研究论文选集》，中国社会科学出版社，1999 年，第 40 页。

② 图版见《法藏敦煌西域文献》第一册，上海古籍出版社，1995 年，第 43—64 页。

③ 李正宇《古本敦煌乡土志八种笺证》，甘肃人民出版社，2008 年，第 52 页。

④ 池田温《中国古代籍帐研究》录文第 605—611 页。图版见《法藏敦煌西域文献》第三十二册，上海古籍出版社，2005 年，第 259—267 页。

福、酒宴、歌舞、幻术、化装游行等盛大场面，是粟特商胡‘琵琶鼓笛，酣歌醉舞’的娱神兼娱乐活动……祆神祭祀时的迎神曲，称为‘穆护歌’。”①

唐武宗会昌后已经在内地被禁的火祆教，为什么在五代宋初归义军曹氏时期又转而兴盛呢？这主要是因为当时的于阗“俗事祆神”，而归义军政权又与于阗有比较密切、友好的关系，影响到沿途祆寺的兴盛，再加上五代宋初，中原王朝对祆祠的禁制已经解除。②

① 姜伯勤《高昌胡天祭祀与敦煌祆祀》，见姜伯勤《敦煌艺术宗教与礼乐文明》，中国社会科学出版社，1996 年，第 499 页。

② 参阅姜伯勤《高昌胡天祭祀与敦煌祆祀》，见姜伯勤《敦煌艺术宗教与礼乐文明》，第 499 页。

第三节　寺院生活的真实写照

敦煌石窟是佛教石窟，敦煌艺术是佛教艺术，敦煌文书也是以有关佛教的内容为主。因此，佛教生活的许多方面，都可以在敦煌找到材料，或弥补不足或填补空白。如佛教寺院的僧尼生活、寺院经济等，在《大藏经》、敦煌文书、房山云居寺石经及各地所藏碑石文献中均有详细记载，学术界也做出了不少成绩。下面，我们仅仅以学术界研究较为薄弱的一个侧面，即佛教寺院的"唱衣"为例，来探讨佛教寺院的僧人生活，进而使我们对敦煌的寺院生活有一个比较明确的认识。

一、敦煌寺院"唱衣"研究史

P.2638 号《后唐清泰三年沙州儭司教授福集等状》[①]是有关沙州寺院生活的一件重要文书，全文共 88 行，为了使我们的讨论方便，现将前 25 行移录如下：[②]

1. 儭司教授福集、法律金光定、法律愿清等状
2. 右奉处分，令执掌大众儭利，从癸巳年六
3. 月一日已后，至丙申年六月一日已前，中间三年，应

---

① 图版见《法藏敦煌西域文献》第十七册，上海古籍出版社，2001 年，第 36—38 页。

② 录文见唐耕耦等《敦煌社会经济文献真迹释录》（以下简称《释录》）第三辑，第 391—395 页；刘进宝《从敦煌文书看唐五代佛教寺院的"唱衣"》，《南京师大学报》2007 年第 4 期。

4. 所有官施、私施、疾病死亡僧尼散施及车
5. 头、斋儭、兼前儭回残，所得绫锦绵绫绢緤褐布
6. 衣物盘椀卧具什物等，请诸寺僧首、禅律、老宿
7. 等，就净土寺算会，逐年破除兼支给以应管僧尼
8. 一一出唱，具名如左：
9. 巳年：官施衣物唱得布贰阡叁伯贰拾尺，阴僧
10. 统和尚衣物唱得布玖阡叁拾贰尺，贾法律衣物唱
11. 得布叁伯陆拾叁尺，阴家夫人临圹衣物唱得
12. 布捌伯叁拾尺。甲午年：官施衣物唱得布贰阡叁
13. 伯贰拾尺，又壹件衣物唱得布肆阡捌伯壹拾尺，又
14. 壹件衣物唱得布伍阡伍伯捌拾尺，龙张僧政衣
15. 物唱得布肆阡柒伯柒拾陆尺，普精进衣物唱
16. 得布贰阡玖伯壹拾捌尺。乙未年：曹仆射临圹衣物
17. 唱得布叁阡伍伯肆拾尺，大王临圹衣物唱
18. 得布捌阡叁伯贰拾尺，梁马步临圹衣物唱得
19. 布伍伯壹拾尺，国无染衣物唱得布叁阡肆伯
20. 柒拾伍尺，普祥能衣物唱(得)布贰阡伍伯捌拾
21.尺，天公主花罗裙唱得布捌伯尺，王僧统
22. 和尚衣物唱得布陆阡叁伯捌拾贰尺，孙法律衣
23. 物唱得布贰阡贰伯陆拾陆尺。
24.上件应出唱衣物，计得布伍
25.万捌阡伍伯贰尺。

这件文书，多次出现了有关“唱”的词，如“出唱”“唱得布”，其中“唱得布”出现17次。这里的“唱”是什么意思？为什么“唱”与“布”紧密相连？

对于“唱”的探讨，经过了一个比较漫长的认识过程。众所周知，

由于敦煌文献的大部分被劫往国外，早期的敦煌学者，除极个别学者有条件亲赴伦敦、巴黎阅读有关敦煌文献外，绝大部分学者仅能利用北京图书馆所藏“劫余”敦煌遗书，因此，最早对“唱”的探讨，也是从北图成字 96 号《目连救母变文》背面的一段文字开始的。本件文书共 20 行，现移录如下：①

1. 法律德荣唱紫罗鞋两，得布伍伯捌拾尺。支本分一百五十尺，支

2. 乘延定真一百五十尺，支乘政会一百五十尺，支图福

3. 盈一百五十尺，余二十尺。

（中空约 6 行）

4. 法律保宣旧肆阡捌伯玖拾尺。

（中空 2 行）

5. 僧政愿清唱绯绵绫被得布壹阡伍伯贰拾尺，旧儭壹阡尺。

6. 支图海朗一百五十尺，支图愿护一百五十尺，支智全一百

7. 五十尺，支智荣一百五十尺，支图福盈一百五十尺，

8. 支图应求一百五十尺，支图愿德一百五十尺，支图法兴

9. 一百五十尺，支图大应一百五十尺，支图应祥一百五

10. 十尺，支图应庆一百五十尺，支图大进一百五十尺，

11. 支图大愿一百五十尺，支图谈济一百五十尺，支

① 录文见唐耕耦等《敦煌社会经济文献真迹释录》第三辑，第 151—152 页；郝春文《唐后期五代宋初沙州僧尼的宗教收入（二）——儭状初探》，载《段文杰敦煌研究五十年纪念文集》，世界图书出版公司，1996 年，第 456—457 页。

图广

12. 进一百五十尺。

13. 金刚唱扇得布伍拾伍尺。支本分壹百五十尺,余九十五尺。

14. 道成唱白绫袜得布壹伯柒拾尺。支本分一百五十尺,支普

15. 愿法一百五十尺,余壹百叁十尺。

16. 道明旧儭叁伯玖拾尺。

17. 法律道英唱白绫袜得布叁伯尺,又唱黄画帔子得布伍伯尺。

18. 支图道明一百五十尺,支本分一百五十尺,支图祥定一百五十

19. 尺,支图谈宣一百五十尺,支图谈惠一百五十尺,支图戒

20. 云一百五十尺,支云贤惠一百五十尺,支云祥通一百五十

(后缺)

1931年,向达先生在《国立北平图书馆馆刊》第五卷第六号上发表了《敦煌丛钞》,其中就披露了以上资料,认为这是"僧人书在外唱小曲所得账目","紫罗鞋雨(两)"等是"所唱小曲"的名目。

1934年,向达先生发表了《唐代俗讲考》,又过录了此文献,并以此为据立了"僧人之唱小曲"一节,对此作了专门的解说,认为这是"当时僧人书为人唱曲所得布施同分配的账目",并进而指出:"账内记有所唱各种小曲的名目,如紫罗鞋雨(两),绯绵绫被,白绫袜,黄画坡(帔)等……至于紫罗鞋雨(两)等内容若何,今无可考。"由此可见,

"唐代僧人为人作法事以外,并也歌唱一种小曲,以博布施"。[①]

正是"因为向达先生对这则敦煌手抄资料的解说,不少学者后来纷纷采纳借鉴,并反复引用。有的甚至踵其事而增华,将'僧侣们之唱小曲'的事情说得活灵活现,尤其治唐宋文学的人"。[②]

1948 年,全汉昇在《中古自然经济》[③]中引用了此资料,认为这是"僧人唱曲账目","其中详记寺院僧人因演唱变文小曲而得的布的长短","可以见出当日西北人以布帛支付工资的情形",以此为据,可以"探讨当日西北实物工资盛行的情况"。

1954 年,任二北先生在《敦煌曲初探》一书中引用了这个资料,认为它是"唐僧唱曲得酬",其中的"紫罗鞋两"等是"咏物曲子",并由此推断唐代已经有了与讲唱、歌舞、戏曲相对立的"清唱"。[④]

1958 年,任半塘先生在其大著《唐戏弄》中更进一步发挥了这一论点,该书第五章《伎艺》共分剧本、音乐、歌唱、舞蹈、说白、表演和化装七节,在"歌唱"一节中专列"从清唱想象演唱"一目,仍然以 1931 年《国立北平图书馆馆刊》所刊发的资料为据,对"唱"字进行了更进一步的申论:"敦煌卷子《目连变文》之背面,写法律德荣唱'紫罗鞋两',僧政愿清唱'绯绫绵被',又金刚唱扇,又道成及法律道英各唱'白绫袜',又唱'黄画帔',均各得布若干尺。……卷中曰'唱'者五,曰'清唱'者一(此清唱是指僧政愿清唱绯绫绵被),绝非他字之讹。'紫罗鞋两'等,均不似故事,宜为咏物之曲,曰'清唱',可能有三方面意义……隋唐既有女伎'清歌',及僧侣'清唱'之名,已反映同时存在者必尚有'演唱'。……僧侣于讲唱以外,虽不能有普通歌舞,却可以有

① 《燕京学报》第 16 期,第 120—121 页。

② 锐声《想起了向达先生》,《文汇读书周报》2003 年 4 月 25 日第 7 版。

③ 《历史语言研究所集刊》第十本,第 139—140 页。

④ 《敦煌曲初探》,上海文艺联合出版社,1954 年,第 325—327 页。

俳优……僧侣唱咏物小曲，殆亦因有别于俳优，故谓之‘清唱’欤？”①

1984年，加拿大籍华人学者叶嘉莹女士发表了《论词之起源》②一文，其中第三部分专门用敦煌文献讨论词的起源问题。从“敦煌卷子中的资料来看，足可知当时之俗曲歌舞，确实曾与寺院僧徒结合有密切之关系。此种关系之形成，可以说是既有其历史之渊源，亦有其社会之因素”。从历史渊源而言，“唐代寺院僧徒之往往抄写及创作俗曲”；从社会因素言之，“则唐代之寺院更曾普设戏场……而当时之观戏者，则不仅为市井百姓，亦有王公贵妇”。正是“在这种社会风气之下，则佛教僧徒之唱曲、作曲、甚至扮为俳优之戏，当然便都是一种自然的现象。在敦煌卷子《目莲变文》第三种之背面，即曾写有法律德荣唱‘紫罗鞋两’，僧政愿清唱‘绯绵绫被’，又金刚唱‘扇’，又道成及法律道英各唱‘白绫袜’，又唱‘黄画帔’，均各得布若干尺。……寺院僧徒既与乐曲之演唱有如此密切之关系，故俗曲既可由佛寺僧徒借用演唱以流传佛法，而僧徒之佛曲乃亦有演化为俗曲之词调者”。

叶嘉莹女士写作和发表此文时，《国立北平图书馆馆刊》发表此资料已五十多年，向达先生的《唐代俗讲考》也已发表整整五十年了，

① 任半塘《唐戏弄》，上海古籍出版社，1984年，第920—921页。任二北原名任中敏，从20世纪40年代开始，出版著作时多用任二北。二北，寓意北宋词和金、元散曲。1955年，他完成了《唐戏弄》，但书稿付梓时，他已被错划为“右派”。原拟由人民文学出版社出版的《唐戏弄》，因避讳他的“政治问题”，冯雪峰建议改由作家出版社出版。为避免麻烦，希望换个署名，不要署任二北。任先生说：“名字只是一个记号，只要书能出版，随便叫什么都行。曹寅在扬州搞《全唐诗》，我不敢同他比并，且这本书只论戏剧，不论俳优、百戏，只是一个‘半边体’，就署‘半唐’吧！”这是寄寓他后半生所从事的唐代音乐文艺研究事业。而出版社在排印时又加了个“土”旁，变成了“半塘”。参阅陈文和、邓杰编《从二北到半塘——文史学家任中敏》，南京大学出版社，2000年，第11—13页、第121—122页。

②《中国社会科学》1984年第6期。

敦煌学研究已经有了长足的发展，但叶嘉莹女士仍然以《北平图书馆馆刊》所载向达先生撰《敦煌丛刊》为据，沿袭了向达先生1934年《唐代俗讲考》的内容。

实际上，早在1940年，向达先生就重新修订了《唐代俗讲考》[①]一文，并删除了“僧人之唱小曲”一节，放弃了以前的论点。该文前有一简短的说明：“本文初稿曾刊《燕京学报》第十六期。其后获见英法所藏若干新材料，用将旧稿整理重写一过。一九四〇年五月向达谨记于昆明。”到1956年整理其一生中最重要的代表作《唐代长安与西域文明》(三联书店1957年出版)时，所收入的《唐代俗讲考》也是1940年修订、1950年发表的修改稿，并非是1934年的原稿，可见向达先生是一位“与时俱进”的学者。

由于国外所藏敦煌文献逐渐被有的学者介绍、引用，学者们的见闻逐渐广泛，对于“唱”的认识也就更趋深入和正确。1950年，杨联陞教授在《哈佛亚洲学报》上发表了《佛教寺院与国史上四种筹措金钱的制度》[②]一文，结合佛教寺院的有关规定，利用北图成字96号文书和P.2638号文书，对“唱”进行了初步探讨：

> 这两件文书都是佛教寺院的财务帐目。就我所知，在此之前尚无人能对“唱”字提出一个令人满意的解释，就眼前所呈现的，“唱”可能就是“唱衣”，即拍卖的简写。

---

① 发表于《文史杂志》第三卷第九、十期，1944年5月；《国学季刊》第六卷第四号，《向达先生纪念论文集》后附阎万钧编“向达先生著译系年”系于1946年，而《唐代长安与西域文明》所收此文后则系于1950年1月出版。

② 原载《哈佛亚洲学报》第13卷第2期，汉译本见杨联陞《国史探微》，辽宁教育出版社，1998年。

杨先生此文，将“唱”与“唱衣”相结合，对“唱”的性质有了进一步的认识。遗憾的是杨先生此文用英文发表，再加上共所周知的原因，国内学者难得见到，也未见引用和介绍。

1956 年，法国学者谢和耐在其博士论文《中国五—十世纪的寺院经济》[①]中，首次公布了 P.2638 号文书，并引用了北图成字 96 号文书，也对“唱衣”进行了探讨：

> 在中国佛教团体的生活中，为唱由寺院作为布施物或遗产而获得的衣物、织物和其他那些微小物品的大型庙会该占有多么重要的地位。

并由此指出：

> “唱衣”在中国早就流行了，而且是根据《敕修百丈清规》中所描述的一种非常具体的仪规进行的。[②]

在 1987 年本书汉译本出版之前，由于语言的隔阂等原因，除极个别学者外，国内能利用此书，或了解此书的学者很少。

1975 年，张永言先生发表了《关于一件唐代的“唱衣历”》[③]一文，利用 P.2638 和 P.2689《僧人析唱帐》、P.3410《各寺布施及僧人亡殁后唱衣历》、P.3850 背《唱衣历》等文书，对北图成字 96 号文书中的“唱”

---

① 汉译本由耿昇翻译，甘肃人民出版社，1987 年出版(本书使用本)。上海古籍出版社，2004 年新版。

② 《中国五—十世纪的寺院经济》汉译本，第 113—114 页。

③ 载《文物》1975 年第 5 期，又见沙知、孔祥星编《敦煌吐鲁番文书研究》，甘肃人民出版社，1984 年。

进行了正确的阐释：

> 这个资料里的“唱”并不是一般“唱歌”“唱曲”的唱，而是当时佛寺特殊用语“唱衣”或“估唱”的唱；“紫罗鞋两”等并不是和尚们歌唱的曲子，而是他们唱卖的具体的实物。

并进一步指出：

> 在唐代寺院里，有所谓“分卖”衣物的制度……分卖的东西，主要是施主的某些“布施”品以及亡殁僧人的遗物。因为在分卖的时候要唱出所买物品的名目，而所卖的物品主要是衣着之类，所以叫做“唱衣”。

1977年，陈祚龙发表了《关于敦煌古抄“唱衣历”》①一文，指出“唱衣”早已经由谢和耐教授在其巨制《中国5–10世纪的寺院经济》阐述清楚了，并对张永言先生的论文进行了批评。众所周知，在20世纪80年代以前，由于中国特殊的学术环境，当时国际交往、学术交流之路不畅，国内学者很难见到杨联陞、谢和耐的论著。就是陈祚龙先生本人，也没有提到杨联陞教授的论文，可见要真正做到“博瞻中外”是多么的不容易！当然从科学的角度看，我们应尽量做到“博瞻中外”“会通东西”。另外，从作文的角度看，张永言先生也仅仅是从语言学的角度对“唱衣”进行了探讨，并非从敦煌学或文书学方面对该文书进行全面研究，怎能要求他的一篇小文将所有问题都谈透或

① 载台湾《民主潮》第27卷第3期，又见陈祚龙《中华佛教文化史散策初集》，新文丰出版公司，1978年。

解决呢?

近年来,随着敦煌文献的进一步整理刊布,促进了敦煌学向专精的方向发展,如郝春文先生的《关于唐后期五代宋初沙州僧团的“出唱”活动》[①],就利用敦煌文书及《禅苑清规》《释氏要览》《敕修百丈清规》等传世佛教典籍,对“唱衣”进行了更深入的探讨。指出“出唱”活动类似于近代以来的拍卖,“是唐后期五代宋初沙州僧团频繁举行的一项重要经济活动”。

二、佛教典籍中有关“唱衣”的规定

敦煌文献中的“唱衣”制度,应该是来源于佛教律藏的有关规定,因为“释门的‘律’,犹如世俗社会的‘礼’和‘法’一样,是要规范僧尼的思想和行为,使之整饬有序,合于释门理念”。[②]从早期佛教律典可知,僧侣圆寂后,其衣物等便分给别的僧众。在唐初由义净翻译的《根本说一切有部目得迦》中可知,在印度,拍卖是用来处分这些私人所有物的办法。

“唱衣”制何时在中国寺院中施行,目前还无法得知具体的时间,但在唐初道宣的《四分律删繁补阙行事钞》[③]中,已有了分僧物的记载:

> 分比丘物者,先将亡者去,藏已送丧,僧还来至寺,取亡人物著僧前,然后如上,依法集僧分之。

---

① 郝春文《关于唐后期五代宋初沙州僧团的“出唱”活动》,载《首都师范大学史学研究》第一辑,首都师范大学出版社,1999 年,第 108—117 页。

② 张弓《汉唐佛寺文化史》上册,中国社会科学出版社,1997 年,第 447 页。

③ 见《大正藏》第 40 册第 1—156 页。

……

将亡人轻重之物，并集僧中，若不胜举床瓮屋舍园林牛奴等，并须历帐，对僧明读，令知其多少。……后鸣钟遍召，一同僧式，不得闭门限客，假托昏夜，意遮十方。……次定轻重讫，如上分之，重者一处依名抄记，轻物一处依名抄之。①

若在私庄寺致死，或作僧使，在庄检校而死，若有家人及比丘守者，重物入亡者本寺，轻物随现分之，亦不得尼众分也。纵令近僧来摄重物，亦不须与。②

僧人圆寂后，其遗物分为轻重两部分，床、瓮、屋舍、园林、牛、奴等重物归寺院所有，一切轻物，主要是衣物等生活用品，便由僧尼分配。

《四分律删繁补阙行事钞》中，虽然没有说到唱衣之法，但估计此时已有了唱卖的例证，或者说唱卖已经在寺院中实行了。因为当僧尼分配亡者轻物时，若遇分配不均，可能就采取竞卖的办法，将亡僧的轻物变卖，然后由僧尼均分钱财。道宣曾对其进行谴责：

律无卖物分法，今时分卖，非法非律，至时喧笑，一何颜厚。佛令分付，为息贪情，令各自省，今反乐笑。③

由此可见，当时寺院中已出现了“分卖”现象，只不过还未得到律藏的许可。历史上许许多多的规章制度，大多是先在民间传布、流行，然后才逐渐得到官府的默许、认可，最后才以制度、规章的形式来加以规

① 道宣《四分律删繁补阙行事钞》，见《大正藏》第 40 册第 116 页。

② 道宣《四分律删繁补阙行事钞》，见《大正藏》第 40 册第 117 页。

③ 道宣《四分律删繁补阙行事钞》，见《大正藏》第 40 册第 117 页。

范、约束。"唱衣"之起源，可能也走过了这样一条漫长的道路，即先在"非法非律"的状态下在某些寺院中流行，然后得到认可，最后才将其进行规范。

唐代中叶以后，伴随着禅宗的勃兴，怀海制定了《百丈清规》。"《清规》的产生是禅林制度确立的标志。"[1]可惜的是《百丈清规》在宋代就已失传了，南宋宗颐所编《禅苑清规》和元代德辉重编的《敕修百丈清规》，虽非怀海原貌，但它们毕竟是唐宋间寺院及其僧人生活的真实写照，由此我们可以窥见唱衣制的一些情况。

寺院唱卖的衣物，绝大部分是亡僧生前财产。僧人的财产，分为两部分，即重物和轻物。所谓重物，主要是指田宅、园林、奴婢、牲畜、金银等等，按内律规定，这些应入常住，即归寺院所有。对于常住之物，不仅内律规定不可侵夺，而且敦煌文书中也有一些具体的反映，如 P.2187 号《河西都僧统悟真处分常住榜》[2]曰：

> 应诸管内寺宇，盖是先帝敕置，或是贤哲修成。内外舍宅、庄田，因乃信心施入，用为僧饭资粮；应是户口家人，坛(檀)越将持奉献，永充寺舍居业。世人共荐共扬，不合侵陵，就加添助，资益崇修，不陷不倾，号曰常住。

所谓"常住"，本指恒久不变的意思，转意指僧伽的共有财产。从本件敦煌文书可知，由官府施入或一般檀越(施主)施入的地产和人户，就

---

① 张弓《汉唐佛寺文化史》上册，第 304 页。

② 本件文书的定名及录文，见邓文宽先生《敦煌文献〈河西都僧统悟真处分常住榜〉管窥》，载《周一良先生八十生日纪念论文集》，中国社会科学出版社，1993 年。图版见《法藏敦煌西域文献》第八册，上海古籍出版社，1998 年，第 181 页。

构成了称为“常住”的这种所有权。[①]凡属寺院的常住，内律都给予保护，不许任何人侵占：

> 凡是常住之物，上至一针，下至一草，兼及人户，老至已小，不许倚形恃势之人，妄生侵夺，及知典卖。或有不依此式，仍仰所由具状申官。[②]

所谓轻物，主要是指那些“可随身资道”的，即日常生活中的必需品，其中以衣物为主。“由于禅林中没有个人不动产，《清规》只对亡僧衣物处理做规定”。[③]这些衣物应由众僧均分。由于分配不均，才进行唱卖，然后均分唱卖后的钱财。

所有唱卖的衣物，在亡僧病重或临死之前，都要进行清点、估价、封存。僧人有遗嘱者，还要考虑处理方式。

僧人圆寂后，就对已入帐的衣物进行估价，为唱卖做准备。唱衣前的估唱是一项细致的工作，需要对亡僧的衣物进行一件件估价贴签，做好唱卖的准备。对此，《百丈清规证义记》的记载更为具体：

> 入塔后，库房齐集两序执事、监院、维那、知客、值岁、库头、知浴、衣钵等，将亡者行李（除遗命赠人物），请监院维那，每件估价（照时价七折算），书记上簿，知客编号已，值岁点数，酌留一二件犒劳看病之人。凡衣具被帐等，有四角者，应归常住，余者即写号条，第几号某件价若干，缚于本件之

① 参阅姜伯勤《唐五代敦煌寺户制度》，中华书局，1987年，第166页。

② P.2187《河西都僧统悟真处分常住榜》。

③ 张弓《汉唐佛寺文化史》上册，第319页。

上,俱定价登簿已(若余人,则应白主持),客堂挂牌,牌云估唱。①

可见,估唱主要由寺院的执事僧,如执事、监院、维那、知客、值岁、库头、知浴等进行,他们对亡僧的衣物进行清点、登记、编号、估价,并写好标签,注明某件为某某号,价多少,贴在衣物上,以便唱衣。

从《敕修百丈清规》的记载可知,寺院唱衣,从估价的10%起唱,僧众应价后再唱,一直唱到估价,然后鸣磬为定。若唱到估价后,还有两人以上应价,还可加价再唱,上不封顶。这种唱衣之法,与现代的拍卖非常相似。

从《敕修百丈清规》卷七《板帐式》的记载可知,唱衣所得由"收钞"和"支钞"两部分构成:"收钞"为亡僧衣物唱卖所得,"支钞"包括僧人送亡及荼毗等丧葬活动的全部支出。

凡僧亡以其所有衣物,对众估唱惩贪积也。估唱得钱必照板帐,支用外其钱作三七,抽分归常住(百贯抽三十贯,不满百贯则不抽分),余则均俵僧众。②

即丧葬支出以外的余额,30%归寺院,70%作为酬金,分给参加佛事、唱衣等劳作的三纲、知事僧、知客僧、行者等人。③明乎此,我们就能正确理解P.2638号文书第63—66行的支出了。这些支出,正是对参加

① 《百丈清规证义记》卷五"估唱",见《续藏经》第111册第706页,新文丰出版公司,1976年。

② 《敕修百丈清规》卷七"板帐式"。

③ 参阅张弓《唐五代的僧侣地主及僧尼私财的传承方式》,载《魏晋南北朝隋唐史资料》第11辑,武汉大学出版社,1991年。

儭司唱衣的各类僧人的酬劳,如“赏监儭和尚”“赏支儭大德”“赏都司三判官”“支大众维那”“给算日供主用”等。

三、敦煌文献中的“唱衣”

P.2638 号文书有确切的纪年,即后唐清泰三年(936 年)。其所唱卖的全是衣物,只不过来源不一,并非像戒律所说是僧人圆寂后唱卖其轻物。从内律的有关规定及敦煌文献可知,在唱卖中,还包括布施物。如 S.2447 背《亥年(831 年?)十月一日已后诸家散施入经物历》:①

> 亥年十月一日已后,应诸家散施入经物,一一具色目如后:僧伯明施三岁特子壹头,出唱得经纸叁拾帖。杜都督施红单绢裙壹并腰带,出唱得布壹伯叁拾尺,又施麦五斗。子年五月廿一日,僧灵修施经纸伍帖,计贰伯肆拾捌张。

从前引《释氏要览》《敕修百丈清规》《禅苑清规》《百丈清规证义记》可知,各寺院在唱衣时,应集合全体僧尼,并可相互竞价。从P.2638 号《清泰三年沙州儭司教授福集等状》亦可知,儭司唱衣所得布及其他施入物品,其用途是比较广泛的。如本件文书第 42—66 行所载:

> 42. 出破数:楼机绫壹疋,寄上于阗皇后用。
> 43. 楼机壹疋,赎鞍上官家用。大绫壹疋,
> 44. 上司空用。又楼机绫壹疋,沿大众所用。生
> 45. 绢贰疋,大云、永安庆寺人事用。又生绢
> 46. 贰疋,郎君小娘子会亲人事用。又生绢壹

① 《释录》第三辑,第 74 页。图版见《英藏敦煌文献(汉文佛经以外部分)》第四卷,四川人民出版社,1991 年,第 79 页。

47. 疋，贺官鞍价用。生绢壹疋，买粗緤
48. 玖疋，沿大众用。生绢壹疋，二月八日赏法师
49. 用。生绢壹疋，天公主上梁人事用。绢捌
50. 尺，归文寄信用。绵绫壹疋，圣光寺庆钟用。
51. 绵绫壹疋，开元寺南殿上梁用。绵绫壹疋，安
52. 国庆寺人事用。绵绫壹疋，甘州天公主满
53. 月人事用。绵绫壹疋，二月八日赏法师用。
54. 绵绫壹疋，于阗僧鞔衣用。绵黄绫袄子壹领，
55. 三界、净土赏法事用。细緤壹拾柒疋，天公
56. 主满月及三年中间诸处人事等用。粗緤
57. 伍拾柒疋，三年中间诸处人事、七月十五日
58. 赏乐人、二月八日赏法师禅僧衣直、诸寺
59. 兰若庆阳等用。布贰阡柒伯壹拾尺，三
60. 年中间沿僧门、八日法师、七月十五日设乐、
61. 三窟禅僧衣直、布萨、庆阳、吊孝等用。
62. 贰伯壹拾尺，申年修开永支布萨法师用。
63. 捌拾尺，赏监儭和尚用。壹伯伍拾尺，赏支
64. 儭大德三人用。玖拾尺，赏都司三判官等用。
65. 贰拾尺，支大众维那用。肆伯尺，给算日供主
66. 用。贰伯肆拾尺，折送路漆椀叁枚用。

第49、51行“上梁”，乃指建造房屋时架梁，有专门用以表示颂祝的文体——上梁文。无论民间还是寺院，在建筑时必择吉日上梁，亲朋宾客前来道贺，同时还要犒劳匠人。目前西北农村还有这一风俗。

第50行之“归文”，乃定州（今河北省定县）开元寺僧，他于同光元年（923年）奉敕西行取经，但失败而归。翌年又与德全等一起西行求法。S.0529保存有归文的牒文6件，都是西行途中他分别寄给或在

当地上给沿途所经之地的和尚、令公、评事、尚书等僧俗官人的。归文到达沙州的时间不得而知，但从本件文书可知，933—936 年间他仍在沙州。①

第 48、53、58、60 行之“二月八日”“八日”，指佛诞日。关于佛诞日，有二月八日和四月八日二说。从全国情况看，以四月八日说的影响更大。但在晚唐五代的敦煌地区，则只有二月八日纪念日，如 P.3765 号《二月八日文》曰：“法王降诞，为拯生灵。八相欢宜(怡)，三身利乐”。二月八日行像日，僧俗官员齐集道场，法师、百姓临街瞻仰、散施祈福，当日还有“踏歌”“赛天王”等活动助兴。纪念佛诞日的法事活动，要有法师主持，结束后还要赏赐出力师僧，故文书中有几笔开支为“二月八日赏法师用”。②

第 57、60 行之“七月十五日”，指盂兰盆节。从敦煌文书可知，唐末五代敦煌寺院与民间均有盂兰盆节。敦煌寺院的盂兰盆节行事主要有三项：(1)造佛盆供养。由“煮盆博士”用白面和麻油，或炸(即“煮”)或烤、制成各种面点食品，装饰为供养佛盆。(2)讲唱“盂兰盆经”。(3)节毕“破盆”。敦煌以七月十七日、十八日两天为“供养僧破盆日”，即在盆节过后，酒食犒劳为盆节出力的僧俗人等。敦煌的盆节活动，是由地方官府或都僧统司统一安排布置的，各寺照例“七月奉处分，当寺置道场”，作为盆节期间接待信众、供养、讲经的场所。③在盂兰盆节(七月十五日)的活动中，为了增加喜庆的成份，要请乐人演奏，故在文书中有“七月十五日赏乐人”，“七月十五日设乐”等记载。

---

① 参阅荣新江《敦煌文献所见晚唐五代宋初的中印文化交往》，载《季羡林教授八十华诞纪念论文集》下册，江西人民出版社，1991 年。

② 参阅张弓《汉唐佛寺文化史》下册，第 951—952 页；谭蝉雪《敦煌岁时掇琐》，《九州学刊》第 5 卷第 4 期(1993 年 5 月)。

③ 参阅张弓《中古盂兰盆节的民族化衍变》，《历史研究》1991 年第 1 期；谭蝉雪《敦煌岁时掇琐》，《九州学刊》第 5 卷第 4 期(1993 年 5 月)。

第59、61行之“庆阳”，有的学者在研究敦煌本斋文时提出，“庆阳”或写作“庆扬”“庆杨”“启阳”，皆同音误笔。“庆扬”意为庆赞、宣扬佛的功德。敦煌本斋文中的“庆扬”篇，主要是庆赞新造佛堂、佛像、佛幡、佛经等斋文[①]。

除了这许许多多的各种支出（出破数）外，儭司唱卖所得布的最主要支出，乃是寺院内部僧尼的分配，即本件文书第74—79行所记：

74. 应管诸寺合得儭僧计叁伯伍拾陆人，
75. 沙弥壹伯陆拾叁人合全捌拾壹人半，合得
76. 儭大戒式叉尼计叁伯柒拾玖人，尼沙弥计
77. 柒拾壹人，合全叁拾伍人半。上件僧尼，通
78. 计捌伯伍拾贰人，人各支布陆拾尺，僧尼沙
79. 弥各支布叁拾尺。

以上合得儭之僧、沙弥、大戒式叉尼、尼沙弥共计852人，所分儭布都是平均的，即僧和大戒式叉尼每人60尺，沙弥和尼沙弥为一半，即每人30尺。

本件文书所载儭布的分配方式，郝春文先生指出：“儭司施物的唱卖者并不是将应出布（对儭司来说是所得布）直接交给儭司，由儭司进行分配，而是依据应出布的数量，分别分发给僧人。”由于“儭司施物唱卖者自身应得儭利的份额，一般是从其应出布数额中扣出，即所谓‘支本分’”。[②]

① 参阅宋家钰《佛教斋文源流与敦煌本〈斋文〉书的复原》，《中国史研究》1999年第2期。

② 郝春文《唐后期五代宋初沙州僧尼的宗教收入（二）——儭状初探》，载《段文杰敦煌研究五十年纪念文集》，世界图书出版公司，1996年。

四、敦煌“唱衣”的地域特色

《敕修百丈清规》《禅苑清规》记载的“唱衣”情况，都是一个寺院的活动。而敦煌文书记载的敦煌寺院，其“唱衣”等活动虽然遵从了律藏的规定，但又与《敕修百丈清规》《禅苑清规》的记载不完全一致，具有鲜明的地域特色。

如“唱衣”就不是在某一个寺院中进行，而是整个敦煌教团的集体行动。归义军时期，敦煌的寺院比较多，S.1947 号文书中就有“（归义军）管内一十六所寺及三所禅窟”，Дx.1382 号也有“应管壹拾陆寺僧尼籍”的记载。据李正宇先生考证，晚唐五代时期，敦煌境内敕建有尼寺五所及僧寺十一所，总称十六寺[①]。另外还有一些窟、佛刹、佛龛、佛堂和兰若等。“站在这个庞大的教团势力顶端的，仍然是‘都司’即都僧统司。……‘都司’下设立掌管布施收入和分配的‘儭司’，由‘儭司教授’及‘儭司法律’掌管”。[②]由此可见，儭司主持的“唱衣”，并非单个寺院的单独活动，而是整个敦煌教团的集体行动。

现在，我们再来看 P.2638 号文书提到的寺院：14 行“龙”即龙兴寺，15 行、20 行“普”即普光寺，19 行“国”即安国寺（51—52 行也有安国寺），45 行的大云寺、永安寺（62 行的“永”即永安寺），50 行的圣光寺，51 行的开元寺（62 行的“开”即开元寺），55 行的三界寺、净土寺，62 行的“修”即灵修寺。以上共提到寺院 10 个，另外，61 行的“三窟”指的就是莫高窟、西千佛洞和榆林窟，58—59 行的“诸寺兰若”则是对敦煌寺院兰若的泛称。

本件文书是沙州儭司的状稿，而儭司又是都僧统司的下属机构，

① 李正宇《敦煌地区古代祠庙寺观简志》，《敦煌学辑刊》1988 年第 1、2 期合刊。

② 姜伯勤《唐五代敦煌寺户制度》，中华书局，1987 年，第 145 页。

由此也可看出，“沙州僧团是超越于一个寺院的组织”。[①]而本件文书上又钤有几颗“河西都僧统印”，可见所谓“右奉处分令执掌大众儭利”，也是奉河西都僧统的处分。它也证明 P.2638 号文书中儭司的“唱衣”行动，是由“河西都僧统”领导下的整个敦煌教团组织的集体行动，并非像《敕修百丈清规》《禅苑清规》记载的那样，只是一个寺院的活动。

敦煌的佛寺，虽不能说全是禅寺，但具有禅宗的内容则是不容置疑的。由此我们可以提出这样一种假设，即《敕修百丈清规》《禅苑清规》虽是禅门寺院的规范，但它又是在总结、继承整个佛教寺院行为准则的基础上制定的，故在非禅宗寺院中也可以看到许多与《敕修百丈清规》《禅苑清规》相似的内容。从以上所论敦煌寺院的“唱衣”可知，它与《敕修百丈清规》《禅苑清规》的记载也有不完全一致之处，即打上了当时当地的烙印。这也许是因为《敕修百丈清规》《禅苑清规》的规定是佛教僧徒的最高理想，属于佛教的法规，而敦煌文书中反映的“唱衣”，则是一般僧人的活动，虽以佛教法规为指导，但又具有一定的世俗性。

从唐代开始，僧务的管理权就一直隶属于中央政府的常设官署，如鸿胪寺、祠部等，不再设专门的僧务机构了。在僧务管理上，表现为一种僧官与俗官混存共管的情况。[②]而敦煌归义军政权，虽奉中原王朝正朔，但基本上是一个独立或半独立的地方政权，在僧务管理上也是如此。如张氏归义军时期的河西都僧统悟真，从形式上看，由朝廷任命，但实际上是由归义军节度使决定的。到“西汉金山国”

① 姜伯勤《敦煌社会文书导论》，新文丰出版公司，1992 年，第 204 页。

② 参阅白文固《南北朝隋唐僧官制度探究》，《世界宗教研究》1984 年第 1 期，又见何兹全主编《五十年来汉唐佛教寺院经济研究（1934—1984）》，北京师范大学出版社，1986 年。

及曹氏归义军时期，则干脆自行任命，有时仅仅加上一个“大唐敕授”的名义罢了。[①]

正因为敦煌教团僧官的任命权在归义军节度使，故僧官在大政方针上必须与归义军政权保持一致，甚至听命于归义军节度使。在曹氏归义军时期，其统辖的地盘已大不如前，并不断受到外来的侵扰，故必须加强内部统治。再加上敦煌的寺院，一般规模比较小，自不能与中原、南方的一些大寺相提并论。因此敦煌佛寺的活动，并不是一个寺院的单独行动，而是由都僧统领导下的整个敦煌教团的集体行动。如根据 S.0520 和 S.8583 号缀合之《天福二年(937 年)二月十九日河西都僧统龙䛒榜》[②]上有“河西都僧统印”三颗，是沙州报恩寺为举办方等道场，由“河西应管内外释门都僧统龙䛒”所发之榜文，其目的是要求都僧统司下属之僧官以及敦煌十一个僧寺的禅律大德、律师等参加诸司的管理工作。敦煌佛寺的各项活动，是沙州教团的集体行动。作为佛寺活动内容之一的“唱衣”，也就不是各个寺院的单独行动。

前已述及，归义军时期敦煌共有十六寺、三窟及若干兰若等，但在 P.2638 号文书中只出现了十寺、三窟，为何不是全部寺院的活动呢？对此郝春文先生认为，在当时的沙州，亡故僧尼的衣物并非全部“散施”给儭司，也不是每个疾病死亡僧尼都向儭司“散施”物品。因为僧尼施入各个寺院和“入法事”的物品都不能归入儭司，所以儭司所执掌的大众儭利似乎只是施主明言施入“合城大众”或“大众”的部分。由此就可以明白，为什么 P.2638 号文书“收入部分”所记布施衣

① 参阅谢重光、白文固《中国僧官制度史》，青海人民出版社，1990 年，第 144—145 页。

② 见唐耕耦《敦煌研究拾遗补缺二则》，《敦煌研究》1996 年第 4 期。

物的人次较少了。[①]这是有一定道理的，但还有一种可能，即儭司每次主持的“唱衣”及儭物分配，只是有关的寺院参加，并不包括所有的寺院。

另外，根据内律规定，寺院唱衣，所收一般是钱，如：

> 估唱得钱必照板帐，支用外其钱作三七。抽分归常住（百贯抽三十贯，不满百贯则不抽分），余则均俵僧众。[②]

同时还列有各种收支账目的样式。《百丈清规证义记》卷五《估唱》条亦曰：

> 唱一件价，维那鸣磬一下，要者称名收号条，书记填某号某甲收，知客僧值照应，或当时钱物两交，副寺照号收钱，知客给物，或另日往库房缴钱取物。

而敦煌文书中的唱衣历，其唱卖所得都是实物，其中绝大部分都是布，另有少部分麦、粟等，总之都是实物，目前还未发现使用货币的，这是什么原因呢？

自从“安史之乱”以后，吐蕃占领了敦煌，并将其本部的一些行政、军事、经济政策在敦煌实行，如部落、将制、突田制等，[③]唐王朝的货币被废除，主要实行物物交换，交换的媒介是实物。

---

① 参阅郝春文《唐后期五代宋初沙州僧尼的宗教收入(一)——兼论儭司》，载《庆祝潘石禅先生九秩华诞敦煌学特刊》，文津出版社，1996 年。

② 《敕修百丈清规》卷七“板帐式”。

③ 参阅刘进宝《关于吐蕃统治经营河西地区的若干问题》，《中国边疆史地研究》1994 年第 1 期。

归义军政权作为一个特殊的藩镇,虽然在绝大部分时间都奉中原王朝为正朔,但由于当时唐王朝自顾不暇,再加上交通的阻隔等各种原因,归义军政权实际上处于一个地方政权状态,无法得到唐王朝的有力支持,当然也就无法得到、使用唐王朝的货币。而它又是在推翻吐蕃统治的基础上建立的,也没有货币供其继承,而归义军政权本身没有铸造货币。因此,在整个归义军时期,都很难见到使用货币的记载,人们在买卖、雇工、典当、借贷时,便以麦粟、绢帛、布疋等实物计价。尤其是布疋,在当时当地便替代了货币的功能,具有价格和价值的尺度,是实物货币的主要形态。

作为社会组成部分的寺院,也自然受这一大环境和前提的影响、左右,在唱衣时,其所得也就以布疋为主了。

第四节　敦煌文学及其学术价值

敦煌文学的概念比较广泛，只要是敦煌遗书中具有文学色彩的文献都是其研究对象。除了变文、曲子词、诗歌等外，还包括具有文学色彩的表、疏、书、启、状、牒、帖、书仪、邈真赞、碑铭、契约等应用性文字，另外还有传记、杂记、祭文、赋、讲经文、话本、俚曲小调等非主流文学的文献，既有俗文学、雅文学之区分，又有乡土文学、世俗文学、寺庙文学之区别。总之，只要是敦煌文献中具有文学色彩的东西都可以作为敦煌文学来研究。①

一、变文的题材、内容和价值

敦煌变文是唐代民间说唱文学的主要形式，是在汉魏六朝乐府、小说、杂赋等文学传统的基础上发展演变而成的新兴文体。通过对变文的研究，有助于我们了解我国说唱文学的兴起、发展和繁荣，还可以回答文学史上曾长期不能解决的宋、元、明、清民间文学的渊源问题。

1. 什么是变文

1920 年 4 月，王国维在《东方杂志》上发表了《敦煌发见唐朝之通俗诗及通俗小说》一文，在王氏所称之“通俗诗”“通俗小说”中，有“季布歌”“孝子董永传”“目连救母”“李陵降虏”及“唐太宗入冥小说”

---

① 参阅周绍良《敦煌文学刍议》，《社会科学》（甘肃）1988 年第 1 期；颜廷亮主编《敦煌文学》，甘肃人民出版社，1989 年；颜廷亮主编《敦煌文学概论》，甘肃人民出版社，1993 年。

“伍员入吴小说”等多种。后来人们才知道，其中的多数乃是我国失传已久的变文。

但由于当时大部分敦煌遗书都没有公布，人们对变文的认识尚属初级阶段，因此对这种失传已久的文体难免会产生种种隔阂。1924年，罗振玉辑印《敦煌零拾》，其中有“佛曲三种”，这是国内外最早刊布的敦煌变文作品。但因这三种敦煌写本都首尾残缺，罗氏不知其原名，只好名之曰“佛曲”。以后，随着变文作品的不断发现及其研究的进展，人们对变文的认识也逐渐明确。1929年，郑振铎《敦煌的俗文学》[①]一文首先采用了“变文”这一名称，他说：“这种俗文虽可说是佛曲的起源，却并不是佛曲；‘变文’之体，似更近于佛曲，所以我们应该更正确一名之曰‘俗文’，曰‘变文’。”后来郑氏编著《插图本中国文学史》[②]《中国俗文学史》[③]，又用相当多的篇幅对“变文”加以阐述。在郑氏和其他一些学者的大力倡导下，“变文”之名便逐渐流行，并一直沿用到今天。

但是，什么是变文？它是如何得名的？却是一个长期困扰着学术界的难题。百年来中外学者进行了深入的探讨，现在倾向性的意见是：变文和另一种叫作变相的图画有关，变文之“变”，即变相之“变”，大约是变化、变现、变异之义；变相是类似于连环画的故事画，变文本是变相的文字说明，后来变文脱离变相而独立，便演变成为一种通俗文学体裁。如白化文先生明确指出：“变文是配合一种故事性图画演出的。这种图画称为‘变相’。现在我们见到的‘变相’，主要是佛教故事画，如莫高窟中的‘维摩变’、‘劳度叉斗圣变’等。变文配合变相演出，大致是边说边唱边引导观看图画。因此可以说，变文是一种供对

① 《小说月报》第20卷第3期。
② 1932年12月朴社出版。
③ 商务印书馆，1938年8月出版。

听众(也是观众)演出的说唱文学底本。有材料说明,变文常在专门开设的‘变场’演出。”①

姜伯勤先生则从另一个角度,即隋代三论宗吉藏《中观论疏》中的“变文易体”、P.4660《敦煌唱导法匠兼毗尼藏主广平宋律伯彩真赞》中的“唱导法将”入手,对变文的起源和内容、体裁进行了探讨,指出:

> “变文”二字是一个文体学的概念,也是一个关于变异了的演唱宣讲方式的文本的概念。变文是对经文的变易了的文体,是以变态方式宣唱经文及事缘的文本。由于《高僧传》“经师”传论及“唱导”传论都提及“变态”,因而使我们相信早期变文既见于经师讲经中,也见于导师唱导中,因而早期广义的“变文”一词既涵盖了经师讲经时变易经文文体的通俗讲经文本,更涵盖了导师在授戒及各种法会中引用原属律藏的本生、譬语及原属经藏的经变故事。用相对于三藏经典的变易了的通俗文体,用于讲经及在法会唱导中咏唱事缘,这样,至迟在兴皇法朗所处的南朝梁陈之世,就产生了早期广义的变文。而它的产生,又缘自东晋时慧远对唱导的革新。②

在敦煌遗书中,明确标名为“变文”或“变”的作品,现知有以下8种:

1.《破魔变》一卷(P.2187尾题);

2.《降魔变文》一卷(S.5511首题);

---

① 白化文《变文与俗讲》,《文史知识》1988年第8期。

② 姜伯勤《变文的南方源头与敦煌的唱导法匠》,见姜伯勤著《敦煌艺术宗教与礼乐文明》,中国社会科学出版社,1996年,第399—400页。

《降魔变》一卷（S.4398 首题）；

3.《大目乾连冥间救母变文并图一卷并序》（P.3107 首题，又S.2614 首题）；

《大目犍连变文》一卷（S.2614 尾题，又北图藏盈字 76 号尾题、P.2319 尾题）；

《大目乾连冥间救母变文》（P.2319 首题、又 P.3485 首题）；

4.《八相变》（北图藏云字 24 号卷背题）；

5.《频婆娑罗王后宫彩女功德意供养塔生天因缘变》（S.3491 首题）；

6.《汉将王陵变》（S.5437 首题，又北大图书馆藏本封面题）；

7.《舜子变》（S.4654 首题）；

《舜子至孝变文》一卷（P.2721 尾题）；

8.《刘家太子变》一卷（P.3645 尾题）。

这些变文作品，一般都不知道其创作年代，我们只能从某些作品的题记和涉及的事件、人物、官制、地理沿革、文物制度等方面，来考察其大致年代。其中《降魔变文》为唐玄宗天宝年间的作品，是现存变文中所知年代最早的一种；而《舜子变》为五代后晋天福十五年（950年）抄本，是现存变文写本中有明确纪年最晚的一篇。

以上 8 种有关变文的原始材料，每种至少有一件是明确标题为“变文”或“变”的。我们探讨变文，应该以它们为讨论基础[①]。通过对以上作品的研究可知，它们在体制上有以下三个方面的共同特点：

第一，散韵组合，说唱兼行。说是表白讲述，即艺人以第三人称口吻铺陈情节，敷演故事。唱是行腔咏唱，用来叙述故事，抒发感情。前者是散文，后者是韵文，二者相互配合。当然也有全用韵文歌唱，不用

① 参阅颜廷亮主编《敦煌文学·变文》（张鸿勋先生执笔），甘肃人民出版社，1989 年。

散文讲述的，或全用散文讲述，不用韵文歌唱的。但一般都是散韵相间，由韵文和散文交互组合而成。如《八相变》云：

……太子既生之下，感得九龙吐水，沐浴一身。举左手而指天，垂右臂而于地，东西徐步，起足莲花。凡人观此皆殊祥，遇者顾瞻之异端。当尔之时，道何言语：

九龙吐水浴身胎，八部神光曜殿台。

希奇瑞相头中现，菡萏莲花足下开。

第二，有习用的过阶提示语。完整的变文写卷，其结构形式都是散韵相间，在由散文说白变为韵文歌唱之际，必然存在着某些表示衔接过渡的惯用句式。它们是"……处""看……处，若为……""遂为陈说""当尔之时，道何言语"等，如《汉将王陵变》：

二将斫营处，谨为陈说……

说其本情处，若为陈说……

又如《大目乾连冥间救母变文》：

看目连深山坐禅之处，若为……

即至五道将军坐所，问阿娘消息处……

再如《降魔变文》：

舍利弗共长者商度处，若为……

且看诘问事由，若为陈说……

而《八相变》却是：

> 当尔之时，道何言语……
> 于此之时，有何言语……

由以上例句可知，这些惯用句式都是用来向听众表示即将由白转唱，并有指点听众在听的同时“看”的意图。“由此可以推论出，变文是配合变相图演出的，大致是边说边唱引导观看图画。说白叙述故事，唱词加深印象。变文是一种供对听众（也是观众）演出的说唱文学底本。”①

第三，由以上叙述可知，演唱变文，往往配合图画。这从《大目乾连冥间救母变文并图一卷并序》的标题中就可看出。虽然此图没有保存下来，但原卷有图则是毋庸置疑的。P.3627《汉将王陵变》尾题标作《汉八年楚灭汉兴王陵变一铺》，文中又有“从此一铺，便是变初”的话句，而所谓“铺”，正是一幅或多幅佛像图画的意思。尤其是 P.4520《降魔变文》，不仅有图 6 幅，而且卷背还抄录着与画图内容相应的唱词，更是变文配合画图的实物。

根据变文的这些特点，对敦煌遗书中已失去标题的说唱作品进行研究探讨，可知伍子胥故事、李陵故事、王昭君故事、张议潮故事、张淮深故事等都属于变文作品。

2. 变文的题材和内容

现存的敦煌变文，从内容上看，其题材大体有三类：

一是历史故事类。如《伍子胥变文》《王陵变》《李陵变》《王昭君变文》等，都是以历史人物为中心的。还有一些作品则写了当代的历史

---

① 白化文《什么是变文》，见周绍良、白化文编《敦煌变文论文录》，上海古籍出版社，1982 年。

事件，如《张议潮变文》《张淮深变文》就是以当时当地的英雄人物为描写对象的。它们大多以一个历史人物为主，撷取历史事件中的轶事趣闻，再吸收些民间传说，进行加工渲染而创造的。这类作品，不但形象地再现了特定历史时期的历史面貌，而且几乎成为人民褒忠贬奸、评价历史的“教科书”。如《伍子胥变文》现存15000多字，除卷尾残去伍子胥遇难的内容外，是一篇故事情节基本完整的变文。它与《左传》《吕氏春秋》《史记》等记载相比，既以史籍记载为依据，又不为史书记载所局限，而是适当增加了某些细节描写，从而提高和丰富了故事的真实感。在记载伍子胥逃亡吴国的经过时，《史记》说：“伍胥惧，乃与胜俱奔吴。到昭关，昭关欲执之。伍胥遂与胜独身步走，几不得脱。追者在后。至江，江上有一渔夫乘船，知伍胥之急，乃渡伍胥。伍胥既渡，解其剑曰：‘此剑直百金，以与父’。父曰：‘楚国之法，得伍胥者赐粟五万石，爵执珪，岂徒百金剑邪！’不受。伍胥未至吴而疾，止中道，乞食。至于吴”。[①]变文作者则以伍子胥逃亡为主线，增加了打纱女赠食自沉，伍子胥见妻遇姐，外甥追舅以及渔人救渡后覆舟自尽等情节，把伍子胥历经艰危、壮怀激烈的命运同人民的真诚相助联系在一起，反映出打纱女、渔父等人不贪富贵和视死如归的高尚品质，在一定程度上使作品更具有现实意义。因此，《伍子胥变文》远远超出了史籍记载的范围，在民间得到了广泛流传[②]。

再如《张议潮变文》和《张淮深变文》，虽残缺过甚，但仍可看出当时民间艺人如何通过变文说唱，热情讴歌张氏叔侄领导敦煌地区人民抵御外族入侵，保境安民的英雄业绩。然而两唐书却未为他们立传，只在其他传记中有简略记载，因而这两篇变文作品便成了补充晚

---

① 《史记》卷六十六《伍子胥列传》，第2173页。

② 参阅张锡厚《论敦煌变文从宗教到文学的转变》，《文学评论丛刊》第18辑，1983年。

唐西北边陲历史的极好史料。据《新唐书·吐蕃传》记载:“义潮阴结豪英归唐。一日,众擐甲噪州门,汉人皆助之,虏守者惊走,遂摄州事。缮甲兵,耕且战,悉复余州。”变文作者在尊重历史的基础上,经过适当的提炼和概括,集中描写了张议潮领导归义军与周边少数民族的三次战斗,展现了其威武壮烈的战斗场面:“展旗帜,动鸣鼍,纵八阵,骋英雄。分兵两道,裹合四边,人持白刃,突骑争先。须臾阵合,昏雾涨天。汉军勇猛而乘势,拽戟冲山直进前。蕃戎胆怯奔南北,汉将雄豪百当千。”《张淮深变文》描写归义军与回鹘的战斗场面说:“先锋远探,后骑相催,铁□千队,战马云飞。分兵十道,齐突穹庐。鞞鼓大震,白刃交麾,匈奴丧胆,獐鼠周诸。头随剑落,满路僵尸。回鹘大败。”表现了归义军将士勇敢无畏的精神和“生死大唐好”的爱国热情,这种以现实为依据的描写手法,为变文的发展开辟了广阔的前景。

二是民间传说类。如《孟姜女变文》《舜子变》《前汉刘家太子传》等,它们讲述的是与一定历史人物、历史事件和地方古迹、社会习俗等有关的故事。如《舜子变》虽宣扬了愚孝思想,但通过舜几番机智地逃脱后母的陷害,反映了封建社会家庭内部的矛盾斗争。后母之狠毒、瞽叟之昏愦、舜子之机智至孝等都描写得比较突出。变文叙事采用反复手法,质朴单纯;又用传统的三灾三难的“三迭式”结构,均具民间讲故事的趣味。

又如《孟姜女变文》,则以想象夸张和真实描绘相结合的艺术手法,铺叙了千里寻夫、哭倒长城的孟姜女故事,抨击了封建社会繁重的兵役徭役给人民带来的痛苦和灾难,比起佛寺禅门的空幻说教要具体、深刻得多。变文作者为了突出主题,便巧妙安排了游魂陈诉、哭倒长城、指血验骨、众魂相托等情节,从而增强了作品的艺术感染力。如:

其妻闻之大哭叫:不知吾在长城夭。

既云骸骨筑城中，妾亦更知何所道？
姜女自扑哭皇天，只恨贤夫亡太早。
妇人决烈感山河，大哭即得长城倒。

髑髅既蒙问事意，已得传言达故里。
魂灵答应杞梁妻：我等并是名家子。
被秦差充筑城卒，辛苦不禁俱役死。
铺尸野外断知闻，春冬镇卧黄沙里。
为报闺中哀怨人，努力招魂存祭祀。

这些血泪斑斑的控诉，使作品具有了一定的批判力，并且它奇特的想象，也使悲剧的意义更加深化了。

三是宗教类。如《太子成道经》《八相变》《降魔变文》《破魔变》《大目乾连冥间救母变文》《频婆娑罗王后宫彩女功德意供养塔生天因缘变》等。它们主要讲述释迦精心修道、断绝苦因、追求佛家最高理想的故事和佛法战胜邪道的故事。其宗旨虽在于弘扬佛教，无多大意义，但有些故事还是曲折地反映了人间现实生活的一些侧影。如根据元魏凉州沙门慧觉等译《贤愚经》卷十《须达起精舍品第四十一》演绎的《降魔变文》，主要描写了舍卫国大臣须达，在赴王舍城为子求媳时，偶然遇见了释迦，于是悟性顿开，皈依佛法。他为了请释迦亲临舍卫国说法，便出重金购太子祇陀园地起精舍，以作道场。六师外道听到这一消息后，依仗国王的支持，便要求与舍利弗斗法，并约定：若舍利弗胜，则外道皈依佛祖；若外道胜，则不仅不能起精舍说法，而且太子、须达亦将“受诛”。劳度叉与舍利弗先后六次分别变化成高山、金刚；水牛、狮子；宝池、大象；毒龙、金翅鸟；黄头鬼、毗沙门天王；树、风。激烈拼斗，在争斗中舍利弗节节胜利，最后以大风席卷劳度叉阵营而获全胜，变文也以外道皈依佛法而告终。其主旨虽在于宣扬佛法宏大,威力无边,只有归心向佛,才能解脱,自不足取。但故事写得相当热闹生动,又多次设置悬念,因而极富戏剧趣味。如描写舍利弗与劳度叉最后两次变化拼斗说:

六师自道无般比,化出两个黄头鬼。
头脑异种丑尸骸,惊恐四边令怖畏。
舍利弗举念暂思惟,毗沙天王而自至。
天王回顾震睛看,二鬼迷闷而擗地。
外道是日破魔军,六师胆慑尽亡魂。
赖得慈悲舍利弗,通容忍耐尽威神。
驴骡负重登长路,方知可得比龙鳞?
只为心迷邪小迳,化遣归依大法门。

六师虽五度输失,尚不归降。……忽于众中化出大树,婆娑枝叶,蔽日干云,耸干芳条,高盈万仞。……于时见者,莫不惊嗟。舍利弗忽于众里化出风神,叉手向前,启言和尚:"三千大千世界,须臾吹却不难;况此小树纤毫,敢能当我风道!"出言已讫,解袋即吹。于是地卷如绵,石同尘碎,枝条进散他方,茎干莫知所在。外道无地容身,四众一时唱快处若为:

六师频□输五度,更向王前化出树,
高下可有数由旬,枝条蓊蔚而滋茂。
舍利弗道力不思议,神通变现甚希奇,
辞佛故来降外道,次第总遣大风吹。
神王叫声如电吼,长蛇□树不残枝,
瞬息中间消散尽,外道飘飖无所依。

六师被吹脚距地，香炉宝子逐风飞，
宝座倾危而欲倒，外道怕急总扶之，
两两平章六师弱，芥子可得类须弥！

作者将他们的拼斗场面描写得幻化多变，诙谐幽默，使人们自然会想起后世《西游记》和《封神演义》之类的小说，从而使我们知道了敦煌变文怎样在精神上哺育了后代神魔小说。

3. 变文的价值

敦煌变文在中国文学史上占有十分重要的地位，主要是：

第一，它在历史上是民间说唱的俗文学，是劳动人民自己开辟的一个文学园地。它利用各种各样的题材，在民间说唱，拥有众多的听众和读者，可以说变文是我国历史上真正的人民文学。通过对变文的内容分析可知，它完全是由人民大众创作的文学，其故事内容，都在民间有长期的历史渊源，变文中的人物，都是通过人民大众的爱憎而陶铸出来的典型。只有正确认识变文的人民性，才能真正认识它的价值及其在我国文学史上的重要地位。①

第二，变文内集中保存了许多唐五代时的通俗性语言——民间口语。在我国古代，口语体著作非常少见，正统文人在他们的创作中，很少有采用民间口语的。由于变文是真正的民间说唱文学，它大量采用的是民间口语，也是目前我们见到的最多、最古老的民间口语，因而对我国古代语言和文学，尤其是民间文学的研究，是极有价值的。

第三，变文的发现，使我们认识到宋代话本、明代“三言”“二拍”，以及明清以来的弹词宝卷、鼓词的由来，填补了文学史研究的空白。

敦煌变文的发现，改变了对中国文学史的认识。早在 80 多年前，

① 参阅王重民《敦煌变文研究》，载《敦煌遗书论文集》，中华书局，1984 年。

郑振铎先生就曾说过："在敦煌所发现的许多重要的中国文书里，最重要的要算是'变文'了。在'变文'没有发现以前，我们简直不知道：'平话'怎么会突然在宋代产生出来？'诸宫调'的来历是怎样的？盛行于明、清二代的宝卷、弹词及鼓词，到底是近代的产物呢？还是'古已有之'的？许多文学史上的重要问题，都成为疑案而难于有确定的回答。但自从三十年前史坦因把敦煌宝库打开了而发现了变文一种文体之后，一切的疑问，我们才渐渐的可以得到解决了。我们才在古代文学与近代文学之间得到了一个连锁。我们才知道宋、元话本和六朝小说及唐代传奇之间并没有什么因果关系。我们才明白许多千余年来支配着民间思想的宝卷、鼓词、弹词一类的读物，其来历原来是这样的。这个发现使我们对于中国文学史的探讨，面目为之一新。"①

变文散韵相间的组合体制，当时就曾影响到传奇小说的形式，如唐代武则天时张鷟的《游仙窟》，其体裁也是由诗、文排列而成，这在唐以前是根本没有的，却与变文散韵相间的形式完全一样。里面的虚字、语助词和辅助说明时间转变的联系词如"少时""于是""余时""当时""于时"等等，也和变文中的"尔时""是时"等相同。再如《长恨歌》与《长恨歌传》《莺莺歌》与《莺莺传》《李娃行》与《李娃传》《冯燕歌》与《冯燕传》等等，都是散文传奇与叙事相互组合。它们写作的具体情况虽然各不相同，但都从不同角度和在一定程度上受到了变文的影响，则是无可置疑的。至于宋元以后的鼓子词、诸宫调、词话、弹词、宝卷等各类说唱文学以及戏剧文学，尽管其名称和体制各有差异，它们的发展道路和时代先后也各不相同，然而若追溯其渊源，却都与变文有很深的血缘关系。就连藏族的民间曲艺拉麻玛尼，据说也是受变文的

① 郑振铎《中国俗文学史》第 6 章"变文"，商务印书馆，1938 年。

影响而形成的。

宋代话本是唐代俗讲和变文的直接延续和发展，有了变文才有可能产生话本，有了话本才有“三言”“二拍”和以后的弹词、宝卷等。如宋代以后宝卷、戏曲中的《目连救母》本子，就是由敦煌本《大目乾连冥间救母变文》演化而来的。过去研究我国说唱文学的历史，只能看到宋代的话本，宋以前的情况则不得而知。敦煌变文的发现，填补了这个空白，使文学史家们在六朝小说、唐人传奇与宋元明说唱文学、戏剧等文体之间，找到了中间环节，理出了承上启下，继承创新的衔接关系。中国文学史上的一段空白，由此得到了填补，正是从这个意义上说，敦煌变文在中国文学发展史上，有着特殊的地位和价值。

二、敦煌诗歌的类型及其价值

敦煌诗歌，是敦煌遗书的重要内容之一。它主要指敦煌藏经洞发现的唐代诗人专集、唐代诗文选集、唐人选唐诗以及流传于敦煌地区僧俗人士的诗歌残卷，还包括某些即情应世、针砭时弊、感慨悲怀的敦煌民间诗歌，据张锡厚先生研究统计，其总数可达三千首左右。[①]而项楚先生则对敦煌诗歌的概念界定中，将原来列入诗歌范畴的某些曲词、俗赋、佛道教的偈颂等排除在外，这样敦煌遗书中存在的诗歌约有两千首以上[②]，其中大多数是《全唐诗》不载的佚诗，是唐五代时期敦煌地区诗歌繁荣的真实写照。通过对敦煌诗歌的搜集整理，既可补《全唐诗》之不足，又可为研究唐五代及敦煌文化作出宝贵的贡献。

---

① 张锡厚《敦煌诗歌考论》，《敦煌学辑刊》1989 年第 2 期。

② 参阅项楚《敦煌诗歌导论》绪论，新文丰出版公司，1993 年。

现依据敦煌诗歌的特点，将其分类介绍如下[①]：

1. 敦煌诗人之作

所谓“敦煌诗人之作”，是指从敦煌诗歌抄卷中，可以明显判为敦煌地区的诗人文士所创作的诗歌作品。从内容看，主要有以下几种情况：

第一，直接反映当时风云变幻的社会时事之作。

唐代安史之乱后，唐王朝西北边境空虚，吐蕃、回鹘等少数民族上层统治集团逐渐侵吞河陇大片土地。驻守边塞的军民陷入了异常悲苦的境地，一些边地城镇也失去了往日的繁华，甚至被夷为平地。对于这段历史，史书记载过于简略，无法知其详情，而敦煌写本P.2555《唐人诗集残卷》[②]的发现，为研究这段历史提供了生动而又形象的材料。[③]如《冬出敦煌郡入退浑国朝发马圈之作》云：

西行过马圈，北望近阳关。
回首见城郭，黯然林树间。
野烟暝村墅，初日惨寒山。
步步缄愁色，迢迢惟梦还。

又如《冬日书情》曰：

殊乡寂寞使人悲，异域留连不暇归。

① 本节主要参考张锡厚《敦煌诗歌考论》、项楚《敦煌诗歌导论》写成。

② 图版见《法藏敦煌西域文献》第十五册，第334—340页。

③ 陈国灿《敦煌五十九首佚名氏诗历史背景新探》（载《敦煌吐鲁番研究》第2卷）认为这是属于金山国时期的，供参阅。

万里山河非旧国，一川戎俗是新知。
寒天落景光阴促，雪海穹庐物色稀。
为客终朝长下泣，谁怜晓夕老容仪。

再如《闻城哭声有作》说：

昨闻河畔哭哀哀，见说分离凡几回。
昔别长男居异域，今殇小子瘗泉台。
羁愁对此肠堪断，客舍闻之心转摧。
漂泊自然无限苦，况复存亡有去来。

另如《夏日非所书情》写道：

自从去岁别流沙，犹恨今秋归望赊。
将谓西南穷地角，谁言东北到天涯。
山河远近多穹帐，戎俗追观少物华。
六月尚闻飞雪片，三春岂见有烟花。
凌晨倏闪奔雷电，薄暮斯须敛雾霞。
傍对崇山形屹屹，前临巨壑势呀呀，
昨来羁思忧如捣，即日愁肠乱似麻。
为客已遭迍否事，不知何计得还家。

从这些诗歌中不难看出，由于吐蕃统治者的侵扰破坏，给河陇各地人民带来了惨痛的灾难与痛苦。

唐宣宗大中二年，张议潮率众起义，推翻了吐蕃在敦煌的统治，并渐次收复了其他各州。为了加强对河西的统治，唐王朝建立归义军。到了唐昭宗、哀宗时期(892—905 年)，归义军内部争权夺利，战乱频仍，张承奉遂自立为白衣天子，建西汉金山国。当时因白雀之瑞，“三楚渔人臣张永进上”《白雀歌》[①]（P.2594、P.2864）。诗中利用谶纬之说，以明天命所归，因此可视为金山国之开国史。诗云：

白雀飞来过白亭，鼓翅翻身入帝城。
深向后宫呈宝瑞，玉楼高处送嘉声。
白衣白鞾白纱巾，白马银鞍佩白缨。
自古不闻书不载，一剑能却百万兵。
……
我王自有如神将，沙南委付宋中丞。
白屋藏金镇国丰，进达偏能报虏戎。
楼兰献捷千人喜，敕赐红袍与上功。
文通守节如白银，出入王宫洁一身。
每向三危修令得，唯祈宝寿荐明君。
填词陈白未能休，笔势相催白汗流。
愿见金山明圣主，延龄沧海万千秋。

另如 P.3633 背《龙泉神剑歌》[②]曰：

龙泉宝剑出丰城，彩气冲天上接辰。
不独汉朝今亦有，金鞍山下是长津。
天符下降到龙沙，便有明君膺紫霞。
天子由来是天补，横截河西作一家。

---

① 图版见《法藏敦煌西域文献》第十六册，第 170 页。
② 图版见《法藏敦煌西域文献》第二十六册，第 158 页。

堂堂美貌实天颜，□德昂藏镇玉关。
国号金山白衣帝，应须早筑拜天坛。
……
东取河兰广武城，西取天山翰海军。
北扫燕然□岭镇，南当戎羌逻莎平。
□□军壮甲马兴，万里横行河湟清。
结亲只为图长国，永霸龙沙截海鲸。
我帝威雄人未知，叱咤风云自有时。
祁连山下留名迹，破却甘州必□迟。
……

第二，敦煌人士所献贺诗及酬赠奉答之作。

这一类诗篇所涉及的内容比较广泛，除具有一定的艺术情趣外，更注重诗歌的实用价值。

贺诗方面的代表作有S.1655背《白鹰歌》[①]，作者以白鹰的异瑞呈祥，歌颂秉节龙沙的尚书。诗云：

奇哉白昌灵圣峰，所感呈祥世不同。
尚书德备三边静，八方四海尽归从。
白鹰异俊今来现，雪羽新成力更雄。
平原狡兔深藏影，争能路上出其踪。

在敦煌诗歌中，酬赠奉答之作也较为习见，其中有些诗篇比较真

① 图版见《英藏敦煌文献（汉文佛经以外部分）》第三卷，四川人民出版社，1990年，第117页。

切，充满着浓郁的感情色彩。如 P.2555《赠邓郎四弟》[1]诗云：

把袂相迎意最浓，十年言笑得朋从。
怜君节操曾无易，只是青山一树松。

某些赠释氏佛徒之作，又别有一番情趣，或描述高山窟龛，远离尘世；或刻画清夜月色，洗尽浮埃；或叙写寂寞苦乐，莫可言说。如 S.2014 背《赠道清和尚诗》[2]就是抒发对恩师的无限感激之情，诗云：

身到敦煌有多时，每无管领接括希。
寂莫如今不请说，苦乐如斯各自知。
思良乡井我心悲，未曾一日展开眉。
奈得清师频管领，似逢亲识具人知。

第三，描写和颂赞敦煌地区名胜古迹之作。

这一类作品主要有《敦煌二十咏》，每首均为五言律诗，所咏景物依次为：三危山、白龙堆、莫高窟、贰师泉、渥洼池天马、阳关戍、水精堂、玉女泉、瑟瑟监、李庙、贞女台、安城祆、墨池、半壁树、三攒草、贺拔堂、望京门、相思树、凿壁井、分流泉等。

《敦煌二十咏》主要是运用写实的手法，充分展现敦煌风物独具异彩的粗犷景观和极其难得的美丽风光，从而激发人们热爱家国、热爱乡土的情怀，故能得到广泛的传诵。如《贰师泉咏》曰：

---

① 图版见《法藏敦煌西域文献》第十五册，第 334—340 页。

② 图版见《英藏敦煌文献（汉文佛经以外部分）》第四卷，四川人民出版社，1991 年，第 5 页。

贤哉李广利，为将讨匈奴。
路指三危回，山连万里枯。
抽刀刺石壁，发矢落金乌。
志感飞泉涌，能令士马苏。

又《李庙咏》曰：

昔时兴圣帝，遗庙在敦煌。
叱咤雄千古，英威静一方。
牧童歌冢上，狐兔穴坟傍。
晋史传韬略，留名播五凉。

在敦煌写景诗中还有《题隐士咏》《寿昌》及佚题诗残卷，它们分别选取特定的自然景物和历史环境，予以恰如其分地描写，从而取得强烈的艺术效果，如 P.5007[①]佚题诗云：

万顷平田四畔沙，汉朝城垒属蕃家。
歌谣再复归唐国，道舞春风扬柳花。
仕女上门天宝髻，水流依旧种桑麻。
雄军往往施鼙鼓，斗将徒劳猃狁夸。

谈到敦煌胜迹，自然以莫高窟为最。因此在敦煌诗歌中，也有一些歌咏莫高窟的诗篇，从中不仅能看到当时莫高窟的繁盛，又可以反映出当地人士对莫高窟的爱护与虔敬。由于这类诗歌较少，且大多在

① 图版见《法藏敦煌西域文献》第三十四册，第 11 页。

佛经发愿文及题记中，多不为人们所注意，现摘引几首。如 P.2641 背是有关莫高窟的杂文，其中有佚名氏的《南大像北边古窟得观音院主释道真修葺竣功题壁》[①]曰：

人生四大总是空，何个不觅出烦笼。
造罪人多作福少，所以众生长受穷。
坚修苦行仍本分，禁戒奢华并不同。
今生努力勤精练，冥路不溺苦海中。
逐日持经强发愿，佛道回去莫难逢。
唯报往来游礼者，这回巡谒一层层。

同卷还有这样一首诗：

白壁从来好丹青，无知个个乱题名。
三涂地狱交谁忍，十八满铜灌一瓶。
镌龛必定添福利，凿壁多层证无生。
唯报往来游睹者，辄莫于此骋书题。

2. 释氏道徒之作

敦煌乃丝绸之路的要冲，是汉族聚居区最先接触佛教的地方。作为佛教文化兴盛的标志，除佛教典籍得到大量传抄、讲经传道深入民心之外，释氏佛徒创作的诗歌作品也逐渐为人们重视，并广为传抄，其中亦不乏佳作，并可补《全唐诗》之不足。

敦煌诗歌中的释氏作品，大都佚去作者姓氏，留有撰者姓名的诗

---

① 图版见《法藏敦煌西域文献》第十七册，第 64 页。

作为数不多，其中主要有河西都僧统赐紫沙门悟真的诗作。S.2748背悟真诗残卷所载“诗序”云：“敕授河西都僧统赐紫沙门，年逾七十，风疾相兼，动静往来，半身不遂。思忆一生所作所有实事，虽竟寸阴，无为理中，功行阙少。犹被习气系在轮回。自责身心，裁诗十首，虽非佳妙，狂简斐然，散虑摅怀，暂时解闷。鉴识君子，矜勿诮焉。”从此序及诗文内容可知，这是悟真回首往事、追忆一生而写的自省诗。其语言通俗，明白如话，叙事说理，即情而发，虽然算不上名篇佳作，但也表现出释氏佛门追求口语体白话诗的倾向。

此外，还有洞山和尚《神剑歌》、丹遐和尚《玩珠吟》(P.3591)、融禅师《定后吟》(S.2944)、青剉和尚《诫后学铭》(P.3591)等，也都值得一读。敦煌释氏诗中，佚去作者姓氏的诗歌很多，按其内容可分为以下几类：

第一，揣摩人生，嗟叹凡迷之作。作者利用某些习见的人生现象，力图说明人皆易老，俄成聚尘的生灭道理。如《述凡情》诗曰：

圣意空无我，凡情计有身。
缘身起分别，五行益迷津。
触境怀颠倒，逢缘妄受熏。
既迷生灭果，宁识去来因。
日日贪财物，朝朝长我人。
本期千载活，俄成一聚尘。

第二，演绎生死，弘扬佛法之作。有的取材于佛经，铺叙成诗，以成生死之相，如S.6631《九相观诗》[①]云：

---

① 图版见《英藏敦煌文献(汉文佛经以外部分)》第十一卷，四川人民出版社，1994年，第137—138页。

色醉明神暗，贪迷达识昏。
情尘交触境，冥阴托灵魂。
孕气成珠貌，欣生路报分。
宠怜膝下育，娇爱掌中存。
肝胆非为比，珍财岂足敦。
宁知是虚幻，聚散等浮云。
（婴孩相第一）

另如 S.2165 号[①]卷中的一首诗谒曰：

身生智未生，智生身已老。
身恨智生迟，智恨身生早。
身智不相逢，曾经数度老。
身智若相逢，便得成佛道。

这首诗的“智”是指悟解佛法的智慧。若要修行成佛，须在有生之年（身），悟解佛法（智），两者遇合，方得成佛。而对绝大多数人来说，二者总是互相错过。这首诗就是表现一个立志修行成佛者对这种现象的深深的遗憾。[②]

第三，劝戒修行，参禅悟道之作。释氏佛门为了控制和约束僧徒道众的言行，往往以诗歌形式宣传各种戒规，谁若犯戒，必将受到最严厉的惩罚。如《和菩萨戒文》10 首，就历述了“杀生、偷盗、邪淫、妄

---

① 图版见《英藏敦煌文献（汉文佛经以外部分）》第四卷，四川人民出版社，1991 年，第 34 页。

② 项楚《敦煌诗歌导论》，新文丰出版公司，1993 年出版，第 107—108 页。

语、沽酒、自说、毁他、多悭、多嗔、谤三宝”等十戒，详细描述地狱的凄惨可怖景象，以警僧众道徒，切不可犯戒。

释氏劝人修道成佛之作，以 S.2295 和 S.3016 两卷所载《心海集》为集大成者。如：

迷子念佛声切哀，勤苦长斋劝善哉。
万恶丝毫不肯改，凭贤求理觅菩提。

（《执迷篇》）

解悟成佛绝不难，调炼身心出世间。
蠲除想念攀缘尽，如空独秀迥亦然。

（《解悟篇》）

勤苦穿凿菩提道，昼夜镌雕心路门。
功深若能开阖得，无端掩闭作梁津。

（《勤苦篇》）

另如北图海字 51 号（即 BD06251）利涉法师《劝善文》曰：

先亡父母报男女：我今受罪知不知？
都为前生养汝等，委（畏）汝不活造诸非。
大斗小秤求他利，虚言诳语觅便宜。
身口意业都不善，高心我慢镇长为。
缘此将身入地狱，镬汤炉炭岂蹔离。
或作猪羊常被煞，或作驴马被乘骑。
或作豺狼生旷野，或作鱼鳖在陂池。
或作虫蚁生衢路，或作虮虱在人衣。
自作恶业还自受，长劫偿他无了期。
恐汝隔生不相识，对面相见不相知。

为报后代诸人等，垂心救护不思议。

从其内容看，这首题名为《劝善文》的诗歌，主要是针对世俗民众的，因此便托言先亡父母告诫儿女，以亡后所受之恶报现身说法，以此劝诫俗人之心，别用“大斗小秤”“诳语”等方法来“觅便宜”。

值得注意的是，敦煌释氏作品中，还有数量最多、内容丰富的《王梵志诗集》。据有的学者调查统计，王梵志诗已达30个卷子，加上唐宋以来诗话笔记所存王梵志佚诗，共得诗400余首。然是否都为王梵志之作，目前尚有不同意见。

王梵志诗有着和同时代诗人迥然不同的特点。他善于把通俗的语言、自由的章法引入诗歌领域，既明白如话、通俗易懂，又言近旨远，发人深省。如《城外土馒头》曰：

城外土馒头，馅草在城里。
一人吃一个，莫嫌没滋味。

另如《他家笑吾贫》曰：

他家笑吾贫，吾贫极快乐。
无牛亦无马，不愁贼抄掠。
你富户役高，差科并用却。
吾无呼唤处，饱吃长展脚。
你富披锦袍，寻常被缠缚。
穷苦无烦恼，草衣随体著。

再如《富饶田舍儿》曰：

富饶田舍儿，论情实好事。
广种如屯田，宅舍青烟起。
槽上饲肥马，仍更买奴婢。
牛羊共成群，满圈养肫子。
窖内多埋谷，寻常愿米贵。
里正追役来，坐著南厅里。
广设好饮食，多酒劝遣醉。
追车即与车，须马即与马。
须钱便与钱，和市亦不避。
索面驴驮送，续后更有雉。
官人应须物，当家皆具备。
县官与恩泽，曹司一家事。
纵有重差科，有钱不怕你。

王梵志创作的某些描摹社会，直接反映贫富对立的诗篇，以及揭露封建官场种种弊端的诗篇，具有较高的现实主义水平。如其诗中的“里正追庸调”“租调无处出”“门前见债主，入户见贫妻”“广种如屯田”“仍更买奴婢”“里正追役来”“和市亦不避”等，都是当时社会现实的真实反映，具有一定的现实意义和史料价值。

敦煌遗书中除大量的释氏佛徒之作外，还有一些道教诗歌，其数量虽不多，但也有一些比较重要的作品，如《老子化胡经·玄歌》和李翔《涉道诗》等。

敦煌本 P.2004《老子化胡经》共 10 卷，其中前 9 卷为文，第 10 卷为《玄歌》，内容全系五言诗，计有《化胡歌》8 首，《尹喜哀叹》5 首，《太上皇老君哀歌》7 首，《老子十六变词》18 首，共计 38 首，如《化胡歌》一首曰：

我昔化胡时，西登太白山。
修身岩石里，四向集诸仙。
玉女擔浆酪，仙人歌经文。
天龙翼从后，白虎口驰断。
玄武负钟鼓，朱雀持幢幡。
化胡成佛道，丈六金刚身。
时与决口教，后当存经文。
吾升九天后，剋木作吾身。

P.3866号李翔《涉道歌》诗集，共有七言律诗28首。按其内容可分为三类，即游览道教胜迹者，吟咏道教神话者，道友赠答唱和者。如《许真君铁柱》云：

恐老蛟重作患深，独埋铁柱至如今。
根牢直下蟠江底，势壮长流镇郡心。
神鬼每闻趍夜后，风雷不敢犯塘阴。
无因更走横泉窟，压断祈精气永沉。

另如《题金泉山谢自然传后》曰：

蹔谪归天固有程，虚皇还召赴三清。
箫歌近向峰头合，羽驾低临洞口迎。
自换玉衣朝上帝，岂关金格注生名。
门人未得随师去，云外空闻好住声。[1]

---

① 参阅徐俊《敦煌诗集残卷辑考》，中华书局，2000年，第419、422页。图版见《法藏敦煌西域文献》第二十九册，第33页。

3. 敦煌民间诗歌

敦煌诗歌中有大量的民间诗歌，它们多为敦煌地方人士之作，除个别留下作者姓名外，绝大多数为佚名之作。这类诗歌通常是采用民众喜闻乐见的形式，用接近口语的通俗语言创作，用来向民众普及教育、传播知识，表现民众的情感，娱乐民众的生活。这些民间的诗歌作品大部分为《全唐诗》所不载，只是由于敦煌藏经洞的保存而重现。从历史上看，民间一直流传着许许多多通俗的诗歌、民谣等。只是由于多种多样的原因，绝大部分在流传过程中逐渐失传了，而没有保存下来罢了。敦煌藏经洞的发现，使我们有幸看到千年前流传在敦煌民间的诗歌，感受到当时民众的生活气氛和思想情绪。这些诗歌作品，或抄在写卷背面，或写于其他文字夹行之间。约可分为以下几类：

第一，劝善修道的诗歌。

在佛教思想的影响下，一些宣扬业道因缘、轮回报应和劝善修道之作，便应运而生，如卫元嵩的《十二因缘六字歌词》①（P.2385 背），就是宣扬佛门种种因缘观念的诗句。诗云：

百病酸疼苦切，四支急如绳结。
悲啼叫唤耶娘，顿语声斯呜咽。
两手摸空撩乱，九孔不净脓血。
寄语诸徒贤者，学道大宜志节。

（《十二老死缘》）

还有些以家教世训为内容的诗句，在敦煌民间广为流行，如《崔氏夫人训女文》（S.4129、S.5643、P.2633），语句通俗浅近，音韵谐和流

① 图版见《法藏敦煌西域文献》第十三册，上海古籍出版社，2000 年，第 135 页。

畅，故而成为晚唐五代颇受民间欢迎的通俗读物。诗云：

香车宝马竞争辉，少女堂前哭正悲。
吾今劝女不须哭，三日拜堂还得归。
教汝前头行妇礼，但依吾语莫相违。
……
路上逢人须敛手，尊卑回避莫汤前。
外言莫向家中说，家语莫向外人传。
……
若能一一依吾语，何得翁婆不爱怜。
故留此法相教示，千秋万古共流传。

第二，反映民间风习之作。

这类诗歌涉及的内容比较广泛，有的以时令节候为题，如《卢相公咏廿四节气诗》[1]（P.2624），共有 24 首五言律诗，诗题依次咏“立春、雨水、惊蛰、春分、清明……”等廿四节气，如《咏惊蛰二月节》云：

阴气初惊蛰，韶光大地周。
桃花开蜀锦，鹰老化春鸠。
时候争催迫，萌芽护短修。
人间务生事，耕种满田畴。

描写敦煌民间嫁娶为题的新婚诗，主要见于《下女夫词》卷内可以独立成章的五七言诗，如：

① 图版见《法藏敦煌西域文献》第十六册，上海古籍出版社，2001 年，第 327 页。

一花却去一花新，前花是假后花真。
假花上有衔花鸟，真花更有采花人。
神仙本自好容华，多事傍人更插花。
天汉坐看星月晓，纷纷只恐入云霞。

敦煌人民不仅把诗歌用于姻丧嫁娶，有时连生老病死也借助于诗歌表达自己的愿望，如S.5381《康大娘遗书》[①]。诗曰：

日落西山昏，孤男流一群。
剪刀并柳尺，贱妾且随身。
合令残妆粉，流且与后人。
有情怜男女，无情亦任君。
黄钱无用时，徒劳作微尘。

第三，感叹抒怀之作。

敦煌民间流传的《少年老翁相问叹诗》[②](S.2049背、P.2129)，就是感叹诗的代表作。诗云：

少儿答老翁曰：

幸因逐赏起西东，陌上春游逢一翁。
其翁皓发面无色，策杖微微怨无力。
引耳听言听不闻，注目看人看不识。

① 图版见《英藏敦煌文献(汉文佛经以外部分)》第七卷，四川人民出版社，1992年，第39页。

② 图版见《英藏敦煌文献(汉文佛经以外部分)》第三卷，四川人民出版社，1990年，第206页。

是时余乃叹其翁，何因发白面无私。
何不双眉学春柳，飘摇两鬓骋秋蓬。

老翁答少儿曰：

翁乃其时闻此语，含笑叹言如且住。
体瘦皮疏吾不将，暗昧昏迷留与汝。
吾嗟三五少年时，神清美貌呈芳姿。
莫言我独今如此，汝等须臾还若斯。

诗中通过少儿与老翁的问答，尤其是老翁的感叹，生动地说明了人所共知的人生短暂、终须衰老的道理，很耐人寻味。为了避免发出“老之将至”的慨叹，那就要从少年时代勤苦学习，以求成名立身，如S.6204薛言俊诗[①]曰：

童儿学业初殷勤，累习积圣德人钦。
但似如今常寻诵，意智逸出盈金银。
不乐利润愿成道，君子烦道不忧贫。
数年读诵何拙晓，孝养师父求立身。

在有些敦煌写卷的尾部，还保留着一些抄写人的随手题诗。这些诗大都是即兴之作，以抒发个人抑郁不满的情怀，其中也有调侃戏谑之作，口语俚词皆入诗中。虽然格调特殊，却也反映出当地抄书人的真实情怀。如 S.0692 学仕郎安友盛诗云：

---

① 图版见《英藏敦煌文献(汉文佛经以外部分)》第十卷，四川人民出版社，1994 年，第 180 页。

今日写书了，合得五升麦。
高代不可得，还是自身灾。

再如P.3386三界寺学仕郎张富诗[1]曰：

计写两卷文书，心里些些不疑。
自要身心恳切，更要师父阇梨。

另如北图宿字99号也有书手题诗：

写书今日了，因何不送钱？
谁家无赖汉，回面不相看。

敦煌的学郎和其他时代、其他地方的学生一样，活泼而又顽皮，因而也留下了一些玩笑诗，如S.0728背《社司转帖》[2]后有诗曰：

学郎大歌（哥）张富千，一下趁到《孝经》边。
《太公家教》多不残，偻猡儿实乡偏。

这首诗后有“李再昌”题字，可见这是他挖苦同学张富千的。《孝经》《太公家教》就是这些学郎的课本，这首诗歌就取材于学郎们的身边

① 图版见《法藏敦煌西域文献》第二十四册，上海古籍出版社，2002年，第49—50页。

② 图版见《英藏敦煌文献（汉文佛经以外部分）》第二卷，四川人民出版社，1990年，第140页。

之事。[1]

敦煌诗歌中还有以“重出字”构思而成的诗，它以重出之字，巧妙为对，寓意于中，实为难得。这种类似游戏之作，虽格调不高，但其包含的旨趣，还是耐人寻味的。如P.3597[2]寺僧抄写的残诗内有：

春日春风动，春来春草生。
春人饮春酒，春鸟弄春声。

高僧高高高入云，真僧真真真是人。
清水清清清见底，长安长长长有君。

4. 敦煌文人诗歌

我们所说的敦煌“文人诗歌”，是指敦煌遗书中保存的中原文人创作的诗歌。自从张骞通西域，汉武帝设立河西四郡后，敦煌和中原地区的关系就一直比较密切。在安史之乱之前的唐代全盛时期，中原地区高度发达的文化曾经源源不断地涌进敦煌地区，推动着敦煌地区文化的同步发展。中原诗人精美绝伦的诗篇也在敦煌地区广泛传播，受到敦煌民众的喜爱，哺育着敦煌诗人的成长。就是在吐蕃占领敦煌及其后来的一段时间，虽然敦煌和中原地区曾一度隔绝，但这种文化上的交流并没有中断。敦煌遗书中保存的中原文人诗歌，虽然只是当时在敦煌地区流传的中原文人诗歌的很少一部分，但具有极其珍贵的价值。这些文人诗歌的发现，为唐代文学研究提供了新的材料。尤其是某些久已失传的名篇佳作以及唐人抄写唐诗选本的发现，

---

① 参阅项楚《敦煌诗歌导论》，新文丰出版公司，1993年，第217页。

② 图版见《法藏敦煌西域文献》第二十六册，上海古籍出版社，2002年，第52页。

其价值更是无法估量的。

敦煌遗书中所保存的唐代诗人作品，有专集、选集、名篇珍本、残诗断卷等。

第一，唐人诗集。

敦煌发现的唐人诗集，除前面已经提到的《王梵志诗集》外，主要有《李峤杂咏注》《高适诗集》《白香山诗集》等。《李峤杂咏注》有两种抄本（S.0555、P.3738），诗注为张庭芳所撰。经比较对勘，两卷所存诗句与佚存本、全唐诗本略有差异，这是迄今发现敦煌唐人诗集的唯一注本，非常可贵。

《高适诗集》，敦煌有四种抄本，即 P.3862，首尾俱残，有诗 36 题、49首，与今本相校获佚诗 3 首：《双六头赋送李参军》《过崔二有别》《奉献平原颜太守》；S.0788，存残诗 16行，又 2 残行；P.2552 与P.2567，共存高适诗 50 首，内两题不见今本：《自武威赴临洮谒大夫不及因书即事寄河西陇右幕下诸公》《同李司仓宴睢阳东亭》。

《白香山诗集》，敦煌存两种写本，即 P.2492，折叶装本，今存八叶半。首为《寄元九微之》，下署“白乐天”，附元稹《和乐天韵同前》，以下存白居易“新乐府”16 首；P.3597，存诗 3 首：《蒲桃架诗》《夜归》《柘枝妓》，本为寺僧所写，卷末题记“乾符四年（877 年）二月二十日灵图寺僧某”，距白居易下世（846 年）仅 31 年，是极为难得的珍本。

第二，唐人选唐诗。

敦煌所见唐人抄写的唐诗选集卷帙较多，有的还夹抄有文、赋、词等作品。如 P.2555，有诗 181 首、词 7 首、文 2 篇、赋 2 篇，是一部十分丰富的唐人诗文选集残卷。其中有很多诗篇为《全唐诗》所未载，是研究唐代文学的珍贵资料。

在唐人选唐诗抄卷中，题为《珠英学士集》的抄本最引人注目。《新唐书·艺文志》曰：“珠英学士集五卷，崔融集武后时修《三教珠英》学士李峤张说等诗”。《崇文总目》《郡斋读书志》亦有著录，说明宋代犹存。其后，该集散佚失传。今从敦煌本复得此集残卷两种，即P.3771，存元希声诗2首、房元阳诗2首、杨齐哲诗2首、胡皓诗7首、乔备诗4首；S.2717题有"《珠英集》第五"一行，存沈佺期诗10首、李适诗3首、崔湜诗9首、刘知几诗3首、王无竞诗7首、马吉甫诗3首。两卷共得诗52首，与《全唐诗》相校，可得佚诗27首。其他"唐人选唐诗"卷中较为重要的有P.2567，罗振玉《鸣沙石室佚书》中有影印本，其序曰："诗选残卷，共存者凡六家。前三首撰人名在断损处，不可见，今据《全唐诗》知为李昂。其名存者，曰王昌龄、曰邱为、曰陶翰、曰李白、曰高适。都计完者71篇，残者2篇。"[①]

第三，唐人名篇佚存。

敦煌诗歌中保存的唐人名篇佳作，以韦庄的《秦妇吟》最为著名。该诗的抄本较多（如P.2700、P.3381、P.3780、P.3910、S.0692、S.5476、S.5477等），根据题记，写本年代最早的是"天复五年乙丑岁(905年)十二月十五日敦煌金光明寺学仕张龟写"。该写本上距作者诗中述及的时间"中和癸卯"(883年)只有22年，当属最接近原诗而又真实可靠的写本。该本原题"秦妇吟一卷，右补阙韦庄撰"。该诗久已失传，仅《北梦琐言》载其佚句，该书卷六云："蜀相韦庄应举时，遇黄寇犯阙，著《秦妇吟》一篇。内一联云：'内库烧为锦绣灰，天街踏尽公卿骨。'尔后公卿亦多垂讶，庄乃讳之。时人号'《秦妇吟》秀才'。他日撰家戒，内不许垂《秦妇吟》障子，以此止谤，亦无及也。"[②]由于敦煌写本的发现，该诗方得重现于世，并以其深刻的艺术魅力，引起人们的关注。

《秦妇吟》长达1600余字，是古典诗歌中少有的巨制。诗人亲自经历了黄巢起义的动荡年代，饱受颠沛流离之苦，他以高度概括的现

---

① 罗振玉《鸣沙石室佚书正续编》，北京图书馆出版社，2004年，第46页。

② [五代]孙光宪《北梦琐言》卷六"以歌词自娱"条，见上海古籍出版社编《唐五代笔记小说大观》，上海古籍出版社，2000年，第1856页。

实主义手法，深刻反映了唐末农民起义冲击下唐代社会的真实情况。《秦妇吟》的主要倾向当然是反对农民起义，但它在客观上却表现了起义军的高贵品质和惊天动地的伟大气势，这是诗人始料不及的。诗成之后，不胫而走，远及边塞西陲。

曾在敦煌地区广为流传的还有《古贤集》（S.2049、S.6208、P.2748、P.3113、P.3174、P.3929、P.3960、P.4972、Дx 藏 2872），该卷虽以集名，实为一首叙述历代先贤事迹的七言长诗，共 76 句。

S.0619《读史编年诗》也是以咏古人事迹为主的诗作，其序曰：“编年者，十三代史间，自初生至百岁，赋其诗以编纪古人百年之迹。其有不尽举一年之事，而复杂以释老者，盖为诗句之所在。七言八句，凡百一十。”由此可知，全诗应为 110 首，然今本尾残，仅存 35 首。分别赞颂窦武、汉成帝、谢安、卫玠、钟繇、陆云、谢庄、诸葛亮等人的事迹，借以激励后人。

此外，敦煌唐人佚诗残卷中还保存有某些特殊的抄本，如 S.5644，原题为“方角书一首”，它的抄写方法是由中心向外回还发散，字与字间标以直线，如果由中心依线的标向读去，便是一首五言律诗。原卷见下：

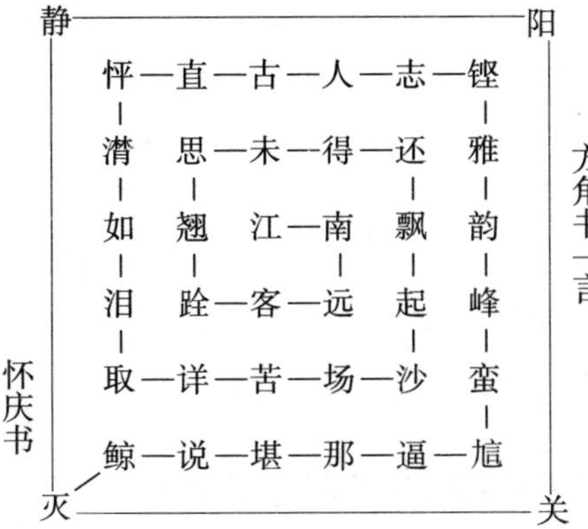

原诗应读作：

江南远客跧，翘思未得还。
飘起沙场苦，详取泪如潸。
怦直古人志，铿雅韵峰峦。
尨逼那堪说，鲸灭静阳关。

另如，S.3835号[①]卷背载有奇特的诗图4幅，现照录如下：

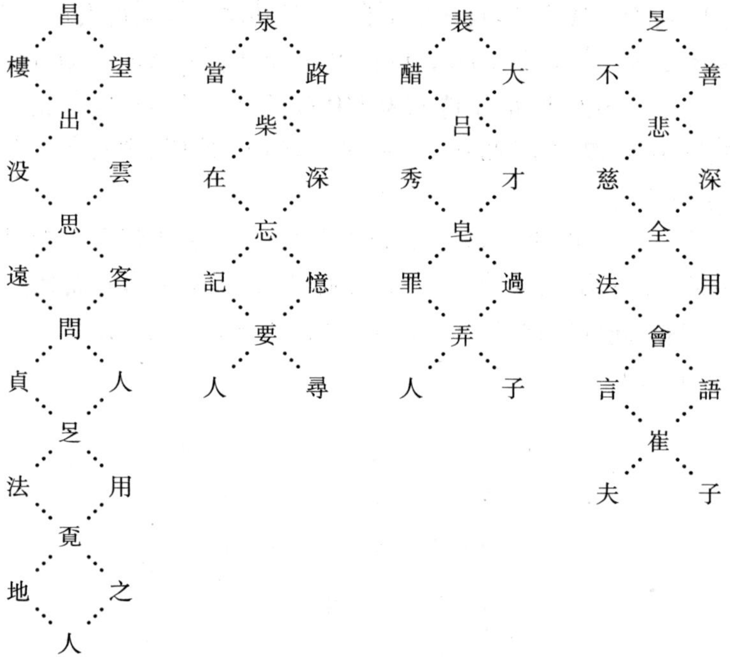

（1）　（2）　（3）　（4）

① 图版见《英藏敦煌文献（汉文佛经以外部分）》第五卷，四川人民出版社，1992年，第170页。

这种诗图究竟怎样解读，长期以来不得而知。而 P.3597 号文书却提供了答案，该卷文书有一首诗曰：

日日昌楼望，山山出没云。
田心思远客，问（门）口问贞人。

这首诗就是第一幅诗图的前几句，两相对照，可知诗图写的是离合诗，即一种拆离和拼合字形的诗。诗图中间一行是每句首字，先离之为二，再合之为一。例如“昌”字，先离为“日日”两字，再合为“昌”字，一字三用，据此可将以上诗图解读为：

日日昌（倡）楼望，山山出没云。
田（填）心思远客，门口问贞（征）人。
口之（知）足法用，不见觅之人。

白水泉当路，此木柴在深。
亡心忘记忆，而女要人寻。

非衣裴措大，口口吕秀才。
白匕皂（造）罪过，王廾弄人子。

且之（知）是不善，非心悲慈深。
人王全法用，人曾会言语。
山佳崔人正。

这些诗图的有些句子不甚可解，给人以勉强生硬、生拼硬添的感觉。如果从另一角度考虑，这些诗图也可以这样解读，即每三字为一句：

昌(倡)楼望,出没云。思远客,问贞(征)人。
足法用,觅之人(原图衍一“地”),

泉当路,柴在深。忘记忆,要人寻。

裴醋大,吕秀才。皂(造)罪过,弄人子。
是不善,悲慈深。全法用,会言语,崔人征。[①]

三、敦煌的曲子词

敦煌曲子词,是指唐五代时流传于西北地区的民间歌辞,曾有“敦煌歌辞”“敦煌曲”“俗曲”“小曲”“词”等名称。这是配合音乐歌唱的一类作品。它虽然包含的范围较广,但最主要的还是词,其次才是俚曲小调、佛曲等,故我们通称为曲子词。

诗的形式在盛唐以后开始有所突破,这就是曲子词。曲子词也简称为词,它是起源于民间,萌芽于六朝,发展于中唐以后,至五代、宋而蔚为大观的一种新诗体。敦煌曲子词的发现,解决了我国文学史上长期难以解释清楚的一些问题,特别是词的起源问题。在敦煌曲子词发现以前,关于词的产生与来龙去脉,人们往往只就《花间集》《尊前集》等文人词进行分析,并以为《花间集》是我国最早的词选集。敦煌遗书中,保存了很多曲子词抄卷,其中较为完整的选集有《云谣集》30首,从而使词的起源问题得到了比较客观的说明。

宋人王灼《碧鸡漫志》说:“盖隋以来,今之所谓曲子者渐兴,至唐

① 参阅项楚《敦煌诗歌导论》第223—224页;李正宇《敦煌出土的四首特型诗及其破解》,载项楚主编《敦煌文学论集》,四川人民出版社,1997年。

稍盛。今则繁声淫奏,殆不可数。”[①]此所谓曲子,就是指隋唐时期流行的西域音乐——燕乐(即宴乐)。曲子词主要是用来配合燕乐的,词是这种新兴的曲子词的简称。我们知道,词是用于歌唱的,它和音乐,甚至和舞蹈有密切关系。用于宴会和饮酒作乐的歌舞,古时通称为燕(即宴)乐。隋唐时期,因和西域交往的频繁,大量的西域乐舞传入中原,燕乐就是以这种大量传入的西域胡乐为主体的新乐,其中自然也含着一部分民间音乐的成分。歌唱是音乐的主要成分,就是舞蹈,有时也要边舞边唱。唱就得有唱词,这种唱词就是词。俗语一般把乐调叫曲子,所以唱词也可叫曲子或曲子词。

在中国古典音乐史上,雅乐、清乐、燕乐是三大音乐体系,各自划分了一个音乐时代。正如沈括在《梦溪笔谈》中所说:“以先王之乐为雅乐,前世新声为清乐,合胡部者为宴乐。”[②]这就是说,以先秦的古乐为雅乐,以汉魏六朝的音乐为清乐,隋唐之际,则以燕乐为乐坛主流。所谓“燕乐”,也就是宴饮时所用之乐。隋文帝时奏七部乐,炀帝时增为九部,即清乐、西凉、龟兹、天竺、康国、疏勒、安国、高丽、礼毕。唐初沿隋旧制,太宗时又加燕乐、高昌乐,删除礼毕乐,从而成为十部乐,并以燕乐为第一部。在十部乐中,燕乐作为一部,乃狭义的燕乐,同时,十部乐的总名又称为燕乐,以区别于传统的雅乐。由此可见,燕乐正是中外音乐融合的产物,并在唐前期已经很成熟了。那么,配合燕乐而唱的词的成熟,自然晚于燕乐,亦即晚于唐代前期。从中国音乐史可知,很多词调名称是由玄宗时教坊曲演变而成,就是首先以《竹枝》《杨柳枝》《渔歌子》等词调作词的词人刘禹锡、白居易、张志和等,

---

① [宋]王灼《碧鸡漫志》卷一“歌词之变”条,巴蜀书社,2000年,第3页。

② [宋]沈括《梦溪笔谈》卷五《乐律一》,“丛书集成初编本”第30页,中华书局,1985年。

也都是中唐人，从而可以得出结论，词的正式成熟，当在中唐时期。[①]

敦煌曲子词，虽然并非全是最初的曲词，有些可能还是较多的文人参与写词以后产生的作品，但它们却基本是民间曲词，保存了词的最早形态。

在中国文学史上，一种诗体的兴起，多是萌于民间，然后才为文士所摄取，并渐臻完善、成熟，四言、五言、七言，莫不如此。燕乐之于隋唐，已不限于宫廷及豪门贵族，而是作为流行音乐普及于民间，成了雅乐之外俗乐的总称，民间便以长短句句式的里巷歌谣来配燕乐演唱。敦煌曲子词中的民间制作，便显露出这种初级形态的痕迹。如《菩萨蛮》云："枕前发尽千般愿，要休且待青石烂。水面上秤锤浮，直待黄河彻底枯。白日参辰现，北斗回南面。休即未能休，且待三更见日头。"这首民间词，原始质朴，非常明显地表达出了早期民间词的特点。由此我们说，唐宋词应该来源于民间小调和民间词（它们通过燕乐表现出来），敦煌曲子词式的民间词是唐宋词的最早形态。

敦煌曲子词是由民间兴创的，在早期并没有被一般作家所接受，所以在唐五代作家中很少看到有这类作品。敦煌曲子词大半随便写在卷子后面或背面，也有写在卷子夹缝部位的，其句法、文意多具有民间爽直而富有感情的特色，可以断定这是民间作家的作品。敦煌本曲子词汇集在一起的只有一部，即《云谣集》（S.1441、P.2833）。这类曲子词大概是配合乐器歌唱的，所以都有一定的曲牌，如《菩萨蛮》《更漏长》《破阵子》《倾杯乐》等。

《云谣集》原题作"《云谣集》杂曲子"，是晚唐时代编选的一本规模较大的词集，早于《花间集》《尊前集》诸书。《云谣集》有两卷，共存30首。朱孝臧据董康手录伦敦本18首，刻入《彊村丛书》；刘复手录

---

① 参阅张晶《关于词的起源》，《文史知识》1990年第9期。

巴黎本 14 首，刻入《敦煌掇琐》。龙沐勋合校二本，除去重复者 2 首，适得 30 首，刻入《彊村遗书》，并作《校记》一卷，王重民据以录入《敦煌曲子词集》。

由于敦煌曲子词在不断地被发现、辑佚和整理，因而其数量一时还无法确定。1950 年出版了王重民编的《敦煌曲子词集》，收词 162 首（再版时增至 164首），它是敦煌遗书发现后的第一部较为详备的曲子词集本，在数量上远远超过前人。该书的出版“一方面给我们拓展了文学的领域，一方面给了我们许多研究文学史的启示和印证”。1955 年，任二北编《敦煌曲校录》出版，收入 545 首。1971 年，香港中文大学饶宗颐编选、法国戴密微解说的《敦煌曲》在巴黎出版，收 318 首。但辑佚工作并没有结束，1982 年周绍良的《补敦煌曲子词》，就是从庄严勘所藏《维摩诘经》背面辑录词 13 首而来。此外，任二北编《敦煌歌辞总编》[①]收 1300 余首，为敦煌曲子词的研究提供了极为丰富的资料。

敦煌曲子词绝大多数是流传民间的作品，有的或许经过集体润色，有的也可能曾经文人加工。至于作者，大多数已无法考证，只有少数留下了姓名，如：

温庭筠一首，《更漏长》（P.3994）

欧阳炯二首，《更漏长》和《菩萨蛮》（P.3994）

唐昭宗（李晔）二首，《菩萨蛮》（S.2607）

法照一首，《归来去》（P.2250）

敦煌曲子词的内容极其丰富，正如王重民先生所说，有“边客游子之呻吟，忠臣义士之壮语，隐君子之怡情悦志，少年学子之热望与失望，以及佛子之赞颂，医生之歌诀……闺情与花柳”[②]等等。这和当

---

① 上海古籍出版社，1987 年。

② 王重民《敦煌曲子词集·叙录》，商务印书馆，1956 年。

时内容较狭的文人词相较，自然有天壤之别。而具有这些内容的题材，又都来自作者的亲身经历，表现了他们的真实感情。在艺术表现上，现实主义精神是其主要特征，如保家爱国之情，赋役的沉重，士子客商的情怀，人民的不满和喜悦等等，无不充满真情实感，具有浓厚的生活气息。其次，它语言天真质朴，自然浑厚。敦煌曲子词中的大部分都是近于白描的口语，不加修饰，表现了一种真实的自然美。再次，敦煌词也与文人词一样，普遍运用了多种修辞方法，如夸张、比喻、衬托、影射、借景写情、借物写人等，都精妙确切，运用自如。另外，敦煌词用韵比较随便，每调字数、句数的多少均无具体的规定，四声格律同样无所谓定格。

以上我们从总的方面谈了敦煌曲子词的有关情况，下面再按内容分别加以介绍。

第一，描写普通劳动人民生活的曲子词。

敦煌曲子词中描写普通劳动人民的词很多，许多都不知作者。有描写劳动场面的，如《浪涛沙》一首（P.3128、S.2607）就是专门描写船工生活的，词文曰：

五里竿头风欲平，张帆举棹觉船轻。柔橹不施停却棹，是船行。

满眼风波多闪灼，看山恰似走来迎。仔细看山山不动，是船行。

这是一首极好的描写船夫水上作业的敦煌曲子词。

敦煌曲子词中关于妇女问题的描写很多，作者勇敢地冲破许多封建文人轻视妇女、玩侮女性的偏见，为各阶层妇女经受的种种痛苦和不幸遭遇鸣不平。一首首饱含同情，激昂慷慨的曲子词或托物寓意，或触景生情，倾诉着征妇情思、怨妇悲愤和被侮辱被损害女性的反抗心声，以及对始终不渝、纯洁无瑕爱情的追求和向往，这些内容都是同时代诗歌里不多见的。

敦煌曲子词中的闺怨题材，绝大多数率直地表达征妇对出征丈夫的思念。他们“相思夜夜到边庭”，毫不掩饰自己“泪珠串滴，旋流枕上，无计恨征人”的感情，如《凤归云》曰：

征夫数载，萍寄他邦。去便无消息，累换星霜。月下愁听砧杵起，塞雁南行。孤眠鸾帐里，枉劳魂梦，夜夜飞扬。

想君薄行，更不思量。谁为传书与，表妾衷肠。倚牖无言垂血泪，暗祝三光。万般无奈处，一炉香尽，又更添香。

再如：

绿窗独坐，修得为君书。征衣裁缝了，远寄边隅。想你为君贪苦战，不惮崎岖。终朝沙碛里，只凭三尺，勇战单于。

岂知红脸，泪滴如珠。枉把金钗卜，卦卦皆虚。魂梦天涯无暂歇，枕上长嘘。待卿回归日，容颜憔悴，彼此何如？

（《云谣集·凤归云》之二）

悲雁随阳，解引秋光，寒蛩响夜夜堪伤。泪珠串滴，旋流枕上，无计恨征人。争向金风飘荡，捣衣嘹亮。

懒寄回文先往，战袍待稳，絮重更熏香。殷勤凭驿使追防。愿四塞来朝明帝，令戍客休施流浪。

（《云谣集·洞仙歌》之二）

敦煌曲子词中还有描写最下层的妓女生活，如《忆江南》[1]（P.3911、P.2809）一首：

莫攀我，攀我太心偏。我是曲江临池柳，这人折了那人攀，恩爱一时间。

这首词出自妓女之手，写出了她们受人践踏蹂躏的悲惨命运，字字似血泪。

第二，歌颂爱国志士的曲子词。

中唐以后，由于社会矛盾和阶级矛盾逐渐激化，国力渐衰，再加上外族上层统治者的搅扰，我国西北边陲纷纷沦陷。唐德宗建中二年，吐蕃占领河湟一带，统治敦煌达七十年之久。敦煌地区人民在归义军节度使张议潮率领下，奋起反抗，为保卫祖国西部边疆，作出了巨大贡献。后来在曹氏的统治下，又为坚守祖国边疆建立了"殊勋"。因此，在敦煌遗书中发现了一些歌颂反抗外族压迫的爱国曲子词。

敦煌曲子词中有关爱国题材的词篇虽然都以忠君、忠于中原王朝为内容，但却融合着人民的爱国思想和感情，体现了晚唐五代敦煌地区人民维护祖国统一的可贵精神。如《菩萨蛮》[2]（P.3128）一首：

敦煌古往出神将，感得诸蕃遥钦仰。效节望龙庭，麟台早有名。只恨隔蕃部，情恳难伸吐。早晚灭狼蕃，一齐拜

---

① 图版见《法藏敦煌西域文献》第二十九册，上海古籍出版社，2003年，第208页。

② 图版见《法藏敦煌西域文献》第二十一册，上海古籍出版社，2002年，第351—352页。

圣颜。

又如《望江南》(P.3128)二首:

曹公德,为国拓西关。六戎尽来作百姓,压弹河陇定羌浑,雄名远近闻。

尽忠孝,向主立殊勋。靖难论兵扶社稷,恒将筹略定妖氛,愿万载作人君。

敦煌郡,四面六蕃围。生灵苦屈青天见,数年路隔失朝仪,目断望龙墀。

新恩降,草木总光辉。若不远仗天威力,河湟必恐陷戎夷,早晚圣人知。

这三首曲子词反映了敦煌地区的民族矛盾和张、曹二氏忠于大朝的耿耿丹心。《菩萨蛮》词,抒发了张议潮领导沙州人民驱逐吐蕃后,决心光复河西及对唐王朝的无限忠诚。“只恨隔蕃部,情恳难伸吐。早晚灭狼蕃,一齐拜圣颜”的誓言和信念,又是对张议潮一生煊赫武功的生动记录和对其忠君爱国思想的充分体现。《望江南》二首,颂扬了曹氏父子心向中原王朝、安定河西的勋业。其中第一首反映了曹氏在河湟地区的雄威和深受人民的拥戴,“六戎尽来作百姓,压坛河陇定羌浑”。第二首反映了河湟地区民族关系的紧张事态及在这种紧张局势下,曹氏仍对瓜沙诸州实行着有效统治,因而得到了中原王朝的关怀和恩降。词中“新恩降”和“若不远仗天威力”句,直接流露了对中原王朝加封、宣诏的感激与颂扬之情。

还有些曲子词歌颂了边防战士为国忘身和以保家卫国为己任的爱国思想,如:

大丈夫汉，为国莫思身。单枪匹马枪排阵，尘飞草动便须去，无复进家门。两阵壁，隐隈处，莫潜身。腰间四围十三指，龙泉宝剑靖妖氛。手将来，献明君。

（《补敦煌曲子词》第8首）①

平夜秋风凛凛高，长城侠客逞雄豪。手执钢刀亮如雪，腰间恒垂可吹毛。

（S.5637《何满子》②）

少年将军佐圣朝，为国扫荡狂妖。弯弓如月射双雕，马蹄到处阵云消。休寰海，罢枪刀，银鸾驾□上超霄。行人南北尽歌谣，莫把尧舜比今朝。

（P.4692《望远行》③）

第三，反映民族关系的曲子词。

敦煌既是古代丝绸之路的咽喉之地，又是各民族相互交往的主要场所和聚居地，因而在敦煌遗书中保存了一些反映民族关系的曲子词。

敦煌曲子词在描述兄弟民族“相向共朝天”的热烈场面时，是那

---

① 参阅周绍良《补敦煌曲子词》，载甘肃省社会科学院文学研究所编《敦煌学论集》，甘肃人民出版社，1985年，第70页。又吸收了学术界的校录成果。

② 图版见《英藏敦煌文献（汉文佛经以外部分）》第八卷，四川人民出版社，1992年，第198—205页。

③ 图版见《法藏敦煌西域文献》第三十三册，上海古籍出版社，2005年，第108页。

样的真诚感人，正如一位兄弟民族将领唱道："本是蕃家将，年年在草头。"因为他们看到"中华好"，要"学唐化"，才"远涉山水，来慕当今"，并下定决心："弃毡帐与弓剑，不归边地"，由衷地赞颂"生死大唐好"。这些曲子词虽然有美化封建帝王，遮掩他们实行民族压迫的一面，然而就其主要方面看，却是对各民族相互友好关系的真实反映，如《献忠心》[①]（P.2506）二首：

臣远涉山水，来慕当今。到丹阙，御龙楼。弃毡帐与弓剑，不归边地。学唐化，礼仪同，沐恩深。

见中华好，与舜日同钦。垂衣理，菊花浓。臣遐方无珍宝，愿公千秋住。感皇泽，垂珠泪，献忠心。

蓦却多少山水，直至如今。涉离山阻，意难任。早晚来到唐国里，朝圣明主。望丹阙，步步泪，满衣襟。

生死大唐好，喜难任。齐拍手，奏仙音。各将向本国里，呈歌舞。愿皇寿，千秋岁，献忠心。

《献忠心》二首，是写少数民族朝觐献忠唐王朝，据此词内容推知可能作于初中唐时代。当时唐王朝为世界上之一大帝国，对边疆民族实行友好政策，唐太宗曾被称为"天可汗"，到武则天时期，对睦邻各族更是和平相处，所以威加海内，臣服四方。"臣远涉山水，来慕当今"，"见中华好，与舜日同钦"，"生死大唐好"，"早晚来到唐国里，朝圣明主"，就是对这一时代历史的真实写照。另外，《献忠心》中有武则

① 图版见《法藏敦煌西域文献》第十四册，上海古籍出版社，2001年，第377页。

天所造新字，据此亦可判断该词的写作时代。

又如 S.6537《何满子》[①]曰：

城旁猎骑各翩翩，侧坐金鞍调马鞭。胡言汉语真难会，听取胡歌甚可怜。

再如 S.2607《赞普子》[②]曰：

本是蕃家将，年年在草头。夏日披毡帐，冬天挂皮裘。语即令人难会，朝朝牧马在荒丘。若不为抛沙塞，无因拜玉楼。

第四，分时联章体曲子词。

在敦煌遗书中，还保存了一些以时间为顺序的联章体曲子词。它们是以五更、十二时辰、十二月、百岁篇、十恩德的形式，来分时歌唱的。

《五更转》是以夜间五个更火为时间单位，分别作成的一首首互相关联的歌词，它基本上由五章组成，每章是一首，也可以是几首。

《五更转》的内容比较丰富，其中以反映太子入山修道成佛事和唐代佛教各宗（主要是禅宗和净土宗）的写本为多。也有征妇怀念出征丈夫的，还有悲叹未读书、不识字之苦的，如《叹五更》：

一更初，自恨长养枉生躯，耶娘小来不教授，如今争识

① 图版见《英藏敦煌文献（汉文佛经以外部分）》第十一卷，四川人民出版社，1994 年，第 98 页。

② 图版见《英藏敦煌文献（汉文佛经以外部分）》第四卷，四川人民出版社，1991 年，第 113—114 页。

文与书。

二更深，孝经一卷不曾寻，之乎者也都不识，如今嗟叹始悲吟。

三更半，到处被他笔头算，纵然身达得官职，公事文书争处断。

四更长，昼夜常如面向墙，男儿到此屈折地，悔不孝经读一行。

五更晓，作人已来都未了，东西南北被驱使，恰如盲人不见道。

这是一首悲叹未读书、不识字之苦的《五更转》。未能读书识字者的悲苦心情流露于作品的字里行间。

《十二时》是以我国古老的十二地支的记时方法，将一天分成12时段而分别作成12章歌辞的民间曲词。其内容与《五更转》极为相似，以佛教劝善歌为多，也有写工农劳苦、持家俭约、儿女亲情等世俗性的，如《发愤》：

平旦寅，少年勤学莫辞贫，君不见朱未得贵，犹自行歌背负薪。

日出卯，人生在世须死老，男儿不学读诗书，恰似园中肥地草。

食时辰，偷光凿壁事殷勤，丈夫学问随身宝，白玉黄金未足珍。

隅中巳，专心发愤寻诗史，每忆贤人羊角哀，求学山中并粮死。

日南午，读书不得辞辛苦，如今圣主召贤才，去耳中华长用武。

日昃未，暂时贫贱何羞耻，昔日相如未遇时，悽惶卖卜于廛市。

晡时申，悬头刺股是苏秦，贫病即令妻嫂弃，衣锦还乡争拜秦。

日入酉，金罇多泻蒲桃酒，劝君莫弃失途人，结交承己须朋友。

黄昏戌，琴书独坐茅庵室，天子不将印信迎，誓隐山林终不出。

人定亥，君子虽贫礼尚在，松柏纵然经岁寒，一片贞心常不改。

夜半子，莫言屈滞长如此，鸿鸟只思羽翼齐，点翅飞腾千万里。

鸡鸣丑，莫惜黄金结朋友，蓬蒿岂得久荣华，飘飘万里随风走。

此曲子词还有上文，上文有诗曰："自从塞北起烟尘，礼乐诗书总不存。不见父兮子不子，不见君兮臣不臣。暮闻战鼓雷天动，晓看带甲似鱼鳞。只是偷生时暂过，谁知久后不成身！愿得再逢尧舜日，胜朝偃武却修文。勤学不辞贫与贱，发愤长歌十二时辰。"所以取"发愤"二字为之题。

《十二月》是按照 12 个月的顺序连续歌唱的联章体裁，每月一首；有增加闰月一首的，便有 13 首。这种按月咏唱的联章体歌辞由来已久，比《五更转》《十二时》歌辞要早。

敦煌所出《十二月》歌辞大都散佚了，保存完整者很少。只有一篇拟题为《边使戎衣》的，是描写征妇对出征丈夫的怀念之作，残缺较少，现移录如下：

《十二月(边使戎衣)》[1](P.3812)

正月孟春春渐暄，一别狂夫经数年。□□□□□□□，遣妾寻常独自眠。

二月仲春春盛暄，深闺独坐绿窗前。□□□□□□赖，教儿夫婿远巡边。

三月季春春极暄，花开处处竞争鲜。花□□□□□笑，贱妾看花双泪还。

四月孟夏夏初热，为忆狂夫难可彻。愁□□□□秦筝，更取瑶琴对明月。

五月仲夏夏盛热，狂夫归否问时节。庭□□□□□□，□见莺啼声更咽。

六月季夏夏共同，妾心恨如对秋风。□□□□□□改，教儿憔悴只缘公。

七月孟秋秋渐凉，教儿独寝守空房。君在寻常嫌夜短，君无恒觉夜能长。

八月仲秋秋已凉，寒雁南飞数万行。贱妾忧存旧日意，君何无幸不还乡。

九月季秋秋欲末，狂夫一去独难活。愿营方便觅归□，使妾愁心暂时豁。

十月孟冬冬渐寒，为君捣练不辞难。莫怪裁衣不开领，愁君肌瘦恐嫌宽。

十一月仲冬冬雪寒，戎衣造得数般般。见今专访巡边使，寄向君边着后看。

---

① 图版见《法藏敦煌西域文献》第二十八册，上海古籍出版社，2004年，第140—143页。

十二月季冬冬已极，寒衣欲送愁情逼。莫怪裁缝针脚粗，为忆啼多竟无力。

这是一首唐代的《十二月》歌辞。初、盛唐100多年中，由于边境战争的频繁，征夫远戍边地，长期不得归返，闺中征妇怀念征人，苦闷哀怨由衷而起。这首《十二月》辞与敦煌曲子词中其他描写征妇怨的词，如《风归云·征夫数载》等所表达的感情是一样的。

《百岁篇》是把人的一生按百岁计算，以10年为单位加以歌咏的民间曲词。从其内容和分题看，主要有缁门、丈夫、女人三类作品。《缁门百岁篇》是写出家人虔心事佛的，是借用《百岁篇》曲调而写的佛曲；《丈夫百岁篇》是写男人经历的；《女人百岁篇》是写女人一生的。不论何种《百岁篇》，都是用10章歌辞咏唱的，如《丈夫百岁篇》①（P.3821 、S.2947）：

一十香风绽藕花，弟兄如玉父娘夸。平明趁伴争毬子，直到黄昏不忆家。

二十容颜似玉珪，出门骑马乱东西。终日不解忧衣食，锦帛看如脚下泥。

三十堂堂六艺全，纵非亲友亦相怜。紫藤花下倾杯处，醉引笙歌美少年。

四十看看欲下坡，近来朋友半消磨。无人解到思量处，只道春光没有多。

五十强谋几事成，一身何足料前程。红颜已向愁中改，白发那堪镜里生。

① 图版见《法藏敦煌西域文献》第二十八册，上海古籍出版社，2004年，第186页；《英藏敦煌文献（汉文佛位以外部分》第四卷，第260页。

六十驱驱未肯休，几时应得暂优游。儿孙稍似堪分付，不用闲忧且自愁。

七十三更眼不交，只忧闲事未能抛。无端老去令人笑，衰病相牵似拔茅。

八十谁能料此身，忘前失后少精神。门前借问非时鬼，梦里相逢是故人。

九十残年实可悲，欲将言语泪先垂。三魂六魄今何在，霹雳头边耳不知。

百岁归原起不来，暮风扫雪石松哀。人生不作非虚计，万古空留一土堆。

《十恩德》是把父母养育之恩分成10个阶段来歌唱的一种民间曲词，由10章组成。这是那个时期比较流行的劝孝歌辞。敦煌写本《十恩德》歌辞，其内容都是对父母养育之恩的歌颂，如S.4438等抄本中的《十恩德》：

第一怀躬守护恩

说着起不舒，慈亲身重力全无，起坐要人扶。如伴病，喘息粗，红颜渐觉焦枯。报恩十月莫相辜，佛且劝门徒。

第二临产□爱恩

今日说向君，苦哉母肠似刀分，禁扇不忍闻。如刀割，血成盆，性命只恐难存。劝君问取释迦尊，慈母报无门。

第三生子忘忧恩

说者鼻头酸，阿娘肚肠似刀劗，寸寸断肠肝。闻音乐，无心欢，任他罗绮千般。乞求母子面相看，只愿早平安。

第四咽苦吐甘恩

今日各须知，可怜父母自家饥，贪喂一孤儿。为男女，母饥羸，纵食酒肉不肥。大须孝顺寄将归，甘旨莫教亏。

第五乳饷养育恩

抬举近三年，血成白乳与儿餐，犹恐怕饥寒。闻啼哭，坐不安，肠肚计难翻。任他笙歌百万般，偷奏岂须看。

第六回干就湿恩

干处与儿眠，不嫌污秽与腥膻，慈母卧湿毡。专须缚，怕磨研，不离孤儿体边。记之父母苦忧怜，恩德过于天。

第七洗濯不净恩

除母更教谁，三冬十月洗孤儿，十指被风吹。慈乌乌，绕林飞，衔食报母未归。枝头大有百般飞，不孝应也虚。

第八造作恶业恩

为男女作姻，杀个猪羊屈闲人，须肉会诸亲。倚早保，下精神，阿娘不为己身。由他造业自难陈，为男为女受沉沦。

第九远行忆念恩

此事实难宣，既为父母宿因缘，肠肚悉均牵。放儿去，任征边，阿娘魂魄于先。儿身未出到门前，母意过山关。

第十怨憎怜悯恩

流泪数千行，爱别离苦断心肠，忆念似寻常。十恩德，说一场，人闻争不悲伤。善男善女审思量，莫教辜负阿耶娘。

以上所说《五更转》《十二时》《十二月》《百岁篇》《十恩德》等分时联章体曲子词，显然是一种民间流行的曲辞，与至今尚流行于民间之“叹五更”“绣金匾”“四季相思”之类的民歌颇相似。其共同的特点是以曲见胜，通俗易记，比喻生动。

第五节　敦煌的科技资料

敦煌学产生百年来，已在全世界得到了广泛发展，并由此兴起了一股敦煌热，如研究热、展览热、教学热、应用热、著述热等等。尤其是近三四十年来，敦煌成了人们关心的热点，敦煌学成了世界上唯一以地名学的国际显学，敦煌莫高窟还被联合国教科文组织列为人类珍贵文化遗产。我国的敦煌学研究，更是走在了世界前列，取得了举世瞩目的成就。

一、丰富的天文学资料

天文学资料包括历日与星图两个方面。敦煌遗书中的历日写卷已知有 40 余件，且均比《会天历》为早，最早的为北魏历日，最晚的为北宋历日。

吐蕃占领以前，敦煌一直使用唐王朝的历书；吐蕃占领敦煌后，象征王权的中原历书也无法颁行到那里了。吐蕃使用地支和十二生肖纪年，这既不符合汉人用干支纪年、月、日的习惯，也无法满足敦煌汉人日常生活的需要。因此敦煌地区便出现了当地自编的历书。张议潮收复沙州后，由于敦煌地区自编历书已成习惯，民间仍继续使用自编历书，并一直延续到宋初，前后达两个世纪之久。

敦煌历日大部分为敦煌地区自编，只有三件例外。一件是唐中和二年（882 年）“剑南西川成都府樊赏家历日”，它是由成都流落到敦煌的私撰历日，只残存三行文字。另一件是北魏太平真君十一年（450 年）和十二年历。这件历书是现存敦煌历日中年代最久的一件，也是现知唯一的北魏历书实物。第三件是《唐乾符四年丁酉岁（877 年）印本历日》,此历存二月廿日至年末(中有残缺),是现存敦煌历书中内容最丰富的一件。

敦煌地区自编的历日有30多件，现知最早者为《唐元和三年(808年)戊子岁具注历日》,是一个只存4月12日至6月1日的断片，最晚者为P.3507《宋淳化四年(993年)癸巳岁历日》。此外还有P.3900《唐元和四年己丑岁(809年)具注历日》、P.3492《唐光启四年戊申岁(888年)具注历日》、P.4983《唐景福元年壬子岁(892年)具注历日》、S.2404《后唐同光二年甲申岁(924年)具注历日》、P.2623《后周显德六年己未岁(959年)具注历日》、P.3403《宋雍熙三年丙戌岁(986年)具注历日并序》、P.2705《宋端拱二年己丑岁(989年)具注历日》等。

敦煌历日的朔日与同一时期的中原历不尽一致,常有一到二日的差别;闰月也不一致,比中原历或早或晚一二月。但纪年干支却同中原历十分一致,表明中国由来已久的干支纪岁法并未因地方自编历日而中断。

尤其需要指出的是,来自基督教的星期制度最早引入我国历法是从敦煌历开始的。一星期的各日在敦煌历日中都有特定的术语,如蜜(星期日)、莫(星期一)、云汉(星期二)、嘀(星期三)、温没斯(星期四)、那颉(星期五)、鸡缓(星期六)。一般来说,敦煌历要在正月一日注上星期几,如P.3403《雍熙三年丙戌岁具注历日并序》,在正月一日顶端注“那颉日受岁”,意即这天是星期五,以后只在星期日那天注一“蜜”字。个别历日只在当年正月初一注上星期几,以下不注而由此推算。至于这些名称究竟来自哪里,目前还没有统一的观点,但所注的星期日除偶有抄误外,基本正确无误。

敦煌历日在我国历法史上占有十分重要的地位。古代历书如何演进以前因实物太少而很难了解其发展轨迹。我国原有古历日,除西陲简牍载有少许汉代历谱外,以宋理宗宝祐四年(1256年)的《会天历》为最古,清代学者钱大昕孜孜访求数十年才得到,被学界视为秘宝。敦煌历日的发现，大大开阔了人们的眼界，有助于我们对古代天文学知识的探讨。吐鲁番出土的《唐显庆三年具注历日》和《唐仪凤四年具注历日》，虽然其内容比较丰富，但也只是同敦煌发现的简本历日大体相仿。唐末五代宋初敦煌的繁本历日，其内容更为丰富，基本上奠定了宋至清代历日的格局。敦煌历日所存的繁、简两种形制，恰好反映了古历由简到繁的演进过程。

在敦煌文献中，还有两幅精美的古代星图，一幅是 S.3326《全天星图》，现藏英国图书馆；另一幅是《紫微垣星图》，现藏甘肃省敦煌市博物馆，画在敦博 076 号《唐人写地志》残卷的背面。其中《全天星图》是世界上现存星数最多(1359 颗)，也是最古老的一幅星图，早就引起了中外科技史专家的重视。英国研究中国科技史的专家李约瑟教授首先研究了这幅星图，认为在所有文明古国流传下来的星图中，这是最古老的一种，并在其《中国科学技术史》第三卷天文部分中选用了两幅局部黑白照片。S.3326 卷首已残，无标题，内容为气象杂占，星图居于卷中，卷末题“其解梦及电经一卷”，其旁绘一执弓射箭的“电神”。中国学者通过对这幅星图及整个写本绘画、书法、电神服饰和文字中的避讳等进行考察研究，推断该星图的抄绘年代在公元 705—710 年间。[①]

《全天星图》从 12 月开始画起，根据每月太阳位置的所在，把赤道带附近的星分成 12 段，利用类似麦卡托(1512—1594 年)圆筒投影的方法画出来，最后再把紫微垣画在以北极为中心的圆形平面投影图上。在欧洲，麦卡托投影是由荷兰数学家兼地理学家雷梅尔(麦卡托即雷梅尔的拉丁语名字)首创的。他在 1568 年刊印了第一幅“麦卡托投影”航海图。敦煌唐代星图的发现，证明了中国天文学家使用

① 马世长《敦煌星图的年代》，载《1983 年全国敦煌学术讨论会文集：文史·遗书编(上)》，甘肃人民出版社，1987 年。

圆筒投影的时间要比麦卡托早七八百年。可见敦煌星图在画法上是相当进步的,即使现在星图的画法仍然采用这种方法,所不同的只是把南极附近的星再画在一张星图上。

我们称这幅星图为《全天星图》,是因为它囊括了当时北半球肉眼所能见到的大部分恒星，当时看不到的南极及其附近恒星自然不在其中,这是它同现代《全天星图》的不同之处。

《紫微垣星图》原件高 31 厘米,残长 299.5 厘米。1944 年向达教授在敦煌从事考古发掘时从民间发现,这卷文书的正面为《唐人写地志》残卷,背面有《占云气书》一卷,残存的《观云章》和《占气章》有彩绘的云气图形,图的下面附有作为说明的占辞,卷末有图无文,在《占云气书》的前面有一幅紫微宫图,即《紫微垣星图》。据向达教授研究,《唐人写地志》残卷撰于天宝初年(八世纪中叶),但抄写年代可能要晚些。背面星图和《占云气书》的抄写年代比正面还要晚,字体近于五代(十世纪)写本。①

《紫微垣星图》也是彩绘,画在两个同心圆上。在紫微垣近间阖门处,标注“紫微宫”三字;垣的东西两侧分别注“东蕃”和“西蕃”,意即“蕃卫”;内圆(即紫微垣)画成一个封闭的圆圈,垣的前后面都没有缺口作为垣门。图中的星点用红、黑两种不同颜色,外圆直径 26 厘米。根据其中传舍、八谷和文昌等星推测,这幅星图观测地点的地理纬度为北纬 35°左右,相当于西安、洛阳等地。

除此之外,敦煌遗书中还有一些天文学资料,如 P.2512 是一卷重要的天文著作,残存内容包括四部分:即星占的残余部分;《二十八宿次位经》和甘德、石申、巫咸三家星经;《玄像诗》;日月旁气占。P.3589 卷内也有一《玄像诗》。所谓《玄像诗》,就是以韵文诗歌的形式

① 参阅向达《西征小记》,见向达《唐代长安与西域文明》。

来介绍全天星官，这样便于背诵记忆。它反映了古人记忆星官的一个重要阶段，使我们得以明白古代这类作品的演进和发展过程。[①]

二、雕版印刷术的实证

印刷术，包括雕版印刷和活字印刷，是中国古代四大发明之一，是我国人民对人类文化的伟大贡献。

雕版印刷术发明以后，东传朝鲜、日本，南传越南等国，向西则通过丝绸之路逐渐传入埃及和欧洲各国，并进而传遍全世界，对世界文明作出了巨大贡献。然而由于没有实物为证，再加上年代久远，史籍记载缺乏，对于雕版印刷术的发明时代，却众说纷纭，莫衷一是。

可喜的是，在敦煌遗书中发现了一些印本书。在这些宝贵文献中，雕版印刷产生的过程，从原始传拓本到整版开雕的印本都有留存，其中有些还附有纪年题记，这就为我国雕版印刷发明的时间和演变，提供了可贵的实物例证资料。从文献记载及敦煌所出拓本、印本书卷来看，雕版印刷起源于捶拓，而刻石及石经的出现导致了捶拓方法的兴起和演变。

敦煌遗书中保存了三种初唐和中唐时期的捶拓本，即伯希和编号 P.2976 唐太宗书刘瑕《温泉赋》，P.4510+S.5791 欧阳询书《化度寺邕禅师舍利塔铭》，P.4503 元和会昌间柳公权书《金刚经》。这些捶拓本的问世，使我们看到了原始拓本的情况，为研究雕版印刷的产生提供了实物证据。

捶拓方法的广泛使用，促进了雕版印刷术的发明，敦煌遗书中的雕版印刷品及文字记载，为研究雕版印刷的发明时间及原委，提供了

① 本节主要参阅邓文宽《敦煌文献中的天文历法》，《文史知识》1988 年第 8 期。

可靠的依据。现择其要者介绍如下[①]：

1. 唐咸通九年(868年)《金刚经》

敦煌遗书中最早的佛经印本是1907年被英人斯坦因劫掠、现藏伦敦的唐咸通九年(868年)《金刚般若波罗蜜经》，即《金刚经》。翟理斯目录编为8083号，斯坦因原编为SP.002号，《斯坦因劫经录》中未曾著录。此卷首尾完整，由七张面积相等的印有经文的纸粘缀而成，每张长76.3厘米、阔30.5厘米，全卷长约534厘米。卷首另有两幅扇画，画着释迦牟尼佛说法图，其余为《金刚经》全文，卷末有"咸通九年四月十五日王玠为二亲敬造普施"题记一行。这是世界上现存第一部标有年代的雕版印刷品。这件印刷品的时代，早于被认为是欧洲最早印刷品的1423年德国《圣克利斯道夫》木板画像约500多年，因而被誉为"世界印刷史和版画艺术的冠冕"。此卷不仅年代早，而且已是一卷完整而又正规的书籍。王玠可说是现知最早的自己出资印书人。

2. 曹元忠舍资雕造的印刷品

公元944—974年，曹氏政权在曹元忠执政时期达到了鼎盛。曹元忠及其夫人浔阳翟氏十分佞佛，除在莫高、榆林诸石窟中大规模开窟造像外，还舍资雕版印刷佛像、佛经。敦煌遗书中就发现了一些曹氏舍资雕造的印刷品，如：

(1)观音像。翟理斯编号为8087，P.4514内有5份。图为观音立莲台上，右手提净瓶，左臂上曲作说法印，周身有飘带飞扬。右榜题"归义军节度使检校太傅曹元忠造"，左榜题："大慈大悲救苦观世音菩萨"。题记为"弟子归义军节度瓜沙等州观察处置管内营田押蕃落等使特进检校太傅谯郡开国侯曹元忠雕此印版，奉为城隍安泰，阖郡康宁；东西之道路开通，南北之凶渠顺化，疠疾消散，刁斗藏音。随喜

① 本节主要参阅舒学《敦煌汉文遗书中雕版印刷资料综述》，载《敦煌语言文学研究》，北京大学出版社，1988年。

见闻俱沾福祐”;“于时大晋开运四年丁未岁七月十五日记”;“匠人雷延美”。

(2)毗沙门像。翟理斯编号为 8093,P.4514 内有 11 份。P.3879 号残存下半部(题记全)。其图左榜题“大圣毗沙门天王”。题记为“北方大圣毗沙门天王主领天下一切杂类鬼神。若能发意求愿,悉得称心;虔敬之徒,尽获福祐。弟子归义军节度使特进检校太傅谯郡曹元忠请匠人雕此印版,唯愿国安人泰,社稷恒昌;道路和平,普天安乐”。“于时大晋开运四年丁未岁七月十五日记”。

以上的观音像和毗沙门像,都是曹元忠等发愿出资,由雷延美雕造的。开运四年七月十五日为公元 947 年 8 月 4 日。

(3)木刻印本《金刚般若波罗蜜经》。巴黎本 P.4514、P.4516 和伦敦本翟理斯编 8084 号均为此经。其题记为“弟子归义军节度使特进检校太傅兼御史大夫谯郡开国侯曹元忠普施受持”,“天福十五年己酉岁五月十五日记”。“雕版押衙雷延美”。此经刻印时间为公元 949 年 6 月 14 日。

由以上曹元忠舍资雕造的印刷品实例,可以得知以下重要情况:雷延美是现知最早存姓名于印刷品实物中的刻印工匠;“雕版”“匠人”“雕版押衙”“印版”“雕此印版”“请匠人雕此印版”等雕版印刷专门术语和有关词句,在印刷品实物中均为首见;曹元忠在短期内大量印造经像,并在衙署内开办木刻印刷工场。这个工场是现在已知的世界上第一家印刷工场。它对促进当时敦煌地区印刷业的发展进步起了积极的作用。

3.《大随求陀罗尼》

此卷子极为著名,现存二本。伦敦藏本斯坦因《西域考古图记》有著录。巴黎藏本王仁俊《敦煌石室真迹录》之“戊录”七页有题记。此件上图下文,右上榜题“施主李知顺”,左上榜题“王文沼雕刻”。题记最后为“太平兴国五年六月二十五日雕版毕手记”。此“手记”时间明确,即公元980年8月8日。王文沼是继雷延美之后，在敦煌汉文遗书中留下名字的第二位刻字工匠。“雕刻”“雕版毕手记”也是印刷史上的宝贵记录。

4. 木刻印本历日

敦煌汉文遗书中所发现的木刻印本历日有两件，一件为“丁酉年具注历日”，翟理斯编号为8099号。此丁酉，翟理斯定为877年，即唐僖宗乾符四年。上有墨笔题记：“四月廿六日都头守州学博士兼御史中丞翟为答报麹大德永世为父子莫忘恩也”。

另一件为《剑南西川成都府樊赏家历》，翟理斯编号为8100。上有“中和二年具注历日凡三百八十四日”的明确题记，即公元882年。此卷虽然只残存三行，但刻印时间、地点、刻印书籍铺的题名俱全，是非常珍贵的印刷史资料。

5. 木刻印本韵书

现存木刻印本韵书主要有P.2014、P.2015、P.4747、P.5531《大唐刊谬补阙切韵》。据周祖谟先生《唐五代韵书集存》著录分析，这四号印本并非一版，而是包括六种不同的刻版。

6. 文字记录“京中李家印”

敦煌遗书P.2675号正面为“阴阳书”写本残卷，其尾题有“咸通二年岁次辛巳十二月廿五日衙前通行并通事舍人范子盈、阴阳氾景询二人写记”。背面为“新集备急灸经一卷”，书题下有“京中李家于东市印”一行。咸通二年为公元861年。

P.2633号《崔氏夫人要女文》(S.4129同文抄本首题《崔氏夫人训女文》)抄本，尾题“上都李家印《崔氏夫人》壹本”，背题有“辛巳”“壬午”“癸未”记年，“辛巳”最早亦为公元861年。

从以上有关雕版印刷术的实物和文字资料中，可以窥见雕版印刷术发明的时代和原委。尤其是《金刚经》的发现，为解决这一问题提供了有力的证据。《金刚经》是世界上现存最早的有日期的印刷品，其正文前有一幅题为《祇树给孤独园》的图，画着释迦牟尼在祇园精舍向长老须菩提说法的故事，与正文接成一长卷。从画面看，这幅佛说法图特别精细，人像衣褶简劲，面容逼真。释迦佛之慈祥，须菩提之古老苍劲，都刻画得淋漓尽致。图画之后为《金刚经》本文，经文每行约 19 字，字体古朴纯简，多存真趣。

《金刚经》的正文和图画都雕刻得浑朴凝重，精美异常，墨色浓厚匀称，清晰显明。这一切都表明是印刷术发明已久，技术已臻熟练，绝不是印刷术发明初期的作品。如果没有一二百年的发展过程是很难达到这样的技术水平的，从而为研究我国印刷术的起源问题提供了实物依据。

Дx2880 号是一件“具注历”残片，其图版刊布在上海古籍出版社出版的《俄藏敦煌文献》第 10 册上。中国文化遗产研究院的邓文宽先生通过对本件“具注历”的研究，将我国发现的有确切年代可考的雕版印刷品的年代提前了 34 年。

原件是一块雕印历日的小残片，上、下、前、后均已残损，考定起来特别困难。邓文宽先生的考证程序大致如下：(1)凭借右上角“天德乾”等四个“月神方位日期”注记，获知其下面的十八至二十九日具注历日属于五月；(2)凭借左下角“除、满、平、定”四个“建除十二神”与纪日地支的对应关系，确认残历一至九日属于六月，从而推知上栏中间“大”字及其上面的半个残字的完整内容是“六月大”。由于知道了六月大、朔日庚辰，五月二十九天是个小月，从而推出五、六、七共三个月的月朔；(3)凭借残历左上角的“白”“赤”二字，推知此历六月九宫图为“六白中宫”，进而推出本历正月九宫图为“二黑中宫”，从而找出其纪年地支为孟年(巳、亥、寅、申)，缩小了残历的年限范围；(4)以五至七月的朔日同陈垣先生《二十史朔闰表》巳、亥、寅、申年对照，在从公元 800—1000 年的可能范围内，发现与唐文宗大和八年(公元 834 年)完全一致；(5)残历在五月二十五日和六月三日有两次“蜜”

日(星期日)注,此二日合西历公元834年的7月5日和12日,查《日曜表》,全是星期日,从而可将残历的绝对年代加以确定,即公元834年。[1]

但是,要完全确定印刷术的发明年代是很困难的。这是因为印刷术并不是突然出现的方法,而是由印章、捶拓等逐渐演变而来的,很难说出中间的截然界限。另外,印刷术是由人民大众逐渐在实践中积累起来的经验,它最初只流行于人民群众中间,随后为佛教徒所采用,最后才为统治阶级政府和知识分子所接受,因此,要确指一个具体的年、月、日是不可能的。

虽然很难确指印刷术的发明年代,但从敦煌遗书《金刚经》等实物来看,印刷术至迟产生在《金刚经》雕刻之前二百年左右,即唐代初期。到了唐代后期,版刻已相当发达并逐渐普及。

三、敦煌的医学文献

敦煌石窟中有许多医学方面的内容,尤其在敦煌遗书中有许多珍贵的医药文献,对其进行深入研究和发掘整理,可以丰富祖国医学的内容,填补一些领域的空白。有些甚至可以古为今用,在现代医学中发挥其应有的作用。

1. 古本草学的新发现

"本草学"为古代的药物学,其学由来已久。现知最早的本草书为《神农本草经》,它名为古代神农氏所作,疑为汉晋间张机、华佗辈所为,计收药365种,以应周天之数。梁陶弘景复增汉魏以来名医所用药365种,并为之注,名曰《本草集注》。

《神农本草经》三卷,《本草集注》七卷,宋代以后均成亡佚之册。

① 参阅苏雅《我国发现的现存最早雕版印刷品——〈唐大和八年甲寅岁(834)具注历日〉》,《中国文物报》2000年2月2日。

敦煌遗书发现之前，唐本草已属罕见，更不要说六朝本草了。

据目前研究可知，敦煌遗书中有6种古本草残卷，重要的有三种，即梁陶弘景《本草集注》，唐李勣、苏敬《新修本草》，唐孟诜《食疗本草》。

敦煌本《本草集注》，原卷被橘瑞超于1914年从敦煌劫往日本。此卷前佚数行，后均完好。卷后题“本草集注第一，序录，华阳陶隐居撰”。书题后又有“开元六年九月十一日尉迟卢麟于都写本草一卷，辰时写了记”题记，可知其为开元写本。

《本草集注》为梁以前本草学总集，有“本草正典”之称，至初唐仍然是“名医继轨，更相祖述，罕能厘正”。敦煌残卷为其首卷，前为弘景序文，后为诸病主药，序中述及他“祖世以来，务敦方药”，“不限贵贱，皆摩踵救之”。同时，又吸收了劳动人民的医药知识，“或田舍试验之法，或殊域异识之术，如藕皮散血，起自疱人；牵牛逐水，近出野老”。他根据药物的自然属性，分为玉石、草木、虫鱼、禽兽、果菜、米食、有名无实七类，对产地、采集、炮制、煎服法、真伪鉴别等均有详细论述，如采药时间：“其根物多以二月、八月采者……春宁宜早，秋宁宜晚，其华、实、茎、叶乃各随其成熟耳”；炮制及煎服法方面，凡丸散药“先切细暴燥乃捣之，有各捣者，有合捣者……其湿润药，如天门冬、干地黄辈，皆先切曝独捣令扁碎……若逢阴雨，亦以微火烘之，即燥，小停冷乃捣之”，其论至今仍在沿用。他还指出部分药物的解毒法及服药食忌例，如“半夏有毒，用之必须生姜”，这一宝贵经验，至今仍用于临床。

《食疗本草》残卷现藏英国，编号为S.0076。《新唐书·艺文志》有“孟诜《食疗本草》三卷”的记载。《证类本草》载：“《食疗本草》，唐同州刺史孟诜撰，张鼎又补其不足者八十九种并旧二百二十七条，凡三卷。”原书久佚，《证类本草》中存有其文，《本草纲目》引其药17种，这是我国最早的一部食品疗法专著。敦煌本《食疗本草》前残后缺，王国维、唐兰等据《证类本草》校考为《食疗本草》残卷。残卷共载药26种，每药都载有主治、配方、服法，后面还附有食忌、采集时月、炮制方法等，其中不少论述至今仍在临床使用。同时，该残卷对唐代外国药物的传入也有部分反映，如“石蜜，寒，右心腹胀热，口干渴，波斯者良”。

《新修本草》残卷被现藏法、英两国，编号为P.3714和S.4534。《新修本草》是唐显庆四年(659年)由国家颁行的我国第一部药典，它收药844种，是李勣、苏敬等人在《神农本草集注》的基础上编写而成，也是世界上最早的国家药典，比欧洲最早的纽伦堡药典(1542年)将近早九百年。该书由本草、药图、图经三部分组成，这种图文对照的写法，开创了世界药学著作的先例。该书两《唐书》有著录，但中土久佚，日本尚存十余卷(卷三至五、卷十二至十五、卷十七至二十)，清代傅云龙已将其模刻收入他的《纂喜庐丛书》中。敦煌本《新修本草》，据王重民先生考证为卷十、卷十七和十九两个残段，其中卷十残卷存药物30种，可补日本传本所缺。此卷朱墨杂书，背有“乾封二年(667年)”字样，说明该书距颁发仅八年时间。

另外，P.3822号《无名本草》残卷，也是很重要的本草学著作，已有学者对其进行探讨。

2. 丰富的医经

据目前所知，敦煌遗书中的医经残卷有十余种，主要有《内经》《伤寒论》《脉经》的片断及《五脏论》《新集备急灸经》等。

敦煌所出《内经》残卷，主要见于P.3287和P.3481。P.3287残卷的内容散见于《素问·三部九候论》《素问·脉要精微论》；成无己《注解伤寒论》之《伤寒例》《辨脉法》；《脉经》卷一之《脉形状指下秘诀第一》卷二之《平三关病候并治宜第三》等。现存的《黄帝内经素问》是唐宝应元年(762年)由王冰编次注释的，敦煌所出《内经》残卷却有武周新字，可知其书写年代当在武则天时期，即在王冰编次之前，因此，可利用敦煌遗书校勘王本，以正其缺讹。

敦煌所出《伤寒论》残卷，主要见于 S.0202 和 S.5614。S.0202 的内容与《伤寒论》辨脉法篇大致相同。

张仲景的《伤寒杂病论》，自汉代问世以来，历经兵火战乱而散佚。晋代王叔和曾对其进行编次整理，宋朝林亿等人经过整理，分编为《伤寒论》《金匮要略方论》《金匮玉函经》三书。金人成无己首次为《伤寒论》系统作注，成《注解伤寒论》一书。但宋本已散佚，现存的则是明清刻本。据有的学者研究，敦煌本《伤寒论》是宋代整理编次前的《伤寒论》写本，是目前所能见到的最早的《伤寒论》原卷抄写本，与传世本《伤寒论》相异者约 70 余处。它的某些内容是今本所缺，或较今本为优，可用来校勘今本《金匮玉函经》《伤寒论》及《注解伤寒论》。

敦煌所出《脉经》残卷，主要见于 P.3287、P.3477 和 S.5614。P.3287 残卷共 149 行，每行 22—27 字不等，该卷的部分内容亦见于《素问》《灵枢》《难经》《脉经》中。写卷不但对我们研究中医的脉学理论很有启发和帮助，而且其中谈到的一些诊法、医方，都是宝贵的文献资料，对于医史研究有着重要价值。P.3477 写本卷首有“《玄感脉经》一卷”题记，内容由三部分组成，首论三部九候脉法、辨尺寸阴阳荣卫度数、平脉早晏法；次为《脉类形状》，内容与《脉经》卷一之“持脉轻重法第六”“平脉视人大小长短男女逆顺法第五”及“脉形状指下秘诀第一”等相似；最后为《阴阳逆乘伏》，仅存一行。S.5614 中的“《平脉略例》一卷”，有类《脉经》卷一之“持脉轻重法第六”“平脉早宴法第二”“辨尺寸阴阳荣卫度数第四”“两手六脉所主五脏六腑阴阳逆顺第七”等篇的内容。此外还有论寸、关、尺三部脉象及主病的条文。

敦煌所出《五脏论》残卷现藏英国，编号为 S.5614，卷首有书题“《五脏论》一卷，张仲景撰”。其内容主要是论述五脏与五官五体、人与自然相应、药性歌赋及鉴定炮制要点，为一本学医的基础读物。

残卷墨笔抄写，共 83 行，约 1440 余字。文中提及的东晋和南北朝一些医家及其著述，如葛洪、陶弘景、徐之才等，均是张仲景之后的人，但未提及孙思邈和《千金方》。据此推测，残卷可能是隋或初唐时的著作，托名张仲景以自重之。

敦煌写本《五脏论》，是目前所见最早的《五脏论》写本，它汇集了隋唐以前医药学界的一些精萃，收集了当时流行的国内外民间的一些医药经验。它以脏象为中心，并论及整体观念、病因病理、脏腑辨证、药物鉴定、常见病症的药疗等，是我国珍贵的中医药学文献。

敦煌所出《新集备急灸经》残卷现藏英国，编号为S.2675。其卷首有"《新集备急灸经》一卷，京中李家于东市印"，卷末有"咸通二年……写记"题记，可知此乃唐人写本。我国的针灸著作，以前所见最早的是宋、元以后的刻本，敦煌写本是现在能见到最早的原本针灸著作。它前有小序，说明本书系汇集诸家灸经，为偏远州县及交通不便之村坊草野疗治疾病参考。中为人体正面明堂图的上半身，并标注穴位名称，主治及施灸壮数等说明文字，很有实用价值。

S.6168也为一灸经残卷，它画有人体明堂图，并标明穴位名称、主治及灸法，但无书题及著者。

《敦煌古藏医灸法》残卷，据学者考证为八世纪中期的著作，比汉文《新集备急灸经》早近一个世纪，是现存最早的灸方专书。此外，敦煌遗书中还有一部古藏医临床手册——《藏医杂疗方》，其内容涉及临床各科，对诊断、药物炮制、病因病理、疗法等均有叙述。

第五章

敦煌学研究遍天下

——敦煌学的发展及其研究概况

敦煌学产生一百多年来，已在全世界得到了广泛发展，并由此兴起了一股敦煌热，如研究热、展览热、教学热、应用热、著述热等等。尤其是近三四十年来，敦煌成了人们关心的热点，敦煌学成了世界上唯一以地名学的国际显学，敦煌莫高窟还被联合国教科文组织列为人类珍贵文化遗产。[①]我国的敦煌学研究，更是走在了世界前列，取得了举世瞩目的成就。

---

① 联合国教科文组织 1987 年 12 月十一届全体会议将中国六大文化遗存列入“世界遗产清单”。这六项文化遗存是泰山、长城、故宫、敦煌莫高窟、秦兵马俑坑、周口店北京猿人洞。

第一节　敦煌学的产生及发展

一、敦煌学的产生及其初步发展

敦煌学的产生，已有一百多年的历史了。一百多年来，我国的敦煌学研究者在极其艰难的条件下，进行了不懈的努力，作出了一定的贡献。回顾一百多年的历程，可将我国敦煌学的发展划分为两个时期：从 1909 年起，直到“文化大革命”前，是敦煌学的产生、创业及其初步发展阶段；80 年代后则是蓬勃发展、繁荣昌盛的黄金时代。[①]下面先就第一阶段的情况加以探讨。

1. 从史的角度考察敦煌学之产生

作为一门学科的敦煌学，究竟始于何时？至今仍纷争不已。目前就有 1900 年、1904 年、1907 年和 1909 年等几种说法。按照现有资料，我倾向于将 1909 年作为敦煌学的起始。这主要是因为：第一，任何一门学问都要有一定的资料。敦煌文书虽然早就发现，但在 1909 年伯希和在北京展示之前，只有个别学人见到过个别文书；第二，要有一定的研究规模。1909 年前，虽然叶昌炽等人曾对敦煌文书有所关注，但引起学界的重视及有规模的研究还是从 1909 年开始的；第三，对继续研究的引导。1909 年伯希和与罗振玉等中国学者相遇后，罗振玉即根据从伯希和处抄录的资料进行刊布，最早的就是发表在宣统元年九月二十五日（1909 年 11 月 7 日）出版的《东方杂志》第 6

---

① 关于敦煌学史的阶段划分，参阅颜廷亮《我国敦煌学研究史概说》，《社科纵横》1989 年第 1 期。

卷第10期上的《敦煌石室书目及发见之原始》,紧接着在同年第六卷第十一、十二期上又发表了《莫高窟石室秘录》,这就是第一批公开的敦煌文献,另外还有同年王仁俊的《敦煌石室真迹录》、同年11月罗振玉和蒋斧的《敦煌石室遗书》等第一批敦煌学研究著作的问世。

伯希和在北京时,接待的不单单是中国学者,当时在北京由日本人开办的文求堂书店的主人田中庆太郎也曾访问过伯希和,他在1909年11月1日出版的《燕尘》杂志上,以《敦煌石室中的典籍》为题介绍拜访伯希和的见闻,还全面介绍了罗振玉的《敦煌石室书目及发见之原始》一文。与此同时,罗振玉也将敦煌发现古代文书的信息,写信告诉了日本学者内藤湖南、狩野直喜等人。1909年11月12日,东京、大阪两地出版的《东京朝日新闻》和《大阪朝日新闻》,刊出了根据罗振玉《敦煌石室书目及发见之原始》一文写成的《敦煌石室的发现物》,报道了敦煌的发现。由于东京、大阪两地出版的《朝日新闻》读者面广,所以此文在日本敦煌学史上具有重要的影响。随后内藤湖南又以《敦煌发掘的古书》为题,在1909年11月24—27日的《朝日新闻》(大阪)上作了连续报道,同年出版的《绘画丛誌》也予以转载。从而引发了日本的敦煌热潮。所以不少学者认为,正是1909年开始的敦煌研究,使得敦煌学逐渐形成了一门国际性的学问。

我们把1909年定为中国敦煌学的起点,并不意味着我国学者在此之前没有注意到敦煌。事实上,早在藏经洞发现以前,我国学者就已注意到千佛洞,并作了记载。

敦煌虽地处祖国西陲,但作为中华民族的文化遗存,早就引起了我国学者的关注。例如:清代雍正年间,督修沙州城的光禄少卿汪漋,就写过《游千佛洞》等诗,对敦煌艺术推崇备至:“神工劳劈划,匠手巧雕镌”“大地形容盛,灵光绘画宣”“庄严挥四壁,妙善写重颠”。这是十八世纪上半叶的事,比藏经洞的发现要早一百多年。嘉庆年间,著名西北史地专家徐松游历了千佛洞,并对敦煌的历史和碑刻进行了研究和记录。在其《西域水道记》中，收录了许多有关敦煌和莫高窟的材料，还论及了莫高窟的创建历史，一向为人们所重视。道光年间，许乃谷任敦煌县令时（1831—1834年），也曾至莫高窟巡礼，写了《千佛岩歌并序》，描述了莫高窟当时的景况，并叙述了莫高窟的碑石和有关历史。

1900年藏经洞被发现后，1902年，金石学家、甘肃学台叶昌炽，通过当时的敦煌县令汪宗瀚，得到了藏经洞发现的一些文物。他在《语石》卷一《吐蕃一则》中说："敦煌县千佛洞，即古之莫高窟也。洞扉封以一丸泥，十余年前，土壁倾陊，豁然开朗，始显于世。中藏碑版经象甚夥。"汪宗瀚"先后寄贻宋乾德六年水月观音画像，写经卷子本、梵叶本各二。笔画古拙，确为唐经生体，与东瀛海舶本无异"。[①]他还在其《缘督庐日记》中详细记载了有关情况，并曾建议将藏经洞发现的全部遗书运至兰州保管。

1909年秋，法人伯希和盗劫敦煌遗书之后，曾在北京给罗振玉、蒋伯斧、王国维等人看了一部分敦煌遗书，并送给罗振玉一些敦煌遗书照片，罗据此编成《敦煌石室遗书》一书，并撰写《鸣沙山石室秘录》，这是我国学者对敦煌遗书刊布和大规模研究与介绍的开始。正是在罗振玉等人的大力奔走呼吁下，清政府学部才于1910年将劫余遗书8000余卷运至北京，交京师图书馆保存。

1925年，陈垣先生依据北平图书馆所藏敦煌遗书8000余卷，编成《敦煌劫余录》一书，这是我国学者编撰的第一部大规模的关于敦煌遗书的目录书。陈寅恪先生1930年为其作序曰：此书乃"治敦煌学者，不可缺之工具也"。并说："敦煌学者，今日世界学术之新潮流也。自发见以来，二十余年间，东起日本，西迄法英，诸国学人，各就其治学范围，先后咸有所贡献。"在国内第一次提出了敦煌学这一概念，使

① 叶昌炽《语石》，辽宁教育出版社，1998年，第24页。

用了敦煌学这一名词。1940 年，向达先生修订《唐代俗讲考》[1]时，也沿用了这一名词，说“时贤因为之特创—敦煌学之新名辞”。由此可知，当时学术界所谓之敦煌学，仅仅是指整理研究敦煌遗书而言，并不包含其他。

20 世纪 40 年代初，在政界、学术界一些有识之士的倡议进言、奔走呼吁下，国民党政府成立了国立敦煌艺术研究所，从而开始了对敦煌石窟艺术的保护和大规模研究。1947 年出版的史岩先生《敦煌石室画像题识》一书，是我国学者对敦煌石窟艺术研究的第一部著作。此后，敦煌石窟艺术的研究逐渐深入，并取得了丰硕的成果。因此，段文杰先生在《敦煌研究文集》前言中明确指出：敦煌学的研究对象包括敦煌石窟艺术和敦煌遗书两个方面。

随着敦煌学研究的全面展开和不断深入，人们逐渐认识到了敦煌学理论和敦煌史地在敦煌学研究中的重要地位，并已在这两个领域取得了一系列成果，从而使敦煌学的体系更加完备，发展成为一门以研究敦煌遗书、敦煌石窟艺术、敦煌学理论为主，兼及敦煌史地的学科了。

2. 草创阶段（1909—1924 年）

1909 年，罗振玉发表了《敦煌石室书目及发见之原始》《莫高窟石室秘录》。紧接着，王仁俊的《敦煌石室真迹录》、蒋伯斧的《沙州文录》等相继出版。我国敦煌学研究史的第一页，就这样在 1909 年揭开了。敦煌学的帷幕拉开以后，我国学者整理刊布的一批有关敦煌文献的书籍和学术论文便接踵而至，主要有：罗振玉的《鸣沙石室遗书》及

① 为节省篇幅，本章所引论著出处，尽量不作注释说明。读者请参阅刘进宝编《敦煌学论著目录 1909—1983》，甘肃人民出版社，1985 年；郑阿财、朱凤玉主编《敦煌学研究论著目录（1908—1997）》，台湾汉学研究中心，2000 年；郑阿财、朱凤玉主编《敦煌学研究论著目录（1998—2005）》，乐学书局，2006 年。

《续编》《鸣沙石室古籍丛残》《敦煌零拾》；罗福苌的《伦敦博物馆所藏敦煌书目》《巴黎图书馆所藏敦煌书目》；李翊灼的《敦煌石室经卷中未入藏经论著述目录》；王国维的《敦煌发见唐朝之通俗诗及通俗小说》《韦庄的秦妇吟》；刘师培的《敦煌新出唐写本提要》等。此外还有为数不少的序跋。

在这一阶段中，整理研究敦煌文献的主要方法是考证文献本身，其形式是为某一文献作跋或提要。文献的来源主要是伯希和盗劫的敦煌卷子，也有少数斯坦因劫卷。刊布和研究的范围主要是四部书，尤其是经部和子部。这一阶段是我国敦煌学研究的草创时期，研究的对象主要是卷子本身，还未进行理论上的分析和评述，更未涉及敦煌石窟艺术。虽然如此，仍然是敦煌学研究史上一个很有成绩的阶段，罗振玉、王国维、蒋伯斧、王仁俊、董康、李翊灼、陈垣等第一代敦煌学家，为开创我国敦煌学的研究作出了重大贡献。

3. 艰苦创业(1925—1949 年)

1925—1949 年，我国的敦煌学研究有了一定的发展，并形成了一定的体系。在遗书研究方面，由于刘复、向达、王重民、于道泉、姜亮夫、王庆菽等学者相继去巴黎或伦敦转录和拍摄敦煌文献，从而得到了一大批敦煌资料。再加上北京图书馆所藏遗书的利用，遂编辑了不少有价值的资料专集，如刘复《敦煌掇琐》、陈垣《敦煌劫余录》、许国霖《敦煌石室写经题记与敦煌杂录》、金祖同《流沙遗珍》等。

如王重民先生能在敦煌学等方面取得突出的成就，最关键的因素当是 1934—1939 年的巴黎之行。正如白化文先生在《冷庐文薮》[①]序中所述："以敦煌学而言，1934 年夏，王先生奉派去法国与英国工作，直至 1939 年欧战开始后撤离。这五年多时间里，大量地接触了伯希和与斯坦因盗去的遗书材料，所得甚丰，从材料搜集等方面奠定了

① 王重民《冷庐文薮》，上海古籍出版社，1992 年。

以后研究的基础。这段时间，不但对王先生个人，即便对于国际和我国敦煌学界来说，都可说是一个高潮时期、黄金时代。”

北京图书馆的前身是1926年由中华教育基金会建立的“北平北海图书馆”，当时的正副馆长是梁启超和李四光，袁同礼为图书部主任。1929年正式创建“国立北平图书馆”时，蔡元培任馆长，袁为副馆长。梁、李、蔡诸位都是以名望而任此位，他们的主要职务都不在图书馆，因此，实际担当创业重任的自然就是袁同礼了。

在袁同礼先生任北平图书馆副馆长（馆长为蔡元培）并主持馆务时，他不仅要发挥一个图书馆的公共职能，而且还要将图书馆办成一个学术研究机构。为此目的，他网罗了一大批卓有成就的学者，如徐鸿宝（森玉）、叶渭清、向达、王重民、孙楷第、贺昌群、谢国桢、刘节、赵万里、谭其骧、王庸、于道泉先生等。这些学者都发挥各自的所长，撰写论文专著，出版中英文馆刊，不仅使北京图书馆一跃而成为世界有名的国家图书馆之一，而且还成为学术研究的重镇。

当时的北平图书馆和欧美各大图书馆都订有学术交流的协议，从1934年开始，袁同礼先生就陆续派王重民、向达先生赴法国、英国进行学术考察。在巴黎的一年多时间，王先生就写成《巴黎敦煌残卷叙录》，并在天津《大公报·图书副刊》陆续发表41篇。

王重民先生赴巴黎后，就将主要精力用于搜集、研究敦煌遗书，尤其难能可贵的是，在当时那样艰难困苦的条件下，他不仅阅读敦煌卷子，而且还把伯希和劫去的卷子，选出较为重要的摄制成显微胶卷，为我国的敦煌学研究提供了宝贵的第一手材料。

王重民先生拍摄的这些照片目录，袁同礼先生在1940年曾以《国立北平图书馆现藏海外敦煌遗籍照片总目》为题，在《国学季刊》新二卷第四期上发表过一部分，刊布了402种。袁同礼先生还在文后特别写明了目录不全的原因：“摄取伯希和、斯坦因二氏携去敦煌古经影片，随摄随寄。迨卢沟桥变起，遂将继续所摄者，暂存巴黎东方语言学校，旋又在欧战爆发前，运往美国国会图书馆寄存。总数约在万片，正在编目中。兹先将卢沟桥事变前收到者，编成简目，披露如右。”可见在二次大战的艰难困境中，得到并保存这些照片是多么的艰辛。

目前存放在中国国家图书馆敦煌吐鲁番学资料中心的 13000 余张敦煌遗书照片，其主体部分就是王重民先生当年在巴黎拍摄的，因为同时期的向达先生，在伦敦博物馆检阅敦煌遗书时，由于受到小翟理斯的刁难，看到的卷子比较少，一共大约才 500 卷，拍摄成照片的更少。

王重民先生在巴黎的另一项成就，就是编写了《伯希和劫经录》，它是王先生代伯希和所编的法藏敦煌汉文写卷的“注记目录”。因为法国的伯希和先编了一个目录，这是一个“财产账”式的登录号，并且已经登录上架，形成定局，如果打乱了重新编写，原主管者大概不会同意。所以，王重民先生的工作，也就是在原来的目录基础上，增加若干注释性质的记录，即为原卷定名、写注记。实际上，《伯希和劫经录》的最大贡献就在注记方面，如卷子的大致归类及现存形式、首尾题记的抄录、对卷子内容的提示等等。另外，用 V 指卷子背面，也是王先生推广使用的。原来在法文登录中，是用 V（Verso，背面）下另作一条附录记录的，注记方式与正面的相同。王先生则采用在卷内加 V 的方式处理。这一注记方式，为以后的敦煌文献编目和研究者完全采纳。

正是由于王重民先生在编写《伯希和劫经录》时有此局限，因此王先生就把经卷中的某些内容记录下来，再加上自己的心得体会，写成专文后寄回国内发表，这样就与广大的学术界共享了学术资源。其中的一部分就成了后来出版的《敦煌古籍叙录》的主要内容。

另外，1935 年，王先生利用休假的机会，在柏林普鲁士图书馆看书，搜集了许多资料，写成《柏林访书记》《金山国坠事零拾》《敦煌本历日研究》等论著；1938 年，受中华教育文化基金会的资助，王重民与向达先生一同赴英国伦敦，阅读英国图书馆所藏的敦煌卷子。后来写成了《伦敦所见敦煌卷子群书叙录》。

20世纪30年代的欧洲之行，奠定了王重民先生敦煌学研究的基础，从而使王先生成为我国第二代敦煌学的代表人物之一。其敦煌学方面的著作有《敦煌曲子词集》《敦煌古籍叙录》《敦煌遗书论文集》等，并合著有《敦煌变文集》《敦煌遗书总目索引》等。

本阶段到海外抄阅敦煌文献的还有刘复、姜亮夫、王庆菽等学者。

此时期的重要著作还有《敦煌掇琐》和《敦煌劫余录》。《敦煌掇琐》[①]共收敦煌文献104种，是刘复在巴黎图书馆根据原卷抄录的，其"上集是文学史的材料，中集是社会史的材料，下集是语言史的材料"。《敦煌劫余录》汇集了北京图书馆藏8679卷的有关情况，详记每卷的起讫、纸数、行数和品次，在附记内还移录有题记和卷子的残缺情况。王重民先生曾评价说："这样细致、渊博而又正确的目录工作，不是任何人所能作的"[②]。

这一阶段的敦煌遗书研究，由于使用了较多的资料，展开了各方面的研究，发表了一些很有质量的研究成果。如在归义军史研究方面，有王重民《金山国坠事零拾》、向达《罗叔言〈补唐书张议潮传〉补正》、唐长孺《白衣天子试释》等文；又如唐代民间文学的研究，郑振铎的《中国俗文学史》《中国文学史》以及其他研究中国文学史的专著都设专章或专节论述敦煌遗书中的唐代民间文学作品，包括歌辞、白话诗、变文、话本、赋、词文等。向达的《记伦敦所藏的敦煌俗文学》《论唐代佛曲》《唐代俗讲考》，对唐代民间文学进行了深刻的探讨。孙楷第的《敦煌写本张议潮变文跋》和《敦煌写本张淮深变文跋》，是有关唐

① 刘复《敦煌掇琐》完成于1925年，但出版颇费周折，其上辑出版于1931年，中辑出版于1932年，下辑出版于1935年。

② 王重民《敦煌遗书总目索引后记》。

代变文研究的两篇重要文章[①]。

本阶段的最大特点是敦煌艺术的研究和国立敦煌艺术研究所的成立(详后)。

本阶段的另一特点是重视敦煌学宏观研究。陈寅恪先生在国内首先提出了敦煌学这一概念。此外,还有傅芸子的《三十年来中国之敦煌学》、傅振伦的《敦煌艺术论略》、常书鸿的《敦煌艺术与今后中国文化建设》、姜亮夫的《敦煌经卷在中国学术文化上之价值》等,都是从宏观上探讨敦煌学的文章。

4. *初步发展*(1949—1966 年)

中华人民共和国的成立,为我国敦煌学研究提供了良好的客观条件,从中央到地方,都十分关心敦煌文化及其研究。1951 年,中央人民政府将原敦煌艺术研究所改组为敦煌文物研究所,并受中央文化部直接领导,使石窟得到了妥善保护。1956 年,在周恩来总理的关怀下,国家拨出巨款作为修复和保护敦煌文物之用。1960 年,又通过国际交流,得到了伦敦所藏敦煌遗书缩微胶卷。1961 年,国务院公布敦煌莫高窟为国家重点文物保护单位。1962 年,国家又拨出巨款,对敦煌莫高窟进行了全面维修和加固,使之面貌焕然一新。在这种客观条件下,敦煌学研究取得了丰硕的成果,尤其是敦煌石窟艺术的研究、临摹、保护以及敦煌文学研究,更是走在了世界前列,代表了国际最高研究水平。

中华人民共和国成立后,敦煌学者向达、梁思成、周一良、阎文儒、宿白、常任侠、史岩、李浴、段文杰、史苇湘、阴法鲁等,对敦煌艺术开展了多方面的研究。他们或对敦煌史地进行了考察,或对莫高窟进行了详细探讨,或编著了敦煌石窟艺术的学术著作。如阎文儒的《敦

---

① 详见王永兴《我国敦煌文献(汉文)研究概述》,载《中国敦煌吐鲁番学会成立大会·一九八三年全国敦煌学术讨论会会刊》,1983 年兰州。

煌史地杂考》《莫高窟的石窟构造及其塑像》，宿白的《敦煌莫高窟中的五台山图》，向达的《敦煌艺术概论》，周一良的《敦煌壁画与佛经》，王逊的《敦煌壁画和宗教艺术反映现实生活问题》，金维诺的《敦煌佛本生图的内容和形式》《敦煌壁画中的中国佛教故事》，段文杰的《谈临摹敦煌壁画的一点体会》，阴法鲁的《从敦煌壁画谈唐代的音乐和舞蹈》，潘絜兹的《敦煌莫高窟艺术》等。

在本阶段的敦煌艺术研究中，临摹工作占很大的比重。壁画的临摹，决不是依样画葫芦，而是一项艰巨的艺术劳动。临摹的过程也就是研究过程，临摹一幅壁画或一身彩塑，必须做许多调查研究工作，才能表现原作的精神和艺术水平。本阶段共临摹了近千平方米的壁画，30 多身彩塑，其质量达到了很高的水平。并先后在印度、缅甸、捷克、波兰、日本等国和北京、上海、兰州等地举行了大小 20 余次展览，对宣扬祖国古代艺术，促进中外文化交流，进行爱国主义教育和学习民族艺术遗产，推陈出新，都起了积极的作用。

在研究、临摹的同时，还出版了《敦煌画库》《敦煌壁画》《敦煌彩塑》《敦煌唐代图案》等画册，对敦煌艺术的宣传、普及起了积极的作用。[①]

在遗书研究方面，也取得了比较突出的成绩，出版了一批高质量的资料专集和研究专著，如王重民的《敦煌曲子词集》(1950)、周绍良的《敦煌变文汇录》(1954)、任二北的《敦煌曲初探》(1954)、《敦煌曲校录》(1955)、姜亮夫的《敦煌——伟大的文化宝藏》(1956)、王重民等的《敦煌变文集》(1957)、王重民的《敦煌古籍叙录》(1958)、蒋礼鸿的《敦煌变文字义通释》(1959)、中国科学院历史研究所的《敦煌资料》(1961)、王重民主编的《敦煌遗书总目索引》(1962)等。

① 参阅段文杰《五十年来我国敦煌石窟艺术研究之概况》，载《中国敦煌吐鲁番学会成立大会·一九八三年全国敦煌学术讨论会会刊》，1983 年兰州。

《敦煌曲子词集》是我国第一部专科性文献集，它将同类作品辑录在一起，加以校注，给研究者提供了很多方便。但该书只收词 162 首，很不完备。任二北沿用这一体例，又编校了《敦煌曲校录》，收词 545 首，分为普通杂曲、定格联章和大曲三类。

1954 年，由王重民、王庆菽发起，向达主持，周一良、启功、曾毅公参加，在广泛摄、抄国内外公私收藏的变文资料的基础上，过录了 187 个写本，作了认真的整理，选编 78 种，编成了《敦煌变文集》一书，于 1957 年由人民文学出版社出版。《敦煌变文集》是当时我国学者对变文写卷进行的规模最大的一次整理成果，也是收集资料最丰富的一部变文总集，对推动我国变文及民间文学的研究起了很大的作用。当然，现在看来，它还存在许多不足之处。

《敦煌资料》第一辑是一部综合性的敦煌文献集。它辑录了社会经济方面的许多原卷录文，并采用了通行的价格低廉的排印本，因此它流通的范围比较广，为大部分敦煌文献研究者所喜爱，更成了敦煌经济文书和唐代经济史研究者的案头必备书，对推动我国敦煌文献研究的发展起了重要作用。但由于编辑时间短促，在录文的准确性以及文献的时间、性质等方面，还存在着一些缺点和错误。

《敦煌变文字义通释》是以《敦煌变文集》为根据，对变文中的难词加以考证和疏解的。该书对敦煌语言文学、汉语方言俗语以及汉语史的研究具有很大的参考价值。

《敦煌遗书总目索引》是我国开展敦煌文献研究以来，我们自己编著的较完全、较准确、较好的敦煌遗书目录。它收录了北京、巴黎、伦敦及其他一些公私收藏的敦煌卷子目录，详记了每个卷子的标题、编号，在很多标题下，还记录了卷子的内容提要，有些还描述了卷子本身的具体情况和特点，从而给研究者提供了很多便利条件。从某种意义上说，该书是此前六十年我国敦煌文献研究工作中成绩的反映和经验教训的总结。王重民先生为此书写的后记是一篇带有总结性的重要文章。当然，该书仍有一些缺点和不足，如对少数文献的性质以及标题的确定不大准确，甚至出现错误等等。

除以上专著外，这一阶段还发表了大量研究敦煌遗书的论文，研究的方面与前一阶段大致相同，在归义军史、唐代民间文学、唐地志、社会经济等方面都取得了一定的成绩。

综观"文化大革命"前我国的敦煌学研究，虽然各个时期研究的侧重点不同，但都取得了一定的成绩，并在许多方面，如敦煌石窟艺术、敦煌学理论等，都一直走在世界的前列，为我国敦煌学研究的大发展奠定了基础。

二、敦煌考古与敦煌艺术研究

1937 年日军发动侵华战争后，随着日本侵略者的一步步紧逼，国民政府也在一步步后退，先是从南京退居武汉，后又从武汉进一步退居重庆。相应的，沦陷区的大学和研究机构也纷纷转入西部，以前不大为人关注的西南，则成了各种文化人和知识分子汇聚的宝地。随着政府重心的西移，以兰州为中心的西北就成了抗战的大后方，自然就引起了各方面的关注。开发西北、建设西北就成了时人关心的新课题。要开发西北、建设西北，首先就要了解西北，而要了解西北，就需要考察西北。正是在这样的大背景下，从 40 年代初开始，由政府有关部门或学术机构组成的各种考察团便开赴西北。

在此之前，学术界对敦煌的关注及对敦煌学的研究，主要是藏经洞文书。而这一阶段，不论是由官方组织的考察团，如"西北艺术文物考察团""西北史地考察团"，还是官员、个人的考察、视察或朝圣，如于右任、张大千等，乃至奉命筹备敦煌艺术研究所的常书鸿及其追随者，基本上都是以艺术见长，他们关注的也主要是石窟保护和壁画艺术。

正是由于他们的关注及考察，尤其是临摹的敦煌壁画在全国各地的展出，向世人宣传了敦煌，也使世人了解了敦煌艺术的博大精深。而他们在那种艰难困苦的条件下，对敦煌艺术的探索、临摹、展览、宣传，对敦煌石窟的保护，是我们应该永远铭记在心的。

1. 向达与西北史地考察团

抗日战争时期，为了加强抗战后方的建设，需对有关历史遗迹及边疆史地进行考察了解。1942年春，中央研究院历史语言研究所、中央博物院筹备处及中国地理研究所合组“西北史地考察团”。这次考察由辛树帜任团长，史语所派劳幹、石璋如参加，中央博物院筹备处请西南联大向达教授参加，中国地理研究所派李承三、周廷儒参加。考察团考察了甘肃、宁夏、青海三省区，其中考古工作仅限于甘肃和宁夏地区的一部分。

据向达先生《西征小记》记述：“三十一年（1942年）春，国立中央研究院有西北史地考察团之组织。考察范围为甘肃、宁夏、青海三省，其用意于纯粹的学术研究而外，盖亦思以其所得供当时从事西北建设者之参考。”①由此可见，当时的学术考察，也有一定的现实目的，即在抗战的艰难时期，想开发大后方，为现实服务。

1942年4月中旬，中央研究院“西北史地考察团”即在重庆组建：西北农学院院长辛树帜任团长，中国地理研究所所长李承三任总干事，北京大学教授向达任历史组主任，李承三兼任地理组主任，同济大学教授吴静禅任植物组主任，中央研究院历史语言研究所劳幹为历史组组员兼文书，史语所的石璋如为历史组组员兼会计，地理所的周廷儒为地理组组员兼事务。5月4日，全团成员到达兰州后，各组分别进行工作。而向达先生由于当时正在昆明的西南联大任教，并要赴重庆安排家属等，故迟至10月9日才到敦煌。正如《西征小记》所述：“余应研究院之约，奉校命参加考察。以滇西变起仓卒，交通艰阻，

① 向达《唐代长安与西域文明》，三联书店，1987年，第338页。

迟至八月方克入川。九月下旬自渝抵兰，十月初西行，经武威、张掖、酒泉，出嘉峪关以抵敦煌。”①

9日中午到达敦煌后，向达先生即于下午4时启程赴莫高窟，晚8时到达后住于中寺。从此在敦煌一带考察生活达九个多月。《西征小记》记其事曰：“余于三十一年十月九日午抵敦煌，下午即去千佛洞，住其间者凡九阅月。中于同年十月中旬至南湖一访阳关遗址，三十二年三月旬往游大方盘、小方盘，探玉关之胜迹，访河仓之旧城。其年四月复自敦煌至南湖，由南湖北行越中戈壁以至西湖，再访玉关，然后东行以归敦煌。五月至安西，礼万佛峡诸窟，历时一周，复返千佛洞。七月遂东归返川。以在敦煌历时稍久，见闻较多。”②

向达先生到达千佛洞的第二天（10日），就与西北史地考察团地理组成员、教育部艺术文物考察团（即王子云率领的考察团）成员以及张大千会面，并由艺术文物考察团的卢善群导游，游览了莫高窟。

随后，向达就赴南湖一带考察，他考察了西千佛洞、寿昌城遗址、古董滩、阳关等地。23日回到莫高窟后，即潜心于洞窟考察，同时还做详细的记录。到了11月初，向达已对莫高窟的三分之一洞窟做了详细考察。有感于张大千一行任意勾勒、剥离壁画，他用三天的时间，写成了在敦煌学和莫高窟历史上有重大影响的《论敦煌千佛洞的管理研究以及其他连带的几个问题》，建议将千佛洞收归国有，由学术机构管理。他将此文寄给曾昭燏，请转傅斯年推荐发表。该文经傅斯年推荐，以“方回”为笔名，在《大公报》1942年12月27—30日连载刊登。

在撰写和寄送《论敦煌千佛洞的管理研究以及其他连带的几个问题》一文的同时，向达还给史语所的傅斯年、李济、中央博物馆的曾

---

① 向达《唐代长安与西域文明》，第338页。

② 向达《唐代长安与西域文明》，第345—346页。

昭燏写信,既汇报西行考察情况,又谈及张大千破坏壁画及千佛洞保护问题。在致曾昭燏的信中向达写道:“最近骝先先生(教育部长朱家骅)来电,嘱暂留此,不必亟返,西北工作,尚待继续,正拟明年计划云云。达拟在此再留三月,将千佛洞逐窟作一详细纪录,于每一窟之壁画塑像名目、保存情形、前人题记等一一备录,整理葳事,往安西万佛峡一游,再访布隆吉遗存洞窟,然后东归酒泉,以待后命。”[①]在给李济、傅斯年的信中也说:“目前计划,拟普看三遍,将各窟壁画、塑像保存情形,供养人题识诸项,逐窟详予纪录。”[②]

随后,向达对莫高窟诸窟进行了比较详细的考察,又对敦煌周围各地如西北长城沿线的大方盘城(河仓城)、小方盘城(玉门关)等进行了考察,抄写了一些当时能在敦煌见到的文书。

7 月初从敦煌东归,20 日到兰州,26 日赴重庆,结束了第一次敦煌考察。

向达的第一次敦煌考察,固然有巨大的成绩,但也有许多的无奈。在向达看来,他参加考察团,乃是代表北京大学,而考察的组织者是中央研究院和中央博物馆,只有历史组是与北大合作,而北大也只有向达一人参加,再加上当时可能没有形成文字的协议,而向达又由于诸事迟到约 4 个月。在考察团及历史组诸位心中,就有意或无意地将向达没有看成考察的成员,甚至没有给向达留下必需的经费。[③] 1943 年 3 月 5 日向达在致曾昭燏的信中就提到了这一点:“所不幸者,西北史地考察团之组织,虽出自研究院与博物院,而历史组则为

---

① 向达 1942 年 11 月 5 日致曾昭燏信。参阅荣新江编《向达先生敦煌遗墨》,中华书局,2010 年,第 380 页。

② 参阅荣新江编《向达先生敦煌遗墨》,第 383 页。

③ 参阅刘进宝《向达敦煌考察的身份问题研究平议》,《中华文史论丛》2016 年第 2 期。

两者与北大合作之事业。而达之来，亦为代表学校，并非以个人资格参加，此种情形，最少北大方面，有此谅解。惜乎考察团自组织以至出发，于此点未尝正式声明；历史、考古两组中人，于此中经过，尤其未能明了。”①

另外，当向达于 1942 年到达敦煌时，张大千一行和王子云率领的教育部“西北艺术文物考察团”也在千佛洞。张大千等人居住在莫高窟上寺，向达住在上寺隔壁的中寺，王子云一行则住在稍微远一些的下寺。

从现有资料看来，向达与王子云率领的“西北艺术文物考察团”的关系比较融洽，而与张大千一行的关系则比较紧张，其原因可能与前述向达对敦煌艺术的看法，尤其是在《大公报》发表的文章有关。

当傅斯年将向达的《论敦煌千佛洞的管理研究以及其他连带的几个问题》交《大公报》发表时，虽然用了“方回”的笔名，但从文章的内容，尤其是傅斯年在按语中所说“此君乃今日史学界之权威，其研究中外交通，遍观各国所藏敦煌遗物，尤称独步”的话中，人们不难知道作者是谁。当张大千得知此事后，双方的关系就开始紧张起来，有的朋友甚至为向达的安全考虑。向达的文章发表不久，甘肃省政府主席谷正伦就在 3 月中下旬致电敦煌县长：“张君大千，久留敦煌，中央各方，颇有烦言。敕转告张君大千，对于壁画，勿稍污损，免滋误会。”②

1943 年，中央研究院史语所、中央博物馆筹备处、中国地理研究所与北京大学文科研究所又组织了“西北科学考察团”。史语所派夏鼐参加，中国地理研究所派李承三、周廷儒参加，北大文科研究所派向达、阎文儒参加。这次组建“西北科学考察团”的目的，和上次一样，

① 参阅荣新江编《向达先生敦煌遗墨》，第 396 页。

② 参阅刘进宝《向达与张大千——关于张大千破坏敦煌壁画的学术史考察》，《中华文史论丛》2018 年第 2 期。

除了纯粹的学术研究外，主要是为当时的西北建设服务，以考察“所得供从事西北建设者之参考”，因此，除了历史考古组外，还有地理组、地质组、矿产组、动物组、植物组等。

早在第一次考察时，向达就曾极力推荐夏鼐为第二次敦煌考察的负责人，但“西北科学考察团”任命向达为考古组组长，夏鼐、阎文儒为成员。夏鼐虽然是考古学科班出身，但他对向达的道德和文章非常敬佩，而阎文儒(述祖)又是向达在北大文科研究所的研究生。正是因为有这样的关系，所以他们三人的合作是很愉快的。

考察组原计划 1943 年 9 月出发，临行前由于夏鼐先生生病而不得不推迟了半年。1944 年 3 月 21 日，向达由重庆飞抵兰州，夏鼐乘下一航班于 4 月 4 日抵兰(由于飞机座位有限的原故)，开始了考古组的工作。17 日，向达、夏鼐即赴河西考察，5 月 12 日，考察团另一成员阎文儒赶到，他们在酒泉汇合。14 日，又从酒泉启程西行，经玉门到安西，19 日早晨抵敦煌，22 日参观千佛洞，30 日移住佛爷庙工作站，31 日开始发掘魏晋墓葬。

第二次敦煌考察，向达的时间更少，只有 4 个多月。当佛爷庙西区墓地的发掘工作结束后，向达即于 10 月 19 日启程东归。31 日，夏鼐、阎文儒由敦煌前往西北汉长城遗址考察，发掘了小方盘城北的汉代遗址和大方盘城东南上台，获得汉代简牍若干及晋泰始十 年乐生题记石。12 月 6 日，夏鼐、阎文儒赴安西、酒泉考察。1945 年 2 月 17 日回到兰州，随后又曾到武威、民勤、张掖等地发掘考察。

第二次敦煌考察，除了对阳关、玉门关、河仓城等著名遗址的考察外，还在墓葬的发掘方面做出了成绩。敦煌附近除了古城遗址外，还有许多古墓，如罗盈达墓志铭、阴善雄墓志铭、索法律窟铭等，均记其葬地。如能找到这些墓葬，乃是考古学与历史学的重大收获。向达在《西征小记》中曾说：“三十一年冬始至敦煌，即闻人言佛爷庙至千佛洞中途戈壁上有砾石堆甚多，疑是古代墓葬遗址。其后数次往观，则自佛爷庙以东此种砾石堆累累皆是，迤东以至于新店子，长达三四十里。大都中为砾石堆成之小阜，高者及丈，低则几与地平，为数三五不等。”[①]“就其形式观之，与斯坦因、黄仲良（文弼）诸人在高昌所发掘之六朝以及隋、唐古墓绝相类似，则其为古代之墓葬群，盖无可疑也。”[②]在 1943 年 1 月 13 日致曾昭燏信中，向达先生说：“近在千佛洞至敦煌中途戈壁上，见到古代墓葬群百余，大都作长方形……达以为此是唐代沙州人墓地，毫无可疑。盖唐代沙州，距千佛洞二十五里，在其西北，适当今敦煌人称为佛爷庙之地，至今其地废基颓垣，弥望皆是，迤逦长达数里。按诸距千佛洞里数、方位，俱甚相合，而墓葬群即在古沙州东南约五里左右，南为鸣沙山，不能营葬地，则此必是墓地也。”[③]

向达的这种推论，就被考古组 1944 年的发掘所证实。

1944 年 6 月 30 日至 7 月 11 日，夏鼐、向达、阎文儒先生在敦煌城东约九公里的老爷庙发掘了一唐代墓葬，内容比较丰富。这个墓葬的墓门内两侧站立着一对高 1.2 米的武士像，他们都高举着一只手，另一只手叉在腰间，威风凛凛，表示门禁的森严。武士像的雕塑艺术也很精良，脸部的表情威严而生动，可以和千佛洞盛唐洞窟中的武士像相媲美。在武士像稍后的右首，站立着一对骆驼，高达 0.85 米，各有一个驼夫牵引着。再向后便是放置木棺的平台，台前排立着大批的小陶俑，共 41 件。其中骑士俑 16 件跨着骏马，好像一队骑兵，排立在平台前的左边。旁边的空隙放置一匹大陶马，马首向外，姿态生动，其旁站立着三个马夫俑，作牵马的姿势。这些马夫和驼夫，都身穿大翻领的狭袖短大衣，足穿长统的黑靴子。其中的两个不仅穿胡服，而且

① 向达《唐代长安与西域文明》，第 355 页。
② 向达《唐代长安与西域文明》，第 356 页。
③ 参阅荣新江编《向达先生敦煌遗墨》，第 388 页。

高鼻圆目，发辫盘在头上，可能血统也是胡人。此外，还有带金箔的铜片、开元通宝钱、玻璃细条和玻璃珠等。从其内容判断，它是盛唐时代的墓葬。[①]

1944 年 10 月 31 日至 11 月 15 日，夏鼐、阎文儒先生在敦煌驻军的一位营长陪同下，又对敦煌汉长城进行了考察与发掘。11 月 2 日，他们赴古董滩考察，“滩在沙丘中，时露绳纹或刀削纹陶片、小榆荚钱和五铢钱，以及碎铁片等等。沙丘常因风吹而迁移，当地居民常拾到零星古物，所以叫古董滩，或叫古铜滩”。[②]

小方盘城就是汉代的玉门关。关城方形如盘，故叫小方盘城。“城垣每面二十六公尺二寸，高七公尺五寸。垣顶每面长二十四公尺八寸，宽三公尺八寸。开西、北二门……城垣版筑，每层板痕约一公寸。”[③]

向达先生在《两关杂考》中指出，阳关即今南湖古董滩西之西寿昌城，玉门关即南湖北之小方盘城。11 月 5 日夏鼐先生率队对关城北疏勒河南土丘中的汉代垃圾堆（斯坦因编第 14 号墩）进行了发掘。他们用一天的时间，共掘得野麻绳、残木片、碎毡片、麻布片、白绢片、木栉等物，还有一些残木简，从而证明为玉门关城址。

11 月 7 日，考察队发掘了大方盘城。掘出长方形石刻一块，上有“泰始十一年二月十七日甲辰造乐生”等字，还有五铢钱、陶片及白绿残绢片等。这次发掘所获，最重要的是泰始十一年的刻石，由此刻石得知，晋时敦煌仍隶属于中央政府，并可以推证大方盘城兴废的时间和用途。

① 参阅夏鼐《敦煌考古漫记》，《考古通讯》1955 年第 2 期。

② 阎文儒《河西考古杂记》，《社会科学战线》1986 年第 4 期。

③ 阎文儒《河西考古杂记》。

大方盘城即河仓城。S.5448《敦煌录》[①]说:“河仓城,州西北二百三十里,古时军储在彼。”当时至大方盘城虽无确定的里数,但根据考察队来往路程推测,与《敦煌录》所记里数相符合。又大方盘城城墙上下,有排列整齐的洞穴,“以今日关外清时军粮储藏的仓库遗迹来看,后墙为通风起见,也砌成洞穴,大方盘城的用途,可能是军储的遗址,与《敦煌录》所记的用途也相同”。从以上种种情况可知,“大方盘城的建筑,最晚当在泰始十一年(275 年),或者是汉时的边城。城的用途,可能为军储的遗址,就是《敦煌录》中所记的河仓城了”[②]。

这次西北科学考察结束后,考察队成员利用历史考古所得,撰写了丰富的研究成果,如向达先生的《两关杂考》《莫高、榆林二窟杂考》《罗叔言〈补唐书张义潮传〉补正》《记敦煌石室出晋天福十年写本寿昌县地境》,夏鼐先生的《新获之敦煌汉简》《玉门关发掘新获的汉简》《武威唐代吐谷浑慕容氏墓志》等,都是很有见地的学术论文,大大丰富了敦煌学和西北史地学的研究内容,推动了敦煌学的向前发展。

2. 王子云与教育部艺术文物考察团

王子云(1897—1990 年),安徽萧县人,生前系西安美术学院教授、陕西省美协名誉主席。早年毕业于江苏省立第七师范学校,后肄业于上海美术学校和北京美术专科学校,1930 年底至 1937 年初在法国留学并游历欧洲。1937 年回国后,被聘为国立杭州艺术专科学校教授。抗战爆发后随杭州艺专流亡西南各地,1939 年到达重庆,设计重庆抗日无名英雄纪念碑。由于敌机狂轰滥炸,工程无法继续。而由于日寇入侵,使沦陷区的古迹文物面临着灭顶之灾。因此,王子云于 1940 年 5 月向国民政府教育部上呈报告,建议迅速组建艺术文物

---

① 图版见《英藏敦煌文献(汉文佛经以外部分)》第七卷,四川人民出版社,1992 年,第 91—94 页。

② 参阅阎文儒《河西考古杂记》。

考察团奔赴西北，以摄影、临摹、拓印、复制、测绘、记录等方式，抢救收集尚未被日军占领地区的古代艺术文物。

1940 年 8 月，国民政府正式组建“艺术文物考察团”，直属教育部领导(因此被称为“教育部艺术文物考察团”)，聘任王子云为团长，成员主要由沦陷区撤退来重庆的美术教员和重庆国立艺专即将毕业的优秀生组成。考察团的任务是考察陕西西汉、唐帝陵及宗教寺院，甘肃敦煌石窟、安西万佛峡石窟，青海佛教寺院等西北古代历史文化遗迹、古代艺术品和社会民俗。由于该考察团的主要工作基本上都在西北地区的陕、甘、青三省，因此又被称为“西北艺术文物考察团”。

考察团开始组建时，其考察对象虽然有敦煌石窟，但显然不是重点和首选。后来还是于右任的建议，才将敦煌列为主要的考察任务，正如王子云回忆说：“1941 年，于右任从西北视察回来后，对我们说敦煌莫高窟是我国最大的艺术宝库，藏有许多古代的壁画和彩塑珍品，要我们去看看，调查调查。于是由当时政府的有关单位主持，组织了一个共有十多个人参加的西北文物考察团，其中包括历史、考古、美术等各方面的专家，由我担任团长。我们于 1941 年冬从西安出发，到敦煌时，张大千先生早已在敦煌莫高窟工作半年了。”①

考察团从 1940 年 12 月开始到 1945 年初结束，历时近五年，辗转奔波于川、陕、豫、甘、青的大部分地区，在非常艰苦的环境下，进行了一系列科学考察和研究，并作了一些力所能及的保护工作，取得了丰硕的成果。

王子云率领的“西北艺术文物考察团”共有 12 人，前后近五年。

---

① 李永翘《敦煌老人忆大千》，见宁夏回族自治区政协编《回忆张大千》，中国文史出版社，2015 年，第 118 页。参阅王子云《从长沙到雅典——中外美术考古游记》，岳麓书社，2005 年。王子云的回忆，虽然有的时间不十分准确，但大体上是当时实际的情况。

1941 年 10 月到达敦煌莫高窟的只有 3人,这主要是由于经费的限制,“其他的团员有的留在西安继续未完成的工作,有的留在兰州听候调遣”。考察团从 1941 年 10 月到 1943 年春,在莫高窟断断续续工作了两年半,有时是 4 人,有时则只有 2 人。

虽然考察团在敦煌的时间不长,人数又少,但仍然取得了巨大的成绩:

第一,王子云绘制了莫高窟全景写生图。该图长 5.5 米,宽 0.233 米,是采用艺术和写实相结合的手法绘制的,它既是一幅优美的莫高窟外貌风景画,极具观赏价值,又是一幅莫高窟实位勘测图,具有很高的学术史价值。1998年,在陕西省举行的王子云教授诞辰百年纪念会上,向与会者展示了这件作品。王子云先生去世之后,其夫人何正璜遵其遗嘱将此图捐献给了敦煌研究院。

第二,拍摄了一些珍贵照片。在考察过程中,考察团一路拍摄了许多照片,其中在莫高窟拍摄的照片就有 120 多张。由于时光的流逝,这些照片已成了莫高窟历史形象的珍贵记录。20 世纪 90 年代,根据王子云先生生前提供的线索,在西北大学文博资料室发现了《教育部艺术文物考察团西北摄影选集》10 辑,每辑 1 册,每册约 50 页,每页的上半部是粘贴的照片,下半部是文字说明。其中第 7 辑是《敦煌千佛洞壁画》,第 8 辑是《敦煌及其他壁画集》,收集敦煌照片 83 张。在第 1 辑的《史迹名胜集》中,还有鸣沙山下的月牙泉全景,由此使我们看到了月牙泉自然变迁的直观资料。

第三,撰写了莫高窟现状调查报告。考察团成员、王子云先生的夫人何正璜女士署名发表的《敦煌莫高窟现存佛窟概况之调查》①,是实地考察莫高窟,利用第一手资料撰写的我国第一份莫高窟内容总录。它比较系统地对莫高窟的沿革历史及洞窟形式等问题进行了

① 载《说文月刊》第 3 卷第 10 期“西北专号”(1943 年)。

梳理与整合，并根据文献和实物资料，粗分了洞窟的类型，探讨了石窟形制的特点和艺术风格。由于是第一个莫高窟内容总录，虽然还有不完备、甚至在今天看来不准确之处，但仍有重要的参考价值，如在“洞窟之编号”一节中说：“就莫高窟悬崖现存之佛窟，可分为南北二段，总计不下五六百窟，唯北段各窟除一二魏窟及元代欢喜佛洞以外，余多空无所有，因此历来调查者多仅就南段佛窟编号。”如伯希和、张大千都是如此。北区的编号是20世纪90年代考古的新收获。

另外，考察团还临摹了一部分壁画。由于考察团的经费紧张，使用的颜料、画布都不是太好（与当时同在莫高窟临摹壁画的张大千相比）。他们临摹壁画是从文物的角度出发，即壁画当时是什么样子就画成什么样子（这也是与张大千相比，因为张大千临摹敦煌壁画，把颜色都复原了，画出来就与新的一样，非常鲜艳，甚至将壁画上不大好的地方都能改好）。

考察团的成果很快就以展览的形式向社会公布，在考察过程中，曾在1941—1944年分别在西安、兰州、重庆等地举办过展览，考察团成员王子云、何正璜、雷震、卢善群、邹道龙等还举办过不同形式的个人展览。如完成敦煌的工作后，就先在兰州举办了成果展，又于1943年元月在重庆举办了第一次敦煌艺术展览。由于参观者太多，拥挤得无法继续进行，教育部又决定在中央图书馆单独展览一周，有三万人参观。

敦煌的考察结束后，考察团又对甘肃河西走廊诸石窟、甘南拉卜楞寺、兰州、西安等地进行了考察。1944年，由于货币贬值，考察团经费实在困难，无法继续维持，便报请政府要求解散。1945年初，“西北艺术文物考察团”撤销。经协商，教育部指令由西北大学处理善后工作。这主要是因为此时徐朗秋（与王子云是师范学校同学）任西北大学教务长，而老乡刘季洪又是西北大学校长，萧一山为西北大学文学院院长。这样，西北大学就成立了西北文物研究室，由王子云先生任主任并兼历史系教授，继续从事西北历史文物和敦煌石窟的研究工作。考察团收集的文物和资料也交给了西北大学。

3. 张大千与敦煌艺术的临摹、创作

西北有深厚的文化底蕴，敦煌的艺术世界闻名。因此，在抗日战争时期各方关注西北的浪潮中，敦煌也就为世人所瞩目。张大千也正是在这种背景下赴敦煌的。

1941 年 5 月，张大千带着夫人杨宛君、次子张心智西赴敦煌。

在当时那种艰难困苦的条件下，张大千义无反顾地去敦煌，是有多种原因的，除了敦煌作为艺术宝库的吸引外，还有张大千个人要通过敦煌探求中国艺术的源流。另外还有一个原因，就是张大千听从叶恭绰的建议，为改变画风去敦煌学习技法。叶恭绰素赏张大千的画，曾力劝张大千弃山水花竹专攻人物，以刷新我国人物画的颓风。

当时的西北，当时的河西，当时的敦煌，其自然、气候、交通、物产等各方面都是比较差的，曾有“一出嘉峪关，两眼泪不干，前看戈壁滩，后望鬼门关”之说。当 1941 年张大千一行到达嘉峪关时，曾对随行的人说，在成都出发以前，就有人介绍了西北的艰苦情况，还特别说到河西走廊和关外(嘉峪关以西)，说路上吃的是凉水拌炒面，有时没有水喝，实在不行，还要啃西瓜皮，甚至喝马尿。我们现在的条件应该说是比较好的，起码还不至于喝马尿，但要准备吃苦。《西游记》里的唐僧带着他的三个徒弟，历尽千辛万苦才到西方取经，我们到敦煌来，也是为了取“经”，不过这是取艺术上的“经”。我们的条件比唐僧好多了，吃的苦也比唐僧差远了。

到达莫高窟的前三天，张大千一直陪同范振绪参观石窟。范振绪离开后，就开始了考察和记录。由于许多壁画需要拷贝把画稿描下来，因此，很多地方就要先搭上梯子，高处要用绳子把两架梯子连接在一起，有时还需要两架梯子并排而立，一架梯子由张大千记录，一架由别人提着马灯照明。这样工作起来，既慢又危险，张大千就请来了两位油工师傅——窦占彪和李复（他们二人中华人民共和国成立后都在敦煌文物研究所工作），城里驻军的马团长也派来了几名士兵帮忙，这样就加快了速度。

记录工作进行了四五个月后，张大千对敦煌石窟已有了大致的了解，这时，他改变了原计划，不想马上回成都了，而且还请画家谢稚柳和学生刘力上、肖建初也来敦煌从事壁画的临摹。

在临摹前，张大千为了记录的方便，还给洞窟重新编号。

在临摹壁画前，张大千还到青海请了藏族画师，并买了藏蓝（石青）、藏绿（石绿）、朱砂等矿质颜料。

在石窟里临摹壁画是比较困难的，当临摹大幅壁画的上面部分时，要一手提着煤油灯，一手拿着画笔爬在梯子上，上下仔细观察，看清楚一点就在画布上画一点。而临摹洞窟底部的画面时，就要铺着羊毛毡或油布趴在地上勾线、着色，这样不到一个小时，脖子和手臂就酸得抬不起来。

敦煌的冬天是特别寒冷的，莫高窟的绝大多数洞窟都没有窟门，而一些小窟离洞外又很近，最冷的时候，会滴水成冰，而要临摹一幅壁画，就要在一堵墙壁的某一位置连续工作较长时间，尽管他们身穿老羊皮大衣，但仍然冻得非常难受。有时刚把颜色着在画布上，就被冻住了。张大千也常常是一头砂土，满身颜色，他曾打趣地说："我们简直就跟犯人一样，跑到这里来受徒刑，而且还是心甘情愿！"

从 1941 年 6 月到敦煌，1943 年 10 月离开[①]，在两年多的时间里，张大千除给莫高窟、榆林窟、西千佛洞等编号、记录，写了 20 多万字的学术著作《敦煌石室记》（初稿）外，主要是临摹了敦煌壁画 276 幅，他为调查、临摹、保护、研究、宣传敦煌艺术付出了极大的努力和无数的心血。正如叶浅予在《张大千临摹敦煌壁画画册序》中所说：

---

① 向达离开敦煌的具体时间是 1943 年 4 月 22 日，详见刘进宝《向达与张大千——关于张大千破坏敦煌壁画的学术史考察》。

"作为一个在艺术上已有很大成就的画家,为了追寻六朝隋唐遗迹,不避艰辛,投荒面壁将近三载,去完成只有国家财力才能做到的事,他的大胆行动已超出个人做学问的范围。尽管后来国家组织了敦煌艺术研究所,为保护石窟和艺术研究作了大量工作,但不能不承认张大千在这个事业上富于想象力的贡献及其先行者的地位"。[①]

张大千在敦煌取得巨大的成绩,其原因是多方面的。除了他本人的艺术素养外,还有三个有利的条件:即人多,力量集中;有从青海请来的藏族画师协助;得到了西北各方面,尤其是敦煌各界的支持。

张大千选择了敦煌,敦煌也成就了张大千。由于张大千临摹的敦煌壁画在许多城市展出,使国人知道了敦煌,了解了敦煌艺术。而张大千本人,也通过敦煌艺术迎来了自己的又一个艺术高峰,成了中国画坛的领袖人物。

张大千对敦煌石窟艺术的贡献是多方面的,首先是他临摹了大批壁画,并在全国各地展出,宣传了敦煌艺术。张大千在敦煌前后居住了约两年,临摹了 200 多幅壁画,在重庆、成都、兰州、上海等地都举办过展览,使敦煌艺术为大多数人所了解,甚至可以说,就是张大千开创了敦煌艺术的研究。因为在此之前,敦煌学研究重视的是藏经洞发现的文书,此后,敦煌艺术成了敦煌学研究的另一个重要方面。陈寅恪先生在看过张大千临摹的敦煌壁画展览后,专门写了其观感以推崇:"自敦煌宝藏发见以来,吾国人研究此历劫仅存之国宝者,止局于文籍之考证,至艺术方面,则犹有待。大千先生临摹北朝唐五代之壁画,介绍于世人,使得窥见此国宝之一斑,其成绩固已超出以前研究之范围,何况其天才特具,虽是临摹之本,兼有创造之功,实能于吾民族艺术上别辟一新境界,其为敦煌学领域中不朽之盛事,更无论

① 叶浅予《张大千临摹敦煌壁画画册序》,载《回忆张大千》,中国文史出版社,2014 年。

矣。故欢喜赞叹，略缀数语，以告观者。”[1]

其次，张大千还注意学习敦煌艺术遗产，他不仅继承，而且还能推陈出新，发扬光大。他除了临摹敦煌壁画外，还在临摹的同时，创造了新的手法从事绘画，如他用古代的绘画传统来表现现代题材，使人耳目一新，很受群众喜爱。正是通过敦煌壁画的临摹，使他的线描更加成熟了，在人物画方面也有了长足的进步和很大的发展，可以说，敦煌成就了张大千，敦煌壁画的临摹，使张大千成了一位世界级的画家。

再次，张大千对敦煌壁画的临摹，尤其是在各地的展出，不仅宣传了敦煌艺术，而且还带动了敦煌艺术的研究。如段文杰就是在重庆看了画展后，才被吸引到敦煌来的；另如 1944 年在成都举办画展时，史苇湘还是四川艺专的一年级学生，正是看了画展，才使他对敦煌艺术产生了热爱，并义无反顾地去了敦煌。以段文杰、史苇湘为代表的一批以石窟艺术研究著称的敦煌学家，将自己的一生都献给了敦煌，如果没有张大千临摹的敦煌壁画展，他们的人生道路可能就是另外的一条。

另外，张大千还对敦煌艺术研究所的成立有促进作用。当洞窟编号开始不久，国民政府监察院院长于右任和甘宁青监察使高一涵在甘肃省军政官员的陪同下视察河西走廊来到敦煌。由于张大千和于右任有深交，相互来往、交谈也就随便多了，有次吃饭时，张大千半开玩笑半认真地说：“我张大千是一个小小百姓，只是为了追求艺术事业而四处奔波；莫高窟是国宝，斯坦因、伯希和把许多好东西都偷、抢去了，你是政府要员，你有责任为保护我们的国宝说几句话啊！”同时，张大千还向于右任建议，应该在莫高窟设立专门的研究机构。于

---

① 陈寅恪《大千临摹敦煌壁画之所感》，载《陈寅恪集：讲义及杂稿》，三联书店，2002 年，第 446 页。

右任表示：回到重庆后就向政府有关方面提出成立“敦煌艺术研究院”的设想。

三、国立敦煌艺术研究所

20世纪40年代初，国立敦煌艺术研究所成立，中国才有了自己的敦煌学研究机构。同时，历经磨难的敦煌石窟艺术也才得到了保护、临摹和研究。那么，敦煌艺术研究所是怎样成立的呢？

1. 于右任先生的建议书

提起敦煌艺术研究所，自然而然就想到了于右任先生。1941年甘新公路正式通车，时年63岁的于右任先生即由重庆来西北考察。10月2日抵西安，旋过兰州，趋敦煌。10月5日，恰值中秋节，于右任到了莫高窟。这时国画大师张大千正在洞窟临摹壁画，于先生当晚即在张大千的临时住所过中秋节，同到者有高一涵、马云章、卫聚贤、曹汉章、孙宗慰、张庚由、张石轩、张公亮、任子宜、李祥麟、王会文等。席间，大家的话题自然谈到敦煌和敦煌艺术，认为敦煌文物多年来不断遭到外人的劫夺，目前大量艺术珍品得不到妥善管理保护，许多洞窟濒于坍塌；由于气候恶劣，有的壁画大块脱落，而有关方面却对敦煌国宝漠然视之。在座诸人无不痛惜。在以后几天的参观考察中，于右任对敦煌艺术无法估量的价值和它濒临毁灭的危机，有了更深刻的认识，其《敦煌纪事诗》曰：

敦煌文物散全球，画塑精奇美并收。
同佛残龛同赞赏，莫高窟下作中秋。
斯氏伯氏去多时，东窟西窟亦可悲。
敦煌学已名天下，中国学人知不知？

敦煌之行结束后，于右任又考察了河西走廊，复到兰州、西宁。

1941年12月11日，完成了对西北的考察。14日离开西安，返回重庆。在兰州时，于右任先生曾谓莫高窟是中国的骄傲，更是甘肃的骄傲，应珍视！在他考察敦煌后，深感现状岌岌可危。因此返回重庆后，就立即在政界、学术界大声呼吁，希望重视、保护敦煌艺术宝藏。于右任作为政府高级官员，亲自撰写《建议设立敦煌艺术学院》的建议书，并送达国民党政府，要求设立"敦煌艺术学院"，以鼓励学人研究敦煌艺术。这一建议书发表于当时重庆出版的《文史杂志》第2卷4期（1942年2月15日出版）[①]，建议书说：

> 为提议设立敦煌艺术学院，以期保存东方各民族文化而资发扬事。右任前次视察西北，因往敦煌县参观莫高窟之千佛洞，洞距敦煌县四十里，依崖筑凿，绵亘里许。志称有千余洞，除倾地沙埋者外，尚有五百余。有壁画者计三百八十，其中壁画完整者亦二百余，包括南北朝及唐宋元各时代之绘画泥塑，胥为佛经有名故事。其设计之谨严，线条之柔美，花边之富丽，绝非寻常匠画，大半出自名手。今观其作风，六朝以上无考，自唐以下率类阎立本派。唐塑分西番塑中国塑两种，衣纹神态，大者五六丈，小者尺余，无不奕奕如生。就所见之文字，有梵文西夏文等五六种之多。而各时代供养人之衣冠饰物用具，亦可考见当时风俗习尚。洞外残余走廊，犹是宋时建筑。惜在过去未加注存，经斯坦因、伯希和诱取洞中藏经及写本书籍，又用药布拓去佛画，将及千数。复经白俄摧残，王道士涂改，实为可惜。沙埋之洞不知更存何物。

---

① 《文史杂志》发表于右任的提议时，前面加了按语："监察院于院长去冬视察西北归来，曾向中央建议设立敦煌艺术学院，业经中央决议交教育部负责筹办，唯因预算关系，须待明年始能成立。兹志于氏建议案原文如左。"

且闻敦煌西部尚有西千佛洞，数仅二十余，壁画尚存。而安西万佛峡之榆林窟洞画完好者凡四十六，曾往亲自察看，壁画之精美皆可与千佛洞莫高窟匹敌。似此东方民族之文艺渊海，若再不积极设法保存，世称敦煌文物，恐遂湮销。非特为考古家所叹息，实是民族最大之损失。因此提议设立敦煌艺术学院，招容大学艺术学生，就地研习，寓保管于研究之中，费用不多，成功将大。拟请交教育部负责筹划办理。是否可行，理合具文，提请公决。

这个建议经过讨论，决定交当时的教育部负责筹办。时值太平洋战争爆发，中国正在对日作战激烈阶段，财政支出紧张，故答复须待次年始能成立。

2. 向达先生的大声疾呼

于右任先生作为政府高级官员，其建议在当时引起了各方面强烈的反响，敦煌艺术也越来越多地受到人民的关心。

1942 年春，国立中央研究院组织“西北史地考察团”，向达先生应研究院之约，参加历史考古组赴敦煌等地考察。向达先生在敦煌详细考察了千佛洞、榆林窟及阳关、玉门关等名胜古迹。通过考察，更认识到了敦煌石窟艺术的重要价值，看到了千佛洞所经历的劫难及其被毁灭的危险，立即在莫高窟写了《论敦煌千佛洞的管理研究及其他连带的几个问题》，以“方回”为笔名，在重庆《大公报》1942 年 12 月 27 至29 日发表。向达先生在文中慷慨陈词，大声疾呼，要求政府重视祖国文化遗产，设立专门学术机构，保护敦煌文物。向达先生指出，敦煌石窟遭受毁坏的原因，大概可分作自然的与人为的两方面原因。

说到千佛洞受人为的原因所摧毁的话，就复杂了……每年到阴历四月初八日，敦煌人几乎倾城的来到千佛洞礼佛。千余年来这些善男信女到千佛洞来礼拜烧香,每一个人只要在壁画上轻轻摩一下,壁画就算是铁铸的,也会磨穿了。如今千佛洞壁画上供养人像和供养人题名之所以十九漫漶,不能辨识,原因大半是由于礼佛的人,挨挨挤挤摩摩擦擦所致。还有千佛洞离城四十里,中隔戈壁,礼佛的人,不能当天来回,势非在此住夜不可。千佛洞现有上中下三寺,(下寺是盗经的王道士所新修的,原无下寺之名)。房屋不够住。和尚道士为省事方便起见,便在一些比较大的窟里或窟外,筑起炕床,打起炉灶,以供礼佛的人过夜烧饭之用。这一来壁画自然毁了。礼佛本来是一种功德,如今反而成为罪恶,这真是始意所不及料的!千佛洞壁画有一部分毁坏成为黑漆一团,这是一个原因。另一个原因是民初将白俄收容在千佛洞里,于是凿壁穿洞,以便埋锅造饭出烟,好多唐代的壁画都因此弄坏了,熏黑了。如今在许多窟里,壁上还有当时白俄的题壁,漫画,甚而至于账目也写上去了……此外中国人喜欢到处留名,上自学士大夫,下至贩夫走卒,无不如此,敦煌自然不能例外。不过敦煌人于普通题名之外,还喜欢题字谜,甚么一字破四字破的字谜,千佛洞随处可以看见,月牙泉的壁上也是如此……至于有些人上如华尔纳之流,借着研究考察的名义,将千佛洞的壁画一幅一方地粘去或剥离,以致大好的千佛洞弄得疮痏满目,这种盗窃和破坏古物,律有明文,国有常刑,自不在话下。

……

我的第二个建议,是千佛洞收归国有之后,应交由纯粹学术机关管理。我这一个建议,特别注重纯粹学术机关六个字,所以表示千佛洞的管理与玩古董讲收藏不同,这是要用近代博物馆的方法与用意去管理的。还有一点,就是纯粹学

> 术机关不受政治上易长的影响，主持者既不至于五日京兆，也可以免去因常常交代而生出的一些毛病。
>
> ……
>
> 千佛洞收归国有，国家免不了要花上几十万作初步的修理和保护工作；设立管理所和办事处，国家也免不了一年花上十万或八万的经常费。在目前“司农仰屋，罢掘俱穷”的时候，岂能把有用之钱，花在这些不急之务上面，但是我们之所以不甘为奴为隶，情愿忍受中国历史上亘古未有的困苦，来奋战图存，为的是甚么？还不是为的我们是有历史有文化的民族。我们有生存的权利，我们也有承先启后的义务。千佛洞是我们民族在精神方面一个最崇高的表现，保护和发扬这种精神，难道不是我们的义务吗？

向达先生作为著名学者，他的呼吁得到了学术界的大力支持与响应。有的学者就是看到了他的呼吁后，才知道了敦煌宝藏，才下决心去保护、研究敦煌艺术的。如潘絜兹先生读了向达先生的文章后说，它“激起了我强烈的共鸣。我怦然心动了。……下决心要到敦煌去，那怕只看上一眼，死也瞑目。”[①]从而历经艰险，到了敦煌，加入了敦煌艺术研究的行列。

3. 贺昌群先生的积极响应

贺昌群先生是著名敦煌学专家。早在20世纪30年代，国际学术界就形成了一股敦煌热，而在我国却注意者寥寥。为此，昌群先生大声呼吁国人重视敦煌学，他说：“我们只要在这中间抓住一鳞半爪，也可以牵引起许多新问题。至于敦煌石室中所发见的古文书，以及多种

---

① 潘絜兹《敦煌的回忆》，《文汇增刊》1980年第6期。

语言的手写经卷的研究，那真是沃野千里，只待人开拓。西洋的东方学者以及日本人，现在已经去得远了，我国学术界目前似尚无暇及此！”[①]他不仅对民族文化事业忧心忡忡，并且身体力行，发表了《敦煌佛教艺术的系统》《近年西北考古的成绩》等敦煌学论文，还翻译了斯坦因的《敦煌取经记》。1942 年 12 月，向达先生在重庆《大公报》发表有关莫高窟的文章时，昌群先生正任教于重庆中央大学。他随即在《大公报》1943 年 1 月 7 日发表了《敦煌千佛洞应归国有赞议》一文作为响应，指出：“历史上一个没有历史记载的民族，无论如何强大于一时，终必至于灭亡”。“一个不知尊重自己历史的民族，未有能昌盛的。”从历史的高度，强烈呼吁国家拨款和设立专门机构管理敦煌千佛洞。

昌群先生在文中说：

> 我们十分赞成他(向达)这番建议，我们希望政府也同样尊重这个建议。他的话已经言尽意至，本不用再加申说，但我们为了更加促起政府的注意，知此事为千百年国家文物之所系，非一二人之私言，所以愿借报章的地位，希望舆论界亦加以赞成，使其能比较普遍地为国人所了解，不单对于敦煌千佛洞如此，便是别的有关国家文化学术的古物遗迹，亦应同样具有这种意义去保存和管理。
>
> ……
>
> 保存古物的机关，我们本有古物保管委员会，不过该会原只保管古物，遗迹之保管不在其职责之内，加之经费拮

① 贺昌群《敦煌佛教艺术的系统》，原载《东方杂志》第 28 卷第 17 号(1931 年)，此据《贺昌群文集》第一卷，商务印书馆，2003 年，第 200—201 页。

据，人才零落，恐难负推广之责。傅孟真先生建议应由教育部会同内政部设立一保管机关如委员会之类。我们以为若此委员会之职责能包括管理全国规模较大或价值最高的遗迹，如千佛洞，云岗，龙门以及房山石经寺，嘉祥武梁祠，大同与蓟县的辽金建筑等，那末，傅先生的建议我们极端赞成，但在抗战期中，此事必难实现。若单为敦煌千佛洞而由政府组织一委员会，则政府在百忙中，未必能迅速办到，而目前千佛洞壁画之遭劫，已迫不及待，照方回先生在千佛洞目睹情形看来，一年四季的游览者和那班学画的人，正在进行剥离壁画的工作，"没有人能劝止，也没有人来劝止，眼见得千佛洞壁画，再过二三年，便要毁坏殆尽了"，这真是何等痛心的事。在政府未决定统一管理之前，我们以为目下对于敦煌千佛洞的当务之急，应由政府（教育部会同内政部）迅速指定纯粹学术机关如中央研究院或中央博物馆负保管之责，保管费当另由政府酌拨。此事之实现愈早，千佛洞之劫运或犹可挽救于万一。总之，千佛洞的应归国家管理，当已不成问题，我们万分希望政府与社会人士早日促其实现，岂仅是学术界之幸而已。

4. 教育部艺术文物考察团的影响

敦煌艺术研究所的成立，是敦煌学史上的重大事件。但成立敦煌艺术研究所的建议，是谁最先提出来的？目前所能见到的文字只有于右任 1941 年 12 月 15 日的"提议"，作为国民政府大员的于右任，对于在敦煌设立研究机关显然胸有成竹。敦煌艺术研究所筹备委员会成立于 1943 年 1 月 18 日，距于右任发表"提议"仅一月，可以说，最后决策此事和于右任有直接关系。当时的筹备委员会主任也不是常书鸿，而是国民政府监察院甘宁青监察使高一涵（于右任当时任国民政府监察院长)，这也可以说明于右任的影响。当时发表的名单中，张大千、王子云、常书鸿都是委员，1943 年 3 月，敦煌艺术研究所筹备委员会举行第一次会议，张大千和王子云都没有出席，也没有参加研究所以后的活动。王子云对常书鸿任职只有一句评价，即“常一直是画西洋油画的专业者”，言下之意，对雕塑艺术还是外行，由他“来筹备这样的工作似乎没有道理的”。

或曰，在于右任“提议”之前，教育部对敦煌的考察和机构设置已经在筹划进行之中。因“西北艺术文物考察团”早在 1940 年 8 月就成立。当时决定此事的是教育部长陈立夫和社会教育司长陈礼江，而为王子云递呈报告的是王子云当年的师范学校同学徐朗秋，其时正在社会教育司做科员，官不大，但是很能办事，以后做了西北大学教务长。他在 1955 年的“交代”里说：王子云和当时教育部上层无一人相识，被任命为考察团团长，就是因为陈立夫和陈礼江“口袋里没有这样的专业人才”。考察团成立之初，敦煌就是最重要的目标，而进行了一年多时间的内地考察，也等于是为敦煌考察练兵，提出成立研究机构的建议，正是考察团份内之事。虽然现在找不到王子云“建议”的文字，但他从事此项工作之初，便招收的是艺术专科学校的毕业生，其工作方式，与于右任“建议”所云“招收大学艺术学生，就地研习，寓保管于研究之中”本趋一致。显然，对敦煌艺术研究所的考虑，考察团成立之初，便为题中之义。

关于研究所的成立，王子云在《从长安到雅典——中外美术考古游记》回忆：“我们考察团于 1940 年到敦煌后不久，即致函重庆教育部，建议设立敦煌艺术研究所，并列出具体计划。建议书寄到重庆，恰在此时，重庆国民党教育部为了安置一些因抗战流亡的艺术界人士，特设立一个闲散机构艺术教育委员会，油画家常书鸿在这个委员会当秘书。我们的建议当然先送艺术教育委员会，于是不仅批准，而且常自告奋勇，愿意远去边塞，筹备研究所的成立，并印出一个筹备委员会的委员名单，他是主任筹备委员，把我列为副主任委员。”[1]王子云认为常书鸿是个专业油画家，让他来主持敦煌艺术研究所的工作不甚合理，于是不肯居常之下，没有参加敦煌艺术研究所的筹备工作。

5. 敦煌艺术研究所的成立

正是由于政界、学术界于右任、向达、贺昌群诸先生的诚恳建议和大声疾呼，再加上各界人士的强烈反响与赞成，国民党政府始决议成立敦煌艺术研究所。1942 年 1 月 12 日，国民政府召开最高国防委员会第 75 次常务会议，通过了于右任的提议，并决定由教育部负责。根据教育部次长（副部长）余井塘的建议，将名称定为“敦煌艺术研究所”。1942 年秋，即开始了筹划事宜，当时著名建筑学家梁思成教授找到常书鸿，问他是否愿意担任拟议中的敦煌艺术研究所的工作。后来监察院参事陈凌云也对常书鸿说：“于右任建议教育部准备成立敦煌艺术研究所，想让你去当筹委会副主任。筹委会主任由陕甘宁监察使的人担任。你要是愿意的话，我可以回去报告。”[2]常书鸿先生接受了这一邀请，开始筹划研究所的成立工作。

这样，常书鸿先生便只身从重庆珊瑚坝机场乘飞机来到了黄土高原古城——兰州，开始筹划敦煌艺术研究所。一个偶然的机会，他碰见了一位在西北公路局工作的国立北平艺专的学生龚祥礼。他俩一见如故，龚祥礼欣然应允随同常书鸿前往敦煌，并介绍了一名小学美术教员陈延儒。后来，又经过和省教育厅交涉，凑了一个文书，还指派了天水师范学校的校长李赞庭为秘书。最后又在省教育厅举办的

① 王子云《从长安到雅典——中外美术考古游记》，岳麓书社，2005 年，第 71 页。

② 转引自常书鸿《铁马响叮当》，载《文化史料丛刊》第 1 辑，文史资料出版社，1980 年。

临时会计训练班中招聘了一位名叫辛普德的会计。

1943年2月20日清晨，常书鸿一行6人，乘着一辆破旧的敞篷卡车，开始了敦煌之行。经过一个月的艰难旅行，于3月20日下午到达安西。3月24日，终于到达目的地——敦煌。这时教育部正式宣布成立敦煌艺术研究所筹备委员会。筹委会由高一涵、常书鸿、郑通和、窦景椿等组成，任命甘宁青监察使高一涵为筹备委员会主任，常书鸿为副主任。经过筹委会委员近一年的奔走张罗，国立敦煌艺术研究所于1944年1月1日正式成立，直属教育部，常书鸿被任命为所长。并从重庆征聘来了20余位自愿到敦煌的专业人员，开始了敦煌石窟艺术的保护、临摹和研究。

四、台港地区的敦煌学

70多年来，我国台湾、香港地区的学者在敦煌学研究方面取得了较大的成绩。现择其要者介绍如下：

1. 敦煌学教学与人才培养

早在20世纪60年代，台湾的一些高校就开设了敦煌学课程。1963年，台北中国文化大学首先开设“敦煌艺术”。1965年，台北政治大学的中国文学研究所，也开设了“敦煌变文研究”。随后，许多大学都开设了有关敦煌学的课程。

从20世纪60年代后半期开始，台湾就有从事培养专门研究敦煌学的硕士和博士。如政治大学中文系的罗宗涛教授，就是1969—1972年攻读博士学位的。其毕业论文为《敦煌讲经变文研究》，1974年由台北文史哲出版社出版。邱镇京是20世纪60年代末中国文化大学毕业的硕士研究生，其论文题目为《敦煌变文研究》，1970年由台湾商务印书馆改名为《敦煌变文述论》出版，由高明教授指导。另一硕士研究生为徐矗明，论文题目是《敦煌壁画研究》，由苏莹辉、罗寄梅两位教授指导。

以上台湾地区的敦煌学教学情况，仅仅是昙花一现。台湾地区有计划的敦煌学教学工作始于20世纪70年代。1972年，潘重规教授应张其昀先生之聘，回台北任中国文化大学文学院院长兼中文研究所所长后，才积极倡导敦煌学教学与研究。1975年，首先在中国文化大学中文研究所开设“敦煌学研究”课程，第一次给学生上课时，潘先生即在开场白中说：“正常的课程，是餐厅挂牌的名菜；敦煌学就像一从未列入正式菜单的课程，只能说是一群好事之徒，登山涉水，在荒凉的原野中，临时张罗的野餐。这份野餐，可能是粗劣而不堪入口的，但也可能是从未尝到的奇珍异味”。在当时那种既无教材，又乏材料的拓荒期，经过潘重规先生的积极努力，不仅将中国文化大学充实为一个研究敦煌学的园地，而且也开创了台湾地区敦煌学研究的新局面。①

台湾敦煌学界的泰斗就是潘重规先生。潘先生字石禅，毕业于南京中央大学中文系，历任东北大学、暨南大学、四川大学、安徽大学教授。1949年去台湾，曾任台湾师范大学、新加坡南洋大学、香港中文大学教授。从1974年开始，任台北中国文化大学教授兼中文研究所所长、文学院院长。2003年在台北逝世。其敦煌学著作主要有：《敦煌变文集新书》《敦煌云谣集新书》《龙龛手鉴新编》等十多种及论文八十多篇。②

潘先生除了在自己的研究方面取得巨大成就外，对敦煌学的贡献，值得一书的还有两件事：一是创办了《敦煌学》杂志。《敦煌学》于1974年由香港新亚研究所敦煌学会创办，为不定期刊物。从1982年

① 参阅郑阿财《试论两岸的“敦煌学”教学》，载《隋唐史教学研讨会论文集》，台湾大学历史学系，1993年4月发行。

② 详见朱凤玉、郑阿财编《潘重规教授敦煌论著目录》，载《庆祝潘石禅先生九秩华诞敦煌学特刊》，文津出版社，1996年。

第5期开始，改由台北中国文化大学敦煌学会主办，现由台湾嘉义中正大学敦煌学会负责。《敦煌学》现已出版33期，主要刊登台湾、香港地区及部分海外学者的敦煌学研究成果，侧重于敦煌文献研究。近年来，由于海峡两岸敦煌学者的交流日益频繁，《敦煌学》杂志也刊登一些大陆学者的论文。另外，该刊每期后面附载的敦煌学研究论著目录，提供了大量信息，值得参考。

另一件是培养了大批学者。目前活跃于台湾敦煌学界的学者，如郑阿财、林聪明、王三庆、朱凤玉等，都是潘重规先生培养的博士生，一些更年轻的研究者，也都是由潘先生的这些学生培养的。

1996年，为纪念潘重规先生九十寿辰，由潘先生的高足郑阿财、王三庆等发起，在海内外广泛征集论文，编为《庆祝潘石禅先生九秩华诞敦煌学特刊》，由文津出版社出版。该文集收入了柳存仁、陈祚龙、吴其昱、冉云华、苏莹辉、邱燮友、金荣华、高明士及大陆学者程毅中、白化文、李正宇、张鸿勋、冯志文、高国藩、张锡厚、柴剑虹、赵和平、邓文宽、荣新江、张涌泉、郝春文、马德、杨富学、刘进宝等学者的论文共33篇，大都具有较高的学术价值。

2001年是21世纪的开始，也是敦煌藏经洞发现100周年后的新世纪，同时，恰好还是台湾敦煌学界的宗师潘重规教授九五嵩寿暨从事敦煌学研究一甲子。为了总结过去，展望未来，共同探讨敦煌学的发展方向，并向潘先生祝寿，由台湾中正大学中文系、历史系、逢甲大学中文系、中国唐代学会、汉学研究中心和大陆四川大学俗文学研究所共同主办，中正大学中文系承办的“二十一世纪敦煌学学术研讨会”于2001年11月2—7日在台湾嘉义、台中、台北举行。

“二十一世纪敦煌学学术讨论会”由学术讨论和座谈参观两部分组成。学术讨论共3天，其中11月2—3日在嘉义中正大学国际会议厅举行，4日在逢甲大学人言大楼举行，3天共宣读论文52篇。

11月5—7日为参观座谈，主要参观了台北的“故宫博物院”、张大千先生摩耶精舍、“中央研究院傅斯年图书馆”和文学哲学研究所、台北“国家图书馆善本室”、东吴大学、新文丰出版公司、乐学书局等。尤其值得一提的是傅斯年图书馆、台北“国家图书馆善本室”和“故宫博物院”还为与会者专门展示了其所藏敦煌文书，这样多的大陆敦煌学专家观览台湾所藏敦煌文书，这还是破天荒的第一次。

提交本次会议的论文由项楚、郑阿财主编为《新世纪敦煌学论集》一书，由巴蜀书社于2003年出版。

从以上介绍可以看出，台湾敦煌学研究的重心在文学方面，这主要是因为潘先生是从事语言文学研究的，他培养的学生当然也是以研究语言文学见长。由此可见，一个人，尤其是一位学术大师，可以带动一门学科的发展。

台湾地区另一敦煌学大家是苏莹辉先生。苏先生1940年毕业于无锡国学专修学校。1943年到莫高窟工作，抗战胜利后任职南京中央图书馆。1949年去台湾后任职于台北“中央博物馆”，1966年至1979年任马来西亚大学汉学系教授。从1983年起任台北“故宫博物院”研究员、顾问。他出版了许多敦煌学论著，如《敦煌学概要》《敦煌论集》《敦煌论集续编》《敦煌文史艺术论丛》《瓜沙史事丛考》等。

台湾从史学角度研究敦煌学的学者很少，除苏莹辉先生外，主要是高明士教授。高明士生于1940年，1965年毕业于台湾大学历史系，1983年获日本东京大学文学博士学位，现任台湾大学历史系名誉教授。高明士教授以隋唐史研究而著称，除著有隋唐史论著外，还发表了《唐代敦煌的教育》《试释唐永徽职员令残卷的试经规定》《从英藏CH0045捕亡律断片论唐贞观捕亡律之存在问题》等。

现在台湾许多大学都招收有关敦煌学的博士和硕士研究生，从而培养了一大批敦煌学研究者。

2. 研究机构及学术活动

台湾的敦煌学研究中心在台北中国文化大学中文研究所。1964

年，在张晓峰先生的积极倡导下，设立了敦煌学研究机构，并提出了下列计划：敦煌文库；敦煌画室；敦煌展览；编印敦煌丛书；编印敦煌学报；复印敦煌图片。1975 年，中文研究所成立了一个敦煌学会，由潘重规和金荣华领衔为指导教授，成立后的主要工作是邀请国内外专家举行敦煌学报告及座谈会，如吴其昱、苏莹辉、日本的金冈照光等都曾应邀到会讲学；购置了斯坦因和伯希和两套敦煌写本的缩微胶卷；招收博士和硕士研究生，培养敦煌学研究的专门人才；从事整理资料和理论研究工作。

20 世纪 80 年代以来，台港地区举办了几次很有影响的敦煌学国际学术讨论会。如 1986 年 8 月 1—3 日，由台湾汉学研究资料及服务中心主持举办了“敦煌学国际研讨会”。会议邀请法、日、美、澳、韩及中国香港及台湾学者 60 人，由法国科研中心教授吴其昱、陈祚龙、东京大学教授金冈照光分别担任主持人，主讲者有香港中文大学教授饶宗颐，东京大学教授池田温，韩国檀国大学教授金荣华，台湾成功大学教授黄永武、文化大学教授潘重规、师大教授邱燮友等。会议共收到论文 33 篇，全部由《汉学研究》1986 年 4 卷 2 期《敦煌学国际研讨会论文专号》发表。其中一些很有特色，如吴其昱的《列宁格勒所藏敦煌写本概况》，对苏藏敦煌写本情况作了比较详细的介绍；黄永武的《敦煌遗书总目索引之补正》一文，谈了他编《敦煌遗书最新目录》的情况；林聪明的《敦煌汉文文书解读要点试论》一文，对敦煌写本的外形、内容等都作了详细探讨。会议还展出了台湾收藏的 150 余卷敦煌写本。

1987 年 6 月 25—27 日，由中国敦煌吐鲁番学会协助，香港中文大学与香港中华文化促进中心在香港联合举办了“国际敦煌吐鲁番学术会议”。应邀参加会议的学者共 30 余人，分别来自中国大陆、台湾、香港及法国、美国、加拿大、澳大利亚、日本和印度。其中中国大陆学者14 人，如季羡林、段文杰、周一良、周绍良、宁可、王永兴、朱雷、姜伯勤等；台湾学者 4 人，即潘重规、黄永武、苏莹辉、林聪明；香港学者 3 人，即饶宗颐、王静芬、时学颜。这是中国大陆、台湾和香港地区敦煌学者的第一次聚会，相互沟通了信息，交流了成果，对推动我国的敦煌学研究具有很大的意义。

6 月 25 日上午，在香港中文大学祖尧会议厅举行了开幕式，由中文大学校长马临博士主持，中国北京大学南亚研究所所长、中国敦煌吐鲁番学会会长季羡林教授和香港中文大学中国文化研究所荣誉讲座教授饶宗颐分别致辞。

会议共收到论文 32 篇，已选编为《敦煌文薮》上册（饶宗颐主编），由台湾新文丰出版公司于 1999 年出版。有些论文很有特色，如美国宾夕法尼亚大学教授梅维恒的《敦煌吐鲁番学的意义》、周绍良的《敦煌文学概论》、林聪明的《丹麦哥本哈根藏敦煌文书概况》、日本池田温的《1944 年莫高窟土地庙塑像中发现文献管见》、朱雷的《唐代的“乡帐”与“计帐”制度研究》、宁可的《敦煌社邑的丧葬互助》、法国远东学院戴仁的《散藏于欧洲图书馆之中亚出土汉文抄本及版刻本》等。

为配合此次国际学术讨论会，香港中文大学文物馆与上海博物馆还联合举办了“敦煌吐鲁番文物展览”，展品共 37 件，其中 30 件为上海博物馆藏品，7 件为香港各界藏品。

1990 年 7 月，由中国文化大学中文系主办、汉学研究中心协办，在台北召开了第二届敦煌学国际研讨会，出席会议的有中国台湾、香港地区及澳大利亚、加拿大、法国、日本、韩国、苏联的学者，如柳存仁、竺沙雅章、车柱环、饶宗颐、潘重规、苏莹辉、金荣华、孟列夫、陈祚龙、吴其昱等。会议宣读论文 32 篇，内容涉及世界各地敦煌文献收藏及研究状况、儒学、宗教、壁画、语言文字等方面。其中的大部分论文编为《第二届敦煌学国际研讨会论文集》，由汉学研究中心于 1991 年出版。

1995年3月，由中正大学中文系主办，在嘉义召开了“全国敦煌学研讨会”，参加会议者主要是台湾地区的敦煌学研究者，且以嘉义中正大学为中心，以语言文学研究为主，会议共收到论文17篇，由中正大学中文系编为《全国敦煌学研讨会论文集》内部发行。

1993年8月在香港举行的“第三十四届亚洲与北非研究国际学术会议”，设有敦煌学组，由饶宗颐教授主持。中国大陆、香港、台湾地区及英国、法国、俄罗斯、日本、丹麦等国的25位学者提交了论文，内容涉及敦煌学的回顾与展望，敦煌写本新资料的介绍，利用敦煌写本研究唐史、民俗、语言、佛教、石窟艺术等方面。

此外，台湾的唐代学会包括历史、文学和敦煌学，从1988年开始每四年一届的国际唐代学术研讨会设有敦煌组，也邀请大陆学者赴台参会。

3. 对敦煌文献的整理研究

台湾地区收藏的敦煌文书不多，现知台北“中央图书馆”藏有156件，编为144号，其来源主要是抗日战争时期及战后从北平、上海等地收购的，已确知者有许承尧、袁克文、张继等人的旧藏，1948年设在南京的中央图书馆迁台时运到台湾的。这批文书除4件为吐蕃文佛经外，其余均为汉文写本。内容除3件为道经外，其他都是佛教经典、文书。写本中有题记的26件，其中有年代的7件。关于这批文书的具体情况，潘重规先生《“国立中央图书馆”所藏敦煌卷子题记》[①]有详细著录。1976年台北石门图书公司出版的《“国立中央图书馆”藏敦煌卷子》，将写本全部影印刊出。台北历史博物馆藏有20余卷，台北“中央研究院历史语言研究所”也有少量卷子。另外，台湾私人收藏敦煌卷子的有吴兴蒋谷孙、上虞丁念先、敦煌窦景椿、长

① 载1968年《新亚学报》第8卷第2期，1975年《敦煌学》第2期又有增订。

沙罗寄梅、南海黄君璧数人，但数量不多。从目前所能见到的这些材料可知，我国台湾省藏敦煌遗书约 200 余卷。香港则基本上没有。

在文献目录整理方面，首推潘重规、金荣华主编的《伦敦藏汉文敦煌卷子目录提要》。这部工具书由张其昀教授拨 50 万元(台币)专款作为经费，从 1980 年 10 月至 1982 年 10 月完成了初稿，随后又编了索引。

该《目录提要》是在翟理斯、刘铭恕二目的基础上加以改进而成。编排体例依据《四库全书提要》，以写卷内容分为经、史、子、集四部，其中佛经因卷帙浩繁，依佛教《大藏经》的目次，另成一类，置于最后。

其著录方式，首列书名、卷数、作者、斯氏编号；其次为翟目所录原卷之长度、纸色；再次标明写卷内容之完整或残缺。然后为卷中文字之起句、讫句及其卷中题记，并作必要的说明。如果同一卷中还有其他资料，也都一一注明。最后附有人名、地名、寺名、年号、非汉文卷子等索引，从各种角度提供了有关资料，以便学界利用。

另外，黄永武编的《敦煌遗书最新目录》一书也很有特色。该书以王重民等编《敦煌遗书总目索引》为基础，并补充了《总目索引》出版后的一些新发现，如补充了 S.6980 号以后 600 号敦煌无名断片新标目和 P.5579 号以后的新目录。此外还补充了苏联和日本的敦煌写本目录。黄永武在《敦煌遗书总目索引之补正》一文中说："孟列夫氏之目录二册，出版于西元 1963 及 1967 年，较王书为晚出，固非王氏所及见，今特译为中文，一并补入《敦煌遗书最新目录》。至于王书散录中所列(台北)'中央图书馆'藏卷目录，现'敦煌卷子'已印出，亦可覆实对勘。尚有日本大学所藏目录，亦已印成正续二册，与王书散录不同，均予校订，使《敦煌遗书总目索引》一书中之缺憾，补正而完美。"

除了以上工具书外，潘重规教授主持的文化大学中文研究所还出版了两种刊物，即《敦煌学丛刊》和《敦煌学》。《敦煌学丛刊》已出三部：《敦煌俗字谱》《敦煌俗字索引》《龙龛手鉴新编》。《敦煌学》原由香港新亚研究所敦煌学会主编，从第5辑（1982年9月）起，改由台北中国文化大学敦煌学会主编，现在主要由嘉义南华大学的郑阿财教授主持。

20世纪80年代以来台湾敦煌学研究最引人注目的成果是《敦煌宝藏》和《敦煌丛刊初集》的编辑出版。

《敦煌宝藏》从1980年开始编辑，由黄永武主编，新文丰出版公司于1982—1986年陆续出版。从黄永武教授的编辑例言可知，"本书编集之资料范围，是拟将世界各地所藏敦煌卷子之微卷摄影图片约20万张，及画本、刺绣、壁画、塑像等图片千余帧，尽量收集，细心汇编成书"。为使所收资料真实，"凡摹本均不收列，损泐不清处，为保存原貌，不旁注，不校改"。其取材范围，"先以敦煌所藏汉文写本刻本为主，汉文写本间偶有非汉文资料，则一并附存。有关绘本、幢幡、壁画、塑像等美术品附载于各册之前，另行编号，以备参检"。该书的编排顺序，则"依搜集敦煌微卷之先后为序，英、法、中在前，其他各国在后，各卷子之次序，仍沿用斯坦因、伯希和之编号，此编号已为国际通用，故不归类重编"。至于北京所藏卷子，"则沿用《敦煌劫余录》所著录之体例，按经归类，按品次第，一仍旧贯，以便查检，其余则依所出版目录为顺序"。

《敦煌宝藏》共140册，每10册为一辑。其中第1—55册为斯坦因劫经录，即S.1—S.7599号；第56—111册为北京图书馆藏卷，即北图1—8738号；第112—135册为伯希和劫经录，即P.2001—P.6038号；第136—137册为新文丰出版公司编辑部编撰之散录，即散1—1608号；第138—140册亦为新文丰出版公司编辑部编撰之欣赏篇，即P.2005—P.5007号，又苏联列宁格勒藏0096—2784号。

《敦煌宝藏》工程浩大，收录齐全，是敦煌遗书发现后的第一次最全面整理，对推动敦煌学研究有着极大的作用。遗憾的是，该书未收汉文以外的卷子。黄永武教授曾在序言中说："至于吐蕃文、梵文、粟特文、于阗文、回鹘文、希伯莱文等资料,待汉文资料编成后,再斟酌辑印。”目前,汉文资料已出版30余年了,还未见其他民族文字的写卷材料问世,我们希望尽快编印汉文以外的敦煌资料,以适应国际敦煌学大发展的需要。

在《敦煌宝藏》编辑结束,正在陆续出版之际,黄永武教授在新文丰出版公司的大力支持赞助下,又编辑了一套大型敦煌学研究丛书——《敦煌丛刊初集》,于1985年6月由新文丰出版公司出版。

《敦煌丛刊初集》的编辑缘起及目的,正如该书的出版说明所说:“敦煌资料之研究,乃当今国际汉学界之显学,随着本公司《敦煌宝藏》之辑印,更掀起广泛研究之热潮。非仅各方学术会议恒以敦煌学为重点,而各大学之纷纷开设‘敦煌学’课程,尤为目下已蔚成之风尚。本公司为迎合潮流所趋,提供研究所需,促进文化复兴,特编辑民国以来中外重要之敦煌学工具书或经典之作,均为坊间绝版或难以购得之珍贵典籍,荟萃于一编,以利学术研讨之展开,兹先辑敦煌丛刊初集。”

《敦煌丛刊初集》共16册:

第1册:翟理斯编《英伦博物馆汉文敦煌卷子收藏目录》。附黄永武撰《英伦所藏敦煌未知名残卷目录的新探索》和《敦煌六百无名断片的新标目》。

第2册:王重民等编《敦煌遗书总目索引》。附黄永武撰《刘铭恕〈斯坦因劫经录〉之订补》。

第3、4册:陈垣编《敦煌劫余录》。

第5册:史岩《敦煌石室画像题识》;金祖同辑《流沙遗珍》;李证刚《敦煌石室经卷中未入藏经论著述目录》。

第6、7、8册:罗振玉辑《敦煌石室遗书百廿种》。

第9册:常钧《敦煌杂抄》《敦煌随笔》;王重民《巴黎敦煌残卷叙录》;存古学会编《石室秘宝》。

第 10 册:许国霖《敦煌石室写经题记》《敦煌杂录》。

第 11、12 册:孟列夫主编《苏俄所劫敦煌卷子目录》。

第 13 册:羽田亨辑《敦煌遗书》;神田喜一郎《敦煌秘籍留真》《敦煌秘籍留真新编》。

第 14 册:蒋礼鸿《敦煌变文字义通释》。

第 15 册:刘复《敦煌掇琐》。

第 16 册:敦煌文物研究所《敦煌莫高窟内容总录》。

为了促进敦煌学的发展,20 世纪 90 年代初,新文丰出版公司又邀请东吴大学(现调入逢甲大学)林聪明教授主编《敦煌丛刊二集》。关于《二集》的主旨和内容,林聪明教授在序言中说:“新文丰出版公司以宏扬敦煌学为己任,历年来不惜耗费巨资,大量编印相关资料。先后出版《敦煌宝藏》《敦煌丛刊初集》等丛书……为因应敦煌学研究日新月异的趋势,因委托余筹编《敦煌丛刊二集》,收录当代中国学者的专著或论文集,从客观的角度呈现研究成果,供学界参考,希望此类丛刊的辑印,能有助于敦煌学的发展。”

《敦煌丛刊二集》从 1993 年开始出版,原计划出版 15 种,随着出版周期的延长而有所扩大。现已出版赵和平《敦煌写本书仪研究》、张鸿勋《敦煌讲唱文学概论》、张锡厚《敦煌本唐集研究》、项楚《敦煌歌辞总编匡补》、李正宇《敦煌史地新论》《敦煌乡土志八种笺证》、颜廷亮《敦煌文学概说》、邓文宽《敦煌吐鲁番学耕耘录》、饶宗颐《敦煌曲续论》、唐耕耦《敦煌寺院会计文书研究》、杜斗城《北凉佛教研究》、荣新江《鸣沙集》、刘进宝《敦煌文书与唐史研究》、左景权《敦煌文史学述》、林聪明《敦煌吐鲁番文书解诂指例》、杨际平《敦煌吐鲁番文书研究文选》等,其他各册也正在陆续出版之中。

为了给初治敦煌学者提供一套全面系统的入门书,林聪明教授还主编了《敦煌学导论丛刊》。该《丛刊》的编辑目的和主要内容正如林聪明教授在序言中所说:“新文丰出版公司董事长高本钊先生致力宏扬中国文化，近数年来尤全力支持敦煌学的研究。……今更不遗余力，欲大量出版当代敦煌学者的研究成果，供世人参考，俾有助于斯学的发展。余得知其用心，感佩其热诚，乃代为筹编《敦煌学导论丛刊》，邀请海内外中国学者，就其精研范围，以中文分类撰写导论……本丛刊的问世，期能使初治敦煌学者得窥其门径，专研有成者亦可助于会通，从而促进敦煌学的普及与发达，此诚为全体作者共同的愿望。”

《敦煌学导论丛刊》从 1991 年开始出版，目前已出版了林聪明《敦煌文书学》、周绍良《敦煌文学刍议及其他》、白化文《敦煌文物目录导论》、姜伯勤《敦煌社会文书导论》、高国藩《敦煌民俗资料导论》、季羡林《敦煌吐鲁番吐火罗语研究导论》、张鸿勋《敦煌话本、词文、俗赋导论》、项楚《敦煌诗歌导论》、陈祚龙《敦煌文物散论》、金荣华《敦煌文物外流关键人物探微》、王永兴《敦煌经济文书导论》、耿世民《敦煌突厥回鹘文书导论》、李正宇《敦煌历史地理导论》、谭蝉雪《敦煌岁时文化导论》、马德《敦煌石窟营造史论》等。

香港地区的敦煌学研究，主要以饶宗颐教授为代表。饶宗颐，号选堂，又号固庵。曾任教于几个国家和地区的若干所大学，并在法国、日本、中国台湾等地的科研中心研究敦煌学，是国际著名的敦煌学家。

饶宗颐先生选编的《敦煌书法丛刊》共 29 册，由东京二玄社于 1985 年出版。该丛刊从法藏敦煌文献中选出具有书法价值的写本、拓本 140 余种，按原本大小尺寸影印，分类编排。对所收每种文献都有解说，阐明其书法、史料价值。丛刊所收各种文献图版清晰，对研究者有一定的参考价值，如《牒状》所收 P.2638 号《后唐清泰三年沙州儭司教授福集等状》，其中的朱笔在黑白照片中无法辨认，故录文多有错讹者，而《牒状》所收为彩色图版，清晰可辨。

由于《敦煌书法丛刊》为日文版，且价格昂贵，在国内不易找到，也不便于国人参考利用。1993年，广东人民出版社又请饶宗颐教授重编，以《法藏敦煌书苑精华》为名，分为 8 册，出版了中文版。中文版与日文版的图版完全相同，解说部分则参照日文版出版后的研究成果有所补充。

1993 年 8 月，在香港召开了第 34 届亚洲北非研究国际会议，其中“敦煌研究”组由饶宗颐教授主持。乘此机会，由饶宗颐教授主持的香港敦煌吐鲁番研究中心也在香港中文大学新亚书院诚明馆内宣告成立。

香港敦煌吐鲁番研究中心虽然仍在草创阶段，但已取得了一些可喜的成果，主要为饶宗颐教授主编的《香港敦煌吐鲁番研究中心丛刊》，该丛刊由台湾新文丰出版公司出版，目前已出版了多种，即饶宗颐编《敦煌琵琶谱》，饶宗颐主编《敦煌琵琶谱论文集》，饶宗颐主编，姜伯勤、项楚、荣新江合著的《敦煌邈真赞校录并研究》，荣新江编《英国图书馆藏敦煌汉文非佛教文献残卷目录》，杨铭《吐蕃统治敦煌研究》，张涌泉《敦煌俗字研究导论》，黄征《敦煌语文丛说》，饶宗颐主编《敦煌文薮》，赵和平编著《敦煌甘棠集研究》，饶宗颐、李伟国合著《敦煌吐鲁番写本〈文选〉研究》，邓文宽、荣新江合编《敦煌本〈坛经〉及其他》，郝春文《中古时期社邑研究》等。

另外，在香港中华文化促进会的支持下，饶宗颐教授还主编了三期《九州学刊》“敦煌学专辑”，即第四卷第四期（1992 年春季）、第五卷第四期（1993 年夏季）、第六卷第四期（1995 年春季）。三期专号共发表论文约 40 篇，作者以中国大陆、台湾和香港地区的学者为主。

为了表彰饶宗颐先生的学术贡献，香港中文大学中国文化研究所于 1993 年出版了《庆祝饶宗颐教授七十五岁论文集》，收入中、日、英、法学者的研究论文 35 篇，其中有季羡林、川口久雄、石泰安、艾丽白研究敦煌学的论文。

1997 年，香港翰墨轩出版有限公司出版了曾宪通主编的《饶宗颐学术研讨会论文集》，文集共收有关文章 69 篇，并有“饶宗颐先生学术、艺术活动年表简编”和“饶宗颐学术研讨会综述”。其中收有施萍婷、樊锦诗、荣新江、金文京等学者有关敦煌学的论文。

2010年8月8—11日，为庆贺饶先生95华诞，由中央文史研究馆、敦煌研究院和香港大学饶宗颐学术馆在敦煌莫高窟联合举办了“庆贺饶宗颐先生95华诞敦煌学国际学术研讨会”，会后出版了《庆贺饶宗颐先生九十五华诞敦煌学国际学术研讨会论文集》。[1]

① 中华书局，2012年。

第二节　敦煌学的蓬勃发展

“文化大革命”打断了我国的敦煌学研究进程。整整十年间，除台湾、香港地区外，我国的敦煌学研究被迫中止，而国外许多国家的敦煌学研究却进展很快。“文化大革命”结束后，我国的敦煌学研究才又出现了生机。

一、研究队伍日渐壮大

“文化大革命”前，专门研究敦煌学的机构全国只有一个，即敦煌文物研究所。研究人员也比较少，专职研究人员更少。“文化大革命”结束后，为适应敦煌学大发展的需要，全国成立了一些专门的研究机构和群众学术团体，并加强了人才培养。

1. 创办了许多研究机构

目前研究力量最强、图书资料最全的当推敦煌研究院。1983 年中国敦煌吐鲁番学会成立大会和全国敦煌学术讨论会结束后，在全国掀起了一股敦煌热。为了适应敦煌学研究蓬勃发展的形势，1984 年 1 月 15 日，经中共甘肃省委批准，决定在敦煌文物研究所的基础上，扩大编制，增加经费，成立敦煌研究院，并将研究院确定为地级学术研究单位。院本部设在兰州，成为研究中心、资料中心和生活基地。下设美术、历史考古、遗书、石窟保护研究所和音乐舞蹈研究室，以及编辑出版部、资料中心、学术委员会、生活接待部等。院长由国内外著名敦煌学家段文杰先生担任。1998 年又由樊锦诗先生接任敦煌研究院院长，2015 年由王旭东先生任院长。研究院下设保护研究所、美术研究所、考古研究所、文献研究所、敦煌资料信息中心、敦煌石窟文物保护研究陈列中心、科研处、编辑部、网络中心、接待部等。形成了老、中、青三结合的学术梯队。敦煌研究院实已成为全国、乃至全世界的研究中心。出版有院刊《敦煌研究》。

《敦煌研究》从1982年开始试刊,试刊两期后于1983年12月正式创刊。并从总第6期(1986年春)开始改为季刊出版,到2002年又改为双月刊。30多年来,已出版了170期(还不包括一些会议增刊),毫无疑问,她是国际敦煌学界连续出版最多、发行量最大、影响最广泛的杂志,世界上还没有哪一本敦煌学方面的刊物,能与她相提并论。

另外还有北京大学中国古代史研究中心敦煌吐鲁番文献研究室、兰州大学敦煌学研究所、西北师范大学敦煌学研究所、中国社会科学院敦煌学研究中心、浙江大学敦煌学研究中心、武汉大学中国三至九世纪研究所、甘肃省社会科学院敦煌文学研究室等。

除以上专门研究机构外,其他一些有关研究机构也把敦煌学作为重点或主要研究方向,如中国文物研究所文物古文献研究部(今中国文化遗产研究院)、首都师范大学历史学院中国古代社会经济史研究室、四川大学俗文化研究所、中山大学历史系等。

2. 成立了一些学术团体

中国敦煌吐鲁番学会:早在1978年,教育部就已深感敦煌学虽已发展成为一个重要的学科群,但人才培养、科学研究及学科发展都需要有所加强和促进。1981年10月,教育部派人到甘肃作了调查。1982年3月,在国务院召开古籍整理出版规划会议期间,教育部顾问周林同志邀请到会专家座谈了整理敦煌吐鲁番文献的情况及建立学会的设想。6月,教育部在南京又邀请了部分学者进行酝酿。许多专家学者一致表示了组织起来促进研究工作的愿望。与此同时,教育部还与中国社会科学院、国家文物局、中国艺术研究院、敦煌文物研究所、武汉大学等单位的有关同志进行了联系,并得到了他们的赞成。在此基础上，教育部本着促进团结、促进联合、促进科学研究的宗旨进行学会的筹备工作。1982 年 7 月 2—3 日，中国敦煌吐鲁番学会筹备会议在北京大学召开，由北京大学副校长季羡林教授主持。会议商定：参加筹备会议的北京大学、中国社会科学院历史研究所、国家文物局古文献研究室、文化部艺术研究院、敦煌文物研究所、中国佛教协会、中国人民大学、北京师范学院、武汉大学、兰州大学、西北师范学院为发起单位，由北京大学牵头。教育部、中国社会科学院、国家文物局为赞助单位。由发起单位向全国有关单位和研究工作者发出倡议，并由北京大学中国中古史研究中心、中国社会科学院历史研究所、文物局古文献研究室、中国人民大学历史系、北京师范学院历史系、西北师范学院历史系指定专人成立秘书组，负责成立大会的筹备工作，具体由兰州大学、敦煌文物研究所、西北师范学院负责。1983 年 5 月 18—20 日，由季羡林教授主持，在北京大学召开了第二次筹备会议，决定中国敦煌吐鲁番学会成立大会和 1983 年全国敦煌学术讨论会于 1983 年 8 月15—20 日在兰州举行，以便在 8 月 31 日日本召开的第 31 届亚洲、北非人文科学大会之前闭幕，有利于我国在国际上的学术声誉。

1983 年 8 月 15 日，中国敦煌吐鲁番学会成立大会及 1983 年全国敦煌学术讨论会在兰州召开，来自全国各地和香港的近 200 名专家学者参加了会议。会议经过讨论，通过了中国敦煌吐鲁番学会章程，并聘请李一氓、周林、姜亮夫、王仲荦、金宝祥等 27 名著名专家学者和领导同志担任顾问。在民主协商的基础上，与会全体代表用投票的办法，于 8 月 18 日选举了学会理事。第一届理事会推选季羡林为会长，唐长孺、段文杰、沙比提、黄文焕、宁可为副会长，由宁可兼任秘书长，张广达、齐陈骏、穆舜英为副秘书长，金维诺、张锡厚、王永兴、沙知为常务理事。

1988 年 8月，在北京举行中国敦煌吐鲁番学术讨论会期间，学会于8月24日下午举行了会员代表会议，进行第一届理事会的换届选举工作。会员代表以无记名投票方式选举了第二届理事，理事会推选季羡林为会长，宁可、段文杰、铁列吾汗、唐长孺、黄文焕为副会长，由宁可兼任秘书长，张广达、齐陈骏、穆舜英、柴剑虹为副秘书长。

1992年换届选举后，仍由季羡林先生任会长，柴剑虹先生任秘书长。

2010年4月，学会进行了第五届换届选举，推选郝春文为会长，柴剑虹、荣新江、张涌泉、张先堂、郑炳林为副会长，柴剑虹兼任秘书长。2015年8月进行了再次换届，选举推选郝春文为会长，荣新江、张涌泉、张先堂、郑炳林为副会长，刘屹任秘书长。

3. 人才的培养

“文化大革命”结束时，全国研究敦煌学的学者很少，据1982年初教育部的调查估计，老中青合计一百多人，其中副教授、副研究员以上约四五十人，研究队伍的状况为倒三角形（即老年学者多，中年学者次之，青年研究者少）。为此，季羡林教授在中国敦煌吐鲁番学会成立大会上专门作了《关于开展敦煌吐鲁番学研究及人才培养的初步意见》的报告，建议在大学里设置有关敦煌、吐鲁番学的专业，招收这方面的研究生。此外还可以举办各种类型的、期限不同的讲习班。

为了培养敦煌学人才，早在1979年，王永兴、张广达先生就在北京大学历史系为唐史研究生开设了“敦煌文书研究”的课程，并有部分三年级学生选修；同年，兰州大学历史系也邀请段文杰、周丕显先生为该系进修班开设了“敦煌学”课程；随后，项楚先生在四川大学中文系开设了“敦煌文学”选修课，李鼎文先生在西北师范学院开设“敦煌文学”选修课、高国藩先生在南京大学中文系开设了“敦煌民俗学”选修课。

正是在这种良好的基础上，1983年敦煌学术讨论会期间，参加会议的杭州大学、武汉大学、兰州大学、西北师范学院、北京师范学院、厦门大学、四川大学、中央民族学院、西藏民族学院、西南师范学院、南开大学、中国社会科学院民族研究所、中国历史博物馆、甘肃省社会科学院等高校和科研单位的代表专门召开了座谈会，讨论了有关高校开设“敦煌、吐鲁番学”课程的问题。大家认为，目前还不好在哪个大学开设敦煌、吐鲁番学专业，而应该广泛地做普及工作。尤其是地处西北的高校，更应做好普及工作。通过普及，使学生对“敦煌、吐鲁番学”的内涵，以及敦煌吐鲁番学与自己所学专业的密切关系有较深入的了解，从而为在各个领域涌现出一批致力于研究敦煌吐鲁番学的人才打下基础。

这次会议之后，一些高校，尤其是甘肃的高校，如兰州大学、西北师范学院、天水师专、甘肃教育学院等，都开设了有关敦煌学的课程。为了加强人才培养，在一些高校建立了历史文献学（敦煌学）的博士点及硕士点。另外，在许多高校的中国古代史、中国古代文学、古典文献学等专业招收有关敦煌学的博士生。

除了开设课程，招收硕士、博士生外，杭州大学、武汉大学还分别举办了几期研究班，对在职人员进行了专业培训。通过这些途径，培养了一批敦煌学研究人才，尤其是培养了一批有较高水平的青年研究人员，他们都在各自的研究领域取得了丰硕成果，引起了国内外敦煌学界的瞩目。

现在，敦煌学的研究队伍已经比较庞大，季羡林、唐长孺、段文杰等老一辈学者基本上已经去世，20 世纪 30 年代后期出生的学者姜伯勤、朱雷、樊锦诗等也基本退休，新三级学人（1977、1978、1979 年入学的大学生和研究生）虽然有些也已经退休，但还是学界主力军，起着带头引路作用，他们都在各自的研究领域代表了全国或国际先进水平；年轻后备军队伍也大有发展，并在老、中年学者的引导下，取得了丰硕成果。原来研究队伍中的倒三角形状态已经改变。

二、学术活动日益频繁

20世纪80代后敦煌学蓬勃发展的标志之一，就是学术活动的频繁和对外联系的加强。现将主要的学术活动介绍如下：

敦煌文学座谈会：为了推动敦煌文学研究工作，甘肃省社会科学院于1982年7月24日至8月5日，在兰州和敦煌召开了敦煌文学座谈会。座谈会就我国敦煌文学研究的历史与现状、当前和今后的任务、应当注意的问题等进行了讨论。这次会议是我国敦煌文学乃至整个敦煌学研究史上的第一次学术盛会，对敦煌学的发展具有很大的促进作用。会议收到的论文选编为《敦煌学论集》一书，由甘肃人民出版社于1985年出版。

1983年全国敦煌学术讨论会：这次会议是我国敦煌学史上值得大书特书的一次盛会。由于敦煌文物研究所进行了近三年的筹办，这次会议开得非常成功。会议收到论文和资料共115篇，参加会议的150多位专家和学者，按照所提交的论文内容和所从事的专业，分别编为历史、遗书、考古、语言文学、美术、音乐舞蹈六个小组，对收到的论文进行了交流和讨论。

这次学术讨论会的论文，由敦煌文物研究所选编为《1983年全国敦煌学术讨论会文集》（二编四册），由甘肃人民出版社于1985—1987年出版。

中国敦煌吐鲁番学会语言文学分会成立大会及学术讨论会：1984年10月16—24日，在杭州召开了语言文学分会成立大会及学术讨论会。会议就如何开创敦煌语言文学研究的新局面等一些具体问题进行了讨论。会议收到的论文选编为《敦煌语言文学论文集》一书，由浙江古籍出版社于1988年出版。

中国敦煌吐鲁番学、唐史研究与教学座谈会：这次会议由中国敦煌吐鲁番学会、中国唐史学会与厦门大学历史系联合举办，于1984

年10月27—31日在厦门大学举行。会议代表交流了近年来敦煌吐鲁番学和唐史的研究与教学情况，商议了今后的发展规划，着重围绕敦煌吐鲁番文书的整理、研究与教学等问题进行了认真而热烈的讨论。

1985年中国敦煌吐鲁番学术讨论会：由中国敦煌吐鲁番学会、新疆社会科学院、新疆文化厅和新疆大学联合举办的“1985年中国敦煌吐鲁番学术讨论会”于8月3—9日在乌鲁木齐举行。这次会议是1983年全国敦煌学术讨论会之后的又一次重要会议，共收到论文105篇，内容相当广泛丰富，有历史、考古、文献目录、民族、宗教、语言文学、美术、音乐舞蹈等方面。这次会议的主要特点是中青年学者增多，并提交了一批很有质量的论文，有的达到了世界水平；另一特点是首次邀请了日本、美国、印度等外国学者参加了会议，是中外学术交流的一个很好开端和尝试。会议收到的论文经过选编，在《中国史研究》和《敦煌学辑刊》1986年第1期发表。

语言文学分会1986年年会：由语言文学分会、甘肃省社会科学院文学研究所、酒泉师范、酒泉教育学院、《阳关》编辑部和酒泉敦煌学学习研究会联合发起召开的中国敦煌吐鲁番学会语言文学分会1986年年会，于9月22—25日在酒泉举行。会议就敦煌语言文学的一些问题进行了热烈讨论，收到论文20多篇，选编为《敦煌语言文学研究》，由北京大学出版社于1988年出版。

敦煌石窟研究国际讨论会：为了交流学术成果，把国际敦煌学的研究推向一个新阶段，敦煌研究院经过一年多的精心筹备，于1987年9月21—27日在敦煌学的故乡——莫高窟举行了敦煌石窟研究国际讨论会。应邀参加这次学术讨论会的专家学者共83人，其中有来自英国、法国、日本、加拿大、美国、新加坡、原联邦德国、印度以及香港地区的学者。

会议收到学术论文56篇，由敦煌研究院编辑为《敦煌石窟研究国际讨论会文集》，分为《石窟考古》和《石窟艺术》两编，汉英两种版本，由辽宁美术出版社于1990年出版。

1988年敦煌吐鲁番学术讨论会：由中国敦煌吐鲁番学会主办的1988年敦煌吐鲁番学术讨论会，于8月20—25日在北京举行。参加这次会议的国外来宾共28人，分别来自日本、英国、法国、美国、印度、瑞典、挪威、原联邦德国等。尤其值得一书的是，我国台湾省也有两名代表参加会议，致使海峡两岸学者沟通了信息，互相取长补短。长此下去，必定会促进我国敦煌学的大发展。

会议共收到论文139篇，其内容涉及历史、考古、文献目录、少数民族历史语言、宗教、语言文学、音乐舞蹈、美术、科技等各个方面。经学会选编，一部分作为《敦煌学辑刊》1989年两期专号出版，另一部分为《敦煌吐鲁番学研究论文集》，由汉语大词典出版社于1990年影印出版。

1990年敦煌学国际学术讨论会：由敦煌研究院组织的“1990年敦煌学国际学术讨论会”于10月8—14日在莫高窟举行。这既是在敦煌学发祥地举行的一次国际学术盛会，也是甘肃省举办的“纪念丝绸之路2100年”活动的项目之一。

参加本次学术讨论会的专家学者共200余人，其中我国大陆和台湾140余人，其余来自中国香港、韩国、日本、新加坡、马来西亚、印度、美国、英国、德国、瑞士等地区和国家。他们之中既有80高龄的常书鸿、潘重规、藤枝晃等老先生，也有大批中、青年学者。讨论会分为石窟艺术、石窟考古、“史地·遗书·宗教”和“语言·文学·民俗”四个组进行了学术讨论，交流了学术成果，并对大家关注而有兴趣的莫高窟早期洞窟断代和敦煌地区宋代与西夏之间的回鹘政权进行了专题讨论。

这次会议取得了丰硕成果，收到论文120余篇，在会上宣读了96篇。许多论文都很有水平，如在归义军和沙州回鹘的历史、敦煌早期洞窟的断代和敦煌的佛学研究等方面，都有许多新的见解和成果。会议收到的论文，敦煌研究院选编为《1990年敦煌学国际研讨会文集》（三册），由辽宁美术出版社于1995年出版。

1992年中国敦煌吐鲁番学国际学术讨论会：由中国敦煌吐鲁番学会主办的这次学术会议于1992年8月在北京房山举行。来自中国（包括台湾地区）、日本、法国、土耳其、哈萨克斯坦等国的80多位学者参加了会议，提交论文75篇。会议期间代表们还参观了北京图书馆举办的“敦煌遗书展”、房山云居寺及所藏石经等。论文选编为《敦煌吐鲁番学研究论集》，由书目文献出版社于1996年出版。

丝绸之路古遗址保护学术会议：由敦煌研究院、美国盖蒂保护研究所和中国文物研究所联合举办的丝绸之路古遗址保护国际学术会议，于1993年10月在敦煌市举行。来自中国、美国、加拿大、德国、法国、英国等19个国家和地区的150余位学者参加了会议，提交了论文100余篇，内容涉及文物遗址的保护、环境监测、工程地质等问题。

1994年敦煌学国际学术研讨会：由敦煌研究院主办的这次学术研讨会于1994年8月在敦煌举行，来自中、美、日、英、俄、德、加、印、韩、瑞士、西班牙、以色列、新加坡等国及中国台湾、香港、澳门地区的200多位学者参加了会议，提交论文160多篇。会议期间，代表们还参观了莫高窟、榆林窟、敦煌石窟文物保护研究陈列中心、敦煌研究院院庆五十周年成果展览等。会议论文已由敦煌研究院选编为《1994年敦煌学国际研讨会文集——纪念敦煌研究院成立五十周年》（四卷），由甘肃民族出版社于2000年出版。

海峡两岸敦煌文学研讨会：由四川大学中文系主办的“海峡两岸敦煌文学研讨会”于1996年9月在成都举行，中国大陆和台湾、澳门地区的30多位学者出席了研讨会。虽然这是一次专业性的研讨会，但它展示了成果，交流了看法，促进了海峡两岸学术界的联系。会议收到的论文，已由项楚教授主编为《敦煌文学论集》一书，由四川人民出版社于 1997 年出版。

1996 年中国敦煌吐鲁番学术讨论会：由中国敦煌吐鲁番学会主办，敦煌研究院、甘肃工业大学、西北师范大学等单位协办的敦煌吐鲁番学术讨论会，于 1996 年 9 月在兰州举行。来自全国各地和印度、日本、韩国的学者约 80 人出席了会议。

1997 年中国敦煌学研讨会：由杭州大学敦煌学研究中心主办的中国敦煌学研讨会于 1997 年 9 月在杭州举行，来自中国（包括台湾、澳门）、日本等国的七十多位学者参加了会议。会议期间，代表们还参观了浙江敦煌学研究成果展和王国维故居。

此后，有关敦煌学的国际学术会议更多，几乎每年都有，甚至一年几次。

学术活动还包括中外交流，苏联（俄罗斯）、韩国、日本、英国、法国等国家的学者都曾来我国进行敦煌学研究交流。如 1981 年 4 月 8 日至 5 月 23 日，日本京都大学人文科学研究所藤枝晃教授在南开大学历史系讲授了敦煌学课程，全国一些高校和科研单位的学者也参加了听讲。这次讲课的记录已由南开大学历史系整理编印为《敦煌学导论》[1]；1989 年苏联东方学研究所列宁格勒分所的孟列夫来中国学习，并到北京、敦煌、兰州等地进行了学术交流[2]。

随着我国的对外开放，经济文化发展及敦煌学研究的深入，来我国进行学术交流的外国学者越来越多。我国学者也多次去海外进行学术交流与艺术展览。

---

① 参阅刘进宝《敦煌学史上的一段学术公案》，《历史研究》2007 年第 3 期。

② 参阅刘进宝《苏联列宁格勒藏敦煌写本简况——与缅什科夫（孟列夫）一席谈》，《中国敦煌吐鲁番学会研究通讯》1990 年第 1 期。

三、研究成果大量涌现

早在1977年，我国的敦煌学研究就已出现了复苏的苗头，这就是以王重民先生生前的校辑稿为基础而完成的《敦煌唐人诗集残卷》（署名"舒学"）与《敦煌文物研究所藏敦煌遗书目录》，同时在《文物资料丛刊》上发表。紧接着，《文物》编辑部又约组了一批敦煌学稿件，在《文物》1978年12期刊出。随后又创办了《敦煌研究》《敦煌学辑刊》等专门刊物，为逐渐增多的敦煌学研究成果开辟了广阔的发表园地。

1. 资料的整理与刊布

目录乃学问之门径，"文革"后，许多单位都公布了各自所藏的敦煌吐鲁番文献目录。除敦煌文物研究所资料室《敦煌文物研究所藏敦煌遗书目录》外，秦明智《关于甘肃省博物馆藏敦煌遗书之浅考和目录》[1]，曹怀玉《西北师院历史系文物室藏敦煌经卷录》[2]，荣恩奇《敦煌县博物馆藏敦煌遗书目录》[3]，吴织、胡群耘《上海图书馆藏敦煌遗书目录》[4]，刘国展、李桂英《天津市艺术博物馆藏敦煌遗书目录》[5]，张玉范《北京大学图书馆藏敦煌遗书目录》[6]，殷光明《敦煌市博物馆藏敦煌遗书目录补录》[7]，杨铭《重庆市博物馆藏敦煌吐鲁番写经目

① 《1983年全国敦煌学术讨论会文集：文史·遗书编上》。

② 《西北师院学报》1983年第4期。

③ 《敦煌吐鲁番文献研究论集》第3辑，北京大学出版社，1986年。

④ 《敦煌研究》1986年第2—3期。

⑤ 《敦煌研究》1987年第2期。

⑥ 《敦煌吐鲁番文献研究论集》第5辑，北京大学出版社，1990年。

⑦ 《敦煌研究》1994年第3期。

录》[1]，方广锠、徐永明《浙江图书馆藏敦煌遗书目录》[2]，方广锠、徐忆农《南京图书馆藏敦煌遗书目录》[3]，方广锠、查永玲《浙江博物馆藏敦煌遗书目录》[4]，邰惠莉、娜阁《甘肃省图书馆藏敦煌文献简介》[5]，方广锠《中国散藏敦煌遗书目录(一)》[6]等，都公布了各单位所藏的敦煌遗书目录，并作了简明的提要介绍。由于这些目录的编制者大都是本单位的研究或资料人员，有条件接触、翻阅、查检敦煌写卷，因此编制的目录比较完整、详细，提要说明也比较准确，基本上反映了各单位的收藏情况，为敦煌学研究者提供了许多方便。

在论著目录方面，主要有刘进宝《敦煌学论著目录(1909—1983)》[7]、卢善焕、师勤《中国敦煌吐鲁番学著述目录索引(1909—1984)》[8]和郑阿财、朱凤玉主编《敦煌学研究论著目录(1908—1997)》[9]《敦煌学研究论著目录(1998—2005)》[10]。另外，《中国敦煌吐鲁番学会研究通讯》《敦煌吐鲁番研究》《唐研究》都有每年的论著目录，这些目录虽然各有优劣，但都为研究者提供了大量信息，避免了许多不必要的重复劳动。

在敦煌学目录研究方面，首推白化文、杨宝玉《敦煌学目录初探》[11]

---

① 《敦煌研究》1996 年第 1 期。
② 《敦煌研究》1998 年第 4 期。
③ 《敦煌研究》1998 年第 4 期。
④ 《敦煌学辑刊》1998 年第 1 期。
⑤ 《敦煌学辑刊》1998 年第 2 期。
⑥ 《敦煌学辑刊》1998 年第 2 期。
⑦ 甘肃人民出版社，1985 年。
⑧ 中国敦煌吐鲁番学会，1985 年。
⑨ 台湾汉学研究中心，2000 年。
⑩ 台湾乐学书局，2006 年。
⑪ 河北人民出版社，1989 年。

一书。该书由国内篇和国外篇两部分构成，其中国内篇对我国各个时期的敦煌目录工作进行了评述，重点讨论了《敦煌劫余录》和《敦煌遗书总目索引》的编制；国外篇对英、法、俄、日各国的敦煌目录工作进行了探讨，并对国外所出藏文文书和艺术品目录作了简介。该书是目前唯一的一部敦煌学目录著作，是敦煌目录编制及其研究的重要成果。

另外，荣新江《〈中国所藏敦煌写本联合目录〉编写刍议》[①]，指出了敦煌学目录编制的缺点，即体例不一、收录不全、缺少考证、辨伪不精，因此建议立即着手编纂《中国所藏敦煌写本联合目录》。师勤《〈敦煌遗书总目索引〉、〈敦煌宝藏〉校补》[②]对两书进行了互校，是敦煌目录的基础性工作，对研究者很有参考价值。方广锠《北京图书馆藏敦煌遗书勘查初记》[③]是了解北京图书馆藏卷的最新、最重要文章，向学界公布了一些前所未闻的重要情况，很值得一读。

资料是学术研究的基础与前提，陈寅恪先生在《陈垣敦煌劫余录序》中曾指出："一时代之学术，必有其新材料与新问题，取用此材料以研求问题，则为此时代学术之新潮流。"对于敦煌吐鲁番学来说，这一点显得更为重要，因此，敦煌吐鲁番学者就非常重视资料的整理与刊布。

在以往资料整理的基础上，20 世纪 80 年代以来，我国学者更重视资料的整理与刊布。其特征是一方面继续向纵深的专门化方向发展，另一方面，总括性的大部头资料集不断问世，交相辉映，愈推愈密。如张锡厚的《王梵志诗校辑》[④]，校辑整理出王梵志诗 366 首，学术

---

① 《中国敦煌吐鲁番学会研究通讯》1988 年第 2 期。又见氏著《辨伪与存真——敦煌学论集》。

② 《中国敦煌吐鲁番学会研究通讯》1987 年第 1 期。

③ 《敦煌学辑刊》1991 年第 2 期。

④ 中华书局，1984 年。

界普遍认为，该书的出版是敦煌资料搜集整理方面的可喜收获。在此基础上，项楚又搜集了一些新发现和公布的资料，并作了精细校注，完成了《王梵志诗校注》[①]一书，使王梵志诗的整理、研究更趋完善；任半塘（任二北）在《敦煌曲校录》的基础上，又不断搜集整理，编著了100多万字的《敦煌歌辞总编》[②]。该书收辞1300余首，是目前所见收辞最多、品种最全、范围最广的歌辞总编，体现了半个多世纪敦煌歌辞的研究成果。周绍良、白化文、李鼎霞合编的《敦煌变文集补编》[③]，收录了《敦煌变文集》出版后新发现的变文15篇，既有录文，又有原件照片，后面还附有俗字表，是敦煌变文整理刊布的新成果；黄征、张涌泉的《敦煌变文校注》[④]是敦煌变文校注方面的集大成著作；敦煌文物研究所《敦煌莫高窟内容总录》[⑤]是国内外关于敦煌莫高窟研究的最全面、最实用的权威性总录。它收录的洞窟齐全，内容完整，体例统一，定名和断代都比较合理，并编制有索引以备查检，使用方便。在此基础上，敦煌研究院又重编为《敦煌石窟内容总录》，[⑥]内容包括莫高窟、敦煌西千佛洞、榆林窟、安西东千佛洞、肃北五个庙石窟。敦煌研究院的《敦煌莫高窟供养人题记》[⑦]收录了今人所见的所有汉文题记。它除了注明洞窟的时代外，还在不同时代的题记之前，详细说明每条题记的文体类别、所在位置、题写形式、地色、尺寸及资料来源等。书后列有别体字简表，并附有莫高窟供养人姓名索引。该书可视为《敦

① 上海古籍出版社，1991年。
② 上海古籍出版社，1987年。
③ 北京大学出版社，1989年。
④ 中华书局，1997年。
⑤ 文物出版社，1982年。
⑥ 文物出版社，1996年。
⑦ 文物出版社，1986年。

煌莫高窟内容总录》的姊妹篇。它们的出版，使莫高窟资料的整理逐渐趋于完备，是几十年来敦煌石窟资料整理、刊布的重要成果。唐耕耦、陆宏基编《敦煌社会经济文献真迹释录》[①]是敦煌社会经济文献整理、刊布的集大成著作。编者从英、法、俄、日等国及我国收藏的敦煌文献中，将有关社会经济方面的资料辑出，按类编排，分成五辑，用原件的照片与录文对照，兼附前人研究原件的论著出处，图文并茂，极便于敦煌学者之利用。徐自强、李富华等编的《敦煌大藏经》[②]以北京图书馆所藏敦煌佛经写本为主，并补充英、法等国已公布的资料。全书按《开元释教录》的顺序，校勘记说明收录写本与《中华大藏经》《大正藏》的互见情况。全书共6000余万字，63册。前60册为汉文佛典，后3册为梵文、粟特文、于阗文、回鹘文、吐蕃文等佛教典籍，另有一册“敦煌大藏经总目录”，附于全书之末。

众所周知，敦煌文献早已流散在世界各地，其中北京、巴黎、伦敦、圣彼得堡为四大收藏中心。如何将其公开出版，尤其是在敦煌学的故乡——中国影印出版，则是国际敦煌学界的一件大事。为此，中国学术界作了积极努力，并已取得了巨大的成绩。

由于敦煌文书的绝大部分已被劫往国外，就是藏在国内各图书馆、博物馆中的敦煌文献，也首先是将其作为文物而收藏的，并不是作为图书资料而利用的。因此，对于绝大多数的研究者来说，根本不可能亲自阅读敦煌文献，而作为文物保存的敦煌文献，由于年代久远，纸张碎破，也不允许被多次的翻阅。根据原件照相拍摄，然后影印出版，就成了最好的刊布方式，这样既可以保存原状，又可以满足绝大多数研究者的需要。

---

① 书目文献出版社1986年出版第1辑；全国图书馆文献缩微复制中心，1990年，第2—5辑。

② 星星出版公司、台湾前景出版社，1990—1991年。

(1)《英藏敦煌文献》的刊布

早在1961年,中华书局就出版了中国科学院历史研究所资料室编辑的《敦煌资料》第一辑,为史学研究,尤其是魏晋隋唐史的研究提供了重要资料,引起了中日学者的重视和关注。

1982年,国家文物局古文献研究室发起组织了《敦煌古文献》项目,同时,中国社会科学院历史所也组建了敦煌组,计划重新编辑、校勘《敦煌资料》。1983年中国敦煌吐鲁番学会成立后,《敦煌古文献》编委会也改隶于敦煌吐鲁番学会,其秘书组的联络工作也由历史所敦煌组承担。在当时的条件下,不论是《敦煌资料》,还是《敦煌古文献》的编辑、校录,所依据的资料主要是中、英、法三国的缩微胶卷和海内外学者据原件所做的部分录文。而根据缩微胶卷放大的照片,有一些是不大清楚的,从而影响了学者的使用,其学术价值也就打了折扣。

20世纪70年代末80年代初,日本学者池田温的《中国古代籍帐研究》和山本达郎主编的《敦煌吐鲁番社会经济文书》第一、二辑先后出版。历史所重新校订的《敦煌资料》第一辑虽然吸收了国内外的研究成果,但毕竟没有利用英、法所藏原件,在总体上也就不能超越池田温和山本达郎的校录本。而当时正在进行的《敦煌古文献》,则计划是有图版有录文的分类全辑本,为了避免重复劳动,就决定将《敦煌资料》编成一部精选、只有录文,可供高等院校教学参考之用的普及本。

不论是编辑《敦煌资料》的普及本,还是编辑有图有文的《敦煌古文献》,都需用将已编成的录文用英、法所藏的原卷校订。为此,中国社会科学院就利用历史所与英国伦敦大学亚非学院的学术交流协议,于1987年8月派历史所副所长张弓和敦煌组负责人宋家钰两位先生前往伦敦,从事三个月的学术访问。

由于张弓和宋家钰先生的努力,达成了一项出版协议,即由中国社会科学院历史研究所、中国敦煌吐鲁番学会“敦煌古文献”编辑委员会、英国图书馆东方写本与书籍部、伦敦大学亚非学院两方四家，合作编辑出版《英藏敦煌文献·汉文佛经以外部分》。①

《英藏敦煌文献》从 1990 年开始由四川人民出版社出版，至 1995 年出版了 14卷。它的第 1—11 卷收录了英国图书馆已经公布敦煌写本中的全部汉文非佛经文书。第 12—14 卷则首次刊布了该馆所藏 S.6981—S.13677 之间的非佛教文书；英国博物馆东方古物部所藏敦煌写本、敦煌绢纸绘画上的供养人题名题记；英国印度事务部图书馆所藏敦煌汉文佛经以外的文书。后来出版的第 15 卷是全书总目并编有多种索引。整套《英藏敦煌文献》的图版均据原件拍摄，清晰可辨，照片还附有比例尺，可以显示原文书的尺寸规格。

《英藏敦煌文献》的出版，是中英双方学术界友好合作的产物，也开启了海外所藏敦煌文献编辑照拍、整理出版的先河。

(2)《俄藏敦煌文献》

当《英藏敦煌文献》编辑完毕，即将由四川人民出版社全部出版之际，《俄藏敦煌文献》的编辑出版也被提上了议事日程。1989 年 8 月中旬，上海古籍出版社代表团访问了苏联，与苏联科学出版社东方文学部、苏联科学院东方学研究所列宁格勒分所就合作出版藏于列宁格勒的中国敦煌、吐鲁番与黑城文献进行了商谈，同时对艾尔米塔什(冬宫)博物馆所藏中国新疆、敦煌与黑城艺术品进行了比较详细地考察。1991 年 2 月，以苏联科学出版社东方文学部主任德列尔、列宁格勒东方学研究所所长彼得罗相、敦煌学专家孟列夫组成的俄方

① 参阅宋家钰《回忆·思考·期待——从〈敦煌古文献〉〈英藏敦煌文献〉的编辑出版谈起》、张弓《泪眼亲瞻怜落寞，暂接倩影慰故园——关于〈英藏敦煌文献〉的回忆》，载刘进宝主编《百年敦煌学：历史·现状·趋势》，甘肃人民出版社，2009 年。

代表团在上海签订了出版协议。

当中俄双方达成协议,合作影印出版藏于列宁格勒的全部敦煌、吐鲁番与黑城文献后,上海古籍出版社为此还专门组建了敦煌吐鲁番文献编辑室。后来,苏联解体,虽然其政治制度发生了重大变化,但《俄藏敦煌文献》的编辑出版却仍在继续进行。目前,《俄藏敦煌文献》共 17 册,18000 余号(后面碎片特多),已全部出版完毕。[①]

随后又出版 6 册《俄藏敦煌艺术品》和 11 册《俄藏黑水城文献》。

(3)《敦煌吐鲁番文献集成》及其他

在《俄藏敦煌文献》的编辑过程中,上海古籍出版社的领导认识到,如果能将散藏在世界各地的敦煌文献都像《俄藏敦煌文献》一样影印出版,既是有可能的,又能为学界提供敦煌吐鲁番文献的全貌,这样会省去学者们到世界各地奔波旅行、四方求阅之烦。因此,他们又积极与法国国立图书馆以及国内的上海博物馆、上海图书馆、北京大学图书馆、天津艺术博物馆等单位联系,并得到了这些单位及有关人士的热情支持。这就有了《敦煌吐鲁番文献集成》的编辑出版。

《法藏敦煌西域文献》是《集成》的又一主体项目。当出版《敦煌吐鲁番文献集成》的主体《俄藏敦煌文献》时,上海古籍出版社就聘请季羡林、潘重规、饶宗颐先生为《集成》的顾问。通过饶宗颐、潘重规和吴其昱先生的撮合,1992 年与法国方面商谈法藏敦煌西域文献在中国的出版问题并签定了协定草案。此后通过多次的书信往来签订了正式的协议。

《法藏敦煌西域文献》是上海古籍出版社与法国国立图书馆合作

---

① 参阅府宪展《"探险"俄罗斯——〈俄藏敦煌文献〉出版记略》,载刘进宝主编《百年敦煌学:历史·现状·趋势》。

编辑的，全书包括法国国立图书馆所藏全部汉文和非汉文敦煌西域文献的图版，补拍以前出版物中的缺号卷子和模糊不清的照片，并给予新的定名，共34册，由上海古籍出版社于1994年开始出版，目前已全部出版。

《敦煌吐鲁番文献集成》除《俄藏敦煌文献》全17册、《法藏敦煌西域文献》34册外，还有《俄藏黑水城文献》全26册；《俄藏敦煌艺术品》全6册；《天津市艺术博物馆藏敦煌文献》全7册；《上海博物馆藏敦煌吐鲁番文献》全2册；《上海图书馆藏敦煌文献》全4册；《北京大学藏敦煌文献》全2册。

从已出各辑《敦煌吐鲁番文献集成》可知，其有如下特点：

第一，相对完备。尽力搜求、辑集，将敦煌地区出现的各种文字资料和艺术资料，尽可能完整地反映出来，使其成为一部总汇式的集成文献。

第二，力求存真。敦煌吐鲁番文书具有文献和文物两重价值，这就要求对文献的印制必须逼真，其大小、长短、形状、色彩、字迹、残损自不必说，即使是纸质、卷轴、包封等也不宜忽略。

第三，定名准确。当然，由于各种原因，已出《敦煌吐鲁番文献集成》，在个别文献的定名、分类等方面可能还有一些不当之处，这是可以理解的。

第四，编排合理。由于本集成是一套大型的资料用书，中心目的是给学术界提供一份全面可信的原始资料，因而，文字部分如前言、凡例、目录、题解、索引等等，均需说明性质，意在方便使用；图版部分则按序排列，重在实用，兼及欣赏。做到图文结合，以发挥资料用书的最佳效果。

不论是四川人民出版社出版的《英藏敦煌文献》，还是上海古籍出版社已经出版的《敦煌吐鲁番文献集成》各卷，都是汉文文献。而在敦煌发现的文书中，除汉文文献外，还有大量的民族文字的文献，如藏文、西夏文等。这些藏文、西夏文卷子具有涉及多种学科的重要史料价值,国际上的研究还只是停留在编目阶段,并未全面刊布,从而限制了学术的繁荣和发展。

经过多方商讨,西北民族大学、法国国家图书馆、英国国家图书馆和上海古籍出版社达成协议,联合编纂出版敦煌西域藏文文献。经过前期准备工作,《法藏敦煌藏文文献》已出5卷,《法藏敦煌西夏文文献》也已开始出版。《英藏敦煌藏文文献》编辑出版工作正在进行。由于懂得古藏文、西夏文的学者和编辑人数不多,从而使编辑出版工作困难重重,可以说,无论在规模上还是在学术难度上,民族文字文献的编辑出版都将会超过汉文文献。

(4)《国家图书馆藏敦煌遗书》及其他

伴随着《敦煌吐鲁番文献集成》的出版,由国家图书馆(前北京图书馆)馆长任继愈先生主编的《中国国家图书馆藏敦煌遗书》也开始由江苏古籍出版社出版。

中国国家图书馆现收藏敦煌遗书约16000余号,包括四个部分:(1)劫余录部分,即陈垣先生《敦煌劫余录》所著录的部分,计8738号。(2)详目续编部分,即1927年前后从解京的敦煌遗书中整理出了1192号比较完整的遗书,定名为《敦煌石室写经详目续编》。(3)残卷部分,即解京的敦煌遗书经过上述两次整理编目的残存部分,总计近4000号。(4)新字号部分,即指甘肃解京的敦煌遗书外,图书馆于其后数十年间陆续收藏的敦煌遗书。

《中国国家图书馆藏敦煌遗书》包括以上四个部分,并全部重新拍摄。拍摄所据的原件,已经过专家进一步修复整理,未经修复时所制缩微胶卷中存在的遗书背面漏拍,以及首尾残破、皱折叠压或墨迹深浅不一、难以辨认等问题,得以避免,从而使本书的图版更加完整、清晰。

江苏古籍出版社出版的《中国国家图书馆藏敦煌遗书》为8开

本，每册约460页，在正文图版之后，编有叙录、新旧编码对照表等，原计划全套出版约100册，但在出版了7册后，不知什么原因，再未能继续出版。从2005年开始，国家图书馆又重新编辑，仍由任继愈先生主编，定名为《国家图书馆藏敦煌遗书》，由北京图书馆出版社出版，全套共计146册，至2012年已经全部出版。

《甘肃藏敦煌文献》由甘肃藏敦煌文献编委会、甘肃省文物局等单位编纂完毕，由甘肃人民出版社于1999年出版。《甘肃藏敦煌文献》全面系统地刊布了甘肃全省各单位收藏的敦煌遗书700余号，真实完整地展示了甘藏敦煌文献的全貌。

《甘肃藏敦煌文献》共6卷，第1卷为《敦煌研究院藏敦煌文献（上）》；第2卷为《敦煌研究院藏敦煌文献（下）》和《酒泉市博物馆藏敦煌文献》；第3卷包括《甘肃省图书馆藏敦煌文献》《西北师范大学藏敦煌文献》《永登县博物馆藏敦煌文献》《甘肃中医学院藏敦煌文献》《张掖市博物馆藏敦煌文献》；第4卷为《甘肃省博物馆藏敦煌文献（上）》；第5卷为《甘肃省博物馆藏敦煌文献（下）》；第6卷包括《敦煌市博物馆藏敦煌文献》《定西县博物馆藏敦煌文献》《高台县博物馆藏敦煌文献》。

此外，《浙藏敦煌遗书》一册也于2000年由浙江教育出版社出版。

以上敦煌文献的影印本对保存文献原貌、提供学者研究利用方面起了非常积极的作用，但由于定价昂贵（《英藏敦煌文献》每卷都在1000元以上，《敦煌吐鲁番文献集成》每卷1740元，其中《俄藏敦煌艺术品》的每卷定价不同，但基本上都在2000元左右，最低的每卷1740元，高者则为2350元。《法藏敦煌藏文文献》每卷2200元。《甘肃藏敦煌文献》每卷2000元，《浙藏敦煌遗书》也是2000元。《国家图书馆藏敦煌遗书》每卷990元），个人是无法承受的，就是一般的图书馆，也很难全部购买。

2. 研究更趋深入,高质量成果不断问世

敦煌学蓬勃发展的另一标志,便是大批高质量科研成果的问世,尤其是敦煌研究院《中国石窟·敦煌莫高窟》《中国美术全集》之《敦煌壁画》和《敦煌彩塑》,北京大学中国中古史中心的《敦煌吐鲁番文献研究论集》(五辑),武汉大学唐长孺主编的《敦煌吐鲁番文书初探》及《二编》,厦门大学韩国磐主编的《敦煌吐鲁番出土经济文书研究》以及王重民《敦煌遗书论文集》,姜亮夫《莫高窟年表》,段文杰《敦煌石窟艺术论集》,姜伯勤《唐五代敦煌寺户制度》《敦煌艺术宗教与礼乐文明》,荣新江《归义军史研究》《辨伪与存真——敦煌学论集》,朱雷《敦煌吐鲁番文书论丛》,张广达《西域史地丛稿初编》,郝春文《唐后期五代宋初敦煌僧尼的社会生活》,张广达、荣新江《于阗史丛考》,张涌泉《敦煌俗字研究》,项楚《王梵志诗校注》,张金泉、许建平《敦煌音义汇考》,李正宇《敦煌史地新论》,张鸿勋《敦煌讲唱文学概论》,王永兴《唐勾检制研究》,马德《敦煌莫高窟史研究》,刘进宝《唐宋之际归义军经济史研究》,颜廷亮主编《敦煌文学概论》,季羡林主编《敦煌学大辞典》以及《敦煌吐鲁番研究》(年刊,已出十七卷),荣新江主编《唐研究》(年刊,已出二十三卷)、刘进宝主编《丝路文明》(年刊,已出三卷)等,都是高质量的学术论著,代表了敦煌学研究的国际水平。

在专题研究方面,20 世纪 80 年代以来,我国学者在许多方面都取得了较大成绩,在石窟艺术、语言文学和传统的四部书研究方面更是走在了世界前列,代表了国际敦煌学研究的最高水平。就是在以前研究相当薄弱的某些方面,如经济、宗教等方面,也取得了较大的成绩,下面仅以经济方面的研究为例,略加叙述。

利用敦煌吐鲁番文书研究唐五代社会经济是治唐史的重点。由于均田制是中国古代土地制度史上最重要的一环,也是唐史学界最关注的课题之一。尤其是在敦煌吐鲁番文书中发现了一批有关田制的实证材料，使均田制的研究更趋活跃。其中特别引人注目的是杨际平《敦煌吐鲁番出土文书研究：均田制新探》，[①]该书侧重于利用敦煌吐鲁番出土的实证材料，同时也尽量发掘传世的文献资料，并力图将二者结合起来，对均田制的各个方面，尤其是实施状况进行了细致探讨，是利用敦煌吐鲁番文书研究均田制的代表性成果，很值得史学界重视。宋家钰《唐朝户籍法与均田制研究》[②]和武建国《均田制研究》[③]两部专著，也运用敦煌文书，对均田制的有关问题进行了探讨，提出了各自的独到见解。

除以上三部专著外，还发表了大批的论文，其中邓文宽《敦煌吐鲁番文书与唐代均田制研究》[④]一文，简明扼要地阐述了敦煌吐鲁番文书与唐代均田制研究的关系。宋家钰《唐代户籍上的田籍与均田制——唐代均田制的性质与施行问题研究》[⑤]，引用史籍记载结合敦煌资料，对唐代户籍登记土地的原因和作用、户籍所载土地的来源、公田和私田、永业田和口分田等问题进行讨论，提出了一些值得重视的意见。王永兴《论唐代均田制》[⑥]指出，贵族品官受永业田制和百亩之田——应受田、已受田制都是中央集权封建国家对两类私田的管理制度。这种管理表现为，在每一户原有土地基础上，封建国家收取退田和补给欠田。杨际平《列宁格勒所藏天宝年间敦煌田簿研究》[⑦]通

---

① 厦门大学出版社，1991 年。增订本改为《北朝隋唐均田制新探》，岳麓书社，2003 年。

② 中州古籍出版社，1988 年。

③ 云南人民出版社，1992 年。

④《中国文化》第二辑。

⑤《中国史研究》1983 年第 3 期。

⑥《北京大学学报》1987 年第 2 期。

⑦《敦煌学辑刊》1989 年第 1 期。

过对俄藏有关田簿的探讨，指出开元天宝之际，均田制下的土地还授并未正常进行。韩国磐《唐代籍帐残卷证明唐代造籍均田之勤》[①]，论证了唐代前期施行均田制时编造籍帐之勤。指出唐代户籍、土地和租庸调制互为因果，唐前期编造籍帐之勤，实际上反映了当时实行均田制的努力。

敦煌吐鲁番文书中还有一些独特的记载，与均田制也有着密切的关系。如敦煌户籍残卷中存在许多有关“自田”的记载，尤其是在各户分段登记土地的四至中，“东自田”“西自田”“北自田”“南自田”的记载更多。在这里，“自田”的含义是什么？日本学者较早的看法是：“自田”系指户主的另外一段受田，因二段受田相邻，故互为自田。自从五十年代西川正夫发表《关于敦煌发现的唐代户籍残卷所见“自田”》[②]一文，提出“自田”是均田制范围以外本户户主的私有土地这一论点以后，争论就展开了。

韩国磐《从敦煌和吐鲁番发现文件中略谈有关唐代均田制的几个问题》[③]一文认为，这些“自田”的意义，可能即指自己另一段的已受田，因彼此挨邻，在登记国家受地时彼此得到反映。对此，侯绍庄《“自田”考释》[④]一文提出了相反意见。他认为，唐代敦煌户籍残卷中的“自田”，并不指各段受田彼此间的关系，而是指均田外归各户所有的私田。这些私田只是由于同政府受地相邻，在乡里登记受地时得到反映，其他因与受地不相挨邻，没有反映出来的应该更多。所以，均田制的范围，并不包括这些属于个人所有的私地，仅仅是国家直接控制的那部分官田。这种归个人所有的私地，虽无法得知其具体数量，但比

---

① 《敦煌吐鲁番学研究论文集》，汉语大词典出版社，1990 年。

② 《史学杂志》第 64 编第 10 号。

③ 《历史研究》1962 年第 4 期。

④ 《社会科学》（甘肃）1981 年第 2 期。

起国家掌握的官地肯定要多得多。杨际平《从唐代敦煌户籍资料看均田制下私田的存在》[1]一文，通过对敦煌户籍资料所载各户田亩四至，各户相互间田亩相邻情况的考察，也得出了与侯绍庄相似的结论，认为敦煌户籍田亩四至中的所谓"自田"，多数表现为确有私田的存在。并认为均田制下存在独立于永业、口分田之外的私田，唐代法律上也承认私田的存在。胡如雷《也说"自田"兼论与唐代田制有关的一些问题》[2]一文，通过大量的敦煌资料和有关史籍，并以列表统计的方式，详细研究了敦煌户籍残卷上"自田"的情况后指出，"自田"全是均田制范围以外的私田。

对此，朱雷先生提出了不同看法，他在《唐代"均田制"实施过程中"受田"与"私田"的关系及其他》[3]一文中，运用综合研究的方式，即不仅将敦煌文书与吐鲁番文书相结合，而且将敦煌吐鲁番文书与史籍文献相结合，从而指出，在均田制的实施过程中，并不触动旧有的土地占有关系，即或是拥有小块土地的自耕农、半自耕农的土地，也不曾触动，手实、户籍中有关已受土地的登录，既包括通过均田令授予的土地，也登录了个人的私有土地。因此，唐代户籍中所记录的已受田数，应是该户所有的土地数，并不存在户籍中的已受田是通过均田令所授予，而个人私有土地则另行登录的现象。因为私有土地也已纳入均田制的轨道，四至中的"自田""自至"当为私田，"由其后人继承而不能没收以供再作分配"。而敦煌吐鲁番文书中记载相邻一块为"自田"却又往往找不到时，其原因可能有三：第一，记载错误；第二，记载原无误，但与之相邻之一侧，未必只是一户，但原则照例只记一户，因而难于找到；第三，那就因为土地田亩每段未必形成规整如一，

① 《厦门大学学报》1982 年第 4 期。

② 《中国经济史研究》1986 年第 2 期。

③ 《魏晋南北朝隋唐史资料》第 14 辑。

因有多种形状，故亦难于作图表示。

以上的研究从总体上说，可将“自田”分为三种：均田土地说、完全私田说、均田私田两存说。

对于以上各家之说，目前还无法令人完全信服，因为归义军时期，均田制早已瓦解，如果将“自田”与均田制相联系的话，归义军时期的“自田”又如何理解？这时已没有了均田制时代的“受田”“退田”，那么说“自田”是“受田”“退田”时的改写，又如何解释呢？

另外，Дx.2163《唐大中六年(852)十一月百姓杜福胜申报户口田亩状》[①]最后署名为“大中六年十一月日百姓杜福胜谨状”，文书虽残缺，但从其内容可知，应是杜福胜申报户口田地的状文。该状文在5段土地及园舍中，有两处提到了“字(自)田”，另有两处的四至中则是“福胜”，即“北至福胜”“东至福胜”。若“自田”是自己的另外一块土地，为何不署“自田”而为“福胜”呢？

另外，S.3877背《唐天复九年(909)安力子卖地契》[②]曰：安力子在阶和渠有地两段共7亩，一段5亩，一段2亩。其中在第二段地(2亩)的“四至”中有“西至安力子”。这又如何理解？为何不写成“西至自田”呢？第一段(5亩)的“东至唐荣德”，为何又不是“东至安力子”或“东至自田”呢？

同号(S.3877背)《唐乾宁四年(897)张义全卖宅舍基契》[③]，在其出卖的宅舍四至中，“西至张义全”为何不写成“西至自舍”呢？

P.4989《唐年代未详(公元九世纪后期？)沙州安善进等户口田地

---

① 《释录》第二辑第467页。

② 《释录》第二辑第8页；沙知《敦煌契约文书辑校》第18—19页。图版见《英藏敦煌文献(汉文佛经以外部分)》第五卷，四川人民出版社，1992年，第191页。

③ 《释录》第二辑第6页。图版见《英藏敦煌文献(汉文佛经以外部分)》第五卷，四川人民出版社，1992年，第189页。

状》[①]第7—10行为张孝顺户的人口田地状，其总“授田壹拾捌亩：延康上口渠地壹段叁畦共陆亩，东至渠，西至佛奴，南至自田，北至张佛奴；又地壹段陆畦共拾贰亩，东至张佛奴，西至自田，南至自田，北至董荣”。

由此文书可知，张孝顺户共授田18亩，其中6亩一段，12亩一段。但在这两段土地的四至中，南面都是“自田”，一段（12亩）的西为“自田”。张孝顺户只有两段地，若“自田”为自己另外的土地，则“南至自田”是无法解释的。

另外，S.4125《宋雍熙二年（985）正月一日百姓邓永兴户状二件》[②]，第一件邓永兴的“都授田”中，在“千渠小第一渠上界地”只有一段，即“玖畦共贰拾亩，东至杨阇梨，西至白黑儿及米定兴并杨阇梨，南至米定兴及自田，北至白黑儿及米定兴。”与P.4989号文书一样，在这里只有一段土地，那“自田”怎能说是自己另外的一段土地呢？

由此可见，有关“自田”的研究，由于材料的局限，目前还不能得出比较一致的意见，只能作为“自田”之谜留待来者。[③]

在财政制度研究方面，杨际平《现存我国四柱结算法的最早实例——吐蕃时期沙州仓曹状上勾覆所牒研究》[④]一文，以吐蕃占领敦煌时期的汉文卷子为例，探讨了我国古代会计史上由“入减出等余”的三柱结算法向“旧管、新收、支出、结余”四柱结算法发展演变的情况，认为《吐蕃巳年（公元789年）七月沙州仓曹状上勾覆所牒》是我

---

① 《释录》第二辑第471—472页。图版见《法藏敦煌西域文献》第三十三册，第339页。

② 《释录》第二辑479—480页。图版见《英藏敦煌文献（汉文佛经以外部分）》第五卷，第255页。

③ 参阅刘进宝《唐宋之际归义军经济史研究》，第71—76页。

④ 《敦煌吐鲁番出土经济文书研究》，厦门大学出版社，1986年。

国现存四柱结算法的最早实例。韩国磐《也谈四柱结算法》[①]主要研究了五代时期有关四柱结帐法的敦煌文书，与前述杨际平文互相补充。唐耕耦《乙巳年(公元945年)净土寺诸色入破历算会牒稿残卷试释》[②]指出，所谓诸色入破历算会牒，类似现在的收支决算报告，综合而具体地记载了一年或二、三年的收入和支出以及现在数，是为了向有关部门报告而编制的收支决算书。唐耕耦《北图新一四四六号诸色入破历算会牒残卷》[③]拼合、校注、公布了北京图书馆新编1446号残卷，并从另一角度探讨了会计史上四柱结算法的有关情况。

关于唐代的籍帐、手实制度，宋家钰《唐代手实初探》[④]一文，利用敦煌吐鲁番文书和史籍文献，详细探讨了唐代手实的内容和特征，即手实均以户主名义呈报，其主要内容是家口、年纪和田地。户主在手实上要保证所报内容属实，出土手实文书的末尾大都有“若后虚妄，求受重罪”，“如后有人纠告，隐漏一口，求受违敕之罪”一类的保证词。民户的手实，均是官方按户籍法规定的时期责令民户申报，由里正收集。申报时间，一般与造籍的年月一致，因为手实是为造户籍而报的。朱雷《唐代“手实”制度杂识》[⑤]指出，根据敦煌吐鲁番文书，手实由各户户主申报，而里正等胥吏在制定过程中，也起很大作用，但手实并非由户主任意申报，而首先取决于“团貌”，“团貌”后制定“簿”，“以付手实”。

---

① 《敦煌吐鲁番出土经济文书研究》。

② 《敦煌吐鲁番学研究论文集》，汉语大词典出版社，1990年。

③ 《九州学刊》第5卷第4期，1993年5月。

④ 《魏晋隋唐史论集》第1辑，中国社会科学出版社，1981年。

⑤ 《魏晋南北朝隋唐史资料》第5期。又见朱雷《敦煌吐鲁番文书论丛》，甘肃人民出版社，2000年。

朱雷《唐“籍坊”考》[①]一文，在日本学者池田温研究的基础上，对唐代的“籍坊”进行了新的探讨，认为“籍坊”是保存户籍的机构，同时还具有记载、调查、核对户籍等事项的职能。在《唐代“点籍样”制度初探——吐鲁番、敦煌两地出土“点籍样”文书的考察》[②]一文中，朱雷先生指出，“点籍”制度是唐代传统的、制度化的管理户籍办法之外的一种临时性的检籍措施，它可能始于武周圣历年间，并针对“点籍样”一名，详细论证了史籍上的“输籍定样”“明堂图样”“钱样”等例中的“样”，即式样、标准，“点”为“简点”及“检点”，乃检查核对之意。点籍样为点籍之标准。并进而研究了点籍样与户籍之密切关系，认为“点籍样”应是对户籍进行简点之后所作出的定簿。陈国灿《武周时期的勘田检籍活动》[③]和《吐鲁番旧出武周勘检田籍簿考释》[④]两文，利用敦煌吐鲁番文书，对武周时期的勘田检籍进行了系统研究，认为其目的就在于检查各类籍外占田和对客户田土的荫庇，使土地所出，利归官府，而不致流入私家。张荣强《汉唐籍帐制度研究》[⑤]，使用了更多的材料，研究的时段也更长一些，在前人研究的基础上，将籍帐制度的研究向前又推进了一步。

总之，20 世纪 80 年代以来，我国学者在许多方面都取得了总结性或突破性的成果，并已经发表了系列或总结性研究成果，有些甚至代表了国际敦煌学研究的最高水平。

---

① 《武汉大学学报》1983 年第 5 期。

② 唐长孺主编《敦煌吐鲁番文书初探二编》，武汉大学出版社，1990 年。

③ 《敦煌吐鲁番文书初探二编》。

④ 《敦煌吐鲁番文书初探二编》。

⑤ 商务印书馆，2010 年。

第三节 国外的敦煌学研究

"敦煌在中国,敦煌学在世界。"敦煌文献问世以后,不仅中国学者,大量的海外学者也投入到敦煌学的研究中,其中尤其以法国、日本学者成就最大。

藏经洞发现以后,英、法、俄、日、德、美的一些考察家、探险家将大批文献、文物和在洞窟内、外拍摄的大量照片劫去,使国外敦煌学具备了研究的资料和基础。另一方面,当时国际学术的潮流是东方学,历史比较语言学成为西方学界主流,敦煌文献为这一研究提供了丰富的材料,敦煌学很快成为国际显学。

一、法国的敦煌学研究

法国的敦煌学研究,在欧美国家中一直居于领先地位。百年来,在敦煌学机构的建立、著作的出版以及敦煌学者的培养方面,都受到了国际敦煌学界的重视。20 世纪 80 年代以来又出现了蓬勃发展的新局面。[①]

1. 主要的敦煌学家及其著述

法国对敦煌的关注,始于 1899 年邦宁(1865—1929 年)的敦煌之行。1899 年,法国考察家邦宁、法国驻印度支那公使副助理从北京出发,取道甘肃、青海、新疆,前往俄属中亚旅行,是年 9 月途经敦煌,

① 参阅黄振华《法国敦煌学研究述略》,《中国敦煌吐鲁番学会研究通讯》1985 年第 2 期;耿昇《法国敦煌学研究概况》,《西北民族文丛》第 3 辑(1983年)。

参观了千佛洞，拓制了莫高窟保存的碑刻。1901年，他的游记《从北京到俄属土耳其斯坦旅行记》在法国《地理》杂志上发表，获自敦煌的碑铭拓片则交给沙畹考释、整理。

沙畹（1865—1918年）是学术界公认的汉学研究专家，是世界上最早整理、研究敦煌与新疆文物的学者之一，被视为法国敦煌学研究的先驱者。法国敦煌学专家伯希和与马伯乐都出自他的门下。

沙畹研究了邦宁带回法国的碑拓后，便据这批资料整理成《中亚的十种汉文碑铭》一书，于1902年在巴黎出版。该书包括《汉敦煌太守裴岑纪功碑》《唐姜行本纪功碑》《唐李府君修功德记》《唐李氏再修功德记》《元莫高窟六体文字刻石》《元重修皇庆寺记》等碑铭的译注，并附有图版。这些图版都是早期的拓本，损坏较少，故比较珍贵。

法国之收藏大量的敦煌写本，则始于沙畹的高足伯希和。继斯坦因之后，伯希和于1908年到了敦煌，运用欺骗盗窃之手段劫走了大量敦煌写本。他的研究成果多以论文的形式发表，重要的论文多经冯承钧先生汉译，收入《西域南海史地考证译丛》1—9编中。

马伯乐（1883—1954年）是与伯希和并驾齐驱的法国敦煌学研究者。在他所有的论著中（192种），属于敦煌学方面的很少，但由于其《斯坦因第三次中亚探险所获汉文文书》是一部极为重要的敦煌学研究著作，是迄今为止关于斯坦因第三次中亚探险所获汉文资料唯一公开发表的录文、翻译与考释，所以马伯乐一直被认为是法国杰出的敦煌学家之一。

第二次世界大战后，法国敦煌学研究的主要代表人物是戴密微、谢和耐、苏远鸣、吴其昱等人。

戴密微（1894—1979年）是法国当代敦煌学的代表人物，有的法国学者甚至还将他誉为“法国敦煌学之父”。

戴密微的敦煌学研究侧重于佛学，旁及敦煌变文俗讲。他的敦煌学代表作，乃世界敦煌学名著《吐蕃僧诤记》[1]，其内容是关于“中印僧侣于八世纪在拉萨举行的一次有关禅的大辩论会”的史料。该书的第一部分是对P.4646《大乘顿悟正理决》的译注，分析了八世纪在吐蕃赞普墀松德赞主持下，由汉僧摩诃（即大乘和尚）与印度僧侣莲花戒有关禅的一次大辩论。第二部分是史料疏义，主要研究了有关唐蕃关系的一批敦煌汉文写本。该书对唐史、吐蕃史、西域史、民族史、宗教史研究具有很高的参考价值。

此外，戴密微还发表了《列宁格勒所藏敦煌汉文写本简介》《敦煌学近作》《唐代的入冥故事——〈黄仕强传〉》[2]等，并与香港学者饶宗颐合著有《敦煌曲》一书。

1973年1月1日，在戴密微的倡导下，法国高等实验研究学院与法国国立科学研究中心成立了第438联合研究组，即“敦煌文献研究组”，聘请戴密微指导。该组的宗旨主要有两项：一是编写《巴黎国立图书馆所藏伯希和敦煌汉文写本目录》，另一项是指导和推动敦煌写本及有关资料的研究，其中包括影印发表一批重要文书。该组出版了三集《敦煌学论文集》，形成了目前唯一的一套西文敦煌学论著专集。

该组中包括苏远鸣、谢和耐、隋丽玫、华梅雪、杰尼、康德谟、戴仁、童丕等十余人。为了克服在汉文史料方面的困难，这个组不仅包括侯锦郎和吴其昱两位法籍华裔学者，左景权和陈祚龙两位旅法华人，而且还聘请饶宗颐、潘重规、苏莹辉等港台学者为客座研究员或合作者。法国对敦煌汉文写本的研究在上世纪后期之所以发展较快，主要归功于戴密微先生所创立的这个研究组的努力和推动。

谢和耐是戴密微的弟子和事业的继承人。曾任法兰西学院教授，

---

① 汉译本由耿昇翻译，甘肃人民出版社，1984年。

② 汉译均载《敦煌译丛》，甘肃人民出版社，1985年。

被奉为现代法国研究中国的代表人物。其敦煌学著作主要有《荷泽神会禅师语录》《荷泽神会禅师传》《从敦煌写本中的契约看中国九至十世纪的专卖制度》《在敦煌写本中发现的一项缓税请牒》《有关敦煌旅行中租骆驼的敦煌写本》等，其代表作则是1956年出版的博士论文《中国五一十世纪的寺院经济》[①]一书。该书根据汉文典籍、大藏经和敦煌文书探讨了从南北朝到五代的中国寺院经济。书中对佛图户、寺户、僧祇户、常住百姓、梁户、社邑等都作了深入研究，是法国研究敦煌经济文书的唯一一部重要著作，具有很高的学术价值。

苏远鸣也是戴密微的弟子，曾任法国科研中心敦煌资料研究组主任。他主要从事道教和佛教研究，曾与日本学者吉冈义丰合著《道教研究》四集，还有《敦煌写本中壁画题识集》《敦煌写本中的某些壁画题识》《敦煌汉文写本的断代》《敦煌写本中的十二日历》《法国对敦煌汉文写本的研究》《敦煌石窟中的瑞相图》等。

梅弘理是国立科学研究中心的研究人员，主要研究佛教哲学和还愿文，发表有《慧思的生平和著作》《〈天台智者大师愿文〉阿弥陀部分的研究》《〈佛法东流传〉的最古老文本》等。

艾丽白小姐是国立科学研究中心的研究人员，主要研究民间文学、六朝以来的小说和绘画，发表有《敦煌写本中的鸟形押》《敦煌写本中的“儿郎伟”》《敦煌写本中的“大傩”仪轨》等。

戴仁是法兰西远东学院成员，主要研究敦煌文书中的纸张、字体等，发表有《敦煌写本纸张的颜色》《敦煌和吐鲁番写本的断代研究》《敦煌写本中的解梦术》《对标有时间的敦煌汉文写本的纸张和字体的研究》《论已断代的敦煌写本之纸张和字体》《研究敦煌文书的方法论》《敦煌和吐鲁番写本中出现的武后俗字》《敦煌的经折装写本》等。

---

① 汉译本由耿昇翻译，甘肃人民出版社，1987年。

法国科研中心敦煌资料组的华裔学者饶宗颐、吴其昱、侯锦郎、左景权对于推动法国的敦煌文献研究起了重要作用。

吴其昱祖籍江苏,加入法籍。其敦煌学著作颇多,发表有《敦煌写本中的〈珠英集〉残卷》《敦煌本故陈子昂集残卷的研究》《甘棠集与刘邺传研究》《有关唐代和十世纪奴婢的敦煌写本》等。他还把许多法国学者的敦煌学著作译为汉文在《敦煌学》上发表。

侯锦郎是由我国台湾省赴法的,也加入法籍。其主攻方向是佛像、医学和绘画,发表了《论唐代的相面术》《敦煌龙兴寺的宝藏》《敦煌写本中的印沙佛仪礼》等。

左景权是国立科学研究中心的博士,祖籍湖南,是左宗棠的曾孙。他利用较长的时间编好了伯希和敦煌汉文写本目录的初稿,并发表有《伯希和敦煌写本第 3836 号再整理》《敦煌写本一瞥》《〈佛说生经〉残卷的研究》等①。

祖籍我国湖北的旅法学者陈祚龙也是由台湾赴法的,他是一位多产的敦煌学者,出版了《悟真的生平与著作》《敦煌文物随笔》《敦煌学海探珠》《敦煌资料考屑》《敦煌学园零拾》等专著。②

2. 对敦煌汉文文献的整理与研究

伯希和于 1909 年返回法国后,即着手编写所获敦煌写本目录。1920 年完成了目录初稿,共著录了 1532 个汉文卷子,即从 2001—3511 号、又从 4500—4521 号。

伯希和的这个目录,在 20 世纪 60 年代以前,一直是我们参考巴黎敦煌遗书的一部最好、最有用的目录。但该目录有三个缺点:第一,

---

① 参阅柴剑虹《悼念左公》,载《敦煌吐鲁番研究》第十一卷,上海古籍出版社,2009 年。

② 法国学者的敦煌学论文,大多由耿昇翻译,收入《法国敦煌学精粹》(三卷),甘肃人民出版社,2011 年。

他的编目工作比较潦草，对于他主观上认为不重要的地方，为了避免麻烦，就没有著录；第二，伯希和虽然是欧洲很著名的汉学家，但对于阅读和认识我国四部书的知识和能力还是有限的，因此把一部分书名没有正确反映出来；第三，始终没有编出完整的目录。因此，王重民先生 1934 年到巴黎后，就开始编《伯希和劫经录》，该目收在《敦煌遗书总目索引》中。

王重民所编《伯希和劫经录》也有许多空缺处，并有许多笼统称之为“残佛经”“残道经”之类的地方。1952—1955 年，法国国立科学研究中心的谢和耐与吴其昱在前人工作的基础上，重新整理编写了 2001—2500 号汉文写本目录，这一工作于 1957 年获得了法国金石和古文字科学院的年度奖。但这卷目录在出版时却遇到了重重困难，拖了十多年才于 1970 年出版。其内容提要是经国立图书馆东方写本部的隋丽玫、吉娜与国立科学研究中心的魏普贤补充和修订的。该目录每卷著录书名，并记明纸数、高广幅度、行款等，凡近代学者有关著述，亦附载于当卷之下，最后还附有索引多种及题记书影多帧。

《巴黎国立图书馆所藏伯希和敦煌写本目录》第二卷（2501—3000号）已由左景权和隋丽玫编写。由苏远鸣等人编写的第三卷（3001—3500 号）已于 1983 年先于第二卷问世。第四卷（3501—4000 号）和第五卷（分两册，收 4001—6040 号）也是由苏远鸣等人所编，并分别于 1991 年、1995 年出版。第六卷将收入伯希和藏文写本背面的汉文文书和集美博物馆等处收藏的零散写卷。该目录比其他敦煌写本目录的著录都详细，除一般目录的编号、标题、内容、作者、尺寸、纸质等外，它还指出敦煌文献在通行印本中（如《大藏经》《道藏》《四部丛刊》等）的出处，并列出了有关该写本的研究文献出处。同时还有几个不同的索引，便于读者使用。

法国陆续出版了一套《巴黎国立图书馆所藏伯希和敦煌写本丛书》，第一卷是吴其昱整理的《七世纪末未刊布过的道教经文（本际经)》,1960年出版;第二卷是饶宗颐与戴密微合作整理、编辑的《敦煌曲》,1971年出版;第三卷是哈密顿整理的回鹘文本《善恶两王子的故事》,1971年出版;第四卷是饶宗颐的《敦煌白画》,1981年出版;第五卷是由麦克唐纳夫人和今枝由郎等影印发表的《敦煌藏文文书集》;第六卷是哈密顿的博士论文《敦煌回鹘文写本汇编》,1986年出版。

伯希和劫往法国的敦煌文物,曾以《伯希和考察团档案第1卷——敦煌石窟》为名,于1920—1924年分为6卷出版,共收图376幅。1945年伯希和病逝后,由韩百诗主持其遗著的出版工作,拟出版伯希和新疆和敦煌考察所获文物27卷,其中18卷都是有关敦煌的,已出版了《敦煌织物》《敦煌的幡幢和绘画》(风格研究、肖像研究各1卷)。1978年韩百诗逝世后,伯希和档案由旺迪埃—尼古拉负责出版。

在敦煌文献文物的整理研究方面,法国近年来最大的成绩是《伯希和敦煌石窟笔记》的刊布。伯希和在敦煌时,曾对石窟的外景、建筑风格、经变画及故事画的内容和史实,特别是当时尚能辨认出的洞中题识(包括汉文、回鹘文、藏文、婆罗谜文、西夏文和蒙古文等)以及历代游人的题记都作了详细抄录。100多年来,一方面,由于人为和自然的破坏,伯希和当年记录下的许多壁画内容和题识已不复存在或辨认不清;另一方面,伯氏的记录是对敦煌石窟所作的最早和最系统的记录,因而具有很高的学术资料价值。如归义军张氏政权第二任统治者张淮深全家于公元890年暴死,其原因何在?继任者又为谁?长期以来不得其解。在《唐宗子陇西李氏再修功德记》末尾,张淮深之弟张淮□,被议潮婿李明振题为"妻弟前沙瓜伊西河西节度使检校□部尚书兼御史大夫张淮□"。1981年出版的《伯希和敦煌石窟笔记》第一卷亦载其录文,而"张淮□"为"张淮鼎"。据有的学者研究,淮深为议谭子,淮鼎为议潮子,淮鼎为了和淮深争权夺利,便发动兵变,杀死了淮深，并继任了归义军节度使。千载坠史，终于明了。

正因为伯希和笔记有很大的参考价值，因此从 1981 年开始，法国方面便陆续刊布出版。全部笔记共出六卷，每卷包括三个部分，即经过整理后的笔记刊本、笔记手稿真迹图版和当时拍摄的图片。这套丛刊是作为吉美博物馆所藏《伯希和探险团档案》第 11 卷而刊布的，由尼古拉·旺迪埃—尼古拉和莫尼克·玛雅尔夫人负责，并由她们作序和前言。第 1 卷（伯编第 1—30 号洞）于 1981 年出版；第 2 卷（31—72 号洞）和第 3 卷（73—111 号洞）于 1983 年出版；第 4 卷（112—120 号洞）于 1984 年出版；第 5 卷（121—146 号洞）于 1986 年出版。第 6 卷及全套笔记的索引已于 1992 年出版。目前笔记刊本部分已由耿昇、唐健宾翻译，定名为《伯希和敦煌石窟笔记》，由甘肃人民出版社于 1993 年出版。

此外，法国还以各种形式出版纪念文集。如 1964 年戴密微 70 周岁，自法兰西学院退休，法国曾出版《汉学论丛》以庆祝其 70 寿辰；1974 年戴密微 80 寿诞，法国又出版《汉学论丛》第二册以资庆祝；香港 1974 年出版的《敦煌学》第一辑即为《戴密微先生八秩大庆祝寿专号》；1979 年 5 月 23 日，戴密微于巴黎逝世，法国曾出版《敦煌研究文集》以资纪念。

1979 年是伯希和诞生 100 周年，巴黎国立图书馆于 9 月 20—28 日举办了以“伯希和百周年寿诞和中亚宝藏”为题的展览，展出了伯希和从中亚携回的大量文物，还出版了《中亚宝藏》一书，主要是介绍伯希和的生平及其发掘物。同时，第 438 联合研究组于 10 月 2—4 日，在巴黎召开了有世界各国学者参加的“五—十世纪高地亚洲写本和碑铭题识国际讨论会”，由于其重点是敦煌文书、题识和艺术，所以又通称为巴黎国际敦煌学讨论会。参加讨论会的有法国、芬兰、日本、以色列、土耳其、联邦德国、匈牙利、意大利、美国、比利时、加拿大、英国、马来西亚、民主德国、波兰等国及我国台湾和香港地区的学者共

92 人。法国中亚和高地亚洲研究中心主席、法兰西学院教授石泰安被选为大会主席，会议的具体工作则由敦煌文献研究组负责人苏远鸣主持。讨论会的文件和论文已于 1981 年作为《亚细亚学报》第 269 卷第1—2 期的特刊号发表。[①]

3. 对其他民族文字写卷的研究

敦煌遗书除了汉文写卷外，还有许多民族文字的卷子，如古藏文、粟特文、于阗文、焉耆—龟兹文、佉卢文、梵文、回鹘文、突厥文等文字的文献，其史料价值并不逊于汉文文献，就西域、中亚史研究而言，其重要性甚至超过汉文文献。而法国在古藏文、回鹘文、于阗文、粟特文等方面的研究，一直处于领先地位，因此，很有加以介绍的必要。

伯希和劫卷中有大批的藏文卷子，原来估计有 2000 号，故伯希和把前两千个号空出来以备编藏文目录。现在看来远远超过了这个数字，因为在拉露小姐极不完整的目录中就已经编到 2216 号，目前仍在其他文种的写本中不断“发现”新的藏文卷子。据《敦煌藏文文书选》导言说，巴黎藏敦煌藏文写本有 2500 余卷，其中 254 卷是用两种或三种语言写成的。

在敦煌藏文写本研究方面，法国早期的代表人物是巴科。他曾受伯希和委托编写过敦煌写本目录，并与杜散、托玛斯通力合作，经过 15 年之久，于 1940 年在巴黎出版了《敦煌本吐蕃历史文书》[②]一书，首次发表了一批敦煌藏文历史文书。巴科还于 1956 年发表了《八世纪五位回鹘使节对高地亚洲北部的考察》一文，公布了伯希和敦煌藏文写本第 1283 号，即《北方若干国君之王统叙记文书》。他的这篇论

① 详见耿昇《1979 年巴黎国际敦煌学术讨论会概况》，《敦煌研究》试刊第 2 期。

② 汉译本由王尧、陈践译注，民族出版社，1980 年。

文引起了很大震动，各国学者纷纷发表文章，对这卷藏文卷子中出现的一些北方民族的名称进行了考证和注释。

在敦煌藏文写本中起了巨大推动作用的则是拉露小姐。她的主要功绩是编写出版了三卷《巴黎国立图书馆所藏伯希和敦煌藏文写本目录》，第1卷（1—849号）出版于1939年；第2卷（850—1282号）出版于1950年；第3卷（1283—2216号）出版于1961年。该目录对伯希和敦煌藏文写本有全面的反映，如藏文佛经方面，对每一经文的外观，像纸张大小、颜色、新旧、抄写者的字体是楷书还是草书、墨汁颜色、有无红色字夹杂在字行中间，以及纸张的厚薄与软硬等，都有详细的记述。编者还特别注意了经文的主要内容，如“缘起”“唯识”“空性”“到彼岸”“禅定”“十力”“行为”等佛学中的关键词。此外，对于经文有无修改处，拼音有何特点，标点符号是否与后世通用者相符合等，目录也有一定的反映。现在看来，该目录还有不少错误和遗漏之处，但目前仍是研究伯希和敦煌藏文写本必不可缺的工具书。

在1963年出版的《敦煌藏文本罗摩衍那故事》一书中，作者巴尔比将伯希和所获敦煌藏文写本《罗摩衍那》作了拉丁转写和法文译注，并刊出了图版。它与英国托马斯所刊斯坦因敦煌藏文中的四件写本一起，构成了今天所见全部敦煌藏文《罗摩衍那》古抄本。

法国当代研究敦煌藏文写本的代表人物是法兰西学院名誉教授石泰安。他于1946—1947年曾被法兰西远东学院派往中国考察，后又在巴黎大学北京汉学研究所工作。1954和1966年曾两次对喜马拉雅山麓进行考察。其关于敦煌藏文写本的名著是《西藏的文明》和《汉藏走廊古部族》，另外还有一些论文，如《有关吐蕃苯教殡葬仪轨的一卷古文书》《神圣赞普名号考》《敦煌藏文写本综述》《敦煌藏文写本中的某些新发现》等。

石泰安20世纪80年代的敦煌藏文写本研究成果，主要反映于1983—1986年在《法兰西远东学院通报》中发表的系列文章《古代吐蕃文献汇编》第1—4集，公布并研究了一大批敦煌藏文写本，提出了许多新的见解。

由布隆多夫人领导的法兰西学院西藏学研究中心与国立科学研究中心配合，陆续影印发表了一批重要的敦煌藏文写本，作为《国立图书馆所藏伯希和敦煌藏文写本研究丛书》出版。在石泰安教授指导、今枝由郎协助下，麦克唐纳夫人和布隆多夫人选编影印出版了两卷《敦煌藏文文书选》，若按其全名，应作《国立图书馆所藏藏文文献选，并以印度事务部和大英博物馆所藏文献补充者》。第1卷出版于1978年，共58个编号，304页；第2卷出版于1980年，共111个编号，335页。该书的出版，是一件举世瞩目的大事，得到了敦煌学界、藏学界的高度赞扬。石泰安教授在序言中说："长期以来，只有那些能接触到巴黎和伦敦所藏写本的学者们才能得以对此进行长期和详细的研究。所以，大部分文献都是由巴科、托玛斯和拉露等人翻译和发表的。但不少译文都未附原写本的影印件。因此，除了专程去亲自查阅之外，无法考察其解读是否正确。"为了使敦煌藏文写本的"研究工作能取得迅速进展，为了避免由于年代久远或反复使用而使写本遭到可能的损坏，当务之急就是出版和发行这批资料。"编选目的"首先是为了使这些写本容易被人所接受，以便发现和澄清西藏文明中的那些不为人所知或很少为人所知的方面。所以，我们优先选择了非佛教文书，同时也选择了一些对佛教具有特殊意义的文书。由于篇幅有限，我们只好将其中那些已经发表过影印件的文书删去"。中央民族学院藏族研究所的王尧、陈践先生从此两册中选编译注了部分文书，编为《敦煌吐蕃文献选》一书，于1983年由四川民族出版社出版。

1971年，为了纪念拉露小姐80寿诞，在法国国立科学研究中心的资助下，出版了一本《西藏学论文集》(即《拉露纪念文集》)，麦克唐纳夫人在集中发表了30万字的长文《伯希和敦煌藏文写本1286、1287、1038和1047号考释，兼论松赞干布王家宗教中政治神话的形成》(一般又通称为《敦煌吐蕃历史文书考释》),该文在巴科等人《敦煌本吐蕃历史文书》的基础上,又进一步论述了松赞干布之前的吐蕃史,并提出了许多新的看法。布隆多夫人撰文称此著在许多方面都具有划时代的作用。此后法国对敦煌藏文写本的研究,大都是围绕此著所提出的一些问题而展开的。

在回鹘文研究方面,首推国立科学研究中心的哈密顿。他继承了沙畹等人的传统,成了当代世界著名的回鹘突厥史专家。1955 年出版的《五代回鹘史料》[①]一书,使用了许多敦煌汉文写本,此书成了沙畹《西突厥史料》的姊妹篇。1971 年出版的《敦煌本回鹘文善恶两王子故事译注》,是他研究敦煌回鹘文书的主要著作。1979 年在巴黎国际敦煌学讨论会上作了《敦煌石窟中的古突厥文写本》的发言,总结了法国研究突厥回鹘文写本的状况。尤其是 1986 年出版的二卷本巨著《9—10 世纪敦煌回鹘文写本汇编》,刊布了已发现的敦煌回鹘文写本,是有关此方面研究的最大成绩。1990 年和英国西姆斯—威廉姆斯(N.sims-Williams)合作出版了专著《敦煌突厥—粟特语文书》。此外,他还发表了《吐鲁番交河遗址出土回鹘文地契考释》(1969)、《敦煌出土汉文和古代突厥如尼文写本考》(合著,1972)、《敦煌突厥语写本》(1981)、《敦煌回鹘文文献概述》(1984)、《关于敦煌出土回鹘文献的年代问题》(1996)、《论突厥的起源》(1998)等论文。2001 年,为庆祝他的八十寿辰,在比利时出版了《从敦煌到伊斯坦布尔——哈密顿祝寿集》。[②]

在于阗文研究方面,早在 20 世纪 30 年代,伯希和就有所探讨,所著《于阗塞语中的几个西域地名》一文,讨论了于阗文《沙州纪行》

---

① 汉译本由耿昇、穆根来译,新疆人民出版社,1986 年。

② 参阅耿世民《内亚文史论集》,中央民族大学出版社,2015 年,第 458—460 页。

的若干地名。这件于阗文文书就是著名的“钢和泰藏卷”,可能出自敦煌,因收藏者钢和泰[1]而得名。20 世纪 20 年代钢和泰在北京大学讲授梵文(后任哈佛燕京学社研究员),故得收藏之便。从 50 年代末开始,哈密顿便着手研究敦煌于阗文文献,发表了《关于钢和泰藏卷的研究》《十世纪于阗突厥语中的不稳定鼻音》《十世纪的仲云族》《851—1001 年的于阗王》《论九至十世纪于阗年代学》等文,几乎涉及所有重要的于阗文历史文书。

在粟特文文献研究方面,伯希和很早就有所注意,并与高梯奥合作研究,发表了《粟特文汉文双语文书》《粟特文佛说善恶因果经研究》等。其中《粟特文佛说善恶因果经研究》是作为《伯希和考察团档案》之一种,于 1920—1928 年由巴黎保罗·古蒂纳东方书店出版。它对伯希和在敦煌所获粟特文《佛说善恶因果经》进行了全面整理,包括粟特文的拉丁字母转写、词汇及全部图版等。收入《伯希和考察团档案》的还有《粟特语语法试编》《十世纪梵藏对照词汇表》《粟特语文献》《粟特语吠桑檀罗本生故事研究》等。

《粟特语语法试编》是由邦旺尼斯特整理完成的高梯奥遗著,它主要是根据敦煌佛教粟特语资料,对粟特语语法进行了首次阐述,是敦煌粟特语佛教文献研究的基础性工作。由邦旺尼斯特编著的《粟特语文献》一书,将高梯奥所刊个别写本之外的所有伯希和所获敦煌粟特语文献作了外貌概述、拉丁转写、法文译注和词汇索引,是敦煌粟特语文献研究的集大成著作。《粟特语吠桑檀罗本生故事研究》是邦旺尼斯特的另一著作,它是对高梯奥 1912 年所刊伯希和与斯坦因敦煌所获粟特语吠桑檀罗本生故事的修订再刊,同时还有对粟特文《佛

① 有关钢和泰的学术生平和学术贡献,参阅王启龙《钢和泰学术年谱简编》,中华书局,2008 年;王启龙、邓小咏《钢和泰学术评传》,北京大学出版社,2009 年。

说善恶因果经》的法文新译和对《粟特语文献》一书的订正。

1931 年，伯希和研究了著名的《粟特古书简》，首次指出第二封粟特文书信涉及洛阳被焚事件，并认为年代属于公元 2 世纪中叶。

1979 年出版的邦旺尼斯特《粟特语研究论集》，是作者有关粟特语文献等方面的论文、札记和书评的选集，其中收有多篇研究敦煌粟特语写本的文章。

综上所述，法国所藏敦煌粟特文文献的主要研究者为高梯奥和邦旺尼斯特，他们都发表了许多有关敦煌粟特文文献的研究著作。此外，戴密微早年也曾对此有所研究。20 世纪 80 年代初，哈密顿还从敦煌藏文文献 P.1689 和 1859A 中发现了用粟特文拼写的汉语数词一至十。

20 世纪 80 年代以来法国的粟特文研究者有格勒内，他于 1984 年出版了《从希腊征服到伊斯兰化之间粟特人定居中心的殡葬礼仪》，此外，还有一系列论文，如《古粟特字母的历史背景》(1987)、《穆格山粟特文献中的匈人》(1989)、《粟特宗教的晚期避难地》(1996)等。

另一位法国学者埃狄纳·德·拉·韦西埃尔于 2002 年出版《粟特商人的历史》一书，也使用了敦煌西域粟特文写本。[①]

二、敦煌学研究在日本

百年来，日本一直比较重视敦煌学的研究，并在许多领域取得了引人注目的成绩。现将其主要的研究方面和成果简要地介绍给读者。[②]

---

① 参见耿昇《法国学者对敦煌文本的研究与谢和耐教授的贡献》，载任继愈主编《国际汉学》第 13 辑，大象出版社，2005 年，第 243 页。

② 参阅荣昱《日本敦煌学研究简介》，《文史知识》1988 年第 8 期；那向芹《日本的敦煌学研究概况》，《中国史研究动态》1981 年第 9 期。

1. 二战前的研究概况

日本的敦煌学研究始于1909年。当1909年伯希和在北京时，日本书商田中庆太郎拜见了他并观赏了敦煌写本，随后便以《敦煌石室中的典籍》为题，在北京日侨杂志《燕尘》第11期(1909年11月1日出版)上介绍了伯希和的收获。同时将这一消息传回日本，11月12日，大阪、东京两地《朝日新闻》上同时刊出题为《敦煌石室发见物》的文章，报道了这一消息。这是日本对敦煌文献的最早报道，被日本学术界称为日本敦煌学研究的“第一篇历史性文献”。

当日本京都帝国大学教授内藤湖南(虎次郎)得知这一消息后，立即致函罗振玉加以证实，并进一步了解详细情况。不久，罗振玉给内藤湖南和狩野直喜两人寄去了一大批从伯希和处得到的敦煌写本照片，还有罗振玉于1909年11—12月发表的两篇文章——《敦煌石室书目及发见之原始》和《莫高窟石室秘录》，[①]这些情况立即引起了日本东方学界的极大关注。从此，日本学术界特别是以京都地区为中心，开始了敦煌学的研究工作。1909年11月28—29日，京都大学史学会在冈崎图书馆召开了第二届总会，会上展出了内藤和狩野从北京获得的敦煌遗书、雕刻和绘画等照片。内藤湖南等人还分别发表演讲，介绍对写本照片的研究情况。其中小川琢治以“中亚探险与伯希和敦煌之行”为题，介绍了敦煌地理；狩野直喜介绍了《老子化胡经》；桑原骘藏讲《景教三威蒙度赞》；羽田亨就《摩尼经》残卷作了解说；内藤湖南讲解了《西州志》残卷。这次会议的召开推动了日本的敦煌学研究。1910年，任职北京大学的藤田丰八，在北京发表了《慧超传笺释》，从某种意义上说，这是日本的第一部整理敦煌文献的专著。与此

① 罗振玉《敦煌石室书目及发见之原始》，载《东方杂志》第6卷第10号(1909年11月)；罗振玉《莫高窟石室秘录》，载《东方杂志》第6卷第11号(1909年12月)。

同时，日本大谷探险队获取的文物也陆续运到日本京都，从而更加促使了日本，尤其是京都“敦煌热”的上升。

1910年，敦煌劫余残卷运抵北京，内藤湖南得知消息后，随即提出了访书北京的计划。1910年8月，京都帝国大学派出了内藤湖南、狩野直喜、小川琢治三位教授和富冈谦藏、滨田耕作两位讲师组成的访华团来到北京。五人在北京逗留近两个月，11月2日返国。次年2月11—12日，京都大学特地举行盛大报告会，请五位先生作访书讲演报告，同时还展出了五人在京访书时拍下的写本和文物照片。事后，由内藤湖南执笔，写出了《清国派遣教授学术视察报告展览号》，刊载于1911年2月5日的《朝日新闻》上，对此行及调查结果作了详细解说。此次调查中，访华团共翻阅了700件敦煌遗书，并逐一整理制作目录，仔细调查了纸质、字体及书跋等，尤其是阅览了伯希和所得敦煌文献670件，拍摄带回了近百件照片。日本学者的此次调查还引起了法国学者的关注，沙畹在《通报》撰文予以介绍，远东学院的诺耶鲁·培利也在《远东学院纪要》上发表了《日本的中国考古调查团》一文予以报导。[①]

北京访书归来后，内藤湖南等人认识到，要想扩展日本的敦煌学研究，必须对收藏于欧洲诸国的敦煌、新疆收集品作进一步的调查了解。1912年，京大派狩野到巴黎和伦敦调查伯希和、斯坦因劫去的敦煌写本，他抄回了许多珍贵资料；同时，东大也派泷精一到欧洲调查绘画资料；1924年，内藤湖南率弟子石滨纯太郎前往巴黎、柏林等地调查伯希和收集品；矢吹庆辉也曾两次前往伦敦，拍摄了许多斯坦因

---

① [日]高田时雄《明治四十三年(1910)京都文科大学清国派遣员北京访书始末》，载《敦煌吐鲁番研究》第七卷，中华书局，2004年，第18页。又见[日]高田时雄《近代中国的学术与藏书》，中华书局，2018年。五人是分批回国的，故时间略有不同。

劫去的古写经;1931 年,那波利贞前往法、德两国留学,调查欧洲之敦煌写本。他在欧洲二年,以巴黎为主并先后去过柏林和伦敦,调查敦煌写本收藏及著录研究情况,抄写了大量有史料价值的文书,这对以后日本学术界开展社会经济史研究,发挥了重要作用。日本敦煌学研究者就是用这种"搜宝式"的方法搜集了许多敦煌资料,为此后的敦煌学研究奠定了基础。可以说,从 1912 年到 1933 年,日本学者大规模的欧洲访书活动,把日本的敦煌学研究引向了一个更为广阔的天地。

从敦煌学的兴起到二战结束前,是他们搜集资料和探索的初创阶段。这一阶段的主要成果是材料的收集、整理和刊布,并在一些研究领域取得了初步成果。如在佛教文献方面,矢吹庆辉先后出版了《三阶教之研究》《鸣沙余韵》及《解说》,整理研究了大批斯坦因劫去的佛典写本,尤其是在藏外佚经方面,提供了大量的新资料。铃木大拙、宇井伯寿等人,则利用敦煌新发现的禅宗典籍,如《六祖坛经》《神会和尚语录》《楞伽师资记》等,开始对禅宗深入研究;在中国古籍方面,小岛祐马将其收集的子部书,汇集为《沙州诸子二十六种》(1928)。神田喜一郎编辑了《敦煌秘籍留真》(1938)和《敦煌秘籍留真新编》(1947),刊布了大批古籍写本的珍贵照片;在历史方面,羽田亨与伯希和合编了《敦煌遗书》活字本和影印本各一集,虽然收录的文书不多,但都是与历史文化有关的重要资料,羽田亨的简要解题,涉及了不少新问题。那波利贞发表了一系列唐代社会和敦煌寺院经济的文章,其中重要的几篇,如《梁户考》《唐代社邑研究》《中晚唐时代敦煌地方佛教寺院碾硙经营》《从敦煌发现文书看中晚唐时代佛教寺院之钱谷布帛类贷借营利事业之经营实况》等文,收入了 1974 年出版的《唐代社会文化史研究》。仁井田陞对敦煌法制文书作了深入细致的研究,1934 年以《唐令拾遗》一书获日本学士院恩赐奖,1937 年出版《唐宋法律文书研究》,1942 年出版《中国身份法史》,为日本中国法制史和敦煌学研究做出了重大贡献;在绘画方面,松本荣一对大量的莫高窟壁画和藏经洞出土的绢纸绘画进行了分类研究,出版了巨著《敦煌画之研究·图像篇》及《附图篇》,为敦煌绘画艺术研究奠定了基础。

2. 二战后至20世纪70年代的研究概况

日本的敦煌学研究在第二次世界大战以后的一段时间处于低潮,没有特别重要的论著发表,只是时有零散的文章问世。从20世纪50年代中期开始,才又进入了一个新的高潮。其主要原因是:第一,在龙谷大学图书馆,找到了长期以来不知去向的大谷探险队所获敦煌吐鲁番文书;第二,经山本达郎和榎一雄的努力,英国博物馆和印度事务部图书馆收藏的斯坦因所获汉、藏文写本的缩微胶卷运到日本,入藏东洋文库、京都大学等处。不久,又通过交换关系,获得了北京图书馆所藏的缩微胶卷;第三,敦煌千佛洞对外开放,各国的敦煌学者能够亲临其境进行考察,如画家福田丰四郎就是大谷探险队以后五十年第一个亲访敦煌的日本人;第四,我国王重民等编《敦煌遗书总目索引》和苏联孟列夫主编《亚洲民族研究所收藏敦煌汉文写本注记目录》的出版,为敦煌学研究者提供了许多新材料。于是,在1953年1月,由石滨纯太郎、羽田亨等人发起,在龙谷大学成立了以石滨为首的"西域文化研究会",汇集了一大批各个领域的专家,对新找到的大谷文书和各类敦煌文献,进行了深入的研究。1958—1963年间出版了《西域文化研究》6卷7册,即1958年出版的第1卷《敦煌佛教资料》,1959年出版的第2卷《敦煌吐鲁番社会经济资料》(上),1960年出版的第3卷《敦煌吐鲁番社会经济资料》(下),1961年出版的第4卷《中央亚细亚古代语文献》和《中央亚细亚古代语文献·别册》,1962年出版的第5卷《中央亚细亚佛教美术》,1963年出版的第6卷《历史与美术诸问题》。这套书收集了数十位日本学者的研究论文,是对大谷光瑞探险队三次考察活动在佛学、历史、考古、地理、美术等方面最早进行全面研究的成果汇编，被誉为是包括敦煌学在内的日本中亚研究的金字塔。与此同时，由文部省资助，铃木俊主持，在东京由东洋文库组织了“敦煌文献研究委员会”，以新获得的斯坦因文书胶片为主，并网罗其他各种收集品，着手编纂《(斯坦因敦煌文献及研究文献中业经引用介绍的）西域出土汉文文献分类目录初稿》，陆续完成了菊池英夫、池田温合编的第一卷《非佛教文献之部·古文书类》之《公文书》(1964)，土肥义和编的第二卷《非佛教文献之部·古文书类》之《寺院文书》(1967)，吉冈义丰编的第三卷《道教之部》(1969)和金冈照光编的第四卷《敦煌出土文学文献分类目录及解说》(1971)。这些目录为研究者提供了极大的方便。

这一阶段日本敦煌学研究的内容也发生了变化，即不仅研究敦煌遗书，而且还研究敦煌石窟艺术。1956 年，长广敏雄发表了《最近敦煌石窟的研究》，冈崎敬则在 50 年代亲访敦煌千佛洞后，便以其考察见闻为基础写成《大谷探险队和敦煌千佛洞》一文，还有他的《中国考古之旅》和北川桃雄的《敦煌纪行》等，都从不同侧面对敦煌石窟艺术进行了探索。1958年，当我国敦煌文物研究所所长常书鸿访日时，日本的《佛教艺术》发行了《敦煌佛教美术特集》，刊载了藤枝晃、日比野丈夫、水野清一、桶口隆康和冈崎敬等人的文章，其中水野清一的《敦煌石窟艺术》是一篇优秀的研究著作。此外，日本的敦煌学研究者还对千佛洞石窟进行了编年研究，如福田敏男的《试论敦煌石窟的编年》、水野清一的《敦煌石窟笔记》等。

战后日本的敦煌学研究以文书为主，形成了一支庞大的研究队伍，涌现出了一批专家，如 50 年代有仁井田陞、山本达郎和冢本善隆等人，60 年代有藤枝晃、西村元佑、竺沙雅章和上山大俊等人。这一阶段，冢本善隆对敦煌佛教史的概说，牧田谛亮对中国伪经的研究，柳田圣山对禅宗典籍的深入分析等等，在佛教领域内继续发扬了日本学者的特长；在利用敦煌文书研究北朝隋唐史方面，以仁井田陞的

《中国法制史研究》最为著名，该书出版于 1959—1964 年间，是他研究大量敦煌吐鲁番文书的结果，被称为“建筑在古文书研究上的顶峰”。除此之外，有关田制和赋役制的研究成果也比较突出，如山本达郎对 S.613 西魏大统十三年计帐的复原和分析，填补了北朝均田赋税制的某些空白。又如铃木俊、山本达郎、西村元佑、西嶋定生、日野开三郎、堀敏一、池田温等人对唐代均田制的施行，以及租田、户税、差科等问题的研究，大大丰富了唐代经济史的内容。其成果除散见于各种杂志外，还集中收入西嶋定生《中国经济史研究》（1966）、西村元佑《中国经济史研究——均田制度篇》（1968）、日野开三郎《唐代租庸调研究》三卷（1974—1977）、堀敏一《均田制研究》（1975）、池田温《中国古代籍帐研究》（1979）等著作中。此外，菊池英夫从零散的唐代军事文书中，找出了从行军制到镇军制的兵制转变过程；在西北史地方面，尤其是瓜沙归义军史的研究中，藤枝晃继早年发表的《沙州归义军节度使始末》（1941—1943）之后，又在京都《东方学报》上陆续刊出《敦煌的僧尼籍》（1959）、《吐蕃统治时期的敦煌》（1961）、《敦煌千佛洞的中兴》（1964）、《敦煌历日谱》（1973）等长篇论文，基本理清了吐蕃及归义军时期敦煌历史的脉络。其中《敦煌的僧尼籍》一文，根据敦煌文书提出，敦煌曾是一个特殊的佛教都市，这种把佛教史同社会经济史结合起来研究，是当时世界上敦煌学研究的一个新倾向。另外，上山大俊通过对吐蕃统治前后佛教高僧昙旷和法成的详细研究，大大丰富了敦煌佛教史的内容。而竺沙雅章对敦煌的僧官制、寺户制和结社活动的探讨，展示了中晚唐以降敦煌佛教社会的真相，其成果已收入作者的《中国佛教社会史研究》（1982）。在文学方面，也取得了比较显著的成绩，如入矢义高对王梵志诗、敦煌变文俗语词及敦煌曲子词等，都有比较精辟的研究。金冈照光发表了一系列研究敦煌变文的文章，川口久雄则独辟蹊径，把敦煌文学与日本文学加以比较研究，取得了卓越的成绩。

3. 最近四十多年的研究情况

从 20 世纪 70 年代末期开始，随着巴黎收藏的伯希和写本缩微胶片的公开出售，再加上世界各国敦煌写本或绘画藏品的陆续出版，日本的敦煌学研究又有了新的进展，即朝着专一化研究和集体综合研究两方面进一步发展。尤其是北京、伦敦、巴黎藏卷及其他一些藏卷的全部公开，使得力图在某一种文献上集大成的著作得以产生。如 1978 和 1979 年出版的大渊忍尔《敦煌道经·目录编》和《图录编》，就是敦煌道教文献的集成著作。1979 年出版的兜本正亨编《敦煌法华经目录》，则是专门整理《妙法莲花经》的结果。1979 年出版的池田温《中国古代籍帐研究》，分概观和录文两部分。概观是对中国古代籍帐的全面研究，已由龚泽铣译为汉文，中华书局于 1984 年出版。它探讨了籍帐制度的形成、发展、完成和崩溃，对户籍、土地、劳役、赋税等制度进行了比较详细地研究，尤其对敦煌户籍与差科簿的整理分析，具有较高的学术价值。录文部分共收录敦煌、吐鲁番等地出土的籍帐、差科簿等文书300 多件，它不但附有多幅图版及研究文献目录，而且在文书的汇集、缀合、校录方面较前人为优，是 80 年代敦煌文献与唐史研究者的案头必备书。为了让学术界更多地利用本书所收材料，中华书局于 2007 年将概观与录文合并出版。1981—1989 年出版的牧田谛亮《中国佛教史研究》，汇集了作者关于中国佛教史方面的研究论文。1982 年出版的竺沙雅章《中国佛教社会史研究》，也是作者的论文集，其中有《敦煌的僧官制度》《关于敦煌的寺户》《敦煌出土“社”文书的研究》三篇论文的修订本。这三篇论文在敦煌僧官、寺院经济及社文书研究方面具有重要价值。1983 年出版的田中良昭《敦煌禅宗文献之研究》，对敦煌文书中的禅宗文献进行了全面校订。1990 年出版的池田温《中国古代写本识语集录》一书，将敦煌、吐鲁番等地出土的写本文献中的跋文题记汇辑起来，共 2623 条，按时代录文，并附有编号、图版、录文出处和有关参考文献，是敦煌写本题记资料的集大成著作，具有较大的参考价值。1987年出版的福井文雅《般若心经的历史研究》一书，对已知各地收藏敦煌写本中的《般若心经》及各种注疏做了详细的调查、分类、注记，并对该经的名称和各种写本内容的异同，以及《般若心经》在中日历史上的变迁过程，都进行了深入细致的分析研究，取得了引人注目的成就。在专精的研究方面，《敦煌吐鲁番社会经济文书》丛刊可视为典范。该丛刊经国际哲学和人文科学委员会推荐，得到了联合国教科文组织的资助，由东洋文库敦煌文献研究委员会编辑出版。第一卷为《法制文书》，由山本达郎、池田温、冈野诚合编，已于1978—1980年出版，收集了当时所能见到的所有唐代律、令、格、式、判的残卷；第二卷为《籍帐》，由山本达郎和土肥义和合编，出版于1984—1985年。这是在池田温《中国古代籍帐研究》的基础上，经补充修订而成的籍帐、户口田地簿及差科簿文书写本的集大成者；第三卷为《券契》，由山本达郎和池田温合编，于1987年出版；第四卷是《社文书》，由山本达郎、土肥义和、石田勇作合编，2000年出版。2001年又出版了全套书的《补遗》，是对前四卷出版后又发现文献的补充，由山本达郎、池田温、土肥义和、气贺泽保规、冈野诚、石田勇作、妹尾达彦合编。收入该丛刊的每一件文书，都有精心的录文和清晰的照片，并有详细的英文解说。每一卷前，有对这一类文书的综合性和总结性研究论著，卷后还附有详尽的参考书目。由于敦煌吐鲁番文献的继续发现及各收藏单位的陆续公布，该丛刊还不能说是对某一类文书的最终结集，但至少可以说是对前人的整理研究作了一次很好的总结。

在综合研究方面，成果更多。如上山大俊、山口瑞凤、木村隆德、冲本克己、原田觉等人，对中原汉地禅宗传入吐蕃的历史，利用汉、藏文写卷内容，得出了一系列新的见解，受到了国际学术界的重视与好评。尤其值得注意的是日本“青年敦煌学者协会”和“吐鲁番出土文物研究会”的成立。1983年4月，日本关西地区（京都、大阪）的五位对敦煌学感兴趣的青年学者，即森安孝夫、熊本裕、高田时雄、武内绍人、吉田丰，组成了“青年敦煌学者协会”。他们五位虽然专攻方向不同，但在利用敦煌文献上却是一致的。再加上他们在英、法、美的留学研修，已分别在回鹘、于阗、汉、藏和粟特文领域确立了自己的地位。他们约定每月聚会一次，共同探讨上述各种语言所写文书的格式和一些双语文书、碑铭等问题，并准备合作刊布汉、藏、粟特文、蒙文本《善恶因果经》。这种集体的综合研究，代表了敦煌学的发展方向。

同时，日本“吐鲁番出土文物研究会”也于1987年8月在龙谷大学成立。他们也由五位青年学者组成，即白须净真、关尾史郎、片山章雄、町田隆吉、荒川正晴。据称，该会成立的主要目的，是以吐鲁番出土的各种资料为研究对象，围绕会员各自的研究课题，对文书进行深入的分析和研讨。为了发表本会所取得的研究成果，促进相互之间，尤其是与中国同行的交流，研究会还创办了《吐鲁番出土文物研究会会报》，该《会报》具有“通讯”的性质，出版周期很短，是了解日本吐鲁番文书研究的重要窗口。

从1980年开始编纂，由日本大东出版社出版的《讲座敦煌》，是一套使“全世界东洋学界瞠目”的多卷本巨著，日本几乎动员了全国的敦煌学家。邓建吾、吴其昱、左景权、周一良、陈祚龙也应邀参加撰写个别篇章。全套《讲座敦煌》由冢本善隆、榎一雄、入矢义高、秋山光和监修，金冈照光、池田温、福井文雅任编辑委员，各分卷还设有主编。原计划出版13卷，后因时间过长，分卷及执笔者均有变动，最终合并为9卷，至1992年全部出版，即《敦煌的自然与现状》《敦煌的历史》《敦煌的社会》《敦煌与中国道教》《敦煌汉文文献》《敦煌胡语文献》《敦煌与中国佛教》《敦煌佛典与禅》《敦煌的文学文献》。

《讲座敦煌》的每一卷由相互关联的一系列个别题目构成，分别由研究这个题目的专家执笔写作。如第二卷《敦煌的历史》共分11章：(1)汉魏时代的敦煌，由榎一雄执笔；(2)从五胡十六国到南北朝时代，由佐藤智水执笔；(3)隋唐时期的河西与敦煌，由菊池英夫执笔；(4)吐蕃时期的敦煌，由山口瑞凤执笔；(5)归义军时期的敦煌，由土肥义和执笔；(6)回鹘与敦煌，由森安孝夫执笔；(7)西夏统治时期，由中岛敏执笔；(8)元代敦煌，由大岛立子执笔；(9)明清时期的敦煌，由松村润执笔；(10、11)从考古学上看敦煌(上、下)，由冈崎敬和大岛立子执笔。因为由众人执笔写成，有些篇章不免流于泛论，但大多数是深入浅出、雅俗共赏的好文章，既能增加人们关于敦煌学各方面的知识，又标志着某些方面的研究水平，还给研究者提供了比较全面的研究信息。

2006 年，在京都大学人文科学研究所，成立了由高田时雄教授主持的“西陲发现中国中世纪写本研究班”，并从 2007 年开始出版《敦煌写本研究年报》(高田时雄主编)，每年出版一期。从已出版的 11 期可知，主要发表日本学者有关敦煌学的研究论文和资料，同时还发表一些中国学者的论文(主要是在日本留学和访学、讲学的学者)，它是我们目前了解日本敦煌学研究的主要渠道之一。

三、其他国家的敦煌学研究

国外的敦煌学研究，以法国和日本最为活跃。此外，其他国家也有可称道之处，现择要介绍如下。

1. 俄罗斯

俄罗斯藏有较多的敦煌遗书，也有部分文物。20 世纪 50 年代以前，苏联发表的敦煌学论著多属概述性质，如贾科诺娃的《敦煌的佛教古迹》《敦煌所出中国织物》等。

苏联有计划地开展敦煌学研究，是从 1957 年建立敦煌研究组开始的。在苏联创建敦煌研究组的过程中，我国学者郑振铎、梁希彦、鲍正鹄等曾给予协助。这个设在列宁格勒东方学研究所的敦煌研究组，最初的成员主要有孟列夫、斯皮林等人，后来人员逐渐增多，又加入了丘古耶夫斯基等人。他们的主要工作就是从事敦煌文献编目，于1963 年和 1967 年出版了两卷《苏联亚洲民族研究所藏敦煌汉文写本注记目录》。

该目录第一册由孟列夫（即缅希科夫）主编，沃罗比耶娃—捷霞托夫斯卡娅、古列维奇、孟列夫、斯皮林、史更良编撰。第二册由孟列夫主编，沃罗比耶娃—捷霞托夫斯卡娅、左义林、马尔蒂诺夫、孟列夫、斯米尔诺夫编撰。因苏联科学院东方学研究所于 1956—1968 年名为亚洲民族研究所列宁格勒分所，故 1963 和 1967 年出版的两册目录亦名为《苏联亚洲民族研究所所藏敦煌汉文写本注记目录》。1999 年上海古籍出版社出版的中文译本，又根据目前的变化更名为《俄罗斯科学院东方学研究所圣彼得堡分所藏敦煌汉文写卷叙录》，简称《俄藏敦煌汉文写卷叙录》。

1963 年敦煌研究组改称敦煌写本研究组，由孟列夫主持，苏联科学院亚洲民族研究所列宁格勒分所中国研究室领导。俄罗斯研究敦煌学的主要有两人，即孟列夫和丘古耶夫斯基。

孟列夫，1926 年生于列宁格勒。1952 年毕业于列宁格勒大学东方系中文科，1955 年苏联科学院东方学研究所研究生毕业，1976 年以《双恩记》为答辩博士论文。1955 年到 1962 年为东方学研究所列宁格勒分所副研究员，1962 年至 1986 年为研究员，1991 年任教授。为中俄双方合编、上海古籍出版社出版的《俄藏敦煌文献》俄方主编。2005 年 10 月 29 日在圣彼得堡去世，“他的离世结束了俄国尤其是彼得堡古典汉学历史整整一个时代”。[①]

从 1957 年开始，孟列夫就研究俄藏敦煌文献，并任列宁格勒分所敦煌研究小组组长，1968 年后为远东文献研究班长。已发表论著

① 参阅［俄］波波娃著、李秋梅译《孟列夫——圣彼得堡古典汉学时代的代表》，载《国际汉学》第 16 辑，大象出版社，2007 年。

150种左右，有关敦煌研究的重要论著除《俄藏敦煌汉文写卷叙录》《俄藏敦煌文献》外，还有《影印敦煌赞文附宣讲》《维摩诘所说经讲经文》《维摩碎金》《十吉祥变文研究》《妙法莲华经变文研究》等，详目请参阅孟列夫编《前苏联敦煌学研究论著目录》。[①]

丘古耶夫斯基，1926年生于中国，1950年毕业于哈尔滨工业大学东方经济系，1954年回到苏联。1955年后为苏联科学院东方学研究所列宁格勒分所研究员。后又转入敦煌写本研究组。从1963年开始，专门致力于敦煌世俗文书的研究。2000年春因病去世。主要论著有《敦煌所出借贷文书》《有关敦煌粟特人聚落的新史料》《敦煌寺院经济文书》《有关敦煌寺院经济中直接生产者特征的资料》《敦煌寺院社邑》《敦煌寺院的农奴》《敦煌所出汉文法律文书》，《八—十世纪的敦煌》等，尤其值得一提的是《敦煌汉文文书》的编辑出版。

丘古耶夫斯基在多年研究敦煌世俗文书的基础上，编著了《敦煌汉文文书》。其第一册经苏联科学院东方学研究所批准，编入《东方文献》丛书，已于1983年由苏联科学出版社出版。本书包括图录、录文、译文、研究和附录等部分，共560页。其中图版101页。

《敦煌汉文文书》第一册共收文书73件，其中籍帐文书21件，赋役与租佃关系文书15件，寺院文书18件，贷粮文书19件。一直未见第二册及以后各册的出版。第一册的汉译本已由上海古籍出版社出版。

2. 英国

英国的敦煌遗书收藏情况前已述及。斯坦因在中国西北考察后，即发表了《沙漠契丹废址记》《西域考古图记》《千佛洞》《亚洲腹地考古记》《在中亚的古道上》等著作，对其考察发现进行了介绍与研究。

---

① 《中华文史论丛》第50辑，上海古籍出版社，1992年。

早在1916年，霍恩宁就编辑出版了《新疆出土佛教文献丛残》一书，其中刊布了部分斯坦因收集的敦煌佛教文献。

英国对敦煌遗书的编目者主要是翟林奈。翟林奈即以前翻译的小翟理斯、翟理斯。他1875年出生于中国，1900年进入英国博物馆东方图书与写本部，负责管理中文图书。斯坦因第二次中亚探险所获敦煌文书入藏该馆后，翟林奈便开始从事汉文写本的编目、研究，并将其一生都献给了这一工作。

翟林奈的《敦煌六世纪》一书出版于1944年，其副题就为“英国博物馆藏斯坦因收集的汉文写本简记”。该书对英国博物馆所藏斯坦因敦煌所获汉文写本的外观和内容作了介绍，是当时了解英藏敦煌文献的主要依据。翟林奈的主要贡献是编了《英国博物馆藏敦煌汉文写本注记目录》。该目录出版于1957年，它对S.6980号以前的敦煌文献分5类作了著录，即佛教文献、道教典籍、摩尼教经、世俗文书和印本。此书著录详细，既有编号、名称、卷数、品第、汉文题记并英译等，又有书法、纸色、质地、长度等，是了解英藏敦煌遗书的重要工具书。其与刘铭恕编《斯坦因劫经录》分别完成，各有特色，可相互参照。

1963年，格林斯泰德又出版了《英国博物馆藏敦煌汉文写本注记目录题名索引》一书，对翟林奈《目录》的每条题名按拉丁字母顺序重新排列，并指出《大藏经》《道藏》出处和翟目编号，是使用翟目的一部工具书。

英国研究敦煌于阗文献的学者主要是贝利。贝利生于1899年，1927年毕业于牛津大学，获博士学位。1936年起任剑桥大学教授，1944年起兼英国学术院院士。他的《于阗文献选刊》一书出版于1938年，该书刊布了斯坦因所获的三件于阗文写本，是英国研究敦煌于阗文的早期著作。《于阗语佛教文献集》出版于1951年(1981年又出版了修订本)，该书收录了敦煌、和田出土的于阗文佛教文献35种。而贝利研究于阗文献的集大成著作是《于阗语文献集》，该书共7册，于

1945—1985年由剑桥大学出版社出版。该书将作者所见全部于阗文献作了拉丁字母转写,有些还附有英文译注;是贝利毕生研究于阗语资料的集中体现,也是整理敦煌于阗语文献的集大成著作。从第一册到第七册,出版时间长达40年。

研究藏文文献的学者主要是托马斯。托马斯生于1867年,1903—1927年任印度事务部图书馆馆长。1927—1937年任牛津大学教授。长期从事斯坦因所获敦煌藏文写本的整理与研究。他的三卷本著作《有关西域的藏文文献和文书》出版于1935—1955年,其中刊布了部分敦煌藏文文献,是英国研究敦煌藏文文献的早期著作。托马斯的另一著作《东北藏区的古代民间文学》,译介了6篇英藏敦煌藏文文学作品,是研究吐蕃时代藏族文学与宗教的原始资料。

此外,托马斯还曾编写了斯坦因第三次中亚探险所获藏文文献目录草稿,并合撰有《敦煌发现的吐蕃历史文书》等。

在敦煌粟特文文献研究方面,麦肯吉的《粟特语〈佛说善恶因果经〉》一书,在法国高梯奥和伯希和研究的基础上,对敦煌本《佛说善恶因果经》做了新的转写和英文译注。而《英国图书馆所藏粟特语佛教文献》,则在前人研究的基础上,对斯坦因敦煌所获文献中的六种主要的粟特语佛典重新予以刊布,同时还刊出了所有文献图版,是敦煌粟特语佛教文献研究的基础性工作。

在敦煌艺术研究方面,首推魏礼所编《斯坦因敦煌所获绘画品目录》一书。该书由两部分组成,即英国博物馆藏品目录和德里中亚古物博物馆藏品目录,共著录500余件,是研究敦煌绢纸绘画的重要工具书。韦陀的《西域美术》一书,其副题即为"英国博物馆所藏斯坦因收集品",它选印了现藏于英国博物馆和英国图书馆中斯坦因三次中亚探险所获绘画品、染织品及其他考古遗物的精品,是研究敦煌艺术的重要资料集。

翟林奈、魏礼之后,英国研究敦煌汉籍的代表人物是崔维泽。崔维泽又译为杜希德、特维切特,他毕业于剑桥大学,获博士学位,先后任教于伦敦大学、剑桥大学和美国普林斯顿大学,是英国学术院院士。其主攻方向是隋唐史,1963 年出版的《唐代财政制度》一书,大量利用了敦煌写本和前人有关研究成果。同时发表了《敦煌发现唐水部式残卷》《敦煌唐格残卷札记》等文。他还与费正清共同主编了多卷本《剑桥中国史》。

70 年代后,英国的敦煌学研究一度沉寂。进入 80 年代后半期又开始复苏。除与中国学者合作编辑《英藏敦煌文献》外,还在英国图书馆设立了"国际敦煌学计划",定期编印会报,赠送世界各国学者和有关研究机构;邀请各国学者赴英研究、编目、讲学。1997 年还成功地举办了"二十世纪初叶敦煌写本伪卷"国际学术研讨会,参加会议的有英、中、日、法、俄罗斯、美、丹麦、瑞士等国和中国台湾地区的学者。这次会议不仅其本身具有非常重要的意义,而且对推动英国的敦煌学研究更有着不可估量的作用。

英国图书馆汉文部一直是英国敦煌学的重地。在主任吴芳思的推动下,该馆下设"国际敦煌项目",致力于敦煌写本的保护和数字化工作。1993 年以来,该馆在伦敦、巴黎、柏林、圣彼得堡等地数次召开敦煌写本的保护和研究会议,出版了会议论文集《敦煌吐鲁番论集:中亚古代文书的内涵与保护》和《敦煌与中亚写本的保护论集》等。

2007 年 5 月 17 日至 19 日,英国国家图书馆、大英博物院和英国科学院主办了敦煌学国际学术研讨会,这次国际会议的主题是:反思英国考古学家奥莱尔·斯坦因(AurelStein,1862—1943 年)从王道士手中劫获大批藏经洞出土文物这一重大事件, 回顾国际敦煌学发展的历程及其对东西方人文社会科学研究所产生的巨大影响,展望未来国际敦煌学发展的趋势。来自中国、英国、美国、法国、俄国、德国、印度、日本等国的近百位学者出席了这次会议,有 30 多位敦煌学家在会议上宣读了论文。

3. 美国

美国收藏的敦煌遗书与文物不多，其研究工作也一般。

早在 1926 年，华尔纳就在纽约出版了《在中国漫长的古道上》一书。该书记载了作者 1923 年秋至 1924 年春西行敦煌的游记，其中有在莫高窟剥取壁画和盗走菩萨塑像的经过。该书中译本由新疆人民出版社出版。另外，华尔纳第二次来敦煌时，曾于 1925 年率考察团调查过安西万佛峡石窟（即榆林窟），回美国后，华尔纳便于 1938 年出版了《万佛峡：一所九世纪石窟佛教壁画研究》。该书是第一部研究榆林窟的专著，同时还公布了许多珍贵的照片。

1965 年由台湾高雄佛教文化出版处出版的《敦煌韵文集》一书，其作者是美国的巴宙。该书所录多为《敦煌变文集》《敦煌曲校录》等书未收的敦煌诗词及佛曲俚词。

由阎波尔斯基译著的《敦煌写本六祖坛经》一书，1967 年由纽约哥伦比亚大学出版社出版。该书除敦煌本《六祖坛经》的汉文原文校录、英文翻译及注释外，还有长篇导言，对慧能的生平及《六祖坛经》的产生及内容进行了概述。

太史文所著《十王经与中世纪中国佛教的炼狱观念之形成》一书，于 1994 年由夏威夷大学出版社出版。该书对敦煌本《十王经》进行了英译，并探讨了《十王经》在中古中国宗教与社会生活中的重要地位。

总之，美国的敦煌学研究与世界其他各国相比，既没有专门研究机构，也没有专门的刊物等。其专门研究人员更少，现在主要是宾夕法尼亚大学的梅维恒教授。梅维恒生于 1943 年，1976 年毕业于哈佛大学，获博士学位。1989 年起任宾夕法尼亚大学教授。他长期致力于敦煌变文研究，于 1976 年完成了《伍子胥变文》《降魔变文》《目连变文》《张议潮变文》的译注，作为哈佛大学博士学位论文发表。1983 年又加以修订，以《敦煌俗文学》为书名由剑桥大学出版社出版。他还曾到伦敦、巴黎、列宁格勒、北京等地阅读过敦煌卷子。于 1988 年出版了《唐代变文:佛教对产生中国通俗小说和戏剧的贡献》和《绘画、戏剧——中国绘画故事及其印度渊源》两本专著。1989 年又出版了《唐五代变文对晚期中国文学的贡献》。

值得一提的是,梅维恒教授还是懂多种语言、具有从事历史比较语言研究的著名学者,他有关欧亚历史语言研究的成果,由徐文堪先生选编为《梅维恒内陆欧亚研究文选》[①]。徐先生在该书的选编前言中说:梅维恒"的研究范围很广,涉及中国古典文学(特别是俗文学),敦煌吐鲁番学,汉语语言学和词典编纂,中国和印度、伊朗文化交流史,中亚东部青铜和早期铁器时代考古学,印欧语比较语文学等众多领域和课题"。

与以前相比,美国近年对敦煌学的研究相对升温,其标志是 1995 年 10 月在哈佛大学举办了"东亚佛教艺术中的天国图像"国际学术讨论会。这是美国首次举办的以佛教艺术为专题的国际学术讨论会,参加的学者约有 200 人,在美国学术界影响很大。会议的召开,表明美国人开始注重佛教艺术,尤其注重以敦煌为代表的佛教石窟艺术。虽然会议的名称为"东亚佛教艺术中的天国图像",但在会上宣读的 16 篇论文中,有 5 篇是专门探讨敦煌壁画的。另有 6 篇论文或涉及敦煌,或与敦煌艺术有明显的比较性。

伴随着这次会议的召开,美国社会对敦煌艺术的关注程度日益增强,或出版画册,或到敦煌参观考察。长此以往,必将会推动美国的敦煌学研究。

4. 韩国

韩国的敦煌学研究起步较晚。1986年,韩国学者李秀雄参加了在台湾召开的"敦煌学国际研讨会"后,就开始筹组韩国敦煌学会。1987

① 兰州大学出版社,2014 年。

年该会正式成立，由檀国大学教授车柱环任会长，李秀雄任秘书长，台湾中国文化大学中文研究所教授金荣华任顾问。该会重视加强与国际学术界，尤其是与中国学者的合作，聘请中国社会科学院文学研究所张锡厚研究员为该会副会长，翻译出版了张锡厚的《敦煌文学》、刘进宝的《敦煌学述论》等书。韩国学者还多次参加了在世界各地召开的敦煌学国际学术研讨会。

此外，德国、印度、丹麦、挪威、瑞典、加拿大、匈牙利、比利时、澳大利亚、新加坡等国家也都程度不同地对敦煌学有所研究。如印度尼赫鲁大学谭中教授长期致力于敦煌文化的研究，已发表了一批论著；丹麦哥本哈根皇家图书馆藏有 14 轴共 16 件敦煌遗书，已由彼得森撰写了目录，阿斯木森出版了《于阗语普贤行愿赞研究》；匈牙利藏学家乌瑞专门研究敦煌藏文文书，著有《吐蕃王朝大事记中的一些年代问题》《吐蕃统治结束以后河西和于阗诸国政府中藏文的应用》等，并编辑了《藏语历史文献集成》；捷克驻日本大使哈尼捷卡夫妇，曾在 1963 年发表过《有关敦煌变文的若干问题》一文；挪威的柯诺夫著有《贤劫经塞语文本》一书；德国的赖歇尔特著有《英国博物馆所藏粟特语写本残卷》；比利时的瓦雷·普散编有《印度事务部图书馆藏敦煌藏文写本目录》等。

第四节　新世纪的敦煌学

敦煌文献发现于1900年，敦煌学经过一百多年的发展，其本身也进入了一个新旧交替的时期，即前一个阶段主要是以资料的搜集、整理、刊布为主，北京、伦敦、巴黎、圣彼得堡四大收藏中心收藏的敦煌文献占到总数的95%以上。随着《英藏敦煌文献》14册、《俄藏敦煌文献》17册、《法藏敦煌西域文献》34册、《国家图书馆藏敦煌遗书》146册的全部出处，甘肃、浙江省及北大、天津艺术博物馆、上海博物馆等地所藏敦煌文献也已陆续公布。可以说，资料的刊布已经完成。在新的阶段，应该是对已刊布的资料进行全面、综合、深入地研究了。

21世纪的敦煌学，既要对文献进行分类、整理和深入研究，又要对前一阶段的敦煌学研究进行总结，找出经验教训，对现状进行评析，对以后研究的方向等进行规划和展望。

一、敦煌文献的整理校释

敦煌文献的影印本除定价昂贵外，它都是按各地馆藏流水号影印出版的，没有分类，编排杂乱，读者使用起来很不方便。另外，敦煌文献是在西北边远的一个小县城的石窟中发现的，其中虽然也有许多中原的或全国性的东西，但不可否认，它打上了当时当地的许多烙印，文书上也就有了一些当地的方言方音；当时的一些俗字俗语，对于今天的学者来说，也是不容易搞懂的；一些写经人或其他的作者，由于文化水平较低，也就出现了不少的错字和别字。正是由于这些原因，敦煌文献仅仅靠影印出版还是不够的，还需要像“二十四史”和《资治通鉴》那样的整理本，供学者们使用。

当敦煌文献流散海外后，影印、抄写、整理、校录这些文献，就成了敦煌学者的夙愿。1957 年中国科学院历史研究所得到英国的缩微胶卷后，就决定利用这批胶卷和解放前北京图书馆在巴黎、伦敦拍摄的部分照片以及向达、王重民先生早年在英、法所做的录文，编辑一套以敦煌社会文书为主的《敦煌资料》。

《敦煌资料》第一辑是在向达、贺昌群的指导下，由中国科学院历史研究所的青年研究人员那向芹、虞明英整理、编辑的[①]，于 1961 年由中华书局出版，同时还完成了第二辑的初编工作。但由于当时国内搞各种“运动”，尤其是“文化大革命”的爆发而使这一非常有意义的工作中断了。

20 世纪 80 年代以来，我国学者更重视资料的整理与刊布。1986 年，书目文献出版社出版了唐耕耦、陆宏基所编《敦煌社会经济文献真迹释录》（以下简称《释录》）第一辑，1990 年，全国图书馆文献缩微复制中心又出版了该书的第二至五辑。由于编者唐耕耦先生是历史学出身，又以研究唐代社会经济而著名，因此《释录》是敦煌社会经济文献整理、刊布的集大成著作。编者从英、法、俄、日等国及我国收藏的敦煌文献中，将有关社会经济方面的资料辑出，按类编排，分成五辑，用原件的照片与录文对照，兼附前人研究原件的论著出处，图文并茂，极便于敦煌学者之利用。

《释录》是迄今为止敦煌文献整理方面有关社会经济文书收录最丰富的一部文献集，它包括地志、族志、籍帐、社邑、牒、状、邈真赞、书仪等 34 类，释录文书 1664 件。既收录了籍帐、契据、土地、赋税、财政、寺院经济等经济资料，也收录了一些虽不属经济但又与经济相关的文书，如告身、表、书、律、令、格、式等，这些社会历史文献都是敦煌

---

① 参阅何龄修《有关向觉明（达）师二三事》，见何龄修《五库斋忆旧》，广东人民出版社，2018 年，第 128—129 页。

世俗文献中最重要的。同时,《释录》对每件文书都做了定名或拟题,按性质分类,每类中再分为若干细目,按年代先后排列。尤其是作者对每件文书都作了详细的辨识录文,并采用上图下文的方式,尽可能提供文书原件的图版与录文的对比阅读。这在《英藏敦煌文献》《俄藏敦煌文献》《法藏敦煌西域文献》和《国家图书馆藏敦煌遗书》都还没有出版的80年代,就显得更加珍贵、更加难得了。由此改变了国内绝大多数学者看不到原卷图片的困惑,对推动敦煌社会经济文书的整理研究和魏晋隋唐史研究发挥了重要作用。

在各地刊布敦煌原卷图版的良好基础上,敦煌文献的整理更趋于专精,即分类校注。这一方面的典范当推《敦煌文献分类录校丛刊》,该《丛刊》实际上就是前述《敦煌古文献》项目的延续,由周绍良主编,共10卷12册,即邓文宽《敦煌天文历法辑校》,张锡厚《敦煌赋汇》,宁可、郝春文《敦煌社邑文书辑校》,沙知《敦煌契约文书辑校》,马继兴《敦煌医药文献辑校》,方广锠《敦煌佛教经录辑校》(上、下),周绍良、张涌泉、黄征《敦煌变文讲经文因缘辑校》(上、下),赵和平《敦煌表状笺启书仪辑校》,王素、李方《敦煌〈论语集解〉校证》,邓文宽、荣新江《敦博本禅籍录校》。由江苏古籍出版社于1995—1998年出版。

《丛刊》所收每篇文献基本包括四项内容,即定性、定名、定年,原件录文,题解或说明,校勘记。每辑之后附有"主要论著参考书目"和该辑所用敦煌文献"卷号索引",便于读者查阅。

《丛刊》每辑的校录者,都是敦煌文献整理、研究的专家(起码也是他校辑的这一方面的专家),是国内从事这一工作的最佳人选,从而也就保证了辑校工作的质量。

正在进行的《英藏敦煌社会历史文献释录》是郝春文教授主编的大型文献释录。本书按英国图书馆藏流水号,依次对每件敦煌汉文社会历史文献进行释录。每件文书一般都包括标题、释文、说明、校记和参考文献几个部分。全书计划30卷，现已出版15卷[①]。

《敦煌文献合集》（汉文翻译佛经以外部分）是由浙江大学张涌泉教授主持的重点项目，它是按传统的四部分类法整理编排的，目的是为学术界提供一部校录精良、查阅方便的敦煌文献的排印本。只有按比较合理的分类体系对敦煌文献重新编排，编纂一部集大成的敦煌文献合集，做成像二十四史那样的“定本”，才能使敦煌文献成为各个学科都可以使用的材料。当然，也只有建立在这种高质量的文本校录基础之上，敦煌学研究才能走向深入。现在《敦煌经部文献合集》11册（600多万字）已由中华书局出版，史部、集部和子部正在进行之中。

由于敦煌文献主要是以写本的形式保存下来的，其中有着许多不同于后世刻本的特点，从而给读者的阅读带来了许多困难。因此，《敦煌文献合集》将是敦煌文献发现以来最全面的一次校录整理。除内容全面外，它还在分类、定名、缀合、解题、校录等方面具有超越性。[②]如正在进行的《敦煌史部文献辑释》，其目的就是为学术界提供一部校录精良、查阅方便、收录全部敦煌史部文献写本的排印本。总体框架及基本内容如下：

1. 分类

史部的分类主要参照《四库全书总目》等书的分类法，并根据敦煌文献所存写卷内容的实际情况确定。

2. 定名

给每件写卷拟定一个正确的题名。敦煌文献中残卷的比例相当

① 其中第一卷于2001年由科学出版社出版，从第二卷开始，改由社会科学文献出版社出版。为了使整套书的开本、设计样式和颜色统一，又对第一卷进行了修订，于2018年由社会科学文献出版社重新出版。

② 张涌泉《〈敦煌经部文献合集〉前言》，中华书局，2008年；又见《书品》2008年第4期。

大，没有题名者不在少数，即使相对完整的文本，也常有缺题的情况。虽然经过中外学者的努力，已为多数卷子拟定了正确的标题，但题目不清、拟题可商或尚未拟目的卷子仍不在少数。

3. 缀合

由于人为的或自然的原因，敦煌文献中一个写卷撕裂成两件或多件的情况屡见不鲜，乃致四分五裂，给整理和研究带来了极大的困难。随着敦煌文献的不断公布，敦煌学界在写卷的缀合方面多有收获，尽可能缀合那些断裂的写卷。

4. 解题

为每一个校录文本撰写一篇题解，简要说明底本和参校本、原件完缺情况、定名依据、著作或抄写年代的判断、内容简介、文献存佚情况和前人的著录研究情况。

5. 录文

同一文献的不同抄本选取较为完整或错误较少或较为清晰的一种作为底本，其余作为参校本，其异同写入校记，不一一分开校录，以保证同一类文献的相对集中，方便读者阅读利用。

6. 校记

整理工作中充分吸收海内外学术界一百多年来的研究成果，对每个写卷进行详尽的校订、比勘，明异同，定是非，以保证校录文本的可靠性。

综上所述，随着《国家图书馆藏敦煌遗书》和日本杏雨书屋所藏敦煌文献《敦煌秘笈》的全部出版，世界各国所藏的敦煌汉文文献的图版已基本公布完毕，这就为全面辑释敦煌文献提供了有利的条件。在已有分类辑释的基础上，《敦煌文献合集》将为学术界提供一部像二十四史点校本那样全面完整、权威实用的定本。也只有将敦煌文献做成二十四史点校本这样的定本，才能使敦煌文献走出敦煌学的圈子，真正融入学术界，使不专门从事敦煌学研究的学者，能够像使用二十四史、《资治通鉴》那样使用敦煌文献，敦煌文献也就会成为像二十四史、《资治通鉴》那样的史料。也只有这样，敦煌文献才能真正发挥其价值。

二、国际合作与交流的进一步加强

敦煌是中国的，又是全人类的，世界只有一个敦煌。敦煌在中国，但敦煌学在世界，是国际学术潮流中的一门显学。这主要体现在以下几个方面：

第一，敦煌本身的国际性。敦煌石窟是佛教艺术的结晶，它的存在本身就是中外文化交流的结果，因为佛教从印度发祥后不断东传，在传播的过程中开凿了许许多多的石窟寺，莫高窟就是其中之一。佛教是一个世界性的宗教，作为佛教石窟之一的莫高窟，内容既丰富而又被完整地保存下来，它自然也就成了世界关注的中心。

除了佛教这一世界主题外，敦煌的艺术也是世界的，如敦煌壁画上发现的玻璃器皿，表现出了萨珊伊斯兰的艺术风格，由此可以探讨西亚地区玻璃器皿的制造工艺。

敦煌文书虽然以汉文文书为主，但也有梵文、回鹘文、于阗文、龟兹文、突厥文、粟特文、西夏文、叙利亚文、八思巴文等文字书写的资料。这些资料自然属于世界性的，也就引起了各国学者的关注，如近年来国内外学者对粟特的重视与研究就是一例。另如敦煌发现的梵文本《心经》是佛教大诗人马鸣的著作，在印度久佚，它可以填补印度梵文文学史上的空白。在敦煌的考古中，也发现了一些其他国家的文物。

第二，文献收藏的国际性。敦煌文献从发现之始，就遭到了各国探险家的欺骗掠夺，绝大部分被劫往世界各地，目前被收藏在中国、英国、法国、俄罗斯、日本、德国、美国、韩国、印度、瑞典、澳大利亚、丹麦等十几个国家的几十个博物馆、图书馆中。其中以位于北京的中国国家图书馆(约16000余卷)、伦敦的英国国家图书馆(约13300余卷)、巴黎的法国国家图书馆(约7000卷)和圣彼得堡的俄罗斯科学院东方文献研究所(约18000余卷)收藏最多,因此,北京、巴黎、伦敦和圣彼得堡,就被称为敦煌文献的四大收藏中心。

正是由于敦煌文献分散收藏在世界各地,各国博物馆、图书馆的工作人员就要对其进行登记、整理、研究,从而在世界许多国家,都就有了敦煌学的研究。

第三,研究的国际性。由于敦煌本身的国际性,就使得各国的学者都要从主观上关注它、研究它,而文献收藏的国际性,又在客观上促使了对其整理、研究和国际交流。因此,世界上许多国家,尤其是收藏敦煌文献的国家,都有专门的研究机构和研究人员,都曾举办过敦煌学方面的国际会议,都有许多敦煌学方面的论著。就其研究的主旨来看,中国学者在传统的四部书,尤其是历史、文学以及得天独厚的石窟研究方面成就卓著;日本学者则在宗教方面独树一帜;欧美学者、尤其是法国学者在民族语言、历史研究方面建树较多。

第四,国际合作的典范。由于敦煌文献所涉及的范围广泛,文字又多,而且许多还是死文字(即现在已经消失、不再使用的文字),因此,许多方面都需要各国学者通力协作、联合攻关,如已经出版的《英藏敦煌文献》《俄藏敦煌文献》《法藏敦煌西域文献》等,就是国际合作的典范。可以说,还没有哪一门学科,像敦煌学一样迫切需要国际合作,也没有哪一门学科像敦煌学一样有着如此广泛、密切的国际合作。

国际敦煌项目(IDP)就是国际敦煌学界合作的结晶,1993年,中国国家图书馆、英国国家图书馆等收藏机构倡议成立国际敦煌项目。1994年,英国国家图书馆设立了专门的机构——国际敦煌项目(IDP),现在它已经成为英国国家图书馆的一个重要的部门。国际敦煌项目的成立,为世界敦煌文献收藏机构搭建了一个合作交流的平台,各收藏机构共商解决保护、编目的问题,并已召开了几次国际学术会议,如1997年在伦敦召开的“二十世纪初叶的敦煌写本伪卷”学术研讨会就是由该项目举办的。同时，各收藏机构还倡议共同建立一个完整的网上数据库，将目录资料与高质量的数字化图像相链接，并附有其他相关资料，使各国学者能充分利用世界各国的收藏品。经过数年的努力，网上数据库已于2002年正式开通，研究者可以利用网络查找有关的敦煌文献和研究成果。

2003年初在日本京都宣告成立的“敦煌学国际联络委员会”，是适应新时期敦煌学研究的发展而组建的。刚成立的时候共有干事8人，即中国四人、英国一人、法国一人、日本二人，随后陆续又有增加。目前共有8个国家的18位学者任联络委员会的干事，由此可见，它是一个真正国际性的联络机构。

“敦煌学联络委员会”成立后，已开展了一些卓有成效的工作，如编辑《敦煌学国际联络委员会通讯》，主持了2005年俄罗斯所藏敦煌吐鲁番文物的考察。

2006年9月，在南京举办了“敦煌学国际联络委员会”成立后的第一次国际学术会议——“转型期的敦煌学：继承与发展”国际学术研讨会。

为了办好本次国际学术研讨会，经各方面协商，成立了由高田时雄（敦煌学国际联络委员会干事、京都大学人文科学研究所教授）、柴剑虹（敦煌学国际联络委员会干事、中国敦煌吐鲁番学会秘书长、中华书局编审）、郑阿财（敦煌学国际联络委员会干事、台湾南华大学敦煌学研究中心教授）、郝春文（敦煌学国际联络委员会干事、中国敦煌吐鲁番学会副会长、首都师范大学教授）、刘进宝（中国敦煌吐鲁番学会理事、南京师范大学历史系教授）5位成员组成的会议筹备组。根据会议经费等具体条件，经会议筹备组郑重推荐，并广泛征求各方面的意见，决定邀请60名在国际学术界有影响的学者作为正式代表参加本次研讨会，其中中国大陆30人，中国台湾10人，国外20人。世界上主要研究敦煌学和收藏敦煌文献的国家，如日本、英国、俄罗斯、德国、美国、哈萨克斯坦等国，都有代表出席，可以说，这是一次高规格的国际学术会议。会议收到的论文经修改评审后，汇编为《转型期的敦煌学》（刘进宝、高田时雄主编）一书，由上海古籍出版社于 2007 年出版。

2009 年 6 月 18 日至 19 日，在哈萨克斯坦首都阿拉木图市举办了“丝绸之路上的哈萨克斯坦国际学术讨论会”，来自中国、俄罗斯、日本、印度、伊朗、乌克兰、乌兹别克斯坦、哈萨克斯坦等国的 40 多位学者参加了会议。会后，大会还组织学者们对吉尔吉斯斯坦首都比什凯克、碎叶（今托克玛克）等地进行学术考察。

2009 年 9 月 3—5 日，由俄罗斯科学院东方文献所主办的“敦煌学：第二个百年的研究视角与问题”国际学术会议在俄罗斯圣彼得堡举行。本次会议，来自美国、英国、德国、法国、俄罗斯、日本及中国大陆、台湾和澳门地区的 80 余人参加了本次会议。经过百年的发展，敦煌学研究在许多方面都取得了显著的成绩，探讨和审视敦煌学未来的发展，不论是对新材料的不断发掘还是对旧材料的重新思考，都是需要认真思考的。

2016 年 9 月 1—3日，为纪念俄罗斯著名敦煌学家孟列夫（1926—2005 年）和丘古耶夫斯基（1926—2000 年）诞辰 90 周年，由敦煌学国际联络委员会协调组织，在波波娃所长主持下，在圣彼得堡的俄罗斯科学院东方文献研究所举行了“敦煌古写本”国际学术研讨会，来自俄、中、日、法、德、美、韩等国的 40 多位学者参加了研讨会。笔者也应邀赴俄参加会议，特撰写《孟列夫与俄藏敦煌文献研究》以表彰孟列夫教授在国际敦煌学研究方面的突出贡献。

三、需要加强的几个方面

综上所述，我国的敦煌学研究，已经取得了巨大的成就，并在许多方面走在了世界的前列。但不可讳言，仍存在一些问题，还有一些薄弱环节需要加强。

第一，尽快编出《中国敦煌遗书联合目录》。

由于敦煌遗书收藏于世界许多国家和地区的图书馆、博物馆及高等院校，因此目前还很难比较详细、确切地说明具体收藏单位和数量。就是国内的收藏情况，虽然敦煌研究院、甘肃省博物馆、西北师大历史系、敦煌市博物馆、北京大学图书馆、上海博物馆、天津艺术博物馆、西北师大敦煌所等单位已公布了有关收藏情况，但还有一些单位和个人秘而不宣。目前的迫切课题，应是呼吁各收藏单位及个人尽快公布收藏情况，然后协调各方面的关系，联合攻关，编出《中国敦煌遗书联合目录》，摸清家底，以推动敦煌学的发展。

第二，加强信息联络工作。

信息是一切学术工作所不可缺少的，对于新兴的敦煌学来说更是如此。目前应加强我国与世界各国和地区学术团体及学者的联系，以便相互交流，了解各自的研究现状与计划，以免花费不必要的重复劳动或人云亦云，以讹传讹。

国内各单位及学者之间也应加强联络，互通信息。20 世纪 80 年代和 90 年代初，由中国敦煌吐鲁番学会主办的《中国敦煌吐鲁番学会研究通讯》为学术界加强联系、了解学术信息提供了极大的方便，成为敦煌学研究者了解信息和互相联络的纽带。由于各种原因《中国敦煌吐鲁番学会研究通讯》于 90 年代中期停刊了。同时 1982 年，甘肃省社会科学院文学研究室创办了《敦煌文学研究通讯》[①]，但出了

---

① 后改名为《敦煌语言文学研究通讯》，并由甘肃省社会科学院文学研究所与中国敦煌吐鲁番学会语言文学委员会合办。参阅刘进宝《略述 20 世纪 80 年代甘肃敦煌文学研究的卓越成绩》，载颜廷亮主编《转型期的敦煌语言文学》，甘肃人民出版社，2010 年。

65 期后，于 2002 年停办了。

目前，虽然由于网络发达、学术交流频繁，学者们获取信息的渠道也更为广泛，但仍然需要《中国敦煌吐鲁番学会研究通讯》《敦煌文学研究通讯》这样的出版物。

第三，加强宣传、普及工作。

敦煌学是一门国际显学，但有一点却与其“显学”的地位不相适应，即专门研究者以外的文学、史学、艺术工作者和文科研究生、大学生等，都对敦煌学比较陌生，更不要说一般群众了。因此，目前应加强敦煌学的宣传、普及工作，编著通俗性的普及读物，报纸杂志开辟专栏，使敦煌学尽快从学术界走向全社会。

第四，加强敦煌学评论工作。

学术研究总是不断继往开来、向前发展的。在学术研究的发展过程中，由于学者们难免遇到各种各样的主客观条件，如治学经验、写作态度、学术基础、资料占有等方面的局限，也就难免在各自的研究论著中若隐若现、或多或少地反映出来。因此，就需要加强真正的敦煌学评论工作。这种评论不应当是同仁、师生之间的吹捧，也不应是不同学术观点和派别之间各守门户。而应当是建立在求实、求真、信任、理解的基础上，以客观公正的态度，高屋建瓴的眼光对研究工作进行褒善扬长、纠偏指弊、相互借鉴、取长补短，以指导和推动敦煌学研究的健康发展，并进而使敦煌学研究走向更加理论化和成熟化。

后 记

《敦煌学通论》增订本即将出版，不由使我又想起张祚羌先生，正是因为张祚羌先生的信任和支持，才有了 1991 年版的《敦煌学述论》，也使我与甘肃教育出版社结下了深厚的友谊。在后来的继任者——白玉岱、黄强先生的信任和支持下，在《敦煌学述论》的基础上于 2002 年出版了《敦煌学通论》。现在又由于王光辉、薛英昭两位先生的信任与支持，出版了这本《敦煌学通论》增订本。可以说，甘肃教育出版社的三代出版人对我都是关爱有加，充分信任。一个人、一本书、一家出版社，虽然掌门人变更了三代，但能够保持三十年的友谊和信任，在这个急剧变革，更加注重功利的时代，本身就是值得书写的一段现代出版佳话。

在我的学术探索道路上，始终得到了学界许多前辈和朋友的帮助与支持。《敦煌学述论》出版后，中华书局编审、中国敦煌吐鲁番学会原副会长兼秘书长柴剑虹先生给予了特别的关注，不仅积极推荐在台湾出版中文繁体字版，而且还为2002年版的《敦煌学通论》撰写了序言。这种关爱和信任、鼓励与支持是无法用语言表达的，将是我终生铭记的。

增订本完成后，又得到了首都师范大学教授、中国敦煌吐鲁番学会会长郝春文先生的赐序表彰。我和郝春文教授虽然“谊在同年”，但由于我20世纪90年代中期在甘肃省评教授时，是郝老师写的评审意见，2001年我在武汉大学博士毕业时，也是郝老师主持了我的博士答辩，是真正的“座主”。正因为以上原因，虽然郝春文教授一直以“进宝兄”相称，但我却从来没有称过“春文兄”，而是以“郝老师”相称。

郝老师在序言中说：“《敦煌学通论》（增订本）无疑已经成为通论类作品中的精品，所以我们有理由要求他继续努力，将这部作品进一步打磨成通论类作品的经典。”我不敢说《敦煌学通论》（增订本）已经是“精品”，也不能保证能将其打造成“经典”。但我肯定会继续努力，希望数年后出版的《敦煌学通论》，能够成为真正的“精品”，也向“经典”的路上迈进。

本书的出版，始终得到了甘肃教育出版社孙宝岩君的关心和支持；书稿的增订得到了浙江大学秦桦林、宋翔、赵大旺、许超雄、闫丽、赵梦涵、王晶、郑昊等青年教师和同学的帮助，他们帮忙查阅、核对资料，校对书稿；责任编辑董宏强作了认真的审校，使我避免了许多错误。正是以上各位的帮助和支持，才使本书能够顺利出版，在此表示衷心的感谢。当然，如有任何的不足或错误，自然由我承担。

2019 年 2 月 4 日(除夕)